8753

DICTIONNAIRE

UNIVERSEL

D'IDÉES

DICTIONNAIRE

UNIVERSEL

D'IDÉES

RELIGION, PHILOSOPHIE, SCIENCES, LITTÉRATUR
BEAUX-ARTS,
ÉCONOMIE SOCIALE, AGRICULTURE, ETC.

Par ERNST

TOME DEUXIÈME

PARIS
Alphonse PICARD, Libraire
RUE BONAPARTE, 82.

M DCCC LXXV

TABLE

F

Fable	1
Facilité d'humeur	»
Facultés	»
Faiblesse	2
Faïence	3
Faillites	»
Famille	»
Famine	4
Fantaisie	»
Fascination	5
Fatalité	»
Fatigues	»
Fat	6
Fatuité	»
Fausseté	»
Fautes	»
Faveur	7
Favorites	»
Fées	»
Félicités	»
Femmes	8
Fénelon	22
Féodalité	»
Fermeté	24
Fermiers	»
Festins	»
Fêtes	25
Feu	26
Fidélité	»
Fierté	27
Figure	27
Figuier	»
Filles (jeunes)	»
Filles (vieilles)	29
Fin du monde	30
Finances	»
Finesses	»
Flagrant délit	31
Flatterie	»
Fleurs	32
Florence	33
Florian	»
Flottes	»
Foi	»
Foires et marchés	34
Folie	»
Fonctionnaires publics	35
Fontenelle	36
For	»
Force	37
Forêts	»
Forme	38
Fortune	»
Foule	40
Fourrier	»
Foyer	»
Fouquet	41
Fragilité	»
Frais	42
France	»
Franchise	46
François Ier	»
Franklin	47
Fraternité	47
Frayeur	»
Frères et Sœurs	48
Friponnerie	»
Frivolité	»
Fronde	»
Frugalité	49
Futilité	»

G

Gabelle	49
Gaieté	»
Galanterie	50
Gall	»
Galilée	51
Galle	»
Gardes, Gardiens	»
Garde nationale	»
Garnisons	52
Gascogne	»
Gaucherie	»
Gaule	»
Gazette	53
Gendarmerie	»
Généalogies	»
Généraux	»
Générosité	54
Génie	»
Génie individuel des peuples	56
Génies	»
Genlis (madame de)	»

Gens (jeunes)	56	Harengs, Morues, etc. 85	Iles de la Manche. 112
Gens ennuyés	57	Harmonie. »	Illusions. »
Géographie.	»	Hasard. »	Illustrations. 113
Geste	58	Hatchish. 86	Images. »
Gibbon.	»	Hégire. »	Imagination. 114
Gibet.	59	Heidelberg. »	Imitation. 115
Gibraltar.	»	Henri II. 87	Imitation de Jésus-Christ. 116
Gun-roch.	»	Henri VIII. »	Immortalité de l'âme. 117
Gilbert.	»	Henri IV. »	Immoralité. »
Girardin (Delphine Gay, Mme de)	60	Hérédité monarchique 88	Impartialité. 118
		Hérésie. »	Impressionnabilité. »
Girondins.	»	Héritage. »	Improvisation. »
Glace	62	Hermine. »	Impiété. »
Globe terrestre.	»	Héroïsme. »	Impossibilité. »
Gloire	63	Héros. »	Imposteurs. »
Goethe (Wolfgang-von).	64	Heures. »	Impôts. 119
Goître.	»	Heur et Malheur. 89	Imprimerie. 120
Gourmandise.	65	Hidalgo. »	Impudence. 121
Goût.	66	Hier. »	Impudeur. »
Goutte.	67	Hiérarchie sociale. »	Inattention. »
Gouvernement	»	Hirondelles. »	Incertitude. »
Gouvern' par les femmes	72	Histoire. 90	Incrédulité. 122
Gouvernement des enfants.	73	Histoires. 93	Income-taxe (l') taxe sur le revenu. »
Grâce.	»	Hiver. »	
Grammaire.	»	Homère. 94	Inconséquence. »
Grandeur.	»	Homme. »	Inconsistence. »
Grands.	»	Hongrie. 102	Inconstance. »
Gravité.	74	Honnêteté. 103	Inconvénients de la vie. »
Great-Eastern	»	Honneur. 104	Inde. 123
Grèce.	»	Honte. 105	Indécision. 124
Grèves.	75	Hôpitaux. »	Indépendance. 125
Grimaces.	»	Horace. »	Indigence. »
Grimm.	76	Horloges. »	Indigotier (l'). »
Grisettes.	»	Horloge de Flore. 106	Indiscrétion. »
Grottes.	»	Hospitalité. »	Individualité. »
Grossesse.	77	Hôtel de la Légion d'honneur, à Paris. »	Indifférence. 126
Guerre.	»		Indolence. »
Guillaume.	79	Houille. »	Indulgence. »
Guillaume-Tell.	»	Huiles minérales. 107	Industrie. »
Guillotine.	»	Humeur. »	Inégalité. 127
Guise (les).	80	Humiliation. »	Inexpérience. 128
Gymnastique.	»	Humilité. »	Infaillibilité. »
		Humour. 108	Infanticide. »
H		Hydrothérapie. »	Inférieurs. 129
		Hypocrisie. »	Infidèles. »
		Hygiène. »	Infidélité. »
Habileté.	81		Infini. »
Habit.	»		Infirmités. »
Habitations.	»	**I**	Influence. 130
Habitudes.	»		Infortunes. »
Haine.	84	Idéal. 109	Ingratitude. »
Hale.	»	Idées. »	Inhumanité. 131
Haleine.	»	Idiomes français. 111	Inhumations. »
Hamilton (Antoine comte d')	»	Ignace de Loyola. »	Inimitiés. »
Hardiesse.	85	Ignorance. »	Initiative. »

Injustice	132	Jeûne	169	Langage, Langues	197
Innocence	»	Jeu, Jeux	172	Larmes	202
Inquisition	»	Job	175	Larochefoucauld	»
Insensibilité	133	Joie	»	Latomie (carrière)	203
Insomnie	»	Jongleurs	»	Lave	»
Instinct	»	Joséphine	176	Lauzun	»
Institutions	134	Jouissances	»	Law	»
Instituteurs, institutrices	»	Jouets	»	Leczinska (Marie)	205
Instruction	135	Jours	177	Leçons	»
Insubordination	143	Journées	»	Lectures	»
Insurrection	»	Journal, Journalistes	»	Légendes	207
Intelligence	»	Journal personnel	180	Légèreté	208
Intempérance	145	Juan (Don)	»	Légion d'honneur	»
Intentions	146	Judaïsme	»	Légitimité	»
Intérêts	»	Judas	181	Leibnitz	»
Intérêt personnel	»	Juges	»	Léon X	209
Internationale (l')	147	Jugement	182	Lesage	»
Intimité	»	Jugement de Dieu	183	Lettres, correspondance	»
Intolérance religieuse	»	Junius	»	Liaisons	211
Intrigue	»	Jupiter	»	Libations	»
Invasions barbares	148	Jurandes	»	Libéralisme	»
Inventeurs	»	Jury	184	Liberté	»
Irlande (l')	149	Justice	»	Libertins	215
Irréligion	»	Justice de Paix (les)	186	Librettistes	»
Irrégularité	»			Licence	»
Irrésolution	»	**K**		Liége	216
Isis	»			Ligne droite	»
Isolement	»			Lincoln	»
Italie (l')	150	Kaboul	187	Linné	»
Ivrognerie	159	Kabylie	»	Lions	217
		Kachemyr	»	Lisbonne	»
J		Kaire ou Caire	188	Littérateurs	»
		Kaléidoscope	»	Livres	222
		Kalmouks (les)	»	Loch	225
Jachères	160	Kamiki	»	Locutions	»
Jactance	»	Kean	189	Loève Weimar	»
Jacques II	»	Kellermann (duc de Valmy)	»	Logique	»
Jais	161	Kléber	»	Lois	226
Jaffa	»	Klepper	»	Loisirs	227
Jalap	»	Klopstock	»	Londres	»
Jalousie	»	Kotzebue	190	Lorettes	228
Janissaires	163			Lorraine	»
Jansénisme	»	**L**		Loterie	»
Japon	»			Louange	229
Jaquier	164			Louis XI	»
Jardins	»	Laboureurs, Marins	190	Louis XIII	»
Jarretière (l'ordre de la)	»	Labruyère	»	Louis XIV	230
Jasmin	165	Lacs	191	Louis XV	232
Jargon	»	Lacénaire	192	Louis XVI	»
Jeanne d'Arc	»	Lâcheté	»	Louis XVIII	»
Je et Nous	166	Lafontaine	»	Louis-Philippe	»
Jérusalem	»	La Harpe	193	Louvet	233
Jésuites	167	Laideur	»	Louvois	»
Jésus-Christ	168	Lamartine	195	Louvre	»
Jeunesse	169	Lamennais	»		

— VIII —

Loyauté 234
Lucioles ou Lampyres . . . »
Lulli . . . . »
Lumière, Lumières . . . . . »
Lune 235
Lune de miel (la) . . . . . . »
Lunettes . . . . »
Luther . . . . »
Luttes politiques 236
Luttes, Combats . . . . . . »
Luxe . . . . »

M

Macédoine 238
Machiavel . . . . »
Machines 239
Magie 240
Magistrature . . . . »
Magnétisme 241
Mahomet . . . . »
Mahrattes 242
Maigreur 243
Main . . . . »
Maintenon (Mme de) . . . »
Maintien . . . . »
Mairies 244
Maisons . . . . »
Maison paternelle . . . . . »
Maison romaine . . . . . . »
Maison de Voltaire (la) . . 245
Maîtresse de maison . . . . »
Maistre (Joseph de) . . . . »
Majorité . . . . »
Mal . . . . »
Mal de mer . . . . »
Maladies 246
Maladresse 247
Mâle et Femelle . . . . . . »
Malesherbes . . . . »
Malles-poste . . . . »
Malice . . . . »
Malheur 248
Malignité 249
Malte . . . . »
St-Malo . . . . »
Manières . . . . »
Manies 250
Maniton . . . . »
Manufactures . . . . »
Marat et Robespierre . . . »
Maraude . . . . »
Marbres 251
Marcel (Étienne) . . . . . . »
Marchands . . . . »

Marche 251
Maremme (la) . . . . »
Mariage . . . . »
Marie-Antoinette 267
Marine . . . . »
Marion Delorme . . . . . . »
Marivaux 268
Marionnettes . . . . »
Marmont . . . . »
Marmottes . . . . »
Mangouste . . . . »
Mangue . . . . »
Maroc . . . . »
Marronniers 269
Marseillaise . . . . »
Marseille . . . . »
Martyrs . . . . »
Masque 270
Massillon . . . . »
Matérialisme . . . . »
Maternité 271
Mathématiques 273
Matières textiles . . . . . . »
Maures . . . . »
Mauvais instincts 274
Mauvais penchants . . . . »
Mauvaises nouvelles . . . »
Mauvaises sociétés . . . . »
Mauvais sujets . . . . . . »
Mauvais ton . . . . »
Maximes 275
Mazarin . . . . »
Méchanceté . . . . »
Médailles 276
Médecine, médecins . . . »
Médicaments 279
Médiocrité 280
Médisance 281
Médicis . . . . »
Méditerranée . . . . »
Meetings 282
Mélancolie . . . . »
Mémoire . . . . »
Mémoires, Confessions . 283
Memphis . . . . »
Ménage . . . . »
Meneurs 284
Mendiants . . . . »
Mensonge . . . . »
Mépris 285
Mers . . . . »
Mercure 286
Méridionales . . . . »
Méridionaux . . . . »
Mérite . . . . »

Mésalliance 287
Métaphysique . . . . »
Métaux . . . . »
Métempsycose . . . . »
Méthode . . . . »
Métiers 288
Meuse . . . . »
Mezzaro . . . . »
Mexique . . . . »
Migraine . . . . »
Milet . . . . »
Militaires 289
Millevoye . . . . »
Milton . . . . »
Ministères 290
Mirabeau . . . . »
Mirage 292
Miroirs 293
Misanthropie . . . . »
Mise 294
Misère . . . . »
Mission de la femme . . . 295
Mississipi . . . . »
Mobilité . . . . »
Mode 6
Modestie . . . . »
Modération 297
Mœurs . . . . »
Moines 299
Moïse . . . . »
Molière 300
Monarchie 301
Monde 302
Monnaie 308
Monopole 309
Monotonie 310
Montagnes . . . . »
Montaigne 311
Monts-de-Piété . . . . . . »
Montesquieu 312
Monthyon . . . . »
Montmorency 313
Monuments . . . . »
Moore . . . . »
Moquerie . . . . »
Morale 314
Moralistes 315
Morgue . . . . »
Mormonisme . . . . »
Morosité 316
Mort . . . . »
Morts célèbres 320
Mortifications religieuses . »
Mots . . . . »
Mouches 321

Moucherons. 321	Népomucène. 340	Occasion. 35
Moutarde . . . . »	Nerfs . . . . »	Occupation. . . . . »
Mouton . . . . »	Néron . . . . »	O'Connel . . . . »
Mouvement 322	Nerval (Gérard de) . . . . »	Odeurs. 352
Moyens . . . . »	Newton . . . . »	Œil . . . . »
Moyen âge. . . . . »	Nez 341	Œufs. . . . . »
Multitude . . . . »	Nice . . . . »	Œuvres des grands
Municipalité. 323	Nil 341	hommes 353
Murano . . . . »	Ninive. . . . . »	Offenses. . . . . »
Muscadier. . . . . »	Ninon de l'Enclos . . . . »	Offrande. . . . . »
Muses . . . . »	Noblesse. 342	Oie. . . . . »
Musique . . . . »	Noël. . . . . »	Oïdium. . . . . »
Mussard 325	Noces 343	Oiseaux. . . . . »
Musset (de) . . . . »	Noix 344	Oisiveté 354
Mutisme politique. . . . . »	Noms . . . . »	Olivier. 355
Mystère 327	Nonchalence. . . . . . . »	Ombrages. . . . . »
Mysticisme . . . . »	Non-intervention . . . . »	Oncles d'Amérique. . . . »
Mystifications . . . . . . »	Normands. . . . . »	Opéra. . . . . »
Myosotis. . . . . »	Nostalgie 345	Opinion. 356
Mythologie. . . . . »	Nostradamus . . . . . . »	Opinion d'un paysan sur
	Notes . . . . »	l'exposition de 1855. . . 359
	Nourrices . . . . »	Opium. . . . . »
N	Nourriture de l'homme . . 346	Opportunité. 360
	Nouveauté. 347	Opposition. . . . . »
Nains 327	Novateurs . . . . »	Oppression. . . . . »
Naissance. 328	Nuages . . . . »	Opulence. . . . . »
Naïveté 328	Nudité. . . . . »	Or. 361
Napoléon Iᵉʳ . . . . »	Nubie . . . . »	Orages. . . . . »
Napoléon III 333	Nuit . . . . »	Orangers. 362
Natation. . . . . »	Nullité. 348	Orateurs. . . . . »
Nations . . . . »	Nutrition . . . . »	Ordre. . . . . »
Natschivan 335		Ordres honorifiques. . . . 363
Nature. 336	**O**	Oreille. . . . . »
Naufrages, Épaves. . . . 338		Oreiller. 364
Navires . . . . »	Oasis. 349	Organes. . . . . »
Nazareth . . . . »	Obéissance. . . . . »	Organisation humaine. . . »
Nécessaire. . . . . »	Obélisque. . . . . »	Orgueil. . . . . »
Nécessité . . . . »	Oberkamf. 350	Orient. 366
Nécessité de se vêtir. . . »	Obermann. . . . . »	Originalité. . . . . »
Necker . . . . »	Objets de fantaisie. . . . »	Origines. 367
Négligence. 339	Obligations . . . . »	Orphelins. . . . . »
Nègres. . . . . »	Obole. 351	Orthographe. . . . . . . »
Neige . . . . »	Observation. . . . . . . »	Oubli. 368
Nénuphar 340	Obstination. . . . . . . »	Ouvriers. . . . . »

F

FABLE. — Allégorie déguisée, récit sans vraisemblance, mais enseignement par l'exemple.

<small>La fable paraît appropriée à l'instruction de l'ignorance.</small>

<small>(QUINTILIEN.)</small>

Pour nous, les enseignements de la fable, par leur naïveté, leur limpidité, leur naturel, leur jeune, mûre et vieille raison, leur expérience, surtout leur philosophie et la pureté de leur morale, ont l'immense mérite de s'adresser utilement à *tous* les âges de la vie de l'homme et de solliciter heureusement ses vertus et ses qualités.

Pour compléter ma pensée personnelle, j'ajouterai que la fable, qu'on destine à l'enfance, n'est *jamais* comprise par elle que comme une *petite histoire*, non comme un vrai et grand enseignement. On devrait donc la réserver exclusivement pour l'âge de saine et haute raison, depuis trente ans dès lors jusqu'à l'ultime vieillesse.

— Quoique l'antiquité ait contesté à Esope le titre de premier fabuliste en date, nous n'hésitons pas à le lui accorder : Phèbre imita Esope, Lafontaine imita Esope et Phèdre, Florian imita Esope, Phèdre et Lafontaine, puis Viennet et ses successeurs imitèrent tous ces fabulistes; Lamothe-Houdard seul, entré à l'Académie en 1710, paraît avoir réellement inventé presque *tous* ses apologues.

— Bidpaï, fabuliste indien renommé, a été aussi traduit dans toutes les langues de l'Europe. Il y a deux traductions françaises, celle de Galland et celle de Gaulmin. Lafontaine, le roi des fabulistes, paraît avoir connu les œuvres de Bidpaï et y avoir puisé en imitateur : ainsi dans *les Deux amis, la Lionne et l'Ours, le Roi et son fils, la Souris métamorphosée en fille, les Deux perroquets, la Tortue et les deux Canards, le Marchand,* etc... Tout cela, sans amoindrir la réputation de Lafontaine qui, de l'aveu de tous, est bien supérieur au fabuliste indien et à tous les fabulistes.

— Nous ne devons pas omettre de mentionner les apologues de l'ancien et du nouveau Testament où la puissance morale et religieuse se fait sentir avec une force patriarchale et divine.

FACILITÉ D'HUMEUR. — C'est un don précieux pour le français que cette élasticité d'humeur qui sait si bien prendre la vie, et, comme un niveau d'eau, peut mettre ses désirs à la mesure de sa situation.

FACULTÉS. — Nul ne changera jamais l'essence de son être; l'habileté est de diriger vers le bien ses facultés natives et d'utiliser ainsi et en quelque sorte ses défauts.

On ne fait rien pour les facultés naturelles, et c'est un tort: toutes sont susceptibles d'amélioration par la culture. (L. D. CROUSSE.)

— La nature a si bien créé l'homme pour les grandes choses, qu'elle lui a prodigué toutes les aptitudes et tous les moyens ou leviers : l'intelligence qui conçoit, la réflexion qui combine, la volonté et la persévérance qui exécutent, la hardiesse et l'audace qui font vaincre.

Mais si la nature donne les aptitudes, les facultés ; l'éducation les découvre, les éveille, les forme, les polit, les complète, les dirige vers le bien, autrement elles seraient exposées à infléchir vers le mal et à perdre dans le vice, la ruse ou la bassesse, des forces destinées à former des qualités supérieures.

Une vérité dont il faut se convaincre avant tout, c'est que le développement des facultés de l'âme est la source unique, universelle de toutes nos supériorités. (AIMÉ MARTIN.)

L'exercice des facultés en augmente le développement et la force, comme la gymnastique ajoute à la vigueur de chacun des organes et des membres. (M*me* MONMASON.)

— Lorsque les facultés d'un homme ne parviennent pas à trouver à se développer dans une carrière proportionnée à leur puissance, la compression qui en résulte étouffe l'âme, tue la vie et met le désespoir à la place de l'enthousiasme.

FAIBLESSE. — Le défaut le plus dangereux parce qu'il est incorrigible est la faiblesse de caractère : il est dans la constitution, dans le sang, dans l'intelligence, la volonté, il est dans tout l'homme enfin.

— Une personne faible est la proie ou la victime de tous les mauvais conseils, et, si elle en suit un bon, ce n'est qu'à bâtons rompus, sans suite, sans logique, trouvant toujours moyen de tout gâter et de tout compromettre ; elle n'agit que par accès, comme la fièvre et, passant comme elle de l'exaltation à la faiblesse, elle reste toujours dans les extrêmes et les contradictions.

— Les hommes faibles se défient si fort de leur énergie que, pour écarter le danger et lorsqu'ils se sentent un moment de volonté, ils brusquent tout pour en finir, précisément parce qu'ils manquent de force et de persistance pour conduire et terminer froidement et heureusement leurs affaires. Ces natures débiles ne pouvant vouloir qu'à demi, ne rencontrent ni les avantages de l'indépendance ni les mérites de la résignation ; elles se placent ainsi dans le vide, c'est-à-dire dans le courant du danger.

— Les hommes faibles font du bruit pour masquer leur faiblesse, comme font aussi les poltrons qui menacent pour s'enhardir et se rassurer, et les enfants qui chantent la nuit ou dans l'ombre pour étouffer leur peur, sans penser qu'ils appellent sur eux les dangers qui les font trembler.

— En faisant trop bon marché de l'opinion des faibles on les pousse infailliblement à résister et même à se faire agresseurs.

— C'est le propre de la faiblesse de se rassurer sans raison comme de s'effrayer sans motif.

— Les esprits faibles agissent d'abord et regrettent, puis se repentent aussitôt.

— C'est une bien lâche faiblesse que de se faire l'esclave des jugements d'autrui, lorsqu'on a le sentiment de leur fausseté.

— Il ne faut rien espérer et il faut tout craindre de ces êtres faibles et amphibies qui ne savent être ni bons ni méchants.

— A certains signes de délicatesse efféminée et de maladive mollesse, on peut deviner que les muscles manquent à l'âme aussi bien qu'au corps, car le corps n'est qu'une simple enveloppe.

— Certaines natures timides et faibles sentent tout faiblement et vivent, pour ainsi dire, au clair de lune de toutes les passions, de toutes les inclinations, de toutes les pensées.

— La faiblesse inspire la commisération aux âmes généreuses, elle se fait respecter presqu'autant que l'énergie et appelle à son secours toutes les fibres sensibles du cœur humain : elle est donc parfois plus puissante que la force, car, au lieu d'une force elle peut en avoir dix à son service.

— La faiblesse d'une femme qui étonne et embarrasse un homme d'action et d'énergie, intéresse et subjugue un homme de dévouement.

— La faiblesse des femmes n'est souvent que relative ; elles sont fortes dans les épreuves sérieuses, parce qu'elles se mettent au niveau d'une position donnée : c'est la même raison qui les livre désarmées et faibles aux plus futiles dangers ; énergiques et fermes en face de la douleur, elles ne le sont pas contre l'entraînement des sens ! Elles auront triomphé des plus cruelles infortunes, elles succomberont dans les piéges cachés d'une soirée, d'une promenade, d'un bal, d'un moment de tête-à-tête surtout !

FAÏENCE. — Ce mot vient de Faenza, ville italienne qui perfectionna la première la poterie de terre en la vernissant au moyen d'un enduit boracique trouvé tout près de là dans les lagunes toscanes de Volterra, dont l'eau est si chaude et surtout si mordante qu'elle dépouillerait *instantanément* de sa chair, le membre humain qui s'y plongerait. L'Italie s'enrichit depuis lors de cette découverte due à un industriel français, M. de Larderelle, le borax étant un produit du continent chinois que jusque-là l'Italie n'avait pu se procurer qu'à très-haut prix.

FAILLITES. — Dans cette déchéance qu'on appelle banqueroute, faillite ou déconfiture, la honte et les embarras affaiblissent celui qui aurait besoin de tout son courage pour se relever : s'il s'abandonne alors au désespoir, sa ruine devient complète et définitive ; mais l'homme probe ne se laisse jamais abattre et il sort honoré de la lutte. La loi et la magistrature devraient une protection énergique à pareille position, elles pourraient ainsi sauver bien des misères, en suspendant *provisoirement* l'effet de la faillite pour établir la position pécuniaire et fixer le bilan sur la balance du doit et avoir.

C'est donc une injustice et une maladresse de la loi et de l'opinion que de flétrir un failli honnête et de briser ainsi son avenir ; c'est un exemple déplorable et une perte pour la richesse nationale à laquelle on enlève ainsi un instrument utile. Qu'on réserve l'ignominie et la punition pour le banqueroutier, car banqueroute signifie escroquerie, mauvaise foi, et faillite ne signifie qu'embarras pécunier, souvent *momentané*, accidentel et dès lors transitoire et réparable !

FAMILLE. — « Ce n'est que dans la famille qu'on trouve une consolation et un asile contre les coups du sort. »
(ANDROMAQUE, EURIPIDE.)

— La sympathie est le commencement du bonheur dans la famille, l'union le fixe, l'amour le complète.

— Qu'est-ce que l'homme isolé, comparé à l'homme entouré des affections de la famille ? Ces affections sont autant de racines qui le fixent à la terre et lui fournissent tous les sucs de la vie, sa force, son énergie, son bonheur, sa considération, tout vient de là ; c'est dans la famille que l'homme apprend à aimer, à se dévouer, à travailler, et c'est la vie de cette petite famille qui nous apprend à vivre dans la grande.

— Constituons la famille aussi solidement que possible, fortifions les chaînes de l'intimité et de l'affection domestiques et gardons-nous de délier cette gerbe heureuse du ménage dans la crainte d'en éparpiller les épis et d'en faire la proie des vents, des oiseaux ou des rongeurs.

— La famille est si bien *tout*, que tous les hommes sont destinés à être chefs de famille, qu'ils ont besoin d'apprendre pendant leur enfance et à l'exemple de leur père ce qu'ils doivent faire à leur tour comme pères de famille ; ils reçoivent donc ces leçons pour les transmettre eux-mêmes comme une tradition religieuse.

— L'homme est mort, le chêne qui abritait la famille est tombé, mais auprès de lui grandissent déjà ses enfants, jets nouveaux qui promettent déjà à la famille ombrage, abri et protection.

— L'homme puise sa considération et sa force dans la famille : ses grands parents le protégent de leur autorité et de leur concours ; ses amis, ses obligés de leur dévouement ; la famille groupe ainsi toutes ses forces et les multiplie par elles-mêmes. On ne comprendra jamais assez la puissance d'un si bienfaisant rayonnement !

— Une famille est une couvée d'oiseaux enfermés dans la même cage et dans le même but d'une vie douce et commune ; chacun s'y accomode et s'y arrange naturellement, comme font des voyageurs, d'abord très serrés et très gênés en diligence, mais qui, sous l'action des secousses du chemin, finissent par s'y trouver à l'aise !

— Rien ne remplace le toit paternel ; l'air y est plus pur, la vie plus riante, les mœurs plus simples, les contacts plus affectueux ; le bonheur est dans l'air, on le respire, on en jouit, c'est le tissu d'une douce vie.

— La famille est un petit état dans un grand ; elle a le besoin et le droit d'avoir ses règles, ses prérogatives, ses lois : tout y a la plus grande importance et quoique le cercle soit plus étroit, la discipline, les habitudes n'y sont pas moins indispensables.

— La désunion dans la famille est un indice certain de malheur et de misère ; chacun est mécontent, la peine remplace le plaisir, tous traînent leur chaîne, et l'isolement fait le malheur commun ; tandis que l'union eut créé le bonheur intime : c'est ainsi que les hommes faussent les positions les plus heureuses et font tourner contre eux celles qui paraissaient créées pour leur bonheur.

— Le plus doux plaisir de la famille, c'est de se trouver groupés et unis intimement, aussi bien par une affection réciproque que par des habitudes, des croyances, des opinions, des sentiments communs ; de ce tout homogène et sympathique il ne peut ressortir qu'un lien indissoluble et une douce et bienveillante fraternité.

— L'influence des petites choses sur les grandes est plus importante qu'on ne croit : des frères, des sœurs devraient toujours porter le même costume, l'uniforme de chaque sexe en un mot ; c'est la consécration extérieure de l'unité de la famille, des sentiments réciproques d'affection, l'égalité entre tous, si séduisante, enfin la suppression de la jalousie entre les enfants.

— Dans les familles sérieusement chrétiennes tout est normal, moral et digne ; tout est union, amour et effusion dans le dévouement et la vertu.

— La prédominance heureuse d'un père de famille, illustre par ses mérites, crée la royauté la plus bienfaisante et la protection la plus efficace pour les enfants dont elle assure l'avenir : et, telle est la puissance des familles bien unies et bien constituées, qu'elles *assurent* presque toujours *largement et presqu'indéfiniment* leur position à leurs enfants !

— Quand on travaille pour sa famille le plaisir est toujours au bout de la fatigue, mais il n'en est pas de même quand on travaille pour des étrangers.

— Dans les anciennes familles, à traditions patriarchales, la vie paraît une continuation de celle des aïeux : les habitations sont religieusement respectées, les meubles parlent encore le vieux langage des générations passées, les anciennes vertus inspirent les vertus nouvelles, et dans cette longue galerie d'aïeux, chaque portrait est une autorité et un exemple dans la bonne voie des grandes vertus toujours héréditaires !

— Les familles ouvrières s'accroissent presque toujours dans la proportion de leur misère, et quand la ruche est trop pleine, il faut bien qu'elle essaime et la nécessité égoïste pousse chacun à emporter sa provision de miel.

Famine. — Disette générale, manque absolu de pain et de tous autres objets nécessaires et indispensables à l'alimentation.

— La famine est la terreur des gouvernements ; presque toutes les révolutions sont nées de la famine ou des désastres qui la suivent : c'est l'excessive cherté des vivres et la loi du maximum qui entraînèrent les mouvements populaires, causes de toutes les monstruosités et des abominables crimes de 1793.

Fantaisie. — Le caprice produit la fantaisie, le premier pousse à de grosses folies, celle-ci aux petites, mais par sa plus grande mobilité, par sa futilité même elle s'exerce si facilement et si souvent qu'elle en vient à des dépenses plus considérables parfois que celles faites par le caprice et la prodigalité ; dans ce temps surtout de luxe effréné, la fantaisie absorbe une part importante du revenu, déjà entamé par l'élévation de tous les prix. Puis quand Madame a des fantaisies, Monsieur peut avoir des caprices et la ruine entrer par toutes les portes dans les fortunes les plus puissantes, car tout se fait dans la mesure donnée et dans les palais et les châteaux somptueux plus abondamment et promptement que dans les habitations plus modestes.

FASCINATION. — Certains hommes habitués à poser et à commander, exercent sur d'autres une certaine fascination par le regard, le geste, la parole, la force de volonté ; elles font jaillir d'un homme toutes les facultés qui sont en lui, comme tous les secrets qu'il veut cacher ; c'est une espèce d'électricité qui fait rayonner au dehors toutes les pensées qui se cachent au-dedans.

FATALITÉ. — Certains faits ne sont compréhensibles qu'avec l'idée de la fatalité : un homme entrevoit une femme, cet événement, le plus vulgaire, le plus insignifiant, contient en germe *tous* les développements d'un long et sérieux avenir.

— La *fatalité* était la loi suprême de l'antiquité ; *le devoir*, au contraire, est le principe de la religion du Christ: la récompense sera mesurée aux mérites ; quoi de plus moral ? La liberté de l'homme ressort naturellement de ce principe. La loi divine antique qui est restée celle des Turcs, est contraire à la moralité : au lieu de répondre de ses actions, le mahométan naît sous l'empire d'une destinée *immuable* à laquelle il ne peut rien changer ! que peut un peuple sur un principe aussi dissolvant, aussi paralysant, aussi anéantissant? Jusqu'ici il a fallu *ces deux convoitises aussi acharnées qu'elles sont discrètes et latentes*, pour arrêter les deux invasions en Turquie, de la Russie, pour conquérir et annexer s'a la Turquie entière, et de l'Angleterre pour la défendre et au pis aller pour se l'approprier et même la partager avec des alliés tout prêts à agir.

— Si Dieu n'était pas le maître des destinées humaines, et si ces destinées n'étaient pas la récompense des vertus et des qualités, ou la punition des vices et des défauts, l'homme lui-même devrait être considéré comme l'auteur et le dispensateur, par ses vertus, de son bonheur, par ses vices de son malheur ! L'homme serait donc dans tous les cas responsable vis-à-vis de lui-même de tout ce qui peut lui advenir.

— On pourrait croire à une fatalité qui groupe les épreuves et en fait sortir notre destinée ; elle nous prend au berceau et nous suit *tenacement* jusqu'à la tombe. C'est là une excuse menteuse et absurde, la fatalité est le résultat logique *de nos vices et de nos défauts* ; avec les qualités contraires à ces vices, *tous* les bonheurs nous seraient assurés !

— Zénon, philosophe stoïcien et dès lors *fataliste*, battait un domestique qui l'avait volé ; celui-ci s'excusait par la maxime de son maître, la fatalité ! Zénon lui répondit que si sa destinée était de voler, elle était aussi d'être battu !

FATIGUES. — Les grandes épreuves ou les excessives fatigues réagissent sur l'intelligence, sur la pensée et sur la parole qu'elles allanguissent et même paralysent complétement.

— Il y a des moments où l'esprit harassé et lassé de tout cherche inutilement un point de repos comme ferait le malade fatigué du lit où il ne pourrait trouver une position supportable : l'excès du repos serait donc aussi dangereux que l'excès de fatigue, il conduirait à l'embonpoint, à la plénitude, à l'excès du sang, à la congestion, à la paralysie.

— Les fatigues de l'étude sont bien plus dangereuses que les fatigues du corps, car si elles sont excessives elles usent le corps et l'intelligence, tandis que celles du corps entretiennent la santé et créent l'ensemble de la force corporelle, en développant chacun des organes de la force : d'où nous pourrions conclure que la santé et la vigueur sont la récompense du travail.

— Un des plus grands soulagements à la suite d'une grande fatigue, c'est, pour l'homme, les bains, le massage ou les frictions. Il en est de même pour les animaux, le bouchonnage les anime, les repose et atténue les effets si dangereux de la fourbure (fatigue excessive.)

Fat. — Il y a des hommes si infatués d'eux-mêmes qu'ils passent leur vie à s'admirer et dès lors à dépriser les autres; ils changeraient de sentiment et de voie s'ils pouvaient deviner l'opinion du monde sur leur sotte personnalité!

— Retirez les ailes à un papillon et il ne restera qu'une espèce de chenille, défrisez ou déshabillez un fat et il ne restera que la vulgaire, creuse et ridicule animalité humaine!

— Le fat s'aime trop lui-même pour se faire aimer des autres.

— Les femmes risquent trop dans la société d'un fat pour qu'elles puissent s'y hasarder et surtout s'y arrêter dans le mariage.

Fatuité. — L'esprit chez l'enfant, annonce la fatuité chez l'homme.

— Combien de sociétés de bas étage où on place le bon ton dans la fatuité, dans l'affectation de ne rien aimer, ni estimer, de ne croire à rien, de se railler de tout! Vanité bien facile et dès lors générale chez les esprits bornés et futiles.

— Afficher une bonne fortune, c'est se faire passer pour un sot aux yeux de ceux qui n'y croient pas; pour un fat dans l'esprit de ceux qui ne veulent pas y croire et pour un misérable devant ceux qui seraient convaincus de la vérité.

— La fatuité est la maladie des sots, des ignorants, des gens incomplets et légers ; ils s'estiment d'autant plus qu'ils ont moins de mérite; plus ils se croient grands, plus ils sont petits, on comprend dès lors que la fatuité prête plus au rire qu'au blâme, à la pitié qu'au mépris; le fat est donc le plus ridicule des hommes, précisément parce qu'il se croit le plus distingué ; nous disons des hommes, car on n'applique presque jamais ce ridicule aux femmes et notre langue française *consacre cette vérité* puisque le mot *fat* n'a pas de féminin dans notre langue ! Si nous cherchons dans nos souvenirs et nos impressions, nous ne nous rappelons pas, en effet, une femme méritant cette imputation : serait-ce parce que le mot de fatuité s'applique peut-être plus particulièrement aux hommes qui visent à la réputation de gens à bonnes fortunes, précisément parce qu'ils n'en ont aucune et qu'il est dans la nature, l'essence et l'intérêt des femmes de ne jamais afficher leurs liaisons.

Fausseté. — Dans les sociétés dites civilisées et que nous ne craignons pas d'appeler dépravées, on décore des beaux noms de diplomatie et de réserve, la dissimulation et la fausseté ; c'est ainsi qu'on voile les vices pour les rendre moins hideux et qu'on trouve une excuse pour les pratiquer.

— Le manque de franchise et, ce qui est plus accentué encore, la fausseté, est un défaut intolérable et anti-social: n'est-ce pas être seul, n'est-ce pas être en danger que de vivre avec une personne fausse ?

— Certaines gens savent si bien dissimuler leurs sentiments qu'ils vous tueraient en vous souriant et en vous caressant; leur bienveillance coule à flots sur ceux qu'ils écrasent; ils vous noient dans une mer d'eau bénite.

— Un ennemi est bien moins à craindre qu'un faux ami ; aucun danger n'est plus grand que celui qui naît de la fausseté de ceux qui nous entourent.

— L'homme faux et fourbe a l'âme machinée comme un théâtre, avec fausses trappes, fausses portes et tout ce qui peut faciliter l'illusion, les surprises et les vols.

— Que de vertus d'apparât ou de surface qui se produisent comme une annonce de journal avec l'exagération qui trahit la fausseté.

Fautes. — C'est faire abus de la puissance de Dieu et même blasphémer que de rejeter sur la Providence une faute qui ne vient réellement que de nous.

— Quand on a fait une faute, il convient de le reconnaître de suite et sans hésitation, autrement la faute s'aggrave ; d'une légèreté on fait une action réfléchie et on se place dans la position la plus compromettante.

— Quand un coupable cherche à excuser, à expliquer sa faute, c'est déjà un excellent signe, car c'est une preuve qu'il la comprend, qu'il aime aussi et comprend le bien et qu'il veut y revenir.

— C'est presque rentrer dans l'état d'innocence que de former énergiquement la résolution de réparer une faute commise et d'éviter d'y retomber.

— L'aveu d'une faute, est une victoire de la raison qui grandit, sur l'orgueil qui s'humilie.

— Une âme vertueuse se punit elle-même à chaque infraction faite à ses principes, par le remords qu'elle éprouve de sa faute.

— Il ne faut pas se contenter de reprendre ceux qui ont fait des fautes, il faut arrêter ceux qui vont en faire.

— Chaque regard de ceux qui approchent d'une personne coupable, la frappe de toute la force d'un reproche mérité.

— Les fautes les plus excusables et cependant les plus cruellement punies sont les fautes du cœur : une pauvre jeune fille qui a aimé est frappée plus outrageusement par l'opinion publique qu'un voleur ou un assassin ! C'est là une exagération déplorable !

— Les fautes des jeunes filles entraînent de si *terribles* conséquences qu'on s'étonne de ne pas les voir trembler devant un pareil danger. Ce qui fait les délices des jeunes femmes fait leur désespoir et leur honte ; elles doivent cacher jusqu'à leur tendresse pour ne pas révéler leur chute.

— Il semblerait qu'aux yeux du monde, la honte est plus dans l'absence du mystère que dans la faute elle-même ; ce ne serait donc alors que la maladresse ou l'étourderie qui déshonorerait !..

— Une femme serait toujours bien embarrassée de dire la cause réelle de sa première faute, car il faut s'attendre à ce que les femmes subissent toutes les influences, celles de la raison exceptées.

FAVEUR. — Un acte de faveur produit plus d'effet qu'un acte de justice ; on est plus sensible à une grâce qu'à une récompense.

FAVORITES. — Agnès, Diane, Gabrielle, Lavallière,... et toutes ces jeunes beautés aimées des rois plus qu'il ne fallait pour le bonheur des reines, ont payé bien cher les courts éclairs d'un bonheur immoral et honteux !

FÉES. — Tous les peuples, dans leur ignorance primitive et leur impossibilité de rien expliquer, ont cru aux esprits, aux revenants, aux sylphes et aux fées ; cette superstition a même gagné les sommités sociales : du temps de la féodalité les plus grandes familles croyaient avoir à leur service une fée spéciale qu'elles remerciaient de leur élévation et de leurs succès.

Tous nos vieux poètes s'inspirent de l'existence des fées ; l'instruction a fait aujourd'hui justice de ces croyances populaires et les fées sont reléguées dans les charmants petits contes de Perrault, si aimés des enfants, mais qu'une raison plus sérieuse devrait peut-être retirer de leurs mains, car beaucoup pensent justement que ces contes ont leurs dangers, particulièrement en inspirant la peur de l'inconnu et la croyance dans des êtres invisibles.

— La fée est la première poésie de l'enfance, de l'ignorance, de la peur, de la crédulité.

— La féerie des siècles intermédiaires n'est que la reproduction de la mythologie ancienne et payenne comparée et très-bizarrement embrouillée.

— L'Allemagne si prosaïque cependant avec sa choucroute, sa bière, sa fumée étouffante de tabac et des plus mauvaises odeurs, a rajeuni les légendes de fées, de génies, de gnomes de sylphes et fait éclater au milieu des discussions de la science et de la cabale les brillants rayons du caprice et de la fantaisie. C'est ce qu'elle appelle rêver dans le bleu !

FÉLICITÉS. — Les grandes félicités inspirent toujours une espèce d'effroi, car la nature a ses règles et on craint de payer par un grand malheur certains bonheurs inespérés.

— La félicité consiste bien plus dans le contentement de soi-même, c'est-à-dire dans l'exercice de la bienveillance, de la bonté, dans une humeur toujours gaie et égale que dans la jouissance des honneurs et de la fortune.

Quoique la vraie félicité soit inséparable de la vertu, on veut toujours être heureux avant d'être sage. (F. P.)

Femmes. — C'est en étudiant les femmes qu'on se prépare à mieux encore étudier les hommes.

— La femme est un poëme en trois chants: vierge, épouse, mère; c'est-à-dire le bouton, la fleur et le fruit.

— Toutes les nations antiques, imitées en cela par les nations modernes, n'ont laissé à la femme dans leurs sociétés qu'une place infime et asservie aux caprices de l'homme : odieux abus de la force brutale ! car la femme, dans tous les étages sociaux, a des délicatesses de perception et de sentiment inconnues aux hommes; c'est par ces délicatesses qu'elle entame la dure sauvagerie de son maître, qu'elle le convertit à ses idées, le domine et en fait son esclave, à la condition d'user discrètement de cette puissance, si fragile en apparence, si persistante en réalité !

— Ce n'est qu'en partageant ses plaisirs, en s'en faisant le but et l'instrument, en devenant en quelque sorte sa servante et sa flatteuse, en lui vouant tout son dévouement, que la femme est parvenue à dompter et à soumettre cet homme sauvage des anciennes solitudes du monde, alors que la force était le droit du plus fort et la protection de tout ce qui l'entourait.

— La femme n'est si puissante que par sa faiblesse résignée et par cela même attractive, elle sollicite ainsi la protection de l'homme, et le protecteur, enivré et charmé, devient bientôt l'esclave le plus soumis et souvent le plus heureux ! c'est là cependant tout le secret de la puissance de la femme. Ajoutons que si elle fait naître et prodigue tous les transports, elle recueille le plaisir de les partager.

— Personne, mieux que la femme, ne connaît et ne supporte aussi bien les souffrances de l'oppression et de l'abnégation; mais si elle est soumise par sa nature même et par l'éducation, le mariage qui doit la trouver telle, ne doit pas aller jusqu'à l'asservir ; la famille serait en grand danger si la femme, au lieu d'être une compagne active et intelligente, un bon conseil en même temps qu'un grand secours, tombait dans un esclavage énervant et avilissant!

— La femme, toujours soumise, étudie plus complétement son mari que l'homme, qui se croit son maître, n'étudie la femme; sur elle son action est directe, tandis que celle de la femme sur l'homme est cachée, indirecte et détournée : c'est le faible qui étudie le fort pour le dominer par ses passions. Malheur à la femme qui laisserait deviner à son mari l'empire qu'elle exerce sur lui ! cet empire serait menacé et le pouvoir reprendrait brutalement ses droits.

— La femme serait l'égale de l'homme, mais dans sa propre sphère d'action, si l'homme ne s'ingéniait, ne se complaisait à la gâter, à l'affaiblir, à l'annuler, à en faire une chose, un jouet, une amusette, au lieu de l'élever en vue de sa mission toute personnelle de sentiment, de puissance intellectuelle et morale, appliquée surtout à l'éducation et à l'instruction des enfants et au gouvernement de la famille entière.

— Pour les brutalités humanitaires, il n'y a que deux catégories de femmes, les jeunes et les vieilles, celles qui sollicitent les sens, celles qui les refoulent.

— Pour l'homme égoïste, sa femme est une pâte molle qu'il approprie à tous ses goûts et à tous ses besoins : c'est l'admiratrice de sa personne et de son esprit, c'est l'oreille qui l'écoute avec complaisance, le coussin qui aide à sa sieste, l'oreiller de ses nuits, le chant qui l'endort, la parole qui le flatte toujours ; c'est la bonne et l'institutrice de ses enfants, l'administratrice de sa maison et de sa table, l'adulation et la protection de toute sa vie !

— Les femmes ont plus de dévouement que les hommes et la nature l'a reconnu en leur confiant les plus difficiles et les plus douloureuses missions : la gestation, la maternité, l'éducation ; vingt-cinq ans de souffrances, de maladies, de fatigues, de dangers variés et continus! quand de plus grands malheurs ne viennent pas frapper la famille!

— Toute femme a mission d'instruire, d'enseigner, de moraliser et de tenir haut dans la famille le drapeau de l'honneur.

— Il faut reconnaître que les femmes, plus éloignées des débats d'intérêt et de la vie d'affaires, sont restées meilleures que les hommes, gouvernées qu'elles sont plutôt par des idées morales que par des idées matérielles; ainsi elles ne tiennent à la vie que par les sentiments du cœur, et, lorsqu'elles s'égarent, comme c'est encore par ces sentiments qu'elles sont entraînées, n'est-il pas juste de leur pardonner?

— Que seraient les hommes sans les femmes? des animaux grossiers, emportés, cruels, toujours en luttes, jamais en repos; elles seules adoucissent nos mœurs et nous civilisent en nous aimant, en nous captivant par les vertus les plus douces.

— La femme, dit Liébaut, a toutes les gracieusetés du corps: l'homme est beau et digne, la femme est jolie et attrayante, son corps est aussi délicat à voir qu'à toucher, sa peau est aussi éclatante et douce que celle de l'homme est durcie et velue; détailler les attraits de son corps serait chose infinie et cependant ses qualités morales sont encore plus nombreuses; son cœur anime tous ses sentiments, ses paroles, sa conduite!...

— Les droits de la femme étaient inconnus de l'antiquité, elle était servante et esclave, le Christ plaça la femme au niveau de l'homme en y ajoutant la protection et le respect dus à sa faiblesse et à sa timidité.

— C'est la société des femmes qui avait donné aux français cette galanterie de manières, cette politesse de bon ton, cette aisance, qui faisaient autrefois la réputation de nos sociétés aristocratiques. Aujourd'hui que le genre anglais nous a envahis, que le club ou le cercle groupe brutalement les hommes, ils y ont perdu leurs anciens mérites et y ont gagné ce sans-façon vulgaire, ce mauvais ton débraillé que la société des femmes bien élevées sait si parfaitement adoucir, effacer ou écarter entièrement.

— Partout où l'attraction des sexes a été embellie et fortifiée par des idées morales, la position des femmes a grandi, elles sont devenues un objet d'adoration. Chez les peuples grossiers et barbares, au contraire, elles sont restées soumises, avilies et asservies à la force brutale.

— C'est l'affranchissement et la liberté des femmes qui font la douceur, le charme et la séduction des sociétés européennes.

— En Afrique la femme est moins qu'un meuble, elle est une servante et un portefaix, elle est un bétail car elle sert à la reproduction des esclaves, vendus comme bestiaux et à plus bas prix qu'eux.

— Dans toutes les sociétés humaines c'est la femme qui a le plus souffert et souffre encore le plus; c'est la moitié la plus faible, la plus sensible, la plus délicate qui est sacrifiée; c'est la plus compatissante qui est la plus maltraitée, la plus douce qui, trop souvent, est la plus brutalisée.

— Les femmes paraissent être en ce monde vouées au culte de la douleur; elles vivent pour souffrir de leurs souffrances ou de celles des autres en y compatissant et en les secourant; elles s'attachent dans la mesure du bien qu'elles font, de telle sorte qu'on pourrait s'y tromper et prendre l'obligé pour le bienfaiteur. Après une vie toute de dévouement ce sont elles encore qui recueillent le dernier soupir de ceux qu'elles ont aimés, qui adoucissent les approches de la mort et de la séparation, qui cèlent douloureusement leurs angoisses pour leur sourire encore dans leur douleur et jeter une consolation et une dernière espérance dans le cœur terrifié de ceux qu'elles vont perdre!

— Les hommes devraient associer les femmes à leurs vertus, elles les rendraient plus bienveillantes et plus aimables; leur faire partager leur bonheur, il serait plus durable et plus doux! Les conseiller, les diriger sans leur faire sentir qu'ils sont les maîtres, car les femmes ne sont pas la propriété de leurs maris, elles sont leurs compagnes, leurs auxiliaires: qu'ils cultivent en elles le penchant à la tendresse qui doit produire la félicité commune!

— C'est le cœur qu'il faut former chez

les femmes, bien plutôt que l'esprit, puisque c'est le cœur qui les gouverne et commande toutes leurs actions : à quoi servirait d'orner l'esprit si le cœur devait, en se dégradant, abaisser ou pervertir toutes les autres facultés ?

— Les femmes ont raison de dire : nous devons souffrir dans nos affections et on nous fait sans force, et on ne cultive que notre vanité et notre sensibilité, ces deux brèches par où nous périssons !

— Il semble que les femmes ne doivent toucher à rien de ce qui convient aux hommes, qu'il y ait dans la vie deux carrières toujours parallèles, mais jamais confondues, et destinées à l'homme et à la femme séparément : aux femmes les talents légers et agréables, des goûts simples et d'intérieur, assez de lecture pour orner leur esprit, de la réflexion sans prétention, du raisonnement sérieux et sans sophismes, de l'amour sans emportement.

— On a beaucoup discuté sur l'aptitude des femmes aux travaux intellectuels et de graves écrivains ont sérieusement traité cette question : St-Lambert et Roussel leur conseillent de ne pas se risquer dans la lutte, Condorcet et Helvétius sont d'un avis contraire. Quant à nous, nous ne comprenons pas qu'il puisse y avoir un doute : la femme, si elle n'a pas la force intelligencielle de l'homme au point de vue des sciences ou de la politique, lui est bien supérieure sur d'autres points qui touchent aux sentiments affectueux, aux idées morales et religieuses, à l'éducation proprement dite surtout ; que chacun reste dans ses spécialités naturelles et y conserve la supériorité que la nature paraît lui avoir accordée et tout sera au mieux. Nous vivons dans un siècle de liberté et il serait étrange qu'on fermât la carrière à l'activité intelligencielle et utile des femmes.

— Jusqu'ici, emprisonnée dans les limites les plus étroites, la femme n'avait que le droit de se livrer aux soins du ménage, de coudre, filer, tricoter ou racommoder, c'était un esclavage odieux et injuste au point de vue personnel, anti économique et désastreux au point de vue général, car la plus nombreuse moitié du genre humain se trouvait ainsi paralysée dans son amour pour le travail et exclue des carrières où son intelligence et son activité devaient lui donner l'aisance et la fortune. Aujourd'hui la glace est rompue, le préjugé est vaincu, l'opinion publique s'est prononcée dans le sens de la justice, et malgré les émeutes et les coalitions d'ouvriers

— Le danger, c'est que la société qui, en l'émancipant, a condamné la femme au travail, ne s'est pas préoccupée de lui assurer un travail qui lui convint ; de là la misère, la dépravation et les chutes. Les jeunes femmes sont un sérail dispersé, vivant d'amour et d'aventures tant qu'elles son jeunes et jolies ; misérables, perdues, sacrifiées lorsque la beauté les abandonne.

Le remède serait le travail mieux organisé et mieux réparti dans l'intérêt des femmes aussi bien que de la richesse nationale qui perd un milliard par an en retardant cette réforme si facile, si juste et si impérieusement commandée !

— Si la nature a donné le génie, la fermeté aux hommes qui avaient déjà la force, elle a doté les femmes des armes de la faiblesse, tact exquis, prévision et clairvoyance !

— Que la femme n'envie pas les talents de l'homme, car elle fait plus que l'homme pour l'humanité, alors que dans son sein et sur ses genoux elle prépare et façonne un homme digne et probe, une femme bonne et morale.

— Plus une femme est instruite, moins elle est naturelle, moins elle est femme, moins elle est modeste, car ce qu'elle donne à l'esprit elle le prend au cœur.

— Les grands talents, le génie même sont pour les femmes des dons funestes ; leur vie, comme celle d'une fleur, a plus besoin d'ombre et de solitude que d'agitation et d'éclat.

— La femme artiste n'est plus une femme, c'est un homme par l'indépendance qu'elle a conquise et par les aptitudes qui se sont développées en elle.

— L'esprit des femmes est subtil et sagace, mais il manque d'ampleur, de force et de logique, ce qui les rend impropres aux sciences ; leur finesse, leur perspicacité viennent de la délicatesse de leurs organes, elles sentent très-vivement et s'expriment de même ; aussi les petites filles prennent-elles de suite l'avance sur les petits garçons et parlent-elles plus tôt, plus facilement et plus gracieusement.

— Ce n'est pas faute de capacité que la conversation de tant de femmes est si frivole et si insipide, ce n'est le plus souvent que pour ne pas avoir cultivé les facultés qu'elles possèdent réellement et pour n'avoir pas profité des moyens qu'elles avaient d'acquérir une plus forte instruction.

— Les femmes comprennent à merveille le point qu'on leur explique, mais elles saisissent moins bien ce lien logique et forcé qui fait d'un raisonnement une chaîne parfaitement liée.

— Les femmes sont d'autant plus séduisantes, qu'elles paraissent ignorer ce qu'elles savent très-bien, par contraste avec tous ces hommes du monde, si légers et si futiles, et qui parlent si frivolement de tout ce qu'ils ne savent pas.

— Les principales vertus et les plus grands vices d'une femme sont d'une nature privée et domestique. Le bonheur de son mari, de ses enfants et de ses serviteurs doit dépendre de la disposition habituelle de son âme ; tout le bien et tout le mal qu'il est en son pouvoir de faire provient donc de ce qu'elle a réprimé les défauts de son caractère ou de ce qu'elle leur a donné un libre cours.

— Toutes les femmes, les meilleures surtout, ne sont que le miroir et l'écho des sentiments et des paroles des personnes qu'elles aiment, elles se personnifient dans leur amour ou leurs amitiés, c'est dire qu'elles se laisseront conduire par la plus légère des chaînes de fleurs.

— La femme copie facilement et imite naturellement son mari dans ses expressions, ses inflexions de voix, ses gestes, sa pose. C'est le résultat ordinaire d'une association intime, d'une cohabitation habituelle et continue.

— Le mari, effacé par sa femme, se donne le mérite de l'activité et de la puissance sans en avoir la responsabilité.

— Une femme douce et bonne ne cherchera jamais à avoir le dessus dans ses divergences d'opinion ou ses discussions avec son mari ; si elle croit avoir raison et ne peut réussir à le convaincre, elle doit attendre, en se gardant bien de reposer la question, que la réflexion amène son mari à penser comme elle.

— Certaines énergies féminines percent à travers les grâces de la jeunesse, la modestie, l'ignorance, la timidité ; un œil exercé les devine, comme ferait un soldat d'un poignard enfermé dans un fourreau de satin.

— Une femme supérieure doit fouler aux pieds toutes les petites manières des femmes ordinaires pour ne pas descendre du piédestal sur lequel sa nature l'a placée, mais elle doit bien se garder de laisser deviner ce sentiment de supériorité.

— Presque toutes les femmes sont faibles et ont besoin de s'appuyer sur quelque chose. Chez les femmes émancipées ce quelque chose est une idée, chez les femmes restées craintives et timides ce quelque chose est quelqu'un !

— Les femmes ont de nobles instincts, produisant chez elles l'abnégation, le dévouement, la bienveillance et, comme conséquence, le courage soutenu et persistant, bien supérieur à la fougueuse furie du courage de l'homme de guerre.

— Que de femmes orgueilleuses, au lieu de rechercher dans le mariage les joies expansives de l'amour, ne poursuivent que les âpres jouissances de la vanité et de la liberté !

— La femme intelligente et bonne, inspire au lieu de commander, entraîne au lieu d'agir et de diriger.

— Une femme de sens ne doit jamais, dans quelque circonstance que ce soit, abandonner sa maison, car ce serait s'exposer à y laisser introduire le désordre, le gaspillage et le mauvais exemple.

— Le génie des femmes est dans leur cœur, car elles sont destinées à des sentiments, à des œuvres d'affection et d'amour. Seules elles comprennent les délicatesses et les poésies du cœur parce que toute leur vie est là. La vie des hommes au contraire est dans leur tête, dans des combinaisons d'ambition, de fortune ou de vanité ; le cœur dans l'homme n'est que l'accessoire de la force, une occasion ou un instrument de plaisir ou de caprice.

— L'âme seule peut juger et connaître l'âme, c'est par ce sentiment exquis que la femme se distingue, qu'elle pense, juge, agit et se gouverne.

— La femme communique à toutes ses liaisons un charme magnétique et caressant, une forme affectueuse, dévouée et passionnée.

— Une femme aimante en s'associant à nos joies, en devinant nos tristesses, en y portant remède, en rétablissant ainsi l'équilibre dans nos sentiments, devient en quelque sorte la protectrice et la ménagère de notre âme.

— La femme est tout pour l'homme : dans ses faiblesses et ses maladies l'homme ne peut remplacer la femme auprès de l'enfant et du malade, car il faut là une douceur, une aménité, une surveillance incessante de détails, une anxiété inquiète et mille autres facultés que la femme seule possède.

— La nature a fait les femmes ingénieuses, prévoyantes, ménagères, laborieuses : l'inaction est donc encore plus dangereuse pour elles que pour les hommes, car elles usent dans d'oiseuses distractions leur activité naturelle et se détournent ainsi des devoirs qu'elles sont le plus disposées à remplir.

— L'amour, cette grande aspiration du cœur des femmes, l'amour ne les égare que trop souvent ; l'ambition ne les conduit qu'à l'intrigue, l'instruction et la science paraissent les singulariser en les détournant des devoirs domestiques et des joies du cœur.

— Les femmes sont les muses du genre humain, mais muses du bien et du mal, des héroïsmes et des misères, des joies ou des douleurs, le paradis ou l'enfer !

— Les femmes aiment beaucoup mieux le *pourquoi* de la curiosité qui questionne que le *parce que* de la raison qui explique, c'est dire qu'elles sont plus curieuses que raisonnables.

— Heureuses les femmes qui savent se faire et s'assurer une vie de vertu, d'amour et de bonheur ! Cette vie leur est aussi douce, facile et sûre qu'elle est dure et exposée pour celles qui suivent une voie contraire !

— La femme doit être le lien, la joie, le bonheur et la prospérité de la famille, c'est dire que son humeur doit être constamment égale, sans maussaderie, sans colère, sans grimace, qu'elle doit être un modèle de propreté, d'activité, d'ordre, d'économie, de prévoyance, de vigilance et de bonté surtout, car la femme ne vit que par le cœur.

— La vie d'une honnête femme est un tissu de bonnes actions, d'heureuses habitudes, de sentiments vertueux, d'exemples utiles et pratiques ; sa véritable force consiste dans une douceur affectueuse et son plus grand moyen d'action, dans ses grâces et son égalité d'humeur.

— La femme est bienfaisante et compatissante par instinct, c'est donc plus qu'un penchant, c'est un besoin de sa nature, et le poète n'a rien inventé en racontant qu'Elva s'était jetée dans les bras du diable avec la pensée de le consoler et de l'arracher à ses tortures !

— Là où les femmes montrent le plus de fermeté et de courage c'est dans leurs passions de cœur : en cela elles sont intraitables, leur cœur est leur conseiller le plus et le mieux écouté, c'est leur empereur et roi !

— La femme n'est pas seulement l'âme ardente et protectrice de la famille, elle en est le cœur, la passion, la joie, la grâce et le sourire.

— La femme doit rester femme de la tête aux pieds, du cœur à l'âme, sous peine de voir sa vie brisée et son avenir perdu.

— La nature semble avoir voulu protéger la femme, elle lui a rendu le vice plus repoussant et les vertus plus douces ; c'est rarement par elle que commence le désordre des familles, elle suit un exemple ou une incitation. Dans les siècles mêmes où les femmes paraissent corrompues, c'est qu'elles ont été démoralisées par le siècle.

— La femme a cette supériorité sur l'homme qu'elle est plus constante dans son affection, plus attachée par le cœur que par les sens, souvent plus modérée dans ses passions, plus prudente, plus prévoyante et plus délicate dans sa conduite.

— On parle de la fidélité du chien ! Mais les femmes sont encore plus fidèles à l'homme qu'elles aiment ! Quand elles s'en détachent c'est que leur amour est trompé, que l'homme a changé et que dans leur besoin d'aimer elles ont cherché un autre cœur pour y trouver refuge, protection et affection, si non amour ! car femme et amour sont deux noms congénères et jumeaux !

— Les femmes sont naturellement armées pour intéresser, charmer et séduire et lorsqu'elles ne remplacent pas leurs mérites naturels par de ridicules prétentions, elles sont toujours sûres de plaire.

— Chez beaucoup de femmes ce sont souvent les vertus qui leur manquent qui les rendent si adorables, car les grandes vertus peuvent exalter l'orgueil, étouffer et absorber les qualités du cœur.

— Les femmes sont la moitié de notre âme, comme elles sont la moitié de notre corps ; nos desirs éveillent leurs désirs, elles partagent nos faiblesses et nos folies, leur pensée répond toujours et constamment à la nôtre.

— Ce n'est que dans le calme et la tranquillité que les femmes exercent leur action sur la société ; dans les moments de trouble, leur influence est écartée ; plus il y a de civilisation, plus leur empire est assuré, car plus les mœurs sont douces et réglées plus elles se placent au centre et au niveau de l'action entraînante des femmes.

— Le mérite de la femme est dans les vertus modestes ; la plus estimable sera celle dont on parlera le moins, la plus estimée celle dont on ne parlera pas du tout ; car cela prouvera son abnégation, sa modestie, sa simplicité.

La femme la plus vertueuse est celle dont on parle le moins. (THUCYDIDE.)

— Mais les lionnes, les femmes à la mode de nos sociétés modernes, sont dans la voie et les sentiments contraires ; on parle tant d'elles qu'elles sont devenues des banalités d'opinion, de fait et de réalité, qu'elles soient princesses, bergères ou autre chose !

— Il ne suffit pas qu'une femme soit sage, il faut encore que sa sagesse soit notoire et si incontestée, que personne ne puisse douter de sa vertu, car pour une femme le doute est la certitude de la faute.

— Une femme devrait toujours savoir que ce qu'elle fait dans le secret ne manquera pas d'être publié sur les toits.

— Le bonheur défend une femme, la souffrance, le malheur continus la livrent désarmée à toutes les tentations à toutes les séductions. Que la femme malheureuse soit donc toujours en garde, toujours éveillée et vigilante contre cet incessant et formidable danger !

— Une femme heureuse n'a jamais de ces fantaisies ardentes, de ces caprices bizarres, de ces volontés féroces que Diderot appelait la bête dans la femme !

— Quoi de plus attractif qu'une femme réellement heureuse par le cœur ; elle rayonne sur tout son entourage, elle provoque, elle réchauffe tous les bons sentiments, elle communique son bonheur à tout ce qui est autour d'elle, elle vivifie tout.

— L'honneur des femmes n'est si bien gardé que par l'amour conjugal, la foi religieuse de la femme et la protection bienveillante et clairvoyante du mari.

— A part l'adultère qui est la plus grande faute ou plutôt le plus grand crime d'une femme, les hommes qui ont la prétention d'être les maîtres et les dominateurs, ne peuvent pas plus leur reprocher leurs défauts que les instituteurs ne pourraient reprocher leur ignorance à leurs élèves ; le bon mari fait la bonne femme ! Et j'appelle bon mari l'homme affectueux, prévenant couvrant sa femme d'une protection et d'une surveillance si *incessantes*, qu'une faiblesse, encore moins une faute est impossible.

— Vivante, la femme intelligente et vertueuse est la providence de la maison ; morte, elle en reste l'ange gardien, la bienfaitrice par les bonnes habitudes qu'elle y a assises, par les dévouements qu'elle a inspirés, par l'économique simplicité du logis, par la sainte frugalité de la table, par l'amitié des voisins, la bienveillance de tous.

— Quelqu'honnête et modeste que soit une femme, elle se surprendra quelquefois à préférer la calomnie à l'oubli !

— La chose la plus difficile est de ramener à la raison ou à la vertu la femme qui a pu s'en écarter.

— Œuvre de l'amour, destinée à l'amour, la femme est tout amour et expansion : sa grâce trouve un appui dans sa faiblesse même, par l'intérêt que cette faiblesse inspire et commande au besoin.

— Les femmes font de l'amour un continuel trafic au profit de leur cœur, de leurs sens, de leur amour-propre, de leurs plaisirs ou de leurs besoins : c'est le cas de dire qu'elles ne vivent que par l'amour.

— Toutes les femmes donnent le plaisir, beaucoup le désir, très-peu l'extase, encore moins la constance : c'est leur faute ou le tort des mœurs et peut-être aussi le nôtre !

— La femme est la partie tendre et nerveuse du genre humain ; l'homme en est la partie musculaire et brutale.

— La femme sensuelle est bientôt connue ou devinée, mais la femme immatérielle reste longtemps ignorée si on ne l'étudie pas assez sérieusement pour la comprendre.

— Il faut aux femmes de l'émotion, et encore de l'émotion, toujours de l'émotion! c'est leur vie, leur distraction, leur plaisir, leur passion. La plupart d'entre elles sont plus avides d'encens que d'amour, elles sentent d'instinct qu'elles sont moins exposées devant d'audacieuses entreprises que devant de timides et respectueuses sollicitations.

— Les femmes délicates aiment mieux les préludes ou les suites du plaisir que le plaisir même, faire vibrer les cordes de leur âme, parler à leur cœur, les amuser avec délicatesse, voilà ce qu'elles préfèrent, et il y a peu d'hommes assez sensibles et assez délicats pour se complaire dans ce cercle, de douces, discrètes et intimes jouissances.

— Les femmes succombent plus souvent par surprise ou par accident qu'avec préméditation : la vanité, l'amour, l'entraînement, la faiblesse sont leurs complices les plus actifs et les plus dangereux.

— Pour qu'une femme se donne sciemment, il faut qu'elle se sente bien forte ! dans leur faiblesse presque toutes se laissent prendre dans un moment d'indécision, de tendresse, d'émotion, d'abandon volontaire, ému et attendri.

— Ce qui manque aux femmes c'est la défiance contre elles-mêmes, contre les entraînements de leur cœur et de leur coquetterie ; elles ne s'aperçoivent de leurs fautes que lorsqu'elles sont déjà trop engagées, compromises ou perdues.

Avec plus de sagesse et de clairvoyance, elles comprendraient qu'il est pour elles mille dangers inconnus qui se dresseront devant elles au moment où elles s'y attendront le moins et qu'il leur faudra plus d'énergie et d'adresse pour les éloigner qu'il n'eut fallu de prudence pour les éviter.

— Comment expliquer que la même faute soit presque infailliblement commise par toutes les femmes ?... Que de si anciens, de si nombreux exemples de tant de pays et de tant de siècles soient toujours perdus pour elles ? Qu'elles fassent presque toutes fausse voie au même endroit du chemin ?... C'est qu'elles ont toutes les mêmes faiblesses et sont fatalement soumises aux mêmes dangers. Leur existence entière dépend d'un jour, d'une minute, d'une démarche, d'une parole : leur bonheur ou leur malheur tient à si peu de chose, à une circonstance de si peu de poids dans la vie, qu'on ne peut trop les prémunir contre les entraînements de leur inexpérience !

— Pour une femme qui se donne tout entière et pour toujours, c'est se suicider que d'être infidèle.

— Une femme douce, plus lente à s'émouvoir et à s'abandonner, est plus persistante dans ses passions qu'une femme à sentiments plus vifs et plus précipités, ceux-ci ont moins de force et des racines moins solides et moins profondes.

— Les esprits passionnés aiment les obstacles, ce qui fait que l'impossible entre toujours plus ou moins dans les résolutions des femmes.

— La femme est extrême en tout comme tous les êtres faibles ; elle est ou toute bonne ou toute méchante, c'est un ange ou un démon !

— Parce qu'elle est pleine de passion, la femme est *par cela même* pleine de puissance ; elle commande irrésistiblement l'adoration et l'amour.

— L'homme qui a aimé les femmes pour lui-même, a appris dans ces doux rapports à les aimer pour elles seules, car il n'a trouvé dans leur cœur que bonté, douceur et dévouement. Elles sont nos anges gardiens dans nos souffrances physiques et nos anges consolateurs dans nos souffrances morales : la consolation découle de leur présence, de leurs actions, de leurs lèvres ; elles ont seules les formules qui apaisent un cœur malade et ulcéré !

— Les femmes les moins sensibles doivent être les moins malheureuses, d'abord, parce qu'elles sont dispensées de la fausseté ; qu'elles n'ont pas besoin de paraître donner au mari le cœur qu'elles n'ont pas, ce qui vaut mieux que d'en avoir un pour le donner à un autre !

— La nature a mis dans le cœur des femmes des forces immenses qui sommeillent longtemps et ne s'éveillent que devant les grandes épreuves ou les besoins les plus impérieux.

— Ceux qui ne connaissent de la femme que la mère de famille parlant ménage et que la jeune fille à marier, ne parlant de rien, ne connaissent d'elle que l'utilité vulgaire et non les vertus qui l'animent et lui donnent sa valeur !

— Les femmes, si généralement loyales en affaires d'argent, le sont encore plus en affaires de cœur, elles se laissent entraîner et séduire sans défiance et sans calcul et suivent l'inclination de leur cœur trop aimant et trop souvent trompé.

— Le monde féminin est le plus impressionnable, le meilleur ou le plus dangereux tout à la fois, c'est celui qu'il faut le plus surveiller et ménager ; c'est le corps le plus nombreux, le plus parlant et le mieux écouté, et, quoiqu'on en dise, le plus influent ! il faut donc à tout prix s'en faire bien accueillir ; les attentions sont envers lui une obligation forcée et intéressée, les complaisances et les flatteries un moyen de séduction : vous plairez aux femmes, vous les entraînerez, vous les captiverez en leur parlant de leur beauté, de leur esprit, en exaltant leur bon sens, leurs vertus et leurs grâces !

— Les femmes sont le miroir infaillible des mœurs intimes et mêmes publiques. Car elles imitent et même copient tout.

— Bien des femmes rêvent pour mari un million sur les épaules d'un rustre, un galon autour du cou d'un préfet, un grand et beau sabre de général sous une petite et jeune moustache ; les variantes sont nombreuses et contradictoires bien entendu !

— Quand on aime les femmes on les tourmente par la jalousie, quand on ne les aime plus on les délaisse ; elles doivent donc redouter presqu'autant l'indifférence que l'amour.

— Combien de femmes sont victimes des hommes par leur amour et leur constance, et des lois par leur mariage !

— Dans les femmes la faiblesse prend sa revanche par la finesse et l'astuce ; dans les jeunes filles, l'ignorance se défend par une curiosité excessive, par l'observation continue, par l'intuition la plus délicate et la plus clairvoyante.

— La délicatesse de la constitution des fibres de la femme lui fait rechercher les sensations similaires, les sensations douces qui la reposent et non les sensations fortes qui la fatiguent et l'effraient.

— La grande délicatesse de la femme amène cette rapide succession d'émotions qui deviennent malheureusement un véritable supplice, après avoir été un véritable besoin ; c'est ainsi qu'elle perd son repos et sa santé en altérant même parfois sa raison.

— Quelle heureuse et douce nature que celle des femmes en général ; un rien leur est occupation, distraction, plaisir et joie ; un rien les fait causer et rire ; leur vie et leurs broderies se ressemblent : c'est le plus léger tissu sur le plus léger canevas.

— Il est peu de femmes qui ne soient de vraies marionnettes entre les mains des hommes ; soumises et résignées devant une autorité sérieuse et ferme, folles et éventées avec un mari éventé, débile et insouciant.

— Les femmes abandonnées à elles-mêmes imitent les enfants, usent et abusent de la vie, la gaspillent à plaisir, absolument comme les petites filles dans un parterre qui saccagent et détruisent tout.

— Quand les femmes se mêlent d'une affaire, ou elles l'embrouillent, l'enveniment ou la déroutent : car ce qui leur manque le plus, c'est la logique dans la conduite de la vie.

— Il est peu d'hommes qui ne s'émeuvent devant une attaque de nerfs, car il en est peu qui sachent manœuvrer ces sensibilités artificielles et plus artificieuses encore !

— Les femmes seules ont la faculté de ces crises aussi violentes que fugitives et qui disparaissent aussi facilement qu'elles ont apparu : c'est la comédie de leurs instincts plutôt que le mensonge de leurs sens !

— Une femme a le droit de tout vouloir, droit qu'elle tire de son caprice, de sa nature mobile et multiple, de ses accès d'humeur, de coquetterie, de rivalités féminines, de ses nerfs, de ses toilettes, de ses impressions musicales, de ses idées religieuses et *tutti quanti*.

— On a dit des Jésuites qu'ils étaient les plus fins, les plus rusés, les plus madrés des casuistes ; je n'ai jamais douté de leur force et de leurs ressources, mais je connais des casuistes plus habiles encore, plus souples et plus dissimulés : ce sont les femmes à tous les degrés de la hiérarchie sociale, depuis la paysanne jusqu'à la grande dame, la reine ou l'impératrice, véritables caméléons changeant fréquemment de couleur et de formule, trouvant réponse à tout et se tirant d'embarras avec la dextérité et l'aplomb d'un prestidigitateur, tout cela naturellement, naïvement et candidement : si bien que les plus clairvoyants et les plus soupçonneux y sont trompés.

— Comme les enfants, les femmes sont tendres et ardentes, comme eux impressionnables et mobiles, il faut donc leur accorder la même tolérance.

— Les femmes n'acceptent aucune excuse tirée des affaires ou de la paresse, leur personnalité est trop exigeante pour cela.

— Si les femmes redoutent le jugement des autres femmes, c'est qu'elles se trouvent jugées par des consciences clairvoyantes et comme elles se jugeraient elles-mêmes.

— Certaines femmes distinguées sont tout harmonie dans les qualités du corps, de l'âme, de l'esprit et du cœur.

— Quand une femme ne veut pas comprendre ce que vous lui dites trop nettement, elle sait trouver une formule de se retirer de la lutte et sans paraître embarrassée.

— La langue d'une femme est souvent son épée, aussi en use-t-elle dans ce sens !

— C'est par leur vanité et leurs oreilles qu'on réussit auprès des femmes ; elles recherchent toujours l'homme dont on parle, pour se glorifier de l'avoir captivé.

— Une femme acariâtre semble n'avoir qu'un but, c'est de chasser de sa maison toutes les personnes qui peuvent s'y présenter ; son humeur la fait ridicule et offensive envers les autres, en la rendant plus malheureuse elle-même.

— Les pays tempérés sont le paradis des femmes, car le climat, en exaltant moins les passions, inspire plus de confiance dans leurs vertus.

— Les femmes sont partout des magiciennes ! Mais c'est surtout dans le midi que leur empire est plus grand : l'air et la température, le soleil si resplendissant sont des philtres qui inspirent et commandent l'amour, avec son poison, la jalousie.

— La femme est toujours jeune, car elle a toujours vingt ans dans quelque repli de son cœur.

— Les femmes s'attachent plus volontiers aux mauvais sujets qu'aux hommes rangés, honorables et raisonnables, ce qui prouve que la tolérance, la compassion et le besoin de pardonner sont chez elles des sentiments très vivaces.

— Quand les femmes deviennent exigentes et impérieuses c'est qu'elles sont moins occupées de leur ménage et de leurs enfants, plus oisives et plus ennuyées, dès lors sur la voie du mal et du désordre !

— Chez certaines femmes la jeunesse n'apparaît que par l'acte de naissance, rien n'y trahit ces pulsations printanières qui vont du cœur au cerveau en jetant des éclairs par les yeux et des frissons sur les lèvres et partout !

— Les femmes ne sont éloquentes que lorsqu'elles parlent d'elles-mêmes ou des sentiments qu'elles ressentent ; elles sont souvent froides ou guindées lorsqu'elles parlent des autres ou de sentiments qu'elles n'éprouvent pas.

— Rien ne désoriente tant une femme vulgaire que les grands sentiments, car elle n'en éprouve que de petits ; et, en effet, il lui faut pour être heureuse un monde à la taille de son intelligence, de ses instincts et de ses goûts.

— Le manége le plus habituel à la femme c'est de savoir parfaitement ce que désirent les hommes tout en paraissant l'ignorer.

— Les femmes du monde ont ce tort grave de se joindre à ceux qui se rient de la chute d'une pauvre fille au lieu de la défendre et de renvoyer le blâme à l'instigateur de la faute.

— Les femmes pardonnent moins une blessure légère née d'un sentiment *ordinaire*, qu'une grande injure produite par une passion qui s'adresse à elles, leur vanité les console.

— Le sentiment de leur faiblesse leur inspirant le besoin impérieux de la protection, entraîne toutes les femmes autour des forces les plus viriles et de la bravoure la plus accentuée, sentiment aussi bienfaisant que logique, puisqu'il est une récompense des qualités qu'elles recherchent dans leur époux.

— On doit se garder de théories devant les femmes, elles provoquent en elles le désir de les déjouer.

— Il faut être en défiance contre le cœur des femmes qui n'ont été ni épouses ni mères, car elles ignorent les deux sentiments qui élèvent le plus le cœur et étendent le plus les devoirs de la vie.

— La vie des femmes est une loterie, où il y a, comme toujours, cent lots perdants contre un lot gagnant : tant de courtisanes meurent à l'hôpital qu'il peut bien y en avoir quelques-unes qui réussissent à vivre heureuses et opulentes.

— Nos femmes à la mode se font poupées par leur toilettes recherchées, par leurs minauderies et leurs grimaces et j'ajouterais presque par leur nullité.

— Les femmes ont si naturellement le désir et la volonté de plaire, qu'elles n'épargnent rien pour y réussir : ce sont de vraies actrices et artistes en amour, et, comme les acteurs, elles veulent toutes venir prendre leurs grades, c'est-à-dire leur langage, leur ton, leurs manières, leur goût et leurs modes à Paris et au théâtre.

— Les femmes sont ordinairement si frivoles que tous les événements de leur vie soulèvent une question de toilette : pour elles tout aboutit à un changement de costume ; pour un baptême une robe, pour une soirée une autre robe, pour un mariage une autre robe encore...

Les femmes ne se parent que pour se faire envie les unes aux autres. (GOETHE.)

J'ajoute pour plaire à leur mari, le captiver et *lui faire honneur*, c'est leur mot.

— Les femmes du monde sont ainsi bien appelées, car elles lui appartiennent si complétement qu'elles sont ses esclaves et que l'usage leur impose les mêmes formules pour les personnes qu'elles aiment et pour les indifférents.

— Les femmes du monde sont toujours en représentation ; pour elles il n'y a pas de coin du feu, de laisser-aller, de liberté, elles sont toujours sous les armes, toujours en action, toujours en représentation !

— Toutes les femmes du monde élégant paraissent jetées dans le même moule : la coquetterie, l'afféterie, le désir de briller et de plaire sous le masque menteur de la modestie ; elles aiment le bal, la promenade, le théâtre ou l'église, qui est un autre théâtre pour elles ; elles aiment le monde pour s'y repaître de flagorneries, elles semblent avoir la passion de la musique, parce que cela est de bon ton ; elles applaudissent pour prouver leur goût, affirmer leur talent et appeler l'attention sur elles : en un mot partout elles veulent être remarquées et adulées : leur bonheur est là et n'est que là : il est encore plus grand quand elles recueillent la jalousie des autres femmes ; aussi dans les salons du monde arrivent-elles les dernières et sortent-elles les premières pour faire sensation et être remarquées.

— La mode, la nouveauté, la curiosité

sont des amorces auxquelles les femmes savent rarement résister.

— La nature a donné à la femme tous les moyens imaginables de plaire, et, comme si c'était en ses mains une arme utile, la société par son luxe, ses modes, ses attentions, ses prévenances, ses usages, a ajouté encore à ses moyens de séduction.

— Aujourd'hui, à peine distingue-t-on les sexes, car telle femme parle avec l'autorité d'un homme, tel homme avec les mignardises de la femme ! Les femmes donnent des poignées de main, montent à cheval, fument, jouent à la bourse et dépassent même souvent les hommes dans leurs excentricités !

— Dans le monde d'aujourd'hui certaines femmes se signalent par une allure cavalière et par l'extravagance de leur langage ; on leur pardonne pour le moment, parce qu'elles étonnent toujours et amusent parfois ; mais quand le silence s'est fait, on les juge avec une sévérité qu'elles ne méritent pas toujours, car dans leurs entraînements elles ont l'habitude de tout exagérer, en se grisant dans leurs folies.

— Presque toutes les femmes de lettres ont les manières et les qualités viriles : madame de Staël, G. Sand, Louise Collet, madame de Girardin, mesdames d'Istria, etc... Comme elles sont entrées dans une carrière d'hommes, elles en exagèrent les rudesses pour se mieux masquer.

— Les femmes sans passion sont toujours les moins exposées et les plus heureuses ; elles ont la tranquillité de l'âme qui est le bonheur, et le calme des sens qui est la vertu sans ses tentations dangereuses.

— On obtient tout des femmes par leur sensibilité, ce qui implique, au point de vue des mères, qu'on ferait inutilement un appel à leur prudence !

— La sagacité de la femme est proverbiale : c'est une espèce de seconde vue dont sa délicatesse naturelle l'a douée ; c'est par les intonations variées de la voix, par certaines manières, certains gestes qu'elle juge et comprend ; si le soupçon chez elle est éveillé, si elle veut voir et percevoir, elle devinera tout ! Cette rare clairvoyance dans la perception produit la brillante limpidité de sa pensée et la finesse de ses dissertations. Il ne faut pas se dissimuler cependant que ces qualités peuvent s'acheter par un défaut qui serait une grande légèreté et une plus grande hardiesse d'appréciation.

— A première vue et au premier mot, les femmes devinent qu'elles ont plu ; ici elles sentent avant même d'avoir compris leur succè.

— Les femmes doivent à une grande délicatesse de constitution cette vivacité d'impression et de sensation qui les entraîne instinctivement, aveuglément et presqu'au hasard vers le bien ou vers le mal.

— Les partis violents et extrêmes sont si bien dans la nature si impressionnable des femmes qu'elles passent de l'amour à la haine, de la timidité à l'audace, de la modestie à l'effronterie et à l'impudence ; elles sont excusables, c'est la réaction naturelle et logique de leur délicatesse de constitution, vous jouissez des charmes et des séductions, il faut bien vous résigner aux inconvénients.

— Les haines des femmes ne calculent rien, elles hasardent et brusquent tout comme les enfants dans leurs colères ; on ne peut sérieusement les rendre responsables de vivacités non raisonnées, mais réellement subies ! Le demi-sourire d'un mari trop vaniteux les a déjà amnistiées !

— Les femmes sont toujours trop portées à l'exagération, ainsi une femme aimante délaissée ou trompée se surprendra à désirer d'être assassinée par amour !

— Pour paraître complètement aimable aux yeux des femmes, il faut savoir les écouter avec intérêt, approbation et crédulité même ! on sera charmant si on y joint la flatterie et l'admiration.

— Le temps où l'on cherche à plaire aux femmes est réputé le meilleur de leur vie, le temps où on leur plaît est plus doux, mais est parfois moins durable et plus dangereux.

— Combien de femmes qui croient se distinguer et ne se distinguent que trop en vivant au contre-pied des autres femmes : elles font du jour la nuit et de la nuit le jour, et se couchent lorsque tout le monde songe à se lever ; c'est là un travers et un défaut de jugement ; c'est plus que cela, c'est un danger pour leur santé, leur fraîcheur et leur beauté !

— Quand une femme mondaine ne trouve plus d'amants elle prend un confesseur ! elle remplace le bal, l'opéra, les intrigues et le jeu par les prédications et les offices... Mais, à l'occasion, le diable y gagne toujours et beaucoup !

— En général les femmes ne s'aiment pas entre elles, mais se sentant trop faibles dans leur isolement, elles se soutiennent toutes et se liguent par instinct contre le mari accusé de tyrannie, de jalousie ou d'infidélité, et cette ligue a sa puissance et ses dangers, car elle forme l'opinion, isole l'ennemi et le contraint presque toujours à se soumettre !

— Un homme de sens évitera toute lutte avec une femme spirituelle, car il serait dévoré de suite, honni et bafoué ; notre courtoisie française rendrait la partie par trop inégale !

— L'homme et la femme vivent partout en état de guerre, et surtout dans les salons, théâtre avoué de ces duels entre les deux sexes ; tout est ruse, embûches et surprises, malheureusement c'est presque toujours la femme, comme être le plus faible, qui paie les frais de cette charmante mais dangereuse guerre.

— Ce qui pourrait perdre les femmes c'est cette folle suffisance de croire qu'elles pourront se donner la gloire de réformer et de fixer un homme que personne avant elles n'a pu ni fixer, ni réformer.

— La femme est orgueilleuse de commander à un homme fort et en même temps honteuse et humiliée de son empire sur un homme faible ; c'est qu'il est dans sa nature d'obéir et d'être dominée.

— Un grand caractère annonce aux femmes une grande passion et comme c'est là leur utopie, on a réussi à moitié lorsqu'on leur a fait croire à une puissante spontanéité, à une grande énergie ; la bravoure fait aussi fort bon effet sur des esprits qui ont peine à la comprendre et à la définir !...

— Pour une femme en vue et estimée, broncher, c'est faillir !

— Une femme qui laisse prendre la plus légère privauté est engagée à en accorder successivement de plus en plus grandes ; une fois entrée dans cette voie elle ne peut plus reculer et arrive *inévitablement* aux conséquences les plus fatales pour elle !

— Toutes les femmes qui tombent doivent s'en prendre à leur propre vanité, à leur futilité, à l'absence de modestie et de circonspection !

— Il est bien dangereux pour une femme d'arrêter trop souvent son attention sur les perfections et les qualités d'un homme qu'elle a l'occasion de voir fréquemment : ses pressentiments, ses sensations, ses émotions devraient lui révéler la révolution qui est en voie de s'opérer en elle et de s'accomplir.

— Insister sur les défauts d'un rival, c'est lui donner aux yeux des femmes une importance qu'il n'eut peut-être jamais eue : une haine violemment exprimée sert donc l'ennemi au lieu de l'abaisser ; l'indifférence serait une arme plus sûre !

— Les femmes ont des yeux très-clairvoyants et qui veulent toujours être satisfaits ; elles voient avant de juger, c'est pour cela qu'auprès d'elles les mérites extérieurs et de surface l'emportent tout d'abord sur les mérites les plus sérieux.

— On ne comprend pas assez quelle ressource les femmes ont sous la main pour se venger de leurs maris. Quels abus elles font de cette ressource qui est à la fois une revanche, une distraction, un plaisir, un souvenir, mais en définitive un crime aussi odieux que dangereux dans ses formidables conséquences !

— Une femme pardonne plus facilement la colère, les emportements, les brutalités même de la passion que les quolibets et les mièvreries de l'indifférence, et cela se comprend, car c'est une question de puissance et de règne, triomphe éclatant ! ou de froideur et de mépris, mais toujours injure suprême !

— Le faible des femmes est de se laisser

dominer par ceux qui leur accordent le plus de déférence, d'attention, d'admiration !

— Les manières, le ton, l'esprit d'un homme fascinent plus les femmes que ne le feraient la bonté et toutes les grandes vertus : le caquetage amusant réussit mieux auprès d'elles que le silence respectueux, la frivolité que le bon sens.

— Les femmes sont généralement ignorantes, frivoles, superficielles, c'est là leur côté faible ; plus instruites, plus sérieuses elles prendraient possession d'une volonté plus raisonnable qui les conduirait au port et protégerait toute leur vie en l'honorant !

— Les femmes ont le tort de se fier plus à leurs impressions qu'à leurs raisonnements, ou plutôt de s'arrêter aux premières sans les raisonner et les discuter : de là tant d'erreurs !

— Dans nos mœurs il semble qu'il appartienne à l'homme de demander toujours ce qu'il convient à la femme de refuser sans relâche et résolûment.

— Nous attaquons, nous harcelons sans cesse la femme, nous lui tendons tous les piéges possibles, nous l'entraînons et la séduisons, nous provoquons ses faiblesses pour jouir ensuite de sa défaite, cela est-il juste ? ses vertus sont à elle, ses défauts et ses vices seuls sont à nous puisqu'ils sont notre ouvrage !

— Une femme n'a à craindre des recherches indiscrètes ou des obsessions hardies qu'autant qu'elle les encourage, car avec quelque prudence, il lui est très-facile de les écarter.

— Précisément parce qu'elles doivent compter avec l'opinion, les femmes étudient sans cesse ce qui la crée, l'affaiblit ou la fortifie : elles savent la diriger et la faire ; elles observent le monde, elles le ménagent et le caressent sachant bien qu'elles dépendent de lui ! c'est une seconde puissance, un second mari, un second maître plus absolu qu'il leur faut adoucir et subjuguer.

— Ne parlez jamais aux femmes de leur expérience, car ce mot est blessant pour elles, puisqu'il sous-entend le mot maturité ou vieillesse et il n'y a point de femme qui permette sans déplaisir qu'on la suppose dans ces périodes trop respectées et trop respectables de la vie.

— Les femmes sont si effrayées de devenir vieilles et si désireuses de rester jeunes et fringantes, qu'elles finissent par croire qu'elles ne peuvent vieillir : illusion bien douce et sur laquelle il serait trop cruel de souffler.

— La fraîcheur et la jeunesse durent si peu, dans les femmes surtout, qu'elles doivent s'approvisionner d'autres mérites sous peine de tomber de très-haut lorsque les premiers auront disparu.

— Les femmes à la mode, plus rares en province qu'à Paris, sont comme les fleurs, elles ont leur saison et parfois une saison plus courte que les fleurs, car la vérité qui peut se voiler et même se cacher dans la foule parisienne se produit plus facilement en province où la foule n'existe pas et où tout le monde se connaît.

— Les femmes, si bien disposées pour la ruse, se décident difficilement à imiter le pape Sixte-Quint et à se vieillir pour atteindre la puissance suprême et s'en emparer.

— C'est avec la plus naïve bonne foi que les femmes sur le déclin de la jeunesse et de la beauté cherchent à cacher les premières traces de leur vieillesse.

— Les femmes restent plus longtemps jeunes de cœur que nous ne le supposons, aussi résistent-elles (et elles ont raison), à accepter cette déplaisante enveloppe de la décadence, que l'âge jette sur elles.

— Que les femmes cessent de s'affliger de la perte de leur jeunesse et de leur beauté ; qu'elles éloignent leur miroir et cultivent leurs talents, leur esprit et réveillent leur âme ; elles trouveront bientôt dans leurs vertus, leurs mérites, leurs qualités et la considération qui les récompensera, un dédommagement à des plaisirs et à des succès moins solides.

— Quel bonheur pour une femme qui a passé la première jeunesse de pouvoir regarder en arrière, de juger sa vie de cette élévation de trente ans et de ne retrouver qu'une innocente jeune fille, une chaste épouse, une mère digne et raisonnable.

— Une femme sensée a, dans sa vieillesse, une influence bien plus grande que celle dont elle a pu jouir dans sa jeunesse, sa dignité appartient à son âge, à son expérience, à sa réputation; c'est la récompense, c'est la couronne d'une belle vie.

— Somme toute, et après mûr examen, une femme sérieuse et intelligente devrait préférer les plaisirs calmes et continus de la vieillesse aux plaisirs plus vifs, mais rapides, mais troublés et souvent chèrement achetés de la jeunesse.

— C'est à cinquante ans que madame de Maintenon devint l'amie et bientôt secrètement l'épouse de Louis XIV et eut sur ce grand roi plus d'influence que n'en eurent jamais la reine Marie Thérèse et toutes ses maîtresses si nombreuses, si jeunes, si belles, si séduisantes !

— A soixante ans madame de Sévigné était plus fêtée et admirée que jamais; l'expérience avait mûri son jugement l'étude et la réflexion avaient étendu ses connaissances et ses mérites; aussi écrivait-elle : « si je pouvais vivre deux cents ans, je deviendrais la plus aimable personne du monde ! »

— C'est leur esprit varié, leur bonté affectueuse, leur grâce enivrante qui, se reproduisant en toutes choses, maintiennent l'éternelle jeunesse des femmes.

— Dans le peuple, la femme est une cuisinière sans gages, une nourrice sans traitement, une couturière sans salaire, tout son travail est gratuit ! Elle donne toutes ses facultés, tout son être, toute sa vie enfin à son mari !

— Les vertus obscures et latentes de la femme du peuple ne sont pas assez appréciées ; elles mériteraient une considération qu'on oublie trop souvent de leur accorder.

— Dans le peuple, c'est la femme qui est l'âme, la pensée directrice du ménage; ses instincts sont plus délicats que ceux de son mari et son intelligence plus éveillée. Dans les classes élevées, au contraire, le chef est le mari, il dirige, il acquiert et conserve, tandis que la femme anime et embellit tout!

— Quel bonheur pour la femme de prendre sa part dans la communauté de la vie et du travail, de ne pas rester un être nourri et logé, un frelon parasite, vivant sans fatigues et du travail des autres !

— La femme opulente et oisive devrait se sentir humiliée de son infériorité devant la femme du peuple si laborieuse, parfois si digne, si heureuse dans ses misères, si utile avec ses facultés bornées, si absolue dans ses dévouements et ses affections.

— Toutes les femmes de marbre (que j'appellerai banales) ont la personnalité entière et même la physionomie vulgaire de ce qu'elles sont : elles se ressemblent toutes comme un troupeau de moutons de même couleur et de même race. La première question intéressante pour elles est de distinguer ceux qui les admirent par les yeux ou par le cœur, puis de s'assurer de la fortune et de la prodigalité des acheteurs, car en pareille position la fille ne peut penser à l'économie et à l'ordre, ce serait en effet et déjà un commencement de moralisation.

— La tyrannie de la femme vicieuse est toute-puissante sur les destinées du mari. Elle inspire les mauvaises ambitions, paralyse les bonnes; elle attend le jeune homme à son entrée dans la vie pour pervertir les bons principes de l'éducation domestique, pour l'habituer à la désobéissance, pour l'entraîner dans la voie dangereuse des passions ; énerver sinon détruire sa santé, le faire dévier de tous points de la voie tracée. On l'a dit, il semble que certaines natures féminines aient mission d'empêcher l'homme de suivre, d'atteindre sa haute destinée et de faire de grandes choses.

— Les femmes ont eu leurs illustrations et leurs héroïnes : ainsi en France sainte Clothilde, femme de Clovis ; Blanche de Castille, mère de saint Louis ; Jeanne d'Arc rendant à Charles VII sa couronne ; la fille de Simon de Montfort, femme de Raoul de Conches, qui suivait son mari et combattait à ses côtés; la fille naturelle du roi d'Angleterre, Henri Ier, femme du comte de Breteuil, qui défendit son mari contre son père ; la sœur de Duguesclin; Jeanne Hachette de Beauvais ; Jeanne Maillotte de Lille ; les comtesses de Montfort et de Blois, qui guerroyèrent l'une contre l'autre après la mort de leurs maris; Loyse l'abbé qui, à 16 ans, ayant suivi son père (1542) au siége de Perpignan, y combattit vaillemment, puis se maria à Lyon où elle vécut avec distinction comme poète au milieu des savants qu'elle accueillait à la manière de Ninon de Lenclos.

— Une vieille légende de Bohême raconte que vers 735, Prémislas, roi de Bohême, étant mort, sa veuve Libussa prit le commandement des troupes et se forma d'abord un entourage de femmes qui augmentant toujours lui donna l'idée de composer une armée de femmes : à la mort de Libussa le chef de cette troupe, Vlasta, la réunit sur le mont Vadoulé près de Prague et y fit construire un château-fort pour lieu de refuge; elle fit aussi édifier plus tard une forteresse auprès de Wissigrad, cette nation de femmes se constitua par un code qui leur donnait la suprématie sur les hommes relégués dans l'agriculture, le commerce et les soins du ménage.

— Cassandre de Venise, au XVIe siècle, écrivait également bien en grec, en latin, et en italien, en vers et en prose, elle professait à Padoue et vécut au-delà de cent ans.

— Barbe d'Ernecourt, née à Neuville entre Bar et Verdun, en 1608, depuis comtesse de St-Balmont, prit pendant l'absence de son mari le commandement de ses vassaux, défendit ses terres et finit par envahir celles des autres, puis fit la guerre aux Espagnols et envoyait ses prisonniers au commandant de Verdun. Elle eût un duel pour défendre l'honneur de sa belle-sœur, désarma son adversaire et se fit reconnaître pour une femme; elle était petite, forte et tachée de petite vérole. Elle se retira à Verdun après la paix de Westphalie, s'occupa de littérature, composa la tragédie des *Jumeaux martyrs* (in-4°, 1650 et in-12, 1651), et mourut dans le couvent de Sainte-Claire, à Bar-le-Duc, le 22 mai 1660.

Dans un autre ordre d'idées : la poétique Héloïse, l'élégante Marquise de Sévigné, Mme de Lafayette, Mme Dacier la savante, Mme Deshoulières, Mme Rolland l'héroïne, la politique Mme de Staël, Delphine Gay, Mme Desbordes Valmore, Mme Sand, la plus étonnante de toutes, esprit libre, dévergondé et insondable dans ses caprices variés, ses théories multiples, ses contradictions audacieuses, ses extravagances sophistiques, mais pour le style, avec un talen de premier ordre.

FÉNELON, — précepteur du duc de Bourgogne, (petit-fils de Louis XIV) plus tard archevêque de Cambrai, naquit au château de Fénelon en Périgord; c'était le plus doux des hommes en même temps que le meilleur, le plus instruit, le plus disert et le plus tendre; sa vie fut cependant troublée par sa lutte théologique avec le grand et puissant Bossuet, autrefois son ami. Condamné par le Pape, il se soumit avec une résignation si chrétienne que ce fut pour lui un nouveau titre à l'admiration de ses contemporains; plus heureux avec le fils, que Bossuet son illustre rival, ne l'avait été avec le père il eut le plus grand succès dans l'éducation du duc de Bourgogne qui, sous sa direction, acquit tant de mérite, d'instruction et de vertus que son règne promettait à la France une ère de prospérité et de bonheur, mais malheureusement, il précéda son maître au tombeau.

Littérateur de goût et de génie, Fénelon produisit des œuvres nombreuses parmi lesquelles nous citerons les plus connues : en première ligne son *Télémaque* qui est un des plus beaux monuments de la grâce et de l'élégance du style français; le *Traité de l'éducation des filles*, le *Dialogue des morts*, les *Dialogues sur l'éloquence en général et sur celle de la chaire en particulier*, ses *Œuvres philosophiques*, son *Abrégé des vies des anciens philosophes*... Il mourut en 1715, à l'âge de soixante-trois ans.

FÉODALITÉ. — Il ne faut pas s'y tromper, toute institution sociale a été le développement d'une idée humanitaire indispensable à la société de l'époque, ainsi la féodalité, si décriée dans ses subséquents abus, avait pour base la répression des abus de la force dans ces temps de barbarie. La féodalité fut donc d'abord la chevalerie, tendant à la protection de la justice pour les souffrants et les faibles, plus tard de méchants et avides seigneurs aidèrent eux-mêmes à la suppression de l'institution en poussant les peuples sous la domination exclusive des rois : c'est ce besoin de protection qui créa le mouvement autoritaire de la bourgeoisie ; le clergé persécuté lui-même aida puissamment à cette révolution civilisatrice et égalitaire, mieux valait un seul maître que des centaines de mille de maîtres !

On voit que la monarchie devint le premier besoin d'une société barbare, écrasée par l'armée nombreuse et tyrannique des seigneurs féodaux, chaque ville en comptait plusieurs ; chaque bourg, chaque village avait aussi le sien, doublé d'un clergé féodal aussi, tous créanciers de la dîme et d'autres droits nombreux. La royauté eut donc à supprimer successivement des milliers de tyrans ; son pouvoir plus grand et plus éloigné était moins lourd, puis il touchait les masses et non les personnes; la différence était grande, plus grand encore le bienfait; de là l'accord des serfs et de la royauté : ceux-là s'émancipant dans la mesure même de l'augmentation du pouvoir royal !

Mais quand le bienfait cessa par l'abus de la tyrannie et du despotisme, la royauté tomba en péril et le peuple demanda à la République le bonheur qu'il n'obtenait plus de ses rois.

— La féodalité consistait surtout dans le fractionnement de la souveraineté, unie à l'inégalité *et à la misère* des classes inférieures de cette époque de troubles et de désastres.

— C'est par la féodalité, luttant contre la royauté, que l'Angleterre posséda pendant trois cents ans, de 1150 à 1450, une partie de la France méridionale. Les seigneurs féodaux en appelant l'anglais à leur secours lui ouvraient ainsi le centre et le cœur de la France !

— Nos lois ont aboli les seigneuries et la féodalité, mais la terre, la propriété foncière, les a reconstituées de fait, car tout propriétaire est maître et seigneur chez lui.

— Louis XI, qu'on dit si habile, avait combattu la féodalité par la ruse et la force, mais Louis XIV, et, à son exemple, Louis XV, la réduisirent bien plus sûrement en l'attirant à la cour, en se l'attachant par des faveurs, et en l'obligeant à se ruiner par d'extravagantes dépenses ; aussi Louis XVI et la révolution la trouvèrent-ils à moitié déconsidérée et impuissante : cette arme manqua à ce bon et trop malheureux roi !

— La féodalité, dans ses formes brutales et multiples, jouissait de droits de vasselage innombrables et variés ; le plus cruel pour le peuple était le droit de reconduire la mariée chez elle en lui faisant, en passant devant la maison du seigneur, grand justicier, etc.., les honneurs de cette maison où elle acceptait une collation discrète et murée !

Dans les droits les plus légers étaient les redevances de *toutes les primeurs* et encore l'obligation d'héberger à son passage avec ses chiens et ses varlets, le seigneur qui était en chasse, de lui tenir l'étrier, etc.

— La féodalité française qui se ruinait dans des luttes et des guerres de voisinage et les grandes guerres des Croisades, ne se soutenait qu'au moyen d'impôts nouveaux ou augmentés ; l'énumération complète en serait trop longue, ne citons que les plus usuels : c'étaient les lots et ventes, les tailles et fouages, vingtième et demi vingtième, aides, gabelles et corvées dîmes et surdîmes, taxe foncière, mobilière, portes et fenêtres, huis et conduits, ustensiles, chemins, cheminées, fours, tuyaux, etc... droit des fabriques, des pauvres, des hôspices et hopitaux, droits d'entrée et de consommation, etc., etc. Il faut s'arrêter car ce serait à n'en pas finir !

— Le régime féodal, qui aujourd'hui et sous l'impulsion de la grande révolution française, est supprimé presque entièrement en Europe, est plein de vie en Russie, en Hongrie, en Croatie, en Pologne, dans les états slaves et les principautés danubiennes, enfin en Turquie ; ce qui explique les révolutions imprévues de ces pays. Nous disons que la féodalité existe encore dans ces contrées, mais sous une forme singulièrement améliorée, car si aujourd'hui elle existait dans son état primitif, elle révolterait le monde par ses despotismes, ses exactions et ses brigandages.

FERMETÉ. — Que d'hommes qui croient être fermes et énergiques, et qui renoncent à leurs desseins aux premiers obstacles qu'ils rencontrent et font taire leur raison parce que leurs passions et leurs caprices ont parlé plus haut : la véritable fermeté est courageuse, elle ne dévie jamais, elle est inébranlable, car elle est le fruit de la réflexion et de la sagesse.

— L'homme peut rester ferme devant une douleur unique, mais sa force ne résiste pas toujours à cette continuité de malheurs qui commandent la résignation.

FERMIERS. — Il faut avoir visité le midi de la France et certaines provinces du centre comme le Berry, l'Anjou, la Franche-Comté, etc. pour se faire une idée de la mauvaise tenue des domaines et de la pauvreté des paysans qui les exploitent. C'est que le système du métayage (culture à moitié fruits) y règne encore, ce qui est une entrave à tout progrès, à toute amélioration, tandis que le fermage, où l'intérêt personnel est plus grand, peut donner en même temps que la fortune au propriétaire de la terre, l'aisance et la richesse à celui qui la fait valoir, car il encourage toutes les tentatives, tous les essais, toutes les inovations qui doivent procurer un produit de plus en plus grand.

— Les fermiers ont en Angleterre une position que nous ne connaissons pas en France, car, à part nos fermiers des Flandres, de Brie, de Normandie, de Picardie, de Beauce, de la Limagne d'Auvergne, tous nos fermiers français sont des paysans peu aisés. En Angleterre, au contraire, le corps des fermiers est généralement très opulent et constitue une classe de riche bourgeoisie. C'est avec des capitaux considérables qu'ils obtiennent les bénéfices qui les enrichissent, c'est par le bétail et les engrais de tous genres qu'ils opèrent et réussissent.

J'ai visité un des plus grands fermiers d'Angleterre et qui entrait en possession d'une ferme de quatre mille livre sterling (cent mille francs) de loyer ; dès la première année il donnait à ses terres une fumure de *quatre cent mille francs en os moulus*; il avait vingt-cinq ans de bail et me disait qu'il opérait ainsi pour recueillir pendant vingt-cinq ans tout le bénéfice de la fumure la plus puissante et la plus lente à s'assimiler aux récoltes, et il tenait à *ne rien* laisser à la terre de ce qu'il lui prodiguait en entrant, ce qui me parut bien calculé. En France le cultivateur est un paysan ignorant et trop peu intelligent pour inventer ou même chercher à utiliser l'idée anglaise si juste cependant. Quand je visitai la ferme j'y trouvai un énorme tas d'os qu'on n'aurait pas pu transporter sur cinq mille charrettes et en les examinant je fus effrayé d'y trouver des tibias, des avant-bras et même des crânes humains ! C'est alors qu'il m'avoua qu'il les avait recueillis sur plusieurs grands champs de bataille d'Allemagne des premières années de notre XIXe siècle ! Mon indignation éclata si vivement qu'il s'enfuit et que je m'éloignai précipitamment, oubliant que j'avais accepté à dîner et à coucher dans cette magnifique et riche habitation où j'avais trouvé un cordial accueil et rencontré sept ou huit charmantes jeunes filles, très-bien élevées et bonnes musiciennes (les fils étaient tous allés à une foire voisine pour l'acquisition et la vente de leurs bestiaux).

FESTINS. — Les anciens pratiquaient encore plus que les modernes l'art culinaire et la gastronomie : après les Grecs qui paraissaient tenir plus à la quantité qu'à la qualité, vinrent les Romains qui poussèrent, jusque dans ses dernières limites, le luxe de la table; on connaît la somptuosité des festins de Lucullus, ami et contemporain de Cicéron, et le mot célèbre: « Lucullus dîne chez Lucullus. »

— Les Romains mangeaient couchés sur des lits rembourrés d'abord grossièrement de paille et de foin et recouverts de peaux de bêtes, mais qui devinrent par la suite des meubles précieux remplis de duvet délicat et sur lesquels on étendait des tapis d'un grand prix ; chaque lit, qui était à dossier, pouvait recevoir quatre à cinq personnes, les convives avaient leur rang et leur place marquée, la place d'honneur se nommait la place *consulaire*, chaque invité pouvait amener des convives étrangers au maître de la maison, convives qu'on appelait les ombres ; les parasites étaient ceux qui s'invitaient eux-mêmes, ils étaient, quoique souvent fâcheux, aussi bien accueillis que les amis de l'Amphytrion, mais occupaient à table les places inférieures.

— Avant de se mettre à table, les convives recevaient de la main des esclaves des couronnes dont ils ornaient leur tête, et leur front, qu'ils se passaient même autour du cou ; quand tout le monde avait pris place autour de la table on distribuait les coupes et on désignait le roi du festin.

— Le repas se composait de trois services, le premier comprenait les légumes, les œufs, les salades ; le second les viandes et le poisson, le troisième les fruits. Entre chaque service on buvait *les couronnes*, c'est-à-dire le vin dans lequel *les couronnes* avaient été trempées ; lorsqu'on buvait une *couronne* en l'honneur de quelqu'un, il fallait vider sa coupe autant de fois qu'il y avait de lettres dans le nom de la personne qu'on fêtait.

— De nos jours les festins, sous le nom de repas ou de dîners, sont aussi l'occasion de produire et de justifier la fortune et le luxe d'une famille : il y a des festins obligés : ceux qu'on donne pour des fiançailles, un mariage, un baptême, dans les jours du carnaval ; la bonne chère, l'élégance et la richesse du service y font heureusement concurrence à l'accueil empressé et bienveillant des maîtres de maison.

FÊTES. — Dans les fêtes splendides et joyeuses où l'éclat des lumières et des toilettes, le parfum des fleurs, les gaietés et les folies de la musique paraissent effacer toute impression triste, on pourrait, avec l'œil de Dieu, sonder et découvrir les plus poignantes douleurs ; les plus anxieuses pensées ! la joie n'est souvent qu'un masque, une quinte nerveuse ou une illusion momentanée ; la peine est au cœur et la souffrance partout.

— Les fêtes des campagnes sont non seulement une distraction au travail pénible des champs ; mais elles servent aussi à rapprocher les jeunes cœurs, à ébaucher les mariages, à mêler tous les âges, toutes les classes dans l'entraînement d'une gaieté commune : c'est un jour attendu et désiré longtemps à l'avance, c'est un but bien des fois entrevu dans le courant de l'année !

— Les grandes fêtes religieuses élèvent l'âme au-dessus de la terre et des petites misères de la vie, pour faire penser au ciel et au mystérieux avenir de l'homme.

— Les grandes fêtes du culte catholique commencent au printemps : la première, par laquelle s'ouvre la semaine sainte est celle des palmes. Elle rappelle l'entrée triomphale de Jésus-Christ dans Jérusalem. Les catholiques du nord et du centre de l'Europe font du buis, si modeste et du laurier, symbole de gloire dans son éternelle verdeur, les branches sacrées du jour des rameaux, remplaçant les branches de palmiers, arbres des pays chauds, de l'Italie, de l'Espagne, de la Judée particulièrement.

— Les cultes réformés ont choisi la Noël pour leur fête des rameaux et le houx à feuilles épaisses armées d'aiguilles au vert foncé pour remplacer la palme : ils semblent ainsi prendre pour emblème la sauvagerie et la rudesse de cet arbre toujours verdoyant dans nos forêts les plus sombres, et vouloir supprimer cette joie religieusement exaltée des catholiques à l'approche du plus grand jour de l'année, fête de la résurrection du Christ !

— La fête de Pâques remonte au berceau du christianisme et a été célébrée sans discontinuité, mais à des dates différentes. Ce fut le pape Victor (quatrième siècle) qui en précisa l'époque : on admet donc, comme article de foi que la résurrection (Pâques) suivit une pleine lune après l'équinoxe du printemps : d'après notre calendrier grégorien, cet équinoxe arrivant le 21 mars, on attend la première pleine lune après cette date et *le dimanche qui suit immédiatement cette pleine lune*, est celui consacré à la fête de Pâques : ainsi Pâques ne peut arriver ni avant le 22 mars, ni après le 25 avril. Pâques peut donc occuper 34 dates ou jours différents et comme les fêtes mobiles sont toutes fixées d'après le jour de Pâques, elles suivent la même règle.

— La Fête-Dieu ou fête du saint Sacrement, est la plus belle de toutes les fêtes chrétiennes; elle est l'œuvre de trois papes français, car elle fut instituée en 1264 par Urbain IV, confirmée en 1311 par Clément V et enfin rendue exécutoire en 1316 par le pape Jean XXII et fixée au jeudi qui suit l'octave de la Pentecôte. Cette fête fut célébrée d'abord dans l'intérieur des églises par des prières et des chants; ce ne fut que plus tard que le saint sacrement fut porté processionnellement sous un dais par le premier dignitaire de chaque église; les rues, les promenades, les places publiques furent, comme encore de nos jours, jonchées de fleurs et les maisons tendues de draperies, chacun s'empressant d'offrir ce qu'il avait de plus rare et de plus beau pour orner les reposoirs où Dieu devait s'arrêter pour bénir les fidèles qui, dans le recueillement et la prière, formaient son immense cortége.

— Rien de plus émouvant que cette longue procession s'avançant lentement et pompeusement sous ses banières, au bruit alterné des chants religieux, de la musique et des tambours, sous un brillant soleil et dans des rues semées de feuilles et de fleurs. Je n'oublierai jamais une de ces splendides processions, partie des cours plus éloignés et rentrant dans Bordeaux par les allées d'Albret si ombragées, descendant les cours de l'Intendance et du Chapeau-Rouge, magnifiquement pavoisés, puis suivant les quais et ne faisant halte dans ce long parcours que devant les autels élevés spontanément par la piété des catholiques fervents, pour jeter vers le ciel des flots d'encens, de fleurs et d'harmonie.

La Fête-Dieu est la fête de la création: elle signale le moment où la terre et le ciel proclament la puissance du Créateur; les bois et les champs fourmillent de générations nouvelles; tout est uni par les plus doux liens, il n'y a pas une seule plante veuve dans les campagnes.
(CHATEAUBRIAND.)

— A la suite des grands désastres, des tourmentes et des calamités publiques, on voit toujours apparaître, comme un besoin impérieux, comme un entraînement irrésistible, le goût des plaisirs fous et exagérés; un excès amène ainsi un autre excès: ainsi finit la grande révolution française, sous la dissolution et les excès de joies et de fêtes du Directoire! Napoléon encore jeune et général de brigade en était indigné!

— Les fêtes de l'enthousiasme populaire ne prouvent rien en France:
1811. Naissance du roi de Rome (Grand-Empire).
1820. Naissance du duc de Bordeaux (Restauration).
1838. Naissance du comte de Paris (Monarchie constitutionelle).
1854. Naissance du prince Impérial (Deuxième Empire).

Tout cela a été fêté avec enthousiasme; heureusement que les fautes des gouvernements expliquent et excusent cette mobilité apparente de l'esprit français.

FEU. — Après l'air qui nous fait vivre et l'eau qui nous abreuve et sert à tous nos besoins, le feu est si bien l'ami, le bienfaiteur de l'homme et un des éléments les plus utiles, qu'on parle du coin du feu comme d'un lieu de doux repos et de calme bien-être.

FIDÉLITÉ. — Les femmes ne conservent la considération du monde qu'à la condition de rester vertueuses et fidèles à leurs affections, à la différence des hommes qui paraîtraient vouloir s'honorer de la légèreté et de la mobilité de leurs attachements.

— La fidélité sans l'amour ne paraît pas possible, ce serait un effet sans cause!

— La fidélité sans tentation est un mérite sans épreuve; mais cela ne veut pas dire que nous conseillons d'aller au-devant du péril pour le braver, cette voie serait semée d'écueils et de dangers.

— On ne doit jamais composer avec la foi du mariage; si un sentiment est répréhensible on doit le combattre dès qu'on l'a éprouvé, et une impression d'une heure, d'un jour, est vite effacée, quoiqu'on puisse dire, en faveur des sympathies et des passions spontanées: l'amour se nourrit surtout de rêveries, et si on s'interdit énergiquement un souvenir coupable, il s'éteint avant même d'avoir commencé à se connaître.

— Toutes les religions commandent la

fidélité conjugale ; la religion de Brama a dépassé toutes les autres en ordonnant que la femme suivit son mari dans la tombe, de là ces sacrifices où la veuve se place volontairement sur un bûcher pour y mourir en public, en triomphe et dans d'atroces souffrances !

Fierté. — Une morgue insolente trahissant la vanité annonce un homme dont l'esprit nul fait consister son mérite dans son nom, sa position sociale ou sa fortune ! Une noble fierté, au contraire, est le sentiment intime qui assure la juste dignité de l'homme et prend sa base dans des vertus et des qualités réelles ; elle est pleine de bienveillance et s'attire tous les respects.

— Une fierté digne et naturelle se manifeste même au milieu de la plus grande humiliation.

Figure. — On accueille avec bienveillance la figure d'un homme de bien, animée de la passion d'un homme de cœur.

— La figure et la physionomie sont les vrais cadrans de l'âme.

Figuier. — De tous les arbres à fruits le figuier est peut-être celui qui a les plus nombreuses utilisations; il fut cultivé par les peuples les plus anciens qui trouvaient dans ses fruits une partie importante de leur nourriture ; il est originaire des pays chauds et sa culture sous nos climats tempérés exige les plus grands soins ; il est rare même que malgré toutes les précautions prises il ne gèle pas tous les dix ou douze ans ; l'espèce cultivée en Europe, est le figuier sauvage (*ficus sylvestris*), tous les figuiers donnent deux récoltes, mais la seconde ne réussit si bien que dans le midi de l'Europe ; la première se fait en juillet, ses fruits se nomment vulgairement figues-fleurs, la seconde a lieu en septembre et octobre elle est beaucoup plus abondante.

— Le figuier se distingue des autres plantes en ce que c'est le fruit qui environne et cache la fleur, en ce que les fruits précèdent les feuilles, en ce que, enfin, on peut voir à la fois sur le figuier les préparatifs de trois récoltes successives.

— On connaît plus de cent espèces de figuiers ; les plus curieuses sont : le figuier élastique des montagnes du Népaul d'où on tire du caoutchouc ; le figuier des Pagodes, dans l'Inde, qui donne de la laque ; le figuier du Bengale dont les branches, pendant à terre, y prennent racine et forment des berceaux de verdure s'étendant indéfiniment, toujours spontanément et au moyen de la végétation des nouvelles pousses ; le figuier des Marais qui fournit aux Javanais une espèce de vernis, etc.

Filles (jeunes). — On adule trop les jeunes filles et puisqu'elles doivent être femmes soumises et sans volonté pendant *toute leur vie*, c'est mal les y préparer que de les traiter *en souveraines*.

— Au lieu d'exalter leur imagination, qu'on cherche à former le jugement des jeunes filles ; qu'on leur donne en même temps le goût des travaux et des distractions de leur sexe, elles apporteront alors en dot à leur mari la certitude probable d'un bonheur solide et durable.

— Si les jeunes filles n'entrent dans le monde ni trop tôt ni trop tard, elles y puiseront un mélange heureux d'assurance et de timidité.

— Les jeunes filles innocentes et naïves ont, par nature, cette retenue élégante et gracieuse qu'elles tiennent de leur âge, ce regard un peu étonné qui vient de leur inexpérience, cet air simple doux et modeste qui reflète leurs habitudes et surtout leurs sentiments.

— Que demander à une jeune fille? Qu'elle soit douce, modeste et réservée, suivant partout sa mère, l'assistant dans les soins du ménage, continuant des études en harmonie avec sa position, vivant enfin dans une retraite douce, calme et pure.

— Au sortir de l'adolescence, certaines jeunes filles résistent aux conseils, elles sont irritables et susceptibles à l'excès. C'est ici qu'il faut l'autorité énergique et douce d'une mère vertueuse et intelligente; le moment est critique, il faut se relâcher un peu des exigences anciennes et allonger la chaîne tout en redoublant de surveillance; des idées nouvelles bouillonnent déjà dans la tête de la jeune fille, il faut faire leur part, car à un état nouveau, il faut une direction et une position nouvelles.

— Il y a un moment dans la vie des jeunes filles où elles se transforment, non par un changement physique, mais par une révélation morale de leurs sentiments réels, de leur nature, de leurs désirs et de leurs instincts ; la lumière se fait, la jeune fille comprend ou devine, elle devient impressionnable et pudique.

— Le meilleur temps de la vie des jeunes filles c'est leur enfance et leur jeunesse. Elles jouissent d'un éclair d'importance quelques mois avant leur mariage et quelques mois après, puis elles rentrent dans la monotonie heureuse d'une vie tranquille et occupée ou dans les ennuis d'une vie oisive, suivant leur caractère et leurs principes, car la femme *fait* son bonheur plutôt qu'elle ne le *reçoit*.

— La jeune fille, à part celle du monde officiel et de cour, la jeune fille reste jusqu'à son premier bal un bijou inconnu, jusqu'à son mariage une pensionnaire émancipée et folâtre et, après sa transformation matrimoniale, presque toujours une excellente mère de famille, lorsqu'elle n'est pas un bas bleu, lorsqu'elle n'est pas une lionne du monde élégant ou une grande coquette au niveau des courtisanes grecques.

— Une jeune fille, lorsqu'elle est éloignée de son père et de sa mère, doit, en toute occasion douteuse, se demander ce qu'ils auraient pensé et conseillé et trouver ainsi, dans le souvenir de leur morale habituelle et de leur protection, un conseil et un guide.

— Que de peines ne prend-on pas pour préserver les filles des dangers du monde ! les couvents n'ont pas de murs assez élevés, la maison paternelle de portes assez bien closes, la religion et l'éducation d'études et de devoirs assez continus pour occuper et défendre la jeunesse des filles contre les piéges innombrables tendus sous leurs pas.

— Rien n'est plus impénétrable que le mystère des premiers troubles du cœur d'une jeune fille : une mère clairvoyante les devine sans peine, un père les ignore toujours ; il peut être un ami, il n'est jamais un confident, car s'il est aimé, il est craint, un peu plus, un peu moins.

— Combien de jeunes filles se méprennent sur un premier amour, elles croient aimer un homme, mais ce ne sont que leurs propres rêves, un objet de leur création qu'elles aiment en lui.

— Toute jeune fille doit craindre celui qu'elle aime à l'égal de son plus grand ennemi, car si ses projets sont honnêtes, une conduite réservée et modeste confirmera et encouragera sa recherche, s'ils ne le sont pas la jeune fille aura échappé à un immense danger. Les doutes qu'elle devra avoir sur l'honneur de celui qui la recherche seront donc la condition indispensable de la conservation du sien.

— Combien de jeunes filles, précisément à cause de leur innocence et de leur candeur, ont perdu la tête et mis en péril tout leur avenir, pour avoir eu un instant de conversation secrète avec un jeune homme.

— Ce qui crée le danger pour les jeunes filles, c'est leur inexpérience, c'est leur inoccupation, ce sont ces instincts naturels qui les poussent vers le feu, ce sont leurs rêveries qui, à force de creuser une pensée, en font éclore la curiosité ardente et l'amour lui-même.

— Une jeune fille timide et qui a de l'amour-propre se laisse prendre souvent plus par l'esprit que par le cœur.

— Certaines jeunes filles ont un caractère si indomptable qu'on doit prévoir qu'elle tyranniseront leur mari, si celui-ci ne se décide à ne leur céder en rien, car un homme de sens, quelque doux qu'il soit, doit par fois se résigner à user de son énergie pour ne pas compromettre sa dignité et mettre en péril l'avenir du ménage.

— Dans les jeunes filles, un acte d'étourderie ou de légèreté est presque aussi compromettant qu'une faute grave, car le monde est soupçonneux et méchant. Avis donc à ces jeunes et souvent innocentes étourdies dont l'avenir est ainsi menacé par une légèreté plus apparente que sérieuse !

— Le monde se montre très-cruel sur les fautes des jeunes filles plus faibles, plus surprises et entraînées que vicieuses ou passionnées ; d'un autre côté il est tolérant sur les fautes des femmes qui, plus fortes, plus expérimentées, plus engagées, sont cent fois plus coupables que les jeunes filles innocentes et aveugles.

— La jeune fille qui oublie et fuit les devoirs du foyer domestique est une plante parasite et déplacée dans le jardin de la famille.

— A l'âge où l'enfant devient jeune fille, le cœur trahit déjà ses besoins d'amour par les exaltations de l'amitié, il faut tenir le plus grand compte de cet indice.

— C'est pour les jeunes filles qu'on a surtout le droit de dire que ses sentiments ont besoin de conseils et de guides : que serait en effet une jeune fille sans la tutelle de sa mère, à l'heure où il faut choisir un mari ?

— La jeune fille la plus innocente et la plus naïve trouve, sans effort dans sa nature et dans ses instincts, des ressources de pénétration, de finesse et de ruse que les hommes les plus intelligents ne trouveraient pas eux-mêmes.

— Une mère prudente cache sa fille autant qu'elle peut et la tient toujours sous son ombre ! Cette protection incessante est le complément des bienfaits maternels.

— Pour ne pas dire de sottises ou de naïvetés compromettantes, une jeune fille ne doit jamais questionner sur ce qu'elle ne comprend pas, elle ne doit parler et surtout causer que sur ce qu'elle sait parfaitement, sous peine d'être frappée de confusion !

— La jeune fille doit conserver les croyances de son enfance et le souvenir de ses joies pures, naïves et pieuses ; car ce sont les bons sentiments, les saintes habitudes qui doivent rester la garantie de sa conduite, de sa réputation et du bonheur de toute sa vie !

— Un homme instruit qui épouse une fille du peuple a pu, dans la générosité de son cœur, lui pardonner sa pauvreté ; mais lorsque les premières illusions de l'amour ont disparu, il souffre de l'ignorance de sa femme, de son langage vulgaire, de son défaut d'éducation et regrette toujours, mais trop tard, d'avoir cédé à ses entraînements. Il a eu le tort de compter pou-voir influencer sérieusement une nature gouvernée par des instincts seuls.

Filles (vieilles). — Quand on remarque dans un salon un groupe de femmes jeunes encore, mais peu gracieuses, on devine facilement que ce sont de pauvres filles oubliées par le mariage, dès lors humiliées, désolées, atrocement malheureuses et aigries, ayant au cœur la haine du genre humain ! Qu'on leur soit donc bienveillant et qu'on leur vienne en aide, nos sociétés auront bien moins d'existences malheureuses et souffrantes.

— Les vieilles filles deviennent chagrines et hargneuses parce qu'elles ont souffert dans leur vanité et que la méchanceté naît trop souvent de la souffrance.

— Les sentiments exquis de la femme, comme toutes choses, ont besoin pour se conserver, d'être mis en jeu et en mouvement, autrement ils se perdent et s'atrophient ; c'est probablement ce qu'on suppose être arrivé chez les vieilles filles et ce qui explique l'injuste et déplorable répulsion dont elles paraissent entourées.

— Les vieilles filles, se donnent cette consolation intérieure d'amour-propre d'échapper aux dangers du mariage et, il faut bien la leur laisser, car la vertu seule ne les paierait pas des longs et lourds ennuis de leur isolement.

— Les vieilles filles, n'ayant jamais su plaire, ne tiennent pas à se faire des amis ; elles se renferment donc dans l'égoïsme humain comme l'escargot dans sa coquille ; elles ne voient qu'elles et ne font aucun cas de ce qui n'est pas elles, toutes choses qui les isolent de plus en plus de la société !

— Les vieilles filles ne pardonnent pas au monde la fausse position qu'il leur a faite, de là leur haine contre celles qui jouissent des bonheurs dont elles sont privées : le mariage, la maternité. En réfléchissant elles se consoleraient en pensant à tous les risques du mariage ; tous les bonheurs s'achètent par des malheurs effrayants : mort du mari, mort des enfants !

— Il y a toujours injustice à dénigrer les vieilles filles, car leur célibat est souvent le résultat d'un sentiment honorable et élevé : telle pauvre jeune fille reste fidèle à un amour pur, brisé par la mort, telle autre renonce au bonheur de toute sa vie pour se dévouer à une affection puissante pour son père ou pour sa mère, pour des orphelins de sa famille ; d'autres restent filles pour ne pas mal placer les délicatesses de leur cœur ou de leur éducation, un grand nombre enfin, par un héroïsme exalté, sacrifient tout pour se consacrer au culte du malheur et de la souffrance !

FIN DU MONDE. — Autrefois l'appréhension de la fin du monde avait donné presque *tout le sol de la chrétienté* aux églises, aux couvents, aux chapitres, aux hospices, etc. Quelle aubaine pour les besoins de l'église et du clergé ! d'autant plus qu'elle se renouvelait à des époques presque périodiques et assez rapprochées !

— Que dire *à l'année qui finit?*... Tu m'as pris plus jeune et mieux portant ; chacun de tes mois m'a fait éprouver une perte, m'a apporté un germe d'infirmité ; tu as affaibli mon corps, refroidi mon âme, rapetissé mes idées, paralysé mes enthousiasmes, dès lors désenchanté ma vie !

FINANCES. — Dans un état livré au pillage des concussionnaires, la misère du peuple fait contraste avec l'opulence et le luxe des prévaricateurs : ce crime de concussion audacieusement inauguré et impuni sous le second Empire doit être plus particulièrement et plus spécialement recherché dans la comptabilité des vingt dernières années de nos budgets ! et, dans la même période, dans la dépense des embellissements, des reconstructions de Paris, des ventes et reventes de terrains, des indemnités secrètes volontairement ou juridiquement fixées... Ici et dans toutes les autres opérations accessoires, les fraudes et les vols paraissent avoir été aussi nombreux qu'audacieux !

— Le premier indice de vol dans les affaires de finance, c'est la dépense domestique d'abord, puis le luxe et les acquisitions : c'est ainsi que se trahissent tous les concussionnaires.

— Que de financiers et de spéculateurs devraient être sur leurs gardes ; leurs actes frôlent si souvent certains articles du code pénal qu'ils doivent baisser la tête et se faire modestes pour ne pas appeler sur leur conduite la surveillance des parquets.

— La justice veut que les revenus budgétaires d'un état soient appliqués aux besoins de tous et non de quelques-uns, autrement ceux qui ne reçoivent rien perdent, non-seulement le bénéfice de la dépense, mais se trouvent plus tard spoliés audacieusement sur ce qui leur reste, par une force supérieure à la leur.

— Sous l'ancien régime, le chef des finances, le surintendant, ne relevait que du roi ; c'est dire que la fraude y était aussi audacieuse qu'excessive ; les receveurs seuls relevaient de la cour des comptes, mais quelle cour !

— Les recettes et les dépenses n'étaient pas solidaires les unes des autres, ainsi un impôt spécial était affecté à une dépense spéciale.

— Sous Louis XIV on arriva à être en avance de plusieurs années sur la dépense : on dépensait en 1660 les impôts de 1663. C'étaient les fermiers généraux qui avançaient cet argent à condition : 1° d'un énorme intérêt ; 2° d'une réduction dans le prix de ferme, ce qui portait souvent l'intérêt à 15 et 20 p. %! A ce compte les grandes fortunes des surintendants étaient rapides!

— Lors de la disgrâce de Fouquet, le déficit s'élevait annuellement à 12 millions : cette somme paraissait alors énorme et le déficit était appelé un gouffre sans fond. Comparons ce déficit à celui de nos budgets du second Empire !...

FINESSES. — Certaines finesses sont bientôt éventées et non-seulement ne réussissent plus, mais produisent l'effet inverse de celui qu'on se proposait : ainsi un post-scriptum dans une lettre est le but principal de la lettre, alors qu'on n'en veut faire qu'un léger oubli relevé sans importance !

— L'emploi de la finesse est le cachet d'un petit esprit et il arrive presque toujours que celui qui s'en sert pour se couvrir en un endroit se découvre plus dangereusement en un autre et perd ainsi plus qu'il ne gagne.

— La finesse des femmes, qu'on dit leur être si naturelle, est cependant moins instinctive qu'on ne le pense généralement, elle est plutôt une conséquence de leur éducation. Qu'on leur inspire cette retenue délicate qui convient si bien à leur sexe, rien de mieux, mais que ce soit avec des précautions infinies, si on veut éviter que la dissimulation couvre de son voile trompeur toutes leurs actions et toutes leurs paroles, même les plus innocentes.

FLAGRANT DÉLIT. — Certaines gens surpris en flagrant délit de mauvaise action sont moins contrariés de la honte d'avoir été découverts que du regret d'avoir échoué !

FLATTERIE. — Pour qui connaît les hommes et leurs nombreuses faiblesses, les flatter n'est-ce pas le moyen le plus facile de les dominer ; on commence par les émouvoir doucement, on leur souffle délicatement la bonne opinion qu'on a de leur mérite, de leur esprit, de leurs qualités ; le poison s'infiltre insensiblement, le flatteur, d'abord écouté avec plaisir, est apprécié, on prend ses conseils et on le suit où il voulait vous conduire.

— La flatterie est la tromperie qui réussit le mieux dès lors la plus odieuse qu'on puisse exercer sur la vie de la femme et de l'homme, car elle change leur nature à tous deux en surexcitant leur orgueil ; elle est le piège le plus attirant, dès lors le plus sûr ; elle égare leur vie en la jetant dans les voies de l'erreur et d'espérances toujours déçues ; ainsi frappés, ils tombent de chute en chute, de déception en déceptions, s'usent, s'éteignent, s'altèrent dans des luttes sans fin, et meurent de rage et de folie si une main bienfaisante et amie ne vient déchirer le voile posé sur leurs yeux par la flatterie, leur rendre la vraie appréciation d'eux-mêmes et les faire rentrer dans la voie de la vérité et de la raison.

— La flatterie qui s'adresse au caractère, aux qualités du cœur, est déjà bien douce, mais elle est bien autrement séduisante lorsqu'elle s'adresse aux œuvres de l'esprit et de l'intelligence, tant est vivace l'amour-propre du poëte ou de l'auteur !

— La flatterie ne se fait si facilement accepter que parce qu'elle a l'amour-propre pour introducteur.

— Le flatteur est aussi coupable qu'un faussaire, aussi criminel qu'un assassin, aussi traître qu'un Judas, aussi dangereux qu'un piège : c'est un ennemi qui en vous tendant la main d'un ami, vous conduit vers des abîmes !

— La flatterie est un moyen que repoussent les grandes âmes et qui ne va qu'aux petites, car elle avilit et rapetisse ou elle sous-entend un intérêt égoïste et caché.

— Pour comprendre jusqu'où peut aller l'empire de la flatterie sur l'orgueil et la vanité de l'homme, il faut en avoir réellement fait l'expérience pratique. En procédant par gradations et en préparant doucement le terrain, le flatteur peut dépasser impunément toutes les limites, sans craindre d'ouvrir les yeux à sa victime, car le poison est si doux et si savoureux que, malgré les exagérations les plus monstrueuses, il sera accepté avec reconnaissance et produira tous les effets qu'il attend de ses impudents mensonges.

— Quand la flatterie ne réussit pas, c'est la faute du flatteur qui l'exagère si audacieusement, qu'il en fait une espèce de contre-vérité et fait croire à l'ironie.

— Les femmes n'aiment que ceux qui les flattent, elles livrent sottement leur cœur en échange de ces éloges dangereux !

— La flatterie est la même partout : sous Richard III, roi d'Angleterre, à peu près bossu, il était de mode de se voûter et on prétendait que cela donnait de la grâce au corps ; ce furent les cheveux blancs de Marie de Médicis qui mirent la poudre blanche en si grand honneur ; et les cheveux roux de Marie-Antoinette qui mirent la poudre rousse a la mode ! Ce furent la petite taille et la tête chauve de Louis XIV qui donnèrent la vogue aux perruques si élevées et aux talons hauts.

— Une flatterie, lorsqu'elle a de la délicatesse, doit toujours être plus agréable que déplaisante, car elle témoigne déjà d'un sentiment de bienveillance et de respect.

— La flatterie, aliment bien connu de la vanité, ne peut être donnée qu'à une dose proportionnée à l'intelligence de celui à qui elle s'adresse : un sot seul la digérera à grosses doses, un homme d'esprit se cabrera devant la dose la plus légère. Il faut donc plus de finesse d'esprit pour la donner que pour la recevoir.

— On flatte souvent dans le monde pour que la flatterie soit rapportée à son adresse par des langues officieuses qui prennent ainsi leur part dans le mérite de la flatterie : c'est la formule la plus délicate et la plus utile, celle qui plaît et réussit le mieux, mais, on le comprend, c'est aussi la plus trompeuse.

— La flatterie rend ridicule et stupide celui qui l'accepte et qui y croit ! c'est une glace grossissante qui fait d'un nain un géant, d'un idiot un génie, d'un cuistre un gentilhomme ; tout cela pour amener une chute scandaleuse et un déboire honteux.

— Les femmes doivent craindre ou mépriser les flatteurs, car s'ils pensent ce qu'ils disent ils sont aveugles et extravagants ; s'ils en disent plus qu'ils n'en pensent, c'est un mensonge effronté qu'on ne doit pas leur pardonner, car ils s'adressent à une vanité qui ridiculiserait beaucoup la femme.

— La flatterie est la plus dangereuse de toutes les formules surtout envers l'enfance que son ignorance ne dispose que trop à la vanité. Que la colère se produise devant l'enfant, il en sera effrayé, la rudesse l'éloignera, la grossièreté le blessera, l'envie le mettra en défiance, la jalousie l'irritera. Tous ces défauts seront un enseignement et l'occasion d'une bonne leçon, tandis que la flatterie sera un appât empoisonné devant sa naïve et candide nature.

— Beaucoup de jeunes filles, jusque-là fort modestes, deviennent vaniteuses au bruit des compliments qu'on ose leur adresser et changent une qualité qui charme contre un défaut qui ridiculise.

— L'homme qui a le talent de dire naturellement des choses agréables a de grandes chances d'être écouté favorablement ; la vanité féminine en effet ne pourrait douter de la sincérité du flatteur sans déserter, chose difficile ! l'idée de son propre mérite.

— L'esprit de l'homme est encore plus facile à enivrer que son corps, car les passions les plus vivaces de la nature humaine, la présomption, la vanité, l'orgueil, se font les complices des flatteurs les plus audacieux et les plus éhontés ; l'esprit d'un souverain par exemple, quelque bien doué, quelque bien armé qu'il soit devant le cercle étroit des flatteries qui l'entourent, devant le cercle plus étendu des solliciteurs, des fonctionnaires courant après l'avancement, de tous ces parasites qui le dévorent, serait un Dieu qu'il ne résisterait pas à ce concert continu d'éloges si adroits, si exagérés, si multiples et si unanimes qu'ils forment une véritable atmosphère enivrante, comme le parfum de fleurs entassées dans une chambre à coucher, poison d'autant plus dangereux qu'il est plus doux !

— Voilà ce qui excuse les fautes et les erreurs des souverains, si, par leur importance, leur gravité, les immenses désastres qui en découlent, elles pouvaient être excusables : les incendies, les inondations, les guerres, les pestes même ne sont que des calamités passagères, les fautes politiques et morales ne se réparent jamais complètement ! La flatterie devrait donc être traitée comme la plus terrible des pestes et signalée ainsi au mépris public.

— Quel homme ne s'enfle pas devant la flatterie ? Alors excusons la femme que notre encens enivre, que notre amour exalte et qui, nous croyant sur parole, devient vaniteuse et coquette.

FLEURS. — Comment ne pas aimer les fleurs ? elles ont la forme qui plaît et séduit, le parfum qui saisit et enivre, la couleur qui charme, la variété qui étonne, et, pour achever la séduction, elles ne naissent si belles que pour vivre un jour et inspirer cet attrait si puissant des beautés qui se meurent.

— Les fleurs sont les filles de la terre, elles en sont un des plus beaux ornements, leurs parfums ajoutent à leur beauté, comme les vertus et les qualités de l'homme ajoutent à son mérite et à sa valeur.

— Que de jolies fleurs nous avions dans notre enfance ; c'était la superbe rose, la violette, le pois de senteur et le liseron, écureuil ravissant et parfumé montant au mur et portant ses griffes jusques sur la toiture, le bluet, le lilas, la giroflée, le lys royal, la rose de Provins, l'aubépine des haies, celle à fleurs roses. Mais toutes ces jolies fleurs sont passées de mode ! on en a découvert, créé ou importé d'autres qui ont supplanté les anciennes. La nouveauté et la mode ont tant d'empire !

N'importe, je reste dans mes premières amours et, à tout ce vocabulaire étranger et savant, je préfère mes roses, mes violettes, mes lilas, mes lys, vieux amis que les nouveaux ne détrôneront jamais ?

— Les fleurs sont le but des affections vierges, elles sont discrètes et parlent bas ; un rosier, une giroflée, une violette sont un frère et une sœur, un confident et un ami.

— Des fleurs trop entassées et trop mêlées rapellent à la vue les toiles peintes et à l'odorat une boutique de parfumeur.

FLORENCE. — Dans les villes d'Italie, de Florence particulièrement, la vie y est plus agitée que gaie ; on va à la promenade, au bal, au théâtre, moins pour s'amuser que pour se distraire, se faire voir et y faire l'amour. Chaque heure a son emploi qu'il ne faut pas contrarier ; l'oisiveté parée constitue donc la vie du monde. La science, l'étude y sont généralement en mépris ; on ne sait rien et on se vante presque de ne rien savoir ; on ne fait rien et on rougirait de faire quelque chose ; la conversation est nulle, la médisance en fait tous les frais ; tout le luxe est extérieur et cache souvent une grande détresse.

FLORIAN — est un de nos meilleurs et plus ingénieux fabulistes ; on a dit avec raison que quelques-unes de ses fables étaient dignes de figurer à côté de celles de Lafontaine. Il n'a pas toujours été si heureux dans ses autres œuvres et si son nom, comme on a voulu le faire entendre, signifie fleuri, l'épithète était ici bien appliquée, car dans ses romans et ses églogues, ses héros couverts de fleurs et de rubans sont les bergers et les bergères d'un bal déguisé et non des bergers de la vie réelle, c'est tout ce qu'on peut imaginer, excepté des gardiens de troupeaux.

Florian était fort laid, mais gracieux et spirituel, son penchant à la raillerie lui eut fait beaucoup d'ennemis s'il n'eut été connu pour la bonté de son cœur et son inépuisable charité.

Né au château de Florian, dans les Cévennes, en 1755, il mourut à Sceaux, en 1794, à l'âge de trente-huit ans.

FLOTTES. — Un grand nombre de navires réunis pour le commerce ou pour la guerre compose, ce qu'en terme de marine on nomme une flotte. Les plus anciennes flottes dont fasse mention l'histoire sont celles de Xerxès, des Grecs, de César, des Phéniciens, maîtres de tout le commerce de la Méditerranée. Dans les temps modernes la flotte espagnole de Philippe II à laquelle il donna le titre pompeux d'*invincible armada* et qui fut dispersée et détruite par les vents et par la tempête avant même d'avoir pu combattre ; plus près de nous enfin les flottes combinées de la France, de l'Angleterre et de la Russie qui anéantirent la flotte Turque à Navarin.

— Une flotte militaire est une place d'armes formidable et mouvante qui se porte à volonté vers le danger menaçant ou le secours demandé ; elle n'attend pas l'ennemi, elle va le chercher, le harcèle là où on ne l'attend pas et fait des razzias et des prisonniers.

FOI. — La ferme croyance en Dieu peut seul triompher de nos mauvaises inclinations et sanctifier nos projets et nos espérances. La foi remplace tout et suffit à tout, c'est d'elle que vient l'influence si puissante de la religion.

— Que l'homme est petit et débile devant Dieu ! Promeneur d'un jour sur cette terre, qui tourne si rapidement sous lui qu'il n'en sent même pas le mouvement, qu'il vive donc, qu'il jouisse des quelques heures qui lui sont accordées et ne soulève pas le fardeau des terribles problèmes de la religion ? Qu'il partage les croyances chrétiennes presque aussi vieilles que le monde, car la foi est déjà le bonheur puisqu'elle console dans le présent et donne l'espérance d'un avenir de grandes et d'éternelles félicités.

— L'idée de Dieu domine l'homme et le grandit de toute la hauteur de sa foi. La mort est douce à celui qui a réclamé et reçu les consolations de la religion; il ne meurt pas, il se transforme, il va rejoindre au ciel ses affections disparues, il va attendre au séjour éternel celles qu'il laisse derrière lui.

— Dans les grands désastres du cœur, dans les croyances ébranlées, la plus grande des consolations est dans la foi.

— La foi n'est pas un acte de l'esprit, elle commence par s'emparer de l'âme et du cœur ; son triomphe est un don de Dieu.

— La croyance en Dieu ramène tôt ou tard à la vertu ; on ne court aucun danger en se soumettant aux lois d'une religion dont l'impie même est forcé d'admirer les préceptes et la morale.

— Dans les siècles de vive croyance, la volonté de Dieu était la règle et la loi unique ; il n'y avait que des pères et des enfants.

— La foi religieuse a toujours été le nerf, le mobile, le stimulant de l'art et de la poésie.

— La foi mise au service d'une religion vertueuse et divine comme celle du Christ, est une force assez puissante pour bouleverser le monde ou le soutenir dans ses ébranlements ; elle serait le plus grand fléau de l'humanité si elle s'appliquait à des croyances impies.

— Il est impossible qu'un adolescent qui a une mère ne croie pas en Dieu, car une mère est un bienfait si doux qu'elle est un don qui ne peut venir que du ciel et de Dieu.

— La foi punique reste le seul refuge du plus faible, vaincu par le plus fort : c'est la ruse opposée à la force brutale.

Foires et Marchés. — La paresse et l'ivrognerie conduisent les paysans à la foire et au marché, la foire et le marché les conduisent au cabaret et au café, c'est-à-dire à la dépravation et à la ruine.

— Les foires furent créées par les seigneurs qui prélevaient des droits considérables sur les ventes et amenaient les acheteurs chez eux pour leur vendre leurs produits : ainsi on levait sur place la perception du droit, tout féodal, des foires.

— Si les foires et marchés n'étaient que des réunions ayant les affaires pour but, elles seraient un bienfait réel ; mais elles ne sont le plus souvent qu'un lieu de plaisir, une occasion de dépense, une perte énorme de travail et de temps, une habitude déplorable de paresse et d'ivrognerie !

Le nombre des foires devrait être réduit de moitié dans l'intérêt de la culture et des cultivateurs.

— La multiplicité des foires signale un pays manquant de ressources, de commerce, de moyens d'échange; dans les grandes villes les foires fournies seulement d'objets de luxe sont insignifiantes, elles font dans les petites localités l'événement de l'année.

— Dans le Nord les foires sont encombrées de Juifs qui y accourent de très-loin et les exploitent avec passion et profit en incitant à la vente, leur présence donne aux transactions un entrain et à la foule une animation et une physionomie dont on n'a l'idée dans aucun autre pays.

Folie. — La folie n'est ordinairement que l'exaltation des instincts et des penchants naturels de l'individu, de ses passions surtout.

> Le monde est plein de fous
> Et qui n'en veut pas voir,
> Doit s'enfermer chez lui
> Et briser son miroir.

— On pourrait presque dire que chaque homme a sa folie et qu'on n'enferme que ceux dont la folie exaltée est devenue dangereuse !

— La folie est la peine que toutes les religions infligent à ceux que Dieu a condamnés : *Quos vult perdere Jupiter, dementat.*

— La folie est un composé informe, inexplicable des éléments brisés, broyés et torturés qui composent l'intelligence humaine, c'est donc le danger incessant, la menace, tout enfin, excepté le bien.

— La folie a des variétés innombrables : ainsi en 1793 à Paris, un fou cherchait sans relâche et jour et nuit la tête que la révolution lui avait coupée pour la donner à un autre, et comme il perdait trop à cet échange, il tenait à ce qu'on lui rendit la sienne !

— Aucunes folies ne dépassèrent celles des empereurs romains, car elles étaient inspirées par la vanité et l'orgueil : Caligula fit jeter un pont de 3,000 mètres sur la mer de Baies à Pouzolles, cela pour y passer deux fois triomphalement ! Claude voulut par caprice, mettre à sec le lac Fucin ; 30,000 hommes y travaillèrent pendant onze ans ; Néron voulut tout le contraire et fit creuser un lac, uniquement pour y voir manœuvrer deux flottes. Il donnait des fêtes qui coûtaient un an de revenu de l'empire ! il faisait tirer des loteries de mille lots dans lesquels il y avait des lots de un million de francs, des édifices, des forêts, des domaines.... Quand il fit le voyage d'Olympie il avait une suite de 1,000 chars, les mules avaient des fers d'argent. Héliogabale, mort à dix-huit ans, fit paver de diamants, d'émeraudes, etc., la grande cour de son palais !

— Le même empereur nourrissait ses chiens de foies d'oies et les lions de sa ménagerie de perroquets et de faisans.

Il faut s'arrêter au début dans cette énumération de stupides folies.

— Les fous les plus dangereux sont ceux qui ont la prétention de gouverner les nations : notre malheur est de ne pouvoir les écarter du gouvernement, car ils sont nombreux et obstinés.

FONCTIONNAIRES PUBLICS. — Ce qui humilie, ce qui abaisse le plus notre société actuelle, c'est cette tourbe insolente, dévorante et ambitieuse d'hommes ruinés et déclassés, mendiant les emplois publics qu'ils sont incapables de remplir, s'élevant par leur bassesse, se grandissant par de honteuses complaisances et encombrant aujourd'hui les administrations et les ministères ; race orgueilleuse et jalouse, se vengeant par la morgue et la hardiesse des affronts auxquels elle se soumet. A sa suite le népotisme pousse ses enfants ; le père de famille a la prétention de léguer sa place à son fils aîné et successivement au plus jeune un emploi semblable. Ne s'est-il pas chauffé pendant trente ans au feu ministériel de son bureau ? N'a-t-il pas émargé tous les mois un traitement qu'on se donnait la peine de lui porter ? N'a-t-il pas eu dans son lot à la loterie annuelle des ministères une croix de chevalier ou d'officier de la Légion d'honneur ?

— Le goût des fonctions publiques est la plaie des nations modérément riches ; il diminue avec l'agrandissement de la fortune publique, de l'industrie et du commerce.

— Ce qu'il faut redouter partout, et à plus forte raison pour les fonctions publiques, c'est l'indigence de la pensée, la trivialité de la parole, l'idiotisme de l'esprit.

— Les fonctionnaires osent rarement avoir une opinion, car la mobilité de nos gouvernements mettrait en péril leur existence entière.

— En France il semble que toute notre administration politique, civile, judiciaire, etc., ait des convictions de rechange, car à chaque changement, non-seulement de dynastie, mais de système politique, personne ne bouge sur les vieux sièges, chacun émarge ses appointements et continue la vie si douce du fonctionnaire ou de l'employé. Tous peuvent dire comme Horace : *Impavidum ferient ruinæ*, je ne crains pas les révolutions ! Traduction libre, le fonctionnaire ne cesse de toucher exactement ses appointements, c'est son seul souci.

En Angleterre et aux États-Unis toute l'administration cède sa place à l'opinion contraire qui triomphe ; de là une grande et très-utile émulation et qui a beaucoup aidé à l'énorme accroissement en Angleterre des fonctions gratuites.

— Les fonctionnaires anglais sont responsables, non-seulement devant leurs administrés, mais devant l'opinion publique et surtout devant la surveillance inquiète d'une presse libre, représentant toutes les opinions. Voilà ce qui n'existe pas en France où le fonctionnaire est devenu, par le silence imposé à la presse, le tyran de la société, dès lors l'instigateur de ces haines sociales qui mettent en péril tous les gouvernements.

— La paresse et l'indifférence sont les complices des abus : on change le ministre pour mieux faire, mieux faire c'est réformer, réformer c'est solliciter contre soi les colères et les haines de toute l'administration ! car réformer c'est bouleverser et détruire. Le chef de l'État vivait tranquille et voilà qu'il est assourdi par toutes sortes de réclamations ; il tient tête pendant quelques jours ou quelques semaines, mais ce n'est pas là une vie tenable pour lui, c'est un enfer, alors il faiblit, plus tard il déserte tous ses projets d'amélioration et voilà l'histoire de toutes les réformes.

— Ainsi : demandez une réforme et vous trouverez de suite devant vous le chef de bureau défendant son employé, le chef de division, le directeur, le secrétaire général et enfin le ministre ; pour tout ce monde attaché au râtelier de l'État il n'y a aucun abus, tout est en ordre et dire le contraire c'est calomnier le gouvernement !

— La politique, l'état militaire, la diplomatie et bien d'autres fonctions publiques ont leurs habitudes et leurs rôles ; c'est leur secret. Elles ont leur langage de convention, une certaine manière de se poser, de gesticuler, de marcher, de causer, tousser, cracher, éternuer. Cela ressemble assez à une comédie plus ou moins bien jouée, mais ces grimaces ne séduisent que ceux qui les font et qui ont confiance dans la complaisance, la servilité ou la politesse de ceux qui assistent à ces parades.

— On aurait grand tort d'élever les traitements des fonctions publiques, ce serait ajouter au mal ; elles sont payées en honneurs et en doux repos et inoccupés, elles seront toujours recherchées par les esprits calmes et philosophiques, par les petites fortunes trouvant dans les traitements un supplément qui donne l'aisance.

— Partout et en tout ce que fait un particulier est toujours mieux et plus intelligemment fait que ce que fait un fonctionnaire public ; celui-ci rétribué et habitué, devrait cependant mieux faire, mais il fait plus mal parce que l'intérêt à bien faire manque et qu'il n'a pas la loyauté de remplir consciencieusement des fonctions très-chèrement rétribuées cependant.

— L'Amérique a donné leur vrai nom aux fonctionnaires publics (public servants). Le mot devrait être employé en France pour rappeler énergiquement à leurs devoirs ces fonctionnaires si orgueilleux et si despotes.

— Dans les pays libres, indutriels et commerçants on dit d'un enfant *que fera-t-il* ? Car on sait qu'il sera ce qu'il saura se faire ; dans les pays despotiques, dès lors routiniers, on dit que *sera-t-il* ? Car on ne rêve que fonctions qui rentent et non professions qui occupent.

— Les fonctionnaires ont un immense empire sur l'esprit du peuple ; pour lui ils représentent le pouvoir suprême, car ils proclament ses décisions, les font exécuter, récompensent, punissent, condamnent ou absolvent, emprisonnent ou élargissent. Et cependant ils abusent presque tous de cette délégation de pouvoir ; ils s'enorgueillissent, se pavanent, aigrissent et irritent au lieu de concilier.

FONTENELLE, — neveu des deux Corneille, l'auteur aimable de la pluralité des mondes, très-délicat de corps, vécut cependant un siècle entier ; après cinquante ans de travaux continus, il régla sa vie et ses habitudes avec une monotonie sans égale, pour le travail, le repos et l'exercice corporel ; la sobriété était sa règle première : quand on parlait maladie ou mort il criait chut ! en crainte d'attirer l'attention de cette foudre ?

A la politesse du bonjour d'usage il répondit longtemps : assez bien, puis je ne sais trop, cela se ralentit, cela commence à clocher, cela va s'arrêter, cela ne va plus, cela s'en va et en effet il mourait huit jours après, le 6 janvier 1757, âgé de cent ans !

FOR. — *De forum, tribunal* : il y avait autrefois à Paris le For-l'Évêque, tribunal de l'évêque, le For-le-Roi, le For-aux-Dames. On dit encore aujourd'hui le for intérieur, le tribunal de soi-même, la conscience ?

FORCE. — Le physique a tant d'influence sur le moral, que c'est fortifier la force morale que d'ajouter à la force physique.

— Certaines constitutions nerveuses et passionnées trouvent dans toute secousse morale une énergie factice qui retrempe la vie et renforce pour un moment tous ses ressorts, mais le résultat final est l'affaiblissement!

— On ne comprendrait pas pourquoi le fort se complairait à tromper le faible lorsqu'il peut le dominer et le tyranniser, si la ruse humaine ne nous apprenait qu'il est plus facile de tromper que de contraindre.

— Si la loi du plus fort est un grand danger, on a au moins l'avantage de connaître le péril; la loi du plus fin est donc bien plus redoutable.

Le sentiment de la force recèle le sentiment honorable de la générosité.

— L'omnipotence de la force brutale, de la force armée, du sabre en un mot, implique toujours la suppression de la justice remplacée dès lors par la force matérielle et les passions soldatesques, ce qui est éminemment déplorable!

— La force qui supporte les revers est plus estimable que l'enthousiasme, plein de colère, qui porte à braver la mort.

— La force matérielle et morale dans un corps bien constitué grandit jusqu'à vingt-cinq ans, reste stationnaire jusqu'à quarante-cinq ans et décline jusqu'à la mort; ces trois périodes varient suivant les constitutions: pour la vie matérielle on pourrait même dire qu'il n'y a que deux périodes, l'une de croissance l'autre de déclin, et c'est pour ces fortes constitutions qu'on pourrait fixer à quarante ans le point d'intersection.

FORÊTS. — Dans les immenses solitudes des forêts, on se sent plus loin des hommes et plus près de Dieu; l'air qu'on y respire, la sève divine dont on se nourrit, donnent à celui qui les parcourt une force physique et une confiance morale qu'il ne trouverait pas ailleurs.

— C'est en Amérique surtout qu'on se sent dominé par la puissance infinie du créateur de ces merveilles; là les grandes forêts ressemblent à des temples dont la voûte verdoyante est soutenue par de nombreuses et pyramidales colonnes.

— Il paraît probable que dans l'antiquité de nombreuses forêts ayant été détruites la terre était nue, aride et peu couverte d'ombrages, car pour conserver les sources, les bois et les arbres on fut obligé de les placer sous la protection des dieux.

— On ne connaît pas assez l'immense utilité des forêts; aussi les cultivateurs qui ne voient que l'avantage du moment sont-ils toujours disposés à les remplacer par des champs fertiles donnant des récoltes d'autant plus productives qu'elles sont annuelles: cependant nous avons la preuve matérielle et effrayante du danger de la destruction des bois dans les pays de montagnes surtout, dont le bouleversement par les torrents et les déluges de terres infertiles qui en descendent ont comblé les vallées les plus riches.

— Les anciens empires des Assyriens, des Mèdes, des Perses, des Égyptiens, du Pont, si puissants, si riches de fertilité et de population ont lentement et successivement disparu: l'histoire parle de la fécondité de la terre, de la beauté des forêts, des ombrages et de l'abondance des eaux; ces empires n'ont pas su éviter le danger qui nous menace; la population allait toujours croissant, les forêts disparaissaient et se transformaient en terres arables; la destruction des bois amena la disparution des derniers ombrages et dès lors la suppression des eaux fertilisantes naturelles. (EDME COLLOT.)

La Grèce ancienne était couverte de verdure et de fleurs, elle a été déboisée et elle est devenue aride et désolée par la sécheresse; les rivières sont devenues des ruisseaux et les ruisseaux ne coulent plus. (RAOUL ROCHETTE.)

— Dans son cours d'économie politique M. Boussingault prouve nettement et par une foule de faits et d'exemples relevés dans ses voyages, que les eaux diminuent dans la proportion des déboisements, que certaines sources taries à la suite de défrichements ont reparu aussitôt que le sol a été reboisé: que dans les pays boisés le niveau des ruisseaux et des rivières est maintenu presque toujours constamment égal et l'humidité est ainsi mesurée aux besoins de la terre.

— Dans les Hautes-Alpes, l'Isère, et la partie du Var touchant au Piémont, dit M. Blanqui (rapport à l'Académie des sciences, janvier 1844), la destruction successive des forêts a tari tout à la fois, en mille endroits, les sources et le combustible.... Il existe plusieurs villages réduits à une telle pénurie de bois, qu'on y fait cuire le pain à l'aide d'un combustible composé de fiente de vache, desséchée au soleil (sans comprendre que c'est brûler, dès lors détruire le meilleur, l'unique fumier de la contrée)... Les Alpes de Provence sont devenues effrayantes; on ne peut se faire une idée de ces gorges brûlantes où il n'y a plus même un arbuste pour abriter un oiseau..... Tant que les arbres et les végétaux qui retenaient le sol sous le réseau de leurs racines ont opposé quelque résistance à l'action des eaux, le mal était partiel et isolé; on souffrait sur quelques points; on respirait sur quelques autres; aujourd'hui on est atteint partout! le défrichement a complété les ravages du parcours des bestiaux et du déboisement...

— La Russie, la Suède et l'Autriche-Hongrie sont, dans le nord de l'Europe, les nations les mieux partagées en produits forestiers; il y a là d'immenses, de magnifiques ressources en bois d'œuvre de toutes sortes: chêne, pin, sapin, hêtres, frênes, ormes, etc... La Croatie, l'Esclavonie, la Bosnie, la Hongrie sont, pour le bois, la richesse de l'Autriche. On y trouve des sapins de 60 à 70 mètres de hauteur, des chênes de 35 à 40 mètres sur 1 mètre 25 de diamètre (3 et 4 mètres de tour) à 1 mètre 50 du sol! La France avait aussi de très-belles forêts, mais cette richesse a péri sous les coups des lois les plus destructives qui ont fait de la futaie le produit le plus ruineux, car à sa maturité (150 à 200 ans) elle coûte, grâce à nos impôts, frais de garde, délits forestiers, incendies, frais d'exploitation et de transport, cent fois plus qu'elle ne se vend!

FORME. — En toutes choses la manière, la forme, est aussi importante que le fond. Que serait, en effet, l'affection sans la bonté, la bienveillance sans la douceur, l'amitié sans l'amabilité?

FORTUNE. — Chaque existence a son roman qui est sa passion dominante, et sa vie qui est une nécessité de position: vouloir et pouvoir! deux termes contraires et toujours en lutte! Le plus habile est celui qui parvient à enfourcher ce cheval rétif et fougueux qu'on appelle l'occasion et à gagner le gros lot de la loterie humaine! Mais pour un gagnant, que de perdants broyés sous cette roue payenne qui servait de piédestal et de char à la fortune!

— Les peuples anciens étaient dans le vrai lorsqu'ils élevaient tant d'autels à la fortune: l'histoire moderne est moins clairvoyante en accordant trop peu au hasard.

— La fortune est une divinité d'essence si capricieuse et si mobile qu'elle est restée le symbole de l'inconstance et de la variabilité.

— La fortune est souvent un don funeste, une fausse amie, qui loin d'améliorer l'existence la dérange fréquemment; car elle commence par la bouleverser et parvient ensuite bien rarement à la rasseoir et à la reposer.

— Quand on passe brusquement de la misère à la richesse, il faut changer au plus vite d'avis, d'amis et d'habits.

— Une fortune bien acquise, surtout par le travail, donne une force morale qu'on ne trouve pas dans une fortune héréditaire qui arrive sans qu'on ait rien fait pour la mériter!

— La fortune bien acquise a toujours un emploi honorable; au contraire, la fortune mal acquise a des emplois pernicieux en ce qu'elle se dissipe presque toujours follement et qu'elle donne un mauvais exemple.

— Dans ce siècle où la richesse est le premier des besoins, la fortune doit être la base de toute noblesse, car tout blason doit être doré.

— Les favoris de la fortune prennent souvent avec le monde plus de liberté qu'il ne convient, cela leur réussit avec les sots mais les perd dans l'esprit des gens sensés et dignes.

La société marche en masse vers le même but : les honneurs et la fortune ; c'est un assaut donné à une forteresse : heureux ceux qui arrivent les premiers, ils prennent la meilleure part.

— Une trop grande fortune, quand on n'en jouit pas noblement et généreusement nuit beaucoup à la réputation et fait crier à l'avarice. C'est un échec sérieux à la considération publique et un obstacle au bonheur.

— Les jouissances que donne la fortune ne sont jamais dans les proportions de cette fortune même ; elles s'arrêtent à un certain chiffre : 10,000, 20,000, 30,000 fr. de rente peuvent et doivent donner autant de jouissances que 100,000 fr., car nos besoins et nos appétits n'augmentent pas, ils n'augmenteraient que dans la bienfaisance, la charité, l'aumône, facultés divines qui font un dieu du bienfaiteur ! quelle puissante tentation !

— Tout le monde a le droit de courir après la fortune à la condition de le faire avec droiture et probité ; tous ne réussissent pas, car c'est l'ambition de tous, c'est alors une lutte et un jeu acharnés où le plus grand nombre est vaincu et souvent blessé à mort au profit de quelques rares individualités, parfois plus heureuses que prudentes, mais plus souvent aussi plus rusées que loyales !

— Les revers de fortune, attribués à des vengeances voilées de la destinée, sont souvent une punition méritée.

— La fortune n'est pas le seul avantage à envier, il faut comprendre que les qualités qui peuvent la faire gagner, que le sentiment qui peut en faire bien jouir, qu'une idée nouvelle qui peut la créer sont des avantages au moins comparables à la fortune acquise.

— La fortune ne donne d'ennemis qu'à ceux qui se laissent enivrer par elle ; on ne hait pas un homme, uniquement parce qu'il est riche, mais seulement parce qu'il fait un mauvais usage de ses richesses, et qu'il oublie que l'aisance, la richesse, l'opulence commandent une bienfaisance proportionnelle.

— Il semble aujourd'hui que la fortune soit le point d'appui, le levier d'Archimède ! l'or et l'argent sont en effet et malheureusement la plus grande puissance des temps modernes.

— Plus la fortune a fait pour nous, plus nous devons faire pour ceux qu'elle maltraite ; le partage raisonnable et modéré est presque une loi naturelle : en religion c'est la charité, c'est l'aumône qui doivent tendre vers ce principe divin.

— Les petites fortunes donnent presque toujours un bonheur plus constant et plus assuré que les grandes, par cela même qu'elles ne dispensent ni de l'ordre, ni de l'économie, ni de la prudence.

— La fortune, comme on a la sottise de la considérer et d'en jouir, est un véritable piége tendu au bonheur des riches : c'est une charge, car ils administrent non en vue de jouir, mais en vue d'augmenter leur fortune et ils paraissent plutôt leurs régisseurs que les propriétaires réels ! La crainte de perdre, trouble continuellement leur âme et torture leur vie entière.

— Chacun a le droit, à une époque où on n'a de valeur et de liberté que par l'argent, de poursuivre l'indépendance dans l'aisance et la liberté de ses affections dans la fortune.

— La fortune n'est qu'un galon plus ou moins lourd, plus ou moins doré : elle ne donne ni l'intelligence, ni l'instruction, encore moins la distinction et les autres vertus ou qualités : elle écrase même et rapetisse l'homme qui a pu la conquérir, mais qui ne sait pas la porter et encore moins la faire valoir : c'est l'histoire de *l'âne chargé de reliques.*

— Il faut préférer la fortune d'estime à la fortune d'argent ; l'estime a une valeur bien supérieure, elle est la récompense d'une vie honorable, elle peut braver tous les revers ; la richesse au contraire est continuellement exposée à se perdre ou à disparaître.

— Malheureusement le monde apprécie plus le rang et la fortune que les sentiments et les vertus, probablement parce que ceux-ci sont cachés et que les autres sont apparents et en relief !

— Certains caractères grands et stoïques, s'altèrent et périssent dans la fortune, c'est un écueil où ils viennent échouer. Le culte de l'or et des joissances qu'il procure, des vanités qu'il chatouille, étouffe le bon germe et obscurcit les bonnes, les vraies, les grandes idées.

— Chose déplorable en ce monde ! C'est que les qualités qui feraient un bon prince, un opulent honnête, risquent de faire un escroc et un voleur d'un homme sans fortune.

— Manger noblement sa fortune, cela veut dire presque toujours la manger par ostentation ou pis encore, à force de vices.

— Ce n'est que dans la fortune ou au moins dans l'aisance que le bonheur trouve sa liberté d'expansion, d'action et de mouvement et nous sauve alors de ces préoccupations que donne le besoin, et des fatigues qu'impose le travail.

— La fortune est sans doute un moyen de bonheur, mais ce n'est pas le bonheur : c'est là l'erreur d'une foule de bons esprits et surtout des masses populaires.

— La fortune est un danger lorsqu'elle inspire la prodigalité, comme une fille bien dotée est une ruine lorsqu'elle apporte l'amour du luxe et du faste.

— L'homme économe est presque riche. L'homme pauvre peut être heureux : l'homme riche, mais avare, est *toujours* honteusement misérable.

— La fortune n'est une bonne chose qu'entre les mains d'un homme sensé et raisonnable, autrement elle est un écueil et un danger, pour un fou et pour un prodigue qui, ruinés, ne sont plus bons à rien ne peuvent se décider à travailler et croupissent dans la misère la plus dure, la plus honteuse et la plus cruelle !

— Celui-là est presque riche qui a pu mépriser la fortune.

— Dans notre société égalitaire, on envie ce qu'on devrait applaudir, car on voit de mauvais œil les hommes du peuple, les activités laborieuses arriver à la fortune ou conquérir l'influence.

— L'aristocratie d'argent a toujours résisté et résistera toujours au choc des révolutions qui nivellent tout, moins les fortunes ! elle donne un éternel démenti à la théorie de l'égalité des conditions.

FOULE. — Quelle étrange et effrayante solitude que celle qu'on trouve au milieu d'une foule inconnue ?... Que d'instincts hostiles et menaçants, que de pensées et de désirs dangereux.

— La foule nivelle tout ; le poète, le savant, le grand général, ne sont que des hommes dans la foule. C'est dans l'action, dans la vie, dans les habitudes et le langage qu'on reconnaît les natures d'élite.

— Dans les foules populaires où les intelligences sont rares et presque toutes éteintes par les préoccupations et le travail, les grandes choses ne produisent que des tressaillements naturels, mais puissants, sympathiques, entraînants. Ce sont des tressaillements plus instinctifs que raisonnés, venant de la nature seule de la nature intime, de la nature de Dieu enfin qui forment ce jugement inexplicable appelé la voix du peuple, *vox populi*; c'est le jugement du cœur, l'appréciation de cet instinct humanitaire, inexplicable et que pour cela on appelait aussi la voix de Dieu, *vox Dei*!

FOURRIER. — Ces rêveries ou plutôt ces extravagances de l'école de Fourrier et de son élève Victor Considérant paraîtraient, non pas des contes de fées, mais des comtes de la déraison, du délire et de la folie, si de nos jours des milliers d'auditeurs ne les eussent pas entendues, si des livres se targuant d'idées philosophiques et humanitaires ne les eussent pas reproduites, c'est à n'y pas croire : mais la vérité, la dure vérité est là, elle résonne encore dans nos souvenirs personnels, nos récentes lectures et il faut bien y croire au grand déshonneur de l'humanité !

FOYER. — Habituons-nous à aimer, à honorer le foyer, c'est le centre de la vie commune, c'est la chaleur, le repos, l'alimentation de la maison, maîtres et valets doivent dire notre foyer, car c'est le foyer commun, les dieux lares comme disaient les anciens.

— Les Italiens, probablement à cause de la beauté de leur climat, vivent toujours dehors et ne connaissent pas l'amour du foyer ; il a fallu le ciel inclément du Nord pour inspirer ce sentiment aux populations septentrionales. L'Italien attend le jour pour rentrer chez lui et se coucher, l'homme du Nord suit le soleil et l'imite dans sa course.

— Le *home* des Anglais, le chez-soi, a été admirablement décrit par leurs meilleurs écrivains, j'ajoute qu'il a dans leur langue une signification plus étendue, plus complète que notre *foyer*. C'est bien leur coin du feu, mais c'est aussi leur retraite la plus aimée le lieu où se groupe la famille, c'est l'image du bien-être matériel en même temps que du repos moral, c'est quelque chose enfin qui ne peut se remplacer..... Les Suédois, peuple simple et patriarchal, ont une expression analogue au *home* des anglais, je regrette de ne pas me la rappeler.

FOUQUET, — surintendant général des finances de France, fut arrêté par ordre du roi et conduit au château d'Angers, d'où il fut transféré à celui d'Amboise, puis à Vincennes, à Moret et à la Bastille. Le roi était déjà prévenu contre lui lorsque Fouquet eut l'imprudence de lui offrir à son château de Vaux une fête surpassant en magnificence toutes celles de la cour. Les ennemis de Fouquet ne manquèrent pas de faire remarquer à Louis XIV l'orgueil insensé de ses armes et de sa devise : un écureuil avec cette légende *quo non ascendam*? où ne monterai-je pas? L'écureuil était peint partout poursuivi par une couleuvre, armes de Colbert, le rival humilié, l'implacable ennemi et le futur successeur de Fouquet.

— Le roi eut grand'peine à dissimuler son irritation et sa jalousie, augmentées encore par les prétentions du surintendant aux faveurs de mademoiselle de Lavallière ; la perte de celui-ci fut décidée en principe ; peu de jours après on l'attirait avec adresse à Nantes où on l'arrêta.

Le procès prouva que le château de Vaux avait coûté 9 millions 1/2, environ 36 millions de nos jours; que les gages des domestiques étaient de 375,000 fr., chiffre énorme pour l'époque !... Qu'il donnait des sommes considérables aux grands seigneurs et aux dames de la cour.

t. II.

La reine-mère à laquelle il avait rendu d'immenses services, tous les seigneurs dont il avait payé les dettes et qui avaient trouvé toujours sa bourse ouverte, l'abandonnèrent et même le chargèrent; seuls, les gens de lettres dont il avait été le généreux Mécène, lui témoignèrent un dévouement et une reconnaissance à l'épreuve de toutes les disgrâces. Condamné à une détention perpétuelle, il mourut à Pignerol, prison d'État, en mars 1681, après dix-neuf ans de captivité.

Un de ses fils, Charles-Armand, devint supérieur de St-Magloire à Paris, et mourut, fort estimé, dans sa soixante-dix-septième année.

Charles-Louis-Auguste, comte de Belle-Isle, son petit-fils, officier distingué, fut très-bien accueilli à la cour de Louis XIV ; ses services firent oublier les fautes de son grand-père; il fut fait maréchal de France sous Louis XV, puis duc de Gisors, enfin pair de France. L'Académie française et l'Académie des sciences le comptèrent aussi parmi leurs membres ; son fils unique, le comte de Gisors, mourut en héros à l'âge de vingt-cinq ans, en 1758, à l'armée du Rhin, dans la fatale journée de Crevelt.

FRAGILITÉ. — Que l'homme ne s'étonne pas de la rapidité, de la fragilité de sa vie, car la fragilité de tout ce qui existe sur la terre est la règle générale et absolue. Tout s'altère et se détruit: témoin nos montagnes de roche et de granit, ces pyramides d'Égypte si gigantesquement construites, les splendides monuments de la plus grande des nations, Rome, et toutes ces vieilles tombes de tous les pays, formées des marbres ou du calcaire le plus dur, du bronze même, et qui, sous l'action du temps ont vu s'effacer, non-seulement leurs reliefs, mais même les inscriptions profondément burinées sur leur matière si puissante. Toute chose terrestre est donc fatalement destinée à la destruction, lente mais infaillible, mais inexorable.

Fragilité ton nom devrait être femme.
(SHAKESPEARE.)

Pourquoi ? Parce que la femme est inconstante, parce qu'elle est délicate, parce qu'elle est faible, obéissante et douce, elle peut être brisée par un seul effort de la main de l'homme... Si tout cela est vrai, ne mérite-t-elle pas plutôt protection et pitié que blâme !

— Rien n'est plus fragile que la beauté, la faveur, la mode, ce sont des lueurs éphémères dont il faut s'empresser de constater l'existence, tant cette existence est inconstante et peu durable.

Frais. — Le code de procédure devrait contenir une disposition générale mesurant les frais à l'importance du procès et ne permettant pas à l'accessoire de dépasser le dixième du principal.

N'est-t-il pas effrayant de voir les frais de certains procès s'élever à un chiffre égalant ou dépassant la valeur de ce procès !

France. — Par sa position intermédiaire entre le Nord et le Midi, la France a eu la bonne fortune de pouvoir participer de tous les avantages et de tous les mérites qui l'entourent et de s'approprier, en les grandissant, toutes les gloires qui gravitent autour d'elle. C'est ainsi qu'elle a pu devenir l'arbitre souverain des beaux-arts, de la littérature, de la poésie, de la science, de l'invention, de la mode même. suprême cachet aujourd'hui de son influence universelle ; elle s'est emparée des aptitudes des nations antérieures : elle a trouvé chez les Grecs, le goût du beau, l'atticisme du langage, la poésie dans toutes ses formes et ses nuances ; chez les Romains la logique, le raisonnement, la grâce du discours, la science de la guerre, la force du pouvoir politique ; elle a pris aux Allemands la profondeur de la pensée en la débarrassant de ce qu'elle avait de lourd, d'obscur, de vague; aux Anglais leur esprit pratique sans se charger de leur égoïsme et de leur orgueil ; comme l'abeille elle a donc butiné partout en s'appropriant tout ce qu'il y avait de mieux, et elle est devenue ainsi la reine des nations, la tête et le cœur de l'intelligence humaine. Avec le mérite de ne rien retenir égoïstement pour elle et d'offrir largement au monde entier toutes ses richesses intellectuelles et morales, toutes ses inventions et ses découvertes, en lui livrant tous ses secrets.

— La France n'est dépassée par aucune nation dans les gloires de son histoire : la Grèce avait son grand conquérant dans Alexandre, son grand homme d'État dans Périclès, ses grands poètes dans Homère et les tragiques ; Rome avait eu de même sa puissance universelle, son grand empereur dans Auguste, son grand général dans César, ses poètes illustres dans Virgile et Horace, ses historiens éminents dans Titelive et Tacite, son grand orateur dans Cicéron ; la France a eu l'empire universel sous Charlemagne, son grand roi et son grand siècle sous Louis XIV, ses grands poètes Lafontaine, Corneille, Racine, J.-B. Rousseau, Boileau, Voltaire ; ses grands orateurs dans Bossuet et Massillon, enfin le plus grand des généraux, des conquérants et des empereurs dans Napoléon le Grand !

— Ce n'est qu'en parcourant nos belles provinces françaises qu'on peut se faire une idée de la richesse et de la variété de leurs produits. Ce sont : les magnifiques plaines de la Flandre et de la Beauce couvertes de riches moissons, la Normandie avec ses vergers et ses gras pâturages, la Champagne avec ses verdoyants coteaux de vignes donnant un vin blanc mousseux unique dans le monde, la Bourgogne non moins opulente par ses produits vinicoles en vins rouges si estimés et rivalisant par des principes contraires avec les vins du Médoc.

C'est la Touraine, appelée le Jardin de la France, diamantée par ses nombreux châteaux princiers et renommée aussi par ses vins et ses luxuriantes céréales. Puis la Guienne et la Gascogne avec Bordeaux pour capitale, se composant d'une multitude de villes pittoresquement situées, de magnifiques campagnes arrosées par le plus grand fleuve de France, la Gironde, ornées aussi des plus beaux châteaux et fournissant au monde entier, avec la Champagne, les deux plus grands vins connus.

— En remontant jusqu'aux Pyrénées on trouve une multitude de sites offrant tous les aspects, depuis les plus jolis, les plus gracieux jusqu'aux plus grandioses et les plus solennels. Les eaux thermales y abondent et on y découvre à chaque pas des merveilles de végétation, de géologie et de minéralogie. Dans les provinces méditerranéennes, la Provence, le Languedoc, sous un beau et brillant soleil croissent les arbres et les arbustes des pays chauds : l'oranger, le citronnier, la vigne, l'olive, le mûrier, le figuier... La France en un mot réunit le plus heureux assemblage des produits du Nord, du Midi et de toutes les contrées tempérées.

— L'industrie française offre les mêmes ressources et la même abondance que ses cultures, en productions de toutes sortes : ses forges, avant le déplorable traité du libre-échange qui leur porta, on peut le dire, un coup mortel, pouvaient rivaliser avec celles de toutes les nations voisines, l'Angleterre exceptée ; ses fabriques d'armes, de drap, ses soieries, ses batistes, ses dentelles, ses toiles de fil et de coton, ses papeteries, ses fabriques de tapis, de glaces, de porcelaines, de cristaux, d'horlogerie, ses bronzes, sa coutellerie donnent des produits inimitables.

— La France prête au monde entier : par sa littérature copiée partout avec un sans-façon inqualifiable par des auteurs étrangers qui s'en approprient audacieusement les mérites ; par ses capitaux qui défraient imprudemment les entreprises et les emprunts de toutes les nations ; par son hospitalité si gracieuse et si attrayante à la fois, la plus somptueuse en même temps que la moins chère et la plus bienveillante.

— Si la France est la première des nations, si elle porte partout le flambeau de la science, de la littérature, des beauxarts, c'est que la première elle a promené dans toute l'Europe, en Asie, en Afrique et en Amérique le flambeau de la civilisation et de la liberté.

— Il faut aimer la France, car les relations y sont plus faciles, plus douces, plus nombreuses, la bienveillance réciproque plus grande, l'amitié plus intime et plus cordiale, la vertu elle-même plus expansive.

— La France rappelle Athènes où l'enthousiasme, l'amour du beau, la mobilité, la gaieté et l'entrain caractérisaient l'esprit national, l'esprit critique.

— La France, comme l'Italie de la renaissance, est chevaleresque et guerrière, aussi propre à l'idée profonde et savante qu'à la littérature et à la poésie qui en sont les fleurs ; aussi passionnée pour les beaux-arts que pour les belles actions, elle est grande et ferme, aussi légère et brillante que sérieuse et méditative ; ses enfants ont tout à la fois l'enthousiasme qui élève, l'ardeur qui entraîne, la réflexion qui mûrit.

— Ce que ses détracteurs ou plutôt ses envieux reprochent à la France c'est de manquer des croyances qui groupent et exaltent, c'est, suivant eux, de n'avoir que des vanités continues et des enthousiasmes fragiles, de se laisser prendre par des bavards et des flatteurs et, ainsi sollicitée et ballottée, de ne conserver aucune force.

Nous n'acceptons pas ces appréciations. Le français est intelligent, plus éveillé, brave et gai que léger et inconstant ; il est peut-être trop railleur, ce qui est déjà, suivant César et Cicéron, le type Gaulois et prouve que le vaincu s'est perpétué et a conquis lui-même le vainqueur. Le français a effectivement, comme tous les autres peuples, les défauts de ses qualités trop tranchées, on le craint et on l'envie, on lui trouve dès lors des défauts qu'il n'a pas. Dans sa marche vers la liberté, une première fois conquise par d'odieux et atroces moyens, mais menacée par des réactions évidentes, il a dû lutter de nouveau et demander aux révolutions des libertés escamotées, mais aujourd'hui il faut espérer que le passé lui servira de leçon et que la sagesse et la modération seront le fruit de ses longues et cruelles expériences.

— Quoique agitée à la surface, la France est plus homogène et plus forte qu'on ne le croirait ; sa puissance est d'une solidité à toute épreuve, car elle a sa base dans un peuple libre, intelligent, laborieux et brave, et ce qui le prouve c'est que c'est la nationalité ayant eu la plus longue vie : plus de quatorze cents ans, et la plus brillante existence, elle est parfois turbulente dans ses populations ouvrières et flottantes, mais elle est pleine de longanimité, de patience et de résignation dans ses masses qui subissent bien des abus sans se plaindre ; ainsi des impôts exorbitants, une conscription navrante, une justice déplorablement mauvaise et inaccessible par ses prix, des armées de fonctionnaires rogues et impérieux au lieu d'être bienveillants et protecteurs.

— Depuis 1789 la France a fait à la suite de prodigieuses conquêtes, d'immenses progrès ; l'égalité l'avait ennoblie, l'industrie l'a enrichie, l'éducation l'a élevée, la langue s'est perfectionnée, les mœurs se sont épurées, tout a grandi et la nation a acquis une puissance bien supérieure à la puissance de Louis XIV, malgré nos récents désastres et les immenses sacrifices qu'ils nous ont imposés.

— On ne naît pas plus en France qu'en tout autre pays homme de génie, mais on naît plus souvent homme d'esprit, de gaieté, de politesse, de bienveillance naturelle, c'est là le mérite *incontestable* du Français. Il marche ainsi à la tête de la civilisation et des grandes aussi bien que des modestes idées, on l'imite partout jusqu'à le copier, car il est toujours gracieux, gai et accueillant, futile si on veut, mais toujours amusant et bienveillant.

— L'instruction à tous les degrés a pris en France le plus grand développement; l'économie, sous la forme des caisses d'épargne, est devenue une institution publique ; les associations mutuelles sont devenues des moyens de moralisation et de bien-être, l'aisance a donné plus de loisirs et les loisirs plus d'instruction. Tout est donc aujourd'hui en progrès.

— Ce qui constitue la supériorité de la France sur les autres nations, c'est son abnégation, ce sont ses élans généreux, ses sympathies pour toutes les faiblesses et toutes les souffrances : elle est ainsi appelée à grouper tous les peuples dans cet esprit de fraternité qu'elle ressent d'instinct et pratique si largement.

— La France est sans nul doute la nation qui a les plus grandes tendances pour la guerre, mais ce qui est vrai en groupe devient faux isolément, aucun peuple dans la vie civile n'use aussi peu d'armes de tous genres ; la France est toujours désarmée, même dans le danger. Les autres peuples plus timides, l'Anglais, l'Américain, l'Allemand, aiment à marcher armés !

— La France n'est si passionnée et si emportée que parce qu'elle a le sentiment de sa force, elle a besoin d'idées plus fermes que celles du doute, plus absolues que celles du schisme, plus élevées que celles de l'intérêt !

— Quand la France s'agite, *tout* s'ébranle et parfois même s'écroule autour d'elle, il semble qu'elle soit le pilier de l'Europe entière, du monde même : 1789 avait porté l'effervescence partout, *l'Empire conquit et bouleversa tout* : « les deux Restaurations ameutèrent deux fois l'Europe contre la France, » la révolution de 1830, celle de 1848 l'ébranlèrent de nouveau, depuis le second Empire ce fut la France qui devint l'arbitre du monde et elle restera cet arbitre si elle emploie sa puissance à modérer les esprits : voyez ce qui se passe alors que la France vient de s'écrouler sous la loi du plus fort, les canons Prussiens, et sous la démoralisation issue du second Empire ! Paris est pris, la France n'a plus d'armée ni de forteresses, elle est occupée par un million de Prussiens, elle est obligée de subvenir à tous les excessifs besoins de ces hordes sauvages, privées chez elles, dévoratrices à l'étranger ! exaltées par la victoire, enivrées par leurs succès et par leurs pillages ! On l'impose d'une indemnité de guerre de cinq milliards !... L'Europe entière croit la France non-seulement vaincue, mais ruinée par l'incendie, les pillages, les contributions, les impôts de guerre, les liquidations de toutes sortes et la Prusse est obligée d'accorder un long délai pour le paiement de l'indemnité. Mais l'esprit français se réveille, il veut se débarrasser à tout prix de ces immondes Prussiens qui ont honteusement et ignoblement sali jusqu'aux palais par eux occupés, particulièrement le superbe Versailles, et la république demande à la France d'anticiper ses paiements par un emprunt général trois fois répété et la nation entière, avec un patriotisme spontané, répond à cet appel en offrant *dix fois plus qu'on ne lui demande* pour l'évacuation des barbares. Quelle plus grande preuve de richesse, de puissance, de ressources infinies, après tant de désastres et la rançon fabuleuse imposée aux vaincus! les journaux prussiens regrettent naïvement qu'on n'ait pas triplé la rançon!

— C'est en France que l'esprit d'indépendance est le plus développé, parce que c'est là où l'on en jouit le plus aisément, les instincts d'égalité étant évidemment les instincts dominants du peuple.

— La France est travaillée par le vice de la vanité, le principe est l'égalité et cependant tout le monde veut la puissance et vise à la supériorité, d'où des tiraillements sans nombre et des embarras inextricables, qui, périodiquement amènent les révolutions.

— Ce qui fait l'honneur, la force et la suprématie naturelle de la France, c'est cette chaîne d'acier qui relie entre elles toutes nos provinces françaises, si bien groupées au centre de l'Europe, si bien placées entre les deux mers Européennes les plus actives et les plus fréquentées. Il faut cependant ajouter que cette position est aussi un danger et que la France pourrait être attaquée de tous les côtés à la fois, comme cela arriva en 1814 et 1815, à la suite des deux restaurations étrangères.

— La reconstitution toute nouvelle de la France après 1789, dans le but de l'unification de toutes ses provinces jusquelà isolément et égoïstement administrées groupées seulement comme le serait une fédération, a été un coup de génie. Aujourd'hui, après soixante-quinze ans d'existence, la France est, en effet, constituée sous une administration unique et centrale : nos départements ont dépecé et brisé les anciennes divisions, si bien que bientôt le nom de nos anciennes provinces n'aura plus qu'une signification historique. L'excellence de cette disposition se remarque surtout lorsqu'on voyage à l'étranger : ainsi en Angleterre, où les vieilles provinces, les vieux comtés, subsistent encore dans leurs vieilles coutumes, où les deux royaumes si anciennement annexés, l'Ecosse et l'Irlande ont conservé chacun leur administration particulière, leurs lois, leurs coutumes, leurs usages ; anomalie étrange, qui prouve le respect du gouvernement anglais pour les usages anciens offrant les différences les plus prononcées et les plus contradictoires, mais qui complique énormément l'administration et maintient la division, lorsque l'union intime comme l'est la nôtre constituerait une plus grande puissance en effaçant les divisions des anciennes nationalités.

— Mais autant l'Angleterre, l'Espagne, l'Autriche ont eu de peine à s'assimiler les nationalités diverses qui les composent et font de cette dernière surtout un damier si diversement nuancé et dissemblable, autant la France s'est facilement assimilé les nationalités qu'elle s'est successivement rattachées, si bien qu'aucune de ces provinces ne consentirait aujourd'hui à en être séparée tant est grand et glorieux le prestige du nom Français.

La Prusse, à la suite de nos désastreuses défaites de 1870 et 1871 a rattaché à l'Union germanique l'Alsace entière et une partie de la Lorraine. Eh bien! ce sont là encore certainement les provinces les plus passionnément françaises, plus françaises peut-être que l'Ile de France, (environs de la ville de Meaux, près Paris) noyau primitif de notre nationalité.

— Le vice essentiel de la constitution sociale de la France, c'est que l'ignorance la plus profonde, bestialise les couches infimes et les plus nombreuses de la société française, que la religion s'y transforme en superstition, que la misère y ajoute ses vices et qu'un peu de courtoisie, de science et d'esprit montent seuls à la surface, c'est le dessus brillant de la corbeille.

— Le comte de Salmes disait : « Le Français furieux quand on lui résiste est plein de douceur et de générosité pour l'ennemi vaincu, il se bat comme un lion et devient le meilleur ami de ses ennemis désarmés. »

— Le Français aime la victoire parce qu'il est vaillant, mais il est généreux et il n'aime pas le triomphe parce qu'il amène l'humiliation d'un ennemi vaincu! Nos anciens généraux vainqueurs évitaient tout ce qui pouvait humilier la défaite.

— Les Français sont légers et frondeurs,

mobiles, enthousiastes, et tous ces défauts portés à l'extrême en font un peuple difficile à gouverner et à modérer; aussi leur faudrait-il un gouvernement sérieux, surveillant, probe et moral pour leur inspirer et leur imposer au besoin les qualités qui leur manquent.

— Le besoin d'user son activité, de faire et de défaire précipitamment et sans réflexion est une infirmité qui découle de la mobilité et de l'impressionnabilité du caractère français.

— Rien ne nuit autant au français voyageur que la vanité française et son habitude insupportable d'élogier constamment les mœurs, les coutumes du caractère français devant un autre peuple naturellement orgueilleux de sa propre puissance et de ses mœurs.

— Le français est né rieur et moqueur par son origine gauloise, mais le peuple a des bouffées d'attendrissement qui vont s'épanouir en fleuves de larmes dans les théâtres des boulevards : cela révèle-t-il assez haut la cordialité, la bonté expansive et naïve de ses sentiments intimes ?

— On accorde de l'esprit aux françaises, mais alors comment comprendre les engouements extravagants de la mode: les plus jeunes, les plus jolies femmes n'ont-elles pas altéré et voilé de toutes les manières leur beauté et leur fraîcheur ? N'ont-elles pas poudré à blanc, puis en rouge et plus tard en différentes couleurs les chevelures les plus brillantes et les mieux nuancées ? N'ont-elles pas ridiculisé leur jolie taille par les exagérations des corsages remontant jusque sous les bras ou allongés contre nature ?... Les plus doux et les plus beaux yeux ne sont-ils pas enlaidis par le coheul qui noircit la paupière, durcit et allume le regard ?.. Ne cachent-elles par leur taille sous des confections lourdes et homasses qui pourraient faire confondre les deux sexes ? Leurs chapeaux ne sont plus des chapeaux, c'est un je ne sais quoi qui les défigure, ce sont presque des casquettes de gamins de Paris, leurs cheveux sont disposés en échaffaudages, ressemblant à des perruques superposées ; je ne parle pas de leur teint, elles le peignent de toutes les cou-

leurs et sous le nom de maquillage se font des figures variées et nouvelles.

FRANCHISE. — Défiez-vous de l'exagération dans la franchise, car ce peut être une vertu jouée et dès lors une arme cachée.   (MARC-AURÈLE.)

— Dans le monde être franc c'est être brutal, c'est jouer loyalement avec des gens qui trichent, c'est échanger la vérité contre le mensonge : pour réussir il faut un peu de charlatanisme, une grande réserve, beaucoup de souplesse et au besoin même, l'habitude de la dissimulation, mais non du mensonge.

— J'aime la franchise en tout, elle atténue même le mal. La franchise dans les passions permet au moins de les étudier, le sujet vous convie et l'étude est complète et utile si elle s'est arrêtée avant un scandale douloureux.

— On ne peut tromper les menteurs que par la franchise.

— La franchise est facile à l'homme parce qu'il gouverne; elle est plus difficile à la femme parce qu'elle doit toujours obéir, et que, si elle veut diriger, elle doit y arriver par des voies détournées et cacher son pouvoir sous peine de le perdre.

— Chez certaines gens la franchise va jusqu'à la grossièreté et pour peu que la vanité s'en mêle ils se targuent de leurs défauts pour les exagérer et s'en faire un mérite : ce sont des rustres qui veulent donner une accentuation à leur rusticité.

— J'aime ces physionomies hardies, mais ouvertes, dont la franchise amortit la rudesse et dont le regard s'oublie sur les personnes qui leur sont sympathiques: ce sont de ces physionomies expressives qui reflètent le cœur et permettent de lire tout ce qu'il renferme.

FRANÇOIS Ier. — Le règne du successeur de Louis XII n'est pas seulement célèbre par les longues guerres mêlées de victoires et de revers que ce Monarque eut à soutenir contre l'empereur Charles-Quint, il est surtout remarquable comme époque de transition. Ce fut la renaissance avec toutes ses brillantes innovations. François Ier en appelant les dames à la cour encouragea le luxe et les beaux-arts ; il eut le mérite d'attirer dans sa capitale et de fixer près de lui, en les récompensant magnifiquement, les artistes célèbres de tous les pays; passionné pour la poésie et la littérature, il accorda la protection la plus éclairée aux littérateurs et aux savants et mérita ainsi le titre de père et de restaurateur des lettres. Il fonda la bibliothèque et l'imprimerie royales, organisa l'instruction publique en confiant la direction des grands colléges à d'éminents professeurs.

— Ce fut sous son règne que la justice cessa d'être rendue en latin (1536); par son ordonance dite de Villers-Cotterets, il prescrivit aussi d'écrire à l'avenir tous les actes publics en français. Mais l'événement le plus important, celui qui devait avoir les conséquences les plus graves, fût la propagation en France des doctrines de Luther, sous le nom de réforme; vainement essaya-t-il d'étouffer le nouveau dogme, les persécutions multipliaient les prosélytes; ainsi en 1550 il n'y avait qu'une seule église réformée, en 1552 on en comptait 2,150.

M. Louis Blanc dans son histoire de la révolution française a démontré avec beaucoup de talent que le protestantisme qui, comme son nom l'indique, était une protestation, une révolte, contre l'autorité du pape, devait forcément amener et amena en effet la révolte contre l'autorité royale.

— François Ier fut le dernier des rois chevelus, blessé à la tête dans une chute en 1521, la plaie s'envenima et il fallut couper une forte partie des cheveux ce qui obligea à couper le tout. Comme de coutume les flatteurs imitèrent le roi, les timides suivirent les flatteurs et à l'exemple de la cour tout le monde sacrifia sa chevelure, même les prêtres! Bientôt l'habitude se blessa de ces têtes à courts cheveux, la perruque devint à la mode et on sait quelle faveur elle obtint sous Louis XIV. Il fallut la grande révolution pour la détrôner.

— François Ier connaissait bien la portée des faveurs royales lorsqu'il disait qu'un roi peut accueillir des courtisans et même au besoin faire des nobles, mais qu'il ne peut leur donner les mérites qu'il pourrait leur désirer, que tout le pouvoir d'un roi consiste à savoir pressentir, deviner et découvrir le mérite pour l'employer aux besoins et au bonheur de ses sujets et qu'encore dans ce cas il ne créait pas le mérite, il le stimulait par l'emploi, les encouragements, par les récompenses et les distinctions, que c'était la nation qui profitait de toutes ces bonnes découvertes, le roi s'en faisant seulement honneur.

FRANKLIN. — Certains préceptes, par la moralité, par le bien qu'ils produisent, ont un mérite bien supérieur aux plus grandes actions, aux plus grands triomphes : l'ouvrier imprimeur Franklin est devenu par ses maximes si sagement pratiques, si puissamment populaires, le plus grand philosophe, le plus influent moraliste des siècles passés et présents : prenez au hasard le moins prétentieux de ses préceptes et vous y trouverez un bienfait humanitaire, digne des plus grandes récompenses.

FRATERNITÉ. — Dans nos sociétés entassées où on s'écrase et où on s'oublie si facilement, on trouverait le bonheur en s'aidant et en s'appuyant : le cercle de la famille s'étendrait dans des amitiés utiles et nécessaires, l'individu serait plus fort, plus secouru et la société plus heureuse.

— Tous les hommes sont les descendants d'un même père, d'une même nation, voilà ce qui nous fait frères.

— Les hommes sont frères par leur intelligence, puis par leur nature physique si identique en tout; ils sont frères parce qu'ils sont les rois de la terre.

— La morale divine du Christ rappelle toujours aux hommes, qu'ils sont les membres d'une même famille, qu'ils ont tous de nombreux besoins et dès lors doivent s'unir dans les liens si tendres de la compassion et de la charité.

FRAYEUR. — Le marquis de Ferrare ne pouvait se guérir de la fièvre, son bouffon Gonnelle, avait entendu dire qu'une grande peur en guérissait, il profita d'une occasion et poussa son maître dans une rivière, d'où il fut retiré par les gens de sa suite, on ne sait si le remède réussit, mais Gonnelle fut condamné à mort, confessé, monté sur l'échafaud ; on lui banda les yeux et on ne lui jeta qu'un seau d'eau sur la tête, il tomba, évidemment de frayeur, et on le releva mort !

— En 1623, de St-Vallier, complice du connétable de Bourbon, fut condamné à mort, exposé devant le palais, conduit sur une mule en place de Grève, confessé, etc. ; il monta sur l'échafaud s'agenouilla devant le billot et devant l'exécuteur qui avait la hache en mains, ce ne fut qu'alors qu'arrivèrent les lettres de commutation à la prison. Quelques jours après St-Vallier mourut de la frayeur qu'il avait éprouvée. De là le proverbe: *Mourir de la fièvre de St-Vallier.*

— Décider un enfant à cacher ses frayeurs, c'est obtenir qu'il sache déjà en triompher, la guérison est dès lors à moitié acquise.

FRÈRES ET SŒURS. — Que les frères honorent dans leurs sœurs l'inexprimable charme des vertus de la femme, qu'ils s'adoucissent, qu'ils se polissent sous la bienfaisante influence de leurs exemples et de leurs contacts.

— Frères et sœurs, c'est-à-dire fruits du même arbre, nés et élevés côte à côte et sans jamais se séparer, bercés dans les mêmes bras et par les mêmes chants, assis au même foyer, à la même table, vivant enfin dans l'intimité la plus complète et l'affection la plus vive, c'est le mariage par la naissance et par la vie commune, c'est, après l'amour réciproque des enfants et des grands-parents, l'affection la plus forte du cœur humain.

— J'aime beaucoup l'idée de rappeler aux enfants survivants l'exemple des qualités et des vertus de leurs frères et sœurs décédés, en leur apprenant que ce sont des anges qui prient pour eux dans le ciel et suivent des yeux leur vie terrestre.

— *Les frères des écoles chrétiennes*, sont des hommes modestes et trop souvent incompris, dont l'abnégation s'appelle charité et qui creusent bien péniblement le terrain inculte et ingrat des intelligences vulgaires ; ils sèment, mais c'est pour laisser la récolte aux autres, sans même demander un remercîment.

FRIPONNERIE. — Friponner des fripons c'est descendre à leur niveau et s'habituer à friponner tout le monde ; l'inoculation du crime est toute matérielle et complète, et l'excuser est une insulte à la vertu.

— Il arrive souvent que là ou l'honnête homme échoue le fripon réussit ; c'est que pour ce dernier tous les moyens sont bons pourvu qu'il atteigne son but.

FRIVOLITÉ. — Les esprits légers et frivoles sont indiscrets et bavards, car ils produisent tout ce qui se présente sans choix, sans timidité et sans vergogne : avec un peu de délicatesse de sentiment ils comprendraient qu'il y a là une injure pour leur interlocuteur !

— Les femmes, qu'on dit si frivoles, savent, lorsque leur intérêt est en jeu, aborder les questions les plus graves et poursuivre les affaires les plus sérieuses.

— La frivolité est un ajustement qui ne va pas à la taille de l'homme. (F. P.)

FRONDE. — Ce qui caractérise le mieux l'esprit français, c'est l'épithète de frondeur ! Bien que l'histoire ne parle que d'une fronde, parce que de la critique, de la malice, de la méchanceté, elle était passée à la guerre civile la plus sanglante ; il est très-vrai que la France a eu continuellement une série de frondes où la plume et la parole, la chanson et la satire ont mitraillé le pouvoir au point de l'ébranler et de le mettre dix fois en péril. Tous ces petits journaux de l'époque précurseurs des lettres de la Minerve, *le Miroir, le Corsaire, le Charivari* étaient de vrais frondeurs de l'espèce la plus dangereuse, démolissant les ministères, décourageant ou abattant le pouvoir à coups d'arquebuses ou d'épingles. La fronde restera donc à toujours la formule populaire de l'opposition, comme le vaudeville est la formule de la gaieté gauloise.

— La fronde fut le plus grand malheur qui put frapper le trône au début du plus grand de ses règnes ; elle suspendit instantanément la conquête et les victoires du

Grand Condé et entraîna tant de trahisons à sa suite que la royauté fut menacée dans sa capitale et dans son existence même.

FRUGALITÉ. — Pline répétait souvent qu'il s'était fait sur sa frugalité un fonds qui aidait ses amis. Il vivait cependant à une époque où la bonne chère était un des goûts dominants. N'est-ce pas chez les Romains que les Anglais ont trouvé l'usage et l'exemple du *Vomitorium*, leur permettant de faire honneur à plusieurs festins successifs !

La frugalité est un des indices de la civilisation; lorsqu'elle cesse d'exister chez un peuple c'est que ce peuple est corrompu et en décadence.
(ST-PROSPER.)

FUTILITÉ. — « Il vaut mieux ne rien faire que de faire des riens. » (ATTILIUS.)

Car il est inutile et dangereux de s'habituer à des travaux ou à des pensées futiles, on gaspille ainsi un temps qui est de l'argent et même une satisfaction pour celui qui travaille.

Pour un être futile, l'existence est pleine d'occupations dans le vide et de vide dans les occupations ; la vie est donc pour lui sans but véritable, sans intérêt, sans raison d'être.

— On paie toujours les futilités plus cher que les utilités : un anneau de cuivre doré plus cher qu'une paire de bas, et un homme qui nous amuse, un maître de musique ou de chant par exemple, bien plus cher que le professeur qui nous instruit ; cela est-il raisonnable ?

— On comprend la passion et l'exagération dans les choses utiles ou de première nécessité, on doit la blâmer comme une folie dans les choses futiles et seulement de caprice ou d'agrément : la richesse d'une nation ne justifie pas de pareils excès : le premier oignon de la tulipe hollandaise, appelée Brasserie, fut payé 100,000 francs et rapporta des millions à son audacieux acheteur. On poursuit en Hollande avec acharnement la création d'une tulipe bleue et on a trouvé, dit-on, un acquéreur offrant trois millions du premier oignon *garanti unique*, car ici la tromperie serait désastreuse !

G

GABELLE. — Sous l'ancien régime la gabelle était l'impôt le plus odieusement appliqué. Chaque famille était obligée à un approvisionnement forcé dépassant tous les besoins sans qu'il fut permis d'employer le reliquat de l'année, reliquat qui devait être détruit ! Nous avons énormément augmenté l'impôt, mais en le faisant plus logique et plus raisonnable.

GAIETÉ. — Les gaietés excessives n'éclatent que dans les organisations démesurément sensibles et nerveuses : ce sont des explosions, des révolutions, ce ne sont pas des sentiments.

— On est gai à force d'esprit; parfois spirituel, toujours entraînant à force de gaieté.

— La gaieté, qui est rarement le luxe des dîners d'apparat, est l'ordinaire des repas champêtres : en fait de bonheur, la nature donne plus que la civilisation !

— La meilleure gaieté est la gaieté bienveillante, elle gagne à être variée, élégante et distinguée et même légèrement capricieuse et critique.

— La gaieté est le besoin moral d'une nature riche, saine et heureuse ; elle découle de la santé du corps, du cœur et de l'esprit : celui qui a exercé son corps dans le travail, son cœur dans de douces affections, son intelligence dans d'utiles et fructueuses études, celui-là sera disposé à la gaieté et jouira du bonheur.

— La gaieté, cette reine des fées, cette flamme brillante qui anime les plus modestes salons, ne s'achète pas, ne se commande pas ; elle se dégage de certaines réunions, spontanément, irrésistiblement ; c'est l'électricité de l'esprit. Surtout ne cherchons pas la gaieté, n'en parlons même pas, elle fuirait effrayée de nos efforts, attendons-la, même sans impatience !

La gaieté, c'est l'imprévu, elle viendra si elle trouve ses éléments, ses aises, son climat, son écho ! Elle est le produit de certaines idées, de certains faits, de certains contrastes ; comme l'étincelle jaillit entre le fer et le silex, la gaieté jaillit du choc des esprits animés et des conversations délicates ou poétiques.

— La gaieté est parfois ce fonds d'humeur vive et allègre qui, aux rayons d'un soleil de printemps, ou sur un accord musical, nous enlève dans les zones fantastiques, ou encore cet entrain donné par le vin et que décrit si bien Voltaire ; peut-être aussi ce chatouillement à la surface de l'esprit, provoquant les fous rires qu'il est impossible d'arrêter !

— La gaieté est en tout une excellente condition : le malade gai est à demi-guéri, le soldat gai est toujours brave et discipliné, le peuple gai est plus facilement gouvernable, car la gaieté dispose à la santé, à la discipline, au courage, à la soumission aux lois. Le peuple chante, donc il paiera, disait Mazarin, d'abord inquiet sur le paiement des impôts ! On accusa, il est vrai, le ministre d'avoir fait payer des gratifications aux chanteurs ! l'Italien en était bien capable !

— La gaieté, l'entrain français sont intarissables et personne ne soupçonne les trésors de jolies chansons que nous possédons ; ceux qui ont voulu en faire des recueils ne connaissaient pas la vingtième partie de ce qui a été fait et publié ou écrit dans tous les genres, depuis la chanson à rire du grand monde, jusqu'à ces chansons de tous genres et de tout esprit aussi éveillées que joyeuses et que l'ancien Caveau avait classées en dix catégories bien distinctes auxquelles le nouveau Caveau en avait ajouté cinq autres.

— La gaieté naturelle est un heureux don de la nature, elle dissipe bien des tristesses, elle console de bien des privations : je suis pauvre et un peu paresseux, me disait un jeune ouvrier, mais je suis gai et je me console en chantant, ma chanson remplace le vin et le rôti ; après tout, le pain est nourrissant et l'eau rafraîchissante et ma santé ne souffre pas de mon régime !

GALANTERIE. — La tactique galante des siècles de Louis XIV et de Louis XV consistait bien plus dans l'art de compromettre que dans le désir et le bonheur de séduire : l'impulsion venait plus souvent de la vanité que des sens, de l'or (formule de Jupiter Olympien auprès de Danaé) que de la séduction naturelle.

— La galanterie, délicatement exprimée, est une langue universelle qui ne doit blesser aucune oreille.

— La galanterie est le vêtement ou le mensonge ornementé, gracieux et délicat de l'amour.

— L'homme qui entre dans les voies de la galanterie par le ridicule est compromis à toujours, car les femmes imitent bien plus qu'elles ne choisissent, elles désirent et recherchent avec passion celui qui a plu à d'autres femmes, la jalousie d'un succès crée tant de rivalités !...

— Dans ces provinces qu'on croit si candides combien ne rencontre-t-on pas de Madeleines sans repentir et de Don Juans cantonnaux qui méprisent le code civil ! Les passions naturelles battront toujours la raison en brèche.

— Charles IX, qui eut été un esprit d'élite s'il n'eut été gâté et corrompu par sa mère, la reine Catherine de Médicis, conseillait à la jeune noblesse de fuir les galanteries faciles, de rechercher l'amour des femmes belles, dignes et honnêtes, comme ils recherchaient les nobles exercices de l'équitation, de l'escrime, de la chasse, des carrousels, du théâtre...

GALL, — célèbre philosophe et phrénologiste, en palpant la tête de Viardot, trouva au-dessus de l'oreille la bosse du meurtre et au-dessus du front celle de la bienveillance et du sens moral; cette contradiction le fit réfléchir et il conclut, tant était grande sa confiance dans son système, que la bosse du meurtre signifiait le goût de la chasse, ce qui laissait entières les conséquences de la bosse de la bienveillance, car le chasseur est si peu cruel qu'il défendrait le gibier ou l'oiseau qui viendrait se réfugier dans sa main; il peut rester doux, bon et compatissant et avoir cette passion; il chasse et tue par instinct, pour se distraire, s'amuser et se nourrir d'une chair plus succulente et plus parfumée, mais non par méchanceté.

GALILÉE. — On ne croit pas en Italie, à l'incarcération de Galilée, car il était très-protégé et eut l'esprit de ne pas soutenir son système devant l'Inquisition ! On lui donna pour prison la maison d'un capitaine, puis le palais de l'archevêque de Sienne, son élève et son ami, enfin une campagne près de Florence; jugé en 1633, à Rome, il fut renvoyé en Toscane à la fin de la même année. On croit cependant qu'il fut quinze jours à Rome dans les prisons de l'Inquisition, avant son jugement; ce tribunal tyrannique et aveugle lui imposa l'abjuration publique de ses prétendues erreurs, à genoux, les mains sur l'Évangile. On sait qu'après cette humiliante cérémonie et poussé par ses convictions et sa conscience il murmura en se relevant : *e pur si muove!* (et pourtant la terre tourne)!

GALLE. — L'insecte qui provoque, par ses piqûres sur les feuilles d'arbres, les développements d'excroissances molles et spongieuses dites *galles*, s'appelle Cynips : les galles croissent sur toutes sortes d'espèces d'arbres : sur les chênes, les ormes, les rosiers sauvages, les pins, les saules, les érables... La galle tinctoriale, dite galle ronde de France, croît sur le chêne du midi de la France; en première qualité elle donne à l'analyse sur cinq cents parties :

Tannin.	130
Acide gallique.	31
Mucilage.	12
Carbonate de chaux.	12
	185

La partie ligneuse incinérée fournit beaucoup de carbonate de chaux. Les Chinois se servent pour le tannage des cuirs et la teinture d'une galle produite par l'ormeau. Dans l'Inde on emploie cette substance végétale contre les fièvres intermittantes, mais en général et partout on en fait usage surtout dans les arts.

GARDES, GARDIENS. — Tout ce qui est garde, gardien, surveillant est toujours en quête d'une faute, d'une contravention, pour attester une vigilance qui a besoin d'être prouvée, car elle n'existe que bien rarement.

— Pour échapper à la honte de leur rôle odieux, les gardiens et tourmenteurs du dernier Dauphin de France, enfermé seul au Temple après la mort des siens, répandirent le bruit que le Dauphin s'était échappé, ce qui amena, comme on sait, plusieurs jeunes aventuriers à se prétendre Dauphins de France.

Il est prouvé, au contraire, que Louis XVII est mort étiolé au temple et a été enterré dans le cimetière de Ste-Marguerite à Paris, le 8 juin 1795.

GARDE NATIONALE. — Dans les mœurs calmes de la province, la garde nationale n'implique aucun danger, mais dans les capitales, industrielles surtout, comme Paris, Lyon, Marseille, Lille, Montpellier, Cette, etc., chargées de populations étrangères, la garde nationale est un des plus grand éléments de troubles révolutionnaires. En 1789 elle était royaliste à Paris, en 1790 divisée et tiraillée par les deux opinions contraires, en 1791 révolutionnaire exaltée; en 1792, le 20 juin, elle insultait la royauté dans les Tuileries; le 10 août elle l'en chassait, le 2 septembre elle aidait au massacre des prisons, en 1830 elle refusa son concours et s'éparpilla dans les masses en révolte; faisant plus encore en 1847, elle fit trembler la royauté et tomber le ministère Guizot, elle amena enfin avec les banquets Baroche la stupide révolution de 1848 qui conduisit la France humiliée à la trahison, aux massacres, aux hontes et aux désastres effrayants du second Empire : la France n'avait jamais approché d'un pareil avilissement!

— La garde nationale est très-redoutable et redoutée dans ce sens que tous craignent d'y être incorporés : les fatigues d'un servive forcé irritent et exaspèrent le bourgeois arraché à sa profession et à sa famille et d'un conservateur font un révolutionnaire ou un insoumis ! Le gouvernement devrait très-sérieusement étudier sous toutes ses faces cette dangereuse question qui se rattache si étroitement à celle des révolutions.

GARNISONS. — En France, où la turbulence populaire crée un danger incessant, il faut déplacer souvent les garnisons pour affranchir l'armée des contacts trop intimes avec les plus exaltés démocrates. En Prusse on suit, et certainement à tort, une règle contraire : les garnisons sont presque *en permanence*, s'incorporent à la population et prennent l'opinion des mécontents ; mais ce qui a pu jusqu'ici sauver la Prusse du danger des affiliations, c'est l'absorption des Allemands par la brasserie et le tabac, la rêverie dans le bleu... la choucroute, etc.

GASCOGNE. — Il existe en France une zone presque continue et coupée en écharpe, qu'on pourrait appeler la zone gasconne : 1° la Gascogne réelle de Bordeaux à l'Auvergne ; 2° la Gascogne auvergnate, au centre de la France ; 3° enfin, la Gascogne provençale de Marseille à Lyon ; trois gascognes qui se comprennent parfaitement et se valent, je vous assure ! car je l'ai appris à mes dépens !

— Les Gascons et les Provençaux parlent toutes les langues, même celles qu'ils n'ont jamais entendu parler et surtout celle des sourds-muets, car leurs gestes remplacent tout et menacent de devenir une langue universelle, mais trop animée, trop pittoresque pour être supportable ailleurs que dans les rues de leur pays d'origine. Les Gascons et les Provençaux sont les deux types les plus curieux et les plus amusants de France, par leurs prétentions, leur accent et leur faconde inépuisable.

— Le Gascon est gourmand, bavard et menteur, de là son énorme mâchoire, c'est, avec les bras et la tête qui lui font un énergique accompagnement, la partie la plus active de son corps.

— Un vrai cadet Gascon, en grand danger de naufrage, avait fait vœu que son frère aîné se ferait moine pour sauver sa propre personnalité en péril, et il suppliait Dieu naïvement d'inspirer à son frère de tenir son vœu !

GAUCHERIE. — Un jeune homme qui manque de manières sans manquer d'intelligence est plus intimidé dans le monde qu'un lourdeau, car il sent ce qui lui manque et se trouble parce qu'il le sent.

— La gaucherie des adolescents vient de ce qu'ils croient être observés partout le monde, et qu'ils ne sont pas sûrs de pouvoir bien faire ; cette gaucherie cesse au fur et à mesure qu'ils apprennent le monde et acquièrent quelque confiance en eux-mêmes.

— Une personne gauche porte ses vêtements absolument comme ces mannequins qui ont servi à les mettre en vente. Ils le serrent et le compriment si fort qu'il en paraît plutôt le prisonnier que le propriétaire ; c'est pour lui une espèce de camisole de force !

GAULE. — On paraît trop généralement ignorer que les Gaulois, avant de pénétrer en Europe, avaient dans leurs migrations connu les merveilles de la civilisation orientale ; qu'ils avaient même créé plusieurs établissements en Asie, particulièrement dans la terre de Chanaan, par eux occupée avant les Hébreux ; qu'ils furent même pendant quelque temps maîtres de l'Égypte et que ce ne fut que bien plus tard qu'ils s'établirent définitivement dans les Gaules, où ils introduisirent l'agriculture orientale et l'écriture alphabétique. Ils furent même les fondateurs des petites tribus Italiques, berceau de Rome ; les Samnites, les Marses, les Osques, les Volsques étaient Gaulois d'origine. Ils durent même jeter les premières bases de Marseille dont le nom est d'étymologie gaélique de *mas* habitation et *sale* mer. Ils avaient résisté à Alexandre et, comme soldats de Carthage, avaient largement contribué aux victoires d'Annibal et ce ne fut qu'après avoir détruit leurs colonies d'Italie que César osa les attaquer dans la Gaule, 48 ans avant l'ère chrétienne.

— En vain leur général Vercingétorix avait-il réveillé leur ardeur par son patriotisme et son éloquence et soutenu à leur tête de longues et sanglantes luttes, sa bravoure et ses succès ne firent que retarder leur chute: enfermé dans Gergovie, il obligea César à en abandonner le siége, mais réduit peu de temps après au dernières extrémités, Vercingétorix, pour sauver ses soldats se livra volontairement aux Romains qui le firent égorger après l'avoir fait servir au triomphe de César!

— Les Gaulois passèrent alors sous la domination romaine, mais leur génie ne fut pas étouffé: tous les arts de la civilisation, le commerce, l'industrie en reçurent une puissante impulsion; ils envoyèrent à leurs maîtres des grammairiens, des orateurs, des poètes, ils furent toujours les meilleurs soldats de Rome, ils nommèrent même des empereurs de leur nation; ils tentèrent cependant de s'affranchir de la domination étrangère, mais, trahis par un des leurs ils retombèrent sous le joug, luttèrent encore pendant des siècles avant d'être écrasés sous les flots des invasions barbares, pour reparaître enfin et fonder un des plus brillants empires du monde.

— Gais et inconstants, faciles à entraîner, mais se décourageant avec une facilité plus grande encore, querelleurs et turbulents, les Gaulois eussent été invincibles s'ils eussent été unis! Le soldat romain avait été pendant des siècles réputé le meilleur soldat du monde, mais le Gaulois vint 390 ans avant Jésus-Christ et Rome fut vaincue. Plaute disait : Il n'y a pas de guerre heureuse sans soldats gaulois et salluste. « Le soldat gaulois seul put vaincre l'Empire et Rome, la ville éternelle imprenable et indomptable. » L'opinion de César était que les Gaulois étaient à la fois des soldats intrépides et des avocats brillants et adroits; les français, race franque et gauloise mêlée, ont encore aujourd'hui les mêmes instincts et les mêmes qualités.

Gazette. — Tel paraît être le nom des premières feuilles périodiques : la *Gazette de France* est chez-nous le plus ancien journal politique, car sa création remonte à 1631, un journal de ce nom, *Gazetta*, se publiait à Venise au commencement du XVIIe siècle, c'est-à-dire vers la même époque et comme le mot Gazette tirerait son étymologie de Gazetta, petite monnaie vénitienne, il s'ensuivrait que le journal français de 1631 adopta la dénomination du journal italien.

Gendarmerie. — En France, on a le travers de chansonner et de ridiculiser les meilleures institutions, et, quoiqu'on en dise, en goguenardant *Pandore* ; la gendarmerie est un des moyens les plus efficaces d'ordre et de moralisation populaire. C'était l'avis de Napoléon le Grand!

Généalogies. — Certaines grandes maisons affichent des titres de noblesse bien contestables. L'arbre généalogique des Esterhazy partirait d'Adam, Seth, Noé et Cham; celui de la maison de Lévis remonterait à la Vierge Marie; celui de la maison de Croé partirait de Noé! A beau mentir qui vient de loin!

Généraux. — Tous les grands généraux ont su inspirer la plus grande émulation et surtout la plus grande confiance à leurs troupes.

César avait sa dixième légion proclamée partout et toujours la plus vaillante des légions romaines; Napoléon eut son troisième corps d'armée commandé par Davoust qui ne voulut jamais s'en séparer.

— Un bon général doit avoir, avec l'expérience des hommes et l'habitude du commandement, une grande connaissance de la nation qu'il va combattre: il ne doit rien ignorer de ce qui constitue l'art de la guerre; les langues, l'histoire, la géographie, la physique, le dessin, les mathématiques, la politique, la législation, etc., doivent lui être familiers; à la bravoure il doit allier la prudence, la perspicacité, la bienveillance, la loyauté et un profond sentiment des devoirs de l'humanité.

— On reprochait aux généraux de la République et de l'Empire d'avoir obtenu leurs grades à force d'audace et de témérité, comme si ce n'étaient pas là les vrais mérites des chefs militaires, obligés d'entraîner les masses à leur suite et d'enlever ainsi la victoire !

Générosité. — Les sentiments généreux font encore plus d'honneur à ceux qui les éprouvent que de plaisir à ceux qui en profitent.

— Nous ne revendiquons si vivement que les droits qu'on nous conteste, et nous sommes d'autant plus généreux qu'on nous accorde davantage !

— La véritable générosité s'applique à tout, non-seulement aux intérêts d'argent, mais elle conduit à la grandeur d'âme, elle comprend l'honneur, la bonne foi, la justice, la bienveillance.

— On ne serait pas digne de la réputation d'être généreux dans sa dépense, si on ne commençait par être juste envers soi-même.

— Sacrifier ses intérêts à ceux des autres, c'est le secret de tout ce qui est grand ; vivre dans les autres, c'est l'instinct d'une âme genereuse et bonne.

— La générosité, cette vertu des grands et des riches, est un vice dans une position inférieure ; le même acte s'appelle alors prodigalité, dilapidation ; c'est que les vertus doivent se mesurer à l'individualité, à l'homme même, à la position surtout.

— Que d'intrigants et de grands seigneurs ruinés, qui ont des rapports de loin ou de près avec le pouvoir et se servent de ce prestige pour faire de la générosité, promettre des recommandations, des démarches, des faveurs, monnaie légère et fantastique qui leur sert souvent à payer leurs dettes et les dispense de toucher à celle qui pèse, qui sonne et qui paie réellement ; vous ne trouverez que cela autour de vous, si vous y regardez.

— Le propre de la générosité c'est de prodiguer sans rien attendre, sans rien désirer en retour.

Génie. — Depuis des siècles on dit que l'ère du génie est passée, que les grands penseurs, les grands écrivains ont vécu, et cependant chaque siècle a jusqu'ici produit ses génies et, sinon des œuvres originales, au moins des œuvres à esprit nouveau ; c'est donc le cas de dire, tous les cent ans peut-être : le génie est mort, vive le génie !

— Les hommes de génie ont une immense puissance sur les hommes et sur les choses, car ils règlent la marche et le progrès des nations d'après les règles naturelles et logiques et arrivent ainsi au but par le chemin le plus droit et le plus court.

— Le génie est toujours simple, limpide, logique ; une pensée découle naturellement d'une autre, tout s'enchaîne, tout se tient ; la démonstration est évidente, la lumière éclate, c'est le soleil de l'humanité et de la justice.

— Les hommes de génie se placent naturellement et de suite à la tête de leurs contemporains et cette supériorité affichée blesse souvent l'opinion publique et les fait méconnaître et écarter, l'avenir seul leur donne raison.

— Ne pas encourager un poète, un philosophe, c'est commettre le crime de détruire une fontaine publique, c'est tarir une source à laquelle l'humanité entière se fut peut-être abreuvée avec délices pendant de longs siècles.

— Chaque génie qui s'éteint fait un vide de plus dans ce beau groupe de talents qui relèvent la vie par l'idée et qui se lavent des fanges de la rue avec les larmes du cœur et de la pensée.

La plus cruelle mort est celle du génie.
(Autran.)

Car le génie éteint ne renaît jamais.

— Il ne suffit pas d'avoir un grand génie, il faut trouver l'occasion de l'utiliser et de l'illustrer : sans Pompée, c'est-à-dire sans un concurrent formidable, César n'eut jamais été proclamé empereur.

— Ce qu'un homme de génie est à une nation qu'il stimule, exalte, élève au plus haut degré de puissance, cette grande nation elle-même l'est à l'humanité entière qu'elle domine pour l'entraîner à sa suite dans les voies du progrès, de la richesse, de la civilisation, de la puissance.

— Le génie est un don rare et presque

surnaturel, mais pour le bonheur individuel, il ne vaut pas le talent: celui-ci s'applique mieux à la vie ordinaire, il assure plus sûrement le bonheur, la fortune, le bien-être, la considération; il s'escompte mieux enfin au profit de l'individu.

— Le génie est comme le chien de Jean de Nivelle, il s'enfuit quand on l'appelle; il ne se produit qu'à son jour et son heure inopinément et sans s'annoncer.

— Chez les artistes de génie tout est grand, l'idée principale domine tout, les détails ne sont rien et le mérite est dans l'ensemble: le talent se prend déjà aux accessoires pour les soigner davantage, la médiocrité se plaît aux détails; à chacun son lot: la gloire ne serait plus la gloire, si elle appartenait à tous.

— Le génie sceptique a une confiance trop grande dans la sagesse humaine, et paraît conspirer contre le ciel: des vérités de l'astronomie il arrive aux superstitions de l'astrologie, aux opérations cabalistiques; c'est Titan qui menace le ciel.

— Le génie finit toujours par se connaître lui-même, et, s'il n'est pas honoré, il contracte cette blessure de l'esprit orgueilleux et méconnu qui lui fait mépriser le genre humain!

Le génie a ce magnifique privilége qu'il peut tirer du chaos les formes les plus séduisantes, les plus intelligentes, les plus puissantes et les plus glorieuses, bien supérieures aux mêmes qualités humaines qu'elles grandissent outre mesure, mais avec un prestige qui transporte d'admiration et paraît jaillir d'un monde nouveau. Ainsi firent les poètes grecs, plus tard les poètes latins et à leur exemple cette pléiade de génies modernes formant l'éclat resplendissant des nations nouvelles.

— Toute la vie des grands génies est dans leur tête, la terre et sous leurs pieds, ils s'en servent pour s'y appuyer, mais sans la remarquer et ils arrivent au but sans connaître l'humanité.

— Le génie vient du cerveau, l'héroïsme et toutes les autres grandes vertus viennent du cœur.

— L'histoire de l'enfance d'un génie illustre est toujours aussi curieusement recherchée qu'utilement lue: on tient à constater les origines, les commencements et les progrès d'un homme de génie.

— Le génie de chaque homme se révèle par ses actions; le génie de chaque peuple par ses monuments et son histoire, ses instincts, ses traditions et ses légendes.

— Les facultés, les talents, le génie que Dieu donne à l'homme sont le plus souvent un don funeste, un labeur sans profit, parce que le moyen de produire, l'instrument ou le loisir manquent au pauvre ouvrier; le génie s'épuise à trouver une issue et à inventer le métier.

— Notre siècle, assez terre à terre du reste, accorde à trop bon marché la réputation de talent, de génie même, car il qualifie ainsi tout ce qui s'élève un peu au-dessus de la foule; c'est ainsi que procèdent les petits siècles comme les petits esprits et puisque le mot génie s'applique à nos plus grands hommes: Corneille, Racine, Voltaire, Molière, Lafontaine, Bossuet, Descartes, Buffon,... il ne peut véritablement s'appliquer aux médiocrités de nos jours, uniquement parce que celles-ci sont un peu au-dessus des nullités de l'époque! Restons donc dans le vrai en laissant passer la tourbe et attendons l'occasion sérieuse de récompenser les mérites.

— Les plus grands génies n'ont été parfois que d'audacieux aventuriers, habiles à profiter de tout et à compter même sur le hasard; le succès de leurs entreprises en a ainsi justifié la témérité.

— Le génie de l'Europe est l'industrie et l'activité ardente en tout: au contraire, le génie de l'Orient est la pure oisiveté, la torpeur! Quelle énorme distance entre ces deux extrêmes?

— Le génie doué de facultés supérieures procède du droit divin, c'est un rayon céleste il peut, il doit donc même, prétendre à l'empire et à la célébrité.

— Le génie doit être et rester digne et modeste, sous peine de passer pour un charlatan, il se perd s'il a la vanité de promener sa célébrité comme les femmes à la mode promènent leur beauté et leurs parures.

— Le génie est comme un phare destiné à éclairer le monde; l'homme qui est doué de cette rare et éminente qualité devrait être modeste et ne se considérer que comme le rocher sur lequel le phare est posé, que comme l'heureux bénéficiaire d'un lot à lui échu dans les surprenantes loteries de la nature.

— Le génie ne s'appartient et ne vit que dans la liberté : aussi a-t-il presque partout commencé pauvre pour rester libre, car on est possédé et entraîné par la richesse, bien plus qu'on ne la possède. Le génie se perd dans la fortune, elle l'absorde, le calme, l'éteint : le riche se complaît dans la jouissance et désapprend le travail, moyen suprême cependant du succès en tout !

— C'est dans l'étude et la tranquillité des nuits que le génie étend ses horizons et agrandit son ciel, le bruit du jour le distrait; il ne marche si bien que dans le silence de la nuit, que dans l'emportement passionné de la recherche !

— L'intelligence et le talent sont les racines et les bases modestes du génie, le génie est un rayon, un flot de lumière céleste destiné à éclairer, à diriger, à transformer l'humanité et à produire l'inattendu, les merveilles qui font l'honneur d'un siècle alors qu'elles restent encore incomprises dans leurs moyens et même leurs causes !

— Buffon a dit : le génie c'est la patience ! cela n'est vrai qu'à moitié. Le génie est l'aptitude naturelle à comprendre tout, le goût et l'aptitude pour une spécialité et en même temps l'amour de l'étude et la persistance dans la poursuite de l'idée, cela réuni, constitue le génie, c'est-à-dire l'ensemble, l'étendue et la perception de l'esprit de l'homme.

— Le génie a besoin pour ses triomphes d'un siècle à part, c'est-à-dire d'une génération enthousiaste qui puisse le comprendre, l'accueillir et l'exalter ; car, sans écho, sans sympathie, sans encouragements, sans applaudissements, il mourrait dans le vide, étonné lui-même et comme effrayé de sa supériorité, surtout de sa hardiesse, car il faut que le génie sente et comprenne sa puissance, il y a plus, il faut qu'il s'exalte au bruit des applaudissements et des acclamations populaires.

— La vie du monde, si utile comme distraction, comme initiation ou comme provocation, a cependant l'inconvénient d'imposer aux grandes intelligences ou au génie, des idées vulgaires dans leur moule uniforme, infime et étroit; les grandes intelligences s'y étiolent et y étouffent, tandis qu'elles se dilateraient et resplandiraient dans une atmosphère moins restreinte et dans toute la liberté de la solitude et du silence.

Le génie de l'observation et de l'étude est le soleil qui vient mûrir la semence et la rendre féconde. (SYLVAIN ST-ÉTIENNE).

GÉNIE INDIVIDUEL DES PEUPLES. — Les Juifs avaient l'idée sévèrement et cruellement religieuse ; les Grecs et les Phéniciens, l'idée artistique; les Romains, l'idée du droit (*Jus*) et de la domination universelle (*impérium orbis*) ; les Gaulois, la guerre, la finesse et la faconde ; les Germains, les idées spéculatives rarement profondes et presque toujours creuses.

GÉNIES. — Dans le langage des peuples du Nord, les Gnomes sont les génies souterrains qui président en rois à l'intérieur de la couche terrestre, les Ondins, Sirènes ou Naïades président aux eaux, les Salamandres au feu, les Sylphes à l'air...

GENLIS (madame de), — gouvernante des enfants d'Orléans, fut, probablement par raison de position, une des démocrates les plus passionnées de l'époque ; ses ouvrages, aujourd'hui oubliés, eurent alors un grand succès ; nous citerons : *Adèle et Théodore*, *le Théâtre d'éducation*, *les Veillées du château*, et *le Joli roman de Mlle de Clermont*, son chef-d'œuvre. Malgré le reproche de futilité adressé à son caractère on ne peut méconnaître que Mme de Genlis n'eut donné aux jeunes d'Orléans, ses élèves, une instruction sérieuse et variée.

GENS (jeunes). — Un jeune homme est aussi convaincu de sa sagesse qu'un ivrogne de sa sobriété, parce qu'en général on croit avoir toutes les vertus qui manquent et manquer de tous les défauts qui abondent.

— Les jeunes gens sont avides de discussion ; les sujets les plus différents en apparence s'animent de leurs passions et ils se donnent le tort d'être cassants, impérieux, irrespectueux souvent ; le sentiment de leur infériorité les irrite au lieu de les calmer et ils reçoivent impatiemment les meilleurs avis.

— Le défaut des jeunes gens dans le monde est de ne savoir pas écouter et de vouloir parler toujours, c'est le rôle contraire qu'ils devraient adopter.

— Le club, le jeu, le tabac, l'absinthe, le sport, les filles, le roman, la paresse en tout, absorbent et tuent l'existence de la moitié des jeunes gens de famille, l'armée en abaisse et en annule aussi une grande partie dans des habitudes de garnison, d'oisiveté et de café.

— Notre époque se signale toujours par ses excentricités : autrefois la jeunesse, plus modeste, ne pensait qu'à son instruction, aujourd'hui elle pense trop à ses plaisirs, elle s'accorde une opinion politique, des gants jaunes qui lui ont mérité le nom de gandins, on parle même de voiles pour se conserver le teint, mais ce ne sont là que des extravagances puériles et des bouillonnements d'enfants; on est allé plus loin, il a été question d'un congrès de collégiens, lycéens ou étudiants, ce congrès s'est réuni à Liège en 1865, je crois. Comme on devait s'y attendre les idées les plus extrêmes sortirent de ces folles cervelles : l'un niait Dieu et supprimait par là toutes les religions, l'autre voulait les libertés les plus étendues et se déclarait élève de Babœuf, de Marat et de Blanqui, un troisième ne comprenait que le gouvernement le plus absolu, c'était enfin une tour de Babel avec la plus grande confusion non des langues, car on ne parlait que français (choix malencontreux pour nous) mais des idées. Cela finit par une petite émeute et un meeting public dans une autre ville, Bruxelles, où on s'enfuit pour éviter les étrivières, puis un punch qui termina la soirée et dont les flammes symbolisaient l'état des esprits.

— Il importe beaucoup que nos jeunes gens aient une opinion respectueuse et avantageuse des femmes et qu'ils éprouvent le besoin et le désir de leur plaire.

— L'amour des plaisirs modérés qu'on trouve dans le monde honnête est un goût à encourager dans les jeunes gens, cela les détourne des plaisirs dangereux d'un autre monde, cela les civilise, les habitue à la vie décente et retenue, cela les pose convenablement et leur permet de prétendre à un mariage avantageux : ils rencontrent bien vite une protectrice dans les femmes distinguées et inoccupées qui se distraient et s'utilisent en faisant des mariages ; c'est une occupation qui en vaut une autre, car c'est souvent un bienfait qui devient le premier pas dans un bel avenir.

— Les gens d'esprit éprouvent parfois une vive distraction à partager le plaisir des sots, cela les repose du travail, souvent pénible de la pensée sérieuse, logique et condensée.

Gens ennuyés. — Quoi de plus déplaisant que de voir dans un salon le va et vient de ces gens ennuyés qui, ne sachant ni écouter ni parler, font de leur nullité un bruit et un mouvement fatigants pour tous.

Géographie. — L'enseignement de la géographie devrait s'appliquer tout d'abord au pays qu'on habite en prenant pour base le fond historique de ce pays lui-même, c'est-à-dire l'histoire du pays, et, en l'étendant ensuite successivement jusqu'à la géographie et l'histoire de la province entière.

L'histoire enseignant la géographie et réciproquement la géographie enseignant l'histoire, deux souvenirs au lieu d'un, deux bases d'enseignement se fortifiant l'une par l'autre et se fixant ainsi plus solidement dans la mémoire, car la géographie doit nécessairement accompagner l'étude de l'histoire. Ce ne serait pas assez de savoir ce qui a été fait dans les siècles les plus reculés, il faut savoir encore en quel lieu les choses se sont passées, où se sont livrées les batailles, où les grands faits se sont accomplis.

— Comme on l'enseigne maintenant, la géographie est la science la plus bornée et la plus incomplète... Ce qui manque, c'est l'animation, l'entrain, elle devrait après la connaissance des lieux faire connaître la température de chaque contrée, les vents, leur cause et leur direction; les chaînes de montagnes et leur influence; les glaciers, les volcans, leur forme et leurs effets, les cours d'eau; leurs conditions, leur utilité, etc...

— La géographie est la première science à faire entrer dans l'instruction des enfants: ici il ne faut que des yeux et de la mémoire; faculté d'autant plus éveillée que l'enfant est plus jeune.

GESTE. — Le langage des gestes a dû précéder le langage de la parole; il est l'expression extérieure des passions, la passion est la cause, le geste est l'effet, la traduction. Quintilien dit que les règles du geste sont nées dans les temps héroïques, que l'art du geste est l'accessoire obligé de l'éloquence; Chrysippe, Socrate, Platon recommandent ces règles, ils vont même jusqu'à les mettre au rang des vertus utiles, des qualités indispensables; ne nous étonnons donc pas que les Grecs aient porté l'art du geste à un si haut degré de perfection.

— Le geste indique, avant la parole, le moyen que veut employer l'individu pour repousser ou prévenir l'injure: le poing sera levé par l'homme du peuple; la main, par l'homme du monde; le militaire portera la main du côté gauche où il cherchera la poignée de son épée qui est sa formule d'action et de commandement.

— Trop de mouvement dans le geste détruit la noblesse et la gravité de la parole: c'est le grand défaut des provençaux et des gascons, quand ils causent on doit croire qu'ils se disputent; quand ils discutent, qu'ils luttent à coups de poings!

GIBBON, — historien anglais, né le 27 avril 1737, à Londres, et mort le 16 janvier 1794, nous paraît, avec Tacite, Tite Live et Montesquieu le vrai génie de l'histoire: il a magnifiquement décrit et raconté l'histoire de la décadence et de la chute de l'empire romain dans une œuvre immense par ses développements et où le raisonnement et le jugement philosophiques tiennent plus de place que les faits historiques, œuvre qui rappelle le travail tendu et persévérant des anciens Bénédictins et qui remplit douze gros volumes in-4°. Nous devons cependant dire que toute la gloire de cette grande œuvre ne lui revient pas en entier, qu'il eut dû l'avouer et en partager au moins l'honneur avec Lebeau, notre compatriote, car Gibbon, venu après notre savant historien français, de l'histoire du bas empire romain, *a trop largement utilisé ce grand travail au profit du sien* pour ne pas l'avouer et accorder à l'historien français la part qui lui appartient dans ce gigantesque et profond travail. Une circonstance importante dans la vie de Gibbon témoigne aussi, malgré les preuves contraires qui résultent de son grand ouvrage, de l'incertitude de ses convictions religieuses, c'est son abjuration publique du protestantisme à l'âge de seize ans, en 1753, à Londres même, foyer ardent du protestantisme, puis, chose incroyable si elle ne s'expliquait par sa jeunesse, sa rétractation presque subite à Lausanne, en 1754.

— C'est en Suisse qu'il écrivit et termina sa grande œuvre historique: « Ce fut le 27 juin 1787, écrit-il, entre onze heures et minuit que j'écrivis *la dernière ligne de ma dernière page*, dans un pavillon de mon jardin; après avoir quitté la plume, je fis plusieurs tours dans une allée couverte d'acacias, d'où la vue s'étend sur la campagne, le lac et les montagnes..... Je ne dissimulerai pas les premières émotions de ma joie en ce moment solennel, qui me rendait ma liberté, et allait peut-être établir ma réputation; mais les mouvements de mon orgueil se calmèrent bientôt, et des sentiments moins tumultueux et plus mélancoliques s'emparèrent de mon âme, lorsque je songeai que je venais de prendre congé de l'ancien et agréable compagnon de ma vie, et que, quelle que fut l'estime accordée à mon ouvrage, les jours de l'historien ne pouvaient être désormais que bien courts et bien précaires. »

Les autres œuvres de Gibbon sont: *l'Essai sur l'étude de la littérature*, *Observations sur le sixième livre de l'Enéide*, ses *Mémoires*, sa *Correspondance*, ses *Extraits de lectures*, un *Essai sur la monarchie des*

Mèdes, sà collaboration aux *Mémoires littéraires de la Grande-Bretagne*, etc., etc.

GIBET. — Instrument de supplice qui remonte à la plus haute antiquité : le gibet de Montfaucon, à Paris, et l'un des plus célèbres, existait encore au milieu du XVIIIe siècle, entre les deux faubourgs St-Martin et du Temple, plus particulièrement entre les rues Grange-aux-Belles, des Écluses, de la Chopinette et le boulevard de la Villette. C'était sur un massif de pierres élevé de quatre à cinq pieds, une charpente continue supportée par de nombreux piliers qui étaient armés d'un grand nombre de chaînes destinées aux pendus, dont les corps devenaient la proie des oiseaux et animaux carnassiers jusqu'à ce qu'ils fissent place à de nouvelles exécutions. L'histoire fait remarquer que ses constructeurs ou gardiens, Desbrosses et de Marigny, Coypel, prévôt de Paris, de la Guette, Jourdan de Lisle, de Montigny, de Maches, de Siran, de Houdan et beaucoup de grands seigneurs y furent pendus.

GIBRALTAR. — Ce nom vient du mot arabe Ghi-blal-tah, signifiant le mont de l'entrée, c'est-à-dire le rocher de la porte de la Méditerranée, porte par laquelle les Maures pénétrèrent en Espagne, ou encore de Geb-al-Taric (montagne de Taric) du nom du général arabe Taric qui, le premier, fit briller l'étendard de Mahomet sur la terre espagnole.

— Le rocher de Gibraltar est une île reliée au continent par une chaussée de sable qui est placée entre la baie d'Algésiras et la mer : au-delà de Gibraltar se trouvent deux rochers à pic, s'allongeant dans la mer et formant la véritable porte d'entrée du grand Océan dans la Méditerranée ; c'est ce que les anciens appelaient *les Colonnes d'Hercule*, qui passaient pour être du côté de l'Europe la limite du monde habité ! C'était, du côté de l'Afrique, le rocher Ceuta, surnommé aujourd'hui la pointe d'Afrique et anciennement Abila, et, du côté de l'Europe, le rocher de Calpe, maintenant Gibraltar : l'ouverture entre les deux terres d'Afrique et d'Europe est de trois lieues au point le plus resserré.

— En 1704, une flotte Anglo-Hollandaise, commandée par l'amiral Rooke, avait mission, comme revanche à prendre, de piller et de ravager les côtes d'Espagne : elle surprit la garnison de Gibraltar qui, quoique faible, suffisait à la défense de la forteresse et s'empara, par un coup de main imprévu et heureux, de la ville même, perdue depuis lors pour l'Espagne qui ne pardonnera jamais cette tache à sa gloire et à l'indépendance de son territoire. Gibraltar formidablement fortifié par les anglais, est réputé imprenable.

GUN-ROCH — (Rock des canons) ou colonne d'Hercule : on met deux heures à cheval pour arriver au sommet ; les deux tiers du chemin sont des voûtes dans le rocher, le dernier tiers en chemins découverts ; sur la pointe extrême se trouve un petit pavillon servant de vigie et élevé de cinq cent trente-quatre mètres au-dessus de la mer : d'un côté le roc est perpendiculaire, de l'autre incliné ; vers sa base il est couvert de maisons.

— Dans la ville anglaise de Gibraltar, chaque propriétaire de maison est tenu d'avoir affichée sur sa porte la liste de tous les mâles et femelles (traduction littérale) qui habitent cette maison.

GILBERT. — Nous trouvons dans nos annales littéraires des biographies bien inexactes, ainsi, quoiqu'en ai dit l'histoire, le poëte Gilbert n'était pas pauvre, car il avait deux bonnes pensions et une grosse somme en or enfermée dans une cassette ; il ne se promenait pas à pied, mais à cheval, et c'est une chute de cheval qui le fit porter évanoui, mais non inconnu à l'Hôtel-Dieu, d'après les ordres de son protecteur monseigneur de Baumont, archevêque de Paris ; on lui fit l'opération du trépan, ce qui, en lui sauvant la vie, lui fit perdre la raison ; il mourut peu de jours après, à l'âge de vingt-neuf ans, étranglé par la clé de sa cassette qu'il avait avalée dans un accès de démence.

On a de lui des odes, des satires qui, à elles seules, ont suffi à le rendre célèbre ; sa satire du XVIIIe siècle est la meilleure, elle est remplie de beautés du premier ordre.

Ce fut huit jours environ avant sa mort que, dans un moment de lucidité, il composa l'ode imitée des psaumes dont les strophes si touchantes sont si généralement connues et appréciées.

Au banquet de la vie, infortuné convive,
J'apparus un jour et je meurs!
Je meurs et sur ma tombe où lentement j'arrive,
Nul ne viendra verser des pleurs!
Salut, champs que j'aimais, et vous douce [verdure,
Et vous riant exil des bois!
Ciel, pavillon de l'homme, admirable nature,
Salut pour la dernière fois!

GIRARDIN (Delphine Gay, Mme de) — née à Aix-la-Chapelle, en 1804, morte à Paris, en 1855, fut la muse favorite de Louis XVIII. Elle se distingua de bonne heure dans la poésie et eut, plus tard, non moins de succès dans le roman. C'est à l'époque de ses plus brillants succès qu'elle épousa, en 1831, M. Émile de Girardin, le plus célèbre journaliste de notre époque, après Armand Carrel et Prévost-Paradol. Jeune et naïve, Delphine avait chanté dans ses poëmes la religion, la charité et la patrie, mais en avançant dans la vie, la finesse des images, la coquetterie du style remplacèrent chez elle le sentiment, l'esprit prenait la place du cœur, c'est que la peine succédait au bonheur, le doute, le désenchantement à la foi. C'est que, son mari qu'elle aimait, la délaissait pour des filles *à la mode*.

— C'est dans les premières années de son mariage qu'elle fit paraître *Marguerite ou Deux amours* et *M. le marquis de Pontanges*; un peu plus tard, *le Lorgnon, la Canne de M. de Balzac, Il ne faut pas jouer avec la douleur*, etc...

— Douée d'un excellent cœur, elle se fit cependant des ennemis par son esprit caustique qu'elle ne savait pas toujours retenir ou modérer. Je ne résiste pas au désir de rapporter une petite anecdote dont j'ai été le témoin : fatiguée de la longue visite d'un très-estimable et vieux général, et au moment où celui-ci ouvrait la porte après avoir pris congé, elle l'interpella brusquement pour lui demander ce qu'il y avait de plus bête qu'un militaire, surpris de cette apostrophe, le général répondit que pour être militaire on n'était pas bête; hé bien! fit Mme de Girardin, puisque vous l'ignorez, je vais vous l'apprendre, c'est deux militaires!

GIRONDINS. — Dans la Convention nationale, la majorité des deux tiers était acquise aux Girondins dont les idées progressistes étaient réputées modérées : la majorité du troisième tiers qu'on appelait la plaine était encore plus modérée que les girondins; ceux-ci devaient donc écraser la montagne et la révolution sage eut triomphé; et cependant la lâcheté de la plaine effrayée la fit tourner du côté des idées les plus avancées et la Gironde fut sacrifiée! Faiblesse d'autant plus honteuse que le courage était alors partout, dans le peuple, dans l'armée et dans les deux partis extrêmes de l'Assemblée!

— Ainsi, les Girondins qui donnèrent leur nom au parti honnête et modéré, le plus illustre par le talent, furent condamnés en masse et moururent presque tous sur l'échafaud : vingt-neuf d'entre eux furent mis en état d'arrestation par décret du 2 juin 1793, Pétion, Buzot, Barbaroux, Guadet, qui avaient pu fuir et se réfugier dans les départements, furent activement recherchés; Guadet caché dans les environs de St-Emilion, sa ville natale, avec son ami Salles, fut découvert, ils furent guillotinés à Bordeaux, quelques jours après; Barbaroux, traqué dans les bois comme une bête fauve, se brûla la cervelle pour ne pas tomber vivant entre les mains de ses ennemis; les cadavres de Pétion et de Buzot ne tardèrent pas à être découverts dans les bois où ils s'étaient réfugiés, ils étaient à demi-dévorés par les chiens!

— La scène du jugement des Girondins est des plus dramatiques; Sillery jette sa béquille et s'écrie, la mort me rend toutes mes forces! Fonfrède se retourne du côté de Ducos, son ami et son beau-frère, l'entoure de ses bras en lui disant: c'est moi qui t'ai conduit à la mort! Ducos répond: console-toi nous périrons ensemble! de Perret et Carra regardent leurs juges avec fierté; Antiboul, Beauvais, Gardien, Lehardy menacent les juges; Mainvielle, du Chastel, Vigée se donnent la main! Valazé tombe sur son banc : Aurais-tu peur lui dit Brissot? non, je meurs s'écrie-t-il, je veux mourir à ma place, il s'était enfoncé un poignard dans le cœur; Lacaze s'avance vers les juges en disant nous mourons parce que le peuple a perdu la raison, vous mourrez lâches, le jour où il l'aura recouvrée, et les Girondins se retirent en emportant le cadavre de Valazé !

— Le célèbre banquet de mort des Girondins est une des pages les plus belles et les plus saisissantes de notre histoire :

« Le député Bailleul, leur collègue à l'assemblée, caché dans Paris, leur avait promis de leur faire apporter du dehors, le jour de leur jugement, un dernier repas, triomphal ou funèbre, selon l'arrêt.... Le souper funéraire était dressé dans le grand cachot. Les mets recherchés, les vins rares, les fleurs chères, les flambeaux nombreux couvraient la table de chêne des prisons... Le repas fut prolongé jusqu'au premières heures du crépuscule, Vergniaud le présidait... Rien n'indiqua pendant longtemps dans les physionomies et dans les propos que ce repas fut le prélude d'un supplice; quand on eut emporté les mets et laissé seulement sur la table les fruits, les flacons et les fleurs, l'entretien devint tour-à-tour animé, bruyant et grave, comme l'entretien d'hommes insouciants, dont la chaleur du vin délie la langue et les pensées : Mainvielle, Antiboul, du Chastel, Fonfrède, Ducos, toute cette jeunesse qui ne pouvait se croire assez vieillie en une heure pour mourir demain, s'évapora en paroles légères et en saillies joyeuses... Vergniaud plus grave et plus réellement intrépide dans sa gravité regardait Ducos et Fonfrède avec un sourire où l'indulgence se mêlait à la compassion... Brissot parla en prophète, des malheurs de la République décapitée de ses plus éloquents citoyens.

« Que de sang ne faudra-t-il pas pour la-
« ver le nôtre ! » s'écria-t-il en finissant.. »

« Mes amis, reprit Vergniaud, en gref-
« fant l'arbre nous l'avons tué ; il était
« trop vieux, Robespierre le coupe, sera-
« t-il plus heureux que nous ? Non. Ce sol
« est trop léger pour nourrir les racines
« de la liberté civique... Ce peuple revien-
« dra à ses rois, comme l'enfant revient à
« ses hochets!... Mais les révolutions sont
« comme ces crises qui blanchissent en
« une nuit la tête d'un homme, elles mû-
« rissent vite les peuples. Le sang de nos
« veines est assez chaud pour féconder le
« sol de la République!.. »

« Que ferons-nous demain à pareille heure, dit Ducos. Chacun répondit d'après sa nature... L'immortalité de l'âme et les sublimes conjectures de la vie future à laquelle ils touchaient occupèrent les instants qui restaient à la conversation.... »

« Mais, dit Vergniaud en termes plus
« éloquents et en s'exaltant jusqu'au ly-
« risme du prophète politique, la meilleu-
« re démonstration de l'immortalité, n'est-
« ce pas nous ?.. Nous ici ? Nous calmes,
« sereins, impassibles à côté du cadavre de
« notre ami, en face de notre propre cada-
« vre, discutant comme une paisible as-
« semblée de philosophes, sur l'éclair
« ou sur la nuit qui suivra immédiatement
« notre dernier soupir. »

« C'est bien dit, s'écria Lasource ; mais
« j'ai dans mon cœur une preuve plus cer-
« taine que l'éloquence du génie expirant,
« c'est la parole d'un Dieu mort pour les
« hommes... »

« Et Sillery : le Christ, mourant sur un
« échafaud comme nous, n'est qu'un té-
« moin divin de la raison humaine. Non,
« sa religion que nous avons trop confon-
« due avec la tyrannie n'est pas oppres-
« sion, mais délivrance : Le Christ était le
« Girondin de l'immortalité ! »

« ... Le jour descendant de la lucarne dans le grand cachot, commençait à faire pâlir les bougies. « Allons nous coucher, « dit Ducos ; la vie est chose si légère qu'elle « ne vaut pas l'heure du sommeil que nous « perdons à la regretter. » Ils se levèrent de table à ces mots, se séparèrent pour rentrer dans leurs chambres et se jetèrent presque tous sur leurs matelas. Quelques-uns se confessèrent et reçurent les dernières consolations de la religion. »

« A dix heures, les exécuteurs, entrèrent pour préparer les têtes des condamnés au couteau, et pour lier leurs mains: tous vinrent d'eux-mêmes incliner leurs fronts sous les ciseaux et tendre leurs bras aux cordes. Cinq charrettes attendaient leur charge ! Une foule immense les environnait. Au premier pas hors de la Conciergerie, les Girondins entonnèrent d'une seule voix et comme une marche funèbre la première strophe de la *Marseillaise*.... Dès ce moment, ils cessèrent de s'occuper d'eux-mêmes pour ne penser qu'à l'exemple de mort républicaine qu'ils voulaient laisser au peuple : leurs voix ne retombaient un moment à la fin de chaque strophe, que pour se relever plus énergiques et plus retentissantes au premier vers de la strophe suivante. Leur marche et leur agonie ne furent qu'un chant ! Ils étaient quatre sur chaque charrette, une seule en portait cinq. Le cadavre de Valazé était couché sur la dernière banquette, sa tête, découverte, cahotée par les secousses du pavé, ballottait sous les regards et sur les genoux de ses amis..... Ceux-là chantaient cependant comme les autres ! Arrivés au pied de l'échafaud, ils s'embrassèrent tous... Puis ils reprirent le chant funèbre pour s'animer mutuellement au supplice.... Tous moururent sans faiblesse ! Le chant baissait d'une voix à chaque coup de hache, une seule voix continua la *Marseillaise* : c'était celle de Vergniaud, supplicié le dernier ! » (LAMARTINE.)

— Les honneurs de la grande révolution restent donc aux Girondins qui surent combattre avec énergie et mourir avec enthousiasme ; une seule tache est attachée à ce glorieux drapeau : l'un des Girondins, Boileau, abjura son opinion devant le danger et se déclara Montagnard, mais, accident preque heureux pour notre histoire, il ne fut pas sauvé par cet acte de faiblesse !

GLACE. — On a cru pendant longtemps que la glace commençait au fond des eaux et se détachait par morceaux pour remonter à la surface, s'unir et se congeler : ce n'est que vers 1830 que la science découvrit que la congélation avait lieu tout autour de la masse d'eau, là où elle est moins agitée et plus tranquille ; la glace se tient donc à la surface et préserve contre les froids les eaux qui sont en dessous, de telle sorte que les poissons y peuvent vivre, ce qui serait impossible si, comme on le disait autrefois, la glace partait du fond des eaux, ou si, plus lourde que l'eau, elle s'y précipitait et amenait ainsi la solidification de la masse entière du liquide : cette congélation de la surface des eaux expliquant la discontinuité de l'épaisseur de la glace fait comprendre le danger de traverser les fleuves et les rivières bien qu'en apparence ils semblent également et solidement glacés. Dans les hivers les plus rigoureux, la glace n'atteint pas en Europe plus d'un mètre d'épaisseur.

GLOBE TERRESTRE. — Kléper, l'illustre astronome, affirmait reconnaître sur le globe terrestre l'existence d'un fluide vivifiant et créateur, circulant comme le sang, constituant la faculté de transformation et d'assimilation dans le globe.

— On ne peut donner un âge quelconque au globe terrestre ; la géologie compterait par milliers de siècles, mais en négligeant l'âge du genre humain, de la création du premier homme et de son apparition sur la terre, les appréciations scientifiques varient entre cinquante à soixante siècles. L'origine de l'homme, tel qu'il existe sur la terre, remonterait donc à cinq ou six mille ans.

Cette opinion des savants n'est contrariée que par la chronologie égyptienne, mais on a le secret et la cause de cette erreur : L'année égyptienne se mesurait au cours de la planète Mercure (Hermès des Égyptiens), cette année n'avait alors que trois mois. La chronologie compte donc quatre années au lieu d'une, quatre mille ans ne font donc réellement que mille ans.

— Notre globe, d'abord à l'état de liquide incandescent, s'est arrondi par son mouvement rotatoire et s'est solidifié à la surface en se réfroidissant : on a fait l'épreuve que *tous* les matériaux qui composent les montagnes, peuvent, sur un feu très-ardent, redevenir ou liquides ou au moins malléables.

— Notre globe est sillonné de cicatrices, qui témoignent des plus laborieux déchirements : nos montagnes sont le résultat d'explosions souterraines qui ont jeté au dehors, en la brisant, l'ossature intérieure de la terre : ces pics élevés ne sont donc que des os brisés et déplacés, restes d'une ancienne et gigantesque blessure; ces chaînes d'immenses montagnes ne sont que des *soulèvements* qui laissent à l'intérieur des cavernes et des vides proportionnés à leurs saillies (des centaines de mètres de hauteur)! tout est calmé aujourd'hui, et, à part quelques volcans qui ne témoignent que de l'impuissance actuelle de leur force intérieure, l'homme jouit presque en paix de la terre.

On croit généralement que la mer s'abaisse et s'éloigne insensiblement de ses rivages anciens, ainsi, surtout en Suède où Linné fixe ce retrait à quatre ou cinq pieds par an (*différence* du niveau); en Écosse on croit, au contraire, qu'elle s'élève: Cependant dans les ports de mer, même créés par le travail de l'homme, on remarque un niveau moyen et constant.

— Le globe a quatre enveloppes de l'extérieur à l'intérieur: l'air, l'eau, la terre et les roches diverses, les mines et métaux.

— Il semble que les passions éteintes du globe aient passé dans le cœur de l'homme, car les siècles les font grandir au lieu de les affaiblir.

GLOIRE. — Qu'on ne dise pas que la gloire est une fumée et, que comme la poussière, elle retombe dans la terre des sépulcres, car elle est éternellement dans l'histoire, elle perpétue la mémoire des grands peuples, inspire et exalte les grandes vertus chez les peuples naissants et les grands dévouements chez les peuples menacés.

— L'amour du succès et de la gloire anime tout et remplace tout, mais lorsque l'illusion cesse, le vide est immense et l'obscurité est complète, tout disparaît à la fois.

— La gloire et la grandeur sont des dons parfois chèrement achetés: c'est un bruit dans la vie, mais un bruit qui détruit souvent la tranquillité et le bonheur!

— Il y a bien peu d'hommes appelés à compter dans l'humanité et à vivre au delà de leur vie: le troupeau cache les célébrités.

— La gloire n'a rien de commun avec ces petites vanités de la foule qui se croient quelque chose parce qu'elles s'agitent.

— La gloire d'un homme dépend souvent de circonstances si futiles, de raisons si peu concluantes qu'il faudrait remonter aux causes avant de l'estimer si haut!

— Chaque homme a dans sa vie un coin lumineux, une prouesse, un fait ou un acte sur lesquels se complaisent ses souvenirs, son amour-propre, sa vanité.

— La gloire est une grande passion que l'on confond presque toujours avec la plus infime de toutes, la vanité.

Il en est de la gloire comme de la cuisine, il ne faut pas en voir les apprêts. (STASSART.)

— La gloire contemporaine n'est que le bruit des conversations, ce n'est pas la gloire: la gloire pour être gloire a besoin de l'assentiment de l'histoire.

— La gloire est la vraie richesse et la juste récompense du génie: *c'est le baume pour toutes les blessures* auxquelles la vie est exposée.

La gloire lave les mauvaises actions, mais la tache reste. (BEAUCHÊNE.)

— Les gloires nouvelles ont cet avantage qu'elles captivent la première bienveillance et se font applaudir de tous parce qu'elles ne font point encore ombrage: malheureusement les envieux s'en emparent traîtreusement pour s'en faire une arme contre les gloires anciennes et pour les abaisser.

La gloire est la dernière passion du sage. (TACITE.)

— La gloire est un astre ayant comme l'homme le nom et la date de son acte de naissance, elle dure un jour, un siècle, mille ans: Homère a trois mille ans, Lamartine quelques années parce que sa gloire est encore jeune, mais elle aura ses longs siècles. Dans les intermédiaires il y a beaucoup d'astres d'un jour.

— La richesse se passe si facilement de la gloire, que la gloire à son tour devrait pouvoir se passer de la richesse; mais l'homme a ses besoins et sa vanité à satisfaire et il ambitionne les deux choses à la fois. Qui oserait le blâmer?

— La gloire est l'inépuisable ressource et le plus grand ressort des nations libres: elle est leur force, comme elle est leur honneur et l'effroi de l'ennemi: témoin ces soldats de la République qui, un contre dix, ont repoussé l'ennemi du sol français, puis en juste revanche ont envahi si complétement l'Europe, sous un chef de leur choix, que l'Europe fut pendant quinze ou vingt ans presque entièrement française : une telle gloire, des triomphes si surprenants, tenaient plus du génie et de la poésie que de la raison. Cette gloire dura donc peu, tant elle avait humilié, dès lors suscité de nombreux ennemis : tel sera toujours le résultat dangereux de la gloire éphémère des grands conquérants.

— Jusqu'ici toutes les nations se sont glorifiées de leurs illustrations militaires, maintenant elles ne devraient plus se glorifier que de leurs supériorités artistiques, littéraires ou scientifiques, car la vraie gloire est celle qui édifie et illustre, qui profite à tous, et non celle qui, comme la guerre, tue et détruit !

GOETHE (Wolfgang-von) — est l'illustration par excellence des Allemands, il personnifie en effet l'esprit et le génie de leur nation : il affirmait que toutes ses poésies étaient nées d'un fait réel, d'une circonstance de la vie pratique qui en fournissait ainsi l'embryon agrandi et embelli. « Chacune de mes poésies a eu sa vie réelle, vécue et parlante ! » Il se posait donc en philosophe antique, étudiant en sage l'homme et la nature.

— Son caractère était tout personnel, sceptique et indifférent ; il étudiait tout et voulait tout approfondir ; son amour-propre aussi bien que son intérêt, lui firent adopter le cachet allemand, et, en désertant le cachet français qu'il avait reçu de Voltaire et conservé longtemps, il alla tomber à l'extrême dans la couleur rude et sauvage de Shakespeare ! De là son *Goëtz de Berlichingen* : du reste il sut avec sa finesse de tact s'approprier tous les auteurs qu'il étudia ; pour son drame de *Clavijo*, il copia des pages entières dans les mémoires de Beaumarchais dont il s'éprit pendant quelques années ; dans Stella il devint violent comme son maître ; son *Iphigénie* est littéralement plutôt traduite que tirée du grec, mais avec un goût exquis dans la forme ; ses *Élégies romaines* paraissent traduite de Properce et ses épigrammes de Martial.

— *Werther* est l'histoire réelle d'un jeune homme nommé Jérusalem qui se tua par amour. La publication de cette œuvre, la plus entraînante, la plus fougueusement passionnée de la jeunesse de Goethe, appela sur lui l'attention de l'Allemagne entière. *Faust* est le résultat des déceptions et des doutes d'un esprit éprouvé déjà par de cruelles expériences ; c'est le chef-d'œuvre de Goethe, c'est sa production la plus hardie et la plus accentuée, celle qui assura sa célébrité ; mais là où il a le plus d'originalité, c'est dans ses chansons vraiment populaires et nationales.

— Malgré son génie puissant et incontestable, il ne nous paraît pas, à nous français, à la hauteur de la gloire que, dans leur orgueil national, les Allemands lui ont accordée ! Et si nous lisons avec plaisir *Faust*, *Werther*, *Herman et Dorothée*..., nous nous étonnons qu'on ait pu accorder la plus petite estime à *William Meister* qui, chez nous, serait un roman vulgaire, creux et bientôt oublié. Nous admirons donc Goethe dans ce qu'il a de remarquable sans doute, mais aussi par courtoisie et par bienveillance et pour faire écho à l'opinion allemande plus encore qu'à l'opinion universelle ou à l'opinion française.

— Goethe était un des hommes les plus beaux et les plus gracieux qui se puissent rencontrer, il séduisait tout le monde, femmes et hommes ; il était aussi, bon, sensible et bienfaisant ; avec ses manières affables, sa conversation facile, élégante, spirituelle et son talent d'écrivain, comment n'aurait-il pas fasciné tous ceux qui l'approchaient ?

Il était l'idole de la petite cour de Weimar et l'amant en titre de la baronne de Stein ; premier ministre du grand-duc il régnait dans ses salons, on dit même qu'il couchait dans sa chambre et était son inséparable

GOÎTRE. — On a reconnu que ce mal affreux et qui paraît sans remède ne devait pas provenir seulement de l'usage des eaux de neige, qu'il devait être attribué bien plutôt à l'usage des eaux stagnantes descendues des glaciers, mais surtout à la corruption de l'air et à l'entassement des brouillards enfermés dans les immenses et profondes vallées qui sont à la base des grandes montagnes, comme les Alpes, les Pyrénées, car c'est là que cette maladie est endémique, elle devient au contraire de plus en plus rare à mesure qu'on monte et qu'on s'approche des glaciers.

Le goitre est transmissible par hérédité, on a vu des enfants apporter cette infirmité en naissant. Les kabiles en sont affectés, mais non embarrassés, ils portent avec résignation cette hideuse masse de chair, et comme nous portons un nœud de cravate.

GOURMANDISE. — Si la faim est le premier besoin, la gourmandise est le premier défaut des enfants et de l'humanité; il semble qu'il y ait un concours entre le monde entier, entre toutes les parties d'une nationalité pour satisfaire la gourmandise humaine; ne parlons que de la France: la Normandie à ses gigots de présalé, la Bresse, le Mans, la Flèche, etc., se font concurrence pour les volailles grasses, Strasbourg, Nérac, Toulouse, Périgueux pour les pâtés de foies gras truffés, les Pyrénées ont leurs truites aussi bonnes que celles saumonnées du lac de Genève, Bourg en Bresse, a ses gâteaux de safran, Pithiviers ses pâtés d'allouettes, Tours ses rillettes, Bayonne et la Lorraine leurs jambons fumés, Vaucluse et la Marne leurs anguilles, Gournay et Rennes leurs beurres, Arles et Lyon leurs saucissons crus, la Provence a ses huiles et sa brandade, Agen et Tours leurs pruneaux; Sainte-Menehould ses pieds de porcs, Metz ses escargots farcis, Commercy ses écrevisses et ses madeleines, Bar-le-Duc ses confitures de grosseilles sans pépins et les plus délicates du monde, Nancy ses macarons, Verdun ses dragées, Reims ses pains-d'épice. Nous ne parlons pas des vins les meilleurs du monde, le Champagne, le Bourgogne, la Romanée le Clos-Vougeot, le Bordeaux, des vins de Frontignan et de Lunel; la France a la couronne des vins les plus délicats : toutes les autres contrées du monde ont à citer leurs spécialités et comme nous à apporter chacune une fleur à la couronne de la gourmandise.

— Dans nos habitudes sociales, et avec tous les attraits de notre cuisine, le luxe et la recherche de nos tables, le confortable de nos appartements, l'art des services, on mange beaucoup trop, on habitue insensiblement l'estomac à un travail exagéré et on met la santé en péril par la fatigue des organes les plus délicats, par la surabondance des humeurs, par l'exagération des principes nourrissants. Dans le monde riche on pourrait donc réduire de moitié la quantité de nourriture qu'on accorde au corps. Les Anglais ont, en ce point, *dépassé toutes les bornes* et mangent trois ou quatre fois plus que ne le commanderaient les règles de la nutrition !

— Autrefois, chaque société parisienne ou provinciale avait son dîner de semaine, souvent le dimanche ; trois bons plats, quelques accessoires et un dessert avec plat sucré et quelques vieux vins, constituaient un bon dîner qu'on trouvait excellent et où on s'amusait. Aujourd'hui, au lieu de dix à douze dîners par an, on en offre un ou deux, mais splendides, exagérés, avec des plats nombreux et coûtant vingt fois plus ; les toilettes sont à l'unisson. Chacun est triste, car il faut rendre, chacun calcule ce que coûtera le dîner à donner, on se ruine et on le sait, ce n'est plus une réunion d'amis c'est une représentation d'orgueil et d'argent, une cause de regrets, de rancune, de gêne grandissante!

— Nous n'avons plus de gourmets, mais nous avons pis, c'est la race vulgaire des gourmands ! C'est la brutalité vorace remplaçant la délicatesse du goût !

— Autant la gourmandise est un défaut dégradant, autant la sobriété est une qualité éminente et recommandable ; le gourmand est toujours égoïste et paresseux, l'homme sobre presque toujours laborieux, économe et probe. La gourmandise est le vice de la brute, et, en effet, elle bestialise l'homme et le rend souvent incapable de penser et de réfléchir.

— Les gourmands placent dans l'estomac le siège de la mémoire, de la gratitude et du dévouement !

La gourmandise est le vice des cœurs qui n'ont point d'étoffe. (J.-J. ROUSSEAU.)

— En province et à la campagne la gourmandise est presque une vertu sociale, car elle groupe et adoucit les esprits les plus intraitables et les caractères les plus sauvages, elle produit la sociabilité et modère bien des haines, lorsqu'elle ne les éteint pas.

GOUT. — Quand on manque de goût, on manque ordinairement de jugement, car le jugement doit s'exercer sur tout !

— Le goût est le bon sens de l'esprit.

Trop souvent un faux goût pervertit dans l'homme les jouissances naturelles. (BONNIN.)

— Le goût est une faculté éminemment aristocratique, il distingue l'homme de la brute et encore plus de la bête.

— Le goût, en matière d'art, est un sentiment exquis, qu'on pourrait croire inné, mais qui s'acquiert aussi.

— Le goût est fantasque et capricieux : certains livres dont on ne lirait pas deux pages aujourd'hui sans jeter le livre, ont eu la plus grande vogue à leur apparition et ont inspiré des centaines d'autres livres, c'était le goût du siècle : ainsi l'*Astrée* de Messire d'Urfé, gentilhomme du Forez, parut en 1610 et années suivantes, c'est un pathos qu'aujourd'hui personne ne pourrait lire, cependant cet ouvrage fit fureur et *école*. C'est à n'y pas croire ! On l'imita à l'infini, tout le monde faisait l'amour et écrivait sur l'amour, c'était sous le règne du roi vert galant ! Le *Cid*, l'un des chefs-d'œuvre de l'esprit humain, n'eut, vingt-cinq ans plus tard, qu'un bien petit succès auprès de celui de l'*Astrée* !

— Aujourd'hui les goûts sensuels absorbent toute la vie : les filles, la table, le tabac, le luxe en tout, la richesse pour but unique puisqu'elle procure tout cela.

— Les goûts simples, naturels et innocents ont seuls de la durée parce qu'ils sont modestes et peu exigeants, que dès lors ils fortifient le corps au lieu de le fatiguer.

— Les goûts donnent plus de bonheur que les passions, car ils sont plus durables, ils n'altèrent pas la santé et la sérénité, ils ne laissent aucun regret derrière eux, ils font vivre longtemps, tandis que les passions produisent tous les effets contraires.

— Chacun de nous a ses habitudes, ses idées, ses faiblesses, sa marotte..., son auteur favori, c'est-à-dire l'esprit qui se rapproche ou même s'éloigne le plus du sien. La Fontaine, disait Louis Racine, son ami, ne parlait jamais en société que pour s'entretenir de Platon qu'il ne connaissait pas, car il ne l'eut pas élogié !

— Nous nous entourons des choses qui satisfont nos besoins, nos affections, nos goûts et nos caprices, ce qui fait qu'on peut nous juger à l'examen de nos habitations comme on devine l'oiseau à la structure de son nid.

— « Des goûts et des couleurs on ne peut discuter. » L'un aime les blondes, l'autre les brunes, un troisième la couleur métis, qu'on appelle chatain. Les artistes de tous temps et les plus grands, Raphaël dans la Fornarina, ont préféré les rousses ; l'homme sage ne s'arrête pas à la couleur des cheveux ou du teint, il choisit le cœur le plus tendre et le caractère le plus doux.

— Des goûts simples sont l'émanation d'un cœur noble et de sentiments purs aussi bien que d'un esprit sensé.

— Une jeune fille refusa sa main à un jeune homme, bien doué cependant, mais qui avouait ne pouvoir souffrir chez lui ni fleurs, ni musique, ni animaux domestiques... et je crois qu'elle eut raison ; un ultimatum aussi exagéré et extraordinaire annonçait un maniaque, un despote, un barbare [et un rustre ; le caractère qu'il révélait était exclusif de l'amour, de la bienveillance, de l'amitié, de la tolérance qui constituent les indispensables qualités d'un mari.

— Le goût du vieux est une protestation contre toutes les nouveautés, si souvent risquées et excentriques, c'est un regard de regret vers le passé, c'est un souvenir agréable et une douce pensée pour la vieillesse qui aime tant à se reporter au temps de sa jeunesse et de sa force.

— Nos yeux si nous lisons, nos oreilles si nous écoutons, sont les percepteurs et les éprouveurs du goût, l'esprit reste le juge souverain.

GOUTTE. — S'il est une maladie aristocratique par excellence, c'est la goutte ; elle méprise les pauvres et les travailleurs, elle n'attaque que les riches, les puissants les oisifs ; avoir la goutte serait donc presque une distinction. Les nations primitives, les sauvages ne connaissaient pas ce mal ; la goutte est souvent la punition de la gourmandise, de l'ivrognerie, du libertinage, de l'abus en tout, d'un excès de confortable et de sensualité ; c'est une sécrétion extra-naturelle et flottante qui s'attache aux articulations, les déforme en y laissant des indurations et des grosseurs à la suite des douleurs les plus vives. C'est de trente à quarante ans que se manifestent les premières atteintes de goutte, les femmes (sobres en général) sont bien moins exposées que les hommes à cette cruelle maladie, quoiqu'elles n'en soient pas tout à fait exemptes.

— La goutte est la maladie des riches qui abusent ; quand ils se ruinent, la goutte est la seule chose qui leur reste de leur opulence, c'est leur punition !

— Un médecin, spécialiste pour la goutte, prétendait en guérir les célibataires en leur prescrivant d'épouser une femme hargneuse, ne devant leur laisser ni trêve ni répit, c'était doubler la peine.

— L'homme sensé, à ses premières douleurs de goutte ou de rhumatismes, doit trouver quelque consolation dans ce mot, qui n'est cependant qu'une fausse compensation et un regret du passé, *peccavi* ! j'ai péché.

GOUVERNEMENT. — L'avenir des peuples tient essentiellement à la politique du gouvernement ; les nations sont donc ce que les font ceux qui les dirigent !

— L'état et le gouvernement ne sont, en définitive, que la nation se gouvernant elle-même.

— Le grand art d'un gouvernement, c'est de faire disparaître l'action des chefs pour ne laisser en vue que celle des lois et persuader aux peuples que celles-ci régissent de même, et plus rigoureusement, ceux qui règnent sur eux. Qui se plaindrait de la loi ? quelle responsabilité pourrait-elle avoir, qui sait qui a fait la loi ? elle est le produit de l'expérience et de la sagesse des nations.

— Dans nos sociétés modernes, si embrouillées dans des intérêts divers et contraires, le calme de l'opinion est le plus impérieux des besoins ; le meilleur gouvernement est donc celui qui donne à la sécurité des intérêts et à la confiance publique ce qu'il enlève à la liberté dangereuse des passions ! Le meilleur gouvernement est aussi celui qui n'apparaît que lorsqu'il y a nécessité de conseiller ou de réprimer et qui sait se faire obéir doucement et sans pression.

— Les nationalités, comme elles sont constituées et échafaudées, ont surtout besoin de repos, car elles vivent par le travail, la confiance dans l'avenir, le crédit, toutes choses qui s'effraient facilement. La vie morale ne suffit donc pas, il faut aussi assurer la vie matérielle, par la tranquillité et le travail.

— Tout gouvernement doit à tous et à chacun individuellement : la salubrité, cette protection de la santé qui permet le travail et donne à la vie sa durée et sa douceur naturelles ; la protection qui assure repos et sécurité ; la justice qui protége les personnes et les intérêts ; la religion qui moralise, éclaire et console ; l'instruction qui élève et nourrit l'esprit, développe l'intelligence, étend les idées, apprend à bien vivre et à se conduire ; l'exemple des vertus, des bonnes mœurs et de l'économie dans les dépenses publiques. En retour, l'individu, la famille, la nation, doivent au gouvernement confiance, respect, concours, obéissance et dévouement.

— Un bon gouvernement serait celui qui ferait la société pour l'homme, tandis que tous ne tendent qu'à faire l'homme pour la société ; dans cette voie, la compression et la tyrannie sont une nécessité du principe en même temps que la cause incessante des révolutions : ici il faut prévoir et réformer.

— Tout gouvernement est égoïste par nature, par nécessité, par calcul, c'est dire qu'il *doit* l'être !

— Un bon gouvernement doit sonder hardiment toutes les plaies du corps social, comme fait le chef d'un navire qui visite et sonde pièce à pièce le vaisseau auquel est confiée la vie de tout son équipage.

— Dans le gouvernement des hommes, il y a habileté à se servir de leurs défauts ou de leurs passions pour combattre et effacer leurs vices.

— En France, il faut de l'activité, du mouvement, de l'élévation, de la gloire dans le gouvernement, autrement on se plaint de retard dans les améliorations successivement réclamées.

— Les gouvernements faibles ne gouvernent pas, ils trônent et se laissent gouverner ou par des circonstances ou par des volontés plus énergiques que la leur : leur vanité les rend aveugles et ne leur permet pas de deviner l'affront.

— En fait de gouvernement, l'arbitraire irrite moins que les faiblesses : celui qui se fait craindre est bien près de se faire accepter, aimer et élogier, car l'encens va toujours à la puissance et la confiance à qui la mérite et sait commander.

Les gouvernements et leurs chefs n'ont de pouvoir que celui qu'on leur croit, car le pouvoir ne se donne pas, il se prend : il ne s'agit que d'y mettre de l'opportunité. (KERATRY.)

— Il y a des gouvernements incertains, sans règle, capricieux comme le temps, ce sont les plus mauvais de tous, car c'est le hasard qui les dirige ! Chaque nation est généralement dans des conditions qui lui sont propres, elle doit avoir une politique ancienne, éprouvée, assise, traditionnelle et qui ne doit changer que lorsque ces conditions changent elles-mêmes : tel est le cachet des bons gouvernements.

— Il est de l'essence et de la nature des vieux gouvernements de vivre de la vie historique et traditionnelle, comme de la nature des gouvernements nés d'une révolution, de vivre d'une vie nouvelle et souvent trop ardente dans des réformes passionnellement étudiées.

— La forme monarchique et la forme républicaine sont les deux principes extrêmes et les plus contraires entre eux, mais ils conviennent bien : la monarchie à la barbarie, au début et à l'enfance des sociétés ; la république à la civilisation la plus avancée c'est-à-dire à l'affaiblissement des pouvoirs publics qui ont besoin de force et d'énergie.

— La république, en général, garantit plus surement la pureté des mœurs que le despotisme où les rois, gâtés par la flatterie, se croient tout permis et s'abandonnent trop à leurs passions, mais encore ici la punition ne se fait pas attendre et une couronne honteusement portée tombe bientôt, comme un fruit pourri : c'est pour échapper à ces inconvénients contraires que nos civilisations modernes ont inventé le gouvernement mixte où la royauté est modérée et maintenue par l'immixtion du pouvoir populaire, faisant équilibre au pouvoir royal, ce qui satisfait en même temps aux besoins de stabilité et de justice dans ce que nous appelons un gouvernement constitutionnel, parlementaire etc.

— Dans les gouvernements absolus le pouvoir royal grandit des empiétements de chaque jour, et les droits des sujets sont insensiblement restreints : ce n'est que par secousses que le peuple reconquiert, c'est lentement, pied à pied et toujours que le souverain empiète ; cette dernière part est donc toujours et sûrement plus grande que la première.

— Les gouvernements despotiques ne sont pas dans la société, ils sont en travers de la société, les obstacles et les ennemis de sa civilisation et de ses progrès.

— Les gouvernements despotiques se réservent le droit de penser et de parler seuls, et l'unique liberté qu'ils accordent, c'est de faire écho à leur propre pensée et à leur parole pour les répéter sans modification aucune.

— Ce qu'il y a de plus clair dans nos révolutions françaises, c'est que tous les gouvernements ne changent que pour redevenir bientôt les mêmes et rentrer dans leurs anciennes voies de despotisme, car le despotisme est l'instinct aussi mauvais que dangereux de tout pouvoir, personnel surtout !

— C'est mettre en péril la force et la durée des sociétés que de toucher trop souvent à la forme de leurs gouvernements : le progrès est une belle chose, mais la mobilité en matière aussi sérieuse est aussi un grand danger. Lycurgue le comprenait ainsi, car, après avoir fait jurer à Lacédémone de ne pas toucher à ses codes avant son retour, il alla se cacher dans l'île de Crète et s'y donna secrètement la mort.

— La politique sociale, c'est-à-dire la discussion sur la meilleure forme de gouvernement des peuples modernes, reste la question la plus dangereuse par ses excitations passionnées, la plus difficile à résoudre à cause des conditions variées et complexes des nationalités existantes ; car discuter, c'est remettre tout ce qui existe en question, c'est solliciter la lutte armée, c'est-à-dire l'insurrection ou les révolutions par les luttes de la parole.

— Quoi de plus embarrassant pour des gouvernements que ces opinions intermédiaires se posant en juges et en obstacles et prenant le nom de tiers-parti, de centre gauche, de centre droit, de fusion, etc... Ce sont des ambitions honteuses qui se placent intermédiairement pour avancer et se faire mieux acheter.

— Pour les peuples c'est déjà un bonheur que la tranquillité et la sécurité ; tout est déjà pour le mieux lorsque les masses ont tout ce qu'elles désirent et se trouvent bien de leur gouvernement.

— Dans nos gouvernements nouveaux et constitutionnels, on a pris la propriété et la richesse comme garantie de la moralité, de l'instruction et de la raison ; on a peut-être oublié une autre condition plus solide encore, la paternité, c'est-à-dire la famille bien unie et moralisée, garantie énorme en effet, car la famille est déjà un petit état dans un grand et la réunion des familles appelées à diriger et à contrôler le gouvernement, donnerait les meilleures garanties de stabilité, de moralité et de justice. Nous livrons cette idée à nos faiseurs de constitutions, si indécis, si embarrassés, si évidemment incapables et insuffisants qu'il faudrait les remplacer, si nous n'avions devant nous et comme dernière ressource que le suffrage universel, invention d'un esprit creux ou plutôt machiavélique qui n'avait que ce moyen pour arriver au pouvoir!

La position est si menaçante et si périlleuse qu'il faut se hâter d'en sortir en constituant l'assemblée actuelle en corps électoral pour élire une chambre de cent-vingt députés seulement pour avoir chance d'avoir de modestes capacités dominées et conduites par vingt capacités sérieuses.

— La famille est donc le premier degré du gouvernement, la commune constitue le deuxième degré ainsi que la paroisse qui est un gouvernement religieux, le canton vient ensuite comme troisième degré, l'arrondissement comme quatrième, le département et l'évêché comme cinquième.

La grande révolution a brisé, avec une excellente intention, le degré de la province pour arriver à une division parcellaire plus petite, plus restreinte, dès lors moins puissante et ne pouvant faire échec au gouvernement existant, central, absolu et tout puissant par son organisation. Ce but en effet fût atteint et la centralisation constitua la force du pouvoir et effaça ou annihila l'influence des administrations provinciales souvent si jalouses les unes des autres.

— Les vieillards par leur expérience, les hommes instruits par leur science, les pères et mères par leur affectueuse autorité ; les industriels et les commerçants par leurs connaissances du monde et des affaires, les hommes religieux par leurs croyances, sont les meilleures auxiliaires de tous les gouvernements, ce seraient aussi leurs meilleurs fonctionnaires.

— Les gouvernements devraient comprendre qu'il faut appeler la foule à soi pour ne pas l'avoir contre soi, enrôler tout ce qui est activité, intelligence, génie pour ne pas les trouver dans les rangs contraires, faire une place honorable enfin à tout ce qu'on ne veut pas avoir contre soi.

— Les gouvernements constitutionnels réunissent tous les avantages : avec la liberté de la parole et de la presse ; le blâme public arrête les fautes dans leur première phase, sans leur permettre dès lors d'avoir un développement complet, ce qui n'aurait pas lieu si la parole et la presse étaient muselées : la faute alors se traduit en un désastre souvent irréparable et les peuples souffrent du despotisme de leurs chefs.

— C'est dans les gouvernements parlementaires qu'on subit le plus la force de l'opinion publique, ses commandements et ses entraînements. Ceux qui gouvernent sont gouvernés eux-mêmes et sont dès lors plus faibles que le troupeau qu'ils dirigent. Cela ressemble assez à un mari battu par sa femme et lui obéissant.

— Le gouvernement représentatif est un état où les uns travaillent des bras pour payer ceux qui doivent travailler de la tête.

— Dans les gouvernements parlementaires c'est par l'étude qu'on se classe, c'est par la parole qu'on avance, le barreau est donc, très-malheureusement, l'antichambre des places et des dignités.

— Ce qu'il y aurait de grand et de beau dans le gouvernement représentatif ce serait de donner la parole aux cœurs et aux intelligences d'élite, manifestant les pensées du public et mettant toutes les opinions en présence : ce serait le pays éclairé par le pays et dirigé par l'opinion publique, mais notre suffrage universel atteint le but contraire en confiant l'élection des députés, c'est-à-dire du gouvernement, aux masses populaires, *les seules ignorantes et idiotes* dans la nation!

— En France le gouvernement reste trop élevé et n'est pas toujours compris, il ferait bien de suivre l'exemple de l'Angleterre et de permettre ces discours publics où les orateurs jettent au peuple des confidences gouvernementales. Cela flatte et instruit en même temps les gouvernés et leur fait comprendre les difficultés du gouvernement ; cela les rend aussi plus faciles à supporter les injustices, moins irritables parce qu'ils sont plus instruits, et cela établit entre ces particuliers et le gouvernement une solidarité de rapports créant la confiance, l'affection et la force.

— Quand le gouvernement est fort, qu'il est préparé à tout, il peut donner la liberté : sa force seule, sans démonstration, produira cet effet qu'elle arrêtera dans leur germe tous projets insensés ; le pouvoir recevra peut être quelques assauts, mais ils seront sans danger, puis, comme en Angleterre, aux Étas-Unis etc. le calme, se fera par lassitude et peut-être par appréhension, et la conquête sera complète ; la liberté de la presse sera sauvée et le gouvernement trouvera en elle toutes les révélations de la vie politique et des dangers qu'elle pourrait présenter. C'est ainsi que pourraient s'éteindre les oppositions.

— Un gouvernement représentatif n'existe pas là où chaque ministre n'est pas responsable de ses actes ! Or l'empereur Napoléon III ayant voulu assumer *seul* la responsabilité *entière*, comme par position, il se trouvait essentiellement irresponsable, il s'en suivait qu'aucune faute ne pouvait jamais être réprimée sans le consentement Impérial. Voilà le vice éclatant et le piège de cette insidieuse constitution.

— La responsabilité des ministres bien assise et bien pratiquée, dégage le chef de l'état de toute responsabilité personnelle, pose la digue la plus sûre contre les révolutions et les bouleversements intérieurs : le roi règne et ne gouverne pas, il est en dehors de tout danger, de toute responsabilité, il accepte les arrêts des majorités législatives représentant la nation, et le pouvoir invulnérable, et responsable seulement dans ses ministres, reste forcément intact et surtout respecté ! Comment ce principe conservateur par excellence put-il être foulé et brisé dans le décret organique qui suivit le coup d'état ! Ce fut une odieuse trahison, une calamité publique, l'échec le plus grand que put recevoir le pouvoir suprême en France ! L'Empereur devenait l'ennemi de la nation et la conduisait aux abîmes. Que son nom et celui des autres Napoléons, parce qu'ils valent encore moins, soient rayés de la liste des citoyens français ! Pour l'adolescent et la veuve, nous regrettons cette rigueur, mais elle est commandée par la loi suprême de l'intérêt public. *Salus populi suprema lex exto !*

— Sous les anciens gouvernements les ministres défendaient eux-mêmes leur politique et leurs budgets, recevaient les premiers coups et s'exposaient à des échecs qui obligeaient le gouvernement à briser la chambre ou à sacrifier le ministre. La création de ministres orateurs et sans portefeuille, défendant le ministère ; sa politique, ses budgets, évitait ces échecs *directs* en faisant porter les défauts sur les orateurs non sur les ministres, c'était amortir l'action agressive du parlement sur le ministère, c'était protéger et maintenir la paix et le repos publics, et laisser la nation entière à ses affaires et le peuple au travail qui lui assure l'aisance.

— Les bons gouvernements se défendent par leurs actes et les ministres les moins éloquents et même les moins diserts suffisent à les justifier, lorsque le bon sens, la raison et les principes d'administration les ont inspirés ; les mauvais gouvernements seuls, ont besoin d'avocats habiles, retors et menteurs, pour atténuer, pallier, faire excuser les erreurs et les fautes.

— Dans nos gouvernements représentatifs on trompe partout ce pauvre peuple ignorant et crédule ; le gouvernement, tout le premier, emploie toutes les formules possibles pour se rendre populaire : il ne recule ni devant le mensonge, ni devant l'absurdité ; bien entendu que l'opposition de son côté en fait autant en exagérant encore le mal, donc à trompeur, trompeur et demi ; le peuple sera toujours facile à égarer et il résistera toujours à ceux qui lui diront la vérité, car il faut de l'intelligence et même de l'esprit pour la connaître, la comprendre et l'accepter.

— Dans toutes les nations il faut que les masses se laissent gouverner passivement et sans résistance ; l'ignorance est la formule qu'on emploie et c'est la plus sûre ; cela est déplorable à dire, mais il faut reconnaître que les premières lueurs d'instruction éblouissent plus qu'elles n'éclairent, exaltent la vanité, sollicitent les plus mauvaises passions et créent un danger au lieu d'assurer un bienfait.

— La politique gouvernementale et la religion doivent à l'envi, s'occuper des mœurs en se prêtant un mutuel appui dans une ligne de dispositions bien tracées et bien limitées pour éviter des conflits qui briseraient le concours et entraveraient le succès au grand préjudice de la nation, de la religion, de la moralité et de la richesse publique. C'est dans l'équilibre des trois pouvoirs, le gouvernement, la religion, le peuple, représentés par l'opinion publique que gisent la force et la stabilité des nations ; chaque pouvoir a droit à sa liberté et à la sécurité et peut réclamer contre tout excès d'un autre pouvoir.

La lutte s'engage ordinairement à l'occasion de la prépondérance de la politique sur la religion, car ici l'équilibre est une loi rigoureuse, mais si cet équilibre devait être altéré, il serait préférable qu'il le fut au profit de la politique au lieu de l'être au profit de la religion qui n'en n'est que la force morale plus douce, plus modérée, moins exigente, plus résignée et peut dès lors fléchir sans se perdre ou s'altérer, tandis que la politique a besoin au contraire d'être plus absolue, plus rigide, car ses faiblesses deviennent des fautes presque toujours irréparables ; mais encore une fois l'équilibre est la perfection, car c'est l'unification des forces, dès lors la plus grande puissance

— Quand au lieu de laisser tous les biens et le bien-être au libre concours, le gouvernement s'en fait le seul dispensateur, il jette le trouble partout, il crée l'exigence et l'avidité, il devient responsable de tout, en même temps que le but de toutes les convoitises ; et, comme dans cette voie on ne fait plus que des mécontents et des jaloux, tout se détraque à la fois ; le bienfait tourne contre le bienfaiteur, la haine remplace la reconnaissance et le mécontement général est à son comble ! Tout est donc bouleversé, le mal remplace le bien et la machine gouvernementale ne fonctionne plus. Napoléon Ier fit cette première faute et la paya de deux désastres successifs, les deux restaurations ! Napoléon III recommença avec plus de ténacité encore, ce fut le gouvernement personnel incarné : le maître distribuait ses faveurs les plus arbitraires aux plus avides et faisait plus de mécontents que d'heureux ! Le but était manqué, aussi tomba-t-il dans l'abime qu'il s'était creusé. Le despotisme et la faveur, c'est-à-dire l'injustice ne créeront jamais une société nouvelle sur les bases consacrées et proclamées de la liberté, de l'égalité, de la fraternité ; noble drapeau aux nobles couleurs !

— Un bon gouvernement, au lieu d'obéir aux exigences du népotisme ou des courtisans, choisit partout ses auxiliaires dans le peuple comme dans les classes élevées, parmi les plus capables et les plus dignes ; il appelle ainsi à lui l'estime publique et la confiance ; il s'élève sur l'auréole de ses fonctionnaires, il se grandit de leur grandeur, il prend sa part de leurs succès et de leur gloire, ainsi fit Louis XIV, illustre par les autres, non par lui même ! Et vous le voyez, récompensé cependant par le surnom de grand !

— Depuis 1789 tout gouvernement qui dure se maintient par la théocratie, par la religion et l'autorité, non par la liberté qui le menacera toujours ! L'ère des révolutions reste si largement ouverte que toutes les ambitions et les populaces à leur suite, s'y précipitent à l'envi et sur l'apât des pillages.

— Chaque gouvernement nouveau s'intitule gouvernement à bon marché, c'est le contraire qu'il faudrait dire ! car chaque changement a jusque ici été marqué par une énorme augmentation du budget: le gouvernement nouveau est donc toujours celui qui coûte le plus cher! Les gros appointements sont une cause d'envie et de ruine, ils ébranlent le pouvoir par les jalousies qu'ils soulèvent en même temps qu'ils surchargent et ruinent les budgets.

— Il y a danger pour les nations quand le prix de revient des choses indispensables à la vie du peuple est excessif ; ce principe s'applique non pas seulement au pain, à la viande, au vin etc., mais aussi au prix de revient du gouvernement, chose aussi indispensable au maintien de l'ordre que la nourriture est indispensable à la vie ! Or que coûte aujourd'hui le gouvernement de la France alors que sous le roi le plus guerrier et le plus prodige Louis XIV il ne coûtait pas 300 millions ? Il coûte sept fois plus soit plus de deux milliards un tier ! il épuise annuellement et a ruiné aujourd'hui la nation ! si bien que tout souffre en France et que pareil état ne peut absolument plus durer !

— Chaque gouvernement nouveau laisse derrière lui un parti de mécontents et de boudeurs tout yeux et tout oreilles pour la critique, la médisance et la jalousie !

— Les grandes causes mal dirigées ébranlent les gouvernements et c'est à leur suite que les petites, accentuées et répétées surtout, les renversent !

— Tous les gouvernements mettent les principes au-dessus des intérêts ; le gouvernement anglais seul met les intérêts au-dessus des principes ; c'est un gouvernement d'odieux et d'avides trafiquants !

— Tous les gouvernements sont aussi imprévoyants qu'aveugles dans leurs triomphes d'occasion : ils devraient, conseillés qu'ils sont si énergiquement par l'histoire, prévoir pour eux les calamités qu'ils infligent à leurs voisins, car alors ils seraient dans le vrai des circonstances humaines qui les menacent en compensation de leurs succès présents : ainsi en 1872 la Prusse s'énorgueillissait et s'enivrait de ses succès de 1871, l'Angleterre s'isolait des autres nations et particulièrement de la France, si débonnairement et si naïvement son ancienne alliée. Ainsi l'Italie oublie que la France l'a affranchie de la longue et pesante tyrannie de l'Autriche ; ainsi la Belgique a perdu la mémoire de sa constitution de neutralité par la France qui l'a dotée en même temps du magnifique port d'Anvers, principe de sa force et de son avenir. Nous n'en finirions pas si nous épuisions ces longues conséquences des vicissitudes européennes, enseignement puissant et effrayant pour toutes les nations !

— Les gouvernants sont *toujours* des ambitieux, s'ils ne l'étaient pas ils *préféreraient* une vie tranquille à la vie inquiète et tourmentée du pouvoir.

— Les questions personnelles ne doivent pas arrêter la marche des gouvernements, il faut qu'un ministre impopulaire disparaisse, un changement de personne sauve le chef de l'état et le gouvernement. Quoi de plus facile, de plus simple et de plus juste, car on ne frappe que les ambitieux, les cumulards, les parasites !

— A la différence des peuples modernes qui se concentrent dans la vie privée, les peuples anciens ne se groupaient, que pour vivre dans la vie publique : il en fut ainsi de toutes les républiques grecques Athènes et Sparte à leur tête ; de là une différence énorme entre leurs gouvernements et les nôtres.

Gouvernement par les femmes. — Les instincts bien dirigés et utilisés deviennent les meilleurs instruments, les plus sûres conditions de la vie heureuse : dans une administration, rustique surtout, surchargée et compliquée, on pourrait croire que la direction d'un homme dans sa force et sa rudesse est un élément indispensable ; la raison et l'expérience nous disent que c'est tout le contraire, que dans la grossièreté des mœurs campagnardes ce n'est pas la brutalité qui peut le mieux commander et diriger, c'est plutôt la douceur et la persuasion : ainsi une femme assez énergique pour assumer le commandement conviendra mieux qu'un homme dont la volonté fera choc, en sollicitant ainsi la résistance ; une femme se fera donc plus facilement obéir.

— La femme de Charlemagne gouvernait son ménage, comme l'eut fait la femme d'un simple particulier : elle payait les domestiques et réglait les dépenses de la maison. La plus grande simplicité, la plus rigoureuse économie étaient le cachet tout personnel des rois francs et particulièrement du grand Empereur !

Gouvernement des enfants. — Ayez dans la famille une petite constitution à l'usage des enfants et basée sur le principe de l'affection fraternelle : s'entr'aider et s'obliger, ne jamais se contrarier ou se quereller, ne jamais jurer, mentir, employer des mots grossiers ; ne jamais calomnier, médire, caqueter, répéter ce qu'on a entendu ; observer les règles de la décence et de la pudeur dans les paroles et les actions.

Aimer le travail et l'étude, fuir l'oisiveté et la paresse, éviter la curiosité et l'indiscrétion, être toujours propre de corps et de vêtements, ne contracter d'amitié que du consentement des parents, éviter les mauvaises sociétés, etc...

— Ne flattez jamais l'enfance, mais sachez applaudir à ses mérites, vous devez combattre ses défauts par un blâme mesuré à la faute, mais il est juste et sage de récompenser par quelques éloges ses bonnes qualités et ses vertueux efforts.

GRACE. — Faculté innée, naturelle, qui donne au maintien, à la tournure, aux moindres actions un charme indéfinissable, la grâce est la beauté des disgrâciés de la nature, elle est une qualité plus séduisante, plus solide et plus durable que la beauté physique, qui commande la passion, mais non le bonheur.

Notre bon Lafontaine a défini la grâce dans un seul vers que tout le monde connaît :

Et la grâce, plus belle encore que la beauté.

— Il y a certaines grâces qu'on n'apprend pas, qu'on ne peut même définir et qui n'appartiennent qu'aux natures d'élite.

GRAMMAIRE, — code des règles qui nous apprennent à exprimer avec simplicité, pureté et élégance, nos sentiments, nos pensées, nos volontés, nos besoins et surtout nos appréciations ; c'est l'unification du même langage, mis ainsi au service des grandes familles appelées nations.

— La pureté du langage était si estimée à Rome que les grammairiens y étaient aussi appréciés que chèrement payés ; un grammairien, Lutatius Daphnis, fut acheté 200,000 écus romains, un autre grammairien, Apoléius, était loué 40,000 écus romains par année. Cela prouve que la richesse surabondait dans l'aristocratie, et, logiquement, que le peuple était pauvre et misérable !

GRANDEUR. — Châteaubriand dans un moment de détresse apprit à connaître ce que valent les grandeurs ; il trouva, comme dernière ressource, 700 francs de tous ses galons, rubans, broderies torsades, épaulettes, décorations, etc...

— Les grandeurs brillent comme les comètes du ciel, mais sans plus de durée ; seule, l'étoile de la médiocrité se lève et se couche sereine.

GRANDS. — « Il faut traiter les grands comme le feu et n'en être jamais ni trop près, ni trop éloigné . » (DIOGÈNE.)

— Autant les plaisirs frivoles entraînent et absorbent les esprits légers, autant *les grands esprits* aspirent vers les grandes choses qui finissent par les entraîner eux-mêmes et les fixer à toujours.

— Les grands cœurs ont des étreintes dans les mains, des caresses dans les yeux, des baisers sur les lèvres, des supplications dans la voix, car dans ces puissantes et bonnes natures, le cœur déborde et la tendresse bouillonne toujours.

— Le monde estime trop les actions d'éclat qui ne sont souvent que de grands hasards, et pas assez *les grands caractères* qui ne font ni bruit ni éclat et qui, cependant, ont pour eux la continuité du mérite et la solidité d'un fait matériel, éprouvé par des années de vertu !

— Quand on rencontre dans la vie ces organisations humaines si absolument puissantes et énergiques qu'elles paraissent taillées dans l'acier ou le caillou et faites pour les plus grandes et les plus persistantes luttes de la vie ardente, il faut les plaindre et non les blâmer, car leur constitution exceptionnelle commande une vie exceptionnelle, pleine de fatigues et de labeurs, de tempêtes et d'accidents, de contrariétés et de tourments : la gloire d'un héros, d'un savant, d'un inventeur peut y gagner mais sa personne et sa vie en souffrent toujours.

— Dans les grands événements, les batailles, les révolutions, il se fait des silences anxieux et des bruits formidables : les mouvements séditieux agissent comme les bouffées de vent et les trombes, ils renversent et détruisent tout.

GRAVITÉ. — L'homme sérieux et sage ménage pour l'âge mûr et la viellesse une vie forte et résistante, remplie de graves occupations et de plaisirs utiles ; sa jeunesse et sa viellesse ne seront que deux marges blanches où il n'y aura rien à écrire, mais devant rehausser le fond du tableau.

— La gravité sur la figure d'une jeune fille ordinairement rieuse, indique assez, pour ceux qui savent comprendre, qu'elle a été blessée dans son amour-propre ou dans ses affections.

— Pour certains hommes la gravité est un excellent masque et le silence une heureuse formule ; j'ai connu dans le monde des gens qui ne savaient approuver absolument que de la tête et du sourire et qui avaient su se faire ainsi accepter et accueillir.

GREAT EASTERN. — En toutes choses où s'arrêteront l'audace et le génie humain ?

Le *Great Eastern*, navire colossal anglais, ayant 207 mètres de longueur, renferme deux mille trois cents cabines de passagers, il a deux machines à vapeur de deux mille six cents chevaux chacune, fonctionnant simultanément avec six grands mâts chargés de voiles ! Voyez le colosse déployant ses ailes, la vapeur grondant et la fumée portant vers le ciel la respiration du géant, et vous tomberez en extase devant ce déploiement monstrueux des forces matérielles et intelligencielles de l'homme.

GRÈCE. — La nation Grecque eut un siècle d'illustration et de génie : Homère en fut le précurseur, Socrate, Platon, les trois tragiques Sophocle, Eschyle, Euripide, l'érotique Anacréon, Praxitèlles et Phidias, Archimède, en furent les brillants météores. La Grèce, la plus petite des nations, aura toujours le mérite d'avoir la *première* produit tant de génies divers et répandu sur le monde entier ces semences de génies et de grands hommes, qui, tour à tour illustrèrent les autres nations ; on peut donc affirmer que si longtemps que durera le monde, la Grèce, ce petit coin de terre presque imperceptible sur la carte du globe, restera le merveilleux symbole de toutes les grandeurs, et le premier diamant de la vieille humanité.

— Les nations grecques avaient une intelligence éveillée et une sensibilité exquise, aussi mettaient-elles l'acteur presqu'au niveau de l'auteur dramatique. Les Romains, au contraire, dont le caractère énergique et guerrier était poussé dans le peuple jusqu'à la grossièreté, étaient plus propres à la guerre qu'aux jeux de l'imagination et de l'esprit, aussi avaient-ils pour les acteurs et parfois même pour certains auteurs médiocres, le dernier mépris. Les acteurs, presque tous esclaves, étaient au niveau du gladiateur ; Tacite dit qu'un sénateur ne pouvait les visiter chez eux, pas plus qu'un chevalier romain marcher auprès d'eux dans la rue, si bien que Tibère dut les protéger en maintenant les lois qui les exemptaient du fouet.

— En Grèce il y avait véritablement

deux classes bien distinctes de femmes, les unes vouées au devoir et à la famille, aimées, estimées, mais asservies et recluses, les autres publiquement consacrées aux plaisirs, s'honorant du titre de courtisanes et exploitant leur beauté comme un revenu ou une fortune. Les Grecs faisaient ainsi les deux parts de la morale et du plaisir ; ils comprenaient que la morale s'accommodât d'une vie obscure et le plaisir, d'une vie bruyante, que l'austérité des devoirs diminuât les moyens de plaire; ainsi, égoïstes en tout, les Grecs s'étaient-ils accordés deux existences bien différentes entre elles, l'une d'intérieur, douce, tranquille et morale comme il convenait à l'éducation des enfants, l'autre bruyante comme un jeu, ardente et interrompue comme une passion. Aussi légers que les Grecs, aussi passionnés qu'eux, aimant comme eux le plaisir, les Français doivent à la morale de leur religion des règles sociales moins appropriées à leurs passions et à leurs goûts. Enserrés dans les lois civiles et religieuses, enchaînés dans le lien rigoureux du mariage, ils ont voulu y trouver leur sécurité leur garantie et en même temps leur plaisir, et il ont habitué leurs femmes aux choses les plus contradictoires, aux idées les plus opposées : c'était créer le cahos et faire le désordre ; de là tant de mauvais ménages, tant d'oppositions dans les principes et la conduite, tant de faux jugements, tant de fausses appréciations sur ces pauvres esclaves que nous appelons des femmes, êtres de cire molle que les hommes façonnent à leur caprice et qu'il blâment ensuite de la forme même et des passions qu'ils leur ont données.

— Après avoir été le berceau de l'intelligence humaine, des belles lettres, des beaux-arts et des sciences, la Grèce est redevenue une des provinces les plus barbares de l'Europe, on pourrait presque dire du monde entier. La nature est restée fertile et productive, mais l'homme incapable et indolent à l'excès ! Ainsi l'huile d'olives, la meilleure de toutes, est, par sa fabrication monstrueuse, la plus mauvaise huile connue. Il en est de même du vin ; on le soigne si mal qu'il tourne ou qu'il devient aigre et, pour prévenir cette perte, on sature le vin de résine et on le rend ainsi imbuvable ! La Grèce si pauvre est cependant riche dans son sol : elle a des mines de plomb et d'argent dans le Laurium, du fer et du cuivre à Corinthe, de la houille à Naxos, du soufre à Cumes, de l'émeri dans dix gisements, etc.

— Tout cela, le cuivre excepté, est resté inexploité dans les îles de l'Archipel grec ; ajoutez que les anciennes scories des fabrications de plomb sont aussi riches que les mines actuelles, aussi bien que les vieilles scories argentifères du Laurium (montagne de l'Attique), on reprend donc ces anciens déchets pour les exploiter à nouveaux frais, mais plus considérables que les premiers !

GRÈVES. — Remarquons que les grèves, ces soulèvements contagieux d'ouvriers spéciaux, si nombreux dans certains centres manufacturiers, se produisent surtout dans les travaux souterrains, si dangereux des mines de houille, que ces travaux sont si rudes qu'ils sont mortels et abrutissants. L'ouvrier passe quinze heures à plusieurs centaines de mètres de profondeur sous terre, où le travailleur travaille couché d'abord, puis accroupi, puis plié en deux dans d'étroits et bas passages sous la menace du feu grisou qui étouffe, foudroie, ou asphyxie ; de l'inondation qui noie, de l'absence d'air insufflé qui étouffe, enfin de l'éboulement qui écrase, sans compter les dangers de l'entrée et de la sortie dans une cage de fer dont le mouvement précipité terrifie les visiteurs ; quinze heures d'une seule traite sous terre et à de pareilles profondeurs, trois repas à y prendre, et tant de dangers à y braver pour 2, 3 ou 4 francs de salaire ! Si ces pauvres victimes de l'industrie ne deviennent pas folles, elles doivent au moins y puiser un caractère effrayant de sauvagerie, de souffrance et de résignation irritée ; plaignons-les, mais ne les blâmons pas trop !

GRIMACES. — Les jeunes filles qui ont l'innocence du cœur ne se permettent ni grimaces ni contorsions, c'est un mensonge qu'elles ne comprennent pas et qu'elles ne pourraient donc pas inventer.

GRIMM, — auteur de la correspondance littéraire, philosophique et critique, osait appeler la règle du devoir *un bavardage de catéchisme*! l'union des sexes, *l'acte le plus naturel, le plus indifférent en soi;* la fidélité conjugale, *l'apparence obligée* dont toute la moralité était dans l'opinion; le *repos des maris, la seule mesure du devoir des femmes*, enfin, il croyait l'infidélité sans inconvénient tant qu'elle n'amenait pas le scandale. Quelle atroce morale! quel amas d'infamies, quel dévergondage d'idées, que d'atroces sophismes!

— Follement épris d'une fille d'opéra appelée Fel et maîtresse de son ami Cahussac, Grimm, repoussé et dédaigné, feignit le plus grand désespoir, la résolution de se laisser mourir de faim, une léthargie! cette comédie dura dix jours entiers, mais au bout de ce temps voyant que Mlle Fel était insensible, il se leva pour aller dîner en ville et reprendre sa vie de dissipation et de plaisir.

GRISETTES. — L'opinion du monde est parfois bien cruelle pour certaines faiblesses et pour certaines misères! Témoin ces jeunes et gentilles filles du peuple qui, dans la première moitié du XIXe siècle, s'épanouissaient dans les magasins de Paris sous le nom de grisettes et vouaient leurs soirées et leurs dimanches aux plaisirs des étudiants. La grisette était en effet la joie du quartier des études, elle se donnait sans condition et s'amourachait aussi naturellement que franchement; c'étaient des rires sans fin et des bonheurs sans mélange, tant que duraient les études, la catastrophe c'était leur fin, car l'étudiant gradé et diplômé rentrait en province pour s'y établir et s'y marier et la grisette éplorée allait le conduire à la diligence qui emportait son cœur et ses amours; rentrée seule dans sa froide mansarde, elle pleurait des semaines, puis, la jeunesse et sa philosophie passionnelle aidant, se consolait dans d'autres amours.

— L'argent n'entrait alors pour rien dans ces naïves affections, elle partageait la maigre et misérable vie de l'étudiant et la pauvreté désintéressait le cœur en lui laissant la pureté d'une affection sincère. Que les temps sont changés! de la grisette il ne reste plus que le souvenir, l'argent a tout envahi et tout corrompu! la fille du peuple ne se donne plus, elle se vend à qui lui offre le luxe et ses jouissances honteuses et matérielles, elle quitte celui qu'elle a ruiné et passe au plus offrant et dernier enchérisseur! elle brave, en équipage, l'opinion publique, vit de ruine et de honte en attendant que défraichie et usée, elle passe au trottoir ou à l'hôpital; c'est la fleur fanée et séchée qui, entraînée par le ruisseau, va tomber dans l'égout! Pauvre, pauvre fille!

GROTTES. — Les cavernes ou les grottes existent presque toutes entre deux couches superposées de stratifications calcaires: la grotte du Mont-Salève, près du lac de Genève, est à 1500 mètres au-dessus du niveau de la mer; c'est un puits creusé dans l'intérieur de la montagne et ayant 55 mètres de profondeur et 33 mètres de diamètre; il paraît avoir été creusé par la chute d'une cascade, mais on ignore d'où venaient ces eaux.

— La grotte de Longara (Piémont) a 400 mètres de long sur une largeur qui varie de 3 mètres à 100 mètres, cette grotte est célèbre par un crime affreux: les habitants de la ville de Longara au nombre de deux mille, fuyant les armées françaises et vénitiennes, s'étaient réfugiés dans cette grotte; ils furent suivis par une horde d'aventuriers indignes du nom de soldats qui amoncelèrent de la paille et du foin à l'entrée de la grotte et y mirent le feu. Tous les réfugiés périrent. Bayard indigné fit inhumer les victimes et pendre les assassins!

— La grotte d'Antiparos, îlot stérile dans l'Archipel grec, est une grotte immense qu'on met plusieurs heures à parcourir pour arriver à la salle principale, salle d'une magnificence sans égale par des stalactites en colonnes formant les colonnades les plus variées, les plus curieuses, les plus bizarres, les plus splendides;

quelques-unes affectent des formes d'animaux ou de végétaux.

— La grotte de Kelaça, dans l'Inde, a près de cent-cinquante mètres, elle est ornée à l'entrée de statues colossales d'éléphants; en pénétrant plus avant, on trouve des statues d'hommes et d'idoles, celles-ci ayant jusqu'à huit mètres de hauteur.

GROSSESSE. — La femme enceinte doit être traitée avec bienveillance et sollicitude par tout ce qui l'entoure. Car sa susceptibilité est poussée à l'extrême; pour elle toutes les impressions sont fortes, toutes les passions exaltées, toutes les antipathies surexcitées; le jugement est moins sûr, la volonté plus mobile, le caprice plus fréquent et plus inconsidéré, c'est-à-dire qu'il faut tout pardonner et toujours calmer et rassurer !

— Une femme enceinte doit être un objet *sacré* pour son époux, ses parents, ses voisins, pour tout le monde enfin : faible elle-même, elle porte et nourrit l'être le plus fragile et le plus faible ! La protection de tous lui est due !

— Dans l'antiquité on entourait la femme enceinte de protection et de respect. A Athènes, Carthage, etc., sa maison était un lieu d'asile et de refuge ; à Sparte une femme morte en état de grossesse recevait les honneurs accordés à un soldat frappé sur le champ de bataille.

— La femme enceinte est presque une ennemie à craindre et à éviter, autant qu'à protéger, car ses passions, ses goûts, ses instincts sont bouleversés.

— La grossesse produit des signes presque toujours semblables : le goût est perverti, altéré, dépravé, au point de faire rechercher et désirer les aliments les plus mauvais, verts, âcres ou acides surtout, parfois le vin et les liqueurs, parfois des substances anti-comestibles, comme la terre, la craie, le charbon !

— La femme enceinte se doit tout entière à l'enfant qu'elle porte dans son sein, les soins qu'elle lui donne commencent avec la grossesse, on pourrait même dire qu'avec la grossesse doit commencer l'éducation, car si les mauvaises passions de la femme enceinte se transmettent à l'enfant, il faut admettre que les vertus devraient se transmettre de même et qu'elle doit dès lors se surveiller pour n'accepter que de bons instincts et repousser les mauvais, c'est dire qu'elle doit se surveiller continûment.

— Toutes les femmes ont le désir de donner le jour à des enfants sains et vigoureux, mais toutes sont fatiguées et imprévoyantes, et prennent peu de souci des moyens.

— La nature prévoit tout et prépare tout : la femme abattue par la gestation reprend force et vigueur aux approches de l'accouchement ; elle est ainsi armée de force pour la lutte, de courage contre la souffrance, d'espérance pour l'avenir : le bonheur d'être mère l'anime et la soutient.

GUERRE. — Les nations se ruinent, s'égarent et se perdent quand elles écoutent leur ambition première, qu'elles prennent la conquête pour but et la guerre comme moyen ; le jeu est trop inconstant, et on reperd un jour ce qu'un jour a gagné. Il ne reste que désastres réels, énormes sacrifices d'hommes, d'argent et de valeurs détruites !

— La guerre, la conquête, legs infernal de l'antiquité égoïste, du moyen âge barbare ; la guerre est le caprice et la satisfaction des puissants et de leurs dangereuses passions, en même temps que le martyre de l'humanité ; la guerre c'est la force brutale substituée à la justice et au droit, c'est l'anéantissement de la liberté humaine, c'est le renversement de la logique et le couronnement du despotisme élevé sur le massacre des peuples.

— La guerre n'est jamais l'œuvre d'un peuple, *il la subit, mais ne l'accepte pas.*

— L'homme, si intelligent pour éloigner tous les dangers naturels aux sociétés naissantes, s'ingénie à leur substituer dans la guerre des dangers bien autrement terribles : de ses rivaux il fait ses ennemis, au lieu de rechercher la paix, il provoque la guerre, arme à deux tranchants pour ceux qui la manient ; le premier pas, le premier mot de la civilisation devrait donc être *la suppression absolue de la guerre.*

— La guerre est un duel si atrocement

odieux, qu'en bonne justice on devrait la maintenir comme le duel lui-même dans les conditions les plus rigoureuses d'une égalité loyale, la moins dangereuse que possible, mais voilà que tout au contraire, chaque nation, gagnée par le mauvais exemple et la déloyauté, s'ingénie à inventer les moyens de destruction les plus actifs et les plus effrayants, ce qui fait du duel de la guerre, non un combat à armes courtoises, mais une boucherie à armes déloyales parce qu'elles sont inégales : comme le ferait dans un duel ordinaire un homme armé d'un sabre offrant le combat à un homme armé d'un petit poignard ! l'honneur militaire, l'honneur vrai se révolte devant de pareilles surprises.

— Dans ses grandes guerres la France a péri par sa gloire même et cette poussière glorieuse, soulevée par elle et payée du sang de ses enfants, est retombée sur la terre et ne se retrouvera plus que dans l'histoire effrayante des quatre-vingts dernières années du xixe siècle.

— La vraie puissance d'un état n'est pas dans ses armées permanentes, danger incessant de dépenses énormes ; la vraie puissance est dans la richesse de la nation, car richesse implique force, et aujourd'hui, le plus riche est le plus fort ; le nerf de la guerre est bien réellement l'argent, l'Angleterre le prouve depuis des siècles, la monstrueuse rançon prussienne, payée si facilement par la France, le prouve encore plus !

— La guerre paraît être dans les instincts de tout ce qui existe. Dans tous les règnes de la nature le plus fort écrase et absorbe le plus faible ; dans tous les degrés de l'échelle des animaux les plus forts mangent les plus petits ; il y a des quadrupèdes, des oiseaux, des poissons, des reptiles, des insectes de proie, et, au-dessus de tout cela, l'homme tuant pour se nourrir, se vêtir, se parer, s'instruire, s'amuser, tuant même pour tuer, et sans profit, des hirondelles immangeables ! de même dans le règne végétal, la plante la plus forte tue la plus faible sa voisine.

— La guerre ne doit être que le moyen ultime des nations fortes et des gouvernements raisonnables, elle est presque toujours la conséquence inévitable du mouvement destructif des révolutions.

— Le succès, même à la guerre, où la force brutale paraît exclusivement avoir chance de réussite, est toujours acquis à l'intelligence se traduisant en science stratégique, en habileté dans les mouvements de troupes, en utilisation de tous les accidents de terrains, de tous les obstacles, montagnes, rivières, marécages ou forêts, et en surprises, feintes, attaques ou retraites.

— Un bon principe de guerre, c'est de ne jamais placer son ennemi dans l'absolue nécessité de vaincre ou de mourir, autrement on a devant soi autant de héros que d'ennemis, et les massacres s'égalisent sans pouvoir s'appeler victoires !

— Les histoires les plus captivantes, sont celles des grandes guerres, dès lors des plus terribles calamités : le général qui a été entraîné à la victoire entraîne à son tour le lecteur, le prestige de la gloire fait oublier tous les désastres.

— La guerre a toujours été la plaie de l'humanité, plaie bien plus désastreuse que la peste, et cependant, chose étrange et qui serait difficile à croire si la vérité n'était pas là pour le prouver, elle a constitué les plus grandes illustrations historiques. Ces hommes qui ont ensanglanté et ravagé le monde sont les héros et les demi-dieux de ce monde léger et inconséquent, tandis que réellement ils en sont les bourreaux ! Nous sommes donc encore comme les enfants, dupes du prestige des idées anciennes, plaçant la gloire où elle n'est pas, honorant ce qui devrait être maudit et puni comme le plus grand des crimes.

— *Les guerres civiles* sont les plus effrayantes de toutes les guerres : ainsi en 1737 à Genève, les Barillot père et fils sortaient armés *de la même maison*, l'un pour monter à l'hôtel de ville, l'autre pour se rendre à son quartier, *sûrs* de se rencontrer dans la mêlée deux heures après, pour s'entre égorger. Il y avait quinze mille combattants au moins, dans la même position !

— Les guerres civiles ont cela de particulier qu'elles se nourrissent pendant de longs siècles dans de sourdes haines et des tiraillements futiles dans leur forme, mais sérieux dans leurs racines et leurs développements: la haine de toutes les heures est donc déjà un trouble énorme dans la vie qu'elle empoisonne, puis l'appréhension d'une lutte à mort qui peut commencer tous les jours, est une menace terrible qui doit enlever le sommeil à toutes les mères de famille!

— C'est dans les guerres civiles, où devraient cependant se rencontrer plus de tolérance et de bienveillance, qu'éclatent toujours les plus grandes haines et les vengeances les plus atroces: ce qui devrait unir désunit, ce qui devrait désarmer, arme et assassine avec plus de fureur, d'emportement, de cruauté! Dans les guerres de Vendée les républicains, ou bleus, n'avaient-ils par reçu l'ordre implacable de ne faire ni quartier ni prisonniers!

— Wihtlocke décrivait ainsi la guerre civile: « nous brûlerons nos propres maisons, nous dévasterons nos propres champs, nous ouvrirons nos propres veines, nous mangerons nos cœurs et nos entrailles, nous périrons tous ainsi et par nos mains! »

— Après les guerres civiles (Horrida bella) lorsqu'il faut enterrer ses gloires et compter le prix que coûte le triomphe, le réveil est terrible ; en 1830, à Paris devant ces convois gigantesques toutes les têtes s'inclinaient au cri de « vive la Charte! Chapeau bas! »

— La guerre de partisans est la plus coûteuse et la plus terrible : on se bat partout, tous les jours et la nuit et le jour ; la haie fusille, l'arbre tire, le ravin, le fossé pétillent, la mort est partout; tout est ennemis pour l'armée, elle s'égraine en marchant quand même, avec l'embarras des blessés et des traînards qu'il faut cependant abandonner à une mort longtemps torturée!

— Dans les guerres de la Vendée les agents chargés de soulever le pays disaient aux paysans: allez rejoindre les Chouans, autrement vos bœufs sont condamnés et sans ces auxiliaires de votre travail que deviendrez-vous?

— La guerre de Vendée fut provoquée par l'ordre de fermer les églises et la levée de trois cent mille hommes. La Vendée était religieuse bien plus que royaliste,

elle n'avait jamais subi la conscription et se leva comme un seul homme pour défendre ses enfants et sa foi ; la noblesse seule se levait *pour le roi et pour elle-même*, elle se mit à la tête de la résistance et lui donna le cachet d'une guerre à la fois religieuse et légitimiste!

— Les guerres de religion sont les guerres les plus irréligieuses, les plus cruelles, les plus exécrables du monde, heureusement elles ne sont plus de notre siècle.

GUILLAUME. — le Bâtard et le Conquérant, est une des plus grandes figures de notre histoire : non content d'avoir agrandi ses domaines français, il osa tenter et put glorieusement accomplir la conquête de l'Angleterre, puis rêver la conquête de la France et revenir en Normandie pour s'y préparer ! Il était déjà à moitié chemin de Paris lorsqu'il mourut à Rouen des suites d'une chute de cheval faite à Mantes. N'en tirerons-nous pas la conséquence que l'Angleterre doit toute sa puissance actuelle à Guillaume le Conquérant, français de race, de génie et de courage. Ce n'est donc que du jour de l'accession en Angleterre de ces forces françaises et de la conquête, que l'Angleterre est entrée si puissamment dans la voie industrielle qui en a fait une des plus grandes nations du monde et la rivale de la France !

GUILLAUME-TELL. — De nos jours on met tout en question, la Suisse, chez elle n'a-t-elle pas paru douter de l'existence historique de Guillaume-Tell, expliquée par une légende scandinave ancienne.

GUILLOTINE. — Ce fut le secrétaire de l'Académie de chirurgie, le docteur Louis, aidé du mécanicien Schmidt, qui fut chargé de faire un rapport sur la guillotine. Guillotin, médecin, né à Saintes, député de Paris à la Constituante, s'était contenté de proposer l'égalité des peines, et pour celle de la mort la formule la plus rapide, causant dès lors le moins de souffrances, c'était une pensée humanitaire, puisqu'elle supprimait toutes les tortures. L'instrument n'était pas nouveau, car il était déjà connu en Allemagne, en Italie, même en Angleterre, sous le nom de gibet d'Halifax, où une hache chargée de plomb abattait la tête. Guillotin fut arrêté pendant la Terreur, mais il ne fut pas exécuté comme on le croit ; le 9 thermidor le sauva et il mourut en 1814, âgé de 76 ans ; sa douleur et son plus cuisant regret étaient d'avoir donné son nom à la guillotine.

— La guillotine de Paris était remisée rue Folie-Renault, 42; le cimetière des suppliciés est au Mont-Parnasse, dans le champ des hospices ; rien n'indique le champ du repos et on y refuse tout renseignement.

Guise (les). — Réné, duc de Lorraine, descendant de Charlemagne, fut le chef de cette grande famille des Guise qui semblaient fatalement ennemis des rois de France dont ils enviaient incessamment le trône et qui l'eussent peut être occupé s'il ne se fut toujours trouvé là un assassin pour punir l'usurpateur !

Dans leur courte apparition à la cour de France ils furent toujours les plus puissants et les plus audacieux seigneurs féodaux et les chefs éminents du parti catholique ; ils furent *trois fois* au moment d'arracher le trône à la dynastie des Valois! Ils étaient alliés à toutes les familles régnantes; Marie Stuart était leur nièce. L'un d'eux était lieutenant-général du royaume de France lorsqu'il fut assassiné par Poltrot, au siége d'Orléans ; la saint Barthélemy ne fut que la revanche des catholiques; rois de la ligue les Guise avaient déjà la main sur la couronne et allaient s'en emparer lorsque le Balafré fut assassiné dans le château de Blois ; son fils, échappé aux assassins et aux prisons de Tours, entra en triomphateur à Paris où on voulut le proclamer roi en lui donnant l'infante pour épouse, ce que le duc de Mayenne, son oncle, refusa pour lui et ce qui permit à Henri de Bourbon, roi de Navarre, de devenir roi de France au moyen d'une messe, pendant que le dernier duc de Guise mourait jeune encore et exilé après avoir témoigné de la bravoure de sa race dans la révolte de Mazaniello à Naples et dans une *seconde* tentative de la conquête de Naples! car les Guise avaient l'instinct, le goût, la passion de l'ambition et de la guerre surtout, et on les trouve partout le poignard à la ceinture, le sabre et le pistolet au poing, là où il faut défier la mort au cri de : Dieu et mon droit!

Gymnastique. — La Suisse, l'Angleterre, l'Allemagne ont compris l'importance de la gymnastique au point de vue de la santé, de l'agilité, de la force, de l'adresse ; avec ces qualités on évite bien des maladies et on échappe à bien des dangers, la force et l'adresse inspirent et fortifient le courage ; elles produisent des générations saines, robustes, morales, écartent les mauvaises idées ou leur résistent. Les Perses, les Hébreux, les Grecs, les Romains avaient leurs luttes, leurs jeux publics et gymnastiques, leurs courses…. L'art de nager et de plonger, faisait aussi chez eux une partie nécessaire et même indispensable de l'éducation virile.

— La santé des enfants a besoin de mouvement, d'activité, d'exercice corporel, la nature y a pourvu en leur donnant le goût de l'activité en tout et des plaisirs bruyants ; ils passeraient leur vie à courir, à grimper sur les arbres, à se lancer sur des balançoires, à jouer sur la glace ou sur l'eau, plus tard à chasser et monter à cheval, à faire des armes. Tous ces exercices, gymnastiques bien dirigés et réglés augmentent la vigueur en assurant la santé.

— Une chose à remarquer c'est que rien ne donne une taille aussi droite, une allure aussi leste et aussi dégagée que l'habitude de porter des fardeaux sur la tête ; le corps en effet doit avoir la rectitude et la force d'un bois debout et lorsque le fardeau manque il prend naturellement une légèreté et une prestesse extraordinaires, cette formule devrait entrer dans les exercices de la gymnastique.

H

HABILETÉ. — Que de gens passent pour habiles qui ne sont qu'heureux, car on n'est si habile que lorsqu'on réussit et, tel qui possède à fond la connaissance des hommes et des choses et sait l'utiliser a cependant passé pour un imbécile parce qu'une circonstance imprévoyable et imprévue ou des événements inattendus sont venus déjouer ses calculs !

— Le procédé le plus habile ou le plus sûr pour conduire les gens, c'est de leur faire croire qu'on est conduit par eux; ils recueillent ainsi l'honneur de commander alors qu'ils n'ont eu que la peine d'obéir !

— L'habileté est à la ruse ce que la dextérité est à la filouterie, la pente est toujours du côté du mal, tandis qu'elle devrait rester du côté du bien !

— L'homme sent qu'il a la grandeur des sentiments: sa vie lui apprend qu'il est habile.

HABIT. — Le proverbe « l'habit ne fait pas le moine » prouve la démoralisation des ordres religieux et signifie que beaucoup de ceux qui portaient le costume des moines n'en avaient ni les vertus ni les mœurs, ni les croyances et avaient même tous les défauts contraires !

— En province l'habit ne fait jamais illusion : chacun se vêtit comme le commande sa position; dans les grandes capitales surtout, où personne ne se connaît, le vêtement surfait presque toujours l'homme, la vanité se masque d'un costume qui l'élève au-dessus de son niveau social.

— L'habit noir est la conséquence du principe d'égalité posé par la grande révolution française : c'est le radicalisme égalitaire dans toute sa pureté. Autrefois l'habit indiquait non-seulement la position, mais la condition et la profession; aujourd'hui l'habit reste toujours le masque de la vanité.

— J'aime les vieux habits, les vieux chapeaux, surtout les vieux souliers, ils ne blessent ni ne gênent, ils ont pris toutes les formes du corps, accepté tous les angles des os; leur bienveillance a fait pli en dedans ou bosse en dehors.

HABITATIONS. — Tanières, baraques, chaumières, chalets, maisons, résidences, châteaux, hôtels, palais, telle est l'échelle ascendante des habitations humaines.

— A première vue, une ville annonce sa prospérité ou sa misère. Le culte de l'homme pour sa demeure est le premier indice de son bonheur domestique, on n'embellit que ce qu'on aime.

— Rien ne peut remplacer une habitation meublée de souvenirs intimes, heureux ou douloureux, car la douleur est une chaîne plus puissante encore que le bonheur et le plaisir ; chaque meuble a une signification, chaque portrait est une attache, chaque chambre a pour la vieillesse, mille souvenirs d'enfance, de jeunesse etc.

HABITUDES. — La périodicité est dans la nature humaine, un besoin satisfait se représente le lendemain, puis toujours avec une exigence effrayante: ainsi l'habitude fait d'un caprice un besoin, d'un besoin léger un besoin impérieux ; l'esclave est devenu le maître.

— Le penchant est un instinct de l'âme, tandis que l'habitude est une pente creusée de plus en plus par la répétition du même fait, changé en un besoin qui constitue l'habitude impérieuse et tenace.

— C'est lentement, doucement et à tâtons qu'il faut attaquer les habitudes, filles de la paresse, du repos, de la somnolence, des boutades; elles ont l'horreur instinctive du mouvement, encore plus de l'empressement, de la célérité, de la course, des décisions subites : toutes choses qui sont des secousses et des fatigues dans une vie bien harmonisée.

— Quelle n'est pas la force de l'habitude! elle dégénère souvent en manie: on cite un astronome qui ne voulait ou ne pouvait voir que par son télescope, même les choses à portée de sa vue.

— L'habitude, ce doux laisser-aller de la vie, et qui en fait le bonheur, ressemble au ruisseau qui murmure doucement, rafraîchit et fertilise en arrosant.

— Le milieu dans lequel nous vivons reflète forcément et nos habitudes et nos instincts; notre âme y laisse son empreinte comme notre corps laisse la sienne dans le lit que nous quittons.

— L'exemple ne peut rien contre l'habitude, car l'habitude ne voit rien et n'entend rien, elle suit sa pente et ne se réveille qu'à l'éclat de l'erreur ou de la sottise par elle commise.

— Les vertus sociales se composent de bonnes habitudes, solidement incrustées dans les mœurs et prêchées hautement par l'exemple!

— On s'attache à tout ce qui nous vient des habitudes, à des vêtements surtout, à des meubles usuels, chaque objet apporte des souvenirs auxquels le cœur s'associe.

— En tout il faut être modéré, car l'habitude la plus irréprochable, le penchant le plus naturel deviennent dangereux lorsqu'ils sont exagérés par la passion.

— Il est impossible de prévoir la force de l'habitude et de s'en rendre compte : l'habitude, en effet, remplace tout, efface tous les inconvénients et les contrariétés, crée le bonheur, le repos, et donne à la vie cette marche douce qui fait la tranquillité et la quiétude plus douce encore, car on s'y endort avec délices.

— L'habitude peut changer et réformer la nature, mais la nature, confirmée par l'habitude, est irréformable.

— Les habitudes sont des créanciers si impérieux qu'il est impossible de les arrêter ou de leur imposer un délai, pas même une très-courte suspension, un retard.

— Les chaînes de l'amour, les liens de l'amitié, les soudures de l'intimité, ne sont pas comparables à l'impérieuse puissance des habitudes anciennes.

— C'est par des habitudes qu'on bride les passions, cavales ardentes et écumantes de la vie, dangers incessants et toujours formidables.

— Avoir l'habitude du monde, c'est sembler ce qu'on veut être, c'est réussir dans le rôle qu'on s'impose, c'est être naturel et gracieux en tout.

— L'habitude c'est l'escalier à pentes douces, c'est le repos après le travail, le sommeil et le reveil à heures fixes, c'est l'emploi utile de toutes les forces, de toutes les heures, de tous les instants, c'est la santé du corps et de l'esprit, c'est la régularité de la vie, sa marche réglée et sans secousses, sans surprises, sans périls; tout est prévu, coordonné, classé, jalonné, étiqueté, numéroté.

— C'est la somme la plus forte des bonnes habitudes physiques qui fait la douceur de la vie, la force et la santé ; c'est la somme des bonnes habitudes morales qui fait le caractère, le bonheur et l'honorabilité.

— Ce n'est pas en exagérant la sévérité de ses habitudes qu'on parviendra à les maintenir, tout au contraire c'est en rendant les habitudes possibles et faciles qu'on assure leur pratique ; il faut qu'elles puissent s'adapter à toute espèce de genre de vie et ne se trouver contrariées par aucune, en un mot, il faut qu'elles ne puissent jamais devenir un embarras ou un obstacle.

— En toutes choses l'habitude donne la facilité, l'aisance, la grâce, c'est par elle que le corps et les organes sont assouplis à certains mouvements ; c'est l'habitude qui fait disparaître cette espèce de résistance qu'ils opposent d'abord aux caprices de la volonté et qui se manifeste par la raideur et la gaucherie. C'est l'habitude qui rend pratiquables les choses les plus difficiles, qui fait accepter les choses d'abord les plus répugnantes et rend tolérables les positions qui ne l'étaient pas, aussi trouvons-nous très-justes ces mots d'un disciple d'Epicure : « C'est sur le duvet de mes habitudes que je passe si doucement ma vie que je ne sens même pas la peine de me laisser vivre. »

— On ne saurait croire quelles sont les douceurs de l'habitude, et comme elle aide à vivre : l'habitude fait la vie comme les saisons font l'année, comme le soleil fait e jour et la nuit sans qu'on ait besoin d'y penser, de désirer et de vouloir ; l'habitude supprime tout obstacle, elle vient à son heure comme un hôte attendu, sans qu'on la sollicite ou qu'on l'appelle.

— Les mauvaises habitudes sont comme les mauvais vents, on ne peut les vaincre qu'en louvoyant.

— Il importe qu'une bonne habitude se prenne de bonne heure, d'abord pour prévenir les mauvaises, puis parce que dans le jeune âge tout est facile, que l'habitude entre dans le caractère et la nature même de l'individu, en fait un tout homogène et harmonieux et ne paraît pas être une addition, un perfectionnement mais une qualité naturelle et toute personnelle.

— Ce qu'on appelle les principes dans un homme, ce qui fait la boussole de la vie humaine, a presque toujours ses raisons d'être dans les habitudes, les instincts ou les enseignements de l'enfance : l'homme se ressouvient toujours, et il faut que ce souvenir le reporte vers des idées vertueuses, et comme les souvenirs de l'enfance sont les plus vivaces, les seuls impérissables et éternels dans l'homme, c'est cette semence des vertus viriles qu'il faut jeter dans le cœur des enfants, ce sera leur viatique, leur protection et leur plus sûr moyen de réussite et de succès en tout !

Habitude du berceau dure jusqu'au tombeau.
(*Proverbe allemand.*)

— Ce sont les premiers penchants, les premières idées de l'enfant qui préparent sa vie et conservent sur elle les plus grandes influences, le plus grand empire; c'est donc ce qu'il faut surveiller et diriger avant tout, pour ne pas exposer les enfants à faire fausse voie.

— L'habitude de se lever tôt donne non seulement plus de temps pour les occupations sérieuses, mais imprime encore à la vie une plus grande activité et, ce qui est plus important, à la constitution et à la santé une plus grande force.

— Tous les hommes que des habitudes studieuses ont tenus longtemps enfermés, éprouvent sous le ciel et le soleil une impression de bien-être et de bonheur impossible à décrire; tout chez eux s'épanouit à la fois, et les sens et le cœur, et l'esprit ; ils s'enivrent de tout, se passionnent pour tout, vivent dès lors de toutes les forces de leur être.

— Je ne sais qui a plus d'empire sur l'homme, ou de la passion, toujours si emportée et si absorbante, ou de l'habitude toujours si tranquille et reposée ? Cependant il me semble que l'habitude, essentiellement calme et patiente, a plus d'empire et de durée, la passion a la force que donne l'exaltation, mais elle est bientôt suivie de la faiblesse toujours produite par la fièvre !

— L'habitude est la sauvegarde de toutes les vertus; en maintenant la vie dans un cadre uniforme, elle fait mieux que de préserver du danger, elle l'écarte et l'éloigne à toujours.

— L'habitude fait disparaître la crainte du danger : le montagnard, *incessamment* placé sous la menace de l'écrasement des avalanches, relève sa maison disparue et ne pense pas plus à la catastrophe passée qu'à celle qui peut l'atteindre encore. Le Hollandais, avec son habitation posée dans une situation tout à fait contraire, à dix et quinze mètres au-dessous du niveau de la mer contre laquelle il n'est protégé que par des œuvres d'art, vit insouciant et tranquille. Sa fortune est faite, il peut changer de place, aller vieillir dans un pays moins humide, plus agréable, plus tempéré, non exposé à de si grands et de si fréquents désastres, et, cependant, *il reste là où il est, où il est né*, où il a vécu et où il veut mourir! N'est-ce pas là la meilleure démonstration de la puissance des habitudes et de l'amour du sol natal.

— Les mauvaises habitudes étant effrayamment envahissantes sur notre nature, la boue de la rue envahit bientôt le salon; c'est donc l'éducation du peuple qu'il faudrait surveiller, et, dans l'intérêt du peuple et dans celui de la bourgeoisie et même des classes supérieures.

HAINE. — La haine à deux résultats et deux tranchants, elle fait autant de mal à celui qui la ressent qu'à celui qui en est l'objet, elle porte ainsi sa punition avec elle, ce qui prouve sa mauvaise nature!

Il est si doux d'aimer, haïr est si pénible.
Qu'un seul moment de haine empoisonne nos [jours.]

— La haine est un instinct ou un sentiment répulsif, vif et violent contre une personne ou une chose ; elle a trop souvent pour mobile les plus mauvaises causes: la vanité, l'envie, la jalousie, l'amour-propre ; les femmes coquettes s'entre haïssent parce qu'elles se disputent la souveraineté de l'élégance ou de la mode, l'admiration et l'amour!

— La haine est toujours un mauvais sentiment, presque exclusivement réservé à l'espèce humaine: les animaux paraissent connaître la rancune même la défiance, c'est-à-dire une haine de courte durée ; la haine serait donc un poison déposé dans le sein de l'homme seul! Déplorable privilége pour nous et qui doit nous prémunir contre lui.

— La haine est une irritation, une colère morale, continue et persistante, c'est un sentiment de répulsion souvent sans cause sérieuse contre la personne détestée.

— Des deux sentiments extrêmes, la haine et l'amitié, le premier s'inspire et se fortifie si rapidement qu'il est un véritable danger, car il devient la source d'une foule d'autres sentiments; le second au contraire, naît et grandit si lentement qu'il semble que ce soient deux plantes d'une vitalité tout à fait inégale. Il faut que le cœur humain soit pétri des plus mauvais éléments pour produire et pour développer aussi rapidement le sentiment de la haine, pour éveiller et développer aussi lentement le sentiment de l'amitié, le plus calme, le plus doux, et le plus bienfaisant de tous!

— Moins la haine est injuste, plus elle est à craindre, parce qu'alors la raison irritée conduit les mouvements de l'âme et se charge de justifier ses excès.

— L'esprit hautain et aristocratique est ainsi fait que plus il vous outrage injustement plus il s'habitue et se croit autorisé à le faire, plus il vous déteste et vous poursuit de sa tyrannie et de ses persécutions; vous devenez bientôt pour lui une bête fauve et dangereuse qu'il voudrait, à *tout prix*, voir disparaître de son chemin et de sa vue : soyez donc et restez sur vos gardes.

— Dans un pays généreux comme la France, le sang éteint la haine et la transforme en commisération : c'est ce qui explique la manie contradictoire et insensée du duel. Il faut des causes extraordinaires et empoisonnées déjà pour qu'un duel, loyalement mais fatalement amené, ne devienne pas la racine d'une amitié sérieuse.

— La haine est bien près d'envahir l'âme de celui qui éprouve plus de crainte ou d'envie que d'affection.

Une vieille haine est déjà une connaissance et peut devenir une intimité pour peu que les circonstances aident à un rapprochement naturel et cordial ; car la haine est toujours une souffrance et un danger si continu et si passionné pour les deux ennemis qu'ils doivent se rencontrer dans le désir de la paix et de la conciliation.

— La haine des autres inspire le même sentiment et rend haineux et méchant, car tout ce qui est mal est contagieux, d'autant plus contagieux que le mal est plus grand!

HALE. — Le hâle est l'effet de l'action de la lumière solaire sur les peaux les plus blanches, non l'action de l'air et du vent comme ont le croit fort à tort : les dames me sauront gré de cette observation et seront en défiance contre le soleil, non contre l'air et le vent.

HALEINE. — Air aspiré, rendu transformé par la perte de son oxygène et chargé en échange d'acide carbonique, qui le rend dangereux et impropre à une nouvelle aspiration ; c'est par l'oxygène dont s'emparent les poumons pour le transmettre au sang au moyen de la combustion ou absorption que le sang est coloré en rouge.

HAMILTON (Antoine comte d') — est un de nos écrivains les plus français : né en Irlande d'une illustre famille écossaise, fidèle à la cause de l'infortuné Charles

1ᵉʳ, il émigra en France avec ses parents à la suite du prince de Galles et du duc d'York. Lorsque le premier, sous le nom de Charles II, remonta sur le trône d'Angleterre, il le suivit à Londres accompagné de son ami le chevalier, depuis comte de Grammont, ce fut alors que celui-ci connut la sœur du comte Hamilton, une des plus belles et des plus aimables dames de son temps, en devint amoureux, lui fit une cour assidue et promit de l'épouser, mais il partit sans tenir sa promesse ; Hamilton indigné le suit, l'atteint, et lui demande froidement s'il n'a rien oublié à Londres ? Oui, répondit de Grammont j'ai oublié d'épouser votre sœur, et sans autre explication il retourna sur ses pas, se maria et emmena sa femme en France. Le comte Hamilton fit de fréquents voyages à Paris pour revoir sa sœur qu'il aimait tendrement, il acheva de s'y fixer lorsque Jacques II, après la révolution de 1688, y vint chercher un asile. Hamilton mourut à St-Germain-en-Laye en 1720, à l'âge de soixante-quatorze ans ; il dut sa réputation à ses mémoires du duc de Grammont, mais il fit en outre des contes en vers et en prose qui se recommandent par le style, l'imagination, la plaisanterie légère, enjouée et toujours de bon goût.

HARDIESSE. — L'homme sage, l'étourdi, le brave militaire, l'audacieux fripon peuvent avoir de la hardiesse, mais suivant le caractère de chacune de ces individualités, elle a ses nuances, ses défauts ou ses mérites et produit des résultats tout à fait dissemblables.

— La hardiesse inspire cette confiance qui cache les faiblesses ou les incapacités ; l'homme hardi est impérieux et cassant sans être clairvoyant, et peut se perdre sans s'en douter ; il en a fait bien vite l'expérience.

— La hardiesse vient presque toujours de la bonne opinion qu'on a de soi-même et de la mauvaise qu'on a des autres, c'est donc un sentiment déjà vicié !

— La hardiesse n'est souvent que de l'ignorance, telle est celle des enfants, des extravagants ou des fous.

HARENGS, MORUES, etc. — Certains poissons sont étonnamment prolifiques : le hareng, eu égard à sa petitesse, est peut-être le plus prolifique de tous, témoin ces bancs de harengs qui ont plusieurs kilomètres de long et presque autant de largeur. On a des renseignements plus précis sur la morue, ainsi : une morue pesant cinq kilogrammes avant le frai, en pèse jusqu'à vingt-cinq en gestation, cet excédant de vingt kilos forme le total du poids *de dix-sept millions d'œufs*. La perche, poisson d'eau douce, *dans la proportion de sa grosseur*, passe pour être encore plus prolifique que la morue : une perche de un kilo peut avoir dans son frai un million et demi d'œufs.

HARMONIE. — Tout est harmonie dans la nature et l'harmonie se compose souvent de compensations ; ainsi, d'après J.-J. Rousseau : « jamais homme sans vices n'eut de grandes qualités ! » J.-J., vous le voyez, n'était pas modeste, car dans ses confessions il énumère bien des vices.

— Il n'y a d'harmonie dans le monde que parce que chaque âge a ses goûts, ses jouissances et dès lors sa place à part et ses habitudes : nous l'avons déjà dit, les contraires s'harmonisent mieux que les similaires.

— Il en est du paysage comme de la figure, c'est l'harmonie qui en fait la principale beauté : ainsi le paysage le plus désolé, le plus triste, le plus monotone se trouve avoir souvent ses propres beautés dans une ou deux saisons de l'année : la lune, le soleil, la neige, le brouillard, l'orage, le tonnerre et les éclairs, les nuages sous le vent et les bourrasques, les lever et coucher du soleil et de la lune... Les variétés sont aussi multiples que la mobilité des éléments est infinie !

— On peut admirer dans Virgile, qui n'en abuse pas, certains passages d'harmonie imitative à laquelle se prête le latin plus sonore que le français, parce qu'il n'a pas d'*e* muets et que le français en a trop ; mais cela ne peut réussir pas plus en français qu'en musique où l'harmonie imitative est fatigante et incorrecte.

HASARD. — Quand on est à bout de science, de ressources et de délibérations, le hasard est la dernière formule à accepter, car on n'a plus à choisir, mais le hasard est si dangereux qu'il faut bien plus le craindre que le rechercher.

— Dans tous les événements de notre vie il faut se décider à courir les chances du hasard sous peine de se condamner étourdiment et à l'avance au repos absolu le plus complet.

— Que de gens abandonnent une existence sûre et modeste pour se jeter dans des entreprises où le hasard seul est directeur et caissier, livrant ainsi imprudemment leur avenir, leur honneur, leur fortune, leur vie entière, aux risques des plus grands malheurs : leur imprudente hardiesse leur permet d'espérer une bonne chance sur quatre-vingt-dix-neuf désastreuses ! La prudence et la sagesse donnant à peine une chance sur trois !

— C'est la naissance, c'est-à-dire le hasard, qui fait le monde tel qu'il est : un prince paraît fait souvent à la mesure d'un danseur ou d'un palefrenier, quelquefois d'un idiot, on lui apprend son rôle et il le joue comme il peut, le hasard fait le reste ; ainsi de presque toutes les grandeurs et célébrités, une entre mille tombe au vrai mérite et alors la nation profite de ce beau hasard qui redevient au plus vite aveugle pour des siècles !

HATCHISH. — L'habitude funeste du hatchish fait, en Algérie, les mêmes ravages que l'opium en Chine, c'est un poison lent qui détruit et ruine la constitution ; on le prend de deux manières : on le fume et on le mange ; dans ce dernier cas, on le mêle à l'opium dans des confitures, il s'appelle alors *la fioun*, quand on l'incorpore au miel pour en faire une pastille il s'appelle *madjoun*. D'après M. de Luca le hatchish est tiré de la graine verte du chanvre de l'Inde, coupé un peu avant sa maturité ; l'effet se produit au bout d'une heure, c'est une ivresse douce, heureuse, gaie, à extases poétiques et hallucinées, cela dure trois heures ! Le hatchish échauffe et altère le cerveau en le préparant à l'exaltation et à la folie.

— La plante qui produit le hatchisch est moins haute que le chanvre ordinaire, dix-huit à vingt pouces, mais plus rameuse, elle croit spontanément en Asie, sa fleur est une capsule ayant *un seul grain*, mais bien plus gros que celui du chanvre commun.

— L'habitué du hatchisch se trouve honteux de retomber dans la vie réelle, comme ferait un riche ruiné et couvert de guenilles, comme un ange devenu homme, comme un maître devenu valet : c'est ainsi que, comme l'ivrogne avec les boissons alcooliques, il contracte le goût, le besoin, puis la passion du hatchisch qui doit l'idiotiser d'abord et *le tuer sûrement*, un peu plus tôt, un peu plus tard, mais en peu d'années !

— C'est par le hatchisch que le vieux de la montagne formait ses adeptes, ils croyaient en lui, car il les jetait dans des sommeils extatiques et les plongeait dans des rêveries délicieuses. Le nom de la chose doit venir de là, car hacha-chih veut dire chef des assassins.

HÉGIRE, — mot qui signifie fuite, c'est le nom de l'ère chronologique des Mahométans en mémoire de la fuite de leur prophète Mahomet qui, né à la Mecque, fut obligé de quitter cette ville pour échapper à la persécution de ses ennemis et de ses compatriotes qui le traitaient d'imposteur. Il se retira avec ses partisans dans la ville d'Iatrib, ancienne rivale commerciale de la Mecque, de là sans doute le proverbe : nul n'est prophète dans son pays. Iatrib, de ce jour, changea de nom et s'appela Médina-al-Nabi, ville du prophète, dont nous avons fait Médine. L'époque précise de l'hégire, dans le calendrier chrétien est un vendredi, 16 juillet, six cent vingt-et-un ans cent quatre-vingt-seize jours après Jésus-Christ. L'année musulmane est l'année *lunaire*, bien différente dès lors de la nôtre qui est l'année *solaire* : la durée de l'année lunaire est de trois cent cinquante-quatre jours huit heures quarante-huit minutes trente-huit secondes. Trente-trois années lunaires équivalant à trente-deux années solaires quatre jours dix-huit heures et quarante-huit minutes.

HEIDELBERG, — ancienne capitale du Bas-Palatinat, avait une université célèbre. Elle fut prise, en 1622, par Maximilien de Bavière, qui la saccagea et s'empara de sa magnifique et riche bibliothèque dont il fit don au pape. Les Français pillèrent aussi cette ville, en 1688 et 1693, et détruisirent après l'avoir vidée, la célèbre tonne à laquelle succéda, en 1729, celle qui existe aujourd'hui et qui contient, dit-on, huit cents muids.

— Heidelberg est situé sur le Necker ; au delà du pont et sur le quai se trouve, fort mal placée et comme reléguée, la vieille statue de saint Népomuc (abréviation de Népomucène). Elle se trouvait de temps immémorial sur la pile centrale du pont au milieu du fleuve, cette pile resta seule debout lors du grand débordement de 1783 ; le peuple crut à un miracle du saint et cependant au lieu de le laisser à une place si bien occupée, on le transporta, probablement pour le soustraire au danger d'un engloutissement, sous le débordement du fleuve, sur le quai, où il est encore aujourd'hui. On remarque, mieux placée, sur le pont même et à l'entrée de la ville, la statue en marbre blanc de Charles-Théodore, où l'inscription suivante se lit sur le soc :

Patron de la religion et de la justice, protecteur de l'agriculture et du commerce, 1750.
Ont érigé ce monument d'affection le sénat et la ville d'Heidelberg A ☉ O 1788.

HENRI II. — Ce ne fut pas un vain titre que prit Henri II, roi d'Angleterre, lorsqu'il s'intitula roi de France après qu'Aliénor d'Aquitaine, femme divorcée de Louis VII, roi de France, apporta en dot au monarque anglais l'Aquitaine et ses riches provinces du centre de la France. Il fallut trois cents ans de guerres acharnées pour que la France put les reprendre et les arracher aux Anglais !

HENRI VIII — d'Angleterre, est le type de la grande figure populaire de Barbe-Bleue : on ne connaît de ses femmes que celles qu'il pouvait montrer : Catherine d'Aragon, qu'il répudia ; Anne de Boleyn, qui mourut sur l'échafaud ; Jeanne Seymour, qui mourut en couches ; Anne de Clèves, qu'il renvoya au bout de six mois ; Catherine Howard, qu'il fit décapiter ; enfin Catherine Parr, la dernière et la seule qui échappa au sort des autres, car condamnée par le roi pour dissidences religieuses, mais avertie à temps, elle entra très-adroitement dans les idées religieuses de son terrible époux et détourna ainsi le danger qui la menaçait, la mort sur l'échafaud ou par les flammes !

Lorsque Henri VIII, n'aimant plus sa femme Catherine d'Aragon, déjà vieille, et ne pouvant obtenir du Pape une autorisation de divorce, se déclara pape lui-même pour épouser Anne de Boulen ou Boleyn, qu'il aimait éperdument, il obéissait moins à cette passion qu'il ne poursuivait un but politique, celui de grandir son pouvoir en substituant sa suprématie à celle du Pape et en s'emparant des immenses richesses de l'église catholique en Angleterre. Cet atroce tyran faisait brûler les protestants comme hérétiques et pendre les papistes comme traîtres et félons ; ses successeurs, contraints de se prononcer, prirent un juste milieu et constituèrent l'Église anglicane comme transaction entre le Catholicisme et le Protestantisme ; si bien qu'aujourd'hui encore, l'Angleterre hésite si elle ne rentrera pas dans le Catholicisme : ses croyances l'y entraînent, mais ses intérêts politiques et financiers le lui défendent, le choix n'est pas douteux !

— Quand Henri VIII mourut, il était temps que son règne finit, car il se fut terminé dans les plus grands excès et les plus grandes luttes : ce roi fut un des types les plus absolus et les plus démoralisés de la royauté !

HENRI IV de France. — Le vert galant, le joyeux convive, était soldat d'instinct et Voltairien de croyances quoi qu'il vécut deux cents ans avant Voltaire. C'est une de nos gloires les plus populaires : loyal, simple et chevaleresque par excellence, mais l'histoire n'eut pas dû laisser passer sans le flétrir son mot de « Paris vaut bien une messe ! » Ainsi à ses yeux l'hypocrisie était une formule politique et la foi religieuse *un jeu, une marchandise* qu'on pouvait estimer, marchander et acheter !

Hérédité monarchique. — Dans les monarchies, l'hérédité avait un inconvénient et un avantage : l'inconvénient, c'était de naître roi, d'être flatté et adulé dès la plus tendre enfance, de se croire roi par soi-même, non du droit des bons rois, non du droit des peuples, mais du droit divin ; de tenir enfin sa couronne de Dieu et de n'avoir à rendre compte de sa conduite qu'à Dieu même, ce qui n'était de fait alors qu'une couronne dans les mains d'un confesseur !

L'avantage, c'était pour être né roi, de se croire le père de son peuple et de tout sacrifier au bonheur de la nation, mais pour obtenir cet avantage il fallait une bonne nature et une excellente éducation.

— L'hérédité dans les dignités ne peut se sauver qu'au moyen de l'hérédité dans les talents et dans les mérites, et comme cela est absolument impossible, c'est dire que le principe est inconséquent et absurde et qu'il n'a jamais été accepté que par des gouvernements abaissés, avilis et tellement usés qu'ils doivent être immédiatement remplacés sous peine d'écroulements pouvant devenir des révolutions formidables !

Hérésie. — Au point de vue de la puissance et de l'autorité religieuse, l'hérésie est plus dangereuse que l'athéisme : l'athée est en dehors de la religion, c'est un ennemi avoué, et, comme l'hérétique croit en Dieu et au même Dieu, c'est un frère égaré, mais c'est un frère justifiant sa croyance en cherchant à la faire adopter.

Héritage. — Quoi de plus fragile que les espérances d'héritage ? La loi vous donne la fortune d'un parent et lorsqu'à sa mort vous vous présentez pour la recueillir vous trouvez un légataire déjà chaussé de ses souliers, enveloppé dans sa robe de chambre et assis au coin de son feu dans son fauteuil, en compagnie d'un notaire étranger, dépositaire du testament ! La stupéfaction, la déception sont-elles assez foudroyantes ?

— Avez-vous jamais réfléchi à la vraie signification du mot *espérances*, ajouté et chiffré comme supplément à la dot ? Ce mot espérances est synonyme d'héritage et signifie la mort de ces excellents parents qui marient leur fille avec tant de joie. Ainsi on espère la mort de ceux-là même qui nous donnent leur fille chérie et sa dot. Le futur époux ose lui-même parler de ses *espérances* ; c'est-à-dire de la mort de ses père et mère grand-pères et grand'mères et autres parents. N'est-ce pas aussi atrocement exprimé qu'odieusement pensé ?

Hermine. — Joli petit animal léger, fin, gracieux, à l'œil vif, plein d'agilité, originaire des contrées septentrionales, se trouve en Russie, en Norwège et en Laponie ; il appartient à la famille des Martes, sa fourrure est aussi rare que chère. Autrefois quand on voulait s'assurer des peaux d'hermine il fallait les retenir plusieurs années à l'avance. Pour avoir oublié cette précaution, le sacre de Louis XV fut retardé de deux ans, mais il s'en soucia peu !

Héroïsme. — Il y a tant de genres d'héroïsme et tant de variétés de ces genres, en même temps que tant d'aptitudes de toutes sortes dans l'homme, que chaque individu peut justement devenir une célébrité, une illustration, un héros, j'ajoute que cette croyance a cet avantage qu'elle peut nous entraîner et nous conduire à la perfection.

Héros. — Ce n'est pas l'arme, c'est l'âme qui fait le héros.

— Léna, l'héroïque maîtresse d'Aristogiton, fut mise à la question et, pour ne pas trahir le secret des conjurés contre les fils de Pisistrate, se coupa la langue avec les dents et la jeta aux pieds de ses bourreaux. L'antiquité avait l'étoffe et l'énergie des grandes vertus.

— On ne croit pas toujours à la réalité des héros de romans ou de comédies et combien de ces héros n'avons-nous pas coudoyés, vus vivants, la chair sur les os, la parole et l'idée dans la bouche, flamboyants comme les avait faits le poète ! La nature a souvent plus de puissance que les poètes d'imagination.

Heures. — Écoutez sonner les heures... Il semble qu'elles aient pour tous le même son et cependant aux uns elles annoncent le bonheur qui s'avance, aux autres le malheur, la détresse, la misère, la souffrance! Ainsi rien de plus égal que les heures d'après les horloges, rien de plus inégal d'après les sensations : une heure de souffrance dure plus que douze jours de plaisir !

— Les plus belles heures de la vie sont celles qu'on n'entend pas ! Tristes et douloureuses sont celles qu'on mesure dans une longue attente.

— Dans les causeries intimes du soir les heures tombant lentement de la pendule nous rappellent que tout passe, même le bonheur le plus innocent et le plus tranquille.

— La cloche qui indique l'heure est la la voix du temps qui ne peut que rappeler l'heure de la mort.

— La première heure en Italie commence *après le coucher du soleil* ; l'*Ave maria*, angélus des Italiens, sonne à la fin de la vingt-quatrième heure, au coucher du soleil : ainsi la journée varie continuellement ; elle finit à cinq heures en hiver à neuf heures et demi en été. L'heure fixe et invariable est bien préférable à cette incommode mobilité des heures.

Heur et Malheur. — Se relevant tour à tour, telle est la vie et le sort de l'homme, car la continuité du bonheur paraît être contre nature : l'année a ses jours chauds et froids, ses jours de fleurs et de frimats, la vie a sa jeunesse et sa vieillesse, la santé et la maladie ; l'homme doit donc se résigner à payer ses plaisirs par des peines, ses joies par des tortures, des douleurs, des catastrophes !

Hidalgo. — *Hijo del Godo* (fils du Goth) du conquérant, du Seigneur, par abréviation Hidalgo, jouissant de priviléges.

Hier — est souvent une déception, aujourd'hui un embarras, demain presque toujours une espérance.

Hiérarchie sociale. — Notre hiérarchie sociale, plus puissante et tyrannique qu'on ne paraît le croire, a des abîmes entre toutes les classes, si nombreuses, de la société.

— L'argent est le seul niveau social et presque légal aujourd'hui ! On pèse la bourse, on ne juge pas la personne. On prend une dot et non une femme, puisque la question de dot est la question principale et passe avant la question de personne, de moralité, de vertu et de mérite ! Ce qui est monstrueux et peint bien notre siècle avili.

— La hiérarchie des sciences n'est pas seulement un agencement logique, constitué par l'esprit pour en faciliter l'étude, c'est un agencement réel et presque matériel, commandé par les faits.

Hirondelles. — Il y a quatre espèces d'hirondelles : la plus grosse de beaucoup, le martinet, fait son nid dans les trous des vieux murs, ne pond que deux œufs, les trois autres espèces de quatre à six. Le martinet a le vol naturellement allongé, il décrit de grands cercles, il vole et chasse plus haut, a de petites pattes et de grandes ailes ; l'hirondelle des fenêtres vient ensuite, elle fait son nid à l'abri sous le couvert du haut des fenêtres, des corniches, des toits, elle a le croupion très-blanc d'où on l'a appelée cul-blanc, l'hirondelle des fenêtres est la moins sauvage ; puis vient l'hirondelle plus petite, dite des cheminées parce qu'elle fait son nid dans les cheminées, à trois ou cinq pieds au-dessous de leur orifice pour s'abriter contre les dangers des rats et oiseaux nocturnes : ces nids sont recouverts d'une toiture en mastic pour les préserver de la pluie ; ici l'ennemi le plus redoutable est la punaise, pour les autres, c'est la puce et le pou ; l'hirondelle de cheminée est chanteuse ou plutôt gazouilleuse, aussi les latins l'appelaient-ils gazula ; elle arrive la première avec celle des rivages ; elle se distingue par une tache rougeâtre à la gorge ; enfin, l'hirondelle des rivages, la plus petite de toutes et la plus sauvage qui creuse son nid dans ces murailles naturelles que nous appelons falaises, l'ouverture de ce nid est ronde, suivie d'une galerie tortueuse de un à deux pieds, le nid est au fond ; l'hirondelle de rivages n'a qu'un petit cri et un vol saccadé commandé par la chasse des moucherons qui font sa pâture, sa robe supérieure est plus grise que noire, la gorge et le ventre sont gris blanc ; l'hirondelle de rivages vit en l'air et ne perche pas. Une cinquième espèce encore plus petite est l'hirondelle chinoise appelée salangue, c'est celle qui construit ces nids gélatineux que les Chinois estiment être un mets si délicat qu'il est fort cher chez eux. Les Hollandais commencent à les imiter.

— On dit qu'il reste en Europe, en hiver, des hirondelles trop jeunes et trop faibles pour faire le voyage et qu'elles s'engourdissent sous le froid. Ce seraient celles qui apparaissent chez nous les premières et qui font dire qu'une hirondelle ne fait pas le printemps.

J'ignore où les hirondelles passent l'hiver, mais il est inutile d'avouer mon ignorance.
(DE HUMBOLT.)

— Chaque hirondelle prend deux à trois mille mouches ou moucherons par jour ; tant qu'elle nourrit ses petits elle rentre au nid sept à huit fois par heure pour y apporter la nourriture conquise.

— En Grèce l'arrivée des hirondelles annonçant la fin de l'hiver était une fête que les enfants exploitaient en demandant des friandises que les voisins, parents et amis ne refusaient jamais.

— L'hirondelle à l'aile frileuse, au babil à voix basse, au vol hardi rapide et accidenté, l'hirondelle est l'amie fidèle de nos maisons, la protectrice et la gardienne vigilante de nos récoltes en détruisant tous les ennemis qui ne sont pas plus puissants qu'elle, l'hirondelle, c'est le printemps et l'été : avec elle disparaissent le soleil et la verdure, son départ annonce l'hiver. Oiseau timide, délicat, inoffensif, utile, car il ne se nourrit que d'insectes nuisibles, plus papillon qu'oiseau, car son corps est si frêle qu'il suffit à peine à porter ses plumes.

HISTOIRE. — Exposition, narration ou récit de ce qui a été fait par une nation en général, par un certain nombre d'hommes en particulier, ou enfin par une seule illustration ou un grand homme ; en un mot, l'histoire est le détail d'une chose importante, d'un fait célèbre accompli. On pourrait dire aussi qu'elle n'est qu'une nomenclature des malheurs de l'humanité, car elle parle rarement du bonheur et n'enregistre que les catastrophes.

— L'histoire c'est l'âme humaine en action, c'est le miroir des hommes et des faits, c'est la physionomie et la philosophie de la vie individuelle et sociale.

—. Pour écrire l'histoire il faut avoir dans son cœur et son intelligence la conscience logique et raisonnée des actes humains.

— L'histoire a besoin d'apaisement et de tranquillité, elle ne peut s'écrire dans le courant impétueux et passionné des idées contemporaines ; un siècle n'est pas trop pour constituer le calme nécessaire à la rédaction de l'histoire et pour vérifier les faits accomplis. Le célèbre historien anglais Gibbon, après avoir mis trois ans à collectionner une série d'ouvrages sur l'empire romain, son origine, ses développements, jusqu'à son apogée puis sur les causes de sa décadence, choisit la Suisse comme station splendide et éminemment inspiratrice pour accomplir son œuvre qui avait occupé trente ans de son existence.

— Les livres écrits au lendemain des événements ne peuvent que refléter la passion et la fougue des événements mêmes, les erreurs, les préjugés du moment : ce n'est pas de l'histoire, c'est de l'écho sans ordre, c'est de la polémique aveugle et sans résultat ou conclusion possible ! Car l'histoire qui devrait être un récit exact des faits, une photographie des événements n'est le plus souvent que l'art de les dénaturer dans l'intérêt de l'opinion de l'écrivain ; l'histoire contemporaine surtout, plus passionnée, doit être aussi plus soupçonnée et surveillée.

— L'histoire n'est instructive, attrayante et utile qu'autant qu'à l'art de bien exposer et grouper les faits, elle joint le *talent* de les juger logiquement et sainement. Tacite, Bossuet, Montesquieu, Gibbon, Augustin Thierry, Thiers sont en cela les grands maîtres en histoire, Anquetil n'en est réellement que le chroniqueur. L'abbé Pierrot, écrivain érudit et consciencieux, a écrit l'histoire de France (quinze volumes) au point de vue religieux.

— L'histoire doit être un miroir pour les faits, une poésie animée et vraie pour le récit, une philosophie pour l'appréciation et le jugement, une idée logique pour l'ensemble; l'historien doit donc être tout à la fois un savant, un poète, un philosophe, un logicien, un penseur éveillé et profond!

— L'histoire doit étudier à fond et dans leurs entrailles les plus profondes les hommes et les faits du temps, puis ce trésor réuni et amoncelé, le monnayer dans un livre et le livrer à la postérité dans un récit approprié au sujet, simple, naïf même, parfois élogieux et passionné! L'histoire se constituerait ainsi le conseiller le plus utile des nations.

— L'historien doit savoir peindre les peuples en masse, par leurs vices et par leurs vertus; il doit comprendre les rouages de leur administration, la cause et les secrets de leur puissance et de leur décadence.

— La grande histoire puise ses matériaux partout, même dans les correspondances des hommes publics; on y trouve, en effet leurs calculs, leurs incertitudes, leurs haines, leurs rivalités, leurs découragements; c'est de cette poussière d'idées et de sentiments humains que Dieu, le hasard ou l'historien, pétrissent les événements historiques.

— L'utilité de l'histoire consiste principalement dans les exemples qu'elle nous fournit des vertus et des vices de ceux qui ont existé avant nous, et sur lesquels nous devons faire des observations profitables à notre histoire et à notre vie entière.

— Quoi de plus intéressant, de plus curieux que l'histoire lue et vue comme une tempête des choses et des sociétés, le choc des idées et des hommes, l'ébullition de toutes les passions humaines. Malheureusement les faits présents sont trop contradictoires et incertains pour motiver une appréciation méritant confiance, ce n'est que plus tard qu'on peut les juger et en apprécier les causes et les conséquences.

Les histoires sont souvent des faits faux composés sur des faits vrais; ou bien à l'occasion des vrais. (*Pensées de Montesquieu.*)

— L'histoire des peuples ou des nations qui ne se compose ordinairement que des grands événements politiques, des guerres intérieures ou extérieures, des successions dynastiques, serait bien plus intéressante si, après avoir bien esquissé le caractère national, les instincts, les aptitudes, les passions populaires, le caractère du peuple en un mot, elle indiquait les transformations successives des nations, la marche de la civilisation depuis son point de départ jusqu'au point où l'histoire commence; l'enseignement serait alors complet et la connaissance du passé indiquerait la marche logique à suivre dans l'avenir.

— Pour étudier l'histoire et la chronologie, il faut diviser en époques et faits principaux et grouper autour de chaque époque, de chaque fait mémorable, les époques et les faits moins importants, mais ayant eu aussi leur influence. Cela facilitera énormément le travail historique ou chronologique.

— Ne lire jamais l'histoire sans recourir aux cartes géographiques et aux tables chronologiques, car sans cela l'histoire n'est qu'un amas incomplet et confus de faits et c'est par la date et le lieu, que tout se coordonne, s'éclaircit et se classe logiquement dans la mémoire du lecteur.

— On ne lit avec tant d'intérêt et on n'apprend si bien que l'histoire du pays où l'on se trouve: là, on a sous la main la physionomie des lieux, le théâtre de la scène, les livres, les traditions, les souvenirs nationaux.

— L'histoire répète les mêmes faits, seulement sous des noms différents, parce que l'histoire c'est la vie de l'humanité et que les passions humaines restent toujours à peu près les mêmes au fond et qu'elles ne varient que dans les nuances que le siècle présent leur apporte.

— L'histoire des nations en décadence est toujours bien trompeuse: plus il y a d'immoralité, plus l'histoire s'arrête sur la moralité de l'époque, c'est l'orgueil national qui voile ses vices et ses fautes!

L'histoire dans les médailles est encore plus trompeuse, c'est souvent une contre-vérité, ne citons qu'un exemple entre mille : la femme de l'empereur Marc-Aurèle, Faustine, la plus dissolue des impératrices, fut cependant divinisée par le philosophe empereur ! Les médailles l'appellent tantôt *Mater castrorum*, mère des camps, c'est-à-dire des soldats, tantôt mettent au bas de son effigie le mot *pudicitia* (pudeur!) mensonge audacieux comme on n'en voit que trop souvent dans l'histoire, de Rome surtout.

— L'histoire ne fait pas remarquer assez les commencements, les causes et les premiers promoteurs des grandes transformations populaires : la race de Clovis avait péri par le poison et par le fer; celle de Charlemagne s'éteignit après avoir donné douze rois à la France, dans l'espace de deux cent trente-six ans ; celle de Hugues-Capet était minée par la féodalité et le clergé et allait périr lorsque le moine Suger, d'origine populaire, mais intelligent et instruit, élevé à St-Denis avec Louis le Gros qui en avait fait son conseil, se donna la mission d'affranchir la royauté par la destruction de la féodalité; alors les seigneurs féodaux étaient tout, ils percevaient l'impôt des péages sur les routes et les ponts, l'impôt des moulins, des fours, des pressoirs, des canaux, de la conscription, de la dîme, de la corvée, des redevances de toute nature ; les tyrans et les spoliateurs étaient si nombreux et si injustes que la position n'était plus supportable, l'oppression personnelle comblait la mesure, la révolution se préparait secrètement, lentement et sûrement dans les esprits avant de se manifester par des opinions et des actes.

— Quand l'histoire, cette généalogie de l'humanité, nous remet en mémoire les erreurs et les folies du genre humain, et, en regard, les conquêtes morales, intellectuelles et scientifiques de l'humanité, nous sommes effrayés de la distance et du contraste qui séparent ces deux extrêmes! Extravagance et gloire! La petite Rome qui faisait à son début la conquête du monde entier tout en demandant conseil aux entrailles d'un poulet, d'un mouton ou d'un bœuf, au vol des oiseaux, etc., nous donne la mesure des petitesses et des grandeurs de l'humanité! Auprès d'un million d'hommes grossiers, ignorants et stupides, on trouvait *un* homme instruit, grand et plein de génie, cela ne devait pas étonner; mais dans le même peuple et surtout dans le même homme, trouver à la fois instruction, puissance, génie, faiblesse, ignorance et superstition, c'est par trop de contradictions choquantes et inexcusables, et cela ne s'explique que par l'empire enraciné et absolu des préventions, des habitudes et des préjugés populaires.

— La vérité dans l'histoire est la chose la plus difficile à obtenir, tant l'accident et le hasard y ont de part, tant la diplomatie y sème de mystères, tant la passion y tient de place! Le même fait y sera exposé de trois ou quatre manières différentes sans que la vérification soit possible et il ne reste que des contradictions en présence ; pour conclure il faut donc attendre des faits postérieurs et plus significatifs !

— L'histoire nous apprend que si certains hommes paraissent avoir reçu mission de détruire, d'autres ont bien certainement reçu mission d'inspirer le bien et de protéger le faible, que le correctif suivait donc toujours le mal et le remède, la maladie.

— L'histoire devient monotone tant qu'elle n'est pas traversée et animée par ces grandes figures historiques et exceptionnelles que nous appelons Gengis Khan, Xercès, Alexandre, Pompée, Jules-César, Charlemagne, Charles Quint, Pierre le Grand, Frédéric II et Napoléon Ier, le plus grand, le plus complet, des organisateurs et des hommes de guerre.

— L'histoire est aussi bienveillante pour les plus grandes audaces que miséricordieuse pour les plus grands crimes, c'est là son tort car elle excuse tout ce qui est grand et audacieux, même dans le crime! Elle reflète du reste les siècles de barbarie dont elle retrace les traditions.

— L'histoire est le pilote de la vie privée et publique, la lumière et la base de la politique et de la science gouvernementale, c'est le bréviaire du présent, le conseil et la protection de l'avenir.

— L'histoire est le terrain des faits et de l'expérience, c'est donc le vrai et le seul guide des gouvernements.

— De toutes les autorités, les faits, les faits historiques surtout, sont la plus grande, car ils ne permettent pas les contradictions et ils pèsent dans les discussions du poids d'une vérité incontestable.

— On a dit avec raison jusqu'à ce jour que nous n'avions aucune bonne histoire de France et en effet elles laissent toutes beaucoup à désirer : Ainsi Mézerai, Anquetil, Velly, Lavallée, l'abbé Pierrot, etc.... n'ont pas seulement des vides immenses, des erreurs matérielles, mais ils manquent parfois de logique dans leurs déductions, de sens et de raison dans beaucoup de leurs jugements ; toutes les petites histoires de France, tous les résumés extraits de ces longs ouvrages ne manquent pas de leur emprunter tous leurs défauts, en signalant cependant, mais transitoirement, ce qui leur manque.

L'histoire de France reste donc à faire : pour être vraie elle devra contredire à peu près tout ce qui a été écrit sur les anciennes bases. Et, en effet, on n'y voit en rien le gouvernement par le peuple, tandis que ce gouvernement, pour être caché derrière la grande et pompeuse figure, toujours en action de la royauté, restait de *fait* dans ses mille ramifications l'œuvre du peuple ; le peuple n'était-il pas en possession de toutes les charges de la magistrature, depuis les petits tribunaux de simple police et de justice commune, dits de paix aujourd'hui, jusqu'aux plus puissants, les grands parlements de province et de Paris. Le peuple remplissait tous les couvents et toutes les abbayes, toutes les grandes institutions de saint Bernard, de saint Dominique, de saint François, de saint Benoit, de saint Augustin, de saint Ignace et cent autres. Il était en pleine possession de toute la partie active du clergé et occupait toutes les cures, tous les vicariats, tous les chapitres de France, ne laissant à la noblesse que les sinécures ou bénéfices avec leurs immenses revenus.

Le peuple occupait tous les petits emplois de finances ; c'est-à-dire les dix-neuf vingtièmes de ces emplois dans les impôts d'État ; les impôts provinciaux, les gabelles, les douanes, les tailles, etc... Le peuple constituait l'armée et la milice, la maréchaussée, il était préposé à la garde de toutes les propriétés particulières, publiques, domaniales et royales.

Comment a-t-on pu, en écrivant l'histoire de France, passer si légèrement sur l'histoire du peuple, alors qu'elle se manifesta par l'action la plus énergique, la plus continue, la plus victorieuse, celle des communes s'emparant tour à tour de leur gouvernement propre et se constituant résolument, à l'encontre du gouvernement royal, en gouvernement puissant et respecté, mouvement effrayant au début par ce qu'il était entravé, mais qui, vainqueur de toutes ces résistances intéressées, finit par se faire accepter, grâce à l'alliance royale qui y trouvait son compte et son bénéfice en écrasant cette puissance féodale qui lui faisait ombrage et échec et la contrebalança si longtemps avec succès !

Le peuple était donc partout lorsqu'il n'était pas la tête, comme sous le gouvernement des Mazarin, des Colbert, des Turgot. Il était, on peut le dire, la main la plus agissante et la plus puissante, même l'unique action du gouvernement qualifié de royal, parce que son chef avait le titre de roi et que le galon l'emporte sur l'action comme fait le drapeau dans un régiment.

C'est à ce point de vue plus général, plus juste, plus vrai qu'il faut faire l'histoire de France, espérons qu'il nous naîtra un Tacite, un Titelive, un Gibbon pour accomplir cette grande œuvre et faire resplendir l'action populaire jusqu'ici voilée par l'éclat mensonger de l'action royale.

HISTOIRES. — Il y a danger à raconter des choses par trop étonnantes, car l'étonnement risque d'être vaincu par l'incrédulité et qualifié justement d'absurdité ignorante ou menteuse.

HIVER. — Le froid, dans les contrées du Nord où il est excessif et prolongé, est une vraie calamité naturelle, c'est l'esclavage de l'homme qui est obligé de n'avoir qu'un soin et un souci, c'est de se préserver du froid. Les mers, les fleuves sont glacés, l'eau a disparu, elle est transformée en glace, la terre est couverte d'une couche épaisse de neige, les plantes sont sans végétation, c'est donc pour la nature végétale un sommeil qui ressemble à la mort, car, comme les cours d'eau, elle ne reprend le mouvement et la vie qu'aux premières chaleurs du printemps.

— L'hiver, c'est l'ombre remplaçant le soleil, le froid remplaçant la chaleur, la mort partout remplaçant la vie ; c'est le corbeau au lieu de l'hirondelle et du rossignol ; le loup rôdant autour des bergeries, le renard autour des poulaillers. Le jour n'est pas plus clair qu'une nuit d'été et pas si long qu'une matinée de printemps ; l'hiver révèle à l'homme les faiblesses de sa constitution, il l'oblige à se vêtir, à se chauffer, à se défendre ; il semble que ce soit une épreuve envoyée par Dieu, une révélation, un conseil de prudence et de reconnaissance.

— L'hiver est rude, l'hiver est triste, mais il doit être utile et indispensable à la terre, aux végétaux, aux animaux, à l'homme, puisque Dieu l'a fait ; l'hiver est en effet le temps du repos et du sommeil des plantes, de la régénération et de la fertilisation de la terre, par le froid et la neige. J'ajoute qu'il débarrasse le cultivateur des nombreux insectes et animaux nuisibles qui menacent les récoltes ; immense bienfait qui passerait inaperçu si certaines années sans hiver ne signalaient cruellement ce danger.

— L'hiver est trop souvent très-rude à Paris pour les pauvres ; car la gêne est partout dans cette saison rigoureuse ; le pauvre tend longtemps la main avant d'y voir tomber le plus petit sou, tandis que la neige la remplit incessamment comme un acte de dérision d'un ciel inclément et cruel.

— Il y a dans les premières atteintes de l'hiver quelque chose qui fait pressentir le refroidissement éternel du corps, la mort !

— L'hiver est la vieillesse de l'année, comme la vieillesse est l'hiver de la vie.

Homère. — Ce qui rend Homère si séduisant c'est la vérité de ses portraits, et, en effet, c'est un peintre qui copie naïvement la nature et non un auteur qui compose ; il dit ce qu'il voit, non ce qu'il croit voir, c'est la vérité prise sur le fait, c'est le miroir qui reflète, ce n'est pas l'imagination entraînante qui s'abandonne à de folles illusions.

— On a dit qu'Homère avait peint les dieux tels qu'on les croyait et les hommes tels qu'ils étaient et rien de plus vrai que cette dernière appréciation, car le patriarche des poètes avait beaucoup vu et beaucoup observé dans ses nombreux voyages à travers les contrées de la Grèce, si diverses dans leurs religions, leurs mœurs, leurs coutumes, leurs industries et leurs gouvernements.

Homme. — Tel que l'histoire et les monuments nous le font connaître d'après la Bible, Homère, etc., l'homme est toujours le même ; il n'est ni meilleur, ni plus mauvais, ni amendé ni déchu ; il se présente seulement à différents états d'éducation et de civilisation surtout, les conditions de temps et d'association le rendent seules dissemblable ; les bonnes lois, les bons chefs l'élèvent, les mauvaises lois, les mauvais gouvernements l'abaissent. Tout ce qu'on s'est plu à dire sur l'état primitif de l'espèce humaine est tout hypothétique et conjectural, c'est de la philosophie poétique, non réelle ; si haut que nous puissions remonter vers les sources de l'humanité nous trouvons les mêmes penchants bons et mauvais et les mêmes aptitudes, et surtout les mêmes instincts, car l'instinct est le premier guide que Dieu et, pour parler la langue vulgaire, que la nature ait donné à l'homme.

— D'après la Bible, l'homme daterait de cinq à six mille ans ; si, au contraire, l'homme avait été contemporain des grandes espèces d'animaux antédiluviens mastodontes, etc., son existence pourrait remonter infiniment plus haut ! Enfin Noé, ses trois fils et ses trois filles (six enfants), seraient sortis de l'arche en l'an du monde 2556.

— Si on n'a pas trouvé de traces de l'existence de l'homme avant le déluge, c'est sans doute qu'il vivait dans des terres peu étendues; il faut aussi tenir compte de l'infinité de la population terrestre à l'époque des déluges et des cataclysmes subséquents qui l'ont encore diminuée!

— L'homme n'a pas été jeté le premier sur la terre parce que, d'une nature plus compliquée et plus exigeante dès lors, il n'eut pu y vivre; certains animaux de structure plus simple et d'appétits moins exigeants ont dû l'y précéder pour lui servir de nourriture d'abord et d'auxiliaires ensuite; il put donc vivre de la pêche et de la chasse, de fruits et de plantes sauvages, s'établir et s'installer dans des cavernes, puis des abris, enfin dans des maisons plus ou moins habitables.

— Avant d'être chasseur, l'homme a dû être gibier des animaux primitifs si puissants, si forts qu'il n'a pu leur échapper que par miracle ou par impossibilité matérielle, car il est le plus désarmé des animaux et son intelligence seule lui a conquis, mais lentement, l'empire du monde.

L'homme, par son intelligence et sa persévérance, prit donc possession de la terre et de presque tous les animaux qu'elle nourrissait. Le buffle fut tiré de ses marais, le renne de ses neiges, le chameau de ses ardents déserts, et l'homme s'en fit des serviteurs dévoués et fidèles; dans les climats tempérés il s'empara du cheval, du bœuf, de l'âne, du mouton, du porc, du chien, des oiseaux de toute espèce, de presque tous les animaux vivants enfin, il y ajouta un choix raisonné de tous les produits des mondes connus; il demanda le sucre au roseau appelé canne à sucre, avant de le demander si tard, au XIXe siècle, à la betterave; il sut extraire de certains arbres des liquides, des gommes, des résines, des matières textiles, etc. Il fouilla la terre dans ses plus grandes profondeurs, lui arracha ses minéraux: le fer, le cuivre, le plomb, le zinc, l'or, le platine, l'argent surtout.

— Quelle machine, si complète, si étonnante, si parfaite qu'elle soit, peut être comparée à l'homme? Cette machine ne fera qu'une chose et l'homme peut tout faire! Une machine, si simple qu'elle soit, a eu son ouvrier; quel a été l'ouvrier qui a fait l'homme, qui l'a organisé pour se reproduire, se continuer, se perpétuer dans sa race et dans sa souveraineté sur tous les êtres vivants?

L'homme a l'instrument par excellence, l'observation, puis la mémoire suivie par la comparaison et couronnée par le raisonnement; tandis que la bête n'a que l'instinct et les sens.
(LEIBNITZ.)

Un seul animal peut réfléchir, comparer et délibérer, c'est l'homme; les autres animaux se souviennent à peine. (ARISTOTE.)

Le plus stupide des hommes restera toujours par son intelligence susceptible de raisonnement, bien supérieur à la plus intelligente des bêtes.
(LEIBNITZ.)

— L'homme se classe modestement et scientifiquement dans le règne animal, mais quelle différence entre l'être humain et l'animal! Celui-ci, sans le secours de l'homme, reste toujours le même, à part ses forces qui croissent pour diminuer ensuite; l'homme, au contraire, placé dans les conditions ordinaires d'éducation et d'instruction qui sont la règle de la vie humaine, fait chaque jour un pas de plus vers le progrès, progrès d'autant plus sûr que sa vie est plus active et plus intelligente, d'autant plus grand qu'il consacre plus de temps à son éducation et à son instruction. On parle des instincts des animaux, l'homme a aussi ses besoins, ses instincts d'étude et d'instruction; sa nature éveillée a une pente invincible vers le progrès, vers la science et l'homme y grandit insensiblement et continûment, l'affaiblissement, la maladie, la mort seuls l'entravent et l'arrêtent.

— C'est une étude curieuse que celle des nombreuses couches superposées de l'humanité, c'est de la géologie humaine.

— Pour étudier l'homme il a fallu étudier l'histoire de sa vie, ses habitudes, ses maladies, aller plus loin encore, scruter sa nature le scalpel à la main et toucher du doigt sa faiblesse et ses misères; c'est ainsi que dans le sein de la mort on a voulu chercher le secret de la vie. Ce n'était là que la moitié de la tâche, le plus difficile restait à connaître: sa nature morale, ses instincts, ses défauts, ses vices, ses passions bonnes ou mauvaises, ses vertus; sa vie entière était une énigme; il fallait l'étudier dans toutes ses positions, tous ses âges, dans tous ses caprices, etc...

— Les grands horizons étendent l'esprit, les petits le resserrent, les paysages lui donnent des couleurs et des teintes; chaque race tient de son pays comme chaque plante de son sol: la nature est plus forte que la créature, le père plus fort que les enfants; la naissance donne un cachet, la nourriture en donne un second, l'éducation un troisième, la condition un quatrième, l'instruction un cinquième. Les accidents de la vie viennent ensuite broder diversement sur ce canevas, déjà si diversement composé: c'est ainsi que se fait, que se modifie, que se transforme, s'élève ou s'altère la race humaine, ne nous étonnons donc pas de son infinie variété!

— L'homme n'est ni un corps seul avec son instinct, comme la bête, ni un esprit seul, c'est un esprit joint à un corps parfaitement et complétement organisés l'un pour l'autre et pour une vie commune et intelligente.

— L'homme primitif est superstitieux et idolâtre, ses goûts, ses besoins, sa personnalité entière sont tout pour lui, il est son dieu et il veut se satisfaire et s'adorer: tout lui est litière et sa religion ne serait que l'égoïsme à outrance si d'autres idées ne lui étaient inspirées par l'éducation, la religion, la morale.....

— L'homme est l'être le plus complexe et le plus varié, on ne peut l'étudier et le raisonner comme on fait d'un carré ou d'un cercle, car il a des milliers de lignes et de faces, plus que cela des instincts très-développés, des goûts, des caractères des inclinations et des passions sans nombre.

— Si on pouvait connaître et mettre en lumière tout ce que l'humanité recèle de grandeurs et d'ignominies, de vertus, de vices, de crimes, de bons et de mauvais instincts, on serait étonné et effrayé tout à la fois de contradictions aussi flagrantes et de tant de diversités! Certains éclairs jaillissant des profondeurs des masses témoignent de la multiplicité et de la variété des caractères, sans qu'on puisse expliquer de si grands contrastes leurs causes et leurs effets; l'harmonie générale qui domine encore au milieu de tant de mélanges, maintient en définitive l'équilibre et l'existence des sociétés humaines!

— On ne peut pas calomnier l'humanité, on ne peut qu'en médire à son aise puisqu'on y rencontre *tous* les vices depuis le plus petit jusqu'au plus monstrueux.

— L'humanité est un gros livre, où abondent la farce, la comédie, le drame, la tragédie, le roman; chaque jour a mille enseignements.

— C'est à la campagne qu'on apprend à aimer l'humanité, à se passionner, à se dévouer pour elle; dans les villes, dans les capitales surtout, on s'habitue à la mépriser.

— L'homme physique a été longtemps un mystère; l'homme moral et intelligent reste encore inexpliqué, car d'où viennent la pensée, la réflexion, la décision, le jugement? Ce sont des faits, mais comment se produisent-ils?... Pourquoi dans deux individus semblables, deux hommes si différents, l'un stupide et abruti, l'autre si intelligent et si bien doué? Parce que l'un a pu naître avec des dispositions intelligencielles moindres, parce que l'autre au contraire est né avec toutes les facultés de l'esprit; parce que encore le premier n'a cherché en rien à développer son intelligence, parce que l'autre à l'inverse a cultivé la sienne avec continuité, tenacité et passion!

— L'homme a si bien le sentiment de sa puissance, de sa force, de son intelligence et de sa raison, qu'il ne croit en lui que lorsqu'il a fait ses preuves extérieures et qu'il a formulé sa pensée avec la puissance de l'âme humaine et de la divine mission qu'il tient de Dieu; jusque là il s'ignore, il ne croit pas en lui, ni en sa force, ni en des talents qui n'ont pas fait leurs preuves, et il a raison, car l'orgueil qui aveugle tant d'hommes, pourrait le jeter lui-même dans l'erreur et la ruine.

— L'homme a l'instinct de l'éternité de son existence et de la perpétuité de sa race, car il ne peut se résigner à laisser une pensée en germe et inexprimée ou un projet en suspens. Tous ses mérites, toute sa science forment une partie de l'héritage de l'humanité et ce serait un crime à ses yeux que d'en priver le monde, comme osa le faire Erostrate, l'incendiaire de la bibliothèque d'Alexandrie !

— L'homme est si varié dans sa nature, variée encore plus elle-même par les formules diverses de l'éducation, qu'il devient incompréhensible dans son ensemble, qu'on ne peut porter sur son compte un jugement général et qu'il faut se réduire à une opinion toute personnelle plus ou moins limitée et développée, car l'espérance et l'avenir sont pleins de brillantes et d'immenses promesses destinées à devenir de splendides et inespérées réalités.

— Comme la terre est le reflet du ciel l'homme en est le chef-d'œuvre parce qu'il est le reflet et l'image de Dieu qui l'a créé, le protège et le soutient.

Les Dieux sont des hommes immortels et les hommes des dieux mortels. (HÉRACLITE.)

— Qu'est-ce qu'un homme dans la grande famille humaine ? C'est un des grains de sable de la terre ou des mers, une des gouttes d'eau des Océans, un des brins d'herbe des prairies, une des feuilles des forêts.

— Les êtres vivants, animaux ou végétaux, meurent fatalement un peu plus tôt un peu plus tard ; la seule chose qui ne puisse mourir, c'est l'idée : la vanité nous fait croire que nos civilisations modernes dépassent les anciennes et que toutes les inventions ou découvertes qui font notre gloire et notre richesse sont l'œuvre récente de l'esprit humain, tandis que la plupart ne sont que des idées anciennes qui avaient disparu pour refleurir plus tard sous les efforts d'une puissante intelligence. Le monde est donc comme l'homme, il vit, s'endort et se réveille à des périodes à peu près égales, à chaque terre son moment de célébrité comme époque de floraison et de fructification intelligencielles ; imposons donc silence à notre orgueil et inclinons-nous devant ces règles immuables, plus puissantes que nous.

— L'histoire de tous les peuples prouve que l'homme a toujours travaillé à l'agrandissement de sa sphère d'action ; l'homme des pays tempérés surtout, car si le froid engourdit, la chaleur étouffe et épuise. L'humanité a donc travaillé toujours et toujours sans relâche ni répit, comme l'eut fait un seul homme énergique et tenace et a toujours marché dans la voie du progrès ; l'humanité c'est donc l'homme personnifié. La guerre a été une des plus grandes entraves au progrès, à la civilisation humaine ; mille fois elle en a arrêté l'essor, elle a détruit ce que des siècles avaient créé et c'était presque à recommencer, car l'antiquité n'avait pas l'imprimerie pour transmettre, continuer et éterniser les succès acquis.

— L'humanité tend aujourd'hui à dominer partout et à se substituer aux castes, aux classes, même aux nationalités : ce serait la république universelle qui se préparerait ; il n'y aurait plus qu'une nation, ce serait l'humanité ; les nations anciennes ne seraient plus que des provinces ou même des départements dans la nationalité universelle, ce serait l'âge d'or tant désiré, ce serait le bonheur ayant pour base la mutualité, la fraternité universelle, un reflet, un avant-goût du ciel !

— On se plaint trop des difficultés et des obstacles qui entravent ou retardent l'essor de l'humanité ; car c'est à ces obstacles que l'humanité doit sa force, sa confiance en elle-même et cette persistance énergique qui lui donne enfin la victoire. L'homme resterait donc faible et inerte sans l'obstacle, comme c'est au travail nécessaire et tenace que le cultivateur doit sa force, sa santé et son énergie !

— L'humanité progresse quoiqu'on en dise ! Les nations s'organisent sur des bases plus sérieuses et plus morales : la société égyptienne avait des esclaves, la société grecque en avait aussi, la société romaine encore ; *mais après elle le chaos !* Puis les invasions barbares, le moyen-âge, la féodalité, les croisades, les famines, les pestes et la lèpre ; l'inquisition et l'intolérance partout ; le despotisme et les guerres civiles ! Quel progrès depuis lors !

— L'humanité actuelle brise tous les préjugés anciens : elle ne repousse plus ni les parias comme l'Inde, ni les barbares comme la Grèce, ni les esclaves comme Rome antique, ni les hérétiques comme Rome nouvelle ; l'humanité, s'aimant elle-même, regarde tous les hommes comme appartenant à la même famille ; mais qui comptera les étages et les dégrès, depuis la base si abjecte et si infime jusqu'au sommet si orgueilleusement élevé !

— Les grands hommes font les grands peuples parce qu'ils constituent un grand et éclatant exemple et qu'ils laissent dans l'histoire et dans leurs œuvres l'empreinte de leurs talents et le reflet de leur gloire et de leurs vertus.

— Les grands hommes s'appellent amis et confrères, les rois et empereurs s'appellent cousins, c'est la parenté des intérêts et des ambitions.
(DE HUMBOLT.)

— Les hommes célèbres par leur génie, leur intelligence, leur courage, leurs inventions, leurs découvertes sont les vrais rois de l'humanité ; les conquérants en sont les plaies sanglantes : dévastations, flots de sang et despotisme sont leurs formules ; la gloire pour eux, la fatigue, les blessures, la souffrance, la misère, la mort pour les autres !

— Ce serait une histoire bien curieuse que celle du développement graduel du génie dans la petite et mesquine personnalité humaine ; tout a dépendu souvent d'un petit fait, d'une circonstance futile et insignifiante, grande seulement dans son avenir et ses résultats, souvent œuvre du hasard.

— Les grands hommes ont tous le sentiment de la dignité humaine et du respect des grandes actions. Le prince Eugène de Savoie ayant pris Lille après un siège de quatre mois rudement soutenu par le maréchal, duc de Boufflers, dit à celui-ci, en refusant de prendre son épée : je dois être glorieux d'avoir pris Lille, mais je le serais encore plus de l'avoir défendue comme vous l'avez fait. Réponse bien digne d'un vrai, d'un grand héros !

— Les grands hommes ont augmenté leurs prétentions avec leur pouvoir: Alexandre, César et Napoléon n'ont pas pensé et agi au début, comme ils ont pensé et agi plus tard, lors du développement complet de leur génie et de leur puissance.

— Les hommes forts comme Sixte-Quint, Cromwell, Robespierre, Napoléon, jouent leur rôle sans fatigue et sans courbatures, leur volonté domine leur corps et l'asservit.

— Les grands hommes portent avec eux le danger de leurs capacités ambitieuses et absolues, et toujours il faut s'en défier et les surveiller : les hommes de guerre poussent à la guerre dans leur intérêt d'avancement, d'amour-propre et de gloire, puis dans l'intérêt public.

— Rien de plus intéressant qu'une bonne biographie des grands hommes ; mais l'obscurité a précédé l'éclair de la gloire, comme l'humilité a commencé la vie, et le grand homme est peu désireux de se rabaisser dans ses commencements ; il préfère donc se taire sur son passé et briller tout d'un coup et comme un éclair, à partir de l'épanouissement de sa gloire !

— Les grands hommes peuvent s'énorgueillir de la bassesse de leur origine car elle les élève. Marius se proclamait enfant du peuple, mais Cicéron, avocat et orateur, eut payé fort cher le titre de fils de patricien !

— La reconnaissance des peuples envers ses grands hommes est le meilleur encouragement à toutes les vertus sociales, c'est un appel à tous les mérites, une promesse de gloire à tous les concours.

— L'homme de génie qui scrute sa propre nature et les profondeurs de son intelligence, le médecin qui étudie la machine humaine dans son ensemble et ses détails, l'homme religieux qui cherche Dieu et comprend son œuvre, ses perfections et son immensité, est frappé de terreur devant une telle grandeur ! Il s'effraie de son néant et de sa faiblesse et n'ose même pas se comparer au ciron le plus imperceptible?

— Que d'hommes bien méritants qui meurent inconnus parce que l'occasion qui pouvait solliciter leurs mérites et les produire, dès lors les grandir, leur a manqué !

— Il faut juger les hommes au point de vue de leur origine, c'est-à-dire de leurs préjugés ; au point de vue de leur éducation, de leur position et encore au point de vue de leur siècle et de leur entourage intime.

— L'homme est une fatalité de naissance, d'instincts, d'éducation, même de hasard ! Peut-il donc être toujours responsable de ce qu'il n'a pas résolu et fait ainsi personnellement? Il ne devrait donc être responsable que lorsqu'il y a eu, suivant la loi intention et préméditation.

— L'homme matériel ne juge du temps que par le nombre de ses sensations ; l'homme intellectuel au contraire, le mesure à la durée, à la puissance, au nombre de ses pensées et de ses intentions ; aussi vit-il plus vite, et meurt-il plus tôt !

— L'homme reste, ou plutôt redevient dans l'âge avancé ce qu'il était dans sa jeunesse ; cela tiendrait-il au retour à un même niveau des forces vitales et intelligencielles ?

— Dans certaines natures l'homme est double : l'un veut, l'autre ne veut pas, la lutte s'établit, c'est toujours le bien et le mal aux prises, la raison et la folie, le juste et l'injuste, et malheureusement et trop souvent la bêtise, l'ignorance et la suffisance aveugles restent arbitres du débat !

— L'homme est esprit par son âme, matière par ses sens, diamant et fange, c'est-à-dire puissance et servilité.

— L'homme de bien se complaît justement dans l'exemple qu'il donne, c'est un hommage à la vertu ; son exemple étant suivi, le bien qui en sortira réjouira la terre en l'enrichissant, et le ciel en rapprochant l'homme, créature de Dieu, de son créateur.

— L'homme n'est jamais préparé pour son avenir : les bonheurs inattendus l'exaltent, les malheurs imprévus l'accablent, tout est donc faiblesse en lui, sa force est en Dieu seul, et trop souvent il ne croit pas en Dieu !

— Les hommes ardents et passionnés sont exaltés ou méprisés, mais rarement *bien* jugés ; ils soulèvent contre eux les esprits de leur trempe et sont ballottés entre les deux extrêmes ; ils provoquent un sentiment passionné, jamais une conviction; ils restent toujours entre des amis et des ennemis, jamais devant un juge !

— Les villes, par leur corruption, engendrent des hommes féroces et dépravés ; les campagnes des hommes sauvages et ignorants, mais souvent bons, honnêtes et primitifs ; il y a là deux dangers qui, pour être différents n'en sont pas moins à redouter.

— Plus l'homme est heureusement doué, plus il est probe, bon, intelligent, religieux, plus son besoin de liberté est grand, précisément pour le plus grand développement de ses actives vertus.

— L'homme est incessamment tenté par sa mauvaise nature ; sa vie est la lutte du bien et du mal, mais son bonheur est dans le triomphe absolu du bien.

— Tout homme simple, mais vrai, est un poëme intéressant et instructif pour qui sait l'étudier et le comprendre.

— Ce n'est que dans leur vie intime qu'on peut apprécier les hommes : dans le monde ce sont des acteurs sur leur scène, vêtus de sentiments comme d'habits de parade et de cérémonie ; là ils ont toutes les vertus ! Chez-eux avec leurs vêtements vulgaires, ils ont leurs habitudes et leurs sentiments naturels, leurs vices ou leurs défauts, ils cessent donc de se ressembler!

— Si complet que soit un homme, il reçoit toujours quelque chose du contact avec un autre homme ; il grandit et se complète à tout âge et tous les jours, d'un fait inspirant une réflexion, d'une lecture ajoutant à ses idées, d'une conversation lui ouvrant de nouveaux horizons.

— Il faut se défier d'un homme qui ne sait ni sympathiser avec une personne honnête et vraie, ni confondre son cœur avec un cœur candide et aimant.

— Certains hommes insouciants et légers traversent le monde sans s'y mêler, la vie sans la comprendre et sans savoir où elle conduit !

— Les hommes manquent plutôt aux occasions que les occasions aux hommes : c'est à eux à saisir les bonnes et à laisser passer les mauvaises.

— La valeur d'un homme consiste dans des qualités logiquement groupées : sans la logique et la raison, l'esprit, le mieux constitué du reste, devient le conseiller le plus dangereux !

— L'homme vraiment pur et sage est plus sévère envers lui-même que le public le plus rigoureux et le plus jaloux.

— Ce qui fait l'homme complet, c'est l'équilibre de toutes les forces matérielles, intelligentes et morales ! Cet équilibre supprime la lutte et l'anarchie dans l'esprit et maintient l'homme dans ce juste milieu qui donne la force et le succès.

— La vie de l'homme est une longue lutte entre son intelligence, son cœur et ses sens ; la mort seule amène la paix entre les anges et le démon !

— Les hommes passionnés sont plus disposés à discuter qu'à réfléchir ; ils finissent donc par où ils devraient commencer.

— Pourquoi l'homme qui n'a pris aucun souci de sa naissance prendrait-il plus de souci de sa vie et de sa mort ? C'est que sa naissance était protégée par des puissances naturelles, vrais dons de Dieu, son père, sa mère, ses frères et sœurs, sa vie au contraire ne pouvait avoir de meilleur protecteur que lui-même.

— L'homme intelligent ne doit pas se ravaler à brouter au jour le jour les joies matérielles de la vie, il doit les rechercher, les faire naître, les perfectionner, pour les savourer ensuite avec une modération raisonnée.

— Tout homme est bien méritant quand il fait ce qu'il doit dans la sphère où le sort l'a placé.

— Le repos pour un homme à intelligence active n'est qu'un voile cachant la vie incessamment animée de la pensée, de la réflextion et de la recherche de la vérité en tout.

— L'homme est une espèce de tube barométrique dans lequel les sentiments montent ou descendent au gré des circonstances extérieures : tout cela obéit à des faits matériels, à un appétit contrarié, à une mauvaise digestion, à un sommeil interrompu, à une migraine...

— L'homme qui ne fait pas de lui-même tout le bien qu'il veut faire, est un homme évidemment incomplet et qui ne mérite pas son nom, il court aux abîmes, car celui qui ne fait pas le bien est très-exposé à faire le mal !

— Il ne faut jamais juger un homme sur un fait isolé qui peut être le résultat d'une erreur passagère, d'un moment d'entraînement et d'irréflexion : c'est une série de faits ou la vie entière de l'homme, qui peuvent permettre de le juger.

— Vous pouvez être sûr que tout homme manque de la qualité dont il se glorifie le plus.

— L'influence de l'homme sur l'homme est immense, aussi faut-il être en défiance contre tout le monde : voisins, amis, parents, car chacun, quel que soit le degré d'attachement qu'il vous porte, ne voit que par les yeux de son intérêt personnel et ne cherche, dès lors en vous et dans votre amitié, que ce qui peut lui être avantage et profit, même à votre détriment !

— Que d'hommes au cœur d'or, à l'âme modeste passent sur la terre sans faire le plus petit bruit, inaperçus et inappréciés ! Qu'importe puisqu'ils ont été heureux en faisant le bonheur de tous ceux qui les entouraient et en les entraînant par les meilleurs exemples !

— Plus un homme a de cœur, plus il sent la nécessité de le cacher à tous, et à lui-même : si le cœur reste l'organe le plus affectueux, le plus timide, il est aussi le plus discret !

— Puisque l'homme a dans son cœur la reconnaissance et le dévouement, il peut acquitter les plus grandes dettes de l'humanité.

— L'homme le plus heureux est celui qui est le plus laborieux et le plus résigné : il accepte sa position, s'y habitue et s'y établit dans une heureuse tranquillité ; le mouvement de sa vie est alors si uniforme qu'il lui semble qu'elle soit un repos doux et énivrant.

— Moins l'homme vaut, plus il s'estime lui-même ; plus il s'estime lui-même, moins il estime les autres, et plus il se complaît à les contredire et à les déprécier ; ce qui l'isole infailliblement et le déprécie lui-même !

— L'homme est constamment et continûment obligé de se défendre contre ses instincts et ses besoins, qui feraient de lui une brute, un animal, ne pensant qu'à manger, boire et dormir.

— L'histoire de l'homme dominé par ses mauvais instincts n'est que malheur, misère et crimes : aussi ne peut-il se grouper dans une ville qu'il n'y faille installer de suite la gendarmerie, la prison et le gibet, trinité d'un autre ordre, mais indispensable à nos vieilles civilisations usées et corrompues par les révolutions.

— L'homme du monde devine et respecte toutes les susceptibilités quoiqu'il ne les partage pas, mais les tolère seulement.

— Les hommes habitués au monde ont d'autant plus d'aplomb qu'ils se trouvent engagés dans une situation plus fausse ; en les embarrassant on ne fait que servir leur esprit, exalter leur intelligence et leurs facultés.

— L'abdication, l'abrutissement de l'homme se reconnaissent aux symptômes suivants: corps amaigri avec déviation ou rondeur de l'épine dorsale, les bras se laissent tomber, le regard ne cherche plus mais il étincelle, la bouche n'interroge plus mais elle balbutie ! les pommettes des joues sont saillantes et rougeâtres, le vêtement est négligé, il a peu d'appétit et mange salement ; l'homme n'est plus habillé, mais seulement vêtu ou couvert bizarrement. Agité d'abord, il se calme ensuite au point de ne plus vouloir quitter son lit, plus tard, interrogé, il sent souvent des élancements aigus dans la tête, des soubresauts au-dessus des yeux, puis un calme plat partout, c'est tout ce qu'il peut dire et affirmer, mais sans réflexions accessoires, et pour réponses des oui ou des non! rien de précis, de clair et de certain !

— L'homme est comme le vin, il a besoin de vieillir pour être meilleur et sa vieillesse est ordinairement son âge glorieux, car c'est celui où il récolte ce que sa vie a semé de bon. Il n'y a pas de beau monument qui n'ait besoin pour grandir en mérite de la couleur, de la consécration des siècles ; il semble que la pensée qui l'a créé ait prévu l'avenir et produit une œuvre admirable seulement pour les siècles suivants. Tel est le sort du génie, qu'il n'est génie que parce qu'il devance de beaucoup son siècle et qu'il ne sera compris que dans les siècles à venir et lorsque la science et le temps auront fait progresser l'esprit humain.

— L'homme peut faire d'instinct et d'entraînement une grande et sublime action, un grand sacrifice, mais demandez-lui lentement et successivement la monnaie de ce grand acte de courage et il s'arrêtera devant le plus petit sacrifice, précisément parce qu'il manque de grandeur dans sa mesquine personnalité.

— Que d'hommes énervés par le vice et usés par le malheur, par les douloureux frottements du monde, humiliés, asservis à ce point que leur individualité, leur volonté, leur orgueil ont disparu, sont une pièce de monnaie tellement usée, qu'elle ne conserve aucune empreinte : c'est du métal et rien de plus. Ces hommes ne sont plus des hommes, ce sont des instruments, moins que cela, des choses presque sans valeur !

— L'homme languit et se perd au milieu des plaisirs grossiers, il grandit au contraire dans les travaux de l'intelligence, dans les plaisirs du monde élégant et digne. C'est la distance et la différence qui séparent la vie animale et brutale de la vie élevée et distinguée.

— On apprécierait sûrement un homme si on connaissait ses principes et sa manière d'agir en amour, car l'amour a plus de personnalité, de spontanéité, d'animation et d'occasions d'épreuves que l'amitié.

— La raison de l'homme et le cœur de la femme sont les deux grands moyens de la perfection humaine ; réunis, ils se fortifient, ils se complètent l'un par l'autre ; isolés, ils sont insuffisants, on pourrait dire boiteux.

— Les hommes ont dans la publicité de leurs grandes actions une récompense qui les encourage et que n'ont pas assez souvent les femmes dont les vertus modestes restent ignorées de tous et dont les faiblesses seules sont connues et punies par un mépris trop souvent injuste et exagéré.

— Fort par lui-même, l'homme peut s'aventurer partout: son rôle est à sa mesure, il peut tout oser ; dans la même voie la femme se perd parce que sa faiblesse est connue et que l'on sait qu'elle ne peut que succomber.

— Il faut que l'homme ait sur la femme une supériorité qu'elle reconnaisse et dont elle tire profit et protection : quand le contraire arrive, quand la supériorité de la femme couvre l'insuffisance du mari, qu'elle est contrainte à porter seule le fardeau du ménage, le danger est grand !

C'est comme un vaisseau sans boussole, un pilote sans énergie, un défenseur sans force.

— L'homme doit d'autant plus tenir à sa supériorité naturelle sur la femme que leur bonheur *commun* dépend de son autorité continue et respectée.

— L'homme est en même temps le maître et la proie de la femme, sirène à tant de formes diverses, à tant de masques, qu'elle nous ferait croire à des mondes infinis !

— Ce que les hommes doivent aux femmes c'est moins le respect que la protection respectueuse et aimante.

— Le principal avantage des hommes sur les femmes vient de la crédulité et de la faiblesse même du sexe faible ; une femme doit donc être toujours en garde contre ses premières impressions et redouter d'autant plus qu'elle aimera davantage !

— Un homme délicat et bien élevé a une déférence innée pour toutes les femmes ; un homme vulgaire, au contraire, affectera du mépris pour toutes, sans penser aux femmes de sa famille !

— L'homme qui affecte du mépris pour les femmes ne remarque pas qu'il s'avilit nécessairement en les aimant ! La contradiction et l'inconséquence sont flagrantes !

— Souvent, dans le monde, les hommes les plus maltraités par les femmes sont ceux qui se rendent coupables de ces lâchetés qui révoltent un homme d'honneur : ainsi ceux qui parlent de leurs bonnes fortunes, ceux qui avouent leurs maîtresses, ceux qui affichent une femme sont précisément, ceux qui supportent avec haine les chastetés imposées par la répulsion qu'ils inspirent.

— Les hommes appelés à bonnes fortunes ne réussissent si bien que parce que la passion manque chez eux et que tout est le résultat du calcul : pour eux, faire leur cour, c'est faire un siége dans toutes les règles, avec toutes les précautions possibles ; leur vanité est ingénieuse et froide, toutes les chances sont pour eux !

— Un homme admiré de toutes les femmes présentera toujours ce danger d'être infatué de lui-même et d'être peu disposé aux devoirs domestiques.

— L'homme à bonnes fortunes est celui qui sait le moins vieillir et qui se résigne le plus difficilement à abdiquer : il a toujours plu, il veut toujours plaire, les succès d'hier ne doivent-ils pas avoir un lendemain ?

— Un homme énergique sacrifierait plus facilement sa vie que son amour-propre à une femme aimée, car il tient à rester toujours digne d'elle.

HONGRIE. — Tout le nord de l'Europe rappelle par la constitution des villes et des villages, ces temps barbares où la sécurité n'existait nulle part ! Les villes étaient fortifiées, les villages formaient, dans l'intérêt de leur défense, des groupes considérables de maisons de cultivateurs comptant de mille à dix mille habitants. En Hongrie, ce chiffre est encore plus élevé, les villages ont de quinze à vingt et parfois quarante mille habitants ; c'est un quartier d'hiver et, dans la belle saison, tous les équipages de travail sont transportés dans de vastes plaines éloignées ; le propriétaire ne rentre lui-même que le dimanche dans sa maison ; pareille chose existe, mais plus en petit, et par la même raison, en Espagne.

— La Hongrie et ses anciennes provinces annexées, la Transylvanie, la Croatie, la Slavonie, ont la valeur d'un vrai royaume ; leur richesse territoriale est énorme, mais étouffée sous le régime tyrannique de la féodalité hongroise et non de l'Autriche dont le gouvernement tend par nécessité, à être très-doux.

— Les Hongrois viennent des Ongriens, descendus des bords de l'Oural dans le bassin plus fertile et plus tempéré du Danube : ils firent leur invasion en Europe de 910 à 950 ; ils se constituèrent en nation en l'an 1000 par l'élection de leur premier roi, Étienne le Saint ; ce fut vers 1300 qu'ils reçurent des rois étrangers.

— La Hongrie est, dans le monde moderne, un état à part, un monument gothique des temps féodaux avec la vieille constitution de la conquête, telle que l'a établie saint Étienne le Grand : elle s'est donnée volontairement à l'Autriche, avec des conditions écrites, garantissant ses privilèges et sa nationalité, malheureusement avec une noblesse souveraine féodale et le servage imposé à la nation *entière* tel qu'il existait dans la barbarie du moyen âge. L'empereur d'Autriche, est comme roi de Hongrie, obligé de jurer à chaque avénement, qu'il respectera et exécutera la constitution hongroise. Ce serment est prêté devant les grands barons devant la noblesse et le clergé.

— La Hongrie est le pays d'Europe le plus primitif, le plus curieux à explorer et cependant le moins connu : les mœurs anciennes comme les coutumes s'y sont conservées dans toute leur intégrité ; chaque Maggyar ou Magnat a son costume presque aussi personnel que son écusson ; l'or est partout en décorations, en ornements massifs et énormes, en boucles, en éperons, en bijoux de toutes sortes ; les armes en sont couvertes et leur cliquetis bruyant annonce une nation toute militaire ; on se croirait dans les palais des doges de Venise ou des sultans de Constantinople, car la Hongrie appartient en partie à l'Orient et la dignité des Turcs, la beauté de leur taille et de leur figure sont reproduites dans la nature hongroise, accentuée d'une énergie plus virile, d'un air martial plus prononcé, d'une dignité plus intelligente et plus animée.

— La Hongrie, ressemblant en cela à l'Arabie, n'est pas disposée pour les voyages, elle n'a que des cabarets, peu d'auberges et encore moins d'hôtels ; l'hospitalité est donc la loi commune ; le voyageur s'arrête devant un château ou une maison et demande un repas et un gîte qui ne lui sont *jamais* refusés, car c'est un usage reçu et imposé par la nécessité. Le voyageur devient au reste une distraction pour la famille, il raconte ce qu'il est, et ce qu'il a vu, il étonne autant qu'il amuse, car il apporte des idées et des récits nouveaux et laisse souvent plus qu'il ne reçoit.

— La Hongrie est habitée par deux races bien distinctes, le Hongrois et l'Esclavon : le Hongrois porte moustaches et pelisse à la hussarde, l'Esclavon n'a jamais de moustaches, et porte un lourd manteau blanc. La Croatie est annexée à la Hongrie qui veut l'asservir, aussi le Croate exècre-il le Hongrois et est-il toujours prêt à le combattre.

— Toutes les terres hongroises appartiennent à l'État qui les a données en fiefs, c'est-à-dire en usufruit seulement aux nobles et au clergé, aux villes, aux corporations ; Il faut être noble pour posséder des terres, et les nobles pas plus que le clergé, ne paient aucun impôt. Les paysans ne peuvent donc être propriétaires ; ils ne sont que tenanciers des nobles, c'est-à-dire locataires avec un *droit* à continuer cette location ; ils rendent aux nobles le neuvième de tous les produits et en outre cent quatre journées d'hommes par an, enfin la dîme au clergé et l'impôt à l'État ; ce sont des charges énormes ! d'un autre côté, l'usufruitier n'étant pas propriétaire ne peut être exproprié par les créanciers, c'est là un grand vice, une grande perte pour la propriété elle-même et sans avantage aucun pour l'État.

— La Hongrie a, de fait, deux capitales rivales, Bude, appelée aussi Offen, et Pesth; ces deux villes ne sont séparées que par un grand fleuve, le Danube, et communiquent entre elles par un pont de bateaux ; Bude est dans une situation magnifique, son territoire est aussi agréable que luxuriant et produit d'excellent vin ; on y trouve des sources d'eau chaude qui, après un certain parcours, fournissent une quantité considérable de poissons délicats. Pesth, sur la rive Orientale du fleuve, dans une riche plaine, est une ville aussi opulente que pittoresque.

— En Hongrie, les femmes sont, comme en Arabie, soumises aux plus rudes travaux ; *partout* la barbarie est cruellement tyrannique pour les femmes !

HONNÊTETÉ. — Vivez honorablement sous les commandements de Dieu et les inspirations de votre conscience, en suivant les bons exemples qui sont les meilleurs conseils que vous puissiez recevoir, et votre vie sera douce et entourée d'estime.

— Un honnête homme ne comprend pas la dissimulation, encore moins le mensonge, il voit dans la vérité un devoir infrangible, la vérité est son instinct, sa règle absolue, sa voie ; toute pression l'irrite, tout masque l'étouffe et l'exaspère ; il ne vit et ne respire que dans la vérité et l'équité.

— Les gens de bien ne sont déplacés nulle part, leur cœur comprend tout et les place au niveau le plus élevé des sociétés humaines : ils sont les thermomètres de la moralité, de la civilisation et des mœurs.

HONNEUR. — C'est une belle chose, dans ces temps d'incrédulité brutale et de moralité abaissée, que la digne et mâle religion de l'honneur.

— L'honneur est la loi du devoir, le guide des grandes âmes, la poésie du juste et du bien ! c'est le groupe de toutes les vertus solidaires et exaltées par le sentiment de la dignité humaine.

— Pour bien des gens l'honneur est la vanité qui ne se contente pas de faire croire à sa vertu, mais qui s'obstine à y croire elle-même.

— L'honneur gouvernait autrefois les sociétés, aujourd'hui c'est l'orgueil affairé, la cupidité et l'insatiable amour des richesses.

L'honneur sans argent est comme ces vieilles médailles de bronze, qui n'ont de cours qu'auprès de quelques amateurs d'antiquités.
(DE STASSART)

— Comme la religion, l'honneur a sa conscience plus délicate encore : il rougit à ses propres yeux et devient pour lui-même un tourment plus intolérable encore que le remords religieux.

— L'honneur le plus rigide avouerait probablement certains moments de mauvaises tentations écoutées, au sujet de grands intérêts et de passions énergiques et ardentes.

Quand l'honneur et la vie sont mis en balance, préférer l'honneur, ce n'est pas mépriser la vie, c'est apprécier ce qu'elle vaut. (BEAUCHÊNE).

— En France, l'honneur le plus respecté est celui du soldat mourant à son poste sans demander pourquoi et sans discuter le commandement qui l'envoie à la mort.

— Il y a bien des sortes d'honneur dans le monde : l'honneur d'un paysan n'est pas l'honneur d'un bourgeois, pas plus que celui d'un bourgeois n'est celui d'un gentilhomme ; chaque rang, chaque âge, chaque croyance, chaque éducation a son honneur et sa conscience.

La justice est dans le cœur, l'honneur dans l'opinion. (DUC DE LÉVIS.)

— Tout honnête homme trouve gravées dans son âme les lois de l'honneur, du devoir et du sacrifice ; c'est à ces sources qu'il se retrempe, qu'il prend ses forces et ses résolutions et aussi l'autorité de ses exemples.

— L'honneur est le fruit austère et délicat de la vertu, il garde les avenues du cœur pour le préserver contre les passions dangereuses, contre les basses tentations, contre les mauvais conseils.

— Certains hommes ont leur honneur, mais cet honneur de forme et de convention, ce faux honneur où la probité du cœur est inconnue.

Il y a des gens pour qui l'honneur est un calcul ; ne les troublons point, le public est intéressé au succès de cette spéculation.
(DUC DE LÉVIS.)

— L'honneur n'est pas une satisfaction idéale, c'est un besoin de l'âme pure, un bien réel, un ressort qui met en mouvement nos meilleures facultés, inspire et anime notre existence morale.

— Les préceptes de l'honneur ne sont pas les mêmes pour les hommes que pour les femmes : pour les hommes ils consistent dans l'observance scrupuleuse des lois de la probité, de la loyauté, de la sincérité, dans une énergie et un courage constants ; ces préceptes ne sont pas nombreux, mais ils demandent, il faut l'avouer, de la fermeté et de la persévérance. Pour les femmes les lois de l'honneur sont plus rigoureuses : une parole, un regard, une démarche inconséquente y portent une atteinte quelquefois mortelle ; gardiennes fidèles du dépôt sacré de la véritable morale, elles sont tenues à une pureté de mœurs qu'un rien ternit, mais qui, conservée dans toute son intégrité, leur assure avec l'estime publique la confiance et le respect de tous.

— L'honneur est la base obligée de toutes les autres vertus ; le point d'honneur au contraire n'est souvent qu'une susceptibilité de convention tacite, mais impérieuse, parfois aussi déraisonnable que ridicule : un voleur met son point d'honneur dans l'habileté de son vol, un avocat dans la subtilité de son argumentation et l'adresse de ses mensonges, un spadassin dans la complication trompeuse de son coup fourré ; on voit donc que l'honneur n'a rien à faire avec le point d'honneur qui en est tout l'opposé.

— La valeur, le talent, la science n'ont pas besoin de récompense pour se développer et grandir, les vertus ont par elles-mêmes la force qu'il leur faut pour briller de tout leur éclat et rayonner de tous leurs exemples. Ce qui leur vient en aide, ce qui les élève et les exalte, c'est l'estime publique : un titre, une faveur ne sont que la consécration d'un fait acquis ; c'est la nation, c'est le chef de l'état qui, par des honneurs publics, provoquent l'estime universelle et en présentent ainsi l'exemple à l'univers.

— Certaines faveurs honorifiques accordées aux vieillards respectés sont une fleur bien placée sur un tombeau : c'est une douce consolation aux souffrances de la vieillesse et un excellent exemple.

Honte. — Pour les jeunes gens, un des plus grands écueils est la mauvaise honte devant les exemples et les mauvais conseils de la débauche. Ils n'osent ni reculer, ni blâmer et c'est une hésitation coupable et surtout dangereuse !

— Un esprit élevé ne se laissera ni entraîner par une fausse gloire, ni arrêter par une fausse honte.

— La honte est double lorsqu'on cherche à la cacher, ce qui prouve déjà la faute commise ; elle diminue de moitié lorsqu'on l'avoue franchement sous la pression du repentir.

— La honte est le plus cruel des châtiments, car il est incessant, il frappe toujours et à toute heure, chaque regard, même sans intention et tout inoffensif, est un reproche humiliant et irritant.

— Certains enfants heureusement doués, rachètent si bien par leur distinction naturelle et par leur affection naïve la vulgarité de leurs parents, que cette vulgarité devient douteuse et disparaît en quelque sorte. N'est-ce pas mieux que de rougir de son père et de sa mère et de signaler à l'attention ce qu'on devrait cacher.

— Combien de filles d'anciens artisans et de marchands enrichis ont la sottise de rougir de leurs parents et de se trouver trop bien élevées pour ne pas désirer de s'en séparer au plus tôt, c'est cependant là, le résultat de certaines éducations vaniteuses.

Hôpitaux. — C'est en Italie et bien avant 1400 que furent créés les premiers hôpitaux : l'Italie était alors à la tête de la civilisation européenne.

— Les hôpitaux ne sont complétement organisés en asiles hospitaliers que depuis qu'ils sont confiés au dévouement des sœurs de charité, à l'affection fraternelle en Dieu des sœurs infirmières surtout.

Horace, — le plus sémillant, le plus épanoui, le plus brillant, le plus concis des poètes, nous présente le bouquet le plus complétement varié de toutes les nuances de jolies filles que l'antiquité avait plutôt devinées que trouvées, car cet idéal horacien n'a rien de terrestre. Horace chante et sa mélodie est divine ; il peint, et ses portraits sont éthérés ; il aime et ses amours sont à la fois doux, voluptueux et passionnés ; c'est le ciel antique avec la mythologie d'Homère et, il faut le regretter pour le mélange, le matérialisme d'Epicure.

Horloges. — L'homme, avec ses instincts supérieurs aux instincts des animaux, son génie d'investigation et de découvertes, de réflexion et de logique, est parvenu à créer des existences artificielles, supérieures à certaines existences animées et même humaines : ainsi les horloges ont une véritable existence mécanique, plus ou moins longue, des mois, par exemple, et cette existence pourrait être portée à une année ! Avec quelques tours de main, elle durerait continûment pendant une seconde période et toujours ainsi sans aucune interruption ou repos : c'est bien là la vie, et la vie plus solidement assise que la vie humaine, tant menacée par les accidents, les maladies, et vouée périodiquement à une mort certaine et infaillible dans un délai qu'on peut fixer à peu près sûrement, la vie humaine ne dépassant jamais cent, cent dix, cent quinze, cent vingt ans au maximum et la moyenne n'allant pas au delà de quarante-deux à quarante-trois ans. Ainsi cette horloge, cette pendule ou même cette petite montre de la pesanteur d'une pièce de 50 francs en or, cette petite et si ingénieuse mécanique indiquera la durée et pourra l'annoncer par sa parole vibrante, à chaque quart d'heure, sans interruption pendant des siècles, si l'oubli ne l'interrompt pas! Les petits-fils ou arrière-petits-fils verront continuer ce mouvement imprimé par la main des plus anciens aïeux!

— Les anciens n'avaient pas nos horloges mais ils avaient la clepsydre et le cadran solaire, d'après lesquels ils criaient les heures du haut des clochers, des minarets ou des tours.

Horloge de Flore. — On doit à Linné la première idée du sommeil et du réveil des plantes. Cet ingénieux et savant naturaliste avait remarqué que certaines fleurs s'épanouissaient tous les jours à la même heure pour se refermer quelques heures plus tard, ainsi la fleur du pissenlit s'ouvre en été à cinq heures et demie du matin et réunit ses pétales vers le centre à neuf heures ; le nénuphar élève sa tête au-dessus des eaux vers deux heures pour la replonger à l'entrée de la nuit, la belle-de-nuit reste fermée tant que le soleil est sur l'horizon et ne s'épanouit qu'entre sept et huit heures du soir.

Hospitalité. — Maison petite, mais grand cœur. (Casa stretta, ma cuore largo.) (*Proverbe italien.*)

— L'hospitalité n'existe que là où elle est une nécessité, chez les peuples sauvages ou dans le sdéserts; elle disparaît devant la civilisation.

— Un voyageur arabe assis à la table de son hôte portait à sa bouche un cheveu, l'hôte l'arrêta pour lui signaler le cheveu, le voyageur indigné se leva de table, refusa l'hospitalité et s'adressa à une autre tente : l'hôte ne devant jamais remarquer ni ce qu'on mange, ni comment on mange!

— En Russie, l'Empereur en créant des stations de repos et des gîtes donne une hospitalité gratuite aux voyageurs, comme faisaient autrefois les kalifes en Andalousie, en Syrie, etc.

— Les campagnards sont heureux d'offrir à boire et à manger, parce que eux-mêmes ont souvent besoin de cette hospitalité ; à la ville, au contraire, où tous les besoins sont aussitôt satisfaits qu'éprouvés, on n'offre si facilement que parce qu'on espère être refusé.

Hôtel de la Légion d'honneur, a Paris. — Il fut bâti par le Rhingrave de Salm-Kyrbourg. A la révolution ce personnage se fit sans-culotte et créa un club chez lui, ce qui ne l'empêcha pas de périr sur l'échafaud de la barrière du Trône et d'être enterré avec trois mille victimes (André Chénier entre autres) dans le cimetière de Pic-Pus où sa sœur lui fit élever un monument (une pyramide). L'hôtel fut acheté par un ancien garçon coiffeur appelé Neutrand, alors fournisseur et prenant le nom de marquis de Beauregard ; ce Neutrand y donnait des fêtes splendides, mais plus tard condamné comme faussaire, il mourut au bagne. L'Hôtel fut ensuite habité par Mme de Staël, et sous l'Empire fut affecté à la Légion d'honneur. Il a été brûlé par les communards, avec un très-grand nombre des édifices publics les plus splendides et les plus importants de Paris, dans l'horrible guerre civile de 1871. On le reconstruit aujourd'hui au moyen des souscriptions des membres de la Légion d'honneur.

Houille. — Nos houillères sont les cadavres pétrifiés des forêts antédiluviennes : c'est leur exhumation qui fait aujourd'hui la richesse et la fortune des grandes industries de toutes les nations, mais de l'Angleterre surtout qui en fait la base de sa puissance et de ses immenses richesses.

— Les charbons de terre sont formés, en plus grande partie, de fougères ayant eu la hauteur et la grosseur de nos arbres (10 à 12 mètres d'élévation), de lycopodes de 20 à 25 mètres, d'équisétacées de 3 à 4 mètres et d'autres plantes grasses des marais. Ces forêts, arrachées par les grandes eaux ont été entassées à d'énormes profondeurs dans des golfes, dans des bassins, etc., puis recouvertes de vases et de terres sous lesquelles elles ont été enfouies; c'est ainsi que s'expliquent les gisements de ces végétations monstres. Le nom de houille leur vient d'un mineur liégeois appelé Hollius, qui le premier, découvrit et ces gisements et l'usage presque sans limites qu'on en pouvait faire.

— La houille ou charbon de terre n'est pas seulement le plus ardent des combustibles, bien supérieur au charbon de bois; on en tire en outre deux autres produits importants : 1° le gaz d'éclairage ; 2° le côke, charbon purifié de son gaz et de son odeur et qui reste ainsi bien préférable à la houille dans l'emploi du chauffage ordinaire des habitations ; mais en outre de cet avantage, la fabrication du gaz donne des produits pharmaceutiques de la plus grande valeur. Les vapeurs empruntées à cette fabrication sont souvent un remède excellent sinon contre les maladies de poitrine, au moins contre les maladies des organes respiratoires, la coqueluche particulièrement. La naphtaline qu'on en obtient ensuite, prise à l'intérieur guérit la bronchite, administrée à l'extérieur comme pommade elle guérit les dartres et les autres maladies de la peau ; la créozote qu'on en extrait aussi est souveraine contre la gangrène et la carie, elle guérit aussi les maux de dents. Ajoutons que l'acide phénique ou phénol est encore un des produits de la houille et qu'on l'emploie contre toutes les maladies putrides et grangréneuses, le cancer surtout, les brûlures, la péritonite, la fièvre typhoïde, le croup, on dit même la rage. On voit donc que la houille est un des minéraux les plus utiles, les plus employés dans l'industrie aussi bien que dans la pratique médicale, etc.

Huiles minérales. — Le naphte, produit éminemment volcanique, est le bitume le plus rare ; on le trouve dans les pays riverains de la mer Caspienne, dans le Caucase, en Sicile, en Calabre et dans les états de Parme, où il en existe une source abondante. Lorsqu'il est exposé à l'air pendant longtemps il s'épaissit et se change en pétrole. Le naphte est d'un blanc jaunâtre, la couleur du pétrole est brune ou d'un rouge tirant sur le noir, il diffère du naphte en ce qu'il laisse pour résidu de la distillation une matière bitumineuse non volatile. On connaît en France plusieurs sources de pétrole, mais elles sont peu abondantes ; ainsi dans nos anciennes provinces de l'Alsace et dans le département de l'Hérault. Les plus célèbres sont dans l'Inde, le Japon et la Chine. L'asphalte donne aussi, par la distillation, une huile qui entre dans la composition de plusieurs produits pharmaceutiques, on le recueille à la surface de l'eau dans la mer Morte (lac Asphaltite).

Humeur. — Ce qu'il faut consulter et respecter, c'est l'humeur des autres, elle doit guider celui qui parle bien plus que la sienne propre; si on ne peut commander à son humeur, il faut dans ce cas choisir les gens d'humeur semblable à la nôtre et se placer ainsi dans un milieu où il n'y ait personne à blesser.

— L'humeur est une inégalité de caractère qui dispose à l'impatience, c'est un nuage que personne n'est obligé de percer pour découvrir les qualités qu'il cache.

— L'humeur gaie, enjouée, bienveillante et égale est une des meilleures qualités de l'homme du monde, elle annonce un nombre infini d'autres qualités sociales.

— Quoi de plus gracieux dans la jeunesse qu'une humeur égale, un esprit sérieux, un fonds solide sous les formes les plus attrayantes et les plus aimables.

Humiliation. — Celui qui, sous l'empire d'un orgueil insensé, réussit à s'élever jusqu'à une position bien au-dessus de son mérite, parvient difficilement à s'y maintenir et sa chute éclatante amène cette humiliation cruelle qui, suivant Addisson, est la fille et la punition de l'orgueil.

Humilité. — Principe et base de la religion, c'est la première des vertus chrétiennes, précisément parce qu'elle est la plus difficile pour l'humanité. Elle ne brille si bien que dans les rangs où réside la puissance ; dans une humble position, elle paraît être à sa place, mais pour être une nécessité, elle n'en est pas moins une vertu.

— L'humilité est dangereuse lorsqu'elle est le masque de l'orgueil, ce qui arrive souvent, et alors elle produit beaucoup d'autres vices et d'autres défauts.

Humour. — (Prononcez humor en anglais), Rabelais, Cervantès, Shakespeare sont les premiers auteurs dont la nature hardie a créé l'humour : le mot est d'invention anglaise et signifie caprice, singularité animée et éveillée, hardiesse audacieuse et piquante, fantaisie, grâce et entrain.

— L'humeur fait tout dans la conversation, elle en est l'âme et le cœur, car elle l'anime, l'inspire, la réchauffe, l'exalte ou l'abaisse. L'humour est autre chose, c'est l'inspiration vive, légère, hardie, emportée, poétique ; elle est si rare dans le peuple anglais, si boutiquier, qu'on l'honore faussement d'un titre qui équivaudrait au mot génie.

Hydrothérapie. — C'est une erreur de croire qu'il est dangereux de boire de l'eau fraîche lorsqu'on est en sueur : on peut en boire, mais en petite quantité et par intervalles. On peut de même se jeter dans l'eau de rivière étant en sueur, mais à la condition de provoquer une prompte réaction en n'y restant qu'une ou deux minutes !

— Priesnitz évaluait à vingt-quatre verres au maximum, l'eau fraîche (de quatre à huit degrés) à boire en vingt-quatre heures par un homme valide. Il voulait un intervalle de un quart d'heure au moins, entre chaque verre.

Hypocrisie. — La vertu simulée est l'hypocrisie de l'âme, c'est le plus honteux et le plus dangereux des mensonges.

— Certaines douleurs hypocrites sont faciles à reconnaître : leurs soupirs, leurs pleurs, leurs sanglots sont divisés en plusieurs parties, allant toujours en augmentant, jusqu'à ce qu'elles se soient fait bien entendre et qu'elles aient atteint leur but, tout cela en affectant de se cacher !

— L'hypocrisie a quelquefois produit ce résultat : c'est de donner à l'hypocrite les qualités ou les vertus qu'il n'avait pas ; à force de s'entendre louer, il acquiert la conviction que ce qu'on loue est bien et à force de pratiquer, quoique hypocritement, il prend des habitudes qui lui restent : je ne me fierais cependant pas à cette éventualité !

— L'hypocrisie consiste moins à cacher ses vices et ses défauts qu'à se parer des vertus qu'on n'a pas ; l'hypocrite se trahit par l'exagération de ses vertus d'emprunt.

— Le plus dangereux ennemi de la vertu n'est pas le scélérat endurci, c'est l'hypocrite : Cartouche, le voleur audacieux, était moins à redouter que Cromwel, Fouché et Talleyrand, les plus dissimulés des hommes.

— L'hypocrisie impose un lourd et incessant labeur, une attention toujours éveillée contre un premier moment d'abandon ou d'oubli, autrement le masque tombe et toutes les dissimulations, tous les mensonges sont perdus ; l'hypocrite ainsi démasqué devrait avoir la honte de son vice ! Tranquillisez-vous, il rira de ses anciens succès et de la naïveté de ceux qui se sont laissé tromper !

— Défiez-vous des gens ayant la câlinerie des chats, qui paraissent vous caresser en se frottant contre vous, tandis qu'il ne caressent qu'eux-mêmes.

— L'hypocrisie et la fausseté sont les défauts que les femmes redoutent le plus, probablement parce que la crainte d'être trompées empoisonne tout le plaisir qu'elles ressentent des soumissions et des compliments qu'on leur adresse.

Hygiène. — Hygie, fille d'Esculape, était la déesse de la santé ; de son nom vient le mot hygiène : règles favorables à la santé. Elle était couronnée de lauriers, avait un sceptre à la main et, sur le sein, un serpent qui avançait la tête pour boire dans la coupe de la santé que lui présentait la déesse ; les femmes lui offraient leur chevelure en sacrifice.

— Il faut s'étudier et apprendre à se

connaître soi-même, moralement par le caractère, les relations, les affections, et physiquement par le jeu des organes, l'estomac, la nourriture, les habitudes ; se consulter et s'examiner à toutes les périodes de la vie, surtout aux approches de la vieillesse où toutes les habitudes doivent se modifier doucement, lentement, avec précaution. Le remède préventif aux infirmités qui s'annoncent est la sobriété et un repos mesuré à la fatigue.

La vraie hygiène est également éloignée de la misère et de l'opulence. (Rion.)

— La vie la plus douce et la plus hygiéniquement salutaire au corps est celle qui est consacrée à l'exercice des facultés intellectuelles : cette foule de petits bonheurs, de jouissances tranquilles, de travaux captivants et variés donnent au corps un repos occupé, à l'esprit une occupation reposée, à tous deux des satisfactions sans nombre ; aussi peut-on constater que les existences les plus longues sont celles des professeurs, des hommes de lettres, des savants, des modestes petits employés, etc.

I

Idéal. — Toutes les natures féminines ont leur idéal plus ou moins prononcé et auquel il est bien difficile de satisfaire ; elles prennent au mot le romancier, le littérateur, le poète et tombent des nues devant la vérité ! Ceux-ci devraient, dans leur propre intérêt, rester cachés pour conserver leur prestige.

— L'idéal dans l'esprit est toujours le pendant de l'enthousiasme dans le cœur, quand l'un s'éteint, l'autre disparaît en même temps, et le matérialisme égoïste et sec domine tout.

Idées. — Quoique toutes les facultés morales soient les anneaux d'une même chaîne, chacune d'elles n'en produit pas moins des effets différents ; ainsi l'intelligence, la première, la plus éminente de toutes ces facultés, donne naissance aux idées ; je n'appelle pas idée ce jugement, appréciation machinale d'un fait, j'appelle idée la définition exacte d'une cause naturelle ou intelligencielle, définition particulière à tel ou tel esprit, mais non à la généralité des esprits. Les idées jugées les meilleures par un esprit sérieux et sensé sont celles qui peuvent s'appliquer à la vie pratique, tout en conservant le cachet élevé ou abaissé de leur origine : pour être bonne, l'idée doit être claire et simple, exprimée avec netteté et concision. Telle enfin qu'un esprit d'une intelligence ordinaire la comprenne aussitôt qu'elle est exprimée. Il y a nécessairement une grande variété dans les idées puisque chaque individu intelligent doit avoir son cachet personnel : ainsi idées graves, morales ou religieuses, scientifiques, gracieuses, gaies, etc.

— L'idée est le résumé lumineux de la pensée humaine.

— L'idée est une vapeur qui paraît être dans l'air pour chatouiller tous les fronts et frapper à la porte de tous les cerveaux ; elle semble encore être dans le cerveau même, où, comme dans un kaléidoscope bien garni, elle prend mille formes diverses dans une minute et entraîne la pensée dans mille sentiers inconnus.

— Le règne des idées a commencé sous les premières civilisations antiques, s'est ranimé sous chacune des civilisations suivantes avec des nuances variées : après avoir prêché dans les encyclopédies elles ont envahi les rues, monté sur les bornes pour haranguer le peuple, pris la Bastille, brisé la royauté et commandé à l'Europe à la suite des conquêtes des armées françaises.

— Quand un homme est occupé par une

idée, et en travail d'une solution, toute distraction lui est insupportable parce qu'elle le détourne de son but, parce qu'elle interrompt et brise sa logique et le fait trébucher en chemin.

— Aussi mauvaise, aussi absurde que soit une idée, elle trouvera des hommes pour l'accepter et la glorifier, car l'humanité a ses faiblesses, ses incapacités, ses excentricités et ses rebuts.

— Nos idées, si elles ne sont pas fixées sur le papier, ce qui oblige à les raisonner, sont des enfants mort-nés, perdus pour l'instruction, la science et la moralisation.

— La forme doit être en tout et partout le vêtement pur, limpide et logique de l'idée ; en architecture la forme doit exprimer la destination de l'édifice ; en sculpture la forme doit animer et faire parler le marbre ; en peinture, exprimer l'action et la pensée ; en littérature, en poésie, la forme doit habiller encore plus étroitement l'idée et la pensée et les faire briller du plus vif éclat.

— Que d'idées qui ne font saillie et fortune que parce qu'elles sont hardiment fausses et étonnent plus qu'elles ne séduisent et ne convainquent.

— Les idées sont les boulets de l'intelligence, une fois lancées elles vont au but sans qu'on puisse les retenir, les arrêter ou atténuer leur action.

— Les flots de la mer sont puissants, mais ne sont rien auprès du flot des idées qui sont de vrais et dangereux déluges, effaçant tout, bouleversant violemment, nivelant et renouvelant tout. Notre siècle n'en est-il pas la preuve ?

— Beaucoup d'esprits, l'esprit un peu léger des femmes surtout, ne peuvent recevoir les idées sérieuses qu'à petites doses et avec des ornements et des stimulants qui les fassent accueillir, c'est un remède qu'il faut couvrir de sucre.

— Les idées ont leur temps comme les semences leur terre ; à certaines époques les hommes paraissent des géants, tandis qu'à d'autres ils semblent des pygmées ; la stature morale des hommes varie au gré des siècles, des idées et des circonstances.

— La solitude, le silence, le recueillement lâchent la bride à l'imagination : le mouvement des idées est sans limites, elles ouvrent leurs ailes, voltigent, folâtrent, se précipitent et disparaissent pour se montrer de nouveau sous des formes encore plus variées, plus nombreuses et plus entraînantes.

— Entre une fortune d'idées et une fortune d'argent il n'y a pas à hésiter, car une fortune d'idées donne l'aisance qui vaut souvent mieux que la richesse et en outre, des jouissances infinies et inappréciables.

— Dans la tête des fous il n'y a qu'une idée absorbant tout ; juste une de plus que dans celle des idiots ou des imbéciles qui n'en ont point du tout !

— Les esprits ordinaires trouvent rarement une idée, dans tous les cas ils l'expriment sans couleur, la transforment en mal ou la faussent.

— La surabondance des paroles révèle toujours la rareté des idées, comme le papier de crédit remplace faussement l'argent chez les commerçants qui en manquent.

— « Une idée forte et puissante commande aux mots et élève le style à sa propre hauteur. » Cette pensée de Cicéron est si juste, qu'elle se vérifie dans toutes les œuvres de nos grands penseurs : Bacon, Pascal, Daguesseau, Montesquieu, Bossuet, Corneille, Jean-Jacques Rousseau, Gibbon, Villemain,... chez lesquels une grande idée est toujours magnifiquement exprimée.

— Il vaut mieux servir les idées que les hommes, celles-là ne sont jamais ingrates, car chaque pas en avant est une conquête de la science.

— C'est un supplice que d'entendre délayer une idée claire et limpide et de voir chercher et embrouiller ce qui est tout trouvé et très clair.

— Il n'y a pas d'idée si vide, d'opinion si absurde qui n'ait trouvé, je ne dirai pas un homme, mais un philosophe ou un rhéteur pour la prêcher et la défendre avec conviction, et avec la prétention d'en faire un précepte de la sagesse humaine.

— Rien ne réussit mieux qu'une idée hardiment fausse ; elle frappe et réussit par son affirmation tranchante, elle saisit par sa nouveauté, son succès est complet comme peut l'être la revanche de la bêtise contre l'intelligence.

— L'abus de l'idée est le prélude et le précurseur de l'abus de la force, voilà en deux mots l'histoire des révolutions.

— Les idées les plus justes, les plus vraies, les mieux raisonnées ont une formule d'expression courte et simple; les idées incertaines, vagues, se troublent encore, s'enchevêtrent en longueurs sans fin et s'obscurcissent en voulant s'éclaircir.

— L'idéologie est le terrain des idées abstraites et des spéculations de l'esprit et du cerveau; c'est un caprice, quand ce n'est pas une idéalité.

— Pour qu'une idée soit complète et bien assise il faut qu'elle ait été soumise à la pierre de touche de l'expérience.

— Les idées religieuses peuvent perdre de leur empire aux jours tumultueux des passions, mais elles consolent dans le malheur et adoucissent les derniers jours de la vieillesse et de la maladie.

— Les idées fixes, mais erronées qui paraissent une qualité à leur début alors qu'elles ne sont qu'une nouveauté, ne révèlent leurs défauts que quand elles sont épanouies et complètes; c'est la conclusion suprême et pratique qui en fait ressortir l'erreur.

IDIOMES FRANÇAIS. — Avant la renaissance, la France, encore enserrée dans sa division par provinces, avait presque, sinon autant de langues, au moins autant d'idiomes variés que de provinces : Parisiens, Picards, Wallons, Normands, Bretons, Poitevins, Gascons, Limousins, Auvergnats, Bourguignons; Provençaux, Languedociens, Basques, Champenois, Lorrains, Alsaciens, etc. Il fallut le prestige, la puissance, l'unité royale appelant toutes les forces vives de la France, à la cour et à Paris, il fallut le siècle brillant et resplendissant de Louis XIV pour créer l'unité de langage qui fait aujourd'hui l'honneur et la force de la France, la gloire incomparable et la suprématie incontestable de sa littérature!

IGNACE DE LOYOLA. — Tout est mystique et mystère dans la vie d'Inigo (Ignace) de Loyola, onzième enfant du noble Loyola; sa mère voulut faire ses couches comme la mère de Jésus-Christ dans une étable. Ce onzième enfant fut soldat; gravement blessé et resté boiteux après le siège de Pampelune, il avait des extases, il se fit mendiant, puis ermite, et se martyrisa comme saint Jérome. Sous la pression de ces idées exaltées, il fit le voyage de la terre sainte et en revint encore plus passionné, et, comme il se croyait incompris en Espagne, il vint finir ses études à Paris : ce fut en France, qu'entouré de dix adeptes, aussi exaltés que lui, ils constituèrent la société de Jésus et prononcèrent leurs vœux en 1537 dans l'église de Montmartre, puis allèrent à Rome se faire autoriser et consacrer par le pape Paul III en 1540. Ignace mourut à Paris en 1556, général d'une société déjà si puissante et si riche qu'elle possédait plus de cent quatre-vingt collèges, des abbayes, des églises, d'innombrables et de très-considérables domaines et grandes terres.

IGNORANCE. — Il y avait autrefois dans nos sociétés, en bas et en haut, deux ignorances bien accentuées : celle du peuple en masse, voué au travail par la misère et à l'ignorance par défaut de loisir ; en haut celle des nobles, voués par nécessité et orgueil à la carrière des armes et méprisant l'instruction et la science. Le progrès de l'instruction et des sciences a produit ces révolutions qui ont tout changé et rendu aux masses populaires le pouvoir réservé jusqu'en 1789 à l'aristocratie féodale. En ce siècle (le XIXe) les masses populaires se transforment dans une transition dangereuse à traverser, car c'est l'ignorance en tutelle forcée, sous un pouvoir aussi fragile qu'il paraît fort, qui reste aussi maîtresse dans sa force légale, qu'elle est puissante et terrible dans sa force révolutionnaire et aveugle.

— L'ignorance est le voile épais, l'asservissement de l'intelligence, dès lors le plus grand obstacle à la raison, au progrès en tout! Instruire, c'est éclairer; c'est donner un guide sûr et moralisateur à l'activité humaine; c'est assurer le progrès dans le bien, dans l'ordre, dans la richesse et élever le niveau social.

— L'ignorance est une autre enfance, inexpérimentée et sans ressources comme celle-ci.

— Un esprit clairvoyant découvre assez facilement l'ignorance qui se cache presque toujours sous le masque de la gravité.

— L'ignorance est la plus grande maladie, le plus grand fléau de l'humanité, elle ravale l'homme jusqu'à l'état de brute, et nous reporte à vingt siècles en arrière.

— En toutes choses on n'est savant qu'avec la science du passé, la pratique du présent et la prévision de l'avenir.

— La plus dangereuse ennemie de la vérité, c'est l'ignorance.

— L'ignorant tient toujours à enseigner aux autres le peu de choses qu'il vient d'apprendre, tandis que le savant reste toujours convaincu qu'il a tout à apprendre et rien à enseigner.

— C'est le propre de l'ignorance de jalouser, d'envier, de dénigrer toujours, d'abaisser tout ce qui lui est supérieur et de chercher ainsi à cacher sa honte dans la honte des autres.

— L'ignorance de l'homme ne ressemble en rien à l'ignorance de la bête, celle-ci vivant par les instincts n'a aucune conscience de son ignorance. L'homme, au contraire, connaît son état, son insuffisance, et, comme l'enfant, chercherait à s'instruire par les réponses à ses questions, si la honte ne le retenait pas.

— Les ignorants sont bavards, car ils cherchent ce qu'ils ne savent pas et s'embrouillent dans ce qu'ils savent mal; les savants sont silencieux, car ils réfléchissent et sont toujours à la poursuite de la vérité.

— L'ignorance est hardie dans ses affirmations, la vraie science est plus timide.

— L'ignorant n'avouera jamais son ignorance, car elle est encore au-dessous de sa vanité; il soutiendra son opinion avec un entêtement brutal et se réfugiera dans un silence qu'il qualifiera de dignité.

— Le plus grand tort des ignorants, c'est de dépriser ce qu'ils ne possèdent pas, le savoir chez les autres, parce qu'ils craignent la supériorité qui les blesse.

— L'ignorance modeste porte avec elle son excuse et se fait pardonner par son humilité naturelle et résignée.

Iles de la Manche. — Sur nos continents, si tranquilles et si rassurés, on ne peut se faire une idée du vacarme des tempêtes autour des îles de la Manche : chaque cheminée est un clairon retentissant; la plus petite fente des maisons forme sifflet sous la pression du vent, tout est ébranlé, menacé de ruine, l'homme doit craindre d'être entraîné. Mais tout est à l'épreuve de ces bouleversements, les maisons résistent et les hommes ont perdu l'habitude de trembler.

— Les îles de la Manche, que l'Angleterre a su nous prendre et conserver, tenaient autrefois au continent français. Dans le VIIe siècle on allait à pied de Coutances à Jersey et cette île, qui est à cinq lieues de Port-Bail, est à quarante lieues de Southampton, comme Guernesey qui n'est qu'à trois lieues de Cherbourg est à huit heures de Southampton. Ces îles sont donc de droit le patrimoine de la France, et si nous avons pris aux Anglais : Calais, Bordeaux, la Bretagne, il nous reste à revendiquer toutes ces îles détachées du continent français par les flots et les tempêtes! car les Anglais en observation sur les rochers les plus élevés, n'ont attendu comme voleurs et flibustiers que la basse mer et le calme pour s'en emparer !

— Ce qui a empêché ou plutôt retardé la reprise de possession de ces îles, c'est qu'elles-mêmes se sont défendues contre nous, préférant leur indépendance sous le patronage de l'Angleterre à la qualité d'îles françaises toujours menacées aussi par la puissance supérieure des flottes anglaises; ajoutons qu'elles tiennent à la Grande-Bretagne par la religion anglicane.

Illusions. — Fous que nous sommes ! Nous cherchons toujours la vérité et nous trouvons la désillusion ! Mais si la vérité doit nous donner la mort, mieux vaut cent fois se bercer d'illusions qui nous donnent une vie heureuse.

— Les illusions sont la consolation et

les joies du pauvre, et comme il n'en a pas d'autres, il a la sagesse de s'y complaire.

— Les illusions ont leurs dangers, mais ce risque à part, elles portent avec elles des trésors inépuisables de bonheur, des consolations et des adoucissements sans nombre.

— Le bonheur crée des illusions et fait voir tout en bien, tout en beau, tout en rose au travers de ce transparent que donnent l'innocence naïve et le bonheur continu.

— Cherchez bien et vous ne trouverez jamais une femme sans illusions, pas plus que sans coquetterie ; certaines faiblesses sont d'essence féminine.

— Quand on croit à une chose, le rêve vaut la réalité ; vous croyez avoir un diamant, vous jouissez du diamant lors même qu'il serait faux : la confiance, au point de vue du bonheur présent, équivaut à la réalité.

— Quand, dans la vie, on trouve des illusions, il faut se garder d'en détruire le charme en voulant aller au fond des choses : ce serait fouler une fleur aux pieds, ce serait détruire à l'avance tous les petits bonheurs, les plus doux parce qu'ils sont les plus purs et les plus dégagés de tout sentiment intéressé.

ILLUSTRATIONS. — Les grands poètes, les grands penseurs sont la médaille de leur siècle ; on devrait lui donner leurs noms, cela illustrerait en même temps et pour toujours le siècle et l'homme ; l'histoire y gagnerait en clarté, en précision, en reflets illustres, en souvenirs fortifiants !

— Nous avons fait du monde entier un véritable livre d'or où nous ayons inscrit les noms les plus illustres. Le genre humain s'est glorifié ainsi lui-même par ses œuvres.

— Les grands hommes ont illustré leur siècle, leur nom, leur maison et tous les lieux qu'ils ont habités ; leur souvenir vit heureusement partout, c'est un rayonnement, une semence réelle, c'est une gloire, un conseil, un exemple, un bienfait.

— L'illustration, l'estime de tous ou la réputation même sont choses bien caressantes et agréables et même utiles quand elles sont méritées, car elles nous donnent une juste confiance en nous-mêmes, encouragent et exaltent nos talents, et nous donnant le droit de tout oser et de tout dire, nous amènent parfois à découvrir davantage, à creuser et à épuiser le sujet.

— Quand un homme a une illustration sérieuse et durable, les plus petits détails de sa vie ont la plus grande importance, car ils doivent expliquer cette énigme toujours passionnante du génie humain, de ses causes, de ses formes, de ses développements et même de ses écarts et de ses fautes ! Il en ressort au moins une utile leçon.

— Le monde tient à faire poser devant lui et à passer tout en revue : à chacun son jour d'illustration plus ou moins éphémère, mais aussi à chacun ensuite l'oubli de tous et une désillusion désespérée.

— Notre terre a été si souvent ensanglantée par les luttes, les passions et les crimes des hommes, qu'il faudrait s'arrêter à chaque pas si on voulait étudier tous les lieux illustrés par l'histoire de la France militaire.

— La France a des illustrations qui dominent l'antiquité même et promettent de rester à toujours les supériorités du monde ; c'est Molière dans la comédie réelle, La Fontaine dans la fable, Bossuet dans l'éloquence, Corneille, Racine, Voltaire, Ducis, Delavigne et Ponsard dans la poésie tragique, Boileau dans la poésie didactique, Delille dans le genre descriptif, Lamartine dans l'élégie, Chateaubriand, Buffon Bernardin de St-Pierre dans la poésie en prose, Marivaux, Beaumarchais dans l'esprit Gaulois, Désaugiers, Béranger dans la chanson.

— Dans notre monde, où on s'occupe trop peu des petits et beaucoup trop des grands pour les flatter et les flagorner, ils sont eux-mêmes victimes de la réaction en sens contraire, de l'opinion publique. On révèle, on met à nu leurs défauts et leurs vices, leurs faiblesses, leurs actions, leurs gestes et jusqu'à leur vie privée : la publicité est l'inconvénient et le déplaisir de la célébrité ; chaque arbre porte son fruit, mauvais ou bon, âcre, amer ou sucré.

IMAGES. — Tout est image dans la vie

dour qui sait y lire ; les aïeux sont le passé et représentent l'hiver, le mari et la femme sont le présent et représentent l'automne, les enfants sont l'avenir et représentent le printemps.

IMAGINATION. — De toutes les facultés de l'intelligence, l'imagination est la plus passionnée, la plus ardente, la plus rapide la plus capricieuse ; elle devance toutes les autres, franchit les distances les plus grandes, ne tenant compte ni de l'espace, ni du temps, ni des impossibilités. C'est une magicienne avec laquelle il n'y a rien d'impossible.

— Notre intelligence servie par nos sens n'a qu'une portée très-limitée ; notre imagination, au contraire, nous précipite dans l'infini des terres, des mers et des cieux, dans ce que nous n'avons jamais vu ou deviné, dans des espaces sans limites. Son application n'est donc que dans la poésie et dans l'œuvre des poètes que les anciens appelaient devins ou prophètes : les contes orientaux de l'abbé Galland et les légendes de l'Asie peuvent seuls donner l'idée des exaltations et des merveilles que peut produire l'imagination.

— L'imagination étend jusqu'à l'infini les limites bornées de notre existence : Dieu ne nous a pas accordé cette étonnante faculté pour nous décevoir ou nous amuser ; l'erreur ne doit pas être son seul résultat ; elle doit, non égarer notre existence, mais l'élever, la diriger et l'ennoblir.

— L'imagination, presque toujours innée, est la faculté de l'esprit qui fait créer combiner, peindre des faits extraordinaires émouvants, fantastiques qui, sous certaines apparences naturelles ou possibles, ne se trouvent pas dans les faits ordinaires de l'histoire des nations : les poètes se servent fréquemment de ces moyens, c'est ainsi qu'ils passionnent leurs œuvres et entraînent leurs lecteurs. Partout les œuvres d'imagination ont été admirées et accueillies avec enthousiasme, les Italiens y ont excellé, témoin le Dante, le Tasse, l'Arioste surtout. Delille, Jean-Baptiste, Rousseau, Lamartine et Chateaubriand, si dissemblables entre eux, ont été nos auteurs d'imagination ; Shakespeare, Milton, Byron sont les auteurs anglais les plus brillants en ce genre ; l'auteur écossais des poésies d'Ossian (Macpherson, dit-on) est le plus élevé, le plus varié, le plus émouvant, le plus splendide de tous.

— L'imagination est la baguette de la plus puissante, de la plus brillante des fées : c'est le charme, c'est la distraction, l'animation, l'entraînement, le prestige, l'illumination de la vie ; c'est la consolation dans la peine, l'allégement dans la douleur, l'amnistie dans le désespoir.

— L'imagination est le don de concevoir les choses d'une manière figurée, brillante, féérique, extraordinaire, extravagante, unique, passionnée, folle même !

— L'imagination, compagne du voyageur, marche devant lui pour aller au delà de ce qu'il touche et deviner ce qu'il ne voit pas, dès lors l'entraîner toujours en avant.

— L'imagination, fleur vivace des grands esprits, mais trompeuse ennemie qui égare la raison et conduit aux abîmes, berce notre vie des plus beaux rêves, des plus séduisantes illusions sur un avenir inconnu.

— L'imagination est un pays immense où se trouvent à côté des sites les plus variés, les plus riches, les plus gracieux et les plus grandioses, des précipices affreux, des rochers arides et escarpés : cette faculté brillante est le cachet de l'homme de génie, elle fait ses succès, son triomphe, mais aussi, pour l'homme ordinaire, elle est l'écueil où viennent se briser et s'éteindre les autres facultés intellectuelles. L'imagination, brillante dans ceux-là, extravagante, stupide dans ceux-ci, conduit les premiers dans les plus hautes régions de l'intelligence, elle égare les autres dans le vague des rêves.

— L'imagination est la faculté la plus spiritualiste de notre être, la plus éthérée, la plus mobile, la plus agile, la plus incertaine, la plus inégale et la plus indéfinissable ; il n'est pas facile de la distinguer de la mémoire, car comment reconnaître ce qui est création de ce qui est reproduction ? La mémoire rappelle les choses, les signes, les mots, les phrases, les idées, tandis que l'imagination crée les images, les tableaux, les situations, elle illumine plutôt qu'elle ne crée la pensée.

— Rien n'exalte plus l'imagination que la dangereuse oisiveté de la retraite : elle expose au risque de deux infirmités opposées: l'idiotisme ou la folie !

— Certains esprits poétiques sont plus heureux dans l'avenir que dans le présent, dans l'attente que dans la réalité qui détruit tous les jeux de l'imagination et condamne à une aride et froide monotonie.

— L'imagination complète la beauté dont il reste à peine quelques vestiges, elle supplée à tout, elle embellit, amoindrit, grandit tout dans des proportions étonnantes ; c'est la faculté la plus puissante, la plus fougueuse, elle n'a de limites que le délire et la folie, de là le danger, pour les natures faibles, de s'adonner trop persévéramment à la vie contemplative.

— Chez la femme, l'imagination prend toujours l'avance sur le jugement ; elle ne raisonne que quand l'imagination est épuisée, fatiguée, fait silence, et le jugement reste encore impressionné par l'imagination; chez l'homme, au contraire, l'examen, la délibération et le jugement sont les premiers actes de l'intelligence.

— La faculté qui prédomine chez les femmes, est l'imagination, et, quand elle est cultivée convenablement, elle devient la source de tout ce qui donne du charme à la société ; mais si elle dévie et s'égare, elle court le risque de se perdre dans une dangereuse illusion.

— Autant d'imaginations, autant de miroirs, de reflets, de reverbérations, d'éclairs tonnants, de fantaisies.

— Il ne faut pas qu'il y ait trop d'imagination dans nos conversations ni dans nos écrits, elle ne produirait souvent que des idées vaines et puériles, qui ne serviraient ni à perfectionner le goût ni à nous rendre meilleurs: nos pensées doivent être prises dans le bon sens et la droite raison, et doivent être délibérées par un jugement froid et reposé.

— Une imagination mal dirigée a donné plus de têtes aux bourreaux que le vice et le crime, car le vice à froid et raisonné n'est pas dans la nature de l'homme ; la mauvaise organisation des prisons, des bagnes, ces antichambres de l'enfer où le vice est inspiré, professé, estimé, encouragé, provoqué, a aussi contribué à augmenter le mal.

— Dans les belles nuits du Midi, l'imagination dresse si facilement ses théâtres nocturnes sur lesquels toutes les poésies sont mises en jeu, que la réalité fantastique prend un instant la place de ce qu'on a rêvé !

— Rien ne se plie mieux aux idées nouvelles, aux habitudes et aux mœurs d'un pays que l'imagination.

— L'imagination des femmes, si vive, et si prompte à s'emporter, ressemble au miroir qui réfléchit tout, mais ne crée et ne conserve rien.

— Mettez l'inconnu devant l'imagination et ce sera un feu follet qui l'entraînera dans les espaces les plus fantastiques, les sommets les plus tempêtueux, les bas fonds les plus sombres et les plus ténébreux.

— Quelque large que soit le champ de l'imagination, celui de la nature l'est bien plus encore ; c'est donc dans l'observation des sentiments naturels, du choc des vertus et des vices, de leurs causes et de leurs effets, que les écrivains et les poètes devraient puiser leurs inspirations et trouver leurs plus belles, leurs plus intéressantes créations. C'est dans l'étude du cœur humain qu'on découvrirait les récits les plus animés, les plus émouvants, car l'homme se reconnaîtrait lui-même.

— L'imagination du peuple ne raisonne pas, elle bâtit ses poèmes bien au delà de tout raisonnement et, quoiqu'on puisse dire, on ne le convaincra qu'un instant, la tradition et le préjugé reprendront bien vite leur empire sur ces esprits ignorants et sauvages.

IMITATION. — L'homme est imitateur de sa nature, et il est peu de ses actions qui ne soient une imitation, un souvenir, une habitude.

— L'imitation est un instinct naturel, à empreinte puissante et qui relie entre eux tous les hommes! C'est un enseignement mutuel par l'exemple qui jette l'humanité dans un moule assez uniforme, qui unit les hommes dans les mêmes idées, les mêmes besoins, les mêmes habitudes, leur imprime ainsi une force d'ensemble et ajoute énormément à leur puissance.

— L'instinct d'imitation joue un grand rôle dans l'humanité en général, mais surtout chez les femmes et les enfants qui, étant souvent incapables de se tracer une règle et de suivre un principe, en sont réduits à chercher un modèle et à le copier littéralement; cet instinct diminue avec l'âge, c'est-à-dire à mesure qu'il est moins indispensable, son affaiblissement annonce celui du corps et sa décrépitude : c'est là une loi intelligente et naturelle ; la faculté d'imitation est toujours personnelle et d'individu à individu.

— C'est l'instinct d'imitation qui entraîne les masses, qui les fascine et les exalte : les émeutes et les révolutions ne réussissent que par ce phénomène naturel d'une inspiration, d'un instinct d'un entraînement commun, manifesté toujours par un mot unanime de ralliement.

— C'est chez les Chinois que se remarque le plus le développement de l'instinct d'imitation ; là la tradition est une loi immuable, le niveau intelligenciel est parfait, la marche humanitaire est uniforme et systématique : cela rappelle les castors, les abeilles, les fourmis qui ont des instincts bien précis et si parfaitement réglés que leur vie active est rigoureusement tracée à l'avance et protégée par leur union absolue et solidaire.

— Le troupeau des imitateurs est innombrable et se multiplie indéfiniment par lui-même.

— L'esprit d'imitation suppose le vide; puisqu'on ne sait que prendre chez les autres, on n'est donc jamais qu'une copie et souvent qu'une copie en mal ! La meilleure manière de se faire estimer, quand on se sent moral et probe, c'est de rester soi et de ne pas craindre de se donner en exemple.

— Le roman a commencé par chercher à copier la vie réelle, puis l'amour de la singularité s'en mêlant, la vie réelle s'est abaissée jusqu'à copier le roman.

— Une foule de charmantes qualités s'acquièrent par l'usage et l'imitation, car dans le vrai nous sommes par l'imitation plus de la moitié de ce que nous sommes : le grand point est, de choisir de bons modèles et de les étudier avec soin ; les hommes contractent insensiblement, non seulement l'air, les manières et les vices de ceux qu'ils fréquentent habituellement, mais leurs vertus et leur façon de penser ; cette contagion inévitable de la société nous prouve de quelle nécessité il est pour nous de choisir la meilleure et de fuir les autres, car dans chacune il y aura quelque chose qui déteindra sur nous.

— L'imitation fait la moitié de l'éducation, c'est à dire la moitié de ce qu'est l'homme, car insensiblement on prend le geste, le ton, l'accent, les manières, les qualités, les défauts, les vices et les vertus de ceux qu'on voit habituellement. Cette observation nous amène à conseiller de procéder par ce moyen puissant dans l'éducation des enfants inintelligents, inattentifs et incapables d'apprendre autrement ; placez-les dans un milieu convenable et, comme la température du corps tend à se niveler avec la nature et l'air ambiants, de même l'individu se rapprochera insensiblement de ceux qu'il voit le plus longtemps et le plus souvent, ce sera là un mode puissant d'éducation, celui qui pourra réussir, là même où tout autre aurait échoué.

IMITATION DE JÉSUS-CHRIST. — On attribua longtemps l'imitation de Jésus-Christ à Jean Gerson, l'un des plus savants théologiens de l'Université de Paris : Aimé Martin a discuté et cherché à éclairer cette question et il s'est prononcé pour l'affirmative, mais avant lui l'opinion la mieux justifiée, c'est qu'elle était l'œuvre d'un moine allemand du diocèse de Cologne, Thomas a Kempis, mort en 1471, dans le couvent de chanoines où il avait fait son travail et d'où il n'était pas sorti, il avait donné son nom à d'autres œuvres du même genre et du même style, ainsi : *le Soliloque d'une âme, les Soupirs d'une âme pénitente, Encouragements à la spiritualité, la Vallée des lys, les Trois tabernacles...* Le père Valette, son admirateur et son traducteur, car il écrivait en latin, le signale comme l'auteur de *l'Imitation* et des autres ouvrages paraissant faire suite à *l'Imitation*. Quoiqu'il en soit, le doute persiste, et c'est avec les poésies d'Ossian et les lettres de Junius les trois principaux exemples de génies restés inconnus.

— *L'Imitation de Jésus-Christ*, sublime gémissement des siècles de souffrance, révèle une âme douce et ulcérée, cherchant une consolation en Dieu et attendant son repos d'un monde meilleur ardemment espéré.

— Ce livre divin fait l'admiration et le bonheur de tous les catholiques fervents et passionnés, c'est la pensée du Christ, c'est la morale la plus pure et la plus humanitaire, c'est la quintescence de la religion chrétienne.

IMMORTALITÉ DE L'AME. — L'idée d'une autre vie paraît une révélation divine aux uns, un roman vaniteux aux autres, à tous une espérance heureuse, puisqu'elle est moralisante et devient une ardente incitation au bien.

— Tout passe, tout meurt, tout s'efface sur la terre, dans cette misérable vie humaine, mais tout renaît resplendissant et éternel, même le passé, la vie de la famille et les affections avec la croyance en Dieu et à l'immortalité de l'âme !

— L'homme intelligent, qu'il sache ou ne sache pas qu'il est éternel, sait être patient; espérance et patience sont sa sage devise, et ses actions sont dans le même sens.

— Les anciens croyaient à l'immortalité de l'âme et au retour sur la terre
« D'une âme aux lieux par elle autrefois habités. »
La famille vivante était donc entourée de toutes les âmes de ses ancêtres lui faisant cortége, la protégeant, la conseillant pour la maintenir dans la voie du bien, la retrouver enfin dans une autre vie, pure de toute tache et de la plus petite souillure. Le mot nymphe, qui vient de l'hébreu, signifie âme, les nymphes si nombreuses partout, dans les croyances payennes indiquaient donc les âmes des ancêtres, la protection des vivants, les dieux invisibles de la famille.

— Quelle consolation de penser que ceux que nous avons perdus et que nous regrettons sont, en esprit, au milieu de nous comme s'ils y vivaient encore, qu'ils nous écoutent, nous entendent, nous conseillent, plus que cela encore, nous protégent et nous attendent.

— L'aurore annonce aussi sûrement le soleil que le pressentiment et la foi annoncent l'immortalité de l'âme.

— Le monde et la vie ne seraient qu'une prison sans cette prescience qui nous révèle l'immortalité de l'âme.

— Il y a deux sortes d'immortalité : la bonne, celle du bien et du beau, la mauvaise celle du vice et du mal; la seconde qui flétrit un nom odieux est la confirmation de la première qui fait resplendir un nom honorable. Mais pour certains esprits exaltés et orgueilleux, la seconde est un encouragement au mal : Les Lacénaires sont nombreux, ne pouvant avoir la célébrité du bien ils visent, comme Zoïle et Érostrate à la célébrité du mal !

IMMORALITÉ. — Nos mœurs ne s'améliorent pas, elles se voilent pour se faire tolérer : lorsque l'immoralité se fait décente c'est qu'elle est acceptée, c'est qu'elle passe de l'état de contravention à celui de tolérance et de liberté.

— L'immoralité et l'incrédulité sont la semence, la cause, la racine des révolutions, cent fois plus terribles et meurtrières que les pestes.

— L'immoralité la plus dangereuse est celle qui est sans passion, sans cause et sans résultat : c'est un dévergondage sans nom plutôt de l'esprit que des sens, plus contagieux et plus funeste dès lors.

— La régence fut l'époque de la plus profonde immoralité, les plus désastreux exemples étaient donnés par le chef de l'État et le monde de la cour, de l'armée, du clergé, de la magistrature même : l'abbé de Voisenon louait en pleine Académie les amours de la Favart et du maréchal de Saxe ; le président de Meslay était surpris tout nu avec une danseuse sans chemise dans une loge d'avant-scène à l'Opéra ; l'odieux, l'ignominieux, l'atroce marquis de Sade, favorisé du régent, publiait ses expériences pratiques de la bestialité la plus éhontée dans des livres empoisonneurs qui circulaient librement dans les salons et les boudoirs de la cour !

IMPARTIALITÉ. — Qualité rare et supérieure qui est la conscience et la lumière de l'esprit.

IMPRESSIONNABILITÉ. — Certains hommes d'une nature délicate, féminine et impressionnable, sont portés à exagérer tous leurs sentiments, d'autres sont tellement affectables que ni leur voix, ni leurs yeux ne peuvent garder le secret de leur cœur.

— Si l'homme est de feu, la femme est de poudre la plus inflammable et tout contact opère une détente nerveuse qui devient un danger.

— Une impression profonde produit toujours une espèce de saisissement et de secousse, suivis d'un recueillement sérieux et persistant : il semble que ce soit un coup de foudre destiné à laisser une trace impérissable.

— Personne n'est plus impressionnable que les enfants ; le même moyen les entraîne, les calme, les fascine : un tambour va les faire aligner, marcher au pas et en mesure, la musique les fera danser, la sensation sera la même pour tous, tous céderont à l'entraînement général et commun.

IMPROVISATION. — Démosthènes et Cicéron n'improvisaient pas, ils écrivaient ou préparaient leurs discours et refusaient d'improviser, et de parler sans préparation. Ce ne fut que plus tard que les rhéteurs se firent gloire d'improviser.

L'improvisation amena la décadence de l'éloquence. Apulée, en Afrique, écrivait d'inspiration en vers ou en prose, en latin ou en grec.

— Les conversations les plus brillantes sont celles qu'on a le plus étudiées à l'avance, les plus jolis impromptus sont ceux qui sont faits et refaits depuis quelques jours et les plus belles improvisations parlementaires sont souvent apprises et répétées pendant un mois. C'est là l'histoire et l'explication de bien des éloquences.

— Je vous demande un mois, disait un improvisateur, pour improviser ma réponse, car je pourrais aussi bien vous débiter de souvenir une improvisation ancienne !

— Un impromptu célèbre par son succès, fut celui du marquis de St-Aulaire, âgé de plus de quatre-vingts ans, en réponse à madame la duchesse du Maine, dans les jeux de la cour :

> La divinité qui s'amuse
> A me demander mon secret,
> Si j'étais Apollon ne serait pas ma muse,
> Elle serait Thétis et le jour finirait !

IMPIÉTÉ. — L'impie est mort, même pendant sa vie, car il n'est estimé de personne. L'homme pieux, au contraire, vit, même après sa mort, dans l'estime et le souvenir de tous.

— L'impie, l'homme vicieux ou taré, s'affranchissent du joug austère que ne sauraient supporter le vice et la dépravation ; ils rejettent le culte et la loi, ils osent même aller jusqu'à nier l'existence d'un être suprême.

— Sous la restauration, le trône s'étant fait exagérément dévot, l'impiété était devenue une formule d'opposition ; c'est ainsi qu'un excès en commande impérieusement ou maladroitement un autre.

IMPOSSIBILITÉ. — Certains caractères audacieux aiment les obstacles et les impossibilités. L'impossible est en général la passion des femmes et la tentation des hommes orgueilleux.

IMPOSTEURS. — Personne avant Talleyrand n'avait tenté de réhabiliter le mensonge ; mais les imposteurs n'ont cependant jamais manqué à l'histoire : depuis Socrate qui faisait croire à son génie familier, comme Numa à sa nymphe Égérie, Alexandre à son origine divine, chaque peuple a eu ses charlatans, chaque royauté ses prétendants ; que de Louis XVII n'avons-nous pas vu surgir ? La bêtise et la crédulité populaires sont des mines inépuisables, et il n'est pas étonnant que les trompeurs se laissent tenter !

— Toutes les impostures sont honteuses, n'affectez donc pas un savoir que vous n'avez pas, c'est une vanité qui pourrait d'ailleurs être punie par la honte d'être démasquée.

Impôts. — Le principe fondamental de l'impôt, c'est que le *producteur doit payer à l'État la sécurit*é que celui-ci lui promet.

— L'impôt est une cotisation commune pour assurer l'ordre, la sécurité, la liberté, le bien-être de tous. Point de propriété sans liberté, point de liberté sans sûreté ; tous les propriétaires ne peuvent être tenus de veiller à leur sûreté, cette charge revient au pouvoir suprême, au souverain. L'impôt est le prix de la sécurité et quand il atteint ce but il est bien employé et reste un bienfait au lieu d'une charge.

— Les trois producteurs de l'impôt sont la terre, le capital, et le travail sous ses formes si variées, si infinies.

— L'impôt présente trois dangers : son exagération, l'injustice de l'inégalité, l'inflexibilité, la dureté de la perception. Ajoutez les prévarications, les détournements, les cumuls, les gratifications excessives, tous les abus enfin si audacieusement et si impunément pratiqués sous le second Empire.

— Tout est matière à impôts énormes : la terre qui fournit tout par le travail ne devrait rien payer, mais après avoir payé le droit de produire elle ne devrait pas au moins être imposée sur sa production ! Les anciens servages ont disparu, on ne paie plus la gabelle ni la dîme, non, mais on paie dix fois plus sous dix impôts plus lourds les uns que les autres : on paie en outre les impôts communaux, les octrois, les prestations, les impôts départementaux et les centimes additionnels sans limitation, les impôts foncier, mobilier, des portes et fenêtres, des patentes, des chiens, des chevaux et voitures, de la chasse, même sur ses terres, des douanes ; les *quatre* impôts sur les vins, et alcools, l'enregistrement sur tous les actes, les droits de mutation après décès, plus encore, l'impôt du sang, la conscription, l'impôt le plus cruel de tous !

— L'impôt a le tort de demander l'argent où il manque absolument, à la terre, alors qu'il le laisse là où il abonde, au négoce, (industrie et banque). *C'est l'impôt foncier qui ruine notre agriculture*: le budget s'enrichirait en le transformant !

Puisque c'est la terre si coûteuse à acheter, à fertiliser, à cultiver, qui nourrit, vêtit, abrite l'homme, la terre devrait être exemptée d'impôts dans l'intérêt de la subsistance même et des besoins de l'humanité; et c'est l'idée contraire et extravagante qui a prévalu! L'impôt vient la frapper et la ruiner. N'est-ce pas l'histoire de la poule aux œufs d'or ? Dupont de Nemours.

— L'impôt direct, payé par l'agriculture, est le plus lourd, car il est permanent, incessant et toujours réclamé de droit par douzièmes, c'est-à-dire deux, quatre, six, douze fois par an, à jour fixe. L'impôt direct est l'impôt des temps primitifs, aujourd'hui des seuls pays barbares et arriérés : l'Espagne, l'Égypte, l'Afrique, l'Orient, la Turquie.

— L'impôt, lorsqu'il pèse exclusivement sur la propriété foncière, l'épuise, la paralyse et lui enlève tous ses moyens d'amélioration en la privant *lentement* mais *sûrement*, de son capital !

— Imposer la terre n'est-ce pas imposer le premier de tous les besoins, la faim le plus insatiable de tous, car il est permanent et continu :

— C'est parce qu'il n'y a pas réellement en Angleterre d'impôt foncier que l'agriculture anglaise est si supérieure à la nôtre : Pitt a *racheté* l'impôt foncier vingt millions de livres sterling (cinq cent vingt-cinq millions de francs) ! En France, l'impôt foncier est de deux cent quatre-vingt millions, ajoutez les portes et fenêtres, le mobilier, les patentes, les droits de donation, de succession, etc., et vous aurez une somme énorme !

— Les impôts exagérés comme ils le sont en France, sont une ruine et sûrement les précurseurs de la banqueroute.

— Les questions d'impôts dans les états modernes si imposés, sont des questions dangereuses : c'est remuer de la poudre ; il faut donc n'y pas toucher, laisser la question en repos et vivre de ce qui est, car diminuer ou supprimer c'est obliger à remplacer, alors quelles difficultés, quelles luttes, quelles guerres, et, ce qui est encore plus redoutable, quelles révolutions !

— Sous les anciennes dynasties, les impôts directs, la taille et la capitation... étaient perçus par les receveurs généraux ; les impôts indirects, les gabelles grandes, petites, locales, le tabac, les octrois, de Paris et des grandes villes, les traites, les aides et, toutes les autres taxes étaient perçues par des fermiers généraux qui ne rendaient à l'État que le tiers de ce qu'ils recevaient. Le revenu public était donc réduit à peu de chose ; le roi puisait à pleines mains et sans contrôle dans les caisses de l'État : c'était d'abord pour payer les énormes dépenses de sa maison, les salaires de la cour, les constructions, la solde de l'armée, les frais de chasse, de guerre, etc. Louis XIV dépassa tous ses prédécesseurs en luxe et en dépenses folles, Richelieu sous Louis XIII, avait déjà commencé la ruine de la France, Mazarin l'acheva !

— Du temps de la dîme, on évaluait tous les impôts à deux cent dix millions de livres et aujourd'hui la France paie dix fois plus sans compter les impôts communaux et départementaux, ce qui équivaut à quinze fois plus !

— En 1864, on calculait que sur quarante millions d'habitants, l'impôt atteignait 45 centimes par personne, femmes et enfants, et en comptant les octrois, les prestations, les centimes additionnels, l'impôt dépasserait 75 centimes par tête.

— L'impôt indirect est celui qui est le plus léger et le plus productif tout à la fois ; il est payé sans qu'on s'en doute, le percepteur est invisible et le contribuable n'a jamais entrevu un porteur de contraintes qui n'existe que pour les impôts directs. L'impôt indirect a le crédit pour ressource, on paie quand on peut payer, il est presque volontaire et plus que journalier ; aussi ne peut-on l'exagérer, il doit être insensible, autrement il disparaît ; on le paie deux, six, dix fois par jour, par fraction d'un centime, alors qu'on a de l'argent et qu'on achète ! C'est le marchand qui en est le percepteur et ce qu'il y a de mieux c'est que le percepteur et le contribuable l'ignorent eux-mêmes ! L'impôt direct devrait donc être supprimé car il est odieux par lui-même puisque lorsqu'il a ruiné le contribuable et que celui-ci ne peut le payer, il faut exproprier la maison, la ferme, tous les accessoires et la terre elle-même.

— La multiplicité des petits impôts indirects est la plus sûre ressource des pays civilisés, libres et riches. Le tabac, la poudre, le papier timbré, les douanes, le sel, les quatre droits sur le vin et l'alcool, l'enregistrement, les patentes, les portes et fenêtres, les passe-ports, ports d'armes, le dixième des octrois, le droit de place sur les marchés, etc.

— Tous les gouvernements français cherchent à favoriser et à se concilier le peuple des villes manufacturières ; serait-ce pas ce qu'il est le plus criard, le plus menaçant pour la tranquilité publique, le mieux rétribué, le mieux nourri, le mieux logé, le moins nombreux et le moins méritant ? C'est cependant le contraire qui devrait exister !

— L'impôt doit frapper sur le produit réel, pas même sur le produit moyen ; autrement ce serait écraser la petite ou la grande propriété industrieuse et active, ce serait frapper le capital engagé, le travail en excédant ; ce serait arrêter le progrès au lieu de l'encourager ; ce serait primer la routine, l'incurie, la paresse : il ne faut donc avoir aucun égard aux baux, contrats de rentes, relevés statistiques, avant d'en avoir contrôlé la probabilité et la possibilité.

— L'impôt progressif, même le plus modéré dans sa progression, arrive *tout droit et forcément à la confiscation de la propriété.*

— Si un impôt de luxe devait être productif on devrait en essayer ; on y a pensé déjà pendant la première révolution, mais la réflexion en a fait écarter le projet, car en France la classe riche est si peu nombreuse que l'impôt ne produirait rien et ferait un mal énorme aux fabricants d'objets de luxe si nombreux. En Angleterre où l'opulence est dix fois supérieure à la nôtre, l'impôt sur le luxe a produit trente millions, il n'en produirait pas huit en France, et il tuerait le luxe qui fait vivre cinq cent mille ouvriers.

IMPRIMERIE. — La découverte de l'imprimerie fut le plus grand événement des temps modernes, elle créa, pour le monde entier, la circulation de la pensée à l'imitation de la circulation du sang dans le corps de l'homme et de la lumière du soleil sur l'univers entier : la pensée est en effet le sang le plus subtil de l'humanité sa force la plus grande, son moyen le plus énergique, elle devait rompre toutes les chaînes et briser toutes les pressions ; le journalisme vint décupler son pouvoir.

— L'imprimerie, après avoir laissé figer en quelques sorte la pensée dans ses caractères d'airain, la fixa dans des masses de livres reproduits à bas prix et par milliers dans un seul jour : la pensée complète, logique, armée tout d'une pièce, se produisit donc sans qu'il fut possible de l'arrêter, d'où cette conséquence, la liberté politique et la liberté de la parole imprimée.

— L'imprimerie est, sans conteste, la plus puissante, la plus utile, la plus moralisante des inventions humaines ! Mais l'abus, nous le reconnaissons, pourra faire presque autant de mal qu'elle a pu faire de bien : car c'est une arme à deux tranchants : *caveant consuli !*

— L'imprimerie a fait beaucoup pour étendre l'étude des sciences et pour la vulgarisation des chefs-d'œuvre, mais elle n'a rien fait pour leur multiplication, au contraire elle a pu en arrêter le nombre en leur donnant moins de prix, ainsi Platon avoue qu'il copia cinq fois les discours de Démosthènes, ce qui dut lui faire bien mieux connaître que s'il n'eut fait que les lire.

— La France, et particulièrement Paris a des imprimeries géantes ; l'imprimerie Nationale, l'imprimerie Plon, l'imprimerie Dupont, et en outre les deux ou trois cents journaux qui absorbent deux ou trois mille presses marchant jour et nuit, et à la vapeur. On imprime en plus à Paris, quinze ou vingt volumes par jour, ajoutez les dessins, les gravures, les lithographies, etc., et vous comprendrez combien de millions de feuilles, entrées blanches le matin, sortent le soir imprimées de ces ardentes machines que la vapeur anime. Et tout cela, journaux, livres, musique, gravures, dessins, lithographies, ne sont pas de nature inerte et matérielle : œuvres de l'intelligence humaine, elles participent de la nature humaine, puisqu'elles en reflètent et reproduisent la pensée, le génie la passion. Leur puissance, leur action, sont immenses puisqu'elles vont influencer, peut-être même transformer le monde, décider de la guerre ou de la paix, détruire ou créer des nationalités, des philosophies, des religions, décider enfin du sort des peuples et de l'avenir de l'humanité c'est-à-dire du monde entier !

IMPUDENCE. — Celui qui viole de gaieté de cœur l'honnêteté publique est évidemment un être vicieux, avec cette aggravation qu'il quitte le masque, s'enorgueillit de sa honte et jette un défi aux lois et à la société en bravant et en menaçant l'opinion !

IMPUDEUR. — De tous les vices qui changent la nature de la femme, l'impudeur est celui qui l'avilit le plus, car le principal charme de la femme est dans sa retenue et sa modestie ; l'impudeur est dans les actions ou dans le langage : ordinairement l'un est la conséquence de l'autre !

— L'impudeur est mille fois plus dangereuse que l'hypocrisie, car l'hypocrisie cache ce que l'impudeur a le tort et l'audace de vouloir montrer.

INATTENTION. — Si votre ami écoute vos confidences avec indifférence et distraitement, ne les renouvelez pas, il n'est pas digne de votre confiance et de votre amitié, car si son affection répondait à la vôtre il vous écouterait avec attention, intelligence et passion.

INCERTITUDE. — Si nous ne sommes jamais ni tout à fait sincères, ni tout à fait de mauvaise foi, c'est que nous manquons de cette grandeur de caractère qui ne laisse jamais place à l'incertitude : nous agissons trop souvent par calcul, par faiblesse, par timidité ou prudence et rarement en suivant la règle unique de la vérité et de la sagesse.

— Dans les grandes incertitudes on obtient le repos, non par une résolution prise, mais par une résolution accomplie, ce qui est fait ne permettant plus de délibérer sur ce qui est à faire !

INCRÉDULITÉ. — En France, la classe la plus incrédule, quoique n'affectant pas l'irréligion, est la classe la plus instruite, la bourgeoisie riche et indépendante, l'aristocratie libérale.

— L'incrédulité porte sa peine avec elle : si l'homme religieux ne voit dans la mort de ses parents et de ses amis, qu'une courte séparation devant être suivie d'une réunion éternelle et heureuse, l'homme incrédule, au contraire, y trouve une perte cruelle, absolue, une éternelle séparation !

— Que de vieillards sceptiques qui exagèrent leur incrédulité lorsqu'ils approchent du terme de leur vie, comme feraient des poltrons ne chantant jamais si haut que lorsqu'ils ont peur de la nuit et de ses ombres !

— Celui qui ne croit à rien arrive devant la tombe avec désespoir, car il n'est pas soutenu par les plus grandes, les plus consolantes pensées de l'humanité.

— Le cachet de l'esprit du XVIIIe siècle est l'incrédulité avec Voltaire, Diderot, Dalembert, Rousseau et d'Holbach surtout ! etc...

— Ne pas croire et douter de tout, c'est le contraire de savoir et de science, c'est, disons le mot, ignorer et ignorance : combien de philosophes sceptiques et ergoteurs qui, dans leurs ouvrages, posent plus de points d'interrogation qu'ils n'expriment d'idées. C'est en effet plus facile !

— Certaines natures méditatives et sévères, exercent de fait dans la société, les fonctions moralisantes du prêtre et cela bien utilement, car dans notre siècle déshérité de foi, on voit, on connaît, on estime le prêtre, mais on ne s'aperçoit pas assez de son influence.

INCOME-TAX (l') (taxe sur le revenu) — fut créée par les besoins de la guerre anglaise sous Pitt, reprise par Robert Peel pour trois ans au droit de 3 pour cent, mais avec exemption pour les revenus au-dessous de 150 livres sterling, (3,750 francs). En 1855, guerre de Russie, cette exemption fut restreinte à 100 livres, (2,500 francs). C'est, suivant lord Gladstone, une arme de guerre !

INCONSÉQUENCE. — Infraction aux règles de conduite admises et acceptées ; c'est un accroc, un contre-sens à la logique des faits et des habitudes : un caractère inconséquent n'inspire et ne doit inspirer aucune confiance !

— Les jeunes gens sont si peu conséquents que ceux-là mêmes qui souffléteraient celui qui parlerait mal de leur mère ou de leur sœur, écoutent avec complaisance ou se permettent eux-mêmes les propos les plus inconvenants sur la sagesse des femmes.

INCONSISTENCE. — Le cœur d'une femme peut être plein de force dans un moment et plein de faiblesse dans un autre ; l'inconsistance est un défaut qui est presque inhérent au sexe faible.

INCONSTANCE. — Le défaut de persévérance, l'amour du changement, ne peuvent avoir que de mauvais résultats, un homme dont l'esprit ne s'arrête à rien, qui court toujours d'un sujet à un autre, révèle l'inconstance, l'inconsistance et la futilité de sa nature.

— L'inconstance naît de la faiblesse de caractère, de l'absence de principes et de règles : en amour c'est la légèreté, la mobilité, le caprice ; dans les affections du cœur c'est le plus grand des défauts ; dans le mariage l'inconstance de l'un des époux devient un effroyable malheur !

— Tout ce qui est beau et bon perd son charme dans un trop long usage : la plus belle voix, la musique la plus harmonieuse, la poésie la plus éclatante, le plus beau paysage, tout cela répété perd insensiblement de sa valeur.

On se dégoûte même du miel. PINDARE.

Le miel était, on le voit, dans l'antiquité, le plus apprécié des aliments, parce qu'on n'avait pas encore inventé le sucre.

INCONVÉNIENTS DE LA VIE. — Ce qu'il faut étudier dans les obstacles, dans les tribulations, dans les inconvénients de la vie, ce sont leurs causes pour arriver à leurs remèdes ou à leurs palliatifs.

Inde. — L'Inde fut évidemment le berceau du monde et de l'humanité, elle était habitée et florissante deux à trois mille ans avant Jésus-Christ ; l'instruction y était peu répandue, l'intelligence humaine fort bornée ; Wishnou en fut le Dieu et le législateur, les livres religieux de l'Inde disent qu'il passa successivement par sept grandes incarnations : poisson, tortue, sanglier, lion, brame noir, homme, enfin en Rama ou Dieu.

Les autres dieux étaient Brama et Schiwa.

— Le fond de la religion Indoue est la croyance à un être suprême, à l'immortalité de l'âme, à la récompense de la vertu dans une autre vie : elle prêche toutes les vertus que recommande le christianisme, seulement la forme extérieure est barbare et blessante, tandis que la loi chrétienne a des croyances et des cérémonies touchantes et pleines de majesté.

— Les Indiens détestent les Européens parce qu'ils bravent leurs idées religieuses en tuant et mangeant leurs animaux sacrés, la vache et le bœuf, en buvant de l'eau-de-vie, en entrant et se tenant irrévérencieusement dans leurs temples... Ils accepteraient cependant encore l'asservissement, *la chose unique* que combattraient nos civilisations européennes ! Ils sont inoffensifs et si doux qu'ils ne tuent aucune bête et qu'ils ont des hôpitaux publics pour les animaux malades. Avec des maîtres raisonnables ils seraient les sujets les plus obéissants et les plus soumis, mais l'Angleterre est impitoyable ! En échange des milliards que lui produisent annuellement les Indiens, elle leur a donné le goût de l'opium qui les idiotise et qu'elle leur vend si cher qu'elle y gagne plus d'un milliard par an. Elle les a proclamés libres, mais ils sont les plus misérables de tous les hommes, écrasés qu'ils sont par une série d'oppressions et par des impôts exorbitants !

— Les Indiens divisent l'année par le nombre de lunes et ils ont :

La lune des oies, janvier ;
La lune des corbeaux, février ;
La lune des fraises, avril ;
La lune des cerises, juin ;
La lune des pêches, fin juillet ;
La lune des raisins, septembre ;
La lune des marrons, octobre ;
La lune des buffles, novembre ;
La lune des frimats, décembre.

— Les Indiens n'ont pas de jours fériés ou de repos fixes dans la semaine, comme chez nous le dimanche ; ils n'ont que des fêtes périodiques qui durent plusieurs jours : ainsi, celle du nouvel an, qui commence le 11 avril et dont le divertissement principal consiste à se barbouiller le visage de toutes les couleurs et à courir dans les rues au son de la musique, ce qui rappelle parfaitement nos mascarades carnavalesques et populassières.

— Le sort des femmes Indiennes est assez triste : dès leur plus bas âge les jeunes filles sont fiancées et deviennent veuves si le fiancé vient à mourir ! A ce titre elles ne peuvent plus se remarier, elles sont donc placées en dehors de la société et sont condamnées à la vie méprisée des courtisanes : la croyance religieuse est que c'est une punition méritée, ce qui est une superstition aussi injuste que déplorable !

Les veuves, encore aujourd'hui, se brûlent sur un bûcher à côté du cadavre de leurs maris et cela dans les possessions anglaises, quoique le gouvernement anglais ait tout fait, dit-on ! (mais cela n'est pas vrai !) pour détruire cet usage atroce et cruel.

— La végétation de l'Inde est de la plus grande richesse, elle a des forêts entières de cocotiers qui atteignent jusqu'à vingt-cinq mètres de hauteur ; on peut dire que le cocotier est *l'arbre le plus productif du monde*, puisqu'il fournit des fruits énormes très-nourrissants, de l'huile excellente à manger et à brûler, une boisson douce et hygiénique se transformant en liqueur alcoolique ; enfin l'enveloppe filandreuse de la coque donne un produit textile servant à faire d'excellents cables et même des étoffes.

— Le pavot se cultive sur les bords du Gange comme le tabac se cultive en France, sous la surveillance d'un employé du gouvernement qui en fixe le prix.

— L'Angleterre reconnaît que l'Inde, malgré les immenses richesses qu'elle en tire, lui coûte beaucoup et qu'elle ne rapporte pas dans la proportion des sacrifices qu'on lui fait et de la force qu'*elle paralyse* : voilà pourquoi elle avoue qu'elle trouverait plus d'avantages à exploiter une nation étrangère qu'à la soumettre ! Il est donc probable, que, comme on l'a dit, l'Angleterre a salarié et sera toujours disposée à salarier la promotion du libre échange, tant elle gagne sur la liberté absolue du commerce et des mers !

— Dans les possessions anglaises, qui embrassent une grande partie de l'Inde (Indes Orientales), les villes les plus remarquables et les plus commerçantes, sont Calcutta, capitale du Bengale, grande et belle ville, résidence du gouverneur général des Indes qui y occupe un palais splendide; toutes les habitations anglaises y sont fort belles et séparées les unes des autres par des jardins, des cours, des vergers, des parcs : cette disposition est commandée par la chaleur excessive du climat et le besoin d'une aération plus grande. Madras est moins belle et moins importante, mais vue de la mer elle a cependant un aspect grandiose ; de belles rangées de maisons à colonnades dont la monotonie est interrompue par des arbres gigantesques et verdoyants, par des mosquées aux blancs minarets, par les aiguilles ou pyramides des temples Indous, donnent à cette ville un cachet étrange d'antique et de moderne civilisation. Bénarès, sur le Gange, est la plus peuplée des trois, c'est la ville sacrée des Indiens, elle est pour eux comme la Mecque pour les Mahométans, Jérusalem pour les juifs, Jérusalem et Rome pour les chrétiens ; elle reçoit par an de trois à quatre cent mille pèlerins, elle renferme un grand nombre d'antiquités remarquables, ses constructions sont d'un effet aussi curieux que pittoresque, car à côté de l'architecture indienne si lourde et si massive, se placent des mosquées, des habitations, des palais dans le style mauresque, si gracieux, si élégant, si léger; l'intérieur de la ville avec ses maisons couvertes de sculptures en bois ou en pierre, rappelle Venise la belle.

— Dans l'Inde, il y a sur le bord des fleuves, des maisons mortuaires où on dépose les malades abandonnés par les médecins ; une fois là, on ne leur donne plus que de l'eau, et souvent même pour en finir avec eux, on remplit de vase leur bouche et leur nez, et une fois morts ou crus morts, on les porte sur le bûcher ! car, dans l'Inde, le feu purifie tout.

— La langue des Indiens instruits est le sanscrit, mais ils ont quatre principaux idiomes, souvent confondus entre eux: le sanscrit, le plus parfait de tous et qui a produit la plus riche littérature, le prakrit, le paisachi ou apadhransa et le magadhi ou misra ; le sanscrit qui est aujourd'hui une langue morte était la langue des bramines; les savants affirment que le sanscrit est la langue fondamentale et primitive, en ce qu'elle renferme la voyelle radicale de toutes les langues de l'Europe et prouve avec beaucoup de clarté l'affinité que toutes ces langues ont entre elles. Les trois autres idiomes ont produit un grand nombre de dialectes changeant avec les provinces dans lesquelles ils sont parlés.

— Les Indiens d'Amérique ne sont pas des nègres, ce sont des peuplades inoffensives d'abord et que le Nord a refoulées constamment vers les bois où elles ne font que se défendre. C'est une chasse et une tuerie de la part d'hommes qui professent cependant rigoureusement la religion du Christ ; la même contradiction existe dans leur conduite vis-à-vis des noirs : au nom de la religion et de la dignité humaine ils ont poursuivi dans une guerre atroce l'affranchissement des noirs et la suppression de l'esclavage, et cependant lorsqu'ils rencontrent dans la rue non pas seulement un esclave noir, mais un noir libre, ayant conquis honorablement sa liberté et sa fortune par le travail, ils le traitent comme une bête immonde, le chassent des restaurants, des tables d'hôte, des salles de spectacle et même des omnibus.

INDÉCISION. — La rapidité dans la décision à prendre et dans l'exécution est un des éléments les plus constitutifs de la victoire : c'est par là que se distinguèrent les grands conquérants, Cyrus, Alexandre, César, Charlemagne, Napoléon. Un moment d'indécision dans le cours de la bataille risque de la faire perdre, tandis que la résolution rapide commande et enlève la victoire !

— L'indécision est toujours la conséquence d'un esprit borné ou d'un sens faux ; elle fait le tourment continu de la vie !

Indépendance. — Une obligation périodique, quelque légère qu'elle soit, est toujours un joug et le moindre joug est insupportable aux caractères indépendants, ce qui équivaut à dire aux nobles caractères : l'indépendance est donc le premier besoin de l'homme, la première satisfaction de son esprit, la qualité qui engendre sa force et justifie le plus son orgueil.

— Il faut avoir dans la fortune cette noble indépendance de l'aisance qui élève assez l'homme pour le rendre libre et pas assez pour le rendre orgueilleux.

— L'indépendance est dans les instincts de tous les hommes et cependant l'esclavage est leur destinée la plus commune : c'est là une effrayante et inexpliquée contradiction !

— L'indépendance est la dignité de l'homme, c'est son honneur, c'est son plus grand mérite, aussi l'accuser de servilisme est la suprême injure qu'on puisse lui adresser, car le servilisme est la suppression de l'homme et son avilissement.

— La vigoureuse et douce indépendance de la fortune suffit au bonheur de l'homme qui sait s'en contenter.

— Quel est l'homme qui n'a pas rêvé l'indépendance absolue dans sa vie ? C'est cependant une chose impossible, car la vie la plus affranchie par la position, la fortune, l'estime de tous, est encore soumise à une foule de personnes, de choses et de puissances avec lesquelles il faut compter.

— Les grands et les rois se défient instinctivement de ceux qui, ne demandant rien, réservent par là leur indépendance.

Indigence. — Celui qui pourrait jouir des avantages de l'indigence sans souffrir de ses privations, serait le plus libre et le plus indépendant des hommes, c'est à l'étude et à la méditation surtout que cette insouciance d'esprit pourrait apporter le plus grand secours.

— L'indigence du peuple est la cause de tous ses vices, c'est cette indigence qui alimente les maisons de prostitution, les tripots, qui fait les courtisanes, les filous, les escrocs, les voleurs et les brigands ; tous les vices enfin qui, ne pouvant vivre par la vertu, cherchent leur existence dans la corruption et le crime.

L'indigence a ses infirmités, elle enseigne le mal par la voix du besoin.   Euripide.

— Il ne faut pas confondre le droit à l'aumône de l'indigent malade avec le droit au travail de l'indigent robuste, le droit du premier est écrit dans tous les cœurs bienfaisants, la prétention du second est un vice révolutionnaire et anti-social.

Indigotier (l'), — arbuste de moins d'un mètre de hauteur, à feuilles délicates et d'un vert bleu, on en coupe les branches au mois d'août, on les lie, on les empile dans de grandes tonnes qu'on charge de pierres et on verse par dessus de l'eau qui doit un peu surnager. Après une fermentation modérée, l'eau devient d'un vert foncé ; on la fait couler alors dans des cuves, on y délaie de la chaux, on laisse reposer et on obtient un précipité bleu qu'on enlève après l'écoulement de l'eau et qu'on fait sécher dans des sacs de lin, c'est cette matière durcie qui donne l'indigo que nous employons en Europe et partout pour la teinture en bleu des toiles de chanvre, de lin ou de coton.

Indiscrétion. — Le plus indiscret de nos amis, c'est nous-même, par notre légèreté vaniteuse, inconséquente et aveugle.

— L'indiscrétion dans la conduite ne se tolère pas dans le monde, elle implique un manque complet de sens et d'éducation ; aussi les gens indiscrets et sans gêne sont-ils l'épouvantail et la plaie de la société quand ils n'en sont pas la risée.

Individualité. — Lorsqu'on veut se mettre à la portée des autres hommes, il faut prendre gar de de ne pas sortir de son caractère et de sa personnalité, car ce serait un ridicule qu'ils ne pardonneraient pas.

INDIFFÉRENCE. — Quoi de plus cruel, que cette indifférence enveloppée d'une bienveillance distraite ou mensongère, la désillusion est terrible et peut être mortelle pour un cœur aimant !

— Quelques personnes, pour témoigner leur indifférence, affectent de ne jamais se rappeler le nom de ceux qu'elles veulent humilier : c'est toujours une inconvenance quand ce n'est pas une injure brutale et directe.

— Les personnes les moins aimantes sont celles qui s'inquiètent le plus de connaître les affections des autres, c'est pour elles un sujet d'étude et de critiques.

— L'indifférence mérite tous les noms : l'égoïsme, la froideur, l'insensibilité ; elle fait le vide autour d'elle, tandis que l'affection et le dévouement font l'union et la force et créent la considération et l'amitié.

INDOLENCE. — Les gens paresseux, indolents, ennuyés, ont une formule de temporisation qui les laisse en repos : une chose est pressée, urgente, ils la remettent au lendemain et tous les jours au lendemain jusqu'à ce qu'elle soit oubliée ; c'est une formule qui serait heureuse si on pouvait l'appliquer à la peine, à la maladie, au chagrin et à la douleur.

— L'indolence est un des plus grands obstacles à l'instruction ; l'enfant indolent ne désire rien, ne prend goût à rien ou plutôt est dégoûté de tout ; que faire dans ce cas ? il faut l'animer, l'éveiller, le stimuler, mais sans le fatiguer : c'est par le plaisir et en consultant ses goûts qu'on commencera à l'entraîner...

— Il y a des natures insensibles, indolentes et inertes qui ont besoin d'être toujours aiguillonnées et tenues constamment en éveil et en haleine.

— L'indolence est peut-être le défaut le plus dangereux dans le jeune âge, c'est un obstacle à tout progrès, c'est une espèce de suicide, en ce sens que l'indolence tue toutes les facultés.

INDULGENCE. — Aux yeux du monde le talent est un mérite, mais aux yeux de l'individu l'indulgence en est un plus grand encore !

— L'indulgence est la grâce et le charme le plus séduisant de la vertu.

— L'indulgence est un dérivé de la bienveillance, du bon sens et de la connaissance du monde.

— Une bonne règle est de ne pas supposer le mal où on ne le voit point : on se donne ainsi le mérite de la justice et de l'indulgence.

— Une indulgence extrême serait de la complicité si on prenait la peine de la discuter.

— Nous avons souvent le tort de ne pas avoir pour l'inexpérience et les défauts des enfants toute l'indulgence dont nous avons eu besoin au même âge.

— N'oublions pas que la perfection n'étant pas en nous, il serait injuste de l'exiger chez les autres : nous devons nous contenter des qualités principales et savoir y trouver notre bonheur.

INDUSTRIE. — Les désastres de l'industrie et du commerce deviennent souvent des semences de fortune, l'Angleterre nous l'apprend : c'est à la suite de ses excès de production que ses marchandises, offertes partout à vil prix, ont passé dans les besoins des populations qui sont devenues ainsi les tributaires de l'Angleterre. Le succès a donc suivi le désastre et a donné d'énormes dédommagements, puisqu'il a ouvert à une puissance industrielle des débouchés nouveaux, immenses et imprévus.

— Les industries clandestines ou équivoques, comme la contrebande, ont cela de dangereux qu'elles sont un apprentissage de la fourberie et de la fraude et qu'elles détruisent toute moralité.

— On découvre tous les jours des industries nouvelles et inconnues, fruits de la civilisation ou de la démoralisation : les ramasseurs de bouts de cigares, les fabricants de verre noirci pour exploiter les éclipses de lune, les collectionneurs de timbres-poste...

— L'industrie trop sédentaire, trop enfermée, trop silencieuse, trop absorbée, cherche un contraire et une distraction dans le bruit et l'animation du cabaret, de l'estaminet, du billard, des chansons et des spiritueux, déplorable et trop dangereuse diversion qui impose à l'autorité la surveillance continue, la réglementation rigoureuse des maisons de consommation, des clubs, cercles, cafés et restaurants.

— La plus petite chose en industrie devient, exploitée en grand, une source de fortune : Troyes, en Champagne s'est enrichie avec ses bonnets de coton, Chartres avec ses pains d'épice, Reims avec ses biscuits, Verdun avec ses dragées, Metz ses mirabelles, et ses escargots confits, Bar-le-Duc ses confitures, Nancy ses macarons, mercy ses écrevisses et ses madeleines, Perpignan ses manches de fouets...

—Les mauvaises industries, les mauvaises choses naissent des mauvais temps, tout au moins dans les mauvais jours des nations égarées : ainsi les sociétés par actions, dont Law fut l'inventeur et le vulgarisateur, sont nées sous la régence dissolue du duc d'Orléans; aussi renaissent-elles de nos jours et avec une nouvelle fureur depuis la République et le deuxième Empire avec leur entourage ordinaire de commissions, de pots-de-vin, d'abus de confiance, etc... La France ne connaît que trop les noms des continuateurs de Law : cette plaie est comme la peste, endémique et souvent continue ! C'est la ruine des nations.

— Dans la lutte industrielle engagée entre les nations européennes, y compris les États-Unis, chaque nation y sacrifiera ses classes pauvres. La nation qui pourra le plus longtemps accomplir ce triste sacrifice et le pousser jusqu'à ses dernières limites possibles, paraîtra l'emporter sur les autres, mais cette victoire ne sera que d'un moment : et celle-là conservera la suprématie qui trouvera dans son sol les plus grandes ressources naturelles (c'est le cas de l'Angleterre), ou dans son génie les plus grandes ressources artificielles ; ce pourrait être la position de la France.

— L'Angleterre paraît triompher dans la lutte industrielle parce que ses classes pauvres sont plus nombreuses, leur soumission plus absolue, leur densité, leur concentration plus grandes; parce que la mer et les canaux lui fournissent des voies de transport moins coûteuses, que son capital circulant est plus considérable, son crédit plus élastique et plus puissant, son capital en machines et en navires plus important.

L'Angleterre triomphera dans la première période de la lutte, mais elle succombera dans la deuxième car en définitive ce sera le sol le plus riche et le plus productif qui donnera la victoire au peuple qui le possèdera.

— Tant que la lutte restera entre la main-d'œuvre et le travail, le peuple le plus avancé, c'est-à-dire le premier entré dans cette voie, conservera la tête, mais comme la main-d'œuvre et le travail ne sont le privilége d'aucune nation et appartiennent à toutes, le niveau se fera et l'égalité avec lui.

L'Angleterre, si elle est sûre d'un triomphe momentané, doit être plus assurée encore d'une défaite définitive. Elle sera rattrappée, puis dépassée et perdra bien vite cette puissance abusive du capital.

— A l'appui de ce que nous annonçons, n'avons-nous pas l'exemple des républiques grecques d'abord, italiennes ensuite, puis de l'Espagne et de la Hollande; vaincues successivement les unes par les autres jusqu'à ce que la dernière ait elle-même cédé le sceptre du commerce à l'Angleterre. Toutes étaient cependant mieux placées qu'elle et plus centralement, et leur couronne s'est effeuillée devant cette force vierge des peuples nouveaux. Telle est la loi qui domine les puissances commerciales et maritimes, puissances éphémères et qui n'ont fatalement qu'un temps.

INÉGALITÉ. — Est-il vrai que l'inégalité soit dans la condition humaine, comme elle est déjà dans les aptitudes et l'intelligence ? Le génie reçoit-il la vie comme une couronne, tandis que l'ignorant la reçoit comme un joug ou une peine ?

— L'inégalité doit être la loi du monde puisqu'elle est d'abord la loi naturelle ; chacun veut monter, cela se comprend, personne ne veut descendre. La lutte est là, fort heureusement plus souvent contre les choses que contre les hommes.

— De ce que l'homme est destiné à vivre en société, il en résulte l'inégalité des conditions et des richesses ; à chacun alors selon ses mérites et son travail.

— Les hommes doués de talents littéraires ou autres se plaignent ingénument des inégalités de la fortune, mais ils oublient de se plaindre de l'inégalité même dont ils profitent, celle de l'intelligence, bien supérieure à la fortune !

— L'inégalité est un fait fatal et inévitable, il faut l'accepter et en faire un droit reconnu et à régler ; il faudrait même le réclamer comme indispensable puisqu'il créerait l'émulation dans le travail et les autres vertus.

— Tout est dissemblable dans la nature: les animaux, les végétaux sont inégaux entre eux en taille, en force, en valeur, en santé, en beauté et en qualités de toutes sortes.

— Tout ce qui est extrême, commande l'extrême contraire: là ou il y a des fortunes colossales, on trouve de colossales misères ; le palais commande cinquante chaumières et la mission des gouvernements doit être évidemment de modérer ces cours naturels et de tendre à des répartitions plus égales. Nulle part ces inégalités ne sont si grandes qu'en Angleterre et ne paraissent cependant si bien acceptées, pour les bénéfices qu'elles assurent.

— Partout dans les sociétés modernes, on trouve la vieille démarcation du riche et du pauvre, du noble et du plébéien, de la qualité et de la quantité ; les chemins de fer ont maintenu cette division et la vapeur s'est faite plus rapide pour les trains du riche, les trains express, parce qu'il y avait bénéfice des deux côtés.

— Toute amitié entre gens de position inégale est toujours désavantageuse au parti faible : un grand seigneur se fait suivre de son valet de chambre pour s'en faire servir; un protégé, arrivé seul, est servi par tous et ne sait comment se libérer envers tous.

— Celui qui sait se résigner avec dignité à la position la plus infime eut été certainement à sa place dans la position la plus élevée.

— Il n'est pas mal que le peuple veuille grandir et je l'approuve, pourvu qu'il n'y emploie que de bons moyens.

INEXPÉRIENCE. — Rien de plus dangereux dans la vie que les caractères non encore touchés par les tentations de l'adversité, un triomphe présent leur fait croire à une force qui n'existe pas en eux et la première épreuve les renverse.

INFAILLIBILITÉ. — C'est le propre d'un sot de se croire infaillible : un homme d'esprit se gardera bien de ce travers ; l'expérience de la vie ne lui aura appris que trop souvent combien l'humanité est sujette à se tromper.

INFANTICIDE. — L'infanticide est un crime tellement contraire à la nature, si opposé aux sentiments instinctifs de la mère, qu'on doit en chercher toujours l'explication et l'exécution dans les circonstances atténuantes.

La mère qui tue son enfant est évidemment folle, ou exaltée par le sentiment de la honte, par l'effroi que doit lui inspirer l'avenir de son enfant !

Je ne puis trop appeler l'attention des parquets, des juges et des jurés sur cet effroyable crime, presque toujours excusable par le paroxisme de la douleur, de la honte et de l'effroi. Encore si les terribles condamnations encourues pouvaient produire sur l'opinion et la morale publiques un effet préventif ou modérateur de ce crime moralement impossible, on pourrait excuser les rigueurs judiciaires, mais des exemples trop terribles n'y font rien, le crime ne venant pas de *l'intention*, de *la volonté de la mère*, mais d'impressions extérieures créant l'insanité et la folie furieuse, nous adjurons messieurs les jurés de penser comme nous et de refuser de frapper d'infamie les malheureuses femmes coupables seulement d'un sentiment de honte si exalté, si impétueux, qu'au moment suprême il est devenu folie ; et le crime une fois commis n'a-t-il pas fallu logiquement le nier et le cacher par tous les moyens possibles.

INFÉRIEURS. — Les domestiques, les employés, les obligés, accueillent souvent avec bonheur tout ce qui avilit ceux qui sont placés au-dessus d'eux : ainsi se vengent la vanité et l'envie.

INFIDÈLES. — Pourquoi ce mot infidèles appliqué aux nations non chrétiennes, aux Turcs particulièrement ? Elle n'est pas juste, car n'ayant jamais été chrétiens on ne peut les qualifier d'infidèles. Que les Catholiques donnent cette épithète aux dissidents, aux Protestants chrétiens comme les Grecs, les Luthériens, les Calvinistes, cela se comprend, car après avoir été catholiques ils ont modifié leur foi, ils ont été *infidèles à leur première croyance*. Et encore est-ce un titre que ne méritent pas leurs descendants.

INFIDÉLITÉ. — Dans nos mœurs, *un homme est responsable des fautes de sa femme*: si elle a le déshonneur, il a, lui, le ridicule, cela est-il juste ?... Cela voudrait-il dire, que dans le bon sens public, la femme, si dépendante et si faible, n'est jamais que ce que la fait le mari ?

— Les exemples d'infidélité entre époux sont doublement malheureux : d'abord pour le mal en lui-même, ensuite par leur multiplicité, en ce qu'on s'habitue à l'idée de ces désordres et qu'ils deviennent de moins en moins odieux ! Enfin parce que ce sont autant d'exemples scandaleux et autant de provocations à les imiter.

— Quelle que soit la passion inspirée par une femme mariée, elle ne tarde pas à s'éteindre ; la nouveauté a beaucoup d'attrait pour les hommes ; le soin qu'il faut prendre pour cacher une liaison coupable, obligeant à une mystérieuse réserve, qui n'est pas sans charme pour eux, mais qui ne saurait durer par suite de l'inconstance naturelle à l'homme. Puis, de quel droit une femme qui a trahi les devoirs les plus saints, exigerait-elle une fidélité absolue de la part de celui qui n'a dû son triomphe qu'à l'infidélité ?

Quels raisonnements le convaincront qu'il doit rester attaché à celle qu'il a séduite ; elle n'est plus digne d'un amour exclusif celle qui, avec un amour coupable dans le cœur, peut prodiguer à son mari les plus tendres caresses et les plus douces paroles. Elle ne mérite pas l'estime d'un amant à qui elle a sacrifié l'honneur et l'avenir de son mari et de ses enfants, aussi ne recueille-t-elle souvent que l'indifférence, l'abandon et le mépris de son complice.

— Une femme passionnée et aimante ne pardonne une infidélité que pour se donner le plaisir de se venger. Mais où va-t-on dans cette honteuse voie ? Dans des fautes de plus en plus graves !

— La maîtresse s'avilit par une infidélité, l'homme infidèle et discret croit pouvoir se pardonner à lui-même et reporter son encens sur ses anciens autels, c'est un odieux libertinage et non de l'amour.

— L'infidélité de la femme est un suicide et le sacrifice de l'honneur et de la tranquillité de toute sa famille.

INFINI. — L'aspect des mers, des grandes plaines, des grandes forêts, des déserts de sable, inspire ce sentiment de l'infini, de l'inconnu et éveille toutes les grandes pensées de la création, de l'harmonie des mondes, de la divinité, grands problèmes irrésolus, aspirations, poésies, illusions, désespoirs de l'humanité !

INFIRMITÉS. — Quelle destinée plus triste que celle d'un enfant infirme : il ouvre les bras et sourit au monde, et le monde le repousse, le raille ou l'injurie ; ce serait une atroce iniquité si ce pauvre être ne rencontrait pas, dans sa mère d'abord, dans son entourage et dans la compassion des cœurs bienveillants, le soulagement de ses misères imméritées.

Il s'est d'abord réfugié dans le sein de sa mère comme dans son seul asile, plus tard, dans la vie, il prend la place dédaignée par d'autres ; humilié, écarté il ne sait où placer les élans de son cœur, il les refoule, son caractère s'aigrit et les mauvais sentiments, l'envie, la haine remplacent la tendresse et l'amour du prochain.

— Combien d'infirmités sont le fruit de

notre imprévoyance et de nos vices? Une vie sage et réglée en diminuerait énormément le nombre ; la vie humaine y gagnerait en bonheur, en santé, en travaux rémunérateurs, la fortune publique encore plus!

Influence. — L'influence des femmes est aussi intime que puissante sur la famille ; celle des hommes est toute extérieure et sur les affaires et les intérêts seulement.

— Une méthode infaillible pour agir sur les autres et les entraîner, c'est de se prescrire ostensiblement à soi-même des règles de conduite sévères et utiles.

— Les influences les plus grandes et les plus utiles découlent de la raison éclairée, affectueuse et douce, et non de la raison froide et rude d'un cœur insensible.

— Le physique a une énorme influence sur le moral ; l'équilibre moral ne peut guère exister qu'avec l'équilibre physique, car les souffrances ou les privations du corps paralysent les opérations de l'esprit!

— Le succès des entreprises personnelles dépend d'abord de la tranquillité publique, puis de la fixité des systèmes gouvernementaux, dès lors de la continuité des mêmes hommes au pouvoir : on ne se doute pas de l'énorme influence des formes et des systèmes du gouvernement sur les fortunes privées ; cette fixité, si indispensable dans les grandes choses, ne l'est pas moins dans les petites et elle imprime ainsi une unité de vues qui est une garantie pour la perfection de l'ensemble.

— On ne saurait croire quelle influence ont sur notre caractère, notre humeur et nos écrits, les faits extérieurs tels que l'isolement, la société, le silence, le bruit, les bonnes ou les mauvaises saisons, les aliments, le climat, etc., tout cela influe sur nos pensées et nos sentiments, qui influent eux-mêmes sur notre conduite!

— La maladie, le croirait-on ? exalte et grandit certaines vocations artistiques : les poètes d'abord et les musiciens, autres poètes qui parlent par les sons au lieu de parler par les mots ; la maladie en affaiblissant le corps exalte dans les âmes, les cordes de la sensibilité, de l'amour, de la charité, de la fraternité ; le corps épuisé ne fait plus contre-poids et obstacle à l'âme et au cœur, où les sentiments grandissent et débordent ; de là souvent le succès des artistes et des poètes malades ou mourants ; pour eux, tout s'idéalise, tout s'harmonise et s'épanouit dans les affections les plus tendres, dans les idées les plus éthérées et les moins terrestres ; la terre diparaît pour eux alors qu'elle va s'ouvrir pour les recueillir et les abriter dans le repos éternel.

Infortunes. — Certaines infortunes sont si grandes que toute la philosophie humaine ne saurait leur apporter de consolations. Il faut bien alors qu'elles cherchent plus haut et en demandent à la philosophie divine, à la religion, dernier et suprême refuge de l'humanité !

— Les malheureux périssent par deux côtés à la fois : les forces décroissent à mesure que les douleurs augmentent.

— L'infortune est la pierre de touche de la vertu qu'elle fortifie en l'éprouvant !

— L'infortune, parce qu'elle provoque la protection et la bienfaisance, rapproche, unit et stimule la fraternité, tandis que la prospérité élève et éloigne quoiqu'elle pousse à être charitable.

— Il faut surtout respecter et secourir l'infortune assez digne pour ne pas se plaindre et assez courageuse pour se suffire à elle-même par les petites industries et le travail obstiné.

Ingratitude. — C'est dans les temps de désastre et de détresse que germe autour des anciens riches et puissants, la graine de l'ingratitude. Il y a quelque chose de plus odieux encore que l'ingratitude privée, c'est l'ingratitude publique, d'autant plus cruelle qu'elle est écrasante et sans atténuation ou pitié.

— L'ingratitude est plus que l'indépendance égoïste d'un cœur orgueilleux, c'est l'oubli d'un bienfait souvent demandé ou même sollicité avec promesse d'une gratitude éternelle !

— Quand je vois des hommes qui affirment n'avoir rencontré que des ingrats, je crois encore plus à leur maladresse, à leurs erreurs ou à leur méchanceté qu'à l'ingratitude des autres.

— Si l'homme est souvent ingrat, l'humanité est toujours reconnaissante, voilà donc une grande compensation.

Rendre service à un ingrat, c'est vouloir faire un trou dans la mer. *Proverbe turc.*

L'ingratitude est la fille impitoyable de l'orgueil. CERVANTES.

— L'ingratitude est la négation d'une vertu, ce n'est point une passion c'est l'absence d'une bonne passion, c'est l'égoïsme ; c'est une infirmité du cœur, qui fait qu'il manque de mémoire et de compassion. C'est souvent une révolte de la vanité et un acte d'orgueil, une conséquence de l'ambition, un résultat de l'avarice, un entraînement de l'amour ; sachons donc expliquer et parfois excuser l'ingratitude.

— On s'habitue à tout, même à la souffrance et à la maladie, mais non à l'ingratitude, parce qu'elle est un vice du cœur et qu'elle blesse d'autres cœurs.

— L'ingratitude est évidemment une vertu politique, car les peuples n'ont pas de reconnaissance à pratiquer ; ils n'ont que des intérêts et des droits si importants à défendre qu'on doit les croire sacrés et indispensables à établir et à maintenir.

INHUMANITÉ. — J'ai connu des parents qui voyaient de sang-froid ou plutôt avec indifférence leurs enfants jouer avec des animaux inoffensifs pour les tourmenter et même les torturer, c'était un petit chat dont ils brûlaient la queue, un jeune chien auquel ils faisaient porter un poids énorme et qu'ils poursuivaient de leurs cris pour l'effrayer et hâter sa course, des oiseaux qu'ils plumaient vivants, des insectes qu'ils mutilaient de toute sorte. Quel manque de sens, quel aveuglement ! car ces cruautés sont en général le prélude, l'incitation, l'initiation même aux plus grands crimes.

Quand on est inhumain envers les petites créatures vivant autour de soi, les bons anges pleurent et désertent le logis ! *Proverbe breton.*

INHUMATIONS. — L'usage existant en Espagne et en Portugal d'inhumer promptement les morts, a fait dire que dans ce pays il est fort dangereux de dormir ; qu'il pourrait alors prendre fantaisie à un héritier de vous ensevelir et que le tour serait bien joué ! Les Allemands, plus rêveurs et plus prudents, ont institué leurs salles mortuaires, où la mort est constatée par un retard de plusieurs jours dans l'inhumation : les cercueils découverts sont posés sur des fils de fer armés de sonnettes qui avertiraient du plus petit mouvement.

INIMITIÉS. — Les âmes passionnées conçoivent seules les inimitiés, le besoin et le plaisir de la vengeance : les caractères ordinaires sont incapables de ces profonds emportements et se laissent gouverner par de plus petites passions ; la modération fait donc la vie plus douce et plus calme.

— Les inimitiés dans quelque position qu'on soit, sont toujours un danger ; il faut donc les éviter et pour cela être toujours sur ses gardes et ne donner prise à aucune colère, à aucune irritation : ainsi répondre ponctuellement et poliment à toutes les lettres reçues, à toutes les politesses, à toutes les avances ; craindre tout ce qui pourrait soulever l'envie, ne paraître ni trop riche, ni trop spirituel, ni trop heureux, ni trop estimé, ni trop à la mode, toutes choses qui sollicitent la jalousie et blessent l'amour-propre.

INITIATIVE. — Ce qui manque en France, c'est l'initiative individuelle. Dans nos idées étroites, nous croyons que c'est au gouvernement à tout faire, à tout prévoir, à tout encourager : c'est là un déplorable préjugé ! Le gouvernement a déjà trop à faire avec la politique intérieure et extérieure, avec ses dix ou douze ministres, ses grandes administrations, la perception des impôts, la police, etc. Il fait déjà cela assez mal par une armée d'employés paresseux, armée plus nombreuse que l'armée militante, n'ajoutons donc pas au fardeau. L'initiative individuelle serait aussi honorable pour ceux qui s'y emploieraient qu'utile et fructueuse au point de vue général. Tout homme qui aurait une bonne pensée, un bon projet, une épreuve à tenter, peut offrir un prix comme incitation à l'opinion publique et mettre ainsi en mouvement les imaginations les plus actives, les capacités les plus spéciales, les intelligences les plus élevées ! C'est beaucoup déjà, dans notre siècle de publicité et de vulgarisation, qu'une idée soit mise en lumière et à l'étude pour faire appel au concours des spécialités, à l'énergie de l'émulation, à l'amour-propre des masses, il en sort toujours quelques lutteurs, quelques enthousiastes nouveaux pour continuer l'œuvre, l'étudier, la mettre à flot si elle est utile, ou la combattre et l'éteindre si elle est sans base ou sans résultat sérieux possible.

INJUSTICE. — Celui qui aime la justice exècre la violence et redoute en même temps l'emploi de la force brutale qui frappe sans raison et au hasard ; si l'injustice vient d'en haut elle est moins excusable encore.

— L'injustice est le plus grand crime que puissent commettre une cour, un tribunal ou un magistrat chargés de rendre la justice : elle renverse d'un seul coup toutes les idées morales, tous les principes qui font la base, la force et la gloire des gouvernements et des nations. Que ne doivent donc pas faire les gouvernements pour rendre l'injustice impossible !

— Accuser injustement, c'est provoquer les autres à en faire autant envers nous.

INNOCENCE. — L'innocence, par son seul charme, impose le respect aux hommes les plus brutalement sensuels. Circé, par ses passions brutales, transformait les hommes en animaux. L'innocence fait le contraire, elle impose la retenue à ceux qui ne la connaissaient pas.

— Quoi de plus attrayant que l'innocence d'une jeune fille, comparée à l'impudique audace d'une courtisane de profession !

— Il faut une grande perversité pour souiller avec intention l'innocence d'une jeune fille, eut-elle commis une légèreté et presque une faute, car c'est la jeter odieusement dans la voie la plus dangereuse !

— L'innocence, la candeur, la naïveté de l'enfance, sont les choses les plus respectables : on doit craindre par dessus tout de ternir la pureté de ce miroir qui reflète tout et conserve ce qu'il reflète.

— L'innocence est une vertu de sentiment tombée du ciel sans aucune tache terrestre, inconnue à celui qui la possède et perdue dès qu'on en a conscience, car elle n'existe qu'en s'ignorant.

— Les années se comptent par les fautes, si l'âme restait innocente le temps passerait sur nous sans nous courber.

— L'innocence des mœurs a sa volupté qui vaut bien celle du délire des passions ; elle laisse à l'âme plus de calme et de doux souvenirs sans aucuns regrets ou remords.

INQUISITION. — Tribunal établi pour rechercher les personnes suspectes d'hérésie : l'inquisition était une formule politique anti-chrétienne, en même temps qu'une erreur religieuse, car elle poussait à l'hérésie ceux qui professaient la liberté de conscience. Cette institution monstrueuse fut établie en France sous le règne de Philippe II et le pontificat d'Innocent III. Ce ne fut que plus tard qu'elle reçut, en Italie, son plus grand développement. Mais là où elle fut la plus tyrannique, la plus sanglante, la plus odieuse, ce fut en Espagne ; une parole imprudente, une innocente plaisanterie dans laquelle le nom de Dieu ou des saints était prononcé, le plus léger oubli dans les pratiques religieuses, tout donnait lieu à une dénonciation suivie bientôt de l'arrestation, de l'emprisonnement, de l'accusation, de l'application à la torture et de la condamnation à mort.

— Sous le règne de Ferdinand et d'Isabelle, l'inquisition fut plus impitoyable encore, on a peine de nos jours à croire à tant de barbarie, à un tel raffinement de cruauté, le nom du grand inquisiteur Torquemada reste attaché à cette ère de sang comme à un pilori d'infamie.

— Comme dans tous les excès, qu'ils aient la politique ou la religion pour prétexte, l'envie, la haine, la vengeance étaient les principaux motifs qui poussaient les inquisiteurs à des accusations presque toujours sans bases sérieuses et à des jugements iniques ; ce qui le prouve, c'est cette quantité considérable d'espions (familiers du saint-office) qui s'introduisaient partout dans les familles, dans les réunions de toutes sortes, dans tous les lieux publics, dans les rues, sur les places ou promenades pour épier les visages, scruter la pensée et, sur un indice, le plus souvent imaginaire, dénoncer une hérésie qui n'existait réellement pas. En France et en Allemage l'inquisition eut son époque sanguinaire, mais la durée en fut très-limitée; en Italie elle fut toujours assez modérée et fit peu de victimes; ses peines se bornaient le plus souvent à des abjurations et à des pénitences publiques.

INSENSIBILITÉ. — Il est difficile de croire qu'un cœur humain, si ce n'est celui d'un scélérat consommé, soit d'une insensibilité absolue; il est telles misères ou telles infortunes devant lesquelles il est impossible de ne pas s'attendrir; honte et anathème sur celui qui les verrait avec indifférence ou avec une satisfaction cruelle! — Que de gens insensibles portent leur mouchoir à leurs yeux pour faire croire à des larmes qu'ils ne versent pas!

INSOMNIE. — Une des plus douloureuses tortures de la vie matérielle est la privation de sommeil; l'insomnie persistante qui crée des monstres impossibles, des faits inouïs et terrifiants : le meilleur remède est de se lever pour se promener et secouer ainsi, avec cette torpeur accablante, les idées lugubres qu'elle inspire.

INSTINCT. — On l'a dit très-justement: la nature est logique en tout, elle a donné l'instinct là où l'intelligence fait complétement défaut; les animaux ont tous leur instinct propre, l'homme seul n'a pas d'instincts matériels parce qu'il a l'intelligence, faculté bien supérieure à l'instinct qui est limité et mécanique. Plus l'animal a d'instincts, moins il a d'intelligence, d'où la conséquence que plus l'homme a d'instincts, plus il se rapproche de la bête. — La nature a donné aux animaux un instinct qui remplace la science, la raison, la réflexion; ils trouvent par instinct la nourriture la plus favorable à leurs corps,
le remède à leurs maladies, le contre-poison au poison pris par ignorance.

— Tout, dans l'instinct, est aveugle, préconçu, mécanique, invariable, particulier à chaque espèce d'animal.

— Chez les animaux l'instinct remplace donc l'intelligence. Les castors, les abeilles, les guêpes et frêlons, les fourmis, les chenilles ont *chacun* leur formule de vie sans variété, sans modification; avec leur nom on a l'histoire de leur vie, jetée comme dans un moule inaltérable et invariable! Les lieux et le climat n'y changent rien; l'abeille donne ses essaims qui sortent dans la même saison, les hirondelles passent à la même époque climatérique d'Europe en Afrique et au retour d'Afrique en Europe : pendant plusieurs jours à l'avance elles paraissent se réunir pour discuter la question du départ, puis la délibération une fois prise, elles partent d'un seul vol, en groupe et dans la même direction; de même des oies, des canards sauvages, des ramiers, d'une foule de petits oiseaux, etc... Il semble que tous, par le même instinct, délibèrent en même temps et que les plus engagés dans le Nord partent les premiers, rallient et entraînent à leur passage tous les émigrants de la même espèce; de telle sorte que le vol augmente de jour en jour et soit centuplé, dès lors plus fort pour traverser la mer : admirable instinct que celui qui rallie l'unanimité et ne laisse en arrière, pour y mourir probablement, que les trop vieux et les trop jeunes; encore ceux-ci sont-ils le produit d'un accident, d'une première couvée détruite et remplacée par une couvée tardive, tant est immuable l'ordre établi et absolu des instincts et des lois naturelles.

— Le castor a sa science architecturale, les abeilles la leur avec leurs alvéoles remplies de miel, les araignées leur toile qui est un piège où viennent se prendre les mouches et les moucherons qui sont leur nourriture, le lapin et le renard ont leurs terriers, les oiseaux ont leurs nids variés; la taupe, qu'on croit aveugle, a ses longs couloirs sous terre où elle vit de vers, vermicules, etc... elle s'engourdit comme la marmotte dans un sommeil d'hiver, qui produit un engraissement si complet qu'on préfère sa chair rôtie ou sautée dans la poêle à la chair de l'ortolan, de la caille, du râle, du rouge-gorge et du Bec-figue.

— Pourquoi l'instinct du mal ne serait-il pas considéré comme une maladie à prévenir où à guérir? L'homme naît bon et droit, c'est la misère et ses tentations, surtout les mauvais exemples qui le transforment; mais si, comme on l'a dit, il y avait en lui deux instincts bien prononcés, l'un pour le mal paraissant né de sa nature matérielle, l'autre pour le bien inspiré par sa nature divine, ce serait avec ces deux instincts que l'éducation devrait compter pour développer le bon et étouffer le mauvais.

— L'instinct des bêtes et des brutes est bien préférable à la raison corrompue et dépravée de l'homme.

INSTITUTIONS. — Ce qui nous manque en France ce sont des institutions solides, servant de forteresses au pouvoir contre la démocratie, et de protection à la démocratie contre les abus du pouvoir. La révolution de 1789 a malheureusement *tout nivelé, mais n'a rien reconstitué!* et le gouvernement est exposé à appartenir au plus hardi et premier occupant, ce qu'a prouvé la révolution de 1848, puis la présidence, enfin l'odieux et sanglant coup d'état de Napoléon III.

— Il y a donc beaucoup à faire tant pour le perfectionnement des institutions privées s'appliquant aux personnes et se rapportant aux mœurs et aux habitudes, que pour celui des institutions publiques, lois, décrets, fixant la marche du gouvernement et la conduite des fonctionnaires.

INSTITUTEURS, INSTITUTRICES. — Le meilleur instituteur est celui qui sait n'être qu'instituteur, c'est-à-dire s'absorber dans sa profession, en tout la perfection est là.

— Le meilleur instituteur est celui qui a étudié longtemps les enfants et qui a le plus vécu avec eux, ce qui implique l'institutrice fille ou femme et mieux encore la mère.

— Instruire un enfant est une tâche rude et pénible; il ne faut l'entreprendre qu'après avoir essayé ses forces et bien pris ses résolutions, car la règle ne doit varier que dans des cas très-rares, pour certains caractères plus timides, étonnés ou effarouchés que résistants.

— L'institutrice, car je voudrais voir repousser et refuser les instituteurs de tout âge et n'accepter que des institutrices, doit s'attendre, non pas seulement à toute espèce de fatigue, mais encore à toute espèce de contrariétés et de déboires, car, lors même qu'elle se sacrifierait à tous ses devoirs, qu'elle montrerait la plus grande abnégation, elle trouvera des esprits malfaisants qui dénatureront ses mobiles et trouveront le moyen de diminuer ou même de lui enlever tous ses mérites.

— La mission de l'institutrice est une sublime mission, elle devrait être entourée des plus grands égards et du plus grand respect : c'est par elle que doivent se former les vertus privées et les vertus publiques.

— L'humeur de l'instituteur est comme une atmosphère autour de ses élèves, elle agit sur leur esprit comme l'air sur leur tempérament. Il doit donc se surveiller continûment pour leur donner l'exemple d'une constante égalité de caractère et d'une rigoureuse impartialité.

— L'instituteur n'est pas seulement responsable des langueurs et des dégoûts de ses élèves, il répond encore de leur paresse et de leur incapacité, de leurs caprices; c'est dans ce miroir trompeur qu'on juge le maître : si l'enfant est instruit on en fait honneur à sa jeune intelligence, s'il est ignorant c'est qu'il a été négligé et mal enseigné! La vanité des parents peut mettre en péril et rendre impossible l'éducation et l'instruction de leurs enfants; les parents et l'instituteur doivent donc toujours rester d'accord.

— Un bon instituteur doit chercher et parvenir à découvrir dans chacun de ses élèves, ses aptitudes *spéciales* pour les utiliser et les mettre en relief, dans tous les cas pour les révéler aux parents et les éclairer sur la direction à donner à ces aptitudes et à leur vocation future pour une profession, car l'avenir de l'enfant est là!

— L'instituteur et l'institutrice devraient avoir une piété éclairée et tolérante, de l'élévation dans les sentiments pour encourager et développer, au lieu de les éteindre, les instincts généreux des enfants; un jugement droit, l'amour des enfants, c'est à-dire cette fibre particulière aux femmes et aux mères et qui ne se trouve que rarement chez les hommes; sans cet amour, l'enfant vivra seul et isolé; sans amour, point d'affection vraie, sans affection vraie, point de dévouement, point de ces rapports animés et vivifiants qui font passer les sentiments, les idées, de moitié dans le cœur et l'esprit des enfants. L'instituteur doit aussi rester ferme avec justice, car sans fermeté, point de discipline, il ne doit pas être trop jeune, car les jeunes gens sont souvent absolus et cassants et ayant des systèmes préconçus ils entraînent fatalement les élèves dans leurs erreurs.

— Pour savoir s'ils ont bien la vocation de l'instruction de l'enfance, l'instituteur et l'institutrice doivent consulter leurs propres instincts, leur cœur et leur intelligence: s'ils ne sentent pas pour l'enfance une inclination mystérieuse, un amour de père et de mère, si devant chaque enfant ils ne se disent pas: je voudrais être le père et la mère de cet enfant, je serais heureux de développer son intelligence et son âme, dussé-je supporter ses caprices et son insoumission, dussé-je être payé de son ingratitude et échouer dans ma tâche, ils ne réussiront jamais, quel que soit d'ailleurs leur dévouement dans l'éducation et l'instruction des enfants!

— A un instituteur qui sait *beaucoup*, je préfère une institutrice qui sait *bien*, et surtout qui a pratiqué l'enfance, qui a par son amour pour elle, réussi à s'en faire aimer, à s'emparer de son âme, à la dominer en tout, à l'entraîner sans résistance, à l'absorber en un mot et à devenir la seconde mère de l'enfant.

— Presque tous nos instituteurs, de campagne surtout, auraient grand besoin de retourner à l'école, mais tant de maires et adjoints vivent dans l'ignorance, que l'enseignement est presque supprimé parce qu'il n'est pas contrôlé; dans ce cas le clergé devrait un avis à l'autorité compétente, car le clergé doit être et rester le conseil, le surveillant et l'auxiliaire de l'instituteur communal.

— Les âmes honnêtes sont toujours portées à donner leur appui à ces pauvres filles vouées à l'éducation des autres et dont la tâche ingrate, l'humiliation imméritée forment contre-sens avec les services qu'elles rendent: c'est sur ces âmes d'élite que les institutrices doivent s'appuyer en demandant leur protection aux plus dignes et aux mieux placées.

— La mère qui veille et qui se sacrifie est encouragée par les baisers, les joies, les cris d'appel de son enfant, tandis que celle qui tient lieu de mère, l'institutrice, n'est qu'une ouvrière en éducation et en instruction et se dévoue presque toujours sans compensations; si elle est à la hauteur de son rôle on lui doit cependant *tout* le respect, *toute* la reconnaissance que mérite son abnégation.

— L'institutrice qui n'est pas inspirée et soutenue par une véritable vocation, ne voit souvent dans sa mission que des devoirs imposés qu'elle doit remplir comme un programme et qui, dans leur monotonie, l'ennuient et l'endorment: elle doit se galvaniser sous le commandement d'une volonté de fer et accomplir avec fatigue des devoirs qui paraîtraient si doux à une bonne mère; mais si elle a de bons sentiments, il n'est pas possible qu'elle ne finisse par entrer dans son rôle et que sa profession de tous les jours ne devienne bientôt la plus douce, la plus attrayante et la plus entraînante des vocations.

INSTRUCTION. — Instruire c'est chercher à débrouiller les obscurités de l'intelligence humaine; le premier moyen c'est de faciliter les rapports par une langue commune, c'est d'apprendre à lire pour connaître ce qui a été pensé, c'est d'apprendre à écrire pour parler au loin et transmettre à l'avenir les pensées et l'expérience de chaque homme.

— Chacun de nous trouve dans l'instruction qui lui est départie, un sommaire, un résumé de la science et de l'intelligence; c'est une initiation indispensable, c'est l'appropriation à chaque nature de la sagesse et de la science humaines, au point où elles sont arrivées ; c'est pour les génies nouveaux, le point de départ d'un pas en avant, tel fut le commencement et telle sera la suite du progrès de la science : Homère reste en première date, mais quel sera le dernier ?...

— L'instruction se compose d'éléments divers, appris et collectionnés sans qu'on puisse dire où et comment ; la mémoire est comme la photographie, elle retient ce qu'elle a pensé ou entendu comme le métal photographique retient ce qu'il a reflété pendant moins d'un dixième de seconde.

— L'instruction est un guide, la réflexion une protection, la science une garantie de moralité et de succès en tout.

L'instruction est l'ornement et l'auxiliaire de la prospérité, et la consolation de l'adversité.
ARISTOTE.

— L'occupation la plus douce de la vie est le besoin d'apprendre et le plaisir le plus vif et le plus pur, le plaisir de s'instruire : c'est là un bonheur et une jouissance qui ne s'usent pas et qui augmentent toujours, c'est le bonheur et le plaisir de tous les âges, de la vieillesse même qui ne se trouve jamais assez riche en expérience et en science.

— En instruction, il faut prévoir que plus on avance, plus on réussit, plus on élargit l'esprit, plus on développe l'imagination, plus, dès lors, il faut remplir l'esprit et calmer ou solliciter l'imagination suivant la nature intelligencielle et les dispositions de l'élève.

— Un homme instruit, lorsqu'il va dans le monde, garde pour lui sa science ou ne la produit qu'autant qu'il y est contraint, alors seulement l'accueil est cordial.

— L'instruction rationnelle et raisonnable est une fortune qui en annonce toujours et sûrement une autre, si l'ordre et le travail vont à la suite.

— L'instruction rend sérieux, complaisant, tolérant surtout ; l'ignorance rend orgueilleux, vaniteux et brutal.

— L'éducation tend à inspirer et à développer les qualités morales : l'instruction est le développement le plus complet des forces intellectuelles, elle s'étend d'abord sur des généralités pour se concentrer ensuite sur une spécialité unique, choisie par goût, lorsque ce n'est pas dans l'intérêt d'une profession indispensable ; si l'éducation sert de base et de direction morale à l'instruction, celle-ci ouvre à l'éducation des horizons nouveaux et lui assure des perfections plus complètes et un avenir assuré, s'il est logiquement choisi et en rapport avec les aptitudes.

— L'homme civilisé, studieux et instruit est comme l'arbre greffé, car la civilisation et l'instruction sont la greffe posée par une éducation et une instruction parfaites.

— L'instruction pour être durable doit être acquise par un esprit assez mûr et sérieux pour la recevoir et la perfectionner, dans la voie de la science on devient logiquement et forcément insatiable !

— Le danger de l'instruction dans un esprit vaniteux, c'est de produire un système avant d'en avoir étudié et apprécié les bases, c'est d'avoir un jugement porté légèrement et sans réflexion, c'est en un mot d'avoir une conclusion avant d'avoir examiné les prémices. Avec ces dispositions d'esprit, la contradiction devient la formule habituelle de la conversation, l'ignorance y a préparé, la suffisance confirme cette propension et bientôt la conversation devient une discussion et la discussion une dispute intolérable.

— Beaucoup de gens passent pour instruits qui n'ont qu'une instruction inégale, incomplète, superficielle, entachée d'ignorance et d'erreurs, car elle est sans bases sérieuses et sort de la lecture des journaux, des romans, des pièces de théâtre et des causeries de table et de salon.

— L'instruction incomplète est un piège et un danger comme l'est une arme entre les mains d'un enfant ou d'un fou ; elle fausse tout : esprit et jugement, cœur et intelligence.

L'instruction n'est bonne qu'autant qu'elle est donnée à la mesure de l'intelligence ; une instruction indigeste, mal reçue, mal comprise, mal ordonnée est bien plus dangereuse que l'ignorance absolue.
PLATON.

— L'instruction non mesurée à la position matérielle de l'individu, le conduit logiquement et forcément dans la voie du vice et toujours à une ambition déclassante, dès lors dangereuse.

— Aujourd'hui, partout il est de mode et de style de proclamer que l'éducation du peuple doit produire tous les meilleurs effets : la moralisation, l'amour du travail, l'ordre, l'économie, la tempérance, enfin toutes les vertus sociales et privées ; cette opinion vient de très-haut, de si haut même qu'elle permet de croire qu'on n'y voit pas de si loin, car si on consulte un observateur campagnard, il vous répondra que cette opinion n'est pas bien justifiée pour lui, qu'il craint que sachant lire, le jeune paysan ne recherche que la lecture des mauvais livres, que sachant lire, écrire et compter, il ne se croie un savant bien au dessus du travail de la charrue et qu'il ne coure dans les villes demander un travail plus doux suivant lui ; car ce qui retient le paysan à son labeur de tous les jours, c'est un peu son ignorance de tout et la croyance qu'il n'est propre qu'à ce qu'il fait et que dans les villes on lui refuserait toute espèce d'emploi.

— Les familles pauvres qui élèvent, par l'instruction leurs enfants au-dessus d'elles, s'exposent à les voir rougir de leurs parents, aspirer à des destinées impossibles, et se perdre dans leur vanité ; le découragement, le dégoût, la déception seront le résultat inévitable de leur folle ambition.

— Si l'instruction élémentaire est indispensable à tous, l'instruction supérieure ne l'est qu'à un très-petit nombre, aux intelligences qui peuvent la digérer et l'utiliser; les riches qui ont tous les loisirs nécessaires pour s'y complaire et s'y prélasser. Pour d'autres, l'instruction supérieure est une fausse voie, une erreur, un fardeau, un danger car elle aveugle et égare ! —

— L'instruction, jusqu'à un certain degré, prépare à la profession, si elle est trop élevée elle éloigne des professions inférieures et devient une barrière insurmontable au travail, qui est la première et la plus sûre des ressources.

— Pour que l'instruction ne soit pas un danger pour le peuple, il faut qu'elle ait l'aisance pour accessoire et pour excuse, car l'instruction sans aisance a toujours fait apparaître la misère comme une injustice révoltante, ce qui n'est ni juste ni raisonnable.

— Beaucoup de gens instruits pourraient dire : j'ai étudié longtemps, j'ai appris beaucoup et à grands frais de travail, de santé, de privations, eh bien ! je regrette tout cela, car cela ne rend pas ce que cela coûte en argent et en travail. Je serais prêt à le céder fort au-dessous du prix de revient !

— Il faut chercher à s'instruire pendant *toute* la vie, ne jamais croire en savoir assez et ne pas compter que la vieillesse apportera infailliblement la sagesse et la raison, car la vieillesse, en général, c'est la maladie, l'abaissement intellectuel et presque le retour à l'ignorance du jeune âge : la vieillesse ne gagne qu'en expérience, et encore pas toujours !

— Quand l'homme a la santé du corps et de l'esprit, il ne doit rester ni ignorant ni pauvre, car, s'il le désire, il peut devenir instruit et aisé ; quand même l'incurie de sa famille l'eut laissé ignorant, à l'âge de raison, s'il veut s'instruire, il pourra le faire même en travaillant.

Les maladies du corps et de l'esprit peuvent seules excuser son ignorance et sa misère et la compassion publique lui viendrait en aide, car ces deux calamités ne pourront lui être imputées.

— Dans nos sociétés modernes l'instruction doit être la première des améliorations : le despotisme a usé son remède en prônant l'ignorance ! L'instruction sérieuse donnera seule aujourd'hui, aux masses populaires, la raison et la sagesse qui leur manquent.

— L'instruction, pour ne pas manquer son but, devra, par la voie de la variété qui éveille et soutient l'attention, tendre à l'universalité générale des connaissances humaines ; vaste horizon qu'il n'est plus permis d'ignorer et qu'il faut savoir interroger et approfondir.

— Pour l'instruction des enfants je mets tout à profit :

La goutte de rosée, un caillou de la route,
Du vaste firmament, la magnifique voûte ;
L'aigle qui fend les nues ou l'oiseau du buisson.
La feuille qui jaunit... tout sert à mes leçons.

CARRIÈRE.

— L'instruction vient surtout par l'oreille qui écoute, les yeux qui lisent, les choses écrites et l'esprit qui raisonne, aussi bien que par la langue, quoique celle-ci oblige à comprendre et dès lors à réfléchir à ce qu'elle dit.

— Il faut se défier de toute instruction prise au hasard, par des lectures trop variées, trop rapides, trop légères; on n'arrive que par degrés, il faut mesurer à ses forces le fardeau qu'on veut porter, ne s'occuper que des choses auxquelles on peut suffire, et consulter plutôt l'étendue de ses facultés que celle de ses désirs; car plus l'esprit reçoit l'impression d'objets différents, moins il les comprend, plus il se partage, se relâche et se fatigue.

— Dans un bon plan d'éducation on s'instruit à chaque heure du jour, en toute occasion, en toutes choses, sur les sujets les plus variés et cependant le mot étude n'est pas prononcé, et il semble que la journée soit une longue récréation, car si l'instruction doit avoir son côté solide et sérieux, elle doit aussi avoir son côté agréable pour charmer les loisirs qui, sans cela, seraient ennuyeux.

— L'instruction ne gît pas seulement dans les leçons de l'instituteur, elle est en tout et partout, elle est dans ce que l'élève peut éprouver, voir, entendre, sentir, apprendre; tout pour lui constitue donc l'instruction, celle qui s'offre est la mieux accueillie.

— Les animaux, les insectes même, seront une occasion d'enseignement; les promenades seront utilisées pour des leçons d'histoire naturelle, de culture, de botanique surtout; cela donnera un but, un intérêt aux excursions et les herbiers prépareront à la science.

— Dans l'éducation et l'instruction, il faut que les exercices corporels soient une récréation, un soulagement, un repos de l'esprit, pour qu'ensuite l'instruction devienne un délassement dans le repos du corps, chaque période reposant ainsi des fatigues de la précédente.

— Dans les enfants, on trouve presque toujours les deux extrêmes: ou une vivacité agréable, mais sans attention sérieuse et sans amour pour le travail, ou un calme froid qu'on pourrait prendre pour de l'inintelligence, ou une intelligence bornée ce qui n'est pas toujours vrai et annoncerait plutôt l'amour du travail sérieux. L'important c'est de juger sainement sur ces apparences pour ne pas faire fausse voie et se servir de ces diverses aptitudes.

— Pour instruire les enfants aussi bien que les adultes et les hommes, il faut les amuser, autrement, comme toute nourriture non épicée et peu excitante, l'instruction sera repoussée avec dégoût.

— Le secret de l'instruction est dans le goût et l'habitude du travail, stimulés par la curiosité naturelle à l'enfance et éveillés par des questions attrayantes.

— L'enfance est l'âge heureux où on peut apprendre une foule de choses sans travail et en jouant; aussi ne puis-je comprendre qu'on les réserve pour la jeunesse. Ainsi toutes les sciences basées sur la mémoire, les langues vivantes et les langues mortes, la botanique, l'histoire, la géographie devraient appartenir à l'instruction de l'enfance, moins comme un travail que comme une distraction. L'âge de raison serait alors réservé exclusivement aux sciences de raisonnement, la littérature, les mathématiques, l'histoire, la philosophie, la morale, la religion.

— Tout l'art de faire entrer les idées dans la tête des enfants qu'on veut instruire, d'assimiler ces idées à leur intelligence et de les diriger, consiste peut-être à borner uniquement les premières leçons qu'on doit leur donner aux choses qui tombent à chaque instant sous leurs sens; attacher leur esprit en frappant leurs yeux est aussi un des plus sûrs moyens de s'en faire écouter avec plaisir.

— Généralement, l'instruction de l'enfance, au moins en ce qui concerne la marche raisonnée, est passive, c'est-à-dire que l'enfant suit l'impulsion qu'on lui donne sans se rendre compte des motifs; l'adolescent, au contraire, déjà plus expérimenté, plus raisonnable, plus instruit, entrevoit le but, la raison de la marche, les causes auxiliaires du succès, et, entrant insensiblement dans la pensée dirigeante, commence à apprendre à se gouverner lui-même et fait ainsi l'essai des forces de son intelligence. Cette initiative de l'adolescent est une chose trop heureuse, une tentative trop précieuse, pour qu'on ne lui donne pas les plus grands encouragements.

— Chaque lecture, chaque genre de travail, doit porter son fruit et produire sa moisson ; ainsi la rhétorique nous fournit des formules d'élocution et des moyens de discussion, la morale nous donne des règles immuables de conduite et nous éclaire de son flambeau ; toutes ces conquêtes faites par l'étude, mûries par le raisonnement, passent dans nos mœurs, deviennent habitudes et forment ce groupe de qualités qui constituent l'éducation. L'histoire donne l'expérience des choses publiques et parfois celle des choses privées ; la poésie développe l'imagination et agrandit les horizons intellectuels. Les mathématiques sont le contre-poids de la poésie et donnent de la précision aux idées qu'elles matérialisent en quelque sorte ; la philosophie nous fait aller au fond des choses et nous apprend à raisonner et à discuter notre raison d'être ; enfin les sciences naturelles nous apprennent le monde réel et les ressources que l'homme en peut tirer.

— Tout le monde, filles et garçons, doit savoir parfaitement lire, écrire et compter : sans ce petit bagage d'instruction on est réellement infirme, sourd et muet, car il ne suffit pas de pouvoir entendre et répondre de près, il faut pouvoir le faire de loin et par lettre, ce qui est le plus grand moyen de perfectionnement de ce que l'on sait et de fixation de la mémoire.

— L'enfant a l'esprit trop mobile et trop peu attentif pour travailler seul : il faut interpellation du maître et son contact continuel pour fixer l'attention de l'élève et l'obliger à un travail sérieux et raisonné. Dans *l'enfance* et *au début* de l'instruction, un précepteur ferait donc *bien mieux* que l'école et le collége.

— L'inconvénient de l'éducation dans la famille c'est la faiblesse des parents, c'est la mobilité des règles, ou plutôt l'absence de règles, c'est le décousu et l'inconséquence de l'enseignement !

— Si une intelligence supérieure et d'élite étudie mieux seule et s'instruit plus solidement de ce qu'elle a conquis et créé une intelligence ordinaire, n'ayant pas autant de ressources, trouvera plus de secours et de lumières dans une instruction en commun, où chacun apportant sa formule et sa révélation, aide aux esprits paresseux et bornés et ajoute au reste ce grand stimulant de l'émulation !

— Les garçons, précisément parce qu'ils sont plus robustes et plus endurcis, sont moins éveillés et plus crédules que les petites filles ; plus oublieux, plus indifférents et plus distraits : il faut frapper plus fort leur intelligence pour leur faire retenir et comprendre, il faut plus accentuer l'enseignement.

— Apprendre en un instant, deviner plutôt que comprendre, savoir sans s'être appesanti, c'est écrire sur le sable, c'est obtenir une instruction ne devant avoir que la durée du temps qu'on a mis à l'acquérir.

— L'étude des langues mortes est une initiation à notre propre littérature, née de ces traditions anciennes, en même temps qu'une conversation intime avec les grands écrivains de l'antiquité et une gymnastique indispensable au développement complet de notre intelligence.

— En France, on ne désire l'instruction que pour se précipiter sur les mauvais livres, dans ce sens elle est donc un danger ; dans d'autres pays plus moralisés comme la Suisse, l'Angleterre et l'Écosse, les États Allemands et la Scandinavie, les populations ne recherchent l'instruction que dans un but religieux et pour avoir la satisfaction de lire les livres saints ; l'instruction a donc là un but religieux, rassurant et civilisateur.

— Un fait regrettable, c'est que la civilisation et l'instruction surtout ne grandissent que dans les classes supérieures, un peu dans les classes intermédiaires et qu'elles restent stationnaires dans les classes inférieures, c'est-à-dire dans les trois quarts de la population. L'enseignement primaire, quoique très-répandu déjà, ne suffit pas pour moraliser le peuple ; si la moitié y gagne un peu, l'autre moitié, par des lectures dangereuses, y perd sa moralité : l'instruction primaire n'est fructueuse que dans la famille et sous une direction sévère, autrement c'est un poison.

— Depuis quatre-vingts ans l'ancienne et vieille méthode d'instruction a été supprimée, sans qu'à travers toutes nos révolutions il ait été possible d'étudier, de raisonner, d'asseoir la nouvelle méthode sur des principes éprouvés et vérifiés par l'expérience; en l'absence de tous principes, l'instruction populaire surtout, est encore à l'essai, car le caprice seul la dirige. Pas de plans, pas d'expériences recueillies et vérifiés; nous marchons au hasard et essayons des systèmes les plus illogiques et les plus mauvais! Qu'on mette donc sérieusement et promptement cette grave question à l'étude.

— Ce qu'il faut dans l'instruction, c'est le nécessaire d'abord; il faut que l'élève commence par là, et, qu'obligé d'interrompre ses études, il puisse profiter de ce qu'il a appris. Il y a tant de jeunes gens qui ne peuvent finir leurs études et perdent le fruit de ce qu'ils ont appris, parce qu'ils ont visé trop haut, qu'il faut éviter cet effrayant désastre avec le plus grand soin, et apprendre au début l'indispensable, puis le nécessaire, puis l'utile, enfin le couronnement.

— L'instruction généralisée met en lumière et en saillie les intelligences supérieures: elles sortent des rangs obscurs de la plèbe et entrent dans les carrières supérieures où elles aident à la prospérité nationale et à la marche du gouvernement; laissées en arrière, elles se révolteraient dans leur impuissance et leur inutilité; élevées, elles concourent à la prospérité et à la richesse nationales.

— L'État doit l'instruction à tous, avec une rétribution modérée de ceux qui peuvent la payer, gratuitement à ceux qui ne le peuvent pas, (cela serait plus juste que la gratuité générale!) Il doit aussi, dans un intérêt national, aider aux spécialités d'élite et accorder plus facilement des bourses aux enfants des fonctionnaires peu rétribués, mais non, comme on le fait souvent aux fils des hauts fonctionnaires déjà trop salariés: réservons nos ressources pour les indigents et les bien méritants.

— L'État doit encore plus que l'instruction publique, il doit tenter tout ce qu'il est possible de faire pour l'éducation, car l'éducation fait les mœurs, l'opinion et les mœurs font les lois qui constituent le gouvernement, c'est-à-dire la force active et puissante de l'État. La difficulté est donc de faire de l'éducation autrement que par la famille et par l'État! Eh bien! cela est possible; non par lui directement, mais par son action et son influence sur l'éducation et l'instruction libres: par les instituteurs et institutrices, les pensionnats, les écoles libres, mais surveillées et au besoin assistées et aidées; cette tutelle devra seulement être légère et délicatement exercée.

— Par l'instruction primaire on peut régénérer la nature de l'humanité entière, particulièrement faire pénétrer dans les familles ignorantes et abruties, les perfectionnements impossibles sans l'école et les enfants: l'enfant rentrant de l'école deviendra dans les soirées d'hiver, et par la lecture, l'instituteur, le conseil de la famille, l'auxiliaire le plus puissant du progrès; convaincu, il mettra son amour propre à convaincre; il demandera à l'instituteur de nouvelles armes, de nouvelles preuves de conviction; et il finira par triompher.

L'instruction commence à l'asile, elle continue à l'école, elle s'élève au collège, puis encore plus au lycée, enfin par les cours si complets partout des facultés établies dans les principales villes de France.

Là est le haut enseignement, le doctorat en tout. Les méthodes facilitent l'instruction, dès lors étendent son action; les cours d'adultes créent la rétroaction dans l'instruction, ils se chargent des déshérités de l'instruction et donnent même aux pères et mères l'instruction qui leur a manqué dans leur enfance. Enfin, intermédiairement à tous ces degrés de l'instruction, se place l'instruction spéciale des lycées et collèges et, pour le perfectionnement et la pratique, les écoles des arts et métiers.

— On reproche, avec raison, à l'enseignement primaire des campagnes, l'aridité technique de son enseignement, la rudesse brutale de son langage et la dureté de ses formules: il faudrait là plus de compassion que de rudesse, plus de douceur et plus de bienveillance, c'est le seul moyen de faire accepter l'instruction que la formule contraire rend intolérable et irritante. Nous avons toujours proposé et nous demandons résolûment aujourd'hui l'instruction élémentaire *par les femmes seulement*, plus douces, plus entraînantes que les hommes qui conservent toujours leur brutalité et leur rusticité natives. Avec cette formule on arrive à l'adoucissement des mœurs et à une instruction facile et naturelle, tandis qu'on ne trouve rien de semblable dans les instituteurs de nos jours qui nous paraissent les antipodes de l'éducation et de l'enseignement. Ne vous étonnez plus de la répugnance des enfants pour l'école! Avec une institutrice ce serait le contraire, la douceur les attirerait.

— Un autre tort de l'enseignement primaire c'est, pour l'enfant, d'étudier en pure perte, par l'abandon prématuré de l'école, alors qu'il peut donner à ses parents un travail utile: l'écolier oublie alors tout ce qu'il a appris et au point de vue économique la perte est double: perte de l'argent que l'on a dépensé pour l'instruction et perte du temps. Les classes de persévérance atténueraient le mal.

— Dans le monde des artisans bornés, on à le tort de craindre que l'instruction n'affaiblisse l'amour du travail manuel, tandis que c'est le contraire qu'il faut redouter; l'ignorance abrutit, la bonne instruction éveille, stimule, perfectionne le travail manuel, c'est un secours puissant, continu, progressif.

— Entre un ouvrier, un cultivateur surtout, devenu intelligent par l'instruction et un ouvrier resté ignorant, le travail de chaque jour peut produire d'énormes différences; chez le premier, le double, le triple et plus encore; l'instruction conduit donc à l'aisance et même à la richesse; d'un autre côté, l'instruction obtient encore de plus grands résultats, elle diminue l'utilité des prisons et peut amener la suppression de la peine de mort par la moralisation du genre humain.

— Il ne faut pas s'effrayer du titre d'instruction obligatoire, si le moyen est presque inoffensif et comme nous le comprenons: on n'imposerait le père de famille, pour l'instruction de ses enfants, *que d'une somme extrêmement faible* et pour une durée raisonnable: ainsi trois ans d'instruction à l'école primaire et dans l'hiver seulement pour ne pas nuire aux besoins des cultivateurs, de sept à dix ans, et pour l'instruction secondaire, de neuf à douze ans. Le collège ou lycée ensuite, mais avec cette modification qu'on n'apprendrait que le latin *et en le parlant*, ou mieux encore, la langue vivante de la nation étrangère qui aurait le plus de rapport avec sa propre nation: ainsi l'allemand, pour nos provinces du Nord; l'allemand et le français suffisant pour faire comprendre presque sans travail la langue anglaise; pour les provinces du Midi, l'Italien et l'Espagnol réuniraient le même avantage étant tous deux les dérivés de la langue latine.

— Comme exemple du besoin d'instruction, les États-Unis appliquent à l'instruction primaire un revenu de quatre cent cinquante millions par an tandis que la France, avec une population à peu près égale, n'y consacre que cinquante-cinq millions, vingt autres millions restant à la charge des familles, le total de la dépense ne s'élève donc qu'à soixante-quinze millions.

— Chose étrange, si nous remontons à l'antiquité nous trouvons la Grèce mal dotée sous le rapport de l'instruction publique; Rome encore plus, l'éducation et l'instruction y étaient livrées aux esclaves, qui, en récompense, recevaient l'affranchissement. De tous les peuples du moyen âge, c'est l'Arabe et le Maure qui avaient les meilleures institutions d'instruction publique.

— La France est la nation où l'enseignement public sera le mieux et le plus logiquement organisé quand on aura exécuté le projet d'enseignement *primaire* par les femmes *exclusivement* avec des écoles normales pour les institutrices seulement comme elles existent aujourd'hui pour les instituteurs, et en trop petit nombre pour les institutrices.

L'instruction inférieure est plus généralement répandue en Allemagne, mais l'instruction supérieure est plus générale et plus complète en France.

En Angleterre, il y a aussi beaucoup d'instruction usuelle et pratique, mais peu d'instruction complète ; presque tous les anglais n'ont que l'apparence de l'instruction ; dans leurs deux grandes universités d'Oxford et de Cambridge on s'amuse plus qu'on ne s'instruit, et la dépense des étudiants est excessive. En Italie l'instruction primaire est assez négligée, l'instruction supérieure assez répandue, le goût des arts est partout.

En Allemagne, l'instruction est turbulente et batailleuse : le duel au sabre et à qui boira le plus de bière est le passe-temps obligé à Heidelbergh, à Bonne, etc. On y reçoit plus de coups de sabres que d'instruction, mais quand on est savant, on reste savant, chercheur opiniâtre et entêté.

L'Espagne est en décadence en tout : il y a encore des espagnols, mais il n'y a plus d'Espagne ! la dissolution sociale est en pleine marche et le danger ne peut que grandir sur cette terre d'ancienne barbarie.

En Russie, c'est l'ignorance brutale dans le peuple, l'instruction incomplète et corrompue dans les hautes sphères, la démoralisation, l'instinct du vol, partout, même chez les grands dignitaires. Un russe opulent ne résiste pas à l'occasion d'un vol facile ! Défiez-vous, à table, d'un voisin qui admirera un bijou et voudra l'examiner ; si vous le lui confiez il est perdu, car il passera de mains en mains et ne pourra *jamais*, quoiqu'on fasse, se retrouver !

— Parlons maintenant de l'instruction publique comparée à l'instruction donnée dans la famille : faudra-t-il s'en tenir à l'une ou à l'autre exclusivement, ou demander à chacune d'elles les avantages qu'elle peut le mieux assurer ? Ici la question devient presque personnelle : un enfant délicat et timide se trouvera mieux de l'éducation en famille, si sa fortune doit lui permettre une vie de repos ; tel autre, actif, mutin, résolu, est destiné par sa nature aux luttes du monde industriel ou à la vie militaire, au barreau, à la tribune, et l'instruction publique doit être la base de ces carrières agitées et l'apprentissage obligé des professions militantes.

— L'éducation au loin est le *plus grand danger* qu'on puisse faire courir à la jeunesse. Paris est pour elle un *gouffre empoisonné* et il faudrait tout faire pour éviter ce danger, car il s'agit de la *perversion du cœur* et de *la destruction de la santé* ; est-ce assez effrayant ?

— La corruption qui apparaît chez la jeunesse des classes aisées et des professions libérales, accuse la désorganisation de l'éducation ; c'est donc en réorganisant celle-ci qu'on remédiera au mal, et pour y réussir il faudra revenir au travail qui moralise et à la vertu qui fortifie les bonnes résolutions.

— C'est par *un effrayant contre-sens* qu'on a groupé à Paris, ces nombreuses écoles, Paris ne sera jamais que la grande et dangereuse Babylone moderne. Bienheureux serait l'enfant qui sortirait pur et moral de ce cloaque rempli de vices ; ce dont il faut s'étonner, c'est que les crimes soient si rares dans la jeunesse des écoles parisiennes ; la pureté du cœur de l'enfant étouffe momentanément les mauvais germes qui ne fructifient que dans un âge un peu plus avancé.

— L'instruction des femmes est une condition de premier ordre dans nos sociétés modernes, si disposées à se corrompre par le luxe, à se perdre dans l'égoïsme de la lutte entre les intérêts privés, à s'abaisser dans l'entraînement des passions matérielles. Et ce n'est pas seulement dans les classes supérieures qu'il faut élever et fortifier l'instruction des femmes dans le but de les prémunir de tous les dangers qui les entourent ; cette instruction, dans une juste mesure, est encore plus utile aux classes moyennes et inférieures, car dans les premières elle concourt à l'industrie et aux travaux du mari, dans les secondes elle supplée à l'ignorance qu'un travail trop hâtif a imposée au jeune ouvrier.

— Dans le peuple des travailleurs, la femme est presque toujours supérieure en intelligence, en raison, en bon sens à son mari ; il faut qu'elle lui soit encore supérieure en instruction pour gouverner, élever et instruire ses enfants.

— Quelle objection peut-on faire à l'élévation de l'instruction des femmes, car l'instruction est toujours incontestablement un bienfait, c'est un moyen de moralisation, une lumière et un guide, un moyen d'existence au besoin.

Nous en faisons des institutrices, des actrices excellentes, nous trouvons chez elles des littérateurs illustres, pourquoi ne leur ouvririons-nous pas toutes les carrières, maintenant que la dépravation des mœurs restreint pour elle la protection et le secours du mariage ? Pourquoi ne professeraient-elles pas comme les hommes ? Pourquoi n'auraient-elles pas leur science et leur éloquence, enfin toutes leurs aptitudes acquises ?

— Autrefois les femmes étaient condamnées à n'appliquer leur esprit qu'à interroger et à écouter, il n'en est plus de même aujourd'hui, on leur permet d'entrer dans les questions les plus graves et on exige d'elles des réponses sérieuses, discutées et raisonnées.

— Soutenir qu'une femme peut impunément et sans honte être dispensée d'instruction, c'est dire qu'il doit lui être défendu de parler et d'écrire, ce qui est tout à fait en contradiction avec les progrès d'un siècle où l'ignorance reste pour tous une honte inexcusable !

— La triste nécessité où l'ignorance réduit si souvent les femmes d'avoir recours au scandale pour remplir les vides de la conversation, serait seule un motif suffisant pour les engager à enrichir leur esprit de connaissances qui les occupent d'une manière aussi agréable qu'innocente.

— Chez les Druses ce sont les femmes qui sont chargées de l'instruction des enfants et qui expliquent les livres sacrés ; c'étaient elles aussi chez les Phéniciens qui tenaient les comptes et les écritures des plus grandes maisons de commerce.

INSUBORDINATION. — Quand on a pu soumettre un caractère indépendant, il ne faut plus le perdre de vue sous peine de le voir s'affranchir dangereusement dans le moment où cesserait la soumission, par suite d'une passion, d'une résolution ou d'un entraînement imprévu.

— L'enfant livré à son caprice devient insubordonné, intraitable, insupportable : c'est un cheval indompté et restant indomptable.

INSURRECTION. — Une insurrection est une idée soumise à l'approbation du peuple : il y concourt s'il approuve l'idée, il la blâme en s'abstenant, en l'abandonnant ou même en aidant à la répression ; les promoteurs paient l'insuccès.

— Les insurrections parisiennes, sous Louis-Philippe, attaquaient la branche cadette des Bourbons, la quasi-légitimité ; elles pensaient, en supprimant le roi en France, le supprimer partout et préparer autant de républiques qu'il y avait de monarchies.

— L'insurrection militaire paraît naturalisée en Espagne sous le nom de pronunciamientos ; en France, où l'armée est plus disciplinée, elle n'aurait aucune chance de réussite, elle n'entraînerait aucun chef, ne rallierait aucun soldat.

— Les insurrections universitaires des Collèges, des Lycées, des institutions spéciales sont une révélation effrayante des instincts révolutionnaires de la génération qui grandit et arrivera, sous peu d'années, aux affaires ! Qu'attendre de ces écoliers qui, dès leur folle adolescence, rêvent la liberté dans tous ses excès et prétendent imposer leur volonté au lieu d'obéir à la discipline scolaire tempérée et adoucie par la protection paternelle et maternelle. Croiriez-vous que les républicains prennent cela au sérieux et envoient leur approbation aux enfants insurgés ?

INTELLIGENCE. — La nature physique a toujours une immense influence sur la nature intelligencielle ; l'homme délicat de santé, faible de corps, comprendra plus promptement, plus finement que l'homme robuste et puissant ; l'homme maladif a certains sens plus éveillés. Les qualités de l'intelligence diffèrent aussi : aux uns l'abondance et la fécondité, mais sans précision, sans rectitude, sans profondeur ; aux autres la lourdeur et la lenteur, mais avec jugement ; à d'autres encore la vivacité, mais sans ampleur et continuité; l'énergie, mais sans modération.

— L'intelligence qui coordonne les idées n'opère avec bonheur et facilité que lorsque les idées sont bien élucidées, placées avec ordre, assez abondantes et assez logiques pour ne rencontrer ni lacunes, ni obscurités.

— L'intelligence ne se développe que par l'instruction naturelle ou acquise, comme le diamant n'a sa valeur que par le dégrossissage et la taille.

— L'intelligence est la vie de l'homme ; elle se traduit par le sentiment littéraire, qui ranime le feu sacré de la liberté, le culte de la science, des lettres et des muses.

— Il est des intelligences qui s'élèvent, grandissent et s'éthérisent en quelque sorte dans la faiblesse du corps qui cause la maladie. L'esprit et l'intelligence s'emparent de tout ce qu'a perdu le corps, la bête humaine, comme disait un philosophe.

— Il y a tant de variétés dans les goûts et les intelligences qu'il y a place pour toutes les productions les plus extrêmes et es plus diverses de l'esprit : la littérature, la poésie, le théâtre, les beaux-arts, les philosophies, les religions servent donc à satisfaire tant de nuances dans les goûts et les sentiments divers, que chacun y trouve son lot, sa pâture, son développement et sa perfection.

— Certains esprits obtus croient faire preuve d'intelligence et de supériorité en n'admirant jamais rien ; cela prouve seulement qu'ils ne comprennent pas.

— Un esprit élevé entraîne à sa hauteur ceux qui l'entourent et les oblige à se placer au niveau de ses sentiments et de ses idées, c'est là le but poursuivi par les sociétés savantes qui, si souvent n'atteignent que la confusion des langues !

— Le luxe de l'intelligence aura toujours sur les autres luxes la supériorité éclatante du plus puissant de tous les monarques ; car il ne s'achète ni ne se donne, elle se conquiert et reste la plus belle des conquêtes et la gloire pure de tout sacrifice et de toute souillure de l'humanité.

— Dans l'origine des sociétés humaines où l'intelligence n'avait pas reçu les développements que les siècles et le progrès lui ont donné, l'homme a marché presque en aveugle sous la direction de ses instincts, la pression de ses besoins, les tâtonnements de son esprit, encore inerte et comme ferait une plante généreuse et vivace, l'humanité n'a grandi en science et en intelligence que successivement et par le progrès qu'elle tenait de chaque génération.

— En sollicitant indéfiniment l'intelligence des enfants, on développe en eux l'instrument qui doit en faire des hommes de talent : ne réussit-on pas à arriver au sommet de l'instruction, les parcelles, les débris, les miettes mêmes conserveraient leur valeur au profit de l'homme et de l'humanité.

— Toute la supériorité de l'homme sur les animaux est dans la pensée ; toute sa valeur est dans l'intelligence élevée à sa plus grande perfection : c'est donc au développement de notre intelligence que doit tendre l'éducation, car l'intelligence est notre arme la plus puissante et la plus durable.

— L'intelligence et l'instruction servent dans le travail le plus grossier et le plus matériel, mais encore plus dans les opérations les plus élevées de l'esprit et du genre humain.

— Chaque animal est armé pour sa défense personnelle ; l'homme seul est sans défense naturelle, parce que l'intelligence dont il est doué lui a donné cent fois plus de force défensive que la nature n'en a fourni aux animaux les plus puissamment armés.

— Tous les esprits inoccupés et peu sérieux ont une mobilité d'idées et une conduite décousue qui trahissent la faiblesse de leur intelligence.

— Les intelligences naissent inégales au plus haut degré, c'est à l'éducation à chercher à reconstituer le niveau, ou plutôt à réduire ces inégalités, mais l'éducation ne fera pas de l'or avec du fer, la méthode et le travail ne feront pas le génie; l'intelligence est comme la terre, elle est de qualités différentes, elle peut être bonne ou mauvaise et on n'obtient de bons résultats que dans une bonne terre et avec de bonne semence.

— Pour l'esprit intelligent et actif, tout, même le repos, est utilisé et instructif, la réflexion analyse ce que les yeux ont recueilli en passant, l'esprit enmagasine et la raison classe et emploie les plus petites choses qui concourent à de grandes et magnifiques solutions ; un grain de sable peut être, avec nos sciences si avancées et si précises, le point de départ des plus grandes et des plus utiles découvertes, car la science grandit tout, utilise tout, fait de tout le point de départ de ses déductions logiques.

— Il y a dans la vie des heures de trouble où l'intelligence égarée par un excès ou assoupie et éteinte par la maladie et la fatigue, ne gouverne plus la machine humaine qui marche seule, d'instinct, d'habitude, d'entraînement.

— Dieu n'a pas refusé toute lumière à certaines intelligences bornées, ne leur demandez pas l'éclat du soleil, mais seulement la pâle lueur des modestes étoiles, afin de ne pas leur révéler leur impuissance.

— L'intelligence est évidemment un don de la nature, comme le prouve l'esprit naturel de tant d'hommes sans éducation : ce sont ces natures qui deviendraient célébrités, illustrations ou génies si l'instruction leur donnait tout leur développement possible. Ceci justifierait et commanderait même l'instruction publique obligatoire.

— L'homme intelligent voit au delà de ce que découvrent ses yeux : du centre des continents, il voit la mer, du centre de la mer il découvre les rivages, enfin il voit Dieu dans le ciel ! C'est que les yeux de l'esprit ont une tout autre portée que les yeux du corps ; c'est que nos sens ont des bornes que n'a pas notre intelligence.

— Les facultés intelligencielles sont, en général, en équilibre avec les facultés aimantes, et les qualités du cœur signalent presque toujours les qualités de l'esprit.

— L'intelligence est l'intarissable faculté de créer, d'inventer, de perfectionner, et cela sans limites, comme l'ont prouvé nos nombreuses et inespérables découvertes.

— L'intelligence se développe toujours médiocrement sous le chaume, parce que l'exemple, l'air et l'espace manquent aux qualités élevées de l'esprit. Le germe y périrait s'il y existait.

— L'intelligence la plus éveillée, la plus brillante, la plus passionnée est celle qui a le plus besoin de loisirs et de repos, car elle se fatigue par chacune de ses aptitudes et dans la mesure de leur puissance même

— Quand l'animalité domine, l'intelligence et l'esprit jouent le rôle du faible, et perdent de leur côté ce que l'animalité a conquis du sien ; l'équilibre seul crée la santé et la force du corps et de l'esprit.

— L'intelligence et l'imagination humaines sont les deux instruments les plus compliqués, les plus complets, les plus puissants et les plus prodigieusement producteurs ; plus on y réfléchit, plus on s'étonne du nombre des merveilles qu'ils produisent ; si on peut les comprendre parce qu'on les voit et qu'on en jouit, on ne peut les compter parce que leur nombre est infini.

— L'homme tient son intelligence de la nature, mais cette intelligence est si complètement modifiée par l'éducation qui s'en empare dès sa plus tendre jeunesse, qu'on pourrait dire qu'il la doit tout entière à l'éducation et à l'instruction.

— Certaines figures portent le cachet, si brillant, si accentué de leur intelligence qu'elles rayonnent par tous leurs sens, même par le son de la voix : leur pensée a une lucidité éclatante, l'expression en est concise et précise, le mot spécialement propre comme le serait la phrase la plus savante et la plus travaillée.

— L'homme qui a la science de l'immensité matérielle, a l'instinct et la domination de l'immensité intellectuelle ; il déduit et devine plus qu'il ne prévoit et sa puissante intelligence est aussi illimitée qu'est bornée la puissance de nos cinq sens.

— L'intelligence se compose d'une foule de qualités qui sont ses satellites, aussi quels regrets n'éprouve pas l'homme intelligent qui remarque ce que la vieillesse lui enlève ainsi pièce à pièce, d'abord la mémoire, puis l'activité d'esprit, la vivacité et la verdeur ! C'est un arbre qui perd ses fleurs, ses feuilles et ses branches une à une.

INTEMPÉRANCE. — Lorsque je vois, dit un célèbre médecin, ces tables somptueuses couvertes de tant de mets, je crois voir la goutte, la pierre, l'apoplexie, l'hydropisie, tous les ennemis du corps enfin, l'attaquant, le prenant d'assaut par la bouche et finissant par le tuer avant le milieu de sa carrière d'homme sobre.

— L'homme le plus intelligent, le plus instruit de tous les êtres vivants, est cependant le seul qui dépasse ses besoins naturels et abuse de ses organes digestifs. On comprendrait que les bêtes se livrassent à leur voracité naturelle, comment expliquer que ce soit l'homme seul qui donne cet exemple, que ce soit lui qui cherche à surexciter son estomac et à l'user dans de brutales satisfactions.

— L'intempérance est aussi nuisible à l'âme qu'au corps, au moral qu'au physique, car si elle détruit la santé elle efface les qualités de l'âme et les facultés de l'intelligence.

— L'intempérance est un vice qui ravale l'homme jusqu'à la bête : il doit respecter sa raison presque à l'égal de la divinité, car la raison est un don de Dieu et le fanal et la défense de toute notre vie.

INTENTIONS. — Les mauvaises intentions ont un caractère qui frappe à première vue : les intentions pures et inoffensives, au contraire, sont plus difficiles à découvrir, car tout ce qui est bien et bon s'ignore ou se cache par modestie.

— L'intention réputée pour le fait est un des paradoxes les plus monstrueux de l'esprit humain, car l'intention est la plus légère des fumées auprès d'un fait quelque petit qu'il soit ! Puis comment prouver l'intention ?... Le plus mauvais, le plus faux des hommes et des débiteurs peut impunément avoir toute sa vie l'intention de vous payer !

— L'intention, dans le sens qu'on lui donne, est rarement une réalité, c'est presque toujours, ou le plus souvent, un mensonge.

INTÉRÊTS. — Celui qui ne sait calculer ni l'action directe, ni la réaction des intérêts particuliers sera toujours dupe dans le monde.

— Les intérêts matériels sont une force, un lien sans consistance, le plus petit choc peut en briser la chaîne.

— En toutes choses la vie est faite de contrariétés et d'intérêts opposés, ce qui tue l'un fait vivre l'autre, ce qui l'enrichit en ruine un autre, le mauvais temps en belle saison profite aux théâtres et autres lieux publics et cause un dommage irréparable aux industries des promenades ; il en est ainsi de tout dans notre vie d'oppositions et de luttes, d'intérêts contraires et acharnés. On peut dire que tout dépend de l'occasion, du caprice, de la température.

INTÉRÊT PERSONNEL. — Ce qu'on appelle l'estime générale n'est presque toujours que l'intérêt de solidarité dans les intérêts ; l'un flatte pour obtenir et être protégé, l'autre protége et patronne par orgueil autant que par bonté.

— Chez les femmes, la ruse jointe à l'intérêt personnel supplée souvent à la sagesse.

— L'intérêt personnel est le mobile avoué et proclamé de toutes les actions des hommes : cette vérité est trop éclatante pour être discutée ! Qu'elle soit et reste donc la règle de toutes leurs actions, nous y gagnerons la vérité en toutes choses !

— Certaines âmes honnêtes obéissent souvent à un intérêt sans le deviner ; l'intérêt agit sourdement, tacitement, sans qu'on s'en doute, mais n'agit pas moins sûrement et énergiquement.

— L'intérêt personnel explique toutes les conduites inexplicables : c'est la lumière éclairant les abîmes du cœur humain.

— L'intérêt personnel et le sentiment si énergique du *Moi* sont les deux plus puissants ressorts de l'activité, de la dignité humaine : ils grandissent dans leurs proportions individuelles les personnalités de chacun, et qu'on ne dise pas que c'est de la vanité, je répondrais que c'est de la dignité et de l'égoïsme naturel ; ici le citoyen jaillit de l'homme, l'homme public de l'homme privé et de l'homme public l'esprit d'égalité et de liberté, ces deux grandes vertus du citoyen ; c'est ainsi que l'homme social se dégage de l'homme isolé et constitue une vertu et un devoir là où il n'y avait qu'un intérêt et un besoin.

Dans ces déductions, l'instinct de la liberté engendre l'instinct du travail, deux mobiles des plus actifs de la richesse des nations.

INTERNATIONALE (l'). — est une conjuration contre tous les gouvernements logiques et raisonnables. Aujourd'hui que l'action délétère de cette coalition formidable s'est étendue sur toute l'Europe et qu'elle menace le monde entier, il convient de prendre, dans l'intérêt de toutes les grandes et petites nations, car cette fatale épidémie envahit tout, les mesures les plus énergiques pour anéantir une association si puissante par le nombre, si dangereuse par ses mauvais instincts, puisqu'elle ne vise à rien moins qu'à un pillage général au prix même des plus sanglantes luttes, c'est-à-dire à l'anéantissement des sociétés humaines : le danger est-il assez grand pour rallier toutes les nations à l'idée de s'unir pour détruire un fléau qui menace l'humanité entière, car on trouvera chez tous les peuples, des armées de révolutionnaires composées de repris de justice, de paresseux, d'ambitieux de bas étage, envieux, hargneux, ruinés, de gens déclassés ou ignorants, de tous les mécontents enfin, ayant à leur tête tous les fous, tous les exaltés, tous les partageurs !

INTIMITÉ. — Ce sont les concessions mutuelles et spontanées qui font le charme de la vie intime.

Quels plus vifs plaisirs que ceux de la confiance et de l'intimité? ils sont encore plus vifs entre personnes de sexe différents, ils ont un coloris de tendresse expansive, de bienveillance cordiale que l'amour ou une variété de l'amour seul explique.

— L'intimité ne commence que lorsqu'on a causé de sentiments : on s'entretient d'abord de ce qu'on pense, puis de ce qu'on sent, pour arriver bien vite à ce qu'on préfère ou à ce qu'on aime.

— L'intimité n'est si difficile et si dangereuse qu'avec des femmes placées en équilibre entre la vertu et la galanterie.

INTOLÉRANCE RELIGIEUSE. — Autrefois et pendant des siècles l'intolérance religieuse faisait des catholiques et des protestants, deux nations de français ; la religion divisait tout et la répulsion restait naturelle et instinctive ; aujourd'hui, fort heureusement, la tolérance est si complétement entrée dans les mœurs, qu'on ne connaît plus la religion de chacun, on ne s'en inquiète ni ne s'en préoccupe, c'est un fait si indifférent pour le peuple qu'il passe inaperçu. Quelle différence et quelle distance entre les siècles de l'Inquisition et de l'intolérance et le nôtre !

— Le règne si brillant d'abord de Louis XIV finit par des désordres effroyables et par les atroces boucheries qui suivirent la révocation de l'édit de Nantes ; le démon de l'intolérance religieuse s'abreuva du sang le plus pur des protestants les plus estimés ; on exécutait sur l'heure les ministres du culte réformé, on les traquait avec des chiens comme des bêtes fauves : c'était plus horrible encore que la Saint-Barthélemy qui ne dura que quelques jours et à une époque de brutalité sauvage et fanatique déjà bien loin de celle de la fin du règne de Louis XIV, règne trop exalté, trop prôné cependant, comme tout ce qui est mensonge et flatterie ; aussi finit-il malheureusement et honteusement, au grand préjudice de la France. Il fut suivi d'un règne, plus désastreux encore, commencé sous un régent vicieux et corrompu, continué par un roi esclave de ses passions, qui déconsidéra d'abord, puis avilit complétement la monarchie : c'était le prélude de la grande et trop sanglante révolution de 1793.

INTRIGUE. — On croirait que l'intrigue a créé notre société pour ses besoins personnels : c'est l'intrigue qui dispose des grands et des petits emplois, des fonctions publiques, des honneurs, des croix ! Le mérite modeste échoue là où l'ignorance et la bassesse, le népotisme triomphent audacieusement.

— L'intrigue utilise tout, même l'infamie ; elle dorerait son carcan pour s'en faire un collier.

— Quelle affreuse chose que cette prépondérance bien établie dans notre société ! des intrigants audacieux, des roués et des voleurs; malheur aux vaincus dans ce jeu au plus adroit! Les vaincus tombent dans la misère ou vont au bagne.

— On voit malheureusement trop souvent dans les grandes villes, des jeunes femmes bien nées se livrer à l'intrigue, paraître partout en un jour, se mêler de tout: c'est le plus dangereux de tous les travers pour une femme, un travers qui la conduira sûrement au vice; il la met en contact avec des gens si mal élevés, il lui fait employer des moyens si contraires aux sentiments délicats qui conviennent aux femmes, qu'il lui fait perdre insensiblement, avec le tact des convenances, cette élévation de sentiments, cette pureté de langage, cette modestie, cette retenue, cette simplicité de manières qui sont le cachet de toute femme distinguée.

— Une femme usée dans l'intrigue cherche à se rajeunir dans un jeune attachement; plus tard, après cette solennelle épreuve, il ne lui reste plus qu'à essayer du vice, dernier échelon de la prostitution mondaine!

INVASIONS BARBARES. — On explique justement par la prodigieuse reproduction des races du Nord, et dès lors l'encombrement de leurs populations, les formidables invasions qui, pendant trois siècles, débordèrent sur l'Europe; pareille chose arriverait en Chine et au Japon, si l'usage barbare de noyer les enfants qu'on désespère de pouvoir nourrir plus tard, ne venait arrêter l'effroyable encombrement qu'on peut prévoir.

— Le déluge des invasions sorties du nord de l'Europe et des confins asiatiques, mérite bien ce nom, car chaque année amenait un flot nouveau de barbares entraînés par les succès des premières invasions et ce flot nouveau chassait devant lui chacun des flots plus anciens: ainsi des Alains, des Suèves, des Vandales, des Huns, premiers envahisseurs des Gaules qui furent successivement refoulés en Espagne par les Goths chrétiens qui ne tardèrent pas eux-mêmes à les suivre dans les contrées ibériques. Ce fut à ce dernier peuple et à la division des royaumes arabes du midi de l'Espagne que celle-ci dut son triomphe désastreux sur les mahométans et leur expulsion de son sol, expulsion qui la ruina si complétement, qu'elle est aujourd'hui la plus misérable, la plus endettée et la plus détraquée de toutes les nations du monde. Et remarquez qu'elle n'en reste pas moins la plus orgueilleuse sous ses vêtements en lambeaux.

— Chaque invasion ou conquête modifie en même temps le peuple envahisseur et le peuple envahi, mais à des degrés variés et différents: de là ces transformations de toutes les nationalités, ces mélanges de mœurs, ces lois civiles et religieuses si nombreuses et si dissemblables.

INVENTEURS. — Dans notre XIXe siècle, dans ce siècle des inventions, on ne les accueille pas trop facilement, car le public entraîné a été souvent victime; autrefois ce fut bien pis que cela! on menaçait du feu, comme sorciers, les inventeurs les plus méritants! En 1683, l'anglais Murray institua dans la cité de Londres, au prix de dix centimes par lettre une administration des postes; elle réussissait et rendait d'immenses services, au commerce surtout; mais le fanatisme religieux s'en émut et prétendit que la poste menaçait l'existence de la religion anglicane et que toutes les lettres étaient écrites par les jésuites et les papistes, qu'elles ruinaient l'Angleterre pour l'envoi des indulgences payées et des bulles catholiques: la Chambre des communes et celle des lords, accueillirent ces plaintes et Murray fut chassé, menacé et obligé de fuir: ainsi fit la tolérante Angleterre! Ce ne fut que plus tard que Murray put *céder ses droits à un anglican bien connu!*

— Les inventions en tout vont leur train: on fait du papier avec tout, même avec du bois! du tabac avec toutes les feuilles, même avec celles du topinambourg!

— Quoiqu'on dise que la vanité humaine proclame des inventions qui ne sont que des procédés renouvelés des siècles antiques, qu'on n'invente rien de nouveau et que l'humanité rentre dans de vieilles voies, alors qu'elle croit en tracer de nouvelles, il n'en est pas moins vrai, pour ne parler que de notre XIXᵉ siècle, que jamais siècle n'avait étonné le monde entier par de si grandes victoires, des conquêtes si prodigieusement étendues et surtout des découvertes si imprévues qu'elles méritent, même dans notre siècle d'incrédulité, le nom de *miracles!*

— Par la télégraphie électrique, le perfectionnement de la navigation et de la vapeur, par les chemins de fer s'ajoutant les uns au bout des autres pour traverser et réunir toutes les nations, par la civilisation toujours en progrès, par l'instruction et la science contribuant à l'adoucissement des mœurs, à l'unification des races, à la suppression des haines nationales, le monde entier, et au moins l'Europe d'abord, marchent à grands pas vers une confédération générale pour arriver peut-être un jour à la constitution d'une seule grande nationalité humaine.

— Dans un siècle où l'invention a trouvé un miroir retenant le portrait, la vapeur entraînant cent énormes diligences chargées, avec la rapidité du vent, l'électricité partout, la pensée passant sous la terre et les mers, sous les grandes nues ou dans l'air avec l'instantanéité de l'éclair, n'a-t-on pas le droit d'être exigeant? Aussi veut-on vivre avant d'être né, être arrivé aussitôt que parti, être entendu avant d'avoir parlé!

— C'est à deux français, Timonnier et Ferrand qu'on doit l'invention de la machine à coudre, mais trop compliquée d'abord, trop coûteuse pour passer dans l'art de la fabrique; c'est à un américain, Élias Howe, particulièrement, qu'on doit sa simplification et l'invention de l'aiguille ayant son trou près de la pointe et non au bout opposé et cette autre aiguille, dite à crochet et servant de navette, aussi bien que l'emploi simultané de deux fils, l'un conduit par l'aiguille, l'autre par la navette. Timonnier est mort pauvre, il n'a pu attendre le succès et Élias Howe est riche à des millions de dollars!

IRLANDE, (l') — nation atrocement opprimée et malheureuse, se venge par la langue; c'est la Gascogne sur les bords du Shannon : même audace dans l'orgueil et le mensonge, même faconde, même gaieté loquace ; sa consolation c'est l'ivresse: le peuple a faim partout, mais il a toujours soif en Irlande !

IRRÉLIGION. — L'homme irréligieux est toujours un homme sans cœur : celui qui ne sent pas Dieu ne peut rien sentir, le cœur lui manque.

IRRÉGULARITÉ. — En toutes choses l'irrégularité amène le désordre et le désordre entraîne la ruine.

IRRÉSOLUTION. — De toutes les causes d'ennui, l'irrésolution et la faiblesse de caractère sont les plus désastreuses et les plus cuisantes : on rentre toujours dans le même cercle d'apréciations contraires et on ne résout rien ; c'est à recommencer toujours et toujours.

ISIS. — Ce fut après Scylla que le culte de l'Isis égyptienne fut introduit à Rome : ses prêtres et ses prêtresses faisaient vœu de chasteté et le libertinage de tous était cependant devenu proverbial !

ISOLEMENT. — L'homme isolé, qu'il soit libre ou en prison, devient observateur rigoureux, attentif à tout, tombe dans une vie de détails et d'observations minutieuses et patientes qui font sa vie, ses distractions, son bonheur.

C'est ce que Silvio Pellico nous apprend dans son livre *des Prisons*.

— L'isolement est une maladie dans la vie, car l'homme et la femme sont de nature essentiellement sociable: l'amitié, l'amour, l'affection sous toutes ses formes sont un besoin, un instinct de l'humanité! L'isolement est donc un danger pour l'homme, un piège tendu à tous ses mauvais instincts, à toutes ses mauvaises habitudes et le conduisant au cabaret et à l'ivrognerie et de là à la dégradation, à l'abrutissement, à la misère et à la mort !

— Certaines existences vivent en quelque sorte repliées sur elles-mêmes dans leur calme, dans leur force, mais aussi dans la tristesse que crée toujours l'isolement.

— La solitude, l'isolement, la rêverie révèlent des facultés inconnues et créent en quelque sorte des sens nouveaux, ils transforment le caractère et déplacent le mobile de la vie.

— La vie isolée n'est pas supportable, elle ne devient jouissance que lorsqu'elle est liée à une autre vie, car l'égoïsme est la privation des plaisirs les plus vifs.

— L'isolement absolu peut devenir un danger, en creusant toujours les mêmes idées ; comme dans la solitude, la pensée n'est interrompue par personne, elle suit invariablment sa même ligne et frappe sans cesse aux mêmes portes de l'inconnu.

— L'isolement rend forcément égoïste : isoler l'homme, c'est rétrécir son cœur, c'est l'obliger à vivre pour lui seul et de lui seul.

— Quelle plus triste liberté que celle que donnent l'abandon, l'indifférence de tous, la privation de parenté, d'amitié, de relations de toutes sortes.

ITALIE (l') — est le plus beau pays du monde, c'est le pays des lacs que les poètes ont chanté, le pays des villes où ils sont nés et où ils ont vécu, c'est cette contrée couronnée par les Alpes gigantestes qui éclatent comme des joyaux étincelants avec leur couverture de neige et qui recèlent ces grands débris du monde, les races illustres éteintes, mêlées et confondues dans ces linceuils de glace que le soleil italique ne parviendra jamais à fondre.

— L'Italie paraît avoir été de tous temps le paradis du monde, on y voit en effet accourir des points les plus opposés : les Troyens, les Etrusques et les Grecs, les Gaulois, les Francs, puis les Africains, les Sarrasins, les Normands, les Espagnols, les Français et les Allemands ; de toutes ces races, quelque chose est resté sur cette terre classique de la civilisation : ceci n'explique-t-il pas les républiques italiennes avec leur physionomie particulière à chaque province et même à chaque ville, l'antagonisme et les rivalités qui divisèrent toujours l'Italie et la mobilité du caractère et des opinions des Italiens.

— L'Italie moderne vit encore sous les souvenirs de l'Italie antique et de l'Italie intermédiaire (la Renaissance) ; aussi est-elle la terre la mieux peuplée du monde entier ; toutes ces vieilles générations y vivent non pas seulement dans l'histoire, mais par les lieux où elles ont vécu ; leurs temples payens, leurs basiliques chrétiennes, enfin leurs églises modernes et jusqu'à leurs maisons conservées en souvenir de toutes leurs illustrations grandes, puissantes ou modestes.

— Dans cette contrée glorieuse par son histoire, glorieuse par la guerre, par les arts de la paix, encore plus par ses enfants illustres, qui ne séparera jamais Virgile de Mantoue, son berceau (*Mantua me genuit*), Sirmione, où se cachait la maison de Catulle dans un des plis du lac de Garde entre l'Eridan, ce roi des fleuves, et le Mincio ; le Tibur d'Horace et de Cicéron, tant d'oasis sur une terre si fertile et sous un ciel si doux et si brillant !

— L'air en Italie est aussi favorable au son qu'il porte au loin, qu'à la vue qui peut distinguer aux plus grandes distances, tant l'atmosphère est pure et limpide ! La Maremme ou marais pontins exceptés.

— Machiavel prétendait que l'Italie ne serait jamais unie parce qu'elle était matériellement et intelligenciellement divisée ; cette prédiction ne s'est pas réalisée : Au reste, en Italie, la division remontait jusqu'à l'empire romain où chaque ville avait son gouvernement et ses lois : Charlemagne seul parût la réunir en faisceau, mais après lui, les anciennes divisions, municipales surtout, reprirent leur empire.

— L'ambassadeur de France, à Rome, M. de Blacas, disait : tenez pour certain que si l'Italie trouvait un puissant allié pour l'aider, elle secouerait un joug qu'elle déteste : c'est la peur, la surperstition et l'argent qui gouvernent l'Italie. Rossi, autre ambassadeur écrivait, en 1847, à M. Guizot : « Dans dix ou vingt ans, l'Italie se révèlera au monde par son esprit essentiellement national. » La prédiction s'accomplit avant dix ans, mais ce qu'on n'avait pas prévu c'est que l'affranchissement de l'Italie, qui nous a coûté si cher en hommes et en argent et qui devait lier éternellement, par la reconnaissance, l'Italie à la France, a été payé par la plus insigne ingratitude, puisque l'Italie, au lieu de secourir sa bienfaitrice, s'est alliée depuis lors avec la Prusse, l'ennemie la plus dangereuse de la France ! Une pareille trahison est, surtout dans les circonstances qui l'entourent, unique au monde et dans l'histoire ! car elle date du lendemain même du bienfait : on enterrait encore en Italie nos soldats français décédés, que l'Italie faisait volte-face et passait dans les rangs des ennemis de la France ; on l'a dit depuis longtemps *fides punica* (foi punique) c'est-à-dire des Carthaginois ; on devrait dire maintenant : *fides Italiana* (foi odieuse), atroce et impudente !!!

— L'Italie veut toujours aller en avant, conquérir et marcher, son excuse c'est qu'elle a la forme d'une botte, le talon en l'air et le pied à la course et aussi qu'elle a la France derrière elle et qu'elle désire s'en affranchir. Qu'elle ingratitude ! car, nous le répétons, c'est la France, qui après une guerre acharnée et ruineuse a conquis l'Italie sur l'Autriche, c'est la France qui l'a rendue à elle-même après de longues années de servitude et de victimes illustres. L'Italie devrait donc se souvenir du despotisme affreux qui a pesé si longtemps sur elle, des prisons de Venise encombrées de ses citoyens les plus honorables, les plus illustres, les plus dévoués à la patrie commune, et qui périrent en si grand nombre dans les cachots souterrains et humides où ils passaient l'hiver et sous les plombs brûlants de ces atroces prisons où ils étaient condamnés à vivre en été, combinaison exécrable d'un gouvernement tyrannique qui emprisonnait sans jugement et ne délivrait jamais, que pour les confier à la terre, les cadavres de ses prisonniers.

Le nommé Silvio Pellico, si longtemps détenu et torturé par le pouvoir qui pesait sur l'Italie et qui a, dans le récit immortel de ses souffrances, passionné le monde entier devrait la rappeler constamment à la reconnaissance qu'elle doit à la puissante initiative de la nation française et à son inépuisable générosité.

— Les Italiens ont le masque le plus mobile, ils exagèrent tout, ils se permettent toutes les faussetés, tous les mensonges ; longtemps trompés ils deviennent de plus en plus trompeurs.

— Les Italiens sont si légers, futiles et enthousiastes, qu'en captivant leur imagination on amortit en même temps tout sentiment de révolte : une révolution est-elle imminente, une grande fête peut la paralyser. Une grande actrice, un célèbre chanteur ou un bon opéra ont souvent retardé, par l'enthousiasme qu'ils inspiraient, les mouvements populaires.

— En Italie, la noblesse cache sa misère sous une somptuosité apparente ; la vanité du noble sacrifie tout aux jouissances de son amour-propre ; il vit de misère pourvu qu'il croie briller en public et maintenir l'honneur de la famille ; de là ce frappant contraste de la majesté imprimée à ce qui est extérieur et de la simplicité souvent triviale de la vie journalière et intime. Ce que l'Italien estime par dessus tout c'est donc un titre et de la fortune, un équipage, une grande tenue de maison ; et si le grand seigneur italien tient tant à paraître riche c'est parce qu'il se sent très pauvre ! C'est l'opinion du banquier qui prépare l'opinion publique, une lettre de crédit considérable est la meilleure lettre d'introduction, elle ouvre toutes les portes.

— En Italie on trouve peu de ces sociétés permanentes qu'en France nous appelons salons : car les salons sont l'occasion d'une trop grande dépense ! C'est au théâtre qu'on se rencontre : le théâtre remplace le monde, mais ce qu'on perd à cela c'est l'esprit de conversation, les belles manières, les habitudes du monde élégant et disert.

— En général dans la société italienne, même la plus spirituelle, il ne faut rien blâmer de ce qui est Italien.

— L'Italie est le pays du servilisme, des révérences et des pompeuses paroles en même temps que des grossièretés crues et brutales, c'est un voile bien transparent et souvent *troué* sur des nudités caractérisées !

— Tout est réglé par la température dans la vie italienne : au printemps il est convenu qu'il fait chaud, et à midi on reste chez soi pour dormir, dit-on, comme dans les chaleurs ; mais le dimanche, quelle que soit la chaleur, le peuple se promène au Corso, de midi à une heure, et les nobles un peu plus tard, la bourgeoisie leur succède ensuite, puis, le soir, vient le grand monde, celui-là en voiture et en équipage avec tout son personnel de valets, de laquais, de chasseurs, etc.; si bien qu'il a fallu emporter au Corso toutes les clés du palais, souvent habitation fort modeste.

— L'idiome italien est, à lui seul, un plaisir, aussi n'y parle-t-on guère qu'en vers, et cela est si vrai qu'en lisant avec habileté, même les mots d'un dictionnaire, on croit entendre des vers, de la poésie et de la musique !

— Par elle-même la langue italienne est une musique inspirant des sentiments qui ne demandent qu'à déborder, c'est une langue des sens, de l'amour, de la poésie, bien plus qu'une langue traduisant les pensées d'un esprit sérieux et instruit ; elle est si riche en sons harmonieux qu'elle a pu se passer des idées sérieuses, puissantes et profondes des autres langues du monde. L'italien chante ou psalmodie plus qu'il ne parle avec une surabondance de paroles et de phrases qu'on ne trouve que dans le Midi : L'Arioste, le Tasse, Boccace, Machiavel, ont developpé, perfectionné et immortalisé leur langue, sans cependant la compléter et on peut dire qu'elle est stationnaire aujourd'hui et attend pour atteindre à sa perfection des Molière, des Racines, des Chateaubriand, des Lamartine, des Bossuet, des Buffon...

— Les Italiens vivent de rien et ramassent tout ; ils ont au besoin le pain et la soupe du voisin et un maigre repas leur suffit par jour: à Naples et à Rome on vit de petits escargots de haies et de vignes, (les gros sont farcis pour les riches) on a pour cinq centimes une assiette de ces petits escargots cuits dans des chaudières en fonte installées dans les rues; on se rafraîchit avec du citron et de la neige.

— La vie se dépense en ce qui coûte le moins, le sommeil ou l'amour, en caquetages, en processions ou promenades d'église en église, de sacristie en sacristie et on rentre chez soi à trois heures du matin pour se lever à sept ou huit.

— Les églises italiennes sont des temples ou des salons chargés de dorures et de tableaux étincelants de lumières : ce ne sont pas comme en France et dans le Nord, des églises pudiques, discrètes et modestes comme la religion elle-même, ce sont de splendides salons paraissant ouverts et prêts pour la danse plutôt que pour l'humble et timide prière.

— L'Italie, tout en acceptant l'autorité des papes comme un honneur et un concours, a cependant toujours résisté à leur suprématie, acceptant l'égalité, mais non l'esclavage. La papauté, en effet, a toujours été un prestige et un relief pour la terre Italienne, qui, fractionnée à l'infini, envahie pendant des siècles par les hordes barbares, affaiblie par les guerres civiles, se fût évidemment effacée sous de pareils désastres si l'autorité religieuse et respectée des papes ne l'eût préservée d'une destruction complète ou d'un asservissement général.

— Nos préjugés d'éducation nous exaltent outre mesure au souvenir de Rome et des romains : leurs historiens, leurs poètes, les nôtres d'après eux et par suite nos professeurs de collége nous ont amenés à cette conviction que les romains étaient le peuple le plus brave, le plus civilisateur, le plus ami des arts, le plus puissant qui ait jamais existé: le plus puissant, oui, mais par l'astuce et la perfidie, le reste est douteux. Les romains étaient peu avancés dans les arts ; la peinture, la statuaire, l'architecture, ont produit chez eux plus de grandeur que d'élégance. Ce qu'ils avaient de remarquable ils l'avaient enlevé à la Grèce qu'ils ont copiée : leurs statues, leurs colonnes, leurs bas-reliefs viennent de là: le Capitole! les temples de Jupiter Stator, de Jupiter tonnant, de la Concorde, de Vesta, de Mars, de Janus, peuvent-ils être comparés aux œuvres de l'Italie moderne ?.. St-Pierre, St-Jean-de-Latran, Ste-Marie-Majeure, St-Pierre-aux-Liens, ne sont-ils pas bien supérieurs ?...

— La puissance romaine n'est-elle pas due à l'astuce et à l'habileté plus qu'au courage?... Rome n'a-t-elle pas mis plus de trois cent cinquante ans à subjuguer ou surprendre quelques villes voisines, Veïes (dix ans de siége) les Latins, les Sabins, les Volsques, les Fidenates. Dans ses plus beaux temps n'a-t-elle pas été vaincue et presque détruite par Annibal, auquel elle n'a échappé que par de sourdes menées fomentées à Carthage même ! n'a-t-elle pas été vaincue et gravement menacée par Pyrrhus et par Mithridate, etc.

Les historiens romains sont des exagérateurs forcenés: de petits combats ils font de grandes batailles; les petites villes, les bourgades sont des républiques, des colonies importantes, des nations; l'an 419 de la fondation de Rome, Décius et Manlius étant Consuls, à sept lieues de Rome on était hors de la république; la Rome d'alors était la campagne de Rome d'aujourd'hui si désolée, si stérile, si inculte; mais Rome elle-même n'en reste pas moins par la magnificence de ses ruines et de ses monuments anciens et modernes la capitale et la reine des beaux-arts.

— Quoi de plus grandiose que le dôme de St-Pierre de Rome s'élevant à une hauteur de cent soixante-deux mètres, c'est le chef-d'œuvre des chefs-d'œuvre; la boule qui surmonte le dôme peut contenir trente-deux personnes, et, de ce point culminant, on découvre toute la ville des papes, bien plus grande que l'ancienne Rome. La basilique de St-Pierre a près de deux kilomètres de circonférence à l'intérieur, et dans cette vaste enceinte il y a une telle accumulation de chefs-d'œuvre que l'œil en reste ébloui et n'a pas assez de toute son admiration pour contempler les tableaux, les mausolées, les statues, les colonnes de bronze, les marbres rares et les innombrables autels revêtus d'or et de matières précieuses recueillies dans tous les coins du monde pour orner et enrichir la basilique des successeurs de saint Pierre.

— Le Colysée, vaste cirque pouvant contenir cent mille spectateurs !

— Le Panthéon d'Agrippa, bâti en l'honneur de tous les dieux du paganisme, aujourd'hui église de *Santa-Maria-Rotonda*.

— Les bains de Titus, le Capitole et sa galerie, le temple de Janus, l'arc de triomphe de Septime-Sévère, monument en briques, mais de bon goût; la maison de Romulus; le temple de Mars, l'égout de Tarquin, ouvrage magnifique, ayant sous terre trente-deux kilomètres de longueur *et passant sous le Tibre*, dont l'eau nettoie l'égout en entraînant les immondices; la maison d'Horatius Coclès, en face des débris du pont qu'il défendit; St-Jean-de-Latran; le baptistère de Constantin, le palais et le jardin de Constantin; Sainte-Marie-Majeure, la plus belle des églises de Rome après St-Pierre (elle a soixante-dix colonnes de granit blanc d'une seule pièce); Sainte-Marie-des-Anges (anciens bains de Dioclétien), œuvre de Michel-Ange et de Bianchi.

— L'église de St-Pierre-aux-Liens; les chaînes de St-Pierre sont enfermées à la Sacristie dans une armoire de fer à deux clés, une pour le pape, l'autre pour le gouverneur de Rome: sous Victor-Emmanuel, à qui cette deuxième clé aura-t-elle été confiée ?

Les chaînes en bronze doré placées au-dessus de la porte de l'église sont une copie des véritables.

— Le tombeau des Vestales (*campo scellerato*); les débris du palais de Drusus; le tombeau de Caius Sestius; le cimetière protestant; le palais de Jules César; St-Sébastien des Catacombes, les Catacombes, le tombeau de Cecilia Mettella et tant d'autres tombeaux bordant les avenues de Rome en l'honneur des noms anciens; les ruines des écuries de Caracalla ou ruines de Caracalla; les restes de la grotte de la nymphe Egérie; le Quirinal; la place Navone, la plus belle de Rome; la place d'Espagne, où on remarque la fontaine Baraccia, construite sous Domitien; la colonne Trajane, la colonne Antonine; la villa Borghèse, bâtie sur les jardins de Salluste,... etc... car nous n'en finirions jamais avec les splendeurs de Rome.

— Les sept monts : Aventin, Célien, Esquilin, Quirinal, Pincio, Palatin, Janicule, sont des buttes affaissées comme celles des moulins à Paris.

— L'église des Jésuites, St-Ignace, a, dans le milieu de son grand autel, une ouverture qui reçoit, dit-on, des milliers de lettres adressées à saint Louis de Gonzague, un des membres les plus célèbres de la Compagnie de Jésus (tant de foi naïve ne se voit qu'en Italie); c'est une formule de police dont on s'est trouvé plusieurs fois heureux de profiter ; la suppression des Jésuites n'a pas fait supprimer cette dévote poste aux lettres, elle conserve son but.

— Dans ses prières, le peuple demande à Dieu, surtout de gagner à la loterie, de trouver un amant, une maîtresse, un mari, une bonne occasion de vol, un assassinat bien rétribué! ce n'est plus de la religion, c'en est encore le nom et il est indispensable que le nom surnage!

— Le clergé romain est obligé d'excuser et de tolérer la débauche la plus affichée : tous les curés sont unanimes pour reconnaître que sans cette tolérance avouée, le peuple abandonnerait les églises et se ferait païen.

— A Rome, les supériorités et les jougs religieux sont, par leur nature, adoucis et affables: les grands en face des grands sont courtois et même en face des plus infimes sont bienveillants et se font presque câlins, c'est la formule du clergé! tout s'y passe en secret par des valets, des moines, des sacristains, même des mendiants! qui sait ce que seront les plus petits le lendemain!

— La police de Rome est faite par quatre-vingt-dix curés et des centaines de vicaires et un plus grand nombre encore de clercs et de sacristains; mais ce qui rend le métier dangereux, c'est le terrible couteau catalan de la populace et son stylet si dextrement manœuvré!

— On devrait dire malheureux et méprisé comme un juif de Rome; il y en a encore sept à huit mille dans la Ville éternelle, mais on les enferme la nuit dans ce cloaque infect qu'on appelle le Ghetto. Chaque semaine ils doivent subir un sermon qui leur commande l'abjuration de leur religion, ce qui équivaut, bien entendu, à les confirmer dans leur croyance! en cas d'absence, ils paient une amende importante. Si on parvient à obtenir une abjuration on envoie le néophyte au couvent des cathécumènes où on le catéchise à mort!

— Florence, capitale de la Toscane, fondée par une colonie, partie de la cité Étrusque de Fiésole (Fœsula), était sous Auguste, une colonie militaire. Le premier fait historique qui signala son existence remonte à l'an 406 ; alors elle fut assiégée par les Goths, sous la conduite de leur roi Radogasius et délivrée par Flavius Stilicon: elle retomba plusieurs fois sous la domination des Goths, puis fut incorporée au royaume des Lombards.

— En 800, Charlemagne fut couronné empereur d'Occident et la Toscane fut réunie à l'empire dont elle fit partie jusqu'en 1027. En 1115, à la mort de la comtesse Mathilde qui l'avait léguée au pape, les Florentins se révoltèrent et proclamèrent leur indépendance, puis la discorde se mettant entre eux, ils se divisèrent en deux camps tour à tour vainqueurs ou vaincus: En 1434, commença l'élévation et la puissance des Médicis qui, de simples marchands devinrent souverains de la Toscane, princes prépondérants dans une grande partie de l'Italie et comptèrent dans leur famille deux papes et deux reines de France.

— Comme Venise, comme Gênes, Pise, etc., Florence fut une des républiques italiennes fondées sur l'égalité, nourrie par le commerce; mais elle fut incessamment tourmentée et enfin détruite et ruinée par la lutte entre les deux partis qui la divisaient, les Guelfes et les Gibelins. Le protectorat de l'empire d'Allemagne pesait sur ces petites républiques, l'aristocratie les pressurait et cette aristocratie s'appuyait sur l'empereur. En 1073, le moine Hildebrand fut élevé au pontificat sous le nom de Grégoire VII, démocrate par politique ou par sentiment, il décréta que ses successeurs ne soumettraient plus leur nomination à la puissance temporelle! L'empereur Henri IV voulut lutter, il fut écrasé et vint pieds nus à Rome demander son pardon. Grégoire VII protégea hautement le peuple, tonna contre les tyrans et fit prêcher les droits de la démocratie, de là deux camps : les aristocrates, les impérialistes qui prirent le nom de Gibelins; les partisans du peuple et du pape, celui de Guelfes; la lutte fut acharnée et incessante et eut des chances diverses.

— Florence, située au milieu d'une plaine où s'étalent la plus splendide végétation et la flore la plus brillante et la plus variée, en a tiré son nom (la fleurie) et, en effet, elle s'élève au centre de cet oasis, comme du centre d'un bouquet de fleurs ; ainsi que Paris, elle est bâtie sur son fleuve, l'Arno, qui mérite à peine le nom de rivière, et encore grâce à une digue qui retient ses eaux, car en été il est presque à sec. Les Caschines, promenade de Florence, sont sur les bords de l'Arno.

— En été, Florence est déserte, car le climat est brûlant, le sol poudreux, la ville sans air ; pas de soirées, pas de matinées, il faut s'enfermer, le serein si dangereux (l'aria cattiva), vous oblige à ne pas sortir ; aussi de mars à octobre les maisons sont sans revenus à Florence, de novembre à mars la ville est comble ; c'est une serre d'hiver, c'est un lieu de plaisirs et de fêtes.

— A Florence, les femmes paraissent moins passionnées qu'ailleurs ; leurs yeux si vifs, si perçants, ont l'air plus disposés à vous juger qu'à vous aimer : Les Florentins ont les mœurs douces, l'humeur un peu triste, leur esprit est porté aux arts, ils sont patriotes passionnés et enthousiastes de leur chefs-d'œuvre !

— La cathédrale de Florence, Santa-Maria-del-Fiore est, après St-Pierre de Rome, l'église la plus élevée et la plus vaste du monde, c'est le géant des églises, elle est revêtue extérieurement de marbres rouges, blancs et noirs du plus admirable effet. Ses sculptures, ses mosaïques sont magnifiques, mais l'intérieur ne répond pas à l'extérieur, la voûte et les murailles sont pauvrement décorées.

— L'église de St-Jean-Baptiste, ou Baptistère, tout près de la cathédrale, est une construction commencée au vi⁰ siècle et continuée jusqu'au xv⁰ ; ses portes d'airain, sculptées par Jean de Pise et Ghiberti, sont des chefs-d'œuvre d'art et de délicatesse infinis. Michel-Ange les qualifiait de célestes et disait qu'elles auraient dû ouvrir et fermer le ciel.

— Les églises de St-Marc, de l'Annonciation, du St-Esprit, de St-Laurent, où se trouve la chapelle et le tombeau des Médicis, l'église de Ste-Marie nouvelle, de Ste-Croix, sont ornées à profusion de statues, de bas-reliefs, de fresques, de colonnes en marbres précieux, de peintures des grands maîtres italiens, etc.

— Les autres édifices les plus remarquables sont : le Palais Pitti, une des plus vastes et des plus belles résidences princières du monde, avec d'admirables fresques et une superbe galerie de tableaux ; le Palais Vieux (Palazzo Vecchio), ancienne demeure des souverains, qui communique avec le palais Pitti par une immense galerie : dans la cour du Palais Vieux, on voit en entrant une fontaine surmontée d'un amour tenant un poisson et reposant sur un bassin de porphyre, elle est entourée d'un portique soutenu par neuf colonnes d'architecture lombarde ; les peintures du portique représentent quelques villes d'Allemagne vues à vol d'oiseau. Au premier étage est la grande salle du Conseil, pouvant contenir mille personnes, elle fut ornée par les soins de Cosme Ier ; les fresques gigantesques qui couvrent ses murs sont de Vasari et représentent les guerres de Florence contre Sienne et contre Pise.

Le Campanile, merveilleux monument, œuvre de Giotto, est découpé comme une dentelle : on dit à Florence, beau comme le Campanile !

— Le Palais Ricardi, demeure du premier Médicis, Cosme l'ancien, et bâti par lui, a aussi une superbe galerie dont le plafond a été peint par Jordano : ce palais était affecté et doit l'être encore à l'académie della Crusca ; dans la maison voisine Laurent de Médicis poignarda le duc Alexandre, frère naturel de Catherine de Médicis !

— Livourne, port franc, est une ville de commerce qui n'offre aucune particularité bien remarquable, je n'ai été frappé que de cette coutume d'écrire sur le dos des galériens le crime qu'ils ont commis. Sur la principale place de Livourne s'élève la statue de Ferdinand Ier, le Tibère Toscan. On ne peut se dispenser, quand on visite la ville, de se faire conduire en voiture à l'église de Montenero où on voit la madone apportée, dit-on, du mont Eubée (Negrepont) : on croit qu'elle est l'œuvre de

Margaritone, contemporain et émule malheureux de Cimabue.

— Après St-Pierre de Rome et l'antique forum (campo vaccino), la place du Dôme, à Pise, est la chose la plus intéressante de l'Italie : quatre beaux monuments y sont groupés sur un tapis de verdure ; 1° le Campo-Santo ; en 1228 les Galères de Pise (cinquante), chargées de terre prise sur le calvaire, la déposèrent dans le Campo-Santo ; plus tard on l'entoura de galeries ; 2° le Baptistère ; 3° le dôme de la cathédrale, basilique remarquable et complète, toute couverte en dedans de tableaux de maîtres et de marbres précieux avec un superbe plafond en chêne doré et à lourdes rosaces, c'est une croix latine ; la nef centrale est haute et superbe, les deux nefs latérales sont à doubles portiques et surmontées de loges ou galeries magnifiques ; 4° la tour penchée, admirable campanile de marbre, entouré de colonnettes légères, élégamment couronnées, monument qui provoque toujours la même question : a-t-il été construit penché, ou s'est-il affaissé pendant sa construction, ou a-t-il été construit sur un plan incliné ?...

— Pise est assez bien bâtie, sur les rives de l'Arno et au pied des montagnes ; sa température d'hiver passe pour être plus douce que celle de Florence, mais c'est une ville sans animation, on y sort peu, les portes des maisons sont toujours fermées, les jalousies presque toujours baissées, les fenêtres des étages inférieurs lourdement grillées, on y accueille peu les étrangers, la noblesse, comme partout en Italie, y est peu riche.

Dans un de mes voyages en Italie j'avais visité San-Rossore, domaine du grand-duc, on y nourrissait 2,000 vaches, 1,500 chevaux sauvages et en liberté et 180 chameaux (les descendants de ceux ramenés en 1228 de la Terre sainte, par les Pisans).

— Naples, placée entre deux volcans, l'un animé et qui éclaire souvent ses nuits, l'autre presque éteint, la Solfatara, dort tranquillement entre ces deux gouffres qui pourraient l'étouffer, sinon l'engloutir, ce qui arrivera un jour, disent les géos en vous faisant remarqur la neige jaune ou rougeâtre qu'apporte le vent sur les campagnes et qui est du soufre pur comme on en trouve aussi dans les grottes, si nombreuses autour de Naples.

La baie de Naples ressemble à une émeraude gigantesque enchâssée dans les plus riches montures, dont les saillies sont : Baïa à l'ouverture du golfe, gisant sous les flots dont les eaux limpides laissent voir les rues et les temples et roulent des mosaïques comme d'autres mers roulent des coquillages ; Cumes, sa grotte et ses lacs infernaux ; Pouzolles et ses vingt temples, le Pausilippe, monticule illustré par le tombeau de Virgile ; la grotte ou tunnel servant d'entrée à Naples ; Pompéi, sortant de son linceul de cendres ; Castellamare, ville contemporaine du Christ ; Torre-del-Greco ; Herculanum, ville entièrement encastrée dans ses roches de lave refroidie ; Sorrente la parfumée ; Caprée et sa grotte azurée ; les deux îles d'Ischia et de Procida ; enfin le cap Misène ! Tout cet ensemble constituant la contrée la plus belle, la plus tiède, la plus parfumée, mais aussi la plus renommée et la plus exposée du monde !

— L'entrée de Naples, du côté de Rome a un cachet tout particulier : il faut traverser cette obscure et longue grotte du Pausilippe et c'est à sa sortie qu'on voit éclater la vue resplendissante de ce brillant panorama : Sorrente d'abord, Naples, la superbe, ensuite étagée au fond du golfe, et le Vésuve, toujours fumant, souvent tonnant, en flammes, et menaçant de destructions aussi formidables que celles des villes de Pompéi et d'Herculanum, Naples et son voisinage.

— Le golfe de Naples est le plus gai du monde, étincelant le jour sous les ardeurs du soleil, reflétant de nuit toutes les lumières du ciel, les flammes du Vésuve et tous ces feux ardents et flamboyants que les pêcheurs placent sur la proue de leurs barques pour appeler du fond des mers le poisson à la surface et le harponner avec une adresse étonnante et toujours heureuse.

— Le premier désir du jeune étranger foulant pour la première fois le sol de Naples et admirant tous les soirs les feux innombrables se promenant et scintillant sur sa magnifique baie, c'est de prendre sa part de poésie dans cette vie nocturne, contrastant si agréablement par sa fraîcheur avec l'Italie brûlante et insupportable du jour. Dès le lendemain de mon arrivée à Naples je voulus me donner cette charmante distraction, une petite barque de pêcheur nous reçut, quelques amis et moi, pour la nuit entière qui fut pour nous une nuit de délices : un petit vase en grille rempli de charbon de terre enflammé éclairait la proue de la barque, c'était le soleil pour les poissons qui accouraient pour s'ébattre à sa lumière et à sa chaleur, tandis qu'avec une longue perche le pêcheur plongeant doucement sa truble en avant la retirait de la mer plus ou moins remplie de poisson, à notre grande satisfaction et à la plus grande joie de ces pauvres gens qui se trouvaient riches lorsqu'ils rentraient le matin avec un bénéfice de trente ou quarante sous, auquel nous ajoutions la gratification d'un carlin par personne; souvent ces braves pêcheurs nous obligeaient à accepter une petite provision de poisson, c'était pour nous un excellent déjeuner assaisonné du souvenir d'une nuit heureuse et animée.

— Les Napolitains n'aiment pas les Français, ils leur préfèrent les Anglais ou plutôt leur or, qui est leur dieu, car ils sont misérables ! Lazzaroni, mendiants, pauvres pêcheurs, soldats, même en faction, tous mendient et avec insistance, ce qui prouve que les officiers, les généraux, les maréchaux ne les désapprouvent pas ! Une autre industrie encore plus productive est pratiquée fort dextrement dans les foules et plus particulièrement autour de la poste aux lettres, dont les abords sont encombrés de mendiants, de filous, de détrousseurs, escamoteurs de montres, de bourses, de mouchoirs, de coupeurs de poches si adroits que malgré toutes les précautions, le contenu des poches et au besoin les basques des habits ou redingottes ont disparu ! Les hôtels eux-mêmes sont exploités par ces escrocs et leurs complices ! Qu'on se tienne donc pour bien averti !!! J'ai perdu en quelques jours, à Naples, sept mouchoirs, cinq paires de gants, un lorgnon en or, ma montre n'a été sauvée que par un cordon supplémentaire qui ne put être coupé !

— La population du royaume de Naples est entassée dans la proportion de la richesse du sol qui est le plus fertile du monde; la foule des boulevards de Paris donne une très-faible idée de la foule et surtout du bruit de la rue de Tolède à Naples, l'animation y est extrême, à l'entrée de la nuit surtout, car c'est le moment du Corso, toute la ville est réveillée et en joie, on n'y pense pas au travail quoiqu'on ait dormi de neuf heures du matin à six heures du soir; toute la population est sur pied et le nombre des voitures précédées de coureurs armés de torches enflammées pour écarter la foule est considérable, les cris et le vacarme sont étourdissants, car les voitures ne courent pas, elles volent ! De là des cris de terreur et souvent des accidents graves et mortels, oubliés dès le lendemain !

— A Naples on vit de peu, mais aussi travaille-t-on et gagne-t-on très-peu, on passe les trois quarts du temps à dormir, le rêve de chacun est de se reposer, de n'avoir rien à faire, la plupart des ouvriers vivent pendant huit jours des bénéfices faits pendant une mendicité ou une occupation de quelques heures ; la sobriété des Napolitains ne peut se comparer qu'à leur paresse !

Presque toutes les femmes du royaume de Naples pratiquent la promiscuité, sont et restent dans le commerce, ce qui crée un immense danger pour la santé publique, moindre cependant que dans les pays froids ou tempérés, car la chaleur excessive du climat, en amenant des transpirations abondantes, facilite la guérison des cruelles maladies que produit la débauche, sans écarter cependant le danger des rechutes !

— Venise est une ville unique et à part : elle n'a pas de rues, mais des sentiers ou passages en escaliers ; ses rues sont des canaux, ses voitures des gondoles complétement en deuil, car une loi somptuaire a voulu qu'elles fussent construites sur un modèle unique et peintes en noir, ce n'est que par l'intérieur qu'on peut juger de la position du propriétaire de la barque ; c'est là le cachet trompeur dans ses détails comme dans son ensemble de la république de Venise. Le bateau ordinaire est la charrette du peuple ; malheur au noble vénitien qui serait aperçu dans un bateau, il serait pendant des mois la risée de la société.

— Venise a une atmosphère de brouillards, son peuple est un peuple d'artistes, son gouvernement est une ombre sanglante et terrible régnant autrefois par la terreur et la menace ! Venise était, avant son affranchissement par la France (1866), la ville des désespérés, des prisons morbides, brûlantes ou glacées ; son climat brumeux engendrait le dégoût de la vie et conduisait au suicide.

— Léopold Robert y arrivait heureux pour s'y arrêter un an et y travailler, et il se donna volontairement la mort ! Alfred de Musset, Géraldy le chanteur, Georges Sand elle-même, furent frappés des mêmes symptômes et des mêmes maux : on oublie trop qu'il faut prendre, à Venise, cinq ou six tasses de café noir par jour pour combattre l'influence d'un air chargé d'eau marécageuse.

Et cependant le Vénitien est le plus gai et le plus insouciant des Italiens, il crible ses tyrans d'épigrammes, de plaisanteries, de lazzis !

— Pendant le long règne de l'inquisition, la terreur était telle à Venise que la famille frappée par l'arrestation de son chef où de l'un des siens ne faisait aucune démarche pour le sauver ; c'eut été se perdre sans avoir rien à espérer, la république était si absolue et si impitoyable qu'elle ne tolérait même pas la prière.

— Reine des mers pendant plus de cinq siècles, Venise n'est plus aujourd'hui qu'un squelette, comme la Rome antique, c'est une ville morte, sa vie nouvelle fait contraste à sa vie ancienne si brillante et si animée : Espérons que l'avenir la rajeunira dans la liberté et la fera revivre dans sa splendeur passée.

— Il faut voir à Venise, dans le palais Michieli, le musée des armures des croisés Vénitiens : ces hommes de fer expliquent la grandeur de la république et ses gloires,

on comprend les succès du doge Domenica Michieli qui tua, dit-on, au siége de Tyr, onze cents Sarrasins de sa propre main.

— Le pape Alexandre III avait accordé à la république de Venise l'investiture de l'Adriatique ; à chaque anniversaire annuel la cérémonie des fiançailles venait rappeler la première prise de possession de la mer au nom de la république. On jetait un vase d'eau bénite à la place où le doge devait lancer son anneau : Le dernier anniversaire eut lieu en 1797, après l'entrée des Français à Venise.

— Venise est, par excellence, la ville des beaux-arts, car elle leur doit tout, même la terre sur laquelle elle repose, terre qui est une conquête sur les marécages qui l'entourent et qu'elle dispute tous les jours aux flots de la mer.

— L'histoire de Venise est matériellement écrite dans la basilique de St-Marc, la merveille de Venise et du monde, c'est une église de styles mêlés : Grec, Arabe et Byzantin, construite avec les débris amassés sur tous les point du globe par huit siècles de conquêtes ; chaque ornement a été payé par une guerre ou une bataille et arraché à la Grèce, à l'Asie, à Constantinople, à la civilisation artistique de Rome, de l'Orient surtout.

— St-Marc fut commencé au Xe siècle sous le doge Pietro Orseolo ; ses cinq coupoles étincelantes sont une copie de celle de Sainte-Sophie de Byzance ; en 1097 on rapportait de Sidon à Venise la pierre d'autel du baptistère de St-Marc ; sur cette pierre est le fauteuil de marbre où siégeait St-Marc, dans la ville d'Aquilée, à gauche de l'autel se trouvent les deux pierres de la prison sur lesquelles eut lieu la décollation de saint Jean-Baptiste.

— St-Marc mérite le nom qui lui a été donné : d'église d'or, par les innombrables encadrements en feuilles d'or, les riches mosaïques qui couvrent tous ses murs et toutes ses voûtes, mais surtout par les objets d'art en or massif ciselé qui ornent ses autels.

— Le groupe de porphyre placé dans un des angles de la façade de St-Marc et les piliers cophtes qu'on y remarque, furent arrachés au temple de Saba, dans la ville de St-Jean-d'Acre.

— Venise s'empara du célèbre quadrige de l'hippodrome de Constantinople et le plaça sur la galerie de la façade de St-Marc, au-dessus de la porte principale, c'est ce quadrige, arraché à son tour à Venise qui couronne aujourd'hui le petit, mais charmant arc de triomphe de la place du Carrousel, à Paris.

— Au Xe siècle, les Vénitiens rapportèrent de Constantinople cette icone byzantine si célèbre, en peinture d'émail sur lame d'argent et or, qui sert d'ornement au maître-autel de St-Marc; le couvercle de l'icone et la porte de droite de la basilique, achetés à prix d'argent, ont été détachés de l'église Ste-Sophie de Byzance.

— Le palais ducal, chef-d'œuvre d'architecture sarrasine, touche à St-Marc et se replie en coude d'un côté sur la piazzetta (petite place), de l'autre en face de la mer, sur le quai des Esclavons.

— L'escalier des géants, dans le palais des doges, ne tire pas son nom de son magnifique développement, mais de ses deux statues colossales représentant Mars et Vénus.

— Les quatre colonnes soutenant la porte de terre de l'arsenal sont un vol fait à Constantinople par les croisés, sous le doge Henri Dandolo. Les quatre lions d'Athènes sont une conquête du doge Morosini, vers la fin du XVIIe siècle. On peut donc dire de Venise que la plus petite république du monde put s'embellir et s'orner par la conquête de tout ce que l'univers possédait de plus précieux en chefs-d'œuvre et curiosités artistiques.

IVROGNERIE. — Passé en habitude, ce vice est une lèpre physique et morale, abrutissante et inguérissable; c'est un défaut contre nature et un produit des inventions humaines, c'est-à-dire de la civilisation; ce qui le prouve, c'est qu'aucun animal n'aime les liqueurs alcooliques, le vin particulièrement; pour leur en faire boire, il faut les y contraindre avec violence.

— L'ivrognerie éloigne de la famille et du foyer domestique, elle entraîne dans ces enfers appelés cabarets, où les meilleurs se démoralisent et s'abrutissent, où se dévorent en un jour les ressources de la famille, elle dégoûte du travail, affaiblit le corps et tue le cœur, l'âme et la raison.

— L'ivresse, en affectant le cervelet, fait perdre l'équilibre au corps.

— Autrefois la bière, le vin et l'eau-de-vie étaient presque les seules boissons fermentées; aujourd'hui qu'on tire les mêmes produits de tous les tubercules et racines et même de toutes les céréales et qu'on fabrique ainsi non pas seulement des eaux-de-vie, mais des alcools *quatre fois* plus condensés, le danger a grandi dans d'effrayantes proportions; c'est dans le Nord, qui ne produit pas de vin, que sévit le plus profondément le vice de l'ivrognerie, vice continu et dès lors *cent fois plus meurtrier* que les pestes, le choléra, etc. L'Angleterre et les provinces anglaises dans l'Inde, les Amériques se signalent en première ligne par leurs populations ivrognes et corrompues, de là les sociétés de tempérance; si nombreuses en Angleterre, qu'elles nous dévoilent ainsi la grandeur d'un mal qui va toujours croissant!

— L'ivrognerie est non-seulement une honte, mais un mauvais exemple public, mais un danger, car l'ivrogne n'a plus de raison et peut frapper, tuer, écraser: la nouvelle loi sur l'ivresse, si elle est rigousement appliquée, apportera, nous l'espérons, un remède salutaire à cette dégradante passion.

— Tant qu'on s'est légèrement enivré de vin, on a pu chanter l'ivresse, car elle restait gaie, souriante et sans danger; mais on ne chante jamais dans l'ivresse habituelle, dans l'ivresse brutale; aujourd'hui que les ivrognes blasés désertent le vin pour l'alcool, de plus en plus concentré, ou plutôt de moins en moins mêlé d'eau, pour l'absinthe, le vermouth et autres toxiques, l'ivresse est devenue le vice le plus honteux et le plus dégradant pour l'intelligence et le plus dangereux pour la santé, car il hébéte, idiotise et produit ces terribles maladies parmi lesquelles on remarque ce tremblement convulsif appelé *delirium tremens*. Le gouvernement militaire avait donné un très-sage exemple en interdisant aux soldats l'usage de l'absinthe et en ordonnant aux cabaretiers, cafetiers, etc., de refuser cette boisson dangereuse à tous les soldats.

— L'ivresse est la plus triste compagne qu'on puisse accepter, elle vous prend dans un palais et vous laisse dans un ruisseau ; elle vous prend gai et bien portant et vous laisse maussade et malade ; elle vous prend digne et intelligent et vous laisse abruti et stupide ; enfin de l'homme elle fait une bête, une brute, un être sans raison !

— Les ilotes enivrés servaient d'exemple honteux et de repoussoir pour dégoûter des excès de table et de l'ivresse les jeunes lacédémoniens ; cette formule heureuse d'éducation pourait s'appliquer à tous les vices et à tous les défauts.

— L'ivresse exagère la nuance des caractères ; elle rend fous les hommes naturellement gais, et taciturnes les hommes peu causeurs.

— Certains hommes ont plus aimé d'abord la société que le vin avant d'en être arrivés à préférer le vin à la société et à afficher un goût que la solitude rend de plus en plus dégradant.

— Il y a des êtres délicats et nerveux pour lesquels la vie ordinaire est une brutalité, ils ne comprennent le plaisir de l'ivresse qu'au milieu des fleurs et des bougies et ils croient qu'il n'y a qu'un allemand ou un animal qui puisse boire à la clarté du soleil.

— Pour certains hommes dissimulés c'est une qualité indispensable, s'ils aiment boire, que de savoir supporter le vin, car souvent le vin fait éclater une vérité compromettante.

J

JACHÈRES. — État de repos dans lequel on laisse les terres qui viennent de produire une récolte ; ce repos est la conséquence d'un préjugé ancien et si tenace que d'immenses étendues de terrain restent incultes pendant des années, au grand préjudice de la fortune publique aussi bien que de la fortune privée ; l'agriculture en progrès repousse absolument ce système ; quand une récolte a été enlevée il faut labourer de suite la terre pour la fertiliser et la préparer à en recevoir une autre qui demande des éléments différents ; de telle sorte qu'elle ne reste jamais improductive : aux céréales succèdent les plantes fourragères, les navets, puis les tubercules de toutes sortes, légumineuses, etc., ce qui permet, sans perdre une seule saison, soit un assolement de deux ou trois ans pour les plantes les plus rémunératrices, le blé, l'avoine dans certaines contrées, le sarrasin dans les pays pauvres et les sols froids, etc. ; mais le plus grand avantage de la suppression des jachères, après celui des récoltes continues, c'est d'entretenir les terres parfaitement expurgées des plantes spontanées ou parasites qui, dans les sols humides et argileux, sont le fléau des cultivateurs et la ruine des propriétaires dont elles élèvent considérablement la dépense de main-d'œuvre.

JACTANCE. — Dans le danger, la nature pousse à la jactance : c'est, en effet, un moyen de paralyser les forces ennemies par la crainte, et d'augmenter les siennes propres par l'assurance et l'audace.

JACQUES II, — roi d'Angleterre, contrarié des remontrances écrites par Bacon, dans les procès-verbaux des délibérations des communes, envoyait chercher ces délibérations et arrachait la feuille où étaient consignées ces remontrances, c'était user du droit provoquant et dangereux du plus fort !

Jais, — jayau ou jayet, espèce de bitume fossile très-noir et très-brillant; il a une origine commune avec le charbon de terre, le naphte, etc.; on le trouve en Irlande, en Wurtemberg, dans le comté de Foix et aux Pyrénées.

Jaffa, — ville de Syrie, à douze lieues de Jérusalem, remonterait, suivant Pline, aux temps antédiluviens; c'est là qu'aurait été construite l'arche de Noé et que plus tard ce patriarche aurait reçu la sépulture; elle appartint successivement aux Égyptiens, aux Assyriens, puis fut brûlée par Judas Macchabée, ravagée par Vespasien, tomba au pouvoir des Sarrasins, fut conquise ensuite avec son territoire par les Croisés, reprise par les Turcs qui surent la conserver; elle soutint cependant des siéges nombreux; le plus désastreux fut celui fait par les Français sous le commandement du général Bonaparte, en 1799, où les vainqueurs, aussi malheureux que les vaincus, furent à leur tour décimés par un fléau plus terrible et plus implacable que la guerre, la peste d'Orient!

Jalap, — nom d'une espèce de convolvulus, plante qui croît spontanément et en abondance au Mexique, dans les environs de la ville de Xalappa, d'où son nom de Jalap, ses fleurs sont grandes, lilas ou rose clair en dehors, nuancées de blanc ou de violet foncé en dedans, ses racines constituent un purgatif énergique employé encore aujourd'hui dans la médecine vétérinaire; pour les rendre propres à cet usage on en fait un extrait, une teinture alcoolique, une résine; elles étaient autrefois, avant les progrès de la chimie, l'objet d'un commerce considérable.

Jalousie. — Passion aveugle toujours chargée d'inconséquences et de contradictions flagrantes, passion persistante et tenace, car elle a sa source dans l'amour passionné et trompé, car elle ne veut se laisser ni calmer ni convaincre, il ne faut donc pas discuter avec elle, ce serait peine et temps perdus! on ne la détruira que par une affection plus accentuée et une conduite régulière et irréprochable en tous points, prouvant la fausseté des soupçons!

— La jalousie mord à l'appât le plus grossier, à l'hameçon le plus apparent; ce n'est pas de la haine persistante, c'est de la rage mêlée de honte et de regrets qui, ajoutant encore à l'amour inspiré, décuplent les tortures causées par cette funeste passion: il faut prendre en pitié ces affreuses tortures et les calmer à tout prix, car elles peuvent produire la folie ou la mort!

— La jalousie est le poison de tous les amours trop exaltés, même des amours bénis par Dieu; elle est la destruction des ménages les plus heureux, car si la jalousie flatte l'amour-propre du jalousé, elle traîne à sa suite tant de discussions aigrissantes, tant de contrariétés journalières qu'elle ferait prendre l'amour en horreur et qu'elle diviserait les cœurs les plus unis. Le mari ou la femme doivent donc faire toutes les concessions et les sacrifices pour calmer la jalousie et éviter tout soupçon; ces égards, cette prudence réciproques assureront leur mutuelle tranquillité.

— Les femmes sont naturellement plus jalouses que les hommes: elles aiment avec tant de passion, elles s'attachent si fortement, qu'il leur semble que tout le monde envie ce qu'elles aiment; leur imagination vive et mobile les rend ingénieuses à se tourmenter, à voir des commencements d'infidélité dans les actions les plus simples; elles souffrent les plus affreux tourments, cela sur un simple soupçon, presque toujours dénué de fondement; quand cette terrible passion s'empare de leurs facultés, elle brûle, elle dessèche leur cœur en même temps qu'elle détruit leur santé; une confiance mutuelle leur eut épargné cette cruelle souffrance du soupçon et eut souvent mis un terme à un mal qui peut avoir les conséquences les plus funestes.

— La femme jalouse perd bientôt, avec la tranquillité de l'âme, cette sérénité de physionomie, cette douceur de regard qui lui gagnent l'estime aussi bien que l'affection de tout ce qui l'entoure; elle s'enlaidit, aigrit son caractère et s'expose, comme à plaisir, au malheur qu'elle redoute et dont la seule supposition déchire et torture son cœur.

— Tandis que la jalousie n'est souvent chez l'homme qu'un sentiment de vanité, elle est chez les femmes un sentiment naturel, intime et profond; toute leur vie est dans l'amour, elles n'existent que par lui, aussi comprend-on qu'elles veillent sans cesse à ce que celui qu'elles aiment ne leur échappe pas, à ce que son affection ne fasse pas fausse voie en passant à une autre!

— Les femmes jalouses se plaignent de ce que leur mari passe à l'étranger, à qui la faute? à elles bien souvent, qui n'ont pas su retenir leur sujet, et qui, par indifférence, froideur ou défauts de caractère, soupçons injustes ou reproches immérités, ont éloigné d'elles celui qu'elles devaient captiver et retenir par une patiente et tendre affection!

— Les femmes semblent éprouver ce besoin de toujours observer, de fouiller incessamment le cœur qui les aime pour y trouver un indice de désaffection! c'est un supplice et un danger, car c'est solliciter, c'est créer et exalter, ce qu'elles craignent le plus!

— Dans la vie réelle, les hommes aussi bien que les femmes ont le grand tort de vouloir apprendre ce qui leur cause le plus de peine! la jalousie est la plus curieuse et en même temps la plus aveugle, souvent la plus injuste des passions!

— La jalousie est un sentiment si vif et si douloureux qu'il possède, par cela même, une incroyable puissance de divination et qu'il reçoit des révélations immatérielles et presque magnétiques.

— Les femmes malheureuses en ménage par la jalousie se décident rarement à parler de divorce ou de séparation, car la jalousie est la conséquence de l'amour et de l'affection. Tout au contraire, les femmes autrement malheureuses et plus libres dans leur volonté, se décident trop rapidement à une instance en séparation, la précipitation est toujours l'écueil de la femme; nous conseillons donc aux femmes, en circonstance aussi grave, le recours à un conseil sérieux, désintéressé et expérimenté.

— Une femme doit tout faire pour calmer la jalousie de son mari en même temps qu'éviter toutes les occasions de la faire naître, c'est ainsi qu'elle le guérira.

— Le jaloux, dans la comédie de *Plaute*, voulait que sa maîtresse n'invoquât que les déesses et jamais les dieux!

Un autre jaloux disait: « Toutes les fois qu'un homme parle à ma femme, je voudrais avoir la mort dans le regard pour l'en frapper, comme j'ai la rage au cœur pour en mourir! » Sentiment aussi vrai dans son expression de jalousie qu'il est menaçant et serait dangereux dans sa vengeance!

— La jalousie de certains hommes n'est si violente que parce qu'elle est jouée: c'est souvent un moyen et il faut le deviner; les femmes, soit parce qu'elles vont rarement au fond des choses, soit parce que la jalousie suppose l'amour et devient dès lors une flatterie, ne cherchent pas à deviner le but et se contentent d'accepter le compliment.

— La jalousie est la plus effrayante, la plus complexe, la plus torturante des passions humaines, la plus difficile à calmer, à éteindre, à effacer complétement, car, quoiqu'on ait pu prouver, démontrer, obtenir même et faire avouer, la jalousie restera toujours le mauvais levain, la mine chargée et menaçante du ménage.

— Une femme passionnée citait un jour à son mari jaloux cette pensée du cardinal de Retz: « On est plus exposé à être trompé par trop de défiance que par trop de confiance. » — Merci du conseil répondait le mari, car j'ai commencé par être trompé dans ma confiance!

— La jalousie est, de tous les sentiments hostiles, celui que les hommes craignent le moins d'inspirer, probablement parce qu'il flatte leur vanité.

— Défions-nous de ces faux amis qui s'immiscent dans les faits intimes de notre vie, moins pous nous éclairer que pour nous contrarier, envenimer notre cœur, c'est-à-dire nous frapper dans notre vie de sentiments, dans notre avenir le plus cher, en éveillant, en excitant, en stimulant notre jalousie.

— Les femmes sont si ombrageuses et si jalouses que l'éloge fait d'une autre femme, au lieu d'éveiller leur émulation, soulève la passion de la jalousie ou de l'envie, si voisine de celle de la haine: une manière certaine de blesser une femme, c'est donc de parler d'une autre femme ou comme d'un modèle, ou comme d'une perfection impossible à imiter.

JANISSAIRES. — Mot signifiant nouveaux soldats: ce furent des chrétiens qui, à sa création, sous l'empereur Orcan, en 1365, composèrent le corps des Janissaires, soldats d'infanterie Turque ; on enlevait des milliers de jeunes chrétiens, on les dressait à la guerre et on formait ainsi cette milice formidable qui assura longtemps la victoire à l'étendard du prophète; elle n'était primitivement que de 6,000 hommes environ, mais en y introduisant des Turcs on l'augmenta successivement. Amurat Ier, 1472, compléta son organisation, elle avait atteint le chiffre de 150,000 hommes lorsqu'elle éleva Mahmond II sur le trône ; mais celui-ci, qui connaissait et craignait sa puissance, la licencia après une longue lutte et une sanglante insurrection. Ainsi finit cette institution qui pendant des siècles avait fait trembler les sultans, les élevant, les précipitant du trône au gré de son fanatisme ou de son caprice.

JANSÉNISME. — Jansénius, le Vaudois, né en 1585 et évêque d'Ypres, était rêveur et dévot comme saint Augustin, son oracle; il s'était fait une doctrine sur la délectation céleste et sur la délectation terrestre, sur le fatalisme et le libre arbitre ; sa philosophie chrétienne se résumait dans cette affirmation : « *l'homme fait invariablement ce qui lui plaît le plus !* » Les Jansénites français avaient deux maisons, celle de Paris en haut du faubourg St-Jacques et celle de Port-Royal-des-Champs non loin de Versailles ; c'est là, dans une vallée ombreuse, que sous la direction de l'abbé de St-Cyran, les religieuses approuvant les formules mystiques et chrétiennes de Jansénius, se retirèrent de l'abbaye et firent place à un monastère d'hommes où les deux frères Arnaud, leur sœur Angélique et leur trois neveux, les Sacy, instituèrent de petites écoles, un enseignement intermédiaire et un enseignement supérieur destiné aux fils des grandes familles. Condamnés par le Pape, vers 1705, ils furent obligés de quitter Port-Royal-des-Champs, qui fut démoli en 1710. C'est en vertu d'un arrêt du Roi qu'en octobre 1709 les religieuses de Port-Royal-des-Champs furent expulsées et déportées une à une sur toute la France.

— Louis XIV eut le tort de traiter Port-Royal en puissance dangereuse et le grandit par la persécution; oubliés et méprisés par lui, les Jansénistes fussent restés ignorés: qui penserait aujourd'hui à Port-Royal, si ce n'étaient les admirateurs de Racine, qui y fut élevé; mais ne nous eut-il donné que Racine, ne serait-ce pas un don splendide ? Car Racine est un des quinze plus beaux diamants de la littérature du monde.

JAPON. — Immense état à l'extrémité orientale de l'Asie, composé d'îles d'un difficile accès ; la plus considérable est Niphon, dont les villes principales sont Miaco, Ieddo, Kubo, et Ossako ; les autres provinces sont Kinsu et Sikof; le daïri ou daïro est le chef religieux, il réside à Miaco, le Kubo, empereur ou souverain temporel, habite Ieddo, dans un palais qui, à lui seul, forme une ville splendide, car il a vingt kilomètres de circonférence.

— Le pays est volcanique et couvert de hautes montagnes toujours couronnées de neige ; le sol est brûlant et aride, mais l'industrie des habitants lui a donné une puissante fertilité artificielle ; il produit plusieurs essences d'arbres qui lui donnent des revenus considérables : le camphre, le vernis, le papyrus, le chêne dont les glands sont comestibles, la sériciculture y est surtout très-prospère; le Japon abonde aussi en mines d'or, d'argent, de cuivre, de soufre, d'ambre gris et de pierres précieuses ; il a de nombreuses fabriques de porcelaine dite du Japon. La religion des japonais est une espèce d'idolâtrie ; saint François Xavier y apporta les lumières du christianisme en l'an 1554, et en 1616 la moitié du Japon était chrétienne ; mais dix ans plus tard, une révolution politique amena une des plus cruelles persécutions religieuses qu'ait vues le monde, elle dura quarante ans et fit périr des milliers de chrétiens.

Le peuple parle un dialecte mongol, la classe élevée parle le chinois, c'est la nation d'Asie la plus civilisée et la plus instruite, les Japonais sont en général très-mal faits, petits, basanés, trapus, on ne peut plus laids, mais polis, spirituels, très-propres, sobres, d'un caractère fort gai, doux et affectueux ; ils sont économes, aiment l'étude, le travail, la guerre, mais sont si vindicatifs qu'après de longues années ils prennent leur revanche d'une offense qu'on pouvait croire oubliée !

JAQUIER. — Arbre a pain originaire de l'Asie et de l'Océanie tropicale, donne un fruit nourrissant et savoureux de la forme d'un melon d'eau et du poids de deux ou trois kilogrammes : on enlève l'écorce, on fend le fruit en deux et on le fait griller entre des cailloux rougis au feu, cette nourriture remplace le pain ; au Brésil on lui donne le nom de calebasse et il pèse de dix à vingt kilos ; cette variété a des pépins énormes qu'on mange en les retirant du fruit grillé, ils ont la saveur de la châtaigne ; les feuilles du jaquier ont un mètre de long et un demi-mètre de large.

JARDINS. — Les jardins sont le luxe et l'agrément de l'agriculture, c'est en même temps l'agriculture, dans sa plus grande perfection, c'est le charme de la solitude, c'est le plus brillant et le plus agréable emploi de la richesse des saisons et de la fécondité de la terre sous toutes ses formes.

— Les jardins botaniques sont les terrains d'étude de toute la science végétale, c'est en 1545, à Padoue, que fut créé, par le sénat de Venise, le premier jardin botanique d'Europe, sous la direction de Bonafède, professeur de médecine ; l'année suivante Pise voulut avoir le sien, puis Bologne en 1568, Florence un peu plus tard ; Leyde, en Allemagne, imita cet exemple en 1577, Leipzig en 1579, Montpellier en 1595 et successivement toutes les villes savantes d'Europe eurent le leur. Ce ne fut qu'en 1633 que le gouvernement français acquit des religieux de Ste-Geneviève les terrains nécessaires au jardin royal des plantes : Guy de la Brosse en fut le créateur, et après lui Vallot, Fagon, Tournefort, Vaillant, Antoine de Jussieu. C'est aujourd'hui le plus complet des établissements de ce genre : le jardin de Kiew, en Angleterre, vient après, il est de fondation très-récente, et situé près de Londres dans une propriété achetée d'un français réfugié lors de l'Édit de Nantes, Molineux, savant distingué. Ce jardin est le plus étendu de tous les jardins botaniques, le plus complet dès lors dans sa végétation non abritée, il contient cent trente hectares dont vingt consacrés à la botanique et cent dix à la sylviculture du monde entier. C'est une magnifique promenade longeant la Tamise, à dix kilomètres de Londres.

— Le jardinier est l'ami des fleurs, il les sème, les plante, les nourrit, les abreuve et les soigne, aussi en jouit-il en père ! Le botaniste les massacre, les dissèque, les sèche en les écrasant, il les injurie en grec, il les conserve en ossuaires, c'est un bourreau se récréant devant les débris de ses victimes.

— Le jardin du curé est presque toujours utilement et coquettement cultivé : les légumes en occupent tous les carrés, les arbres fruitiers et les fleurs toutes les bordures ; les haies de clôture sont en rosiers du Bengale, toujours verts et diaprés de pompons roses, même sous la neige, ou en groseillers ou framboisiers plus utiles par leurs fruits. Ce petit jardin est donc un oasis, nourrissant la maison curiale et en même temps les pauvres, aidant en outre à la décoration de l'autel, toujours chargé de fleurs fraîches, faisant honte aux fleurs artificielles renouvelées cependant tous les ans par l'industrieuse institutrice de la commune.

— Le beau jardin de Géménos, sur la route de Marseille à Toulon, fut créé par M. d'Albertas, qui y fut massacré pendant la révolution, au milieu d'une fête donnée par lui à ses paysans !

JARRETIÈRE (l'ordre de la Jarretière). — Le plus distingué, le plus en honneur chez la nation Anglaise doit son origine à une circonstance fort peu morale que tend à justifier sa devise : En 1350 Edouard III, roi d'Angleterre, donnait un grand bal à sa cour ; dans le courant de la nuit il fut aperçu à l'écart, à genoux devant la belle comtesse de Salisbury, sa maîtresse, dont il tenait la jarretière, surpris et confus, il se retourna vers les témoins indiscrets et s'écria *honni soit qui mal y pense* ! Et en mémoire de ce fait dont il eût dû rougir, il institua un ordre de chevalerie qu'il appela l'ordre de la jarretière. Le roi d'Angleterre en est le grand-maître, il n'y a que trois officiers et vingt-cinq chevaliers seulement, aussi est-il fort recherché et désiré même par les monarques étrangers.

JASMIN. — Ce trouvère populaire, dut sa renommée à sa modestie, à son obligeance bienfaisante : poète gascon plein de naïveté et de charme, il voulut rester coiffeur et mourir pauvre en se prodiguant aux pauvres ; c'est une figure grande, candide et simple dans sa gloire.

JARGON. — On est souvent bien injuste sans le savoir ni le vouloir ; nous entendons parler une langue étrangère et au lieu d'avouer modestement que nous ne la connaissons pas, que nous ne la comprenons pas, nous exclamons ; quel jargon ! quel vilain jargon ! Pourquoi ce terme de mépris ? Jargon qui vient de l'espagnol Gerigonza (jargon des Bohémiens) langage corrompu, ne peut s'appliquer à une langue qui a son génie, ses règles, ses beautés, son harmonie et sa richesse ; c'est tout au plus si nous devons nous permettre d'appliquer cette qualification au langage rivole, insignifiant et léger de nos petits maîtres et de nos petites maîtresses, qui ont une langue plus bizarre et prétentieuse que correcte.

JEANNE D'ARC. — la pucelle d'Orléans, est, dans l'histoire générale du monde, la figure historique la plus pure, la plus digne, la plus honnête, la plus brave, la plus dévouée à la patrie ! aucune tache dans ce caractère et dans cette vie ; aucune faiblesse dans sa captivité et dans sa mort si affreusement torturée, le plus grand courage et la plus grande sérénité dans ce long et douloureux supplice d'une héroïne de dix-neuf ans, martyre de sa foi !

— Dans quelle vie humaine trouverez-vous tant de vertus puissantes et intimes, tant d'abnégation et de sacrifices, tant de gloire et d'illustration ! La France était aux Anglais, la royauté abattue, humiliée et en fuite... Une jeune paysanne apparaît, crie aux armes et la France est ranimée et victorieuse, l'héroïne paie de sa vie la reconstitution de la royauté et de la puissance française : Jeanne d'Arc ne devrait-elle pas, avec sainte Geneviève, être la patronne vénérée de la France ?

— Simple et douce fille des champs, elle avait été poussée par des voix mystérieuses et de secrètes influences à prendre le grand rôle de libératrice de sa patrie et à soulever la lourde épée des combats.

— Elle eut beaucoup de peine à convaincre le roi Charles VII, qu'elle avait reçu de Dieu la mission de chasser les Anglais de France et de le faire sacrer à Reims, mais enfin elle obtint le commandement d'un corps de troupes avec lequel elle battit les Anglais et leur fit lever le siège d'Orléans ! la délivrance de cette ville est du 7 mai 1429 et le 7 mai 1861, date de l'érection de la statue de Jeanne d'Arc sur la grande place d'Orléans, était donc le quatre cent trente-deuxième anniversaire de ce fait mémorable.

— Jeanne d'Arc, trahie à Compiègne, était prisonnière de Jean de Luxembourg, qui n'attendait qu'une rançon soit du roi de France, soit des Anglais ; mais Charles VII fit la sourde oreille et sa libératrice fut vendue chèrement et livrée aux Anglais quelle avait vaincus et qui l'enfermèrent dans une cage de fer où elle était garrotée par le cou, les mains et les pieds ; ils la conduisirent ainsi à Rouen où elle fut condamnée, par Cauchon, évêque de Beauvais, un évêque anglais, le vicaire de l'inquisiteur de France, et comme assesseurs, cinq autres prélats français. Mais ce jugement, dont le pape ordonna la révision vingt-quatre ans après la mort de Jeanne, fut cassé et annulé, à la sollicitation d'Isabelle Roméo, mère de Jeanne d'Arc et de Pierre d'Arc, son frère, par un tribunal siégeant en l'église Notre-Dame de Paris, le 7 novembre 1455. Jeanne avait été faite prisonnière, le 23 mai 1430, et fut exécutée le 30 mai 1431. Elle était sur le bûcher attachée à une barre de fer!

— Jeanne d'Arc avait-elle entendu, comme elle l'affirmait, des voix célestes qui l'appelaient à de grandes entreprises et lui commandaient de se tenir prête à accomplir la volonté de Dieu? Il ne faut pas douter qu'elle les eut entendues, car ce pouvait être une illusion de l'ouïe et des sens, une espèce de rêve à l'état éveillé, une hallucination même, faits constatés avoir existé et pu exister par l'effet d'une prévention ou encore d'une exaltation cérébrale ou fiévreuse ; l'histoire n'a donc jamais songé à contester ce fait, elle l'a accepté et a dû l'accepter, comme nous le faisons et comme chose possible! car Jeanne d'Arc était sans ambition et sans autres prétention que d'obéir à la volonté de Dieu!

— Jeanne d'Arc a subi deux supplices odieux: torturée et brûlée à Rouen par les Anglais et caricaturée par Voltaire! Le poëme de la pucelle est et restera une tache énorme et avilissante sur le nom de Voltaire qui, dans cette œuvre, justifiait sa réputation de méchanceté odieuse et anti-chrétienne!

JE et NOUS. — Certaines locutions, dans notre langue si délicatement constituée, ont un sens bien net et bien tranché, souvent bien contraire, ainsi on pourrait croire indifférent qu'un autre parlant de lui, dise *je* ou *nous* et cependant le *je* est humble comme toute personnalité et permet le doute et la discussion, le *nous*, au contraire, est une force complexe, une dualité au moins, imposant sa volonté et son opinion sans permettre qu'on songe à la discuter.

JÉRUSALEM. — Ville sainte par excellence, car elle est saluée de ce nom par tous les chrétiens (même les dissidents), par les Juifs et les Musulmans. Jérusalem a conservé une forme oblongue, son orientation est presque régulière: elle longe au levant la vallée de Josaphat avec le mont Viri Galiléi (hommes de Galilée,) le mont des Oliviers, le Pater Noster, les tombeaux d'Absalon et de Zacharie, le cimetière des Juifs, le mont du Scandale, les jardins de Siloé, le puits de Job à l'angle.

Au centre, le Calvaire, le mont de Sion, le mont Acra, le mont Bézétha, le cimetière Turc ; au midi, le tombeau d'Ananias, Haceldama ou vieille église, le mont du Mauvais-Conseil; au nord, le tombeau des rois, la grotte de Galilée.

— Pour arriver au pied des murs de Jérusalem la montée rocailleuse est d'une ascension difficile, on passe devant la porte dorée, aujourd'hui murée par le fanatisme musulman, pour empêcher la réalisation d'une prophétie ancienne que le Messie entrerait par là.

— L'historien Josèphe et les grandes autorités de l'Église prétendent que le roi Melchisédech voulant opposer une ligue aux invasions des Gébuséens bâtit sur le mont Moriah une ville appelée Salem jusqu'au jour où David, ayant pris la forteresse de Gébus, réunit les deux noms de Gébus et Salem d'où Jérusalem.

— La basilique de Jérusalem, édifiée par Constantin près du Sépulcre, n'a plus qu'une seule entrée au midi et au pied du rocher de Golgotha : une famille musulmane jouit du droit de garder le temple et d'en ouvrir les portes moyennant une petite redevance. Jusqu'en 1859 les gardiens habitaient l'intérieur du temple, en face du calvaire et à gauche de l'entrée; ils étaient accroupis sur une estrade où ils fumaient, se chauffaient et buvaient du café; aujourd'hui ils se sont réfugiés sous les deux chapelles supérieures du calvaire dans une pièce assise sur le lieu même de sa crucification et dont les Grecs ont fait une espèce de réfectoire ; cette pièce est parallèle à la chapelle d'Adam, laquelle se prolonge jusqu'au rocher où a été plantée la croix et qui s'est fendu au moment de la mort du Christ.

— Jérusalem n'est plus que l'ombre de l'ancienne hiérosolyma, capitale du royaume de Judée! détruite en 70 par Titus, rebâtie par Adrien sous le nom d'Œtia-Capitolina, embellie par Constantin qui lui rendit son nom; elle fut prise par les Perses en 614, par les Sarrazins en 636, les Latins la reprirent en 1099 et y fondèrent un royaume qui dura quatre-vingt-neuf ans avec des rois français; Saladin, soudan d'Égypte et de Syrie la leur arracha sous Guy de Lusignan; les Turcs s'en emparèrent à leur tour en 1517 et elle est restée en leur pouvoir.

Sa population qui se compose de Turcs, de Juifs, de Grecs et de Chrétiens, n'est plus que de 14 à 15,000 habitants, ses rues sont tortueuses, entourées de hautes murailles en pierres rouges avec tours carrées; une belle mosquée turque a été bâtie sur l'emplacement du temple de Salomon.

— L'église de la Nativité, à Jérusalem et bâtie par sainte Hélène, est placée sur la grotte qui renferme l'étable et la sainte crèche.

— Derrière l'église du monastère de Mar-Elias, s'élève une colline d'où l'œil embrasse à la fois Béthléem, lieu de naissance du Christ, le Calvaire, lieu de sa mort, et enfin le lieu de son ascension.

— Quand Titus, irrité contre Jérusalem, eut saccagé la ville, il fit couper ou arracher tous les arbres des pays environnants, si utiles et si hygiéniques dans cette contrée brûlée, ardente et rocailleuse; la vallée de Josaphat devint ainsi un véritable champ de pierres tumulaires.

JÉSUITES. — On sait avec quelle rapidité grandit, sous le soleil espagnol et plus tard en France, la puissance fanatique des Jésuites. Les parlements s'en effrayèrent et leur suscitèrent une rivalité dans l'établissement des prêtres de l'Oratoire, sous la direction de Philippe de Néry : le célèbre collège de Juilly en fut l'établissement le plus renommé, et dès le début la lutte s'engagea entre les deux congrégations.

— La société des Jésuites prit pour patronne la Vierge Marie et pour drapeau la défense du Catholicisme. Ce fut à la fois la congrégation la plus puissante et la plus persécutée, la plus dévouée et la plus détestée, la plus influente et la plus calomniée; elle souleva contre elle les plus violents orages et les inimitiés les plus redoutables.

— C'est sous l'influence et les coups de Mme de Pompadour et du duc de Choiseul, appuyés de M. de la Chalotais, procureur général à la cour de Rennes, que tombèrent les Jésuites.

— Les Jésuites avaient tous les défauts et les inconvénients des corporations religieuses, avec plus d'ardeur voilée, plus de savoir-faire et de dissimulation. Mais leur enseignement plus élevé, plus souple, plus à la mode, faisait une concurrence heureuse à l'université; de là tant de ressentiment et de jalousie haineuse de la part de celle-ci; soldats avoués et militants du catholicisme et du pape, ils eurent contre eux tous les esprits libéraux, tous les opposants, tous les incrédules, tous les révolutionnaires et jusqu'aux jansénistes: il n'en fallait pas tant pour qu'ils succombassent!

— Les succès des Jésuites en éducation s'expliquent facilement! d'abord par l'organisation puissante de leur société; chaque membre s'annihile et sacrifie sa volonté pour ne voir que le but qui lui est indiqué, ensuite ce but est unique, l'éducation et l'instruction de la jeunesse; ce sont là deux points capitaux ! puis les jésuites acceptant l'art de plaire comme moyen d'éducation, tiennent à se faire aimer de leurs élèves; la règle inflexible pour eux-mêmes est flexible et douce pour leurs écoliers, aussi s'en font-ils des amis et non des esclaves et paraissent-ils leur obéir plutôt que leur commander; enfin leur religion est peu exigeante, facile et appropriée à l'individu.

— Ce qu'on leur reproche, c'est d'être restés ce que les avait faits leur ardent fondateur, c'est de n'avoir pas accepté dans leur enseignement le progrès de la raison humaine et de s'arrêter comme pétrifiés dans les idées arriérées de l'intolérant et fougueux Ignace de Loyola.

— Le zèle des Jésuites a toujours été amorcé d'esprit mondain, d'ambition, de vanité, surtout de prosélytisme ardent.

— Les grandes associations humaines ont toutes l'ambition du pouvoir; les Templiers furent brisés parce qu'ils faisaient ombrage à Philippe-Auguste; les Jésuites furent expulsés, parce qu'ils offusquaient la puissance de Louis XV et qu'ils s'étaient emparés du prestige des Templiers : c'étaient deux pouvoirs parasites greffés sur une puissance indispensable alors à la France et à la royauté. Les Templiers sont oubliés, parce qu'ils ne sont plus utiles ; l'Islamisme dans notre siècle d'apathie et de tolérance ne blessant plus personne ; l'éducation, au contraire, étant de tous les temps, les Jésuites reparaissent, et avec la puissance de développement des associations religieuses, on pourrait les revoir bientôt aussi dominateurs que jamais !

JÉSUS-CHRIST, — fils de Dieu et Dieu lui-même, naquit dans une étable à Bethléem, sa mère, la vierge Marie, et saint Joseph, son époux, étaient venus dans cette petite ville pour se faire inscrire lors du dénombrement ordonné par l'empereur Auguste, l'an de la création 4004 ; tout le monde connaît cette merveilleuse et légendaire histoire des anges annonçant aux bergers la naissance du Christ, de l'étoile brillante qui, apparaissant en Orient, amena les Mages, rois, prêtres ou ministres des religions de ces contrées lointaines à venir adorer l'enfant-Dieu, pauvre cependant et misérablement couché dans la crèche d'une misérable étable : la persécution d'Hérode menaçant la vie de Jésus dans le massacre de tous les enfants de deux ans et au-dessous (massacre des innocents), la fuite en Égypte sur l'avis d'un ange, le retour à Nazareth après la mort du tyran, la vie simple et laborieuse du fils de Marie jusqu'à l'âge de douze ans, l'épisode de sa disparition à Jérusalem, sa découverte dans le Temple au milieu des docteurs qu'il étonne par la sagesse et la profondeur de ses pensées.

— La vie de Jésus-Christ n'est connue que de sa naissance à douze ans, c'est-à-dire de sa naissance à la rentrée d'Égypte : puis de trente à trente-trois ans : il reste donc vingt-un ans de vie inconnue, obscure, modeste, cachée et partagée probablement entre le travail de son père Joseph, charpentier, la méditation et la prière.

— Ce ne fut qu'à l'âge de trente-trois ans qu'il commença à prêcher l'Évangile, suivi des douze apôtres qu'il avait choisis parmi ses nombreux disciples ; sa morale la plus pure, en même temps que la plus humanitaire attirait autour de lui toutes les populations des villes et des pays qu'il parcourait, et cependant elle contrariait toutes les idées reçues, toutes les habitudes d'alors : elle était en opposition flagrante avec les mœurs des Romains sous la domination desquels vivait le peuple juif ; à la volupté, au libertinage, Jésus opposait, la chasteté et la retenue, à l'amour exclusif de soi, l'amour du prochain ; au désir désordonné de la possession des richesses, la pauvreté, la bienfaisance, la charité ; à l'orgueil de l'ambition satisfaite, la douce humilité ; aux bruits, aux flatteries du monde, le silence, la contemplation, la prière ; ses enseignements mis à la portée de tous, des gens simples surtout qui formaient la foule de son cortège, ressortaient des paraboles si ingénieuses qui leur servaient de cadre.

— La jalousie des pharisiens et des docteurs de la loi fut vivement excitée par les prodiges qu'opérait Jésus-Christ et par sa popularité croissante ; il fut accusé et condamné par Ponce-Pilate, gouverneur des juifs pour les romains, au supplice alors infamant de la croix, parce qu'il s'était dit fils de Dieu et roi des juifs. Ce jugement inique fut exécuté le soir du vendredi, 3 avril, de la 33ᵉ année de notre ère, après les phases douloureuses de cette longue et terrible agonie que nous appelons la passion. Jésus était âgé de trente-trois ans suivant les uns, et de trente-six, suivant les autres.

— Ainsi qu'il l'avait prédit, le fils de Marie ressuscita le troisième jour après sa mort, les gardes qu'on avait placés auprès du tombeau pour empêcher qu'on en approchât, prétendirent n'avoir rien vu et insinuèrent que le crucifié avait été enlevé et arraché au tombeau pendant leur sommeil. Mais, dit l'écriture, ses disciples, au nombre de plus de cinq cents, après sa résurrection, le virent, le touchèrent, lui parlèrent et vécurent avec lui.

Après la mort de Jésus-Christ, ses apôtres se dispersèrent pour prêcher l'Évangile dans les nations voisines de la Palestine, puis sur la surface entière de la terre.

— L'histoire de la passion, prêchée sur tous les points du globe, déconcerta tous les pouvoirs civils ou judiciaires du monde: Caïphe le pouvoir religieux, et Pilate le pouvoir civil, n'avaient-ils pas condamné à mort et fait mourir du supplice des voleurs le fils de Dieu, le Messie, l'homme juste, religieux, moral et bon par essence.

— Si Jésus-Christ n'était pas un Dieu qui se fut fait homme, il serait bien évidemment, un homme qui se serait fait Dieu !

On a voulu comparer Socrate à Jésus, mais en supposant vrai tout ce qu'on a dit de la sagesse de ce philosophe, il serait mort en stoïcien seulement, tandis que Jésus-Christ est mort comme un Dieu, et que le corps humain qui cachait sa divinité est remonté resplendissant vers le ciel.

JEUNE. — La religion chrétienne s'est entachée au contact de son origine juive, elle a pris des juifs l'institution des privations et du jeûne, et cette idée a grandi encore démesurément en opposition aux orgies romaines des Lucullus, des Lépidus, des Néron et de tous les empereurs du bas empire ; tant d'excès abrutissants devaient en effet et par réaction logique commander la règle du jeûne ; mais avec plus de perspicacité, cette règle n'eût dû s'appliquer qu'aux puissants et non aux pauvres, qui jeûnent, sans discontinuité, depuis le premier jusqu'au dernier jour de leur vie.

— Le jeûne est du reste, la formule expiatoire de presque toutes les religions anciennes et modernes : de Fô, de Bouddha, des Égyptiens, des Juifs, des Chrétiens et des Mahométans. Les juifs ont encore leur quatre grands jeûnes annuels anniversaires de leurs désastres : le siége, puis la prise, puis le sac de Jérusalem par Nabuchodonosor et la dispersion de la nation.

— Le ramadan est le mois du jeûne des mahométans, il commence à la nouvelle lune et jusqu'à la lune suivante il faut jeûner pendant tout le jour ; c'est-à-dire depuis le matin où on ne peut distinguer un fil blanc d'un fil noir, jusqu'au coucher du soleil. Le ramadan est plus rigoureux que le carême des chrétiens, car le jeûne doit être si absolu qu'on ne peut rien mettre dans sa bouche, même pour se nettoyer les dents ; la plus petite chose entrant dans l'estomac romprait le jeûne, même la fumée du tabac respirée non pas seulement en fumant soi-même, mais celle venant d'un autre fumeur ; on ne peut avoir de relations avec une femme, on ne peut même se teindre les paupières. Rompre le jeûne est un délit qui peut être puni de la mort, de la prison, du bâton.., la marge est bien grande !

JEUNESSE. — La matière essentiellement corruptible de nos sociétés dites civilisées, mais qu'on devrait appeler corrompues, c'est la jeunesse : la famille la préserve jusqu'à l'adolescence, parfois même un peu plus tard, mais alors, comme les instincts d'affranchissement sont très-prononcés, le jeune homme échappe à la famille, entre avec son inexpérience dans la vie la plus dissolue et se perd ainsi presque toujours, malgré la sollicitude des parents ! C'est donc sur les mœurs de la jeunesse que devraient s'exercer toutes les forces influentes de la société ; la jeunesse est en effet l'avenir de la nation ; à chaque fin d'année disparaît une génération de vieillards faisant place à une génération de jeunes gens ; la jeunesse est donc en marche continue et incessante dans la conquête de la société, c'est un flot sans fin, toujours avançant jusqu'à ce qu'il disparaisse à son tour pour faire place à un autre.

— La jeunesse a devant elle un si long avenir, tant de jours ! qu'elle croit à une éternité de temps. Il lui semble, comme au riche prodigue, que ses trésors sont inépuisables, elle ne calcule ni ses forces, ni sa santé, ni son bonheur, elle en jouit sans arrière pensée et sans crainte, elle jette au-devant d'elle tous les biens qu'elle possède, même les trésors d'amour que son cœur renferme, sans songer qu'elle pourrait les mieux placer et de manière à en recueillir un jour les heureux fruits.

— Que de jeunes gens usés par l'extravagance de leurs idées autant que par des jouissances précoces, ont le cœur desséché, l'esprit faussé, l'intelligence éteinte, les sentiments flétris, de telle sorte que leur jeunesse paraît un masque cachant des hommes vieux et désenchantés, mais se ranimant parfois cependant au moyen de quelques ressorts ou sentiments inconnus.

— La société de la jeunesse est pour les vieillards le philtre le plus propre à les réjouir et à les animer.

— La jeunesse est absolue dans ses idées et ses penchants ; elle pense peu à l'avenir et ne se livre qu'à l'idée présente ; l'avenir est loin et c'est l'inconnu ; le présent nous touche, nous presse, nous commande, ami ou ennemi il est devant nous, il faut prendre un parti et répondre !

— Chaque année de notre jeunesse a, sous sa température passionnelle, des idées, des goûts, des affections, des sentiments, d'abord différents et si dissemblablement accentués, que le désordre en jaillit.

— La jeunesse donne à l'âme de l'énergie, mais souvent elle ne l'élève que pour la plonger plus profondément dans l'erreur. Eh ! comment ne pas y tomber quand l'esprit a moins de force que les passions et se laisse conduire par elles !

— Dans la jeunesse on s'accorde beaucoup de mérite pour avoir résisté aux vulgaires ardeurs du sang. Pareils symptômes signalent les jeunes soldats qui prennent les escarmouches pour des batailles.

— On ne retrouve, dans aucun âge, ce franc et bon rire de la jeunesse, qui n'a d'autre cause qu'un besoin d'expansion, de bruit et d'activité fébrile

— Que d'esprits jeunes et novices prennent la volonté pour la force, l'imagination pour l'intelligence, leurs désirs pour des besoins ; cette erreur n'est que trop rudement châtiée par les résultats et les faits !

— Quoi de plus gai que la jeunesse ; quoi de plus attrayant que la beauté : ce sont les fleurs parfumées, les oiseaux chantants de la vie.

— Il n'y a plus ni jeunesse ni vieillesse chez les hommes, ils ont tous quarante ans : les uns pour se donner plus d'autorité, les autres, les plus âgés, pour continuer leur vie de plaisirs ; le père, dans cette dernière condition, est le confident et le camarade de son fils.

— La jeunesse du corps et des sens ne prend qu'une très-petite place dans la vie, tandis que la jeunesse de l'âme et celle de l'esprit peuvent occuper presque toute la vie et embellir toute l'existence.

— La jeunesse est un véritable aimant, une franc-maçonnerie ; on s'aime en s'abordant pour la première fois et l'amitié qui date d'un quart d'heure se continuera souvent pendant toute la vie.

Une jeunesse sage et saine est la garantie d'une vieillesse forte. PLUTARQUE.

— Il faut que la jeunesse soit une belle chose, puisque ses souvenirs peuvent distraire et charmer la vieillesse, si froide, si déshéritée.

— Il est un âge où les rêves commencent à se choquer contre les réalités de la vie, c'est la jeunesse s'éveillant à la pensée, s'essayant au raisonnement, se préparant à la conclusion, dès lors à la sagesse. C'est l'âge des luttes incertaines et infinies, des erreurs et des déceptions ; car c'est le premier pas de l'homme dans la longue et dangereuse carrière de la vie.

— On blâme trop souvent la jeunesse de son immixtion dans la politique, l'administration, les idées sérieuses et philosophiques. Moins usée par la vie et les événements, plus vive et plus impressionnable que les générations qui la précèdent, plus vivace et plus spontanée, elle obéit aux instincts les meilleurs et les plus naturels de la race humaine, c'est la nature, la bonne et primitive nature qui parle chez elle ; chez nous, plus âgés, c'est la prévention, c'est l'expérience entêtée, c'est la raison froide ; si nous sommes plus raisonnables, elle est plus naïvement vertueuse et apitoyée.

— La jeunesse est le rêve heureux, l'ivresse de la vie, mais ivresse si dangereuse qu'elle menace d'anéantir la vie entière dans sa base, la santé ; dans son avenir, la modération et la sagesse.

— La jeunesse a une aptitude merveilleuse à s'affecter vivement des émotions de l'âme et du délire des passions ; ses désirs sont aussi vifs que tumultueux ; sa curiosité est insatiable, elle vit même dans l'avenir.

— La jeunesse, par l'éducation, par l'instruction, par la santé, par les bonnes habitudes, est la caisse d'épargne de la vie.

— Les plaisirs sont pour la jeunesse ce qu'est la flamme pour les papillons : la mort !

— Dans la jeunesse on jouit sans souci, comme sans examen et sans mesure, d'un bonheur doux, naturel et pris dans sa fraîcheur et sa nouveauté.

— Personne, mieux que saint Augustin, n'a décrit la première pousse des passions, les premières fleurs des vagues désirs, des rêves sans fin, des romans du cœur et des sens, prélude mystérieux de l'âge de la puberté ! printemps de la vie où tout se réchauffe, bourgeonne et fleurit.

— L'activité de la jeunesse s'accommode mal des plaisirs et des amusements sédentaires ; par lui-même le mouvement est un plaisir pour l'enfant et le jeune homme, mais c'est aussi une loi naturelle, car l'activité est indispensable au développement de leurs forces et de leur corps.

— La jeunesse, avec sa confiance en elle-même, avec ses illusions dorées, avec ses pressentiments et ses promesses, avec ses gracieuses étourderies, espère trop naïvement pour n'être pas imprudente et audacieuse : le danger est là.

— La jeunesse a ses priviléges d'extravagance, même de folie, mais il ne faut pas que cela aille jusqu'à la licence et le déréglement.

— C'est une heureuse faculté que celle qu'a la jeunesse de se passionner pour tout, de faire de cette passion une poésie ardente, un moyen d'entraînement vers la science et l'instruction ; l'esprit s'exerce ainsi utilement et le savoir grandit naturellement sans peine et sans efforts.

— Quoiqu'on en dise, il n'y a pas de plus grand bonheur au monde que la jeunesse : tout l'avenir est à elle et l'espérance est une force qui peut l'aider à conquérir facilement le bonheur.

— La meilleure de toutes les jeunesses est la santé du corps et la vigueur de l'esprit, car elle produit la rectitude de jugement, la persévérance dans le bien et le désir passionné de s'instruire.

— Quel vieillard presque éteint ne se ranime pas au contact de la vivacité de la jeunesse, de ses joies si expansives, si bruyantes, si électriques et sympathiques.

— A seize ans, le cœur, l'intelligence d'une jeune fille appartiennent encore à l'enfance ; le printemps ne produit que des fleurs et non encore des fruits.

— Certaines femmes à traits prononcés, à taille élevée, n'ont jamais été jeunes, mais aussi deviennent-elles plus lentement vieilles comme ces fruits d'hiver qui mûrissent et durent plus tard que les autres.

— La jeunesse est la plus belle fleur du monde, d'après une légende bretonne : c'est l'âge des illusions et des bonheurs sans fin ; elle dévore la vie, comme elle dévore les fruits dans le panier de l'écolier, sans penser jamais au fantôme de la vieillesse qu'elle croit ne devoir jamais l'atteindre.

— La plus joyeuse vie humaine, la vraie vie, c'est la jeunesse, comédie en vingt actes de toutes les joies de l'existence, de bonheur, d'insouciance, de frivolité, de jeux sans fin, de rires continuels, de rêves dorés.

— Ce qui rend les femmes si belles et si enivrantes, c'est la jeunesse des hommes, la virginité de leurs sens et de leur cœur, la nouveauté de leurs sensations et l'exaltation qu'elles produisent.

— La jeunesse est présomptueuse, mais c'est un bien, car la présomption est un ressort ; elle encourage, enhardit et décide souvent ce qu'un excès de timidité eut retardé ou empêché.

— La jeunesse est la vraie vie de l'homme, car c'est l'insouciance en tout, animée par la joie la plus vive, ses transports, ses enivrements, ses surprises ! c'est le bonheur complet ! L'heure de la vie égoïste, inquiète, prévoyante n'a pas encore sonné.

— La jeunesse dans son inexpérience et ses vivacités est souvent injuste et intolérante pour la vieillesse, il n'en est pas de même de celle-ci, plus raisonnable et plus froide, elle est pour la jeunesse aussi patiente qu'indulgente et affectueuse.

— Une jeunesse trop contenue se réveille tout d'un coup plus forte dans le désir, plus fougueuse dans les passions, plus extravagante dans ses caprices : c'est une mine qui se révèle en éclatant, ce n'est plus une force qui s'épanche en grandissant, c'est donc un grand et vrai danger.

— La jeunesse est l'âge des familiarités faciles! on est disposé alors à aimer toutes les femmes, on n'est embarrassé que pour leur avouer son amour; on se passionne pour toutes les petites filles qu'on a sous la main et auxquelles on ose tenter de prendre un baiser ; car le jeune garçon est aussi timide que la jeune fille est craintive et tremblante et il ne sait pas lui-même ce qu'il doit penser, dire ou faire, quel embarras !

— La fraîcheur est le fard de la jeunesse; la science, l'esprit, l'érudition, l'expérience sont les mérites et les compensations de la vieillesse.

— Les jeunes filles dans la transition de l'adolescence à la jeunesse ont un âge bien dangereux à passer, on pourrait l'appeler l'âge romanesque, époque d'illusions folles, de rêves fantastiques et d'extases! cet âge a besoin d'être surveillé continuement et gouverné avec intelligence et circonspection; ce n'est pas trop de la perspicacité et de l'amour de la mère de famille pour en atténuer les inconvénients.

— Dans la jeunesse, l'âme est encore sans expérience et sans force et le découragement et le désespoir sont faciles : les jeunes gens sont des recrues de la veille, succombant sous la chaleur, sous le froid, sous la fatigue, encore plus sous la douleur.

JEU, JEUX. — La passion du jeu verse dans le cœur les corruptions les plus dangereuses, les immoralités les plus terribles; elle abrutit l'esprit, éteint l'intelligence, l'amour du travail et de l'étude et livre tout l'homme à une seule et exclusive préoccupation, à un entraînement funeste qui n'a ni contre-poids ni modération.

— Le jeu flétrit le cœur, étouffe l'esprit et enlève toute considération, il n'est jamais permis qu'aux vieilles femmes et avec des sous pour enjeu: que penser d'une jeune femme qui a la passion du jeu et qu'on voit toujours les cartes à la main?

— J'aime encore mieux l'amour des femmes en corps et en os, que l'amour des femmes sur carton, la dame de cœur, la dame de pique, etc.∴ les femmes bizeautées surtout, sont les plus redoutables; le jeu est une passion fougueuse et inextinguible ; l'amour charnel, au moins, a ses limites et trouve sa fin dans l'épuisement de ses forces, tandis que la passion du jeu ne s'arrête jamais, s'exalte et grandit toujours et toujours !

— Le jeu est l'amusement des esprits bornés, ennuyés ou paresseux, lorsqu'il n'est pas le besoin d'une insatiable activité ou d'une indomptable passion.

— Un proverbe allemand a dit: qu'il faut, pour apprécier un homme, l'avoir vu dans le vin ou au jeu; dans le vin, c'est-à-dire dans sa vérité et sans le masque du monde ; au jeu, dans la passion la moins naturelle, mais la plus expansive et la plus emportée !

— On a remarqué que la bravoure sur un champ de bataille ne prouvait pas le courage devant les chances du jeu et que ceux qui étaient braves là, étaient timides ici : alors ce serait tant mieux, car la passion du jeu serait moins ardente et moins dangereuse.

— De toutes les passions qui s'agitent entre hommes, celle du jeu a cela de particulier, qu'elle rend chacun des acteurs odieux en même temps que nécessaire : c'est un duel où on s'acharne, où on s'aigrit, mais où on se complaît tant qu'on veut toujours recommencer.

— Les jeux de hasard sont, comme on le sait trop souvent, la ressource des gentilshommes ruinés au jeu et qui se croient le droit de corriger par l'adresse le mal que leur a causé la friponnerie; avec moins d'abaissement dans le caractère ils ne se laisseraient pas aller à prendre une revanche qui est une escroquerie odieuse, punie sévèrement par l'opinion publique et par la loi!

— Le jeu est une fièvre dévorante, innommée en médecine, mais trop connue dans le monde par ses paroxismes : le remède est dans un pistolet, une corde de chanvre ou une rivière : c'est toujours par là que finit un joueur encore honnête et retenant assez de moralité pour comprendre sa honteuse position et préférer le suicide au déshonneur.

— Comme l'ignorance, la vanité, le luxe, le jeu sous toutes ses formes, sont la plaie de notre société actuelle ; je m'étonne qu'il n'en ressorte pas un plus grand nombre de suicides, car les désastres sont trop nombreux et trop journaliers pour ne pas exalter tous ces pauvres diables, considérés, heureux, riches aujourd'hui, ruinés et méprisés le lendemain et dès lors voués à l'infamie, à la misère, à la répulsion et peut-être même à la répression des parquets !

— Le jeu ardent et passionné devient une fureur en Amérique ; les escrocs et les tricheurs y abondent, les joueurs sont souvent armés de révolvers et le sang coule fréquemment dans des fureurs et des combats effrayants ; mais cela s'oublie bien vite, tant ces catastrophes sont nombreuses et habituelles ; cela anime la vie, disent les Américains, et lui fait perdre son ennuyeuse monotonie.

— Dans notre civilisation abaissée et corrompue, la place est aux fripons et particulièrement aux joueurs : le jeu est la grande formule de toutes les industries. Autrefois l'on gagnait honnêtement, sûrement, mais lentement : on trouve cela trop long aujourd'hui et on joue pour aller plus vite et pour doubler du premier coup son capital ou se ruiner. Le jeu est le moyen de toute l'activité humaine ; la ruine des uns fait seule la fortune des autres, la démoralisation est dès lors partout. L'or restera-t-il donc odieusement le dieu du genre humain ?

— Les habitudes du jeu ne donnent que des partners et rarement des amis, car on s'habitue à détester ceux qui nous gagnent notre argent : le jeu étant une piraterie de hasard, quand il n'est pas une escroquerie par la tricherie et la fraude !

— Si le jeu n'est pas un crime par lui-même, c'est une pente vers le crime, car c'est la passion la plus vivace et la plus persistante : le joueur est capable de *tout* soit pour gagner, soit pour trouver l'argent qui doit alimenter sa passion.

— Le jeu est de toutes les passions la plus absolue, la plus tyrannique, la plus absorbante et la plus terrible ; elle éteint toutes les autres et reste seule comme une menace, je me trompe ! comme une certitude infaillible de ruine et de déshonneur !

— Dans une salle de jeu, un homme qui ne joue pas, n'est pas seulement une inutilité, c'est en outre un observateur agaçant, un mouvement de trop, un bruit, une interruption et une distraction pour des gens qui n'en veulent aucune.

— Le jeu, pour certains esprits affolés, est une habitude noble, d'ancien régime et de bon ton ; ne pouvant se donner une bonne raison, ils acceptent celle-ci en sacrifiant le principe moral.

— Le langage du jeu : cœur, carreau, atout, etc..., est le langage le plus usuel dans les aristocraties européennes ; on ne comprend pas le plaisir qu'y peuvent trouver ces intelligences dites d'élite.

— Le jeu est une honteuse passion dont le trône est une table sale sous un tapis brillant ; l'or de l'enjeu ne suffit pas à cacher la fange des sentiments !

— On ne joue souvent que parce qu'on est ruiné et trop paresseux, ou incapable pour chercher la fortune dans le travail et les moyens honnêtes ; et dans cette voie, qui implique tant d'autres défauts ou d'autres vices, l'homme est fatalement destiné à la fin la plus honteuse !

— Les fatigues du jeu sont les plus énervantes, les plus épuisantes, les plus dégradantes, les plus honteuses de toutes ; celles de l'amour ont une énergie naturelle qui les anime, des émotions qui les poétisent, un sentiment qui les exalte et les excuse, car elles font la part du cœur.

— On ne peut trop craindre d'apprendre aux enfants les jeux de hasard, soit aux cartes, soit aux dés ; ce sera leur éviter toute tentative mauvaise ; la provocation et le danger ne viendront que trop tôt !

— On reconnaît un joueur à ses paupières enflammées par la fixité ardente du regard, à sa tête toujours inclinée vers la table, à sa pâleur terne paraissant un reflet du tapis vert, à un certain tremblement, continuation des émotions du jeu, produit de ces orgies honteuses de l'âme et de ce mariage contre nature entre un homme et une carte.

— Les joueurs qui continuent le soir au salon ou au cercle ce qu'ils font le jour à la Bourse, soulèvent de graves soupçons et des répugnances plus sérieuses encore!

— Ouvrir des maisons de jeux publics, c'est appeler les joueurs incorrigibles et éloigner les autres, ici le jeu au moins est loyal; fermer ces établissements, c'est les remplacer par des tripots où l'escroquerie triomphe, et où viennent se démoraliser tous les joueurs novices, curieux et innocents; fermer un de ces salons, c'est l'envoyer s'ouvrir ailleurs : une maison de jeux publics fera fermer vingt tripots dans les grandes villes, des centaines dans les capitales!

— Toute dette de jeu, en Angleterre, plus encore que dans tout autre pays, est une dette d'honneur suivant l'orgueil humain : aussi un banqueroutier, un failli, un voleur même, acquittent leurs dettes de jeu et de paris avant de faire faillite ou de se laisser conduire à la prison pour dettes.

— En bonne société le jeu n'est qu'un repos, un intermède à la conversation, il n'est ni passionné, ni avide, ni honteux, il ne sent en rien le tripot. On n'y remue l'argent que pour se rappeler le succès ou la défaite.

— Les jeux, parce qu'ils sont à la mesure de l'intelligence, indiquent la marche de l'esprit humain; les plus simples ont été inventés les premiers : la Marelle, les Billes, les Boules, le Volant, la Paume, les Barres sur terre, les Patins sur la glace.

— Les jeux à la mode révèlent les mœurs du temps : le Piquet est un jeu grave comme les Échecs, le Whist, un jeu diplomatique, le Mariage, un jeu de famille, de bourgeois, la Bouillotte, un jeu de convoitise ardente, d'avidité et d'argent, la Bataille, un jeu d'enfant. Les jeux sont donc le reflet des habitudes et des passions de l'époque.

— Chaque peuple a ses plaisirs favoris : les Grecs eurent leurs jeux Olympiques, leurs courses de chars; les Romains, leurs combats de gladiateurs, leurs triomphes et leurs cirques; la Féodalité, ses tournois, les Espagnols, leurs courses de taureaux; enfin les peuples modernes, leurs mascarades, leurs bals, leurs fêtes, leurs feux d'artifice, leurs courses de chevaux, etc.

— Dans Rome ancienne tous les jeux de hasard étaient sévèrement défendus e cependant pratiqués secrètement, comme tout ce qui contrarie l'instinct populaire; la défense n'était suspendue que dans le mois de décembre, pendant les saturnales.

— Louis XV apprit aux princes, les princes apprirent à la noblesse, la noblesse aux magistrats, ceux-ci à la bourgeoisie et la bourgeoisie au peuple de tous les étages, le goût du jeu et des tripotages d'argent. C'était l'avilissement de toutes les classes de la nation !

— A Paris, les jeux publics anciens servaient à payer des pensions aux écrivains royalistes et religieux ; il eut été plus logique d'attribuer ce revenu aux bureaux de bienfaisance : l'argent perdu au jeu serait, à titre de secours, restitué ainsi aux gens ruinés ou aux malheureux.

— La plupart des joueurs de Bourse composent cette classe de bohémiens qui achètent sans avoir d'argent et vendent sans avoir de titres ! pour jouer un pareil jeu, il faut n'avoir rien à perdre : ce n'est donc pas un jeu, c'est une filouterie d'un côté et au moins une duperie de l'autre.

— La Bourse est de fait une maison de jeu où l'intrigue et le mensonge étudié ou improvisé combattent constamment la vérité ; le but, c'est le gain, le moyen, l'audace et la fausseté ; mieux vaudrait la loterie ancienne et presque la roulette, au moins la fraude disparaîtrait de ce jeu où viennent échouer toutes les loyautés qui s'égarent, toutes les renommées qui s'anéantissent.

— Nous nous étonnons aujourd'hui qu'on ait vu autrefois des militaires de haut grade se complaire à faire de la tapisserie, mais nous devrions nous étonner bien plus de voir de jeunes et jolies femmes s'acharner, de notre temps, devant des tables de jeu : ce passe-temps devrait être interdit tacitement à toute femme au-dessous de quarante ans ou non assistée de son mari.

— Un joueur se plaignait vivement des lois françaises qui avaient supprimé la loterie et défendu les jeux publics. Quel contre-sens, disait-il, de ne pas appeler chez nous toutes ces fortunes de joueurs qui viendraient se perdre en France, à notre profit, tandis qu'on nous oblige à porter à l'étranger, en laissant encore à notre charge les frais de voyage, de nourriture et de retour, nos propres fortunes. » On voit que si ce joueur était imbu des principes de l'économie politique, il était peu soucieux des idées de moralité et d'honneur national.

— Le rire bruyant, les jeux animés des enfants sont la plus agréable des symphonies pour leurs parents ; c'est la compensation bien due à leurs inquiétudes sur leur santé, à leurs effrois dans leurs maladies, à leur surveillance attentive de tous les instants.

— Les jeux actifs, la course, les sauts, le patinage sur la glace sont le véritable exercice des enfants et des jeunes gens ; ils préparent leur santé, leur activité, leur développement normal et leur force ; la gymnastique doit être le principal emploi des récréations dans les lycées, colléges et écoles.

— La timidité s'efface dans les contacts du monde et surtout dans la pratique des petits jeux, si sottement qualifiés d'innocents ; car les innocentes libertés qu'ils permettent, familiarisent bientôt avec les plus grandes ; les mères l'apprendront aux dépens de leurs filles, si elles ont la légèreté de les autoriser : s'ils ne sont pas une école de dépravation, ils sont tout au moins un appel aux passions juvéniles, les plus innocentes sans doute, mais aussi les plus entraînantes, c'est-à-dire les plus dangereuses.

JOB, — célèbre patriarche, vivait l'an 1700 avant Jésus-Christ, c'était, dit l'Écriture, un homme juste, craignant Dieu et élevant ses enfants dans la vertu ; l'histoire de sa vie (le livre de Job) est un véritable drame où Dieu et Satan (l'ennemi) jouent les principaux rôles avec la famillle de Job, trois faux amis et les serviteurs : Job était le plus riche et il devint le plus souffrant et le plus misérable de sa tribu ; rien de plus varié, de plus vrai, de plus touchant, de plus sublime, de plus éloquent tout à la fois que ce poème du cœur humain.

Le désert a conservé la trace du tombeau de Job, dans une petite pyramide placée non loin du Jourdain, dans la Trachonite.

— Il est probable que le livre de Job, le type patriarchal des souffrances humaines, a été composé d'abord en Chaldéen ou en Arabe, puis traduit en Hébreu, en Syriaque, en Cophte, enfin en Grec par les Septante et en latin dans la Vulgate. Ce livre est sans conteste le plus curieux, le plus ancien, le plus précieux monument de l'antiquité.

— Le livre de Job paraît prophétiser, trois mille ans à l'avance les découvertes et les sciences de notre époque, le XIXe siècle.

JOIE. — Expression vive d'un sentiment de bonheur qui se traduit le plus souvent par le rire ; c'est peut-être, de toutes les passions, la plus difficile à dissimuler, tandis qu'il suffirait, au contraire, d'un peu de force d'âme pour cacher à tous les yeux la douleur la plus poignante.

— La joie qu'on inspire est plus douce encore que la joie qu'on éprouve, car elle réjouit deux cœurs au lieu d'un.

— La joie enfante souvent bien des folies.

— La joie et le bonheur ne sont malheureusement que le plus court chapitre de la vie.

— Dans une grande joie, le cœur, pour s'épancher, passe aux extrêmes et emploie jusqu'aux formules des grandes douleurs : il pleure, il sanglotte, il étouffe ; le rire ne suffisant plus à ses besoins excessifs d'expansion.

— Les hommes ignorent, malheureusement trop souvent, quelle petite place il faut pour loger la joie et combien peu il en coûte pour l'entretenir.

JONGLEURS. — Les jongleurs indiens sont les plus adroits et les plus renommés escamoteurs du monde ; on ne pourrait s'imaginer tous les tours qu'ils font en public : ils vomissent de la fumée, du feu, du sang ; ils ont successivement les dents et les yeux dorés, argentés, noirs, etc... Ils s'ouvrent, ils se fendent le bras et au lieu de sang en font sortir des rubans de fil, de soie, de coton; leurs cheveux prennent aussi toutes les couleurs!

JOSÉPHINE (Tascher de la Pagerie). — née à la Martinique, le 24 juin 1761, épousa en premières noces le vicomte Alexandre de Beauharnais, qui mourut sur l'échafaud révolutionnaire, le 23 juillet 1794 : Joséphine, emprisonnée elle-même, n'échappa à la mort que grâce à la protection de Tallien. Elle resta pendant quelques temps dans une position si précaire avec ses deux enfants, Hortense et Eugène, que celui-ci dût entrer comme apprenti chez un menuisier. Une circonstance providentielle conduisit Eugène chez le général Bonaparte auquel il venait réclamer l'épée de son père qu'il savait entre ses mains : cette entrevue amena d'abord des relations d'amitié, puis un mariage d'inclination entre le jeune général et Joséphine qui jouit de tous les triomphes de son mari en les partageant jusqu'au jour si douloureux pour elle où elle dut se résigner à descendre du trône et à accepter le divorce.

— L'impératrice Joséphine était la grâce même, elle avait le meilleur cœur du monde et la plus grande affabilité, mais elle était mobile et capricieuse comme une créole; sa mort fut presque la punition d'un acte fort blâmé dans le temps : à la suite d'une grande fête qu'elle avait donnée à l'empereur de Russie, dans l'intérêt de ses enfants et pour obtenir de lui qu'on leur conservât les dotations qui leur avaient été accordées avant l'invasion des troupes alliées, elle fit avec Alexandre une promenade dans le parc et rentra avec un rhume obstiné qui, devenant une angine gangréneuse, la mit en peu de jours au tombeau!

JOUISSANCES. — Le besoin des jouissances résultant de la richesse est si absolu dans notre société, que toutes les actions y convergent et que le sentiment du devoir lui-même est effacé par ce besoin.

— Si on discutait trop la vie, on attacherait à chacun de ses goûts, à chacune de ses jouissances un regret ou un remords.

— Les jouissances du corps s'affaiblissent et finissent comme lui, tandis que les joies de l'âme sont dans leur essence toujours progressives et comme éternelles.

JOUETS. — De tout temps et dans toutes les nations, il a fallu amuser les hommes par des jeux, par des distractions de toutes sortes : obligés à un travail pénible et sans relâche, ils eussent pris en dégoût les occupations les plus attrayantes; livrés à une oisiveté absolue, ils eussent manqué des choses les plus indispensables à la vie, se seraient énervés ou abrutis dans ce long repos et, comme réaction, fussent devenus furieux et sanguinaires : ne nous étonnons donc pas que les enfants, ces diminutifs de l'homme, aient besoin, dès la plus tendre jeunesse, de passe-temps, de jouets appropriés à leur force et à leur intelligence, c'est un pantin, un cerceau, une toupie, des boules, un cheval de bois, des soldats en étain, avec leurs officiers et généraux, etc. C'est enfin la reproduction de tout ce qui peut frapper leurs yeux et les intéresser dans la vie réelle.

— Le jouet, qui est la joie des enfants, devient bien vite l'ennemi de la tranquillité des parents; dans la vie commune chaque bonheur, petit ou grand, a comme toute autre chose son revers ou son déboire.

— Les jouets sont presque indispensables à la ville où tout est clôture, sinon prison pour les enfants; ils sont inutiles à la campagne où ils ont la plus grande liberté et où tout est incitation à la curiosité, à la distraction, à la course.

— On conseille de donner peu de jouets aux enfants pour ne pas les saturer et pour leur ménager de nouveaux plaisirs; ici il faut distinguer : la règle est bonne pour certains enfants très-éveillés, très-actifs; elle est mauvaise peut-être pour les caractères apathiques et endormis, le nombre et la variété des jouets pourraient devenir un stimulant utile en en ménageant l'emploi.

— Chaque jouet devrait avoir un but sinon sérieux au moins utile, celui de donner un enseignement, une aptitude, de l'adresse, de l'activité, de la souplesse, etc. Les Anglais paraissent suivre cette idée; ils mettent souvent entre les mains de leurs enfants : des jeux de loto formant des phrases, des cartes géographiques découpées, des lanternes magiques que les plus grands montrent aux plus petits et dont les tableaux représentent, le système planétaire, les différentes espèces de plantes ou d'animaux, les peuples divers avec leurs costumes nationaux variés, etc...

— Les jouets doivent aussi servir à donner une leçon d'ordre et d'économie ; ils doivent être ménagés et non brisés, serrés et rangés et non oubliés ou abandonnés ; l'enfant doit avoir une armoire pour les enfermer quand il cesse de jouer et on doit impitoyablement reprendre et cacher tout ce qui aurait été égaré ou délaissé, c'est ainsi qu'on obtiendra ces habitudes d'ordre, bases de la fortune à venir.

Jours. — Dans les langues du Midi : Diluns, Dimars, Dimécrès, Dijuns, Divendrès, Disades, Dimeng, c'est-à-dire dies Lunæ, dies Martis, dies Mercuris, dies Jovis, dies Veneris, dies Saturni, dies Domenica ; en allemand et en anglais, où les noms ont à peu près le même sens, Montag ou Munday, jour de la lune, Sontag ou Sunday, jour du soleil, etc., ce sont donc les noms des sept astres que les anciens appelaient planètes.

— Les sept jours de la semaine, fait assez étrange, ont été, *tour à tour*, consacrés au repos par les différentes religions du monde :
    Les dimanches, par les Chrétiens ;
    Les lundis, par les Grecs ;
    Les mardis, par les Perses ;
    Les mercredis, par les Assyriens ;
    Les jeudis par les Égyptiens ;
    Les vendredis, par les Mahométans ;
    Les samedis, par les Hébreux.

— Les jours sont les flots de la vie, calmes ou tempestueux, suivant les circonstances, les accidents, le bonheur ou le malheur de l'existence.

— Les meilleurs jours de l'homme sont ses premiers jours, car alors il n'a pas encore le sentiment de la vie, et s'il pleure c'est parce qu'il souffre matériellement une douleur physique sans connaître le danger de la cause, c'est-à-dire de la maladie.

— Le jour est continu et éternel, il ne finit sur notre monde que parce qu'il commence ailleurs.

— La journée n'est si courte que parce qu'elle a des emplois variés, inventés par nos caprices, nos besoins ou nos passions.

Journées. — Les belles journées sont comme des fêtes splendides données à la terre qu'elles réjouissent, fertilisent et enrichissent, elles se terminent par ce magnifique spectacle d'un soleil couchant, jetant encore de longs éclairs longtemps après qu'il a disparu et ressemblant en cela à cette dernière pièce d'un feu d'artifice qu'on appelle le bouquet.

Journal, Journalistes. — Il faut croire à la puissance de la presse aussi bien qu'à la force de la vapeur : avec la presse tout progrès est certain, ce n'est plus qu'une question de temps. La presse, dans les états modernes, a pris la place des censeurs et des prêteurs dans les états anciens : les livres ne sont rien auprès des journaux, il faut connaître les livres et les aller chercher, et cinq ou dix volumes par an ne peuvent compter ; la presse, au contraire, va chercher, sous prétexte de politique et de nouvelles, tous les abonnés chez-eux, elle entre partout, dans la famille et les lieux publics, dans les théâtres, les chemins de fer, les cafés, les restaurants, les hôtelleries et auberges, les cercles, les cabinets de lecture surtout... Qui peut résister à un pareil levier ? rien, pas même la raison, car la presse sérieuse et raisonnable ne va pas jusqu'au peuple. On comprend donc déjà que le gouvernement doit s'emparer et presque monopoliser, dans l'intérêt de sa solidité et de sa durée, un instrument aussi puissant de polémique et de sage prédication, pour ramener la France à un état d'apaisement intérieur et à la crainte des guerres extérieures. Le gouvernement peut tout, en créant une presse officielle à si bas prix, qu'elle pénètrera partout et pourra peut-être même couvrir tous ses frais au moyen d'annonces surabondamment répandues... Les socialistes ne manqueront pas de crier à l'abus, mais la loi suprême de l'existence des nations et particulièrement de la France, troublée plus à fond et si éprouvée par ses désastres, autorise, je dis plus, commande une mesure qui se justifie par son bienfait puisqu'elle doit asseoir notre pays et lui assurer une tranquillité durable avec tous les autres avantages qui découlent de la paix intérieure et extérieure, c'est-à-dire la reprise du travail et la confiance dans l'avenir.

— Rien n'inspire plus la paresse, rien ne dégoûte plus des lectures utiles et sérieuses que la lecture des journaux: c'est un gaspillage du temps et du travail, dès lors de la fortune publique ; le journal a aussi cet autre inconvénient de tuer le livre en France, et si le livre français ne s'écoulait pas dans le pays même, la librairie serait ruinée.

— C'est une difficile et rude tâche, même pour un journal où collaborent dix ou douze littérateurs, gens d'esprit, éprouvés et payés comme tels, que l'obligation journalière d'instruire, d'amuser et de distraire un public de plus en plus exigeant.

— Nous avons en ce moment, à Paris, quantité de journaux littéraires et amusants, vivant de bons mots, d'esprit plus ou moins gaulois ou attique, de satires, de coq-à-l'âne, enfin de tout ce qui peut réjouir l'intelligence et aviver l'intérêt : c'est une armée de littérateurs de tout genre et de tout esprit, dressés à la lutte et à l'épigramme: beaux diseurs ou causeurs hardis, poètes ou prédicateurs, esprits légers, pittoresques ou raisonneurs, étonnant par la multiplicité de leurs ressources par la variété de leur génie, par l'originalité de leur talent. On peut dire que Paris est sans conteste la plus grande fabrique d'esprit qui ait jamais existé.

— Les journalistes sont les tyrans de l'esprit public auquel ils ont la prétention de commander en se proclamant ses organes ; ils sont les vampires de la littérature dont ils effeuillent toutes les fleurs, dont ils prostituent toutes les idées, dont ils gâtent tous les élans.

— Les journaux prostituent la pensée et vendent une littérature à laquelle l'oisiveté demande les distractions les plus frivoles.

— Le journalisme est la prodigalité, le gaspillage et l'éparpillement de l'esprit, c'est l'écho de la veille et le caquetage du lendemain.

— Le journalisme tue l'étude sérieuse, il absorbe et perd en futilités un temps précieux, et, au lieu d'une instruction solide et de bon aloi, il ne donne que des aperçus légers, morcelés, brisés, sans logique et dès lors sans valeur. Il jette l'esprit et la raison à tous les vents et les compromet par des déductions fausses ou passionnées qui poussent forcément à de nouvelles révolutions.

— Il y a des lecteurs candides qui ont le respect de la chose imprimée ; pour eux c'est mot d'Évangile ou de dictionnaire; au moins faudrait-il en excepter cette improvisation brûlante du journalisme, où tout s'écrit, se compose, se corrige et s'imprime à la vapeur !

— Le journal est le spadassin, le saltimbanque de la littérature: il a la voix pompeuse et le ton criard ; le livre, au contraire, a de la dignité, de la discrétion, il attend modestement son lecteur !

— Les journaux, en Angleterre surtout, sont les adulateurs des peuples dont ils flattent les préjugés pour obtenir des abonnés ; le métier de journaliste, à de rares exceptions près, mérite donc peu de considération.

— Le journal *le Temps*, date de 1788, à la veille de notre grande révolution ; d'abord d'une seule feuille d'impression compacte, il est arrivé à en avoir quatre et à équivaloir, annonces comprises, à un in-8° de cinq cents pages, le papier seul vaut le prix d'abonnement ! ce sont les annonces qui paient tout et constituent le bénéfice.

— Les journaux exercent une grande influence sur l'abonné peu instruit et à intelligence bornée : après un mois, le lecteur est de l'avis de son journal ; après trois mois, il est de son opinion ; après six mois, il en est esclave. On cite telle épicière friande de feuilletons qui, en changeant de journal, faisait changer son mari d'opinion, si bien que le pauvre homme avait, surtout, les idées les plus contradictoires.

— Le commun des hommes, livré à la loi du travail ou condamné à la stérilité de la pensée, ne peut échapper à l'ennui d'une nature inerte que par des habitudes et des plaisirs matériels ; les moins inintelligents se passionnent pour des lectures futiles et le journal devient une lanterne magique pour eux, chargée d'animer un peu leur somnolence, de frapper et de réveiller leur intelligence.

— Le journalisme est une mécanique à deux détentes contraires, une feuille blanche, avec oui et non sur la même ligne ; une balançoire allant alternativement à droite et à gauche. Enfin le caprice, la mobilité en tout. Je pourrais dire la vénalité.

— Chez un peuple curieux et causeur comme le français et dans une capitale éveillée et expansive comme Paris, il y a un flux de deux nouvelles par heure, répété dans les rues et d'une voix glapissante par les marchands de journaux ; c'est le matin et le soir en deux fournées de papier noirci que cette pâture est jetée au public ; le fait nouveau couvre et absorbe l'ancien qui est oublié, car la nouveauté fait rage. Paris a donc ses deux repas de nouvelles, comme ses deux repas de nourriture.

— La bourgeoisie française a remplacé et effacé l'aristocratie : il n'y a plus qu'un peuple docile et aplati qui vit matériellement avec discrétion et économie sous la direction philosophique, religieuse et politique d'un ami qui vient tous les matins lui dicter régulièrement son opinion et ses idées ; cet ami, choisi à la mesure de ses instincts, de ses intérêts, de ses penchants, c'est son journal ! c'est son oracle, c'est souvent son seul Dieu : il le dispense de toute instruction, de toute étude, de toute réflexion ; le chrétien exalté, le mahométan fanatique, l'indou illuminé ne sont pas plus soumis à leurs croyances que les européens le sont à leur journal !

— On parle du hatchis qui fait rêver, qui grise, mais qui hébète ; de l'opium qui enivre et produit avec des visions, des sensations douces et délicieuses ; du tabac fumé qui occupe, désennuie et cause une somnolence doucement animée ; mais n'avons-nous pas aussi la manie et la fureur des journaux quotidiens, dont nous ne pouvons nous passer, que nous attendons avec une impatience fiévreuse, que nous dévorons avec avidité et dont le contenu fait le fond de toutes nos conversations : on perd deux ou trois heures à les lire, puis autant à les discuter, à les commenter, à se passionner pour les opinions contraires ; le journal nous prend donc déjà plus de la moitié de notre journée et menace d'absorber notre vie entière, est-ce raisonnable ? une polémique sans fin sur des sujets constamment renouvelés, un combat journalier à outrance avec des phrases banales et des résultats inconnus, voilà cependant ce qui vient nous détourner de nos occupations sérieuses, de nos devoirs, de nos études les plus favorites, ce qui nous hébète, nous éteint et nous annule, car cette lanterne magique et variée des nouvelles, des discussions, des accidents du jour s'empare de tout les moments de notre vie : ne parlez plus de la paresse, elle absorbe moins que le journalisme.

— L'art du journaliste est d'instruire et de moraliser en intéressant et en amusant : de nos jours le sarcasme, la satire, l'injure, ont fait du journalisme un champ clos, une lutte à armes discourtoises et odieuses ; certains journaux trempent leur plume dans le venin de la méchanceté, de la haine et des antipathies politiques. Ces polémistes sont la honte de la presse, l'injure est exclusive du vrai talent.

— La profession de journaliste devrait être dans nos mœurs plus qu'un métier à argent, elle devrait être un sacerdoce ; car c'est la tribune nationale où chaque parti défend son opinion, sa politique, ses intérêts et nous regrettons souvent certains excès de paroles agressives et peu courtoises : aussi voudrions-nous que les journalistes se constituassent en corporations avec un conseil élu, ayant autorité disciplinaire sur ses membres, dirigeant, comme le conseil des avocats, qui est la tribune parlante, tandis que le journalisme est la tribune écrite, obligée dès lors à être plus réfléchie, moins entraînée et à donner l'exemple de la modération, c'est ce que je lui souhaite. Et remarquez que cette intempérance dans la parole nuit bien plus à celui qui en use et qui démasque ses mauvaises passions, qu'à celui qui est attaqué et qui sait conserver sa dignité.

— Les journaux s'alimentent du travail d'une espèce de bureau à appointements fixes et des communications intermittentes de quelques écrivains plus distingués.

— En France, en général, chaque journal a dans son directeur au moins, un homme de loyauté et de mérite. En Italie le journalisme est tombé dans des mains moins honnêtes et des talents infimes et de bas étage.

Journal personnel. — Si vous éprouvez des affections vives, si votre cœur est naturellement aimant, sachez utiliser ce trésor, faites un journal quotidien, ce sera déjà une distraction, un stimulant qui donnera carrière à vos idées, les sollicitera, les multipliera et, l'occasion aidant, développera votre imagination et vous entraînera dans un travail d'autant plus agréable qu'il sera plus passionné. Vous y aurez révélé votre cœur et pourrez y puiser, pour votre correspondance avec vos amis, vos meilleures pensées ainsi fixées et recueillies.

— La religion conseille au chrétien de faire chaque soir son examen de conscience, la raison doit conseiller de même à l'homme du monde, aux savants, à tous, de tenir note des faits de la journée, des bonnes idées, des choses enfin à conserver et des conseils qu'on peut tirer de l'expérience.

— Un journal quotidien destiné à recevoir toutes les bonnes idées, à consigner les plus intéressants souvenirs des enfants, fixera et fortifiera leur mémoire. Ce sera leur confesseur, leur conseiller, leur juge, leur historien ; il sollicitera nécessairement le travail du cœur et de l'esprit, il enrichira leur intelligence en l'exerçant; d'année en année, il certifiera les progrès de leur esprit, fond et forme. Un journal pour la jeunesse, pour les jeunes filles surtout, si peu occupées, un journal sera l'emploi de toute heure oisive, un petit travail agréable, un tronc aux idées, un recueil de souvenirs choisis, un enseignement, en un mot une distraction aussi attrayante qu'utile.

— Dans une éducation privée, c'est-à-dire dans la famille, une bonne formule c'est que le maître et l'élève aient chacun leur journal, celui du maître doit être écrit tous les soirs et rester la dernière pensée de la journée pour être une récompense, un avis ou un reproche.

Juan (Don). — type du séducteur de bon ton, a différents caractères suivant la palette du peintre, du poète ou du littérateur qui s'attache à tracer son portrait : le Don Juan de Molière était un sceptique, le Don Juan d'Hoffmann est un homme crédule, débonnaire, amoureux de toutes les femmes qu'il croit vertueuses, quoiqu'il fasse tout au monde pour les dépraver.

Judaïsme. — Le peuple juif fut la souche et la racine d'où sortit le christianisme; il fût le conservateur des prophéties qui annoncèrent le Christ dix siècles à l'avance.

— Autrefois la religion juive au contraire de la religion catholique qui s'offre au monde entier, était une religion exclusive, personnelle au sang juif et repoussant tout individu étranger.

— Les croyances fanatiques et égoïstes du peuple juif cimentèrent son indestructible nationalité, ses prophètes lui assuraient l'empire du monde par un Messie sorti de son sein; faible, opprimé, dispersé, esclave et souffrant, il attendit et attend encore ! Ce sont donc ses prophètes qui ont donné au peuple juif cette homogénéité, cette force patiente et d'acier qui l'a fait résister à tant de peines, de douleurs, de persécutions et de misères.

— La religion juive a cependant ses protestants et ses réformés comme la religion chrétienne: ainsi les Juifs Caraïtes ne croient pas au Talmud et s'en tiennent à la loi de Moïse, aux tables, etc.

— Qu'on ne s'étonne pas de l'abaissement moral des Juifs, de leur habileté, de leur perspicacité en affaires! dix-neuf siècles de persécutions et de souffrances les ont dégradés, enseignés, armés de toutes pièces; mensonges, friponneries, adresses ruse, voilà leurs armes et elles sont bonnes puisqu'elles les défendent avant de les enrichir; à ce point qu'ils sont les prêteurs de toutes les nations: ils ont au moins, dit-on, un vingtième du numéraire existant, eux qui étaient le plus pauvre et le plus petit peuple du monde !

— Les Juifs de Pologne passent pour la plus abominable race de l'univers, puis les Juifs allemands; si on jugeait la race entière par certains financiers juifs qui ont exploité la société en commandite par actions, que ne dirait-on pas des Juifs français?

— On évalue à sept millions la race juive éparpillée sur le monde: c'est à Francfort qu'elle est relativement la plus nombreuse, un seizième, puis en Pologne un vingt-cinquième, en Autriche un trente-et-unième, en Prusse un quarantième, en France un cinquantième.

— Il n'y a pas 100,000 juifs en France (95,500 environ) c'est incroyable ! alors les Juifs se multiplient par l'activité, l'avidité, le bruit: c'est en effet ce qu'ils font dans les foires allemandes où ils s'entremettent entre le vendeur et l'acheteur et passent souvent des heures et presque le jour entier à chercher à mettre d'accord le vendeur et l'acheteur, ce sont des gestes, des cris, des jurements, à faire croire à une lutte continue et acharnée; on se tape dans les mains vingt fois par minute et en signe de consentement formel, sans que cela engage à rien ! Et on finit, quand on réussit à traiter, par aller continuer le tapage dans un cabaret.

<small>Juif qui parle, bouche qui ment, main qui vole.</small>
<small>*Proverbe allemand.*</small>

— Un juif qui veut faire autre chose que l'usure, la fraude en tout, l'escamotage, est parmi ses coréligionnaires, *entaché du vice et du nom de renégat*.

— J'ai rencontré un provincial aussi probe que candide qui ne voulait prendre des obligations que dans des entreprises dirigées par des gens assez habiles pour s'enrichir; il ne jurait que par les Milhaud, les Mirès, les Solar, les deux Pereire.....

Jérusalem devait devenir la reine du monde avec ces messies de la richesse.

— Les trente deniers de Judas fructifient de plus en plus, après de longs siècles; les juifs avec leur nature native et confirmée par l'éducation, parviendront à s'emparer de toute la fortune métallique du monde, en ne laissant aux autres religions que la fortune territoriale qui produit moitié moins, qui exige le travail le plus continu et le plus dur et laisse les récoltes exposées à tous les risques.

— Les Juifs sont en Orient, et pour les Turcs surtout, un objet de dégoût, d'horreur, d'abomination, de haine native et instinctive.

— Un des préceptes des Juifs d'aujourd'hui c'est de nourrir comme frère tous ceux qui croient en Dieu et à l'immortalité de l'âme ; c'est une sérieuse amélioration de leur dogme religieux, c'est de la sage tolérance : dans cette voie, nous devons espérer l'effacement complet des anciennes répulsions du monde contre toute la race juive.

— Le Juif errant, nommé Ashavérus ou Ahasvérus, est le héros d'une légende chrétienne d'origine juive. Il aurait refusé de laisser reposer devant sa porte Jésus-Christ portant sa croix et l'aurait raillé avec barbarie, mais la punition ne se rait pas fait attendre et une voix mystérieuse lui aurait dit : tu seras puni par où tu as péché, Dieu te condamne au supplice éternel de marcher toujours et toujours par toute la terre sans pouvoir t'arrêter ni te fixer nulle part.

JUDAS. — Si Jésus-Christ a pu trouver un traître dans ses douze apôtres, choisis par lui, l'homme peut donc se tromper plus gravement encore dans le choix de ses amis. L'apôtre infidèle était avare, il livra aux Juifs le Fils de Dieu, son Maître, pour trente deniers, mais il ne tarda pas à éprouver un violent remords de son crime et rendit aux prêtres l'argent qu'il avait reçu d'eux, puis se pendit de désespoir !

JUGES. — Ceux qui doivent rendre justice, prononcer sur le droit respectif de chacune des parties qui se présentent devant eux pour vider leurs contestations, sainte et utile mission qui exige une conscience scrupuleuse, un jugement éclairé et la plus grande impartialité.

— Les bons juges obtiennent bien vite l'estime des justiciables probes et droits et, en terrifiant les fripons, ils éloignent de l'audience tous les mauvais procès que les mauvais juges y font affluer, c'est là la pierre de touche de la justice !

— Les bons juges doivent être purs de toutes fautes : il faut donc craindre le jugement des hommes, car où en trouver d'assez purs pour juger des coupables !

Pour statuer justement, le juge devrait faire un retour sur lui-même avant de juger les autres, cela le rendrait plus clairvoyant et plus indulgent !
MARC-AURÈLE.

— Le juge, même honorable, ne se croyant pas chargé d'appliquer l'équité, *mais la loi*, applique donc la loi, lors-même qu'elle est contraire à l'équité et uniquement parce que c'est *la loi*. Il y aurait cependant pour un juge éclairé certaines distinctions, certaines restrictions à faire, mais notre magistrature est plus pressée de juger promptement que de juger bien, équitablement et avec sagesse.

— Certains juges criminels admirent l'adresse dans les voleurs et ont un faible pour les plus adroits. J'en connais qui détestent la bêtise et les dupes au point de croire qu'on devrait pendre non le voleur, mais le volé : c'est une idée ! et ils s'en vantent. J'en ai connu aussi d'assez démocrates pour voir dans le vol un moyen détourné pour arriver à la division des fortunes et un palliatif contre la grande propriété !

JUGEMENT. — Dans les choses sérieuses on doit toujours désirer d'avoir plutôt affaire à un homme de raison et de jugement qu'à un homme d'esprit et d'imagination, car, comparé au jugement, l'esprit n'est qu'un mérite secondaire et infime.

— Le jugement est la plus haute, la plus noble, la plus utile qualité de l'esprit, c'est de cette éminente faculté que dépend le sort de toute la vie.

— Le jugement est la gloire et l'arme la plus puissante de l'homme, car c'est la qualité qui lui est la plus indispensable, s'il est chef de famille surtout, et encore plus, évidemment, s'il est chef de nation.

— La tête cesse d'être saine aussitôt que le cœur s'enflamme ou s'exalte ; elle ne rentre dans la plénitude de son jugement que lorsque le cœur s'est refroidi et calmé.

— Les gens à jugement trouble ou faux ne parlent si bien que lorsqu'ils n'ont pas réfléchi : c'est un bon numéro qu'ils tirent dans la loterie de leur esprit ; si leur jugement avait été mis en jeu c'eut été le contraire, ils en eussent tiré un mauvais.

— Lorsqu'on veut juger les autres, il faut croire facilement au bien et exiger des preuves bien précises et bien évidentes pour croire au mal.

— Dans le monde, on juge de chacun par ses relations d'abord, ce n'est que plus tard qu'on cherche à en connaître la valeur personnelle.

— Une des erreurs les plus vulgaires dans les jugements qu'on porte, c'est de prendre les effets pour les causes ou les résultats pour les conséquences et de leur attribuer des solutions qui ne découlent le plus souvent que du hasard ! C'est le tort de presque tous nos historiens, Thiers en tête, et cela est arrivé par la logique infrangible des faits, parce que cela *devait* arriver ! tandis que l'histoire compte par milliers des résultats prodigieux ou terribles nés de circonstances futiles par elles-mêmes ou imprévoyables et imprévues !

— Il ne faut jamais se permettre sur les autres un jugement trop rapide soit en bien, soit en mal, car l'un et l'autre sont également dangereux.

— On ne juge jamais qu'à son point de vue et en faisant un retour sur soi-même, c'est probablement pour cela qu'on fait en Afrique, pays de la race noire, le diable blanc et Dieu noir, tout le contraire de ce qui a lieu en Europe.

— Pour se bien juger soi-même il faut se placer au point de vue des autres et du monde.

— Avant de juger de la conduite d'un homme, surtout d'un domestique, d'un cocher de fiacre, d'un bas employé, il faut apprécier sa position et ses obligations ; il est ignorant, il a été élevé dans la brutalité populaire, son métier est pénible, souvent dangereux et exposé à une foule de mécomptes et d'accidents ; il est défiant et a le droit de l'être, il a été brutalisé, il peut être brutal, injurié, il peut donc être injurieux ; ce sont au moins pour lui des circonstances atténuantes. Tenons-nous le donc pour dit et profitons-en dans notre intérêt et celui de la justice pour tous.

JUGEMENT DE DIEU. — Le combat particulier n'est que l'application à une lutte personnelle du droit de guerre qui est une lutte nationale ! Le capitulaire de 801, art. 34 (de Charlemagne) reconnaît et régit le droit de Dieu, la justice par le combat ! Le juge d'un procès ordinaire pouvait être obligé par l'une des parties à défendre son jugement par les armes : cet état de choses durait encore au XIIIe siècle ! C'est à saint Louis (établissements, 1200), qu'on doit l'initiative de la suppression de cette barbare coutume à laquelle résistèrent aussi longtemps qu'ils le purent le régime féodal et la justice des seigneurs. Une déclaration générale de Charles le Bel, du 6 avril 1333 supprima partout les combats judiciaires, mais la défense fut bravée et plus tard, en 1386, un arrêt du Parlement de Paris ordonna un combat judiciaire entre deux nobles seigneurs ; enfin le roi put seul ordonner ou autoriser ces combats !

Nous ne pouvons nous étonner, nous, enfants du XIXe siècle, de ces étranges résistances de l'opinion publique, puisque de nos jours le duel existe encore, non plus pour des intérêts civils soumis à des tribunaux, mais pour des questions de point d'honneur dans lesquelles le duel ne prouve que l'orgueil ou la vanité des deux duellistes ! L'humeur si chatouilleuse de l'armée sert de base, d'excuse et d'encouragement au préjugé, à l'entêtement tout français et tout militaire du duel, et cependant je crois qu'il ne peut disparaître que par l'armée elle-même avec son esprit discipliné et sa haute et saine sagesse imbue si profondément du sentiment religieux.

JUNIUS — resta le pseudonyme inconnu de l'auteur d'une série de lettres publiées à partir d'avril 1767 jusqu'en février 1777 par le *Public advertiser*, journal politique de Londres et qui firent le succès et la fortune de ce journal, rédigé par le Whig Woodfall. Un écrivain anglais, Locke, voulut prouver que le vrai nom du polémiste était Philipp Francis, mais rien ne justifia cette opinon et le vrai nom de l'auteur reste inconnu. Junius était libéral et non républicain, il attaquait le gouvernement tyranique de la fin du règne de Georges III, il ressemble assez à notre Paul-Louis Courrier, combattant la Restauration française de 1815 à 1830.

JUPITER, — le plus grand des dieux du Paganisme, était fils de Saturne et de Rhée, il était représenté la foudre à la main, porté sur un aigle et couronné de feuilles de chêne ; tous les peuples antiques avaient leur Jupiter auquel, suivant les lieux, on donnait un surnom différent : chez les Lybiens et les Égyptiens c'était *Ammon* ou *Sérapis*, chez les Assyriens *Bétus*, chez les Perses *Uranus*, chez les Latins *Capitolinus*, *Stator*, etc. Les Ethiopiens, les Scythes et autres peuples avaient aussi leur Jupiter. Varron en avait compté jusqu'à trois cents !

JURANDES. — Les corporations ou jurandes existaient à Rome d'où elles sont passées dans toute l'Europe ; on ne pouvait en sortir : les boulangers *pistores*, les bouchers *suarii* ;... les fils, les légataires devaient forcément continuer la profession ; les corporations avaient leurs biens propres et inaliénables, les boulangers et les bateliers étaient les plus riches et avaient des biens immenses. Les jurandes de Paris comprenaient plus de cent métiers ou professions.

— Les jurandes étaient les sœurs jumelles des communes, c'étaient les communes des métiers, les métiers et leurs corporations étaient en général sous la juridiction du roi, c'est-à-dire sous celle du Prévôt de Paris résidant au Chatelet : trois professions intéressant l'administration communale étaient seules sous l'autorité de la municipalité, c'est-à-dire du Prévôt des marchands logeant à l'Hôtel-de-Ville.

Pour être admis dans la corporation on présentait requête au Prévôt, on subissait un examen, on payait un droit et on prêtait serment. Les fils de maîtres étaient apprentis sans limitation de nombre, le nombre des apprentis étrangers était au contraire très-limité ; le temps d'apprentissage était, suivant le métier, de trois à dix ans, l'apprenti payait une pension minime ou pour la remplacer donnait quelques années de plus d'apprentissage, un, deux, trois ans. Le maître pouvait vendre le service de son apprenti, mais seulement lorsqu'il cessait sa profession.

— L'esclavage était né de la puissance paternelle, les corporations de métiers, comme les communes de l'affranchissement des esclaves ; les affranchis en restant dans les campagnes formaient l'élément de la féodalité, s'ils allaient dans les villes, ils formaient la commune et dans la commune la jurande ; la commune était donc l'association administrative, la jurande l'association industrielle.

JURY. — La juridiction du jury est essentiellement populaire et morale ; j'ajoute qu'elle est vierge de toutes les préventions, de toutes les rancunes, de toute la morgue de la magistrature permanente et rétribuée ; elle donne une dernière et puissante garantie, elle est homogène et absolument libre, car le public ignore jusqu'au dernier moment le nom des douze jurés et des jurés supplémentaires.

— L'inexpérience du jury et son ignorance, préférées à la science et à l'expérience du juge, sont la condamnation la plus énergique de l'inamovibilité et de la permanence *quand même* de la magitrature !

— L'ancienne législation criminelle ne laissait aucune liberté aux juges ; l'institution du jury, leur donne au contraire toute liberté d'appréciation ; car, la question posée n'est pas : X a-t-il assassiné, a-t-il volé, a-t-il fait un faux serment? mais, X est-t-il *coupable d'avoir assassiné*, etc., c'est-à-dire, y a t-il culpabilité plus ou moins grande dans l'assassinat, l'assassinat n'a-t-il pas quelques excuses, quelques atténuations ? Jurés, que votre conscience prononce et apprécie le degré de culpabilité. Le jury peut même absoudre le crime *évident* et *avoué* sans avoir besoin de déduire ses motifs ; et, comme les lois n'ont d'autre sanction que la loi pénale, le jury se trouve maître absolu de la question. Jamais aucun pouvoir n'a été plus libre dans son action et son indépendance. Autant il serait dangereux de faire juger un magistrat par un autre magistrat (question de dignité de corps), autant il est convenable de faire juger par un peuple d'élite une question intéressant le peuple entier.

— Le scrutin secret accordé au jury a encore agrandi sa puissance en écartant toute responsabilité personnelle, mais il y a ici un danger, c'est qu'une majorité de jurés vicieux, méchants ou favorablement prévenus n'absolve le crime ou ne se laisse séduire par d'autres moyens possibles et encore plus graves.

— Quel est celui de nous qui consentirait à soumettre le fait le moins important et le plus clair à un jury tiré au sort sur les listes électorales *du suffrage universel ?* A cette question tous les gens sensés seront d'accord pour refuser une pareille juridiction où l'ignorance la plus profonde, où les intelligences les plus bornées, où les hommes les plus abrutis, formeraient une énorme majorité ; alors comment qualifier le suffrage universel auquel on confie si aveuglément toutes les destinées de la France ? C'est là sa condamnation la plus évidente.

— Que de fois n'a-t-on pas condamné un homme innocent parce qu'on a eu intérêt à le trouver coupable, ou innocenté un coupable parce qu'on avait intérêt à les trouver innocent. Au lieu de compensation il y a deux crimes contre la loi, la raison et la morale.

JUSTICE. — « Les hommes sont tous d'accord sur les principes de la justice, mais la plupart diffèrent tant dans l'application qu'il semble que la justice soit personnelle au magistrat qui la rend et ne découle pas des grands principes d'équité, de morale, de religion et du droit étroit de *la loi écrite.* » DE LIVRY.

— La justice est un devoir rigoureux qui ne relève que de la conscience et ne peut, dès lors, accepter de l'opinion publique, ni approbation ni blâme! Ceci est la révélation de l'orgueil excessif des juges.

La justice est le complément de la vertu.
ARISTOTE.

Elle est au corps social et à la morale ce qu'est la médecine au corps humain.

— Toutes les vertus sont comprises dans la justice : « Si tu es juste, tu es homme de bien, homme de parole, homme reconnaissant, doué enfin de toutes les vertus!

— La justice! Grande et sublime chose quand elle existe! mais existe-t-elle avec nos tribunaux composés au hasard de la faveur et du népotisme et cependant inamovibles; juges enflés de leurs mérites et qui devraient être honteux de leur incapacité, parfois même de leur indignité.

— La justice bien rendue élève l'autorité de la magistrature à la hauteur de la loi, mal rendue elle détraque la société et démoralise l'esprit national et cependant nous vivons depuis bien longtemps sous une justice incomplète, arbitraire, extravagante et odieuse. Il est inutile d'ajouter qu'il y a de nombreuses et honorables exceptions.

— La justice doit être partout non un don ou une faveur, mais une dette dont le justiciable est le créancier et dont le magistrat doit être le débiteur modeste et consciencieux, non arrogant et tyrannique, comme nous ne le voyons que trop souvent de nos jours.

— La justice est le premier besoin des sociétés, car elle défend souvent les moyens d'existence de la vie matérielle, la liberté, le libre arbitre du citoyen, sa sécurité; elle devrait donc être tout à fait gratuite et c'est un reste de barbarie que de la faire acheter, surtout à un prix si exorbitant! C'est une dérision que de dire qu'elle est gratuite en France où elle coûte si cher, qu'elle est inaccessible pour le pauvre ou pour l'homme gêné, de plus elle est sans bienveillance, elle est hautaine, souvent ignorante et capricieuse et se fait toujours très-longtemps attendre.

— On a toujours tort de faire un procès, d'abord c'est que c'est plus qu'une maladie, c'est une peine cuisante et un labeur, un risque effrayant; ensuite la justice à laquelle vous vous adressez avec tant de confiance est boiteuse depuis longtemps, car elle l'était au siècle d'Homère, au temps d'Ésope, à l'époque où vivait Virgile, comme chacun d'eux le dit! Elle l'est encore plus de notre temps, où le magistrat amoureux de lui-même, stupéfié de sa science, en admiration devant sa justice, la rend à son aise, à son heure, à son goût et à son caprice.

— On voit trop souvent en France la justice se mettre au niveau des accusés, se faire une arme de l'astuce contre l'astuce et triompher par son habileté dans le maniement d'une arme aussi peu honorable.

— Là où la justice est obligée à faire de la procédure, c'est déjà une mauvaise justice, tout ce qui est papier timbré a une odeur déplaisante de moisissure, de pillage et de ruine.

— Il fallait bien que la justice manquât en France et dans le monde pour que dans le moyen âge et les siècles qui l'ont suivi, la justice des hommes, déclinant sa mission, renvoyât chacun des adversaires à la justice de Dieu sous la formule d'un combat acharné, car il n'est pas douteux que Dieu se soit prononcé toujours en faveur du plus brave, du plus fort et du plus adroit!

— Le grand mérite, que d'obéir à la justice, de se laisser entraîner par la vérité, lorsque nos intérêts nous laissent libres! Le mérite n'existe que lorsqu'il y a sacrifice matériel ou sacrifice d'opinion.

— Chez tous les peuples de l'Asie, la justice se rend à la porte des villes pour la plus grande publicité de la justice, publicité qui devient une garantie en même temps qu'un enseignement!

— Dans la plupart des cantons suisses, le symbole de la justice n'est plus une balance, c'est un carcan! tel est l'ornement de l'Hôtel-de-Ville, le nombre de ces carcans indique l'importance de la ville.

— Le proverbe italien est vrai partout: « *Ognun ama la giustizia in casa d'altrui!* » Chacun aime la justice dans la maison d'autrui!

— Au milieu de notre civilisation avancée, et de tant de perfectionnements acquis, on s'étonne de voir des taches odieuses d'imprévoyance et de contre-sens; ainsi, la police correctionnelle donne l'exemple de mélanges monstrueux : dans la même salle d'un tribunal vous voyez un journaliste des plus honorables, un écrivain honnête et consciencieux, un homme distingué accusé d'un duel qui prouve sa bravoure et sa susceptibilité morale, succéder à des escrocs, à des voleurs émérites et récidivistes : en bonne justice devrait-on confondre les délits avec les crimes et leur permettre de se coudoyer ? ne pourrait-on pas avoir des audiences spéciales pour des hommes honorables accusés d'exagération dans leurs idées et leurs publications et ne pas les mêler et les confondre dans cette cohue infâme des escrocs et des voleurs ?

— Il y a plus, dans beaucoup de tribunaux, et ce qui est plus incroyable dans des cours (je cite Bordeaux), la dernière chambre, qui est ordinairement la police correctionnelle, juge aussi au civil *après* avoir épuisé son rôle correctionnel ce qui met en commun deux publics différents, le public des délits et le public des procès civils. On ne devrait pas exposer les gens honnêtes à ces contacts odieux, les justiciables civils se trouvant pendant presque toute l'audience mêlés avec les justiciables correctionnels et confondus avec eux par tous les assistants !

— Dieu a placé dans nos actions, comme justice rémunératrice, autrement sage et logique que la fatalité des anciens, la récompense ou la peine de ces actions : nous sommes donc les dispensateurs de la justice divine, du bien si nous l'avons mérité, de la punition si nous l'avons encourue.

— Par la justice des hommes, si souvent faillible, les condamnations devraient toujours être réparables; elles ne devraient dès lors jamais aller jusqu'à la mort, car quel crime qu'une pareille erreur !

— Pour être juste il faut écarter la haine, l'envie et la jalousie, car la justice ne peut marcher auprès d'elles ! Ce sont ses plus dangereuses ennemies.

— Le méchant ne peut être heureux, sa nature s'y oppose, le juste accomplissant une vie pure, peut seul être réellement heureux, car il ne connaît ni le regret ni le remords et fait de son passé le modèle parfait de son avenir.

JUSTICES DE PAIX (les). — Comme leur nom l'indique doivent être de vrais tribunaux de conciliation. Aussi, pour aider à cette pensée, les ministres de la justice choisirent-ils pendant longtemps les juges de paix dans les corporations pratiques, des vieux avocats, notaires, avoués, dans les propriétaires instruits, tous vieillards calmés par l'âge et l'expérience, conciliateurs, dès lors juges de paix véritables. Mais comme les révolutions altèrent tout, on a changé de voie, depuis 1848, particulièrement, en nommant de jeunes avocats; les moins occupés seuls s'offrant, ce qui pourrait signifier les *moins capables* et les moins appréciés, passionnés du reste, comme le sont tous les jeunes gens. Aussi en de telles mains, la justice de paix ne mérite plus son nom et l'institution est faussée.

Pour rappeler aux juges de paix leurs pouvoirs de conciliateurs et aux plaideurs leurs besoins de conciliation, il faudrait afficher en grosses lettres, dans la salle d'audience, un résumé des excellents conseils aux juges de paix de M. Favard de Langlade.

— On ne devrait pas dire le juge de paix ou la justice de paix, on devrait dire le tribunal de paix, car le juge n'est que le titulaire et le tribunal est l'institution. C'est une rectification à faire, car les noms ont et doivent avoir leur influence : le juge n'étant malheureusement pas toujours la justice.

K

KABOUL, — capitale de l'Afghanistan (Asie), est une des villes les plus commerçantes de l'Orient; sa population sédentaire est de 90,000 habitants, mais sa population flottante est bien plus considérable, ses rues bordées de maisons, bâties en bois et en briques cuites au soleil, sont larges et bien entretenues; l'animation la plus grande, le mouvement le plus bruyant y règnent pendant toute la durée du jour, le soir encore plus, le tumulte et le bruit y sont tels qu'après avoir essayé en vain de s'y faire entendre ou d'entendre les autres, on est obligé de s'enfuir; la situation de la ville est délicieuse et son climat si heureusement tempéré que son séjour est un des plus agréables de l'Asie; elle produit la plus grande variété de fruits de toutes sortes et en fait une immense exportation, le raisin y est si abondant que pendant plusieurs mois de l'année on le donne aux bestiaux comme nourriture rafraîchissante. La religion pratiquée à Kaboul et dans tout l'Afghanistan est le mahométisme.

KABYLIE, — grand territoire du nord de l'Afrique, composé d'un massif de montagnes superposées, presque inaccessibles, défendues qu'elles sont par des ravins énormes, de nombreux précipices et la configuration générale du sol; les Kabyles ou Berbers sont la race indigène des pays africains, travailleurs infatigables, passionnés pour leur pays comme tous les montagnards, possédés d'un amour ardent de liberté, guerriers par instinct et par nécessité, sobres et pauvres, ils ont longtemps tenu en échec les forces françaises; leur population est de 250 à 270,000 habitants, leurs villages sont rapprochés et ils vivent entassés; ils cultivent dans les vallées, le blé, l'orge, le sainfoin, ils ont de belles prairies naturelles et des bestiaux plus ou moins gras et bien entretenus, suivant le degré de fertilité du sol. Les arbres de leurs vallées sont le figuier, le chêne à glands doux, les oliviers, les grenadiers, les lauriers roses, la végétation est presque nulle sur leurs montagnes dont les pentes douces seules sont parsemées de figuiers, d'oliviers et de frênes, presque toujours rabougris ou dénudés de leurs feuilles.

— Les femmes Kabyles sont chargées des travaux les plus rudes; elles sont misérablement vêtues et salement entretenues, mais elles aiment à se charger d'ornements et de bijoux; ainsi elles portent deux anneaux à chaque oreille l'un en haut l'autre en bas; elles ont les doigts remplis de bagues, des bracelets aux bras et aux jambes, de grosses broches ciselées servant d'épingles. Il faut dire que ces parures coûtent moins à renouveler que les vêtements ordinaires et sont une compensation à la misère du costume.

KACHEMYR, — vallée ou province dont la ville du même nom est la capitale des Etats du Mogol; cette vallée est un ancien lac desséché, devenu un sol d'une merveilleuse fertilité, aussi l'appelle-t-on la vallée bienheureuse; elle est traversée par le Djelem, l'hydaspes des Grecs, ainsi arrosée elle abonde en pâturages, dès lors en bétail, en riz, en grains et légumes; les vignes de ses jardins sont gigantesques; les peupliers, les platanes, les cèdres, les noyers, les palmiers peuplent ses champs et ses forêts, ses fers sont renommés et ses belles laines sont employées à la fabrication des magnifiques châles auxquels elle a donné son nom, mais les industries de cette contrée autrefois si prospère, sont aujourd'hui en pleine décadence, la coutellerie, la papeterie, les armes, les charmants objets de laque vernissée, tels que coffrets, paniers, corbeilles, etc., jadis recherchés, ne sont plus pour elle que des objets d'un commerce presque insignifiant; écrasés sous l'oppression, ruinés par leurs conquérants devenus leurs maîtres, incertains du lendemain, les malheureux Kachemyriens aiment mieux vivre de misère que travailler pour leurs tyrans. La race est belle, les hommes sont bien faits, adroits, spirituels, les femmes gracieuses et jolies. Quoique d'origine juive et professant une vénération profonde pour Moïse et Salomon, ils sont Mahométans ou idolâtres.

KAIRE ou CAIRE, — grande ville, capitale de l'Égypte, prise par les Français, en 1798, elle resta jusqu'en 1801 sous leur domination : sa population très-mêlée est de plus de 300,000 habitants : Maures, Cophtes, Grecs ou Turcs ; elle fait, par l'intermédiaire des caravanes surtout, un commerce important de cuirs, lin, laine d'Égypte, coton filé, cire, dattes, aloès, encens, myrrhe, café, ivoire, gomme laque, fruits secs, marchandises des Indes, etc.

Elle a des monuments Égyptiens fort anciens ; les greniers de Joseph, grandes cours où on conserve les blés de la haute Égypte) le divan et le puits de Joseph, le divan des Janissaires, la mosquée du sultan Hassan et celle de El-Azar (les fleurs).

KALÉIDOSCOPE. — Les plus petites choses amènent souvent d'importants résultats ; on n'a pas oublié un jouet d'enfant, petite lorgnette garnie intérieurement de lames de miroir dans lesquels se reflètent des petits objets de toutes formes et de toutes couleurs présentant les objets les plus variés. J'y trouvai une découverte utilisable pour l'invention de nouveaux dessins de toiles peintes ; à chaque petit mouvement les objets se mêlaient et donnaient les dessins les plus multiples, le kaléidoscope remplaça l'imagination, et les dessinateurs de dessins de fabrique utilisèrent les trésors de dessins nouveaux qu'ils y trouvèrent en variant les petits objets enfermés dans le tube de la lorgnette.

KALMOUKS, (les) — peuple guerrier de la grande Tartarie, sont les plus laids des Mongols : peau jaune ou brune, nez camus, grosses lèvres, énormes oreilles, d'une malpropreté repoussante, voici pour le physique ; au moral, ils sont comme toutes les autres races humaines un composé de bien et de mal : adroits, mais paresseux, affables et hospitaliers, mais rusés ; habiles chasseurs et joueurs acharnés, ils vivent sous des tentes et se font suivre de leurs troupeaux ; la religion des Kalmouks est le Lamaïsme. Ils sont gouvernés par des princes ou chefs qui prennent le nom de Khans.

KAMIKI, — oiseau d'Amérique du genre de l'ordre des échassiers qui a le port et la taille de la dinde, vit dans les lieux humides ou marécageux et ne se nourrit que d'herbes ; la femelle ne pond qu'une fois dans l'année, en janvier ou février, et deux œufs seulement : une particularité remarquable de cette espèce, c'est que l'union entre un mâle et une femelle est indissoluble et que la mort seule peut la rompre.

— Le chavaria a beaucoup de rapport avec le kamiki par ses caractères extérieurs. Cuvier les avait réunis sous la même dénomination générique ; ils ont la même apparence et des mœurs presque semblables : leur voix est forte et retentissante, celle du chavaria est un peu plus douce ; le chavaria peut être apprivoisé. Le voyageur Jacquin donne à ce sujet de curieux et nombreux détails. « Si on le tient en esclavage, dit-il, il se familiarise avec l'homme, et, investi de sa confiance il devient un domestique fidèle, actif et intelligent, un gardien vigilant et incorruptible..... Il est l'ami et le protecteur de la volaille ; il demeure constamment au milieu d'elle..... l'empêche de s'égarer et la ramène soigneusement à l'entrée de la nuit, aucun oiseau de proie ne peut approcher du petit troupeau..... Si un de ces oiseaux paraît..... le vigilant gardien s'élance vers lui, déploie ses longues et fortes ailes... et le met bientôt en fuite. » Nul doute que le kamiki ne soit comme le chavaria, avec lequel il a tant de rapports, susceptible d'éducation.

KEAN, — célèbre acteur anglais, avait dansé sur la corde, joué les arlequins, donné des leçons de boxe, d'équitation, d'escrime, etc., avant de réussir dans *la tragédie*; il débuta à Drury-Lane, en 1814: de nature ardente, passionnée, vulgaire et exaltée, il se trouva à la mesure des tragédies de Shakespeare.

Il entendit Talma à Paris, en 1818, dans *Andromaque* et avouait modestement que Kemble (autre acteur tragique anglais) et Kean mis au bout l'un de l'autre n'iraient pas à la ceinture de Talma. Il voulut profiter de la leçon reçue, fit traduire *Andromaque* en anglais et la joua à Drury-Lane à son retour, mais sans succès; les Anglais enivrés de leur Shakespeare, n'apprécient pas notre grande et belle littérature classique : Corneille, Racine, Voltaire, Ducis, Casimir de Lavigne ne peuvent les toucher ni les émouvoir.

— Kean était orgueilleux de ses succès et refusait brutalement les invitations du grand monde en disant: vos salons sont des ménageries où il ne me convient pas d'être exploité. Il préférait se vautrer dans la crapule et la liberté des cabarets avec des escrocs, des ivrognes et des filles de joie...... Il gagna longtemps 200 à 250,000 francs par an. Dans une représentation, sur le théâtre de Covent-Garden, en 1833 il tomba et ne se releva plus: les excès d'alcool l'avaient tué !

KELLERMANN (duc de Valmy), — pair et maréchal de France, enfant de Strasbourg, où il naquit en 1735, est une de nos premières gloires républicaines; vainqueur à Valmy, il refoulait les Prussiens trois fois plus nombreux que son armée, en entrant le premier à cheval dans leurs carrés, son chapeau au bout de son épée. Il aida aux victoires du premier Consul en Italie et sur le Rhin; à celles de l'empereur pendant tout l'empire. Et mourant en 1820, il voulut que son cœur fut placé au milieu de ses chers soldats enterrés à Valmy. Ce vœu fut religieusement accompli par son fils et le monument funéraire indique au voyageur la place ou reposent ces braves, protégés encore par le cœur de leur général; le corps du maréchal est au cimetière du père Lachaise, à Paris, et sa statue sur la grande place de Strasbourg.

KLÉBER, — né en 1753, à Strasbourg, est mort assassiné au Caire, le 14 juin 1800; le monument qu'on lui a élevé dans sa ville natale, sur la grande place qui porte son nom, a reçu ses dépouilles mortelles rapportées d'Égypte : Kléber était un homme superbe, mais de manières brutales, ce qui s'explique par son origine toute populaire: il était fils d'un terrassier, mais il était brave et généreux à l'excès; nonchalant et froid dans les occasions ordinaires de la vie, il s'éveillait, s'animait, s'exaltait au bruit de la bataille et devenait un lion; sa mort, laissant l'armée sans chef, nous contraignit à évacuer l'Égypte.

KLEPPER, — célèbre astronome, naquit à Weil, dans le duché de Wurtemberg, en 1571, d'une famille distinguée, il se fit connaître, étant professeur de mathématiques, à Gratz, par un calendrier dédié aux protecteurs auxquels il devait sa chaire. Tycho-Brahé l'appela auprès de lui en 1600 et le fit nommer mathématicien de l'Empereur. Ces deux hommes illustres se lièrent d'une étroite amitié, malheureusement interrompue par la mort de Tycho-Brahé.

On doit à Klepper de nombreuses découvertes en optique, en physique générale, en géométrie et en astronomie, ainsi la découverte du mouvement des planètes et celle de la vraie cause de la pesanteur des corps.

KLOPSTOCK, — poète allemand, né en 1717, se proposa dès sa jeunesse et comme but de son existence son poème de la *Messiade*. C'est la grande figure du Christ qui plane sur son imagination et lui inspire ses idées brillantes de lyrisme et d'enthousiasme : le rédempteur est son héros; la *Messiade* est en effet l'histoire de la vie, des souffrances, des miracles et de la gloire de Jésus-Christ. Cette œuvre eut un immense succès à son apparition, malgré les critiques violentes des chrétiens orthodoxes que désarmèrent cependant la douceur, la bonté et la modestie de Klopstock ; sa vie privée fut aussi traversée par bien d'autres épreuves : à une première inclination malheureuse succéda une nouvelle affection qui consola le poëte ; il devint l'époux de celle qu'il aimait et jouit avec elle pendant quatre ans du bonheur le plus pur et le plus complet, mais il la perdit alors avec l'enfant qu'elle lui avait donné ; trop profondément religieux pour se laisser aller au désespoir, il demanda à la poésie des distractions et l'oubli de son chagrin ; il composa des odes, des tragédies, des chants héroïques : ainsi la *Bataille d'Hermann*, *Hermann et les Princes*, etc. Il jeta dans ces chants patriotiques toutes ses aspirations pour la liberté. Il épousa plus tard, en secondes noces, une dame déjà âgée qui fut pour lui une compagne affectueuse et dévouée ; il mourut, en 1803, à soixante-dix-neuf ans ; ses obsèques se firent avec une pompe inouïe ; tous les habitants de Hambourg y assistèrent et lui rendirent les honneurs qu'on n'accorde qu'aux souverains, c'était la juste récompense de la vie la plus pure et la plus honorable.

Kotzebue, — auteur dramatique allemand, composa ou publia sous son nom plus de trois cents pièces de théâtre ; c'est peut-être à son imitation qu'Alexandre Dumas avait fondé l'espèce de collaboration littéraire qui consistait pour lui à recevoir et à retoucher les romans de littérateurs plus jeunes et encore inconnus et à les faire paraître sous son nom et son patronage. Kotzebue procédait donc de même ; aussi une grande partie des comédies ou drames qu'on lui attribue ne sont-ils pas de lui, mais il n'en reste pas moins un auteur original et on pourrait citer avec éloges plusieurs drames ou comédies d'un mérite réel, parmi lesquels deux particulièrement eurent un véritable succès en France aussi bien qu'en Allemagne : *les Deux Frères*, *Misanthropie et Repentir* : il fut moins heureux dans ses romans déjà complètement oubliés. Son caractère agressif, envieux et peu honorable, dit-on, lui fit beaucoup d'ennemis et lui attira le mépris du plus grand nombre ; il fut assassiné par un jeune étudiant nommé Sand, fanatique de liberté.

L

Laboureurs, marins. — On a remarqué avec raison que la plaine cultivée dans le métier de laboureur et la mer exploitée dans le métier de pêcheur inspiraient à l'homme et à la famille la même vie sauvage, tempérée par les mêmes préjugés, les mêmes superstitions, les mêmes traditions ; le sillon et le flot faisant l'homme semblable : à demi-sauvage, à demi-humain, c'est que les impressions commandant la conduite de l'homme, ne viennent pas du sol et d'en bas, mais du ciel et d'en haut et de ces profondeurs toujours lumineuses qui inspirent les religions et font croire à un Dieu tout-puissant.

Labruyère — était le précepteur du petit-fils du Grand Condé, chez lequel il resta comme homme de lettres avec une pension de mille écus : ce fut dans les loisirs de cette vie inoccupée qu'il composa *les Caractères* ; il avait alors quarante-huit ans ; il écrivit tard, aussi avait-il longtemps observé et réfléchi avant d'écrire, c'est ce qui explique la concision et la netteté ciselée de ses observations ; chacune de ses peintures et une comédie en récit et des meilleures, elle pourrait être mise en dialogue et en action : Bien des auteurs de mérite y ont puisé des canevas ; Régnard lui a emprunté *le Distrait* ; Montesquieu, l'*Idée des Lettres persanes*; Lesage, *Gilblas*, Picard, *la Petite ville*, etc.

Labruyère n'avait pas seulement un magnifique talent d'écrivain, de moraliste, de peintre de mœurs, il avait la plus grande finesse de sens et de tact, le caractère le plus noble, le plus indépendant et le plus désintéressé; la vérité de ses portraits est incontestable, car chacun avait alors son nom, presque toujours un nom puissant et trop facile à deviner par le lecteur, homme du monde; de là des rancunes cachées, car s'en irriter ostensiblement eut été d'une naïveté trop maladroite; de là des petites vengeances que n'avait garde de remarquer le spirituel écrivain: nous nsavo dit que Labruyère était désintéressé, car alors qu'il n'avait que l'aisance, il abandonna à la fille de son éditeur les bénéfices de *ses Caractères*, bénéfices qui firent sa dot de cent mille francs; nous avons dit aussi qu'il était indépendant, et, en effet, dans ce siècle de servilisme dans la noblesse et les hautes classes, il y avait du courage à prendre, sur nature vivante, des caractères burinés à la Juvénal! De faire rire aux dépens de certains courtisans une cour aussi railleuse que dépravée, et d'amuser un roi qui ignorait, dans son immense orgueil, qu'il partageait les travers de son entourage.

— Labruyère mourut en 1696, d'une attaque d'apoplexie, annoncée quatre jours avant par une surdité soudaine et presque complète; sa vie avait été calme, sédentaire, presque ignorée, *ses Caractères* le révélèrent au monde littéraire et savant.

— Disons ici, comme nouvelle preuve de la résistance que mit toujours l'Académie à accueillir les gloires les plus illustres et les plus incontestables, que Labruyère eut beaucoup de peine à entrer à l'Académie: le public des gens qui avaient cru se reconnaître dans ses caractères se joignit à elle pour l'accabler d'épigrammes, une entre autres donne la mesure du déchaînement de l'envie et de la rancune injuste auxquelles fut en butte un de nos meilleurs écrivains:

Quand Labruyère se présente,
Pourquoi faut-il crier haro!
Pour faire un nombre de quarante
Ne fallait-il pas un zéro.

Lacs. — On nomme ainsi des masses d'eau d'une certaine étendue situées au milieu des terres. Le plus célèbre de tous est la mer Caspienne, puis le lac Aral ou mer des Aigles: les Tartares, le nomment *Aral Denguiss*, à cause de la quantité considérable d'îles que renferme sa partie méridionale; on croit qu'il communiquait autrefois avec la mer Caspienne dont il est peu éloigné, ses eaux sont salées et très-poissonneuses, elles nourrissent surtout l'esturgeon et le veau-marin.

— Le lac Asphaltite, ou mer morte, sur lequel on recueille l'asphalte ou bitume, a des eaux qui contiennent plus d'un quart de sel et leur pesanteur spécifique est telle qu'au dire des voyageurs on peut s'y baigner sans savoir nager, le corps restant toujours flottant. L'empereur Vespasien à qui on avait rapporté ce fait, voulant s'assurer de sa vérité, y fit jeter plusieurs esclaves auxquels on avait lié les mains, et qui reprirent naturellement sur l'eau ar-la position horizontale, comme cela fut rivé pour des hommes de liége.

Rien de plus désolé de plus aride que les rivages de ce lac, on y trouve à peine quelques rares arbustes, tout paraît être transformé ou devoir se transformer en sel.

D'après la Bible, le lac Asphaltite occuperait la plaine où s'élevaient les riches et superbes villes de Sodome et de Gomorrhe, villes perverses et maudites, ensevelies par l'ordre de Dieu sous une pluie de feu et de soufre.

— Le lac Erié, au Canada, avec des îles nombreuses infestées de serpents à sonnettes et de serpents siffleurs, et communiquant au lac Ontario par la rivière de Niagara ou plutôt par la célèbre cataracte appelée saut du Niagara le lac Ontario a, dans certaines de ses parties une si grande profondeur qu'on n'a jamais pu l'apprécier; ses eaux sont douces et transparentes; le lac Supérieur, le plus grand de tous, a six cent dix-huit lieues de circonférence, il communique au lac Huron par le détroit de Ste-Marie, il a un grand nombre d'îles dont quelques-unes, l'île de Minong et l'île Royale, sont assez importantes; le Michigan, qui communique lui-même avec le lac Huron, etc. Tous ces lacs reçoivent un nombre considérable de rivières, tous ont été décrits savamment et complètement par les meilleurs romanciers anglais et américains, avec les innombrables merveilles de leur végétation marine et terrestre, leurs rives si variées, leurs poissons, leurs oiseaux, leurs animaux, souvent fantastiques, etc.

— C'est en Suisse qu'on trouve le plus grand nombre de lacs et dans les situations les plus délicieuses : le lac de Constance situé entre la Souabe et la Suisse est traversé par le Rhin dans toute sa longueur, ses rives sont parsemées de magnifiques villas, de jolis et coquets villages, de villes bien bâties et commerçantes ; ses eaux sont sillonnées de bateaux ou navires marchands qui font le cabotage ; on y compte quatre îles, riches et peuplées. C'est le lac le plus poissonneux de la Suisse et celui qui donne le plus grand nombre d'espèces : ses saumons et ses petites truites saumonées ont une réputation universelle.

— Le lac Léman ou de Genève, en Suisse, a la bonne fortune d'avoir été aimé par J-J Rousseau, décrit par Voltaire, chanté par Byron, admiré par tous les voyageurs et les hommes illustres. C'est le plus joli tableau dans le cadre le plus splendide et le plus majestueux, couronné par les grandes Alpes, dominées elles-mêmes par le mont Cenis.

— Le lac de Segrino (Lombardie) est si profond et si vert que ses ombrages se distinguent à peine de ses eaux. Mais le lac de Côme est la perle la plus brillante du sol Lombard ; ses rives sont chargées d'énormes groupes d'arbres touffus, dont la verdeur forme relief sur la teinte bleue des eaux qui les reflètent ; les hautes montagnes qui l'enserrent semblent baigner à plaisir leur pied dans ses ondes, ce sont des sinuosités sans nombre formées par le lac qui paraît vouloir caresser la montagne et par la montagne qui paraît, pour répondre à ses caresses, vouloir se mirer dans ses eaux.

— Dans le lac Majeur, situé dans la vallée du Tessin, on remarque l'Isola-bella avec ses jardins suspendus et élevés de sept étages au-dessus des eaux, bâtis par un membre de l'illustre famille des Borromée. Enfin ce sont les lacs de Lucerne, de Neufchâtel, etc.

LACÉNAIRE, — l'atroce assassin, disait à la police : Vous me ferez tant d'avances, que vous me forcerez à être injuste envers mes semblables. Quelle leçon ! Il se présenta chez Scribe, comme homme de lettres, Scribe lui remit cinq francs, en sortant il dit au domestique : Votre maître a bien fait ! à Lacordaire, qui voulait le consoler dans sa prison, il répondait : f.....-moi le camp, vous m'embêtez !

LACHETÉ. — L'homme paraît né pour commander, ce qui suppose la fermeté, et, par déduction, la bravoure ; la lâcheté accentuée et bien caractérisée serait donc une infirmité matérielle et naturelle. Frédéric le Grand avoue qu'il avait eu peur et avait fui devant une fusillade inattendue, mais, qu'à une seconde rencontre, sa volonté lui avait donné le courage et la bravoure qui depuis ne lui avaient jamais fait défaut.

— Ce sont toujours les plus lâches devant les hommes qui sont les plus insolents au milieu des femmes, des enfants, ou des domestiques ; ils saisissent l'occasion d'être courageux sans danger.

— La lâcheté la plus vile est celle qui laisse insulter et calomnier une femme ou un absent lorsqu'elle a le moyen de les défendre et de les justifier.

LAFONTAINE. — C'est en 1668 que Lafontaine publia les six premiers livres de ses fables, il n'était encore qu'un fabuliste supérieur à Esope et à Phèdre, ses devanciers, ce ne fut que 10 ans après que parurent les derniers livres, ceux dans lesquels Lafontaine atteint son apogée ; chacune de ses fables est un chef-d'œuvre, il a une philosophie toute personnelle et originale, il relève les animaux en leur accordant la parole et la raison ; il montre l'intelligence sous la forme de l'instinct, c'est l'histoire de l'homme sous l'enveloppe de l'animal.

— Lafontaine était devenu le plus grand rêveur et le plus grand penseur de son temps, Platon était son auteur favori, esprit rêveur comme lui, mais moins paresseux, Horace et Virgile, plus tard Boccace et l'Arioste le réveillaient un peu. Il ne faut pas oublier qu'avant de se laisser marier à une jolie fille de seize ans, Marie Héricart, fille d'un lieutenant au bailliage de la Ferté-Milon, Lafontaine avait essayé de la vie de couvent, d'abord aux Oratoriens, puis au séminaire de St-Magloire et que toute sa vie fut bercée par la paresse et l'insouciance. Il appartenait à celui de ses amis qui l'enlevait aux soucis ou aux préoccupations de l'existence matérielle : le surintendant Fouquet fut celui qui s'en empara le premier ; il l'installa splendidement dans son palais princier de Vaux, où il trouva réunis, avec les charmes de la solitude, les plaisirs de la société la mieux choisie et ce qui lui agréait le plus, une intimité de tous les jours avec Molière, Racine, Lebrun, Pelisson, etc. C'est là qu'il écrivit *Adonis*, *le Songe de Vaux* et tant de pièces de circonstance pour Fouquet, l'infante d'Espagne, Marie Mancini, nièce du cardinal Mazarin, pour Henriette d'Angleterre, etc.

— Lafontaine est le poète le plus naturel de la langue française, c'est notre Homère, et, si ses héros ne sont pas toujours des princes ni même des hommes, s'il ne fait parler que des bêtes, c'est avec autant de vérité que de naïveté, de précision et de poésie.

— Lafontaine a accepté d'Esope et de Phèdre, le pâle imitateur d'Esope, les caractères tout faits du lion, roi des animaux, du loup vorace et rusé, du renard fin matois... C'est monseigneur le Lion, c'est messire le Loup, c'est le capitaine Renard.

Les chefs-d'œuvre de Lafontaine sont *le Chêne et le Roseau*, *les Animaux malades de la peste*, *les Deux Pigeons*, *la Laitière et le Pot au lait*, *le Meunier son fils et l'âne*, *le Paysan du Danube*. Mais si je les comptais tous je citerais les trois quarts de ses fables.

— Lafontaine a écrit deux volumes de contes où il vante les formules et les tours les plus fins et les plus adroits pour tromper la jalousie des maris : il a oublié la morale de ses fables, ce qui prouve qu'il était plus poète et inspiré que moraliste. Il mourut cependant, dans les sentiments les plus chrétiens, chez son ami, M. Hervart, en 1695, à l'âge de soixante-treize ans.

LA HARPE, — poète, orateur et critique, naquit à Paris, en 1739, de parents restés inconnus car il fut abandonné dans la rue, dont il reçut le nom : il dût son éducation et son instruction à la charité publique et fut élevé au collége d'Harcourt, où il eut les plus éclatants succès, mais envieux et aigri comme la plupart des individus que l'instruction a déclassés, il composa des satires contre ses maîtres et ses meilleurs protecteurs ; son ingratitude fut punie par sa détention dans une maison de correction où il resta pendant quelques mois ; rentré à Paris, où, à vingt-trois ans il fit jouer sa tragédie de *Warwick*, qui eut un grand succès, et devenu riche et célèbre il se maria, mais ses nouvelles œuvres dramatiques ayant été sifflées à outrance, il se trouva heureux d'accepter, à Ferney, l'hospitalité de Voltaire dont il devint le secrétaire et le séide ; il le quitta pour revenir encore à Paris où il concourut pour les prix d'éloquence que décernait l'Académie et les remporta presque tous ; il fit successivement onze tragédies, aujourd'hui à peu près oubliées ; il n'est donc surtout connu que par son cours de littérature, seule œuvre qui restera de lui, car malgré ses nombreux défauts, comme elle est le seul ouvrage français de ce genre, elle peut servir de type et de point de départ pour un essai plus sérieux, plus logique, mieux approfondi et plus exact.

LAIDEUR. — Il en est de deux sortes : celle qui fait tache sur l'âme, les sentiments et le cœur, le vice proprement dit, qu'on peut appeler laideur morale ; l'autre, la laideur physique qui n'est qu'un défaut d'harmonie dans les lignes du corps et du visage et reste le fait de la nature, non de la personne : la première, mérite le mépris et doit être repoussée avec énergie, l'autre a droit à l'indulgence de tous.

— Un homme de cœur, si difforme qu'il soit, n'est jamais laid ; un défaut de surface n'est qu'une imperfection de peu d'importance.

— Un homme est laid, mais bon et sensible; à première vue il est repoussant, bientôt il plaît, plus tard il attire et finit par se faire aimer.

— La beauté morale a cette puissance qu'elle domine, qu'elle efface en quelque sorte dans le jeu de la physionomie l'effet de la laideur physique.

— Aucune femme n'est laide à ses propres yeux, et, si elle s'avoue sa laideur, elle y trouve toujours des compensations, car elle a toutes les raisons possibles pour les chercher et les acquérir.

— Se résigner dignement, noblement, franchement et sans regret à sa laideur, faire admirer la beauté des autres, les en aimer davantage au lieu de leur porter envie, c'est le sentiment le plus raisonnable et le mieux raisonné d'une âme juste, bonne et généreuse, la récompense ne se fera pas attendre!

— La laideur morale est la seule dont on doive rougir, elle est cent fois plus affreuse que la laideur physique, elle détruit toutes les amitiés, sème et provoque les haines les plus vives et les vengeances les plus violentes.

— Une laide spirituelle est la première à reconnaître sa laideur, à en rire, à s'en moquer : c'est sa vengeance contre les autres laides qui se croient belles et contre des beautés doublées de vanité et de prétention.

— Comme la nature a donné la beauté, la gentillesse ou la grâce comme accessoires de l'amour, la femme qui n'a pas toutes ces qualités ou l'une d'elles par excellence est plus laide cent fois que l'homme qui n'est que laid !

— La laideur est le plus grand supplice imposé à une femme, car c'est le supplice de toute sa vie, de tous ses jours, de tous ses instants, exerçant ainsi sur son existence les plus dures et les plus mauvaises influences: ce supplice la prend à l'enfance et ne s'allège que lorsque arrive la vieillesse, mais elle a été peu caressée, peu accueillie, jamais flattée; le mariage s'est éloigné d'elle, et si elle trouve un mari elle risque d'être sacrifiée à une autre plus belle et à souffrir dans sa seule, rédans sa première affection! Avec de la signation cependant, de l'habileté, de la persévérance elle atténuera le mal, elle sera laborieuse, prévenante, affectueuse, instruite, jamais jalouse, car là serait l'écueil de toutes ses qualités, et elle trouvera souvent alors un bonheur sûr, sérieux et durable.

— Les laideurs à noter dans l'histoire sont les suivantes : celles de Mlle de Scudéri, de Chauvelin, de Pélisson, de Vauvenargues, de Dellile, de Florian, du gastronome Grimod de la Reynière, de Linguet, de Le Kain, de Mirabeau, de Danton, de Gibbon, l'historien anglais, dont la figure était surtout énormément ronde et si grosse, que le nez n'y faisait aucune saillie et les yeux aucune concavité, ce qui amena dans le salon de Mme du Deffand la scène la plus curieuse et la plus jovialisante qu'on puisse imaginer, mais qu'on ne peut raconter!

— L'esprit et la sensibilité ne permettent pas une laideur repoussante ; existât-elle au physique, qu'elle serait atténuée par la beauté morale, effacée même par le jeu des bons sentiments. Un homme sensible et spirituel ne sera donc jamais laid pour ses amis et ses auditeurs, tandis que l'homme vicieux, fut-il doué d'une beauté remarquable, laissera percer les disparates élans du vice et détruira ainsi le charme des dons heureux qu'il a reçus de la nature.

— Une jeune fille laide enlaidit souvent de plus en plus, surtout si elle est timide ; elle devient alors indifférente à l'opinion des autres, elle ne se surveille plus, ne se soigne pas, ne cherche pas à plaire et contracte une négligence de costume, de toilette, de physionomie, même de propreté qui tient de la pétrification et du dégoût de la vie! Tandis que la beauté s'observe, s'enorgueillit, s'étudie, s'enhardit, s'épanouit et ajoute toujours ainsi à ses charmes naturels.

— On s'étonne quelquefois de l'affection inspirée par des personnes laides : c'est une nouvelle preuve de la loi des contraires et de la valeur des grands cœurs cachés sous la laideur physique ; cette infirmité paraît bien, à tort, sinon aux hommes, au moins aux femmes, la plus effrayante des infirmités humaines, aussi par un don de Dieu ou de la raison est-elle presque toujours rachetée chez les femmes par les qualités les plus complètes et les plus exquises.

LAMARTINE — était fils d'un pauvre cadet de famille, le chevalier de Lamartine. Qui aurait pu croire à l'élévation de ses idées, à l'aristocratie de ses manières, de ses pensées et de son style. Il avait vécu longtemps, pendant des années, avec entraînement et plaisir de la vie de Bohême la plus misérable, qu'il avait partagé la maison (je devrais dire la tanière), la table, la chambre à coucher, la pauvre existence d'un pêcheur et d'un lazarone napolitain de l'horrible et infect quartier de la Margellina? C'est lui qui nous l'apprend dans ses confidences (ses confessions à lui,) il reste avec ces pauvres gens pendant six mois qu'il emploie à se faire aimer de la jeune fille, Graziella, qu'il quitte ensuite sans pitié et sans honte !

Dans sa première enfance il avait vécu de la vie des bergers; après sa sortie du collége des Jésuites de Bellay (Savoie) il va en Italie où il ébauche deux romans, l'un dont nous venons de parler *Graziella et Régina*; deux pôles opposés.

— Il a cependant le sentiment que ses confidences sont une faute et il veut s'en excuser: « Quoique le public soit un être abstrait, devant lequel on ne rougit pas comme devant un ami ou un père, il y a toujours sur l'âme une atmosphère de pudeur, un dernier pli du voile qu'on ne lève pas tout entier. »

« Si je puis livrer au public ce que je ne dirais pas à un ami, c'est que le public ce n'est personne, c'est un être invisible et abstrait, une fiction, une idée, c'est le désert, la foule est une solitude. »

— Il ne met aucunes dates ni chiffres dans ses confidences et s'en tient à des généralités.

En 1814 (Restauration) Lamartine entra dans la maison militaire de Louis XVIII, puis fut fait prisonnier et renvoyé ; il passa en Suisse et obtint une hospitalité de hasard chez un gentilhomme où il resta quelques mois, rentré en France en 1815, il reprit son service qu'il quitta peu après pour aller s'installer dans la famille de Vignet son ami, où il dut rester un an et plus, puis rentra à Milly près de ses parents ruinés, d'où, après un séjour de quelque durée, il partit triste et silencieux, quittant sans raison aucune sa famille pour aller dépenser au loin de l'argent emprunté !

— Car dès son enfance il vit aux dépens de ses amis: il commence par la famille Guichard, il va à Naples comptant sur un parent de sa mère qui ne lui refusera pas quelque argent, il est en effet reçu et hébergé chez ce parent; il devait retourner en France et perd 50 louis (1200 francs).

Il raconte qu'il avait emprunté 25 louis à un pauvre et aimable vieillard, M. Blondel, ami de son père et cela pour aller aux eaux d'Aix, M. Blondel avait plus de quatre-vingts ans, il vivait d'une rente viagère de quelques mille livres, car il s'était arrêté à temps et avait placé à fonds perdu le peu qui lui restait : « sa bourse m'était ouverte toute tarie qu'elle fut, toutes les fois que j'avais un voyage d'agrément à faire, un ouvrage à me procurer ! »

Lamartine se peint naïvement et sans vergogne aucune, comme un parasite d'habitude : il reçoit, il mendie, il sollicite, lui qui pouvait vivre richement avec cette plume d'or si admirable en tout.

— Mais Dieu avait trop bien doté Lamartine, trop comblé son âme et son esprit! il n'y restait plus aucune place pour les petites vertus : les belles, les riches, les éclatantes fleurs, avaient rempli ce vase de prédilection; les fleurs modestes: la violette, le myosotis, l'ordre et l'économie, ne se trouvaient pas parmi elles et n'avaient aucune raison pour s'introduire chez lui.

Il était trop poète pour penser un instant à payer ses dettes, il était trop absorbé pour ne pas en faire d'autres, excusons-le car il a beaucoup souffert et jugeons-le comme il faut juger le génie entraîné, haletant, épuisé, et placé en dehors des choses et des principes de la vie.

— Si de 1860 à 1867 on eut lu Lamartine comme on l'avait fait à l'apparition de ses œuvres, ce n'est pas un million, c'est dix millions et plus qu'eut produit une souscription nationale à sa gloire et à la nôtre.

Quel triste exemple que celui de ce poète illustre qui, ayant méprisé assez la fortune pour la prodiguer, a dû mendier comme un homme sans aucune valeur.

— Lamartine jeta ses premiers feux pendant sa jeunesse dans des vers galants, parfois même érotiques : Didot refusa de les éditer ; cet échec fut-il un avis utile ? toujours est-il qu'à ces fleurettes équivoques succédèrent des fruits parfaits, les méditations et les harmonies.

— Ce fut en Italie, 1829, à Naples et à Florence, que Lamartine composa (les Florentins disent improvisa) ses *Harmonies poétiques*, ce fut là aussi qu'il eut avec le général napolitain Pépé, ce grave duel où notre poète blessé à mort pour avoir défendu l'honneur de la France, eut le bonheur de pouvoir arracher son adversaire à l'application de la loi de mort contre le duel.

— Noble et royaliste, puis républicain, poète avant, après et toujours ; riche, bienfaisant et prodigue, puis ruiné et presque sans pain, Lamartine dans des positions si diverses est, quand même, une figure splendide dont le souvenir restera toujours cher à la France enthousiasmée par son génie.

Il est le premier de tous les poètes dans la peinture des sentiments, dans l'amour du bon et du beau, dans leur description et dans celle de la nature, mais ce qui fait son honneur et sa gloire, ce sont ses *Méditations*, ses *Harmonies* et son poëme de *Jocelyn*, voilà sa vraie couronne poétique, ses autres poésies sont de magnifiques rameaux du même arbre, mais le sommet éclatant est dans ces trois œuvres.

Lamartine, prosateur élégant et correct, n'est déjà plus Lamartine, c'est l'Astolphe de l'Arioste descendu de son cheval ailé, c'est Apollon quittant son char de feu !

LAMENNAIS, — entré dans la vie sous la direction de son frère aîné qui était prêtre et convaincu et qui fut son précepteur, son appui, son conseil, abordait donc sa carrière avec une idée préconçue, confirmée par l'éducation et l'instruction.

Ainsi armé et dans une ardeur encore juvénile, il fit emploi de ses armes et s'illustra par un éclatant succès qui l'attacha encore plus à sa première opinion, si absolue dans un tel homme, si entraînante dès lors ! Ceci l'amena à s'unir d'opinion avec la rédaction du *Conservateur*, journal des légitimistes les plus avancés de l'époque. C'est alors aussi qu'il sentit le joug de la solidarité et y échappa insensiblement par des palliatifs et des réserves, car l'homme se développait forcément en lui dans la lutte qui éclairait déjà ses idées nouvelles et le plaçait dans sa voie naturelle. Ici la pente fut d'autant plus rapide que la lutte pontificale fut plus acharnée. Lamennais sacrifié, irrité et humilié de ses concessions inutiles, releva la tête et publia ses *Paroles d'un croyant*, œuvre effroyable, révolutionnaire et socialiste s'il en fut, cri de désespoir d'un grand cœur exaspéré, mais aussi vengeance atroce et conversion scandaleuse d'un prêtre jusque là estimé et illustre ! Ce dernier gémissement de son âme exaltée, ce dernier effort de sa liberté de conscience qui l'épouvantait lui-même, influa gravement sur sa tête qui s'affaiblissait chaque jour et de plus en plus et il s'éteignit dans les tortures d'un esprit en fermentation et en convulsions terribles. Que la terre lui soit légère car il a été plus entraîné, illustre et estimé que coupable ; son impétueux génie l'a emporté sur sa raison !

— Dans *l'Indifférence en matière de religion*, Lamennais est un saint Bernard, un Bossuet; dans ses dernières œuvres, c'est un Luther, un Mélanchton, un novateur comme J.-J. Rousseau, un illuminé comme Alexis Clootz et Mme de Krudner !

— La vie de Lamennais a été une vie de contradictions ; il a commencé par l'infaillibilité du pape et a fini par l'infaillibilité contraire, celle du peuple; avec une confiance aveugle et ardente dans son infaillibilité personnelle !

— Lamennais s'écriait dans ses écrits: « Je confesse ma misère, sauvez-moi, Seigneur, car je vais périr ! » et il disait vrai.

— Lamennais avait des yeux creux et brûlants, un front haut et soucieux, une laideur accentuée, mais la vraie laideur du génie : il était petit, grêle, pâle, son activité d'esprit commandait l'activité du corps, il ne pouvait rester en place, il gardait toujours sa tête, si ardente, découverte dans la promenade, marchait toujours à grands pas dans la cour ou dans le jardin, causait beaucoup et avec saillies, plaisantant par des malices ou des enfantillages ; ses causeries avaient une séduction singulière par leur variété de ton et leurs capricieux écarts ; c'était un mélange d'idées sérieuses, d'anecdotes pittoresques, de puérilités gracieuses, même de poésies sentimentales ou extatiques, qu'il composait ou récitait de souvenir. Il était bon, doux, humain, bienveillant, mais il avait conscience de sa supériorité, il se croyait une mission de transformer en liberté l'asservissement de la pensée chrétienne, le tribun populaire, le novateur, commençait à déchirer sa soutane.

— Dans son emportement final et philosophique, Lamennais renonça à sa noblesse, retrancha le *de* de son nom et ne signa plus que François Lamennais ; c'était entrer ainsi dans la règle de ses opinions égalitaires, prédictions de ses *Paroles d'un croyant*.

— Une femme, Georges Sand, s'est malheureusement rencontrée avec Lamennais sur la voie du doute, et l'a fait dévier encore plus et sans retour ! Une autre femme, naïvement religieuse et passionnément croyante, l'eut probablement sauvé !

— Lamennais, prêtre et apôtre, s'épuisait en achats de tableaux ; il se croyait artiste et n'était que la proie des revendeurs ; il estimait sa galerie 800,000 francs et elle se revendit 3,000 francs aux enchères ! Le clergé, même le plus instruit, ne fut jamais artiste ! cette vérité est mille fois trop démontrée par les réparations des églises du monde entier, toujours *saccagées* sous prétexte d'embellissements.

LANGAGE, LANGUES. — La connaissance de langues diverses a ce résultat de dépouiller le langage des formules banales les plus usitées par la langue maternelle, de jeter la variété des autres langues dans le langage commun, de diamanter enfin, soit dans la forme de la construction des phrases, soit par l'emploi de mots nouveaux, le style ou la conversation.

Les langues étrangères rajeunissent les pensées en les débarrassant de ces tournures qui les font paraître tour-à-tour communes et embarrassées.
BENJAMIN CONSTANT.

— C'est demander aujourd'hui l'impossible que d'exiger la preuve de l'origine des langues anciennes : elles sont nées d'elles-mêmes sur une terre couverte parfois de races diverses et alliées : le latin paraît dériver en grande partie du sanscrit asiatique, l'origine du grec est inconnue, de même des autres langues dont les premières, remontant à des temps anciens, ne laissent aucunes traces dans les littératures nées bien des siècles plus tard. N'oublions jamais que l'inconnu est le résultat général et fatal des dix siècles de barbarie et de sauvagerie qui ont suivi les invasions barbares si mêlées et si entassées.

Le langage est le produit le plus intelligenciel de l'état social : l'homme isolé et solitaire n'ayant ni motif, ni raison de parler.
(*Essai sur l'origine des langues*).
LORD MINSBOROW.

La nature a enseigné à l'homme les sons du langage et la nécessité lui a appris à désigner les choses par un nom spécial.
LUCRÈCE DE NATURA RERUM.

— Si, comme on le dit, les peuples commencèrent à se séparer par les langues, avant de se séparer par des guerres de rivalité, l'espérance d'une langue universelle serait presque le gage le plus sûr d'une paix universelle !

— Ce qui forme la richesse, la variété, les délicatesses d'une langue ce sont les passions, les talents, les mérites plus ou moins développés des peuples et de leurs littératures.

— Le grand empereur Charles-Quint disait qu'à chaque langue, nouvelle qu'il avait forcément apprise en étendant son empire, il lui semblait avoir ajouté une valeur d'homme nouveau à sa valeur personnelle, et avoir beaucoup étendu les horizons de son intelligence.

— On n'a pas assez remarqué les changements qu'opèrent dans les langues vivantes, les grandes révolutions politiques : la langue anglaise fut profondément modifiée par la république de Cromwell et l'exécution de Charles Ier. De même de la langue française après la grande révolution de 1789. A des principes, à un système tout nouveaux, il fallut des mots nouveaux, dès lors une langue presque nouvelle, car beaucoup de noms anciens n'avaient plus d'application ou de signification : les langues n'étant que les instruments ou les formules de la pensée, se pliant à ses caprices, à ses changements, à ses transformations, de là leur richesse.

— On ne sait parfaitement une langue qu'après l'avoir comparée avec les langues anciennes pour leur emprunter des règles, des formules et des mots nouveaux.

— Les langues disparaissent comme les hommes : la langue étrusque n'a laissé derrière elle *aucune* trace, l'égyptien, transformé dans le cophte, n'a pu être retrouvé ; le basque est né de l'ibère modifié et qui n'existe plus dans sa pureté primitive ; de la vieille langue barbare celtique, il ne reste guère qu'un patois corrompu et primordial. Les langues perfectionnées, savantes et illustrées par leur littérature ont seules survécu à la mort de leurs nationalités ; ce sont particulièrement l'hébreu, le grec et le latin ; celui-ci revit presque dans la langue toute romaine, l'italien ; il apparaît dans l'espagnol et le français.

Le langage est l'instrument de l'esprit, la seule forme sous laquelle il puisse se produire ; si l'instrument est mauvais, incomplet, il sera un obstacle à la manifestation de l'intelligence dans toutes ses spécialités ; pour produire l'esprit qu'on a, il faut donc avoir à son service une langue parfaitement connue et étudiée, et, par dessus tout, familière et facile ; un homme d'esprit ne pourra donc se servir que de la langue dans laquelle il réunira ces qualités et non dans une langue étrangère où les difficultés de toute nature, les imperfections du langage viendraient arrêter l'essor de son intelligence ou en voiler le mérite.

— Les expressions vulgaires, les gestes communs ou grossiers, sont un obstacle à tous les succès de la parole et de l'éloquence et provoquent ou appellent le mépris, parce qu'ils décèlent l'absence d'esprit ou d'éducation, ou encore trahissent de basses fréquentations et altèrent logiquement la pureté et l'élégance du langage.

— Après la poésie qui est le langage le plus élevé, le plus paré, le plus artistique, vient la grande prose au ton solennel, la prose de la chaire avec Bossuet, puis celle de Buffon et de Châteaubriand, pour n'en citer que trois exemples dans des genres tout à fait opposés.

— On n'admire tant l'élégance des langues mortes que parce qu'on ignore les trivialités du langage usuel ; le langage écrit, dès lors expurgé et parfait, ayant été seul conservé.

— Dans la jeunesse des langues, les mots ont une valeur qu'ils perdent successivement par l'abus qu'on en fait ou l'altération naturelle sortie des patois envahisseurs.

— Qui dit usage dit qui s'use : la langue usuelle use donc tout, et rend la poésie et le grand style difficiles, c'est ce qui fait que les vieux mots redeviennent élégants et poétiques, parce qu'ils ont cessé d'être usuels, ce qui est synonyme de vulgaire.

— Autrefois, il y avait presque autant de langues, ou plutôt d'idiomes, que de provinces de tribus ou de villes : Chez nous ! l'Aquitain est aujourd'hui le Basque, le Gaulois est l'Irlandais, le Celte est le Breton ; on parlait grec à Marseille, en Phénicie et à Arles.

Après les invasions barbares naquirent les langues mélangées barbares et latines, dites néo-latines : l'Italien, l'Espagnol, le Portugais, le Français primitif.

Charlemagne arrêta ce courant de la transformation des langues, en ordonnant que tous les actes publics fussent rédigés en latin, et c'est sept cents ans plus tard que François Ier, ordonnant tout le contraire, voulut que la langue française fut écrite dans les actes publics comme elle était alors parlée et déjà perfectionnée.

Pareille transformation s'opéra dans l'Europe du Nord à la suite de la réforme ; la langue des conquérants (l'Allemand) l'emporta sur la vieille langue Latine restée si longtemps la langue du clergé et de l'État ; si bien qu'aujourd'hui (XIXe siècle) la langue Latine n'est plus parlée qu'en Hongrie, loin de son lieu d'origine, par la vieille race noble des maggyars. A Rome, elle est encore la langue écrite, religieuse et gouvernementale du clergé et de l'État romain.

— C'est vers le commencement du xe siècle, que le patois commença à se coordonner en langue nouvelle appelée l'Italien, constituée plus tard en langue spéciale et perfectionnée par des littérateurs de génie, le Tasse, l'Arioste, le Dante, Métastase, Goldoni, comme cela arriva aux autres langues de même origine. Le Latin a sur notre langue Française le mérite de laconcision et de la pompe oratoire; le Français, à son tour, a sur le Latin le mérite de la précision, de la variété et de la nuance infinie d'expressions.

— Le Latin a produit la langue Romane et celle-ci, cette belle langue Italienne, où comme le dit gracieusement le Dante, résonne le *si* (oui italien).

— Le Grec ancien a eu la plus longue vitalité : 3,000 ans ! car au siècle attribué aux poésies homériques la langue Grecque était déjà perfectionnée, dès lors ancienne : Hésiode vient ensuite, puis les tragiques, puis Périclès et Thucydide, saint Paul, etc. Le Grec moderne, quoique s'éloignant du Grec ancien, le Romaïque, a toutes ses racines dans la langue antique.

— Tant que dura l'empire latin en Italie la langue des savants fut le Grec, non le Latin; pareille chose advint chez nous jusqu'au XVIIe siècle, alors le Latin remplaça généralement le Grec; dans les lycées, depuis 1800 on continua l'étude du Latin en y ajoutant le Grec, mais sans l'approfondir, et il semble, pour la forme ou plutôt pour les racines grecques utiles dans le langage scientifique et surtout médical.

— Le français néglige les langues étrangères parce qu'il croit à la supériorité de la sienne, parce qu'il la voit adoptée partout comme langue universelle, internationale et diplomatique, ce qui le dispense d'en apprendre une autre. C'est un tort, car c'est une lacune dans l'instruction, un moyen puissant et trop négligé de perfectionnement.

— Quelque langue qu'on parle, il ne faut jamais négliger son style; quelle que soit la personne avec laquelle on cause, il faut toujours employer les meilleurs termes et les expressions les plus heureuses qu'on puisse trouver. C'est s'élever soi-même, fasciner et convaincre les autres. leur donner sans morgue et en passant une leçon de bon langage; la bonne semence pousse partout!

— Les langues ne peuvent s'apprendre que par la pratique et en les parlant ; les apprendre en étudiant est un travail intolérable et sans résultat ; on sacrifie la fleur de la vie humaine à l'incompréhensible métaphysique d'une langue morte qu'on ne saura jamais parfaitement.

— C'est l'*usage* qui enseigne la grammaire d'une langue, c'est la conversation qui en apprend les délicatesses et les ressources et ce sont les passions qui en révèlent la rhétorique.

— Il faut absolument sortir des routines universitaires : 1° en apprenant les langues mortes, *mais en les parlant tout d'abord*, dut-on les bégayer, et, au lieu d'apprendre la langue au moyen de la grammaire, apprendre la grammaire au moyen de la langue, c'est-à-dire *revenir toujours dans l'enseignement des langues, à la pratique* exclusive et continue de la langue à enseigner.

— Ne vaudrait-il pas mieux passer quatre ans à apprendre deux langues utiles et parlées autour de nous que d'en consacrer huit à étudier deux langues qu'on ne parle plus, le grec et le latin ? Cela ne peut être contesté !

— Les mauvaises idées ont souvent la chance d'être acceptées en première ligne: ainsi c'est par les racines que nous commencions autrefois à avaler du Grec, alors qu'il était plus logique de commencer par des idées plus simples, par les mots, par leur agencement naturel et par les règles, par la langue parlée enfin !

— Notre langue a été successivement Gauloise, Grecque, Romaine, Romane, Gasconne, Espagnole et Italienne ; c'est par Montaigne, Bossuet, Massillon, Buffon, Boileau, Corneille, Racine, Pascal, Voltaire, Châteaubriand,... qu'elle est devenue ce qu'elle est aujourd'hui, tout à fait française.

— Pourquoi Montaigne fut-il un des

premiers et des plus utiles créateurs de la langue française, alors dans l'enfance, comme le prouvent les mœurs mêmes de cet esprit intelligent, lettré et savant ? C'est que Montaigne, élevé par un précepteur allemand, apprit le latin parlé et non enseigné, c'est qu'en parlant cette langue, si riche en poésie et en littérature, il en fit le point de départ de la langue française, alors si entravée, si obscurcie et si pauvre qu'il fallut lui donner les neuf dixièmes des mots dont elle se compose aujourd'hui, et lui imposer tous les trésors, toutes les délicatesses de la langue d'Horace, de Virgile et d'Ovide, de Tibulle, de Térence et de Cicéron.

— Il ne faut pas oublier que Montaigne était né, en 1533, époque de l'enfance de notre langue, et que, en 1560, il commençait ses essais. Il voyagea beaucoup en France, en Allemagne, en Italie et en Suisse, et prit la première place dans la ville de Bordeaux, dont il fut maire, alors qu'il était déjà conseiller au Parlement. Il avait soixante ans, lorsqu'il mourut, en 1572.

— Si la langue française est la plus simple, la plus abondante en formules heureuses, la plus délicate dans son expression et son allure, elle est aussi, par cela même la langue qui exige le plus de pureté, de correction, de distinction, dans le fond comme dans la forme, le plus de coquetterie et d'élégance, de finesse, d'harmonie ; enfin elle est comme la grande musique, elle ne supporte aucune discordance, aucune infinité, aucune tache, elle a besoin de la perfection en tout, et elle l'impose par la magnificence et la splendeur de sa littérature.

— Il y a dans la langue française une délicatesse qui triompherait, au besoin, du cynisme de l'écrivain ou de la grossièreté du sujet, car elle est essentiellement polie, élégante et voilée.

— Notre langue, si assouplie par le naturel français, vif, varié, libre et distingué, a perdu plus tard beaucoup par la rigidité des règles grammaticales ; pourquoi enchaîner une langue dans des règles si rigoureuses et si étroites qu'elles entravent l'expression de la pensée en lui ôtant sa liberté et sa forme primitive.

— On n'apprend si bien le français qu'en le comparant avec ses deux ancêtres, le grec et le latin, et les autres langues dérivées ou mélangées.

— Si les étrangers savaient combien les français les plus instruits, les plus habitués au maniement de leur langue d'origine ont besoin de prévoyance et de surveillance sur leur langage pour ne pas faire, je ne dirai pas de lourdes fautes, mais de légères fautes, ils n'oseraient jamais se risquer à parler français, car le français est, sans nul doute, la langue la plus difficile à parler correctement.

— Ce qui rend si difficile l'emploi de sa langue française, c'est qu'elle a un vocabulaire pour chaque style, pour chaque genre de littérature : la poésie a le sien, c'est le plus élevé, le plus noble, le plus varié, le plus étincelant ; le peuple a le sien, terre à terre, naïf et bourgeois. Je ne parle pas des patois, langages divers des campagnes, encore moins des argots : langues des escrocs et des voleurs ; le langage des salons a ses règles et presque ses mots à part. C'est simple, digne, courtois et élevé tout à la fois. Viennent ensuite les genres avec leurs variétés infinies et leur vocabulaire spécial ; le grand commerce et l'industrie, la tribune, la chaire, le barreau, l'enseignement populaire, le haut enseignement, la diplomatie, le fonctionnarisme.

Ajoutons que chaque période d'années fait descendre d'un ou de plusieurs degrés les vocabulaires élevés et distingués, que le grand style tend aussi toujours et toujours à s'abaisser, à s'user, à s'avilir. C'est l'histoire de la vieille monnaie usée et effacée par un long usage et qu'il a fallu refondre.

— La langue française, par son purisme et ses difficultés, a au moins cela d'utile qu'elle classe nettement ceux qui la parlent et les place au niveau d'intelligence et d'éducation auquel ils appartiennent ; écoutez une conversation, et en quelques instants vous saurez quel degré de l'échelle sociale occupent les interlocuteurs.

— Notre langue a des noms sans étymologie aucune et qu'il faut connaître pour en comprendre le sens : c'est un inconvénient grave ; de ce nombre est le mot *chantage* qui veut dire la menace d'abuser d'un secret réel et découvert ou encore d'une calomnie pour tirer de l'argent d'un caractère timoré ou timide ; le chantage s'adresse donc presque toujours à des gens aisés ou riches, sincèrement honnêtes mais timides et tenant à leur réputation.

— Ce qui manque à la langue française et la rend si difficile à écrire et à orthographier, ce sont des règles bien nettes et bien précises *d'orthographe* : Ce *mot*, que le hasard met sous ma plume, pourrait, sous la logique de la *prononciation*, s'écrire, qui le croirait ? de trente-trois *manières différentes* !

— Fénelon, Buffon, Bernardin de St-Pierre, Beaumarchais et Châteaubriand ont donné à notre langue la sonorité, l'éclat et la poésie des langues anciennes, dont ils traduisaient en quelque sorte le sens et l'expression.

— Les grands auteurs créent les langues par la distinction, l'élévation, la correction du langage. Cette beauté sert de vêtement à des pensées neuves et grandes qui restent gravées dans toutes les mémoires.

— La langue française est souple, élégante, animée, limpide, délicatement variée, ciselée et nuancée ! tant de mérites la feraient croire parfaite ; mais elle manque de son et d'harmonie ; excellente dans la causerie, les épanchements tendres et pour la demi-voix, elle ne résonne pas assez dans la parole, dans le discours public, les muettes l'éteignent dans la parole parlée, au lieu de la porter au loin vibrante, harmonieuse, retentissante comme le latin et l'italien !

— Il faut expurger son langage, et en bannir toujours, pour ne pas avoir constamment besoin de se surveiller, les expressions communes, triviales, grossières, agressives, incorrectes, etc., à ce prix seulement on aura un langage facile, car il cesse de l'être lorsqu'il faut se tenir sur ses gardes et faire deux ou trois choses à la fois, s'occuper du fonds, de la forme, des accessoires, au lieu de se livrer exclusivement au développement de la pensée entraînante, logique et profonde.

— Dans un langage simple et facile, les subjonctifs en *asse* et en *isse* passent inaperçus ; ce serait mettre son langage en péril que de trop chercher à les éviter, mais aussi on aura raison de ne pas les multiplier, car on tomberait dans un pédantisme ridicule.

— Pourquoi notre langue scientifique est-elle si odieusement tatouée d'étymologies barbares, grecques et latines ! elle n'est comprise que par les savants et les docteurs en tous genres ; il serait temps de la transformer et de la rendre compréhensible pour tous ! mais en tout et partout nous rencontrons infailliblement *pour obstacle* l'Académie française qui devrait être notre unique et plus puissant appui ; il faut donc choisir entre les mots paresse, défaillance, incapacité ou trahison du devoir.

— Saint Simon est le type parlant de l'ancienne noblesse, comme Molière est celui de la vieille bourgeoisie, mais tous deux avec l'élévation et la correction que donne l'habitude d'écrire.

— Un étranger, pour peu qu'il ignore le pays et estropie la langue, est pour le peuple, un être inférieur, un ignorant, un obligé de tout le monde ; il a le tort de ne parler que pour questionner, de s'exprimer dans un magnifique baragouin et d'être vêtu étrangement.

— Si la bienveillance et la politesse nous défendent de relever une faute de langage dans la conversation d'un compatriote, elles nous l'interdisent à plus forte raison, dans celle d'un étranger, auquel nous devons savoir gré d'avoir assez d'estime pour notre langue pour l'apprendre et assez de confiance dans notre indulgence pour la parler.

— L'homme est incomplet s'il ne connaît parfaitement sa langue et toutes ses ressources : il est impropre à communiquer ses idées comme le serait un muet, un boiteux pour courir, un aveugle pour voir, un sourd pour entendre.

— C'est un grand talent, pour un orateur surtout, que de savoir parler la langue de chacun et d'entrer ainsi au vif dans les sentiments et les sympathies de tous.

— Certaines femmes parlent purement le français, mais avec l'esprit qu'on trouve dans les grammaires françaises; c'est déjà là un grand et difficile mérite! car si peu de gens, même très-instruits, parlent grammaticalement notre langue; mais pour moi, mieux vaut encore de l'esprit naturel en français un peu risqué et accidenté.

— Le langage du monde brille bien plus par sa facilité naturelle, ses images futiles, ses épithètes heureuses, que par l'énergie de la pensée.

— Rien de plus grossier, en parlant d'une personne présente, que les pronoms il, elle, lui; etc. Il faut répéter Monsieur, Madame ou Mademoiselle; la formule italienne la *Cécilia*, la *Francesca* ne peut pas s'employer en français sans tourner au mépris et à l'insulte.

— Les anciens auteurs anglais Shakespeare, Milton, etc., inclinent du côté saxon de la langue anglaise; Pope, au contraire, penche du côté latin et plus nous avançons plus les langues deviennent scientifiques et correctes, plus elles prennent à la langue latine, plus dès lors elles se rapprochent les unes des autres; l'anglais, particulièrement dans les auteurs les plus modernes, commence à prendre beaucoup au français et le proverbe dit : « on ne prend qu'aux riches ! » Espérons qu'on ne nous prendra pas tout.

— Le langage prépare en quelque sorte l'action, et l'inconvenance dans la parole amène presque forcément l'inconvenance dans la conduite.

— Un coup de langue est toujours plus dangereux qu'un coup d'épée, qui peut priver de la vie sans enlever l'honneur.

— Entre amis, entre amants, entre parents, il existe toujours un langage de convention qui n'est compris, qui n'est accepté que des intimes; produites en dehors de leur cercle, les conversations, les correspondances ont un côté insolite, extraordinaire, qui les rend incompréhensibles ou ridicules.

— Esope, avant d'être fabuliste, avait été esclave et cuisinier; son maître lui avait commandé pour un dîner tout ce qu'il y a de meilleur; Esope servit des langues à toutes sauces, et, sur le reproche que lui en fit son maître, en lui commandant un dîner composé de ce qu'il y a de plus mauvais, servit encore des langues en alléguant que la langue, suivant l'emploi qu'on en faisait, était ce qu'il y avait de meilleur ou de pire.

LARMES. — Il est pénible de rougir de ses larmes et de les cacher : la vieillesse grimace en pleurant, la jeunesse, seule, pleure naïvement et gracieusement.

— Les larmes durent un jour ou une heure, mais le souvenir et les regrets durent toute la vie.

— Les larmes sont le langage, ou la transpiration de l'âme.

— Les femmes emploient souvent avec ruse et succès la formule des larmes : elles pleurent quand elles souffrent, elles pleurent quand elles désirent sans obtenir, elles pleurent de rage ou par opiniâtreté; il ne faut compatir qu'à leurs larmes de vraie douleur !

— Les larmes sont toujours un soulagement à la douleur, car si elles ne s'échappent pas par les yeux, elles tombent sur le cœur, l'inondent, l'étouffent et mettraient à la longue la santé et la vie en péril.

— Une femme de cœur, blessée dans sa dignité ou ses sentiments, refoule ses larmes, car elle a la pudeur de ses émotions; elle peut souffrir, elle souffrira, mais nul ne l'aura vue et ne pourra lui offrir des consolations que son orgueil repousse.

— Les bonnes larmes sont celles que font couler les bonnes pensées, revêtues de belle poésie et où il se mêle autant d'admiration et de sentiment que de douleur et de compatissance.

— Dans certains moments de bonheur et sous certaines impressions passionnées et intimes, les larmes ont leur douceur et expriment souvent d'exquises jouissances ou des espérances encore plus douces.

— On pleure souvent des larmes escamotées à la raison par la sensibilité et qu'on essuie et qu'on cache au plus vite pour ne pas être trouvé en défaut de faiblesse et d'attendrissement.

LAROCHEFOUCAULD — était homme de cour et d'épée, il vécut sous Louis XIV et subit l'asservissement de la noblesse après avoir été soldat de la fronde et blessé devant Bordeaux : de là ses désillusions et la triste idée qu'il conçut de l'humanité. On peut dire de lui qu'il est le plus démoralisant des moralistes : son mobile, l'intérêt personnel, dégrade l'âme en abaissant la cause des plus nobles vertus. Il écrivait sous l'inspiration de ses maîtresses, mesdames de Chevreuse, de Longueville, de Sablé et de Lafayette, cette dernière donnait des soirées un peu académiques où il faisait des lectures de ses maximes.

— Qui ne se rappelle le bon Henri de Larochefoucauld-Doudeauville, directeur des beaux-arts sous la Restauration ! Il aimait le sexe et, dans sa jalousie féroce, Il allongea les jupes du corps de ballet de l'Opéra en y ajoutant, pour marquer le motif de moralité, des feuilles de vigne sur toutes les nudités sculpturales de nos promenades et jardins publics ; bien entendu qu'il fut honni, bafoué, ridiculisé à ce point qu'on lui riait au nez dans les rues, où il était suivi par les gamins de Paris en liesse. N'eût-il pas l'idée d'acheter le silence du littérateur de la Touche, rédacteur du journal *le Mercure* ! Il donna 3,000 francs à un intermédiaire qui n'en remit que moitié à M. de la Touche, lequel les reversa dans la souscription au profit des Grecs en indiquant la source de l'argent!

Le coup était rude : il élevait l'homme de lettres et ridiculisait le duc !

Avis aux acheteurs de silence.

LATOMIE (carrière). — Une des latomies de Syracuse a vingt-quatre mètres de hauteur à son ouverture et trente-quatre mètres de longueur ; c'est une caverne qui affecte la forme d'un S, c'est-à-dire une disposition semblable au tube auriculaire de l'homme ; les plus petits bruits s'y répercutent en grandissant ; en haut de l'extrémité extérieure est une espèce de cellule qui domine la caverne, c'est là que se plaçait le tyran soupçonneux et inquisiteur, ce qui l'a fait appeler l'oreille de Denys.

LAVE. — Matière en fusion qui sort des volcans et d'une incandescence si ardente et si pénétrante qu'au contact d'une lave nouvelle, les anciennes laves, devenues dès longtemps solides comme des rochers, se liquéfient et s'amalgament avec elle ; nées du feu, ces vieilles et froides laves redeviennent feu !

LAUZUN, — né en 1634, capitaine des gardes-du-corps et colonel général des dragons, d'abord comte puis duc en récompense des services qu'il avait rendus à Jacques II roi d'Angleterre, eut quelques années de la plus grande existence ; il fut sur le point d'épouser Mlle de Montpensier, fille de Gaston d'Orléans et cousine germaine de Louis XIV. Le contrat était passé lorsque la reine et le prince de Condé représentèrent au roi ce que cette alliance avait de blessant pour toute la famille royale. L'autorisation fut retirée après avoir été accordée : les intrigues de Lauzun et les larmes de Mlle de Montpensier ne purent amener le roi à changer de sentiment ; il fallut donc recourir à un mariage secret qui ne fit le bonheur d'aucun des deux époux ; d'un côté, l'indifférence et la plus noire ingratitude, de l'autre un amour passionné emporté et jaloux. Le duc de Lauzun couronna toutes les folies que lui avaient fait faire l'amour et l'ambition en épousant, à soixante-trois ans, Mlle de Lorges, qui en avait dix-sept.

LAW. — Le célèbre financier naquit à Edimbourg (Ecosse), en 1668 ou 1671 ; tout dans sa vie fut anormal, extraordinaire et même romanesque : fils d'un riche orfèvre beau, bien fait, de manières aristocratiques, il se lia avec les plus grands seigneurs de Londres et se fit agréer dans les meilleures sociétés : Il séduisit la fille d'un Lord, tua en duel le frère de cette jeune dame, fut condamné à être pendu, prit la fuite et passa en Hollande, puis de là en Italie où il élabora le plan de son système de crédit ; il le proposa au duc de Savoie, mais ne réussit pas à le faire accepter ; il échoua également en France près du contrôleur général Desmarets. Ce ne fut que quelques années plus tard et sous la régence du duc d'Orléans qu'il put établir une banque en son propre nom et donner l'essor à ses projets ; toutes les circonstances semblaient alors concourir comme à plaisir pour favoriser ses entreprises.

En vain le Parlement de Paris voulut-il s'opposer à des innovations qui lui parurent dangereuses, la nation était affolée, la fièvre du jeu était partout et l'accès ne devait finir qu'après la ruine complète de la France !

— Avant d'être financier, Law avait été joueur heureux et même trop heureux, car la police lui avait donné l'ordre de quitter Paris ; c'est dans cette voie qu'il avait appris à spéculer sur l'imprudence, la maladresse et les mauvaises passions des autres. On dit cependant que très-habile calculateur et appliquant le calcul au jeu, il pouvait faire sans déloyauté des gains considérables.

— Le régent, duc d'Orléans, partagea la fortune de Law qu'il créait par ses déclarations royales ; il est vrai qu'il donna un million à l'Hôtel-Dieu, un autre à l'hôpital général, un autre aux enfants trouvés et des gratifications importantes à tous ses favoris !

— Dans la voie des fraudes, Law ne s'arrêta pas : après avoir dit que le Mississipi renfermait les mines les plus abondantes de tous les métaux les plus précieux, il osa annoncer l'arrivée des lingots d'or et leur dépôt à l'hôtel des Monnaies : c'était plus qu'un mensonge, c'était une flagrante escroquerie ! Il ne s'arrêta pas là ; un avis du conseil annonça que le régent accordait à la compagnie, moyennant cinquante millions, le bénéfice des monnaies pendant neuf années. Le régent devenait alors complice et la royauté était perdue !

— Ceux qui voulaient contredire ou discuter les pompeuses annonces de Law, étaient enlevés de nuit et enfermés à la Bastille ; c'est ce qui arriva à un vieux soldat qui, connaissant le Nouveau Monde, eut la malencontreuse idée de donner son avis !

— L'affluence des agioteurs était telle dans la rue Quincampoix qu'il fallut aviser à la fermer pour éviter les accidents ; on y établit donc des chaînes à chaque extrémité et on ne pouvait entrer qu'au fur et à mesure que quelqu'un en sortait.

— Comme la domesticité s'était jetée à la suite de ses maîtres dans les tripotages de la rue Quincampoix et que comme eux elle s'y était enrichie, on ne trouvait plus de domestiques : une ordonnance de 1720 décida que les domestiques ayant quitté leurs maîtres sans congé écrit, seraient traités comme vagabonds et mis en prison !

— Law abjura la religion protestante et se fit catholique, ainsi que sa femme, en donnant cent mille écus à Saint-Roch, c'était un calcul de marchand, car cette abjuration eut lieu en vue du contrôle général des finances que lui destinait le régent et qu'à cette époque on ne pouvait confier à un protestant sans soulever de formidables résistances.

— Law fit le premier ce que font aujourd'hui nos lanceurs d'affaires : détenteur unique d'actions à vendre, il en acheta lui-même, par des compères complaisants, avec des primes factices ; le peuple, mouton de panurge, fit ce qu'il croyait voir faire, se mit à la queue des compères et acheta sérieusement ! Law vida ainsi ses mains du papier qui l'encombrait et reçut du bel et bon argent en échange : l'engouement gagnait tout le monde, les acheteurs furent ruinés et les vendeurs s'enrichirent audacieusement.

Ce que firent plus tard nos grands escrocs sous la formule de sociétés en commandite par actions ne fut qu'une copie des formules de Law ! ainsi s'accomplit non sous un roi de France, mais sous la régence d'un prince aussi libertin et dépravé que prodigue, le désastre financier le plus effrayant et le plus complet !

— Law s'appliqua à lui-même les premiers bénéfices de son système et de ses tripotages, et, sans pudeur aucune, comme un parvenu enrichi par le succès, il acheta et paya comptant quatorze des plus grandes terres de France, plus le Petit-Rambouillet et un immense terrain pour un hôtel ; par vanité, il acheta aussi pour la somme de 180,000 francs, la belle bibliothèque du savant abbé Bignon, mais de tout cela il ne lui resta pas même un toit modeste pour abriter sa pauvreté, car ayant épuisé la France et se voyant menacé par l'opinion publique appuyée par le Parlement, il passa précipitamment à l'étranger et mourut à Venise, en 1729. Un plaisant lui fit cette épitaphe :

> Ci-gît cet Écossais célèbre,
> Ce spéculateur sans égal
> Qui, par les règles de l'algèbre,
> A mis la France à l'hôpital !

LECZINSKA (Marie). — Le régent venait de mourir, Louis XV avait quinze ans, on craignait qu'il n'entrât dans les idées et les usages de la régence et on voulut le marier au plus vite ; l'infante d'Espagne promise au roi ne plaisait à personne, elle était aussi trop jeune, on la renvoya et on fit un travail sur les princesses à marier, le chiffre était de quatre-vingt-dix-neuf. La fille de Stanislas était la dix-huitième sur la liste, on s'arrêta à ce nom sous l'influence du duc de Bourbon alors premier ministre. On envoya un explorateur habile, qui, sous le nom de chevalier de Méré, dressa un état d'informations aussi complet que possible et ne put que faire l'éloge de Marie Leczinska, alors avec son père, sa mère et son aïeul réfugiés au château de Weissembourg, où la famille vivait modestement d'une pension sur la cassette du roi ; on envoya un ambassadeur extraordinaire à Stanislas qui s'évanouit de joie ! lorsque la résolution parut prise, il courut dans l'appartement des dames et se mettant à genoux, ordonna qu'on remerciât Dieu solennellement ; les princesses croyaient à un retour en Pologne : c'est plus beau que cela dit Stanislas, ma fille sera reine de France !

Lorsque le mariage fut décidé, le roi arriva à Fontainebleau, il avait quinze ans, la reine vingt-deux. Louis XV était mou, paresseux et timide, mais beau dans sa jeunesse : la reine eut dix enfants dont deux garçons seulement. Un an après son mariage, le roi avait déjà des maîtresses, entre autres Mme de Mailly ; puis la marquise de Pompadour et la trop célèbre comtesse Dubarry : la reine lutta douloureusement pendant bien des années, mais dût, devant la vie de plus en plus dissolue du roi, se résigner à souffrir : couronnée à Fontainebleau, en septembre 1725, et de là installée à Versailles, Marie Leczinska ne vint à Paris pour la première fois que le 4 octobre 1728 pour demander à la Vierge Marie, dans l'église de Notre-Dame, puis à Ste-Geneviève, un Dauphin ardemment désiré.

— Marie Leczinska était bonne et charitable à l'excès ; elle était naïve quoiqu'elle eut beaucoup d'esprit et aimait à s'entourer de personnes aimables et instruites ; elle savait elle-même cinq langues et avait beaucoup appris près de son père, littérateur distingué et sage moraliste. La mort de ce père bien-aimé, arrivée peu après celle de son fils, le dauphin, père de Louis XVI, acheva d'accabler son âme tendre et sensible et d'altérer sa santé qui, depuis lors, alla toujours en déclinant ; elle mourut, le 24 juin 1768, à l'âge de soixante-cinq ans, vivement regrettée de tous ceux qui avaient pu apprécier ses éminentes vertus et ses douces qualités.

LEÇONS. — La vie d'un homme, quand elle ne peut servir de bon exemple, peut servir au moins de leçon, de préservatif et de bon conseil.

— Pour être communiquée il faut que la raison soit entourée de douceur et d'attrait : une leçon n'est bonne qu'autant qu'elle sait se faire accepter, si elle répugne trop, elle est repoussée ; il en est d'une leçon comme d'une médecine, il faut la faire agréer.

— Une bonne leçon, quelque banale qu'elle soit, produit toujours un effet quelconque, surtout sur les enfants : ils savent qu'il faut être bon, patient, obéissant et cependant il n'est *jamais* inutile de le leur répéter !

— Que le professeur n'oublie pas que sa parole traduite en langage enfantin arrive jusqu'à la famille et que le père éloigné entend par les oreilles de l'enfant.

LECTURES. — Nos meilleures heures sont nos heures de repos, de réflexion et de lecture ; alors nous nous appartenons et le flot du monde ne vient pas nous fatiguer, se jeter en travers de nos grands et petits bonheurs.

— Je ne connais rien de plus séduisant, de plus calmant, de plus attachant que la lecture des bons auteurs ; l'étude et le travail seront toujours les charmes et les consolations de l'humanité instruite.

— La lecture d'un livre choisi est un des plaisirs les plus purs et les plus vifs ; mais il faut lire chez-soi, l'hiver, au coin d'un bon feu, l'été dans les champs et à l'ombre des grands bois, non dans ces villes froides ou ces nécropoles qu'on appelle bibliothèques publiques et où on est continûment dérangé ou distrait.

— Pour être utile, la lecture doit être rarement une distraction ou un amusement ; tout livre sérieux doit être une étude, autrement il est incompris.

— Quand une lecture intéresse, on vit avec les personnages, comme si on faisait partie de leur société ; les lectures ont donc les mêmes avantages et les mêmes inconvénients que les contacts directs.

— L'habitude de la lecture, prise de bonne heure, donne de l'expérience pour les bons livres, mais il faut être sobre, même des excellentes choses, au lieu de les multiplier, méditer longtemps celles qu'on a lues avant de rentrer dans de nouvelles lectures.

— La lecture la plus simple est déjà une initiation à la pensée humaine et même à la forme élégante que les grands littérateurs lui ont donnée.

— Quand vous vous ennuierez, c'est-à-dire quand vous serez embarrassé de vous-même, prenez un livre, cet ami vous distraira, vous amusera, vous captivera sans jamais vous fatiguer, car vous pouvez le quitter et le reprendre tour à tour, même capricieusement, sans qu'il vous garde rancune lorsque vous lui reviendrez ; voilà bien des mérites n'est-ce pas ?

— Quand une lecture nous élève l'esprit, qu'elle nous inspire des sentiments nobles et courageux, ne cherchons pas une autre règle pour juger l'ouvrage, il est fait de main de maître !

— Leibnitz a dit que la lecture du livre le plus inepte, le plus creux, le plus mauvais inspirera à l'homme intelligent, ne fut-ce que par contradiction, les idées les plus saines, parfois les plus élevées ! car que faut-il, pour provoquer la pensée chez l'homme ? Être éveillé, se choquer contre la pensée d'un autre, avoir à réfléchir ou à vérifier !

— Lire avec discernement, avec choix et réflexion, ne pas faire comme tant de gens mondains et ennuyés, qui se laissent séduire par le titre des livres et sont beaucoup plus frappés des mots que des choses et des idées.

— C'est dans les mauvaises lectures qu'on perd la candeur de l'âme, la santé de l'esprit et le goût des saines doctrines.

— De bonnes règles de lectures sont celle-ci : ne lire que les meilleurs auteurs, ne lire ni rapidement, ni d'une manière superficielle ; revenir et méditer ensuite sur ce qu'on a lu, en raisonner beaucoup avec soi-même et mieux encore avec ceux qui ont lu les mêmes livres, chercher à penser comme l'auteur, prendre note de celles de ses idées qui nous ont frappés et nous ont paru les meilleures, y ajouter nos idées personnelles, compléter celles qui seraient incomplètes, éclairer celles qui auraient un sens obscur ; lire pour retenir, s'instruire et non pour se distraire agréablement et tuer le temps ; ne pas se laisser éblouir par l'apparence du beau ; l'élégance, la pureté du style sont bien quelque chose, mais ne peuvent suppléer au solide, au fond, à l'idée sérieuse et utile.

— Rien n'harmonise la famille, et n'en lie si intimement le faisceau que ces lectures en commun qui réjouissent les soirées d'hiver et animent les longs jours d'été : cette nourriture intelligencielle jette la même semence dans chaque esprit de la famille et y crée, en les inspirant, les mêmes idées et leurs développements.

— Dans la lecture en commun un ouvrage de longue haleine serait déplacé, il faut des récits assez courts pour que chaque lecture ait son commencement et sa conclusion et que chacun emporte de quoi nourrir ses méditations et utiliser ses loisirs ; un long récit, au contraire, commande chez les auditeurs une assiduité qui menacerait de prendre sur les devoirs ordinaires de la vie et de faire perdre un temps réservé à un plus utile emploi.

— Le choix d'un livre destiné à plaire et à instruire dans une lecture en commun est aussi difficile que le choix d'un mets unique devant composer le repas d'une famille nombreuse.

— Le talent du lecteur embellit tout ce qu'il lit, fait valoir les moindres bagatelles et donne un nouveau prix aux plus excellentes choses.

— Comme il faut aux enfants des lectures à idées simples, à perspectives lucides, ne faudrait-il pas pour le peuple adulte des livres à idées vulgaires et abaissées à leur niveau? Je n'en crois rien : quand l'intelligence de l'adulte ou de l'homme a sa maturité de compréhension, je ne vois aucune raison pour ne pas s'en emparer, lui parler de suite un langage simple, clair, mais élevé et l'amener insensiblement à comprendre les idées les plus complexes. L'enseignement ne doit pas s'abaisser et vulgariser son langage pour se mettre à la portée de la vulgarité et des préjugés populaires, comme font certains charlatans de la parole ! L'enseignement, au contraire, doit élever le peuple jusqu'à lui. Ainsi, si j'étais curé dans les campagnes où le patois seul est compris, je ne parlerais patois qu'autant qu'il le faudrait pour commencer à me faire comprendre en français et j'arriverais bientôt à n'avoir plus besoin d'employer un seul mot patois : ceci pour la forme, un peu plus tard je m'occuperai du fond.

— Dans ses lectures, le peuple, comme les enfants, n'est si bien entraîné et séduit que par les récits variés de sa propre histoire : l'intérêt excessif et enthousiaste qui l'entraîne s'explique par cette satisfaction toute personnelle qui frappe son cœur et ses souvenirs; qu'on y ajoute une moralité logiquement applicable et le succès ne peut alors qu'être complet.

— Pour lire complétement et utilement, il faut lire de ses yeux, car une lecture entendue, quelque bien faite qu'elle soit, ne produira pas le même résultat qu'une lecture personnelle. Puis, celui qui lit pour un autre qui écoute, n'a qu'un but, c'est de bien articuler pour être bien entendu; mais fut-il intelligent et même désireux de comprendre, il se laissera entraîner à lire sans trop réfléchir et à n'écouter que le son musical et cadencé de sa propre voix ; il ne s'arrêtera pas *instinctivement* à certains passages marquants pour raisonner et marteler par la voix son impression, faire comprendre plus complétement, ou même, comme cela arrive souvent à celui qui lit de ses yeux, pour saisir une de ces idées fugitives comme l'éclair et disparaissant subitement comme lui. Voilà ce que perd le pauvre aveugle, obligé d'écouter au lieu de lire, ou le riche indolent croyant lire aussi utilement en évitant de fatiguer ses yeux et sa poitrine; je suis un peu dans ces deux positions et mon secrétaire me sert habituellement de lecteur; eh bien ! ne tirant pas souvent d'une lecture *écoutée* le parti que j'en attendais, j'ai voulu lire de mes yeux et j'ai toujours *reconnu* que j'avais laissé passer inaperçues les meilleures idées ou un développement plus complet de ces idées, et que pour bien profiter d'un livre il fallait lire soi-même et parfois lentement.

— Habituer les enfants à lire des yeux sans émission de sons et même sans mouvements de lèvres, autrement c'est une fatigue physique sans utilité et sans résultat réel, asséchant la gorge, supprimant la salivation et dès lors affaiblissant l'organe le plus important du corps, la poitrine !

LÉGENDES. — Mot signifiant choses à lire, versets qu'on récitait ou qu'on lisait pendant les offices divins; plus tard, histoires ou vies des saints et des martyrs, d'abord conservées par la tradition puis recueillies, corrigées et perfectionnées par l'écriture et destinées à des lectures qu'on faisait dans les communautés à l'heure des repas ou pendant les récréations : On désigne aussi sous ce nom des histoires et des contes où le merveilleux et le fantastique le disputent à l'invraisemblance et à l'impossible. Le diable, sous les formes les plus multiples; saint Pierre, notre Seigneur Jésus-Christ lui-même, y jouent les premiers rôles : Si vous aimez les légendes, allez à Cologne, à Aix-la-Chapelle, à Mayence, à Wurtzbourg, à Ausbourg, à Worms, à Spire, Ratisbonne, Heidelberg, le passé, le moyen âge même y sont plus vivants et plus resplendissants que le présent qui est terne, monotone et vulgaire.

Légèreté. — Que d'esprits plus légers que coupables, prennent plus de peine pour faire le mal, se pervertir et se faire mépriser, qu'il ne leur en faudrait pour faire le bien et mériter l'estime de tous.

— Certaines personnes sont si légères et si inconséquentes qu'on les étonne beaucoup lorsqu'on leur rappelle ce qu'elles ont dit et écrit !

— Le mépris des hommes est presque toujours provoqué par la légèreté des femmes : mais, par contre, c'est la légèreté la frivolité, l'insouciance des hommes qui souvent, et bien à tort, font accuser les femmes d'imprudence.

— La légèreté est un défaut de réflexion et d'assiette dans les idées, les convictions et même les passions.

— La légèreté dans le caractère produit la légèreté dans la conduite et bientôt dans les sentiments.

— La légèreté est un défaut qui cause souvent plus de mal qu'un vice, car elle s'applique à tout dans la vie, aux grandes comme aux petites choses, et le mal est si souvent répété qu'il devient une habitude et dès lors une cause de désastres, de ruine et de malheurs.

— Rien ne compromet plus l'avenir d'un ménage que la légèreté de la femme: elle crée des dangers multiples et inattendus, elle altère la tranquillité de la vie commune par les plus déplorables incidents ; enfin elle ne laisse au mari aucun repos, aucun répit, en bouleversant tous ses plans et toutes ses prévisions.

Légion d'honneur. — Il ne faut pas croire que les membres de la Légion d'honneur, en France, ne soient pas soumis à une rigoureuse surveillance ; il y a un bureau à la Légion d'honneur qui exerce cette surveillance et un comité qui propose une décision qu'un décret du chef de l'État consacre : Le gouvernement épure et élimine sans bruit tout ce qui a démérité et failli, c'est bonne justice dans l'intérêt d'une institution qui ne vit que de considération.

Légitimité. — Le parti légitimiste français sous les deux restaurations, au lieu d'imiter les légitimistes ou torys anglais, en acceptant les idées libérales et le gouvernement constitutionnel, acculant ainsi la démocratie dans un socialisme impossible, en s'appropriant tout ce qu'il y avait d'honorable dans le peuple, les légitimistes français, disons-nous, ont relevé l'ancien drapeau de la vieille monarchie et se sont isolés et perdus avec leurs extravagantes et antiques idées, honnêtes comme croyance, mais absurdes comme politique, car l'ancienne monarchie avait usé la légitimité par ses excès et 89 l'avait balayée et jetée au vent avec la vieille et terrible Bastille !

— Quelle détresse et quelle faiblesse dans le parti légitimiste après 1830.: il prend un avocat à sa solde (Berryer), et lui paie un traitement de 120,000 francs par an: c'est un mineur qui accepte un tuteur et paie un défenseur et un conseil ! C'était reconnaître et constater l'inanité du parti, c'était pressentir et avouer une défaite accomplie.

Leibnitz — né à Leipsig, en 1646, est le savant le plus universel des temps modernes, comme Aristote l'était des temps anciens. Il avait conçu le projet d'une langue universelle, était-ce une langue morte apprise dans les collèges, le grec ou le latin ; était-ce une langue vivante ? Son utilité était incontestable, car c'eût été une barrière, de moins entre tous les peuples du monde ! Mais, disaient ses contemporains, après avoir trouvé ou formé cette langue, il eut fallu persuader aux différentes nations la nécessité de s'en servir et ce n'eut pas été la moindre des difficultés qu'on aurait rencontrées !

— Le génie de Leibnitz le rendait propre à toutes les sciences : la politique, l'histoire, la législation, la philosophie, la théologie, les mathématiques,... il toucha à tout et écrivit dans tous les genres ! il s'essaya même dans la poésie et composa un poème sur *la Conquête de la Terre Sainte*; mais la poésie et les mathématiques marchent rarement de compagnie, et cette tentative malheureuse ne lui attira que des railleries qu'il supporta avec beaucoup d'esprit et de bonne humeur. Nous n'entrerons pas ici dans le détail trop savant de ses nombreuses découvertes, ni de son procès avec l'illustre Newton, ces deux grands génies avaient pu se rencontrer dans les mêmes idées, et il est triste de voir de si belles intelligences partager les faiblesses des esprits vulgaires. Leibnitz mourut à soixante-dix ans d'un violent accès de goutte ou d'une médecine prise, dit-on, à contre-temps.

Léon X. — Ce pape illustre, fut la lumière de son siècle ; il aida au génie de Raphaël par les encouragements qu'il lui donna, et Raphaël le peintre, amant passionné de la Fornarina, créa la Sainte Vierge pour l'Italie, comme Phidias avait créé Jupiter Olympien pour la Grèce.

Lesage, — un de nos meilleurs auteurs dramatiques et romanciers était breton et élève des jésuites de Vannes ; il puisa dans la littérature espagnole ses romans et ses comédies ; *Gilblas* et *Turcaret* sont ses deux chefs-d'œuvre ; il produisit dix à quinze romans et plus de cent œuvres dramatiques.

— Avant Lesage, le roman avait été pastoral, héroïque, galant, cynique ou burlesque : Lesage le fit vrai et le rendit aussi moral et aussi amusant que la comédie. Il mit les vices en action au lieu de disserter sur eux, il fit agir l'homme au lieu de le décrire ; il vivait dans un siècle où le vice était la règle et la vertu l'exception : aussi n'a-t-il peint que des fripons et des intrigants. Il a cet instinct railleur qui saisit le côté plaisant des choses, même les plus graves ; il laisse au lecteur le soin de tirer la conclusion de tous les faits qu'il raconte.

— Lesage n'était pas riche, les financiers lui offrirent 100,000 francs pour ne pas jouer *Turcaret* de dix ans et il refusa !

A quarante ans Lesage était presque inconnu, la cour fit jouer et applaudir *Don César Ursin*, elle siffla *Crispin*, rival de son maître ; la ville, au contraire, siffla *Don César* et applaudit *Crispin* à outrance ! Cette lutte mit Lesage à la mode plus rapidement que n'eut pu le faire le plus beau succès : *Crispin* fut la préface de *Turcaret*, comme le *Diable Boiteux* fut celle de *Gilblas*.

— L'idée du *Diable Boiteux*, de Lesage, et des *Maisons décoiffées de leurs toits pour permettre de voir ce que s'y passe*, est une idée empruntée aux sages de la Grèce qui ne voulaient habiter, disaient-ils, que des maisons de verre, avec la pensée morale de ne faire aucune action dont ils pussent rougir. Avant Lesage, ce sujet avait été traité par l'auteur espagnol Velez de Guebra (*El diablo cojuelo*) mais les personnages de Lesage ont tous vécu et il avait pris les originaux autour de lui : ainsi le Maltôtier Bourvalais, Ninon de l'Enclos, l'acteur Baron, le poète Dufresny, celui qui épousa sa blanchisseuse pour solder son compte, etc. Il peignit le janséniste Héquet sous le nom de Sangrado, l'acteur Baron sous celui de Carlos Alonso, la marquise de Chaves permettait de reconnaître la marquiss de Lambert, le célèbre Martel était Martin Ligero et le maréchal de Rantzau, Annibal de Chinchilla.

— Lesage habita longtemps une petite maison du faubourg St-Jacques, il passait ses soirées dans les cafés, au café Procope particulièrement, en face le Théâtre-Français de l'époque, qui se reconnaît encore à ses deux rosaces dramatiques. Lesage était fort recherché, parce qu'il était très-amusant.

— Attendu pour une lecture chez la duchesse de Bouillon, et involontairement en retard, il fut fort mal accueilli par elle : il sortit dignement en disant je vous ai fait perdre une heure, mais je vous en ferai gagner deux en ne lisant pas ma pièce !

— Il eut, de son unique mariage, trois fils et une fille : de ses fils un fut chanoine, les deux autres comédiens, l'aîné, Montménil, se fit une réputation qui est venue jusqu'à nous ; il mourut subitement en 1743 ; Lesage, inconsolable de sa perte, se retira chez son fils le chanoine, à Boulogne-sur-Mer, il y mourut en 1747, à soixante-dix-neuf ans.

Lettres, correspondance. — Une lettre, pour toute personne qui n'est pas dans les affaires, a un charme intime qui saisit ;

cette délicate enveloppe apporte et renferme quelque chose d'une âme humaine, un rayon d'un cœur aimant ; tout cela a traversé de grands espaces pour parler à une autre âme, à un autre cœur et en être compris !

— Pour deux cœurs éloignés, un chiffon de papier est le but et le bonheur de la vie ! une lettre attendue, le bonheur continu ; une lettre entrevue, une extase et une joie ! chacun écrit pour faire écrire et attend impatiemment une réponse.

— Une lettre est toujours une émotion, renfermant le bien ou le mal, mais ne se compensant jamais l'un par l'autre, l'appréhension dominant toujours la satisfaction !

— Une lettre d'une personne aimée a le sort des meilleurs ouvrages, plus on la lit, plus on veut la lire : que de doutes à vérifier successivement, sans fin ni trêve ! pauvre lettre, résisteras-tu à tant de froissements ?

— On envoie souvent son âme dans une lettre, c'est une enveloppe, un écho, qui porte au loin les soupirs et les pulsations du cœur.

— Une lettre est une conversation intime et réfléchie où la réplique se fait attendre et n'est que plus impatiemment espérée !

— On tremble toujours en recevant une lettre de parent ou d'ami : qu'apporte-t-elle ? douleur ou joie ! on frémit en la recevant, on la pose pour se rassurer, on l'ouvre avec effort, et on respire à pleine poitrine et avec effusion et bonheur aux premiers mots qui écartent toute crainte.

— La jeune fille lit ses premières lettres d'amour avec l'épanouissement naïf d'un cœur innocent : ne lui demandez pas ce qu'elle entrevoit, elle ne pourrait vous répondre qu'en rougissant de son ignorance ! mais elle y pensera longtemps.., elle attend une amie au retour de sa lune de miel pour lui dessiller les yeux et se faire entr'ouvrir la boîte de Pandore.

— Les lettres d'amour et de jeunesse ont un dessin tout particulier : les lignes ont l'air d'un défilé de soldats et leurs pensées sont pleines de sève, d'exaltation et de passion ; gardons-les pour réchauffer les glaces de notre vieillesse et pour en faire jaillir quelques rayons du soleil de nos jeunes années.

— Les lettres conservent leur vie et leur animation, mais ces autres souvenirs d'amour, les rubans, les fleurs surtout ne sont qu'une image de mort contrastant avec la vitalité fiévreuse d'un souvenir d'autant plus passionné qu'on n'en peut plus espérer de semblables.

— En amour, quand on s'écrit, pense-t-on jamais que ces épanchements si brûlants vous seront rendus en lettres froides et mortes, selon la formule du monde qui tient à effacer la trace des passions éteintes avec la pensée de vous laisser la liberté de recommencer. On a trop oublié la grande loi de la fragilité et de l'inconstance humaines.

— Une lettre, une correspondance est une conversation écrite et hors de la portée de la voix : c'est un acte plus sérieux que la parole puisque cette parole est écrite et peut engager l'avenir.

— Dans le monde, les plus petites choses ont leur importance ; toute lettre mal pliée ou mal cachetée, ou encore mal adressée, créera une prévention mauvaise : ceci pour l'extérieur ! à plus forte raison pour l'intérieur, pour le sentiment, pour l'exposition, la clarté, le style, l'entrain, la passion !

— Une lettre, même la plus futile, est un spécimen du degré de l'éducation et de l'intelligence de la personne qui l'écrit ; et on s'y trompera rarement ! Puisqu'on peut être jugé sur une lettre il faut donc toujours l'écrire avec la pensée que devant être lue, elle doit se recommander par un style bienveillant, pur et orné.

— Que de lettres de soi-disant amis, qui se composent de quatre pages bien compactes, de flatteries et de compliments aussi difficilement trouvés que lourdement et grotesquement énumérés ! on ne peut exprimer que ce qu'on pense, plus que cela ! que ce qu'on sent ou ce qu'on suppose !

— On garde *toujours* les lettres qu'on est invité à brûler : « brûlez ma lettre » est une incitation maligne et de défiance à la conserver !

LIAISONS. — Il est aussi dangereux de se lier avec un plus prodigue et plus riche que soi, qu'avec un plus vif et plus robuste : cette liaison entraîne forcément la ruine de la bourse, de la santé ou de l'indépendance. Le danger est bien plus grand quand l'un et l'autre manquent de principes et ont une conduite déréglée.

— Les liaisons qui ont l'égoïsme pour base, n'ont que la durée d'un intérêt.

— L'humeur et les goûts, bien plus que l'âge, servent de base aux liaisons, la sympathie efface ainsi les différences d'âge.

— Il est bien difficile de rompre des liaisons que l'esprit et le cœur ont formées.

— Les femmes s'abusent toujours et se trompent elles-mêmes, lorsqu'elles s'engagent dans une liaison avec la pensée qu'elles pourront s'arrêter ; elles devraient comprendre cependant qu'une fois entrées dans cette voie, il n'y a plus de temps d'arrêt possible et que la conclusion est aussi certaine que prochaine.

— Quoique les mœurs soient extrêmement relâchées, le monde n'en conserve pas moins une sévérité excessive sur certains points de morale, par exemple : il ne saurait tolérer sans soupçons sérieux une liaison intime entre une femme coupable d'une faiblesse, eut-elle expié cette faiblesse par un long repentir et par les vertus les plus rares, et une jeune fille innocente ou une jeune femme qui aurait été constamment vertueuse.

— Les liens formés par la nature et la famille sont les plus imposants et les plus doux. Quelle puissante chaîne d'affection lie ensemble et de siècle en siècle les frères, les sœurs, les neveux et petits-neveux, toutes branches sorties du même tronc.

LIBATIONS — effusion de vin ou d'autres liqueurs que faisaient les peuples de l'antiquité dans leurs cérémonies religieuses ; des coupes remplies de vin, de lait, d'huile, de miel étaient renversées sur des foyers ardents, des autels ou des tombeaux ; une ouverture était pratiquée au milieu de l'autel pour recevoir les libations avec un conduit pour laisser échapper la liqueur sacrée. De nos jours les libations passent à l'intérieur des corps qu'elles ne couchent que trop souvent pour la démoralisation du genre humain. Ainsi les Anglais, après quatre ou cinq heures de libations nocturnes à la suite d'un long dîner, glissent sous la table, d'où on les porte endormis sur les canapés du salon ou dans de bons lits préparés en prévoyance ; quand ils se réveillent, le soleil, (s'il lui plaît de paraître) indique dix heures ou midi et c'est l'heure du déjeuner qu'on trouve servi ! bonne vie n'est-ce pas ! un français n'y pourrait résister, surtout en Angleterre, où on ne sert en vins français, que des vins assez alcoolisés pour tuer du coup un européen du continent.

LIBÉRALISME. — Puisque la France est libérale et progressiste, elle a intérêt et droit à encourager et protéger, comme ses alliées naturelles contre le despotisme, toutes les nations qui marchent dans sa voie ; c'est une alliance tacite, mais réelle, plus puissante que des alliances écrites :

Peuples formez une sainte alliance,
Et donnez-vous la main!
Et donnez-vous la main!   BÉRANGER.

— Napoléon, comme soldat et chef militaire, avait l'apparence d'un monarque absolu et pouvait même être tel, en effet ; mais son armée était restée républicaine par le levain démocratique de ses vieux soldats ; les quinze ans de guerres et de conquêtes de l'armée française ont donc semé sous le drapeau français et dans toute l'Europe, de Lisbonne à Moscou et de Palerme à Sébastopol, tous les principes de l'égalité moderne : Ainsi à Rome même, ce centre de l'immobilité politique et religieuse sous les papes, les dix-sept ans d'occupation française avaient transformé l'opinion populaire, si bien qu'elle était ultra-libérale même dans le vieux faubourg du Transtévère ; il en sera de même du Mexique et de la terre de Crimée où les armées françaises sont allées défendre récemment non les intérêts français, mais les intérêts anglais, si peu reconnaissants.

LIBERTÉ. — La tendance naturelle de l'homme c'est de s'abandonner à ses passions, à ses instincts bons ou mauvais, enfin à son caprice ou à son humeur : voilà sa pente : quand il parle de liberté c'est pour agir dans le sens de cette pente, c'est-à-dire de sa volonté, l'erreur est là ; c'est de confondre le droit et le désir, c'est-à-dire l'indépendance absolue avec la liberté et l'abus de la liberté.

— La liberté est le stimulant du progrès en tout, de la civilisation, de la richesse, de la puissance, mais le danger vient à la suite !

La liberté est une grande chose, car c'est la dignité de l'homme, c'est la récompense, c'est la couronne de la vertu.

La vraie liberté ne doit jamais être autre chose que la servitude sous une loi *juste et* commune : toute la force des nations est là.

— La liberté est le premier besoin de l'homme civilisé, car il a le droit et le désir de s'en servir ; ce besoin est plus impérieux encore dans les parties passionnées de sa vie ; il est ardent dans la jeunesse, résolu dans l'âge mûr, réfléchi dans la vieillesse, dominant toujours ! car la liberté, c'est la dignité, le droit de penser et d'agir dans la limite du bien et le respect des pouvoirs légaux.

— La liberté est le premier bien que la civilisation puisse assurer à l'homme, car dans l'état naturel, la barbarie précédant la civilisation, constitue l'esclavage le plus dur et le plus dangereux ; la civilisation seule assure la liberté sage et bienfaisante, puisqu'elle est réglée par les lois qui la préservent contre ses propres excès.

La liberté est de droit primitif et naturel, le gouvernement et la souveraineté de droit humain. MONTESQUIEU.

— La liberté de croyance, de pensée et d'action est, dans l'âme et le cœur de l'homme le premier et le plus impérieux besoin : plus grande est l'instruction plus grand sont l'instinct et le besoin de liberté, car les horizons s'élargissant, la liberté se donne le même champ que la pensée et ses limites s'étendent toujours et toujours. On ne doit pas s'étonner que sous l'oppression féodale qui suivit l'invasion des barbares, en Europe en général, et plus particulièrement en Gaule où la liberté des municipes romains avait été précédemment instituée et développée, les opprimés envahis et asservis ne rêvassent traditionnellement la liberté de leurs ancêtres. Chaque commune asservie se groupait en association d'efforts pour rentrer dans les anciennes libertés, telles que les décrivaient les plus vieux des gaulois, et il fallut bien que les Féodaux se départissent successivement de leurs impôts et de leurs prétentions tyranniques : ces associations se constituèrent donc en communes affranchies d'abord, c'est-à-dire entrant en lutte pour faire consacrer leur droit de liberté. La lutte fut moins animée et active, parce que les rois blessés par les arrogantes prétentions de la féodalité se rangèrent du côté des communes et, se servant de leur force populaire, imposèrent à la féodalité des concessions successives qui l'affaiblirent et finirent par l'effacer entièrement ; Louis XI entra le premier dans cette voie ; ses successeurs l'imitèrent et firent de la noblesse féodale et insoumise une noblesse de cour salariée, humiliée et avilie. Mais que de sang versé dans cette lutte héroïque des pauvres bourgeois et des paysans contre les grands vassaux et la féodalité civile et religieuse !

— Dans le Midi, plus touché que le Nord par les institutions romaines et protégé par le voisinage des petites républiques italiennes du moyen âge, les communes restèrent moins asservies, mais dans le Nord de la France, écrasé par la barbarie féodale, la lutte fut sanglante et terrible.

— Une sage liberté est le développement des idées françaises de 1789, c'est l'avant-garde de la prépondérance de la France, c'est le développement de ses exemples.

— La liberté élève les sentiments ; aussi dans les pays où les emplois, les dignités, sont au concours et aux plus dignes, le génie se développe plus à l'aise et atteint sa plus grande puissance.

— Le mot de liberté est un mot magique trouvant écho dans tous les cœurs, dans tous les instincts, dans toutes les intelligences, car l'homme veut être libre, c'est son premier droit et son premier bien ; il commande à tous les animaux, à tous les végétaux, à la terre entière, même aux éléments les plus puissants : dans ces luttes de géants qu'il a à soutenir, dans ces grandes guerres où il prend part, il entrevoit sa force, ce qui provoque encore plus ses instincts de liberté.

— La plus grande preuve que la liberté est d'essence humaine, c'est qu'elle naît dans le cœur de l'homme avec l'intelligence même qu'elle stimule et qu'elle incite; c'est qu'elle reste l'aspiration de toute sa vie et qu'elle n'éprouve de résistance et d'opposition que dans les esprits obtus ou avilis : La liberté reste donc le levier le plus puissant de l'intelligence, des grandes idées, et des plus sublimes actions.

— Sans être synonymes, les mots liberté et indépendance sont des corrélatifs bien réels; la liberté est le droit, et l'indépendance le fait.

— La liberté est une grande ressource et on n'en connaît la valeur que lorsqu'on en fait abus, car c'est le seul moyen pratique, mais dangereux de la constater.

— La liberté pour les peuples vifs et turbulents est comme le trésor *du Savetier*, de Lafontaine, elle trouble la vie et le repos! la liberté ne peut être que modérée.

— Le seul homme libre est le citoyen vertueux, non asservi déjà par ses passions, autrement il accepterait de suite d'autres jougs : Celui des fonctions publiques ou des professions salariées, autre servitude qui le mettrait dans la dépendance de ceux qui paient.

— Pour être réellement libre il, faut des mœurs qui se prêtent à la liberté, avec son calme et sa discipline; le Suisse ou le Hollandais pourrait être libre sans danger avec sa fougue et ses caprices, le français libre est une mine à révolutions, c'est-à-dire à ruines, à bouleversements, à désastres sans fin !

— La vraie liberté, la seule durable, c'est l'obéissance aux principes et à l'autorité des lois répressives de la licence.

— La liberté a horreur du désordre et de l'excès, ce sont ses ennemis les plus dangereux; en France, l'emportement et la passion ont, jusqu'ici, tué prématurément la liberté, avant qu'elle ait pu produire ses fruits; l'abus est donc toujours l'ennemi du bien, l'excès est destructif en tout.

— L'indépendance et la liberté aux saveurs si douces et si attirantes pour le cœur de l'homme fier et digne, sont le germe de toutes ses vertus; elles égarent, elles précipitent dans l'abîme celui qui les méconnaît et les prostitue dans les entraînements d'une folle ambition et d'une démagogie aveugle et ardente.

— L'écueil est dans la chose même: la liberté entraîne l'égalité, et qui consentira dès lors à obéir à son égal ?

— Depuis 1789 le seul principe viable et possible est la liberté modérée par de sévères lois; hors de là tout gouvernement périra !

— Rendons à César ce qui est dû à César, c'est-à-dire l'obéissance légale, mais la liberté sage et réglée est à l'homme et non à César.

— La morale de la fable du *Chien et du Loup* est vraie; elle l'est bien plus encore pour un être intelligent comme l'homme (car c'est moins le fait que la pensée de l'esclavage ou de la sujétion qui est insupportable); la liberté est chose plus simple encore comme sentiment que comme usage !

— Un peuple, quand il perd une fois sa liberté, la perd pour toujours, car ses idées s'altèrent, ses mœurs se corrompent; de ce foyer brillant il ne reste plus que des cendres qui ne peuvent se rallumer, tant le dégoût et le découragement ont gagné les masses !

— Jamais l'énergie et l'élévation des sentiments ne se trouvèrent dans la crainte et dans l'esclavage.

— Sous un régime de liberté on doit rester maître d'avoir une et même deux opinions : la vérité doit être dans la deuxième, car elle implique plus de réflexion.

— L'homme jusqu'ici a été l'esclave du travail: 1789 n'a été qu'un mot: l'affranchissement réel de l'homme s'accomplit en ce moment; l'esclavage a, depuis longtemps déjà passé aux machines, l'homme reprend sa dignité et sa liberté, il ne s'abrutit plus dans le travail excessif, il commande à plus puissant que lui, les machines, et devient ainsi maître et libre absolu après avoir été esclave pendant des siècles: la machine a supprimé l'esclavage !

— 1789 et l'empire ont ouvert à tous,

dit-on, toutes les carrières, soit ; mais si pour quelques-uns, c'est un succès, un gros lot à cette loterie humaine, que de déceptions pour le plus grand nombre, c'est un mirage trompeurs, c'est la misère, le désespoir, le déclassement et la mort.

— La liberté a bien des variantes et des nuances pour le peuple, c'est-à-dire pour les neuf dixièmes des citoyens : la liberté n'est appréciée qu'autant qu'elle s'attache aux droits dont il jouit lui-même ; pour les classes supérieures la liberté de penser, de croire, d'écrire et de parler est la grande, la vraie liberté ; pour la bourgeoisie la vraie liberté, c'est celle toute vulgaire de travailler opiniâtrement et de faire fortune.

— L'avocat, l'avoué, le notaire, le médecin, l'architecte, le peintre, l'industriel, le négociant, le marchand, vivant de leur profession, n'ont qu'une liberté relative et sont gênés dans leurs paroles et leurs mouvements avec ceux qui les font vivre ; on ne devrait qualifier de libérales que les professions absolument indépendantes, comme celles du cultivateur, de l'écrivain, du savant, ne dépendant du public que dans leur réputation, mais non dans leur existence matérielle.

— Autant la liberté modérée est un excellent moyen de gouvernement, autant la liberté en excès est la plus dure et la plus insupportable des tyrannies ! C'est qu'elle est exercée par la masse infime, ignorante, brutale, envieuse, cruelle dans son ignorance stupide et aveugle.

— Étudiez les peuples et vous reconnaîtrez que la moralité, la force et la richesse se mesurent à l'étendue de leurs libertés civiles, politiques et religieuses ; la liberté solide et durable se constitue dans les mœurs avant de passer dans les lois ; alors le terrain est préparé et la liberté fructifie dans la mesure légale et raisonnable des institutions.

— La liberté ne pourrait-elle exister pour le peuple qu'à la condition d'être défendue par une aristocratie puissante qui en tirerait peut-être plus de profit encore pour elle-même, comme en Angleterre ! Faut-il absolument ce contre-poids au pouvoir envahissant des rois ou empereurs ? Cette masse inquiète et grouillante qu'on appelle peuple, a-t-elle besoin de guides et de défenseurs pour se maintenir en discipline ? Le tuteur est déjà trouvé dans la bourgeoisie, mais celle-ci manque de prestige, de grandeur et d'idées ; elle grapille comme une cuisinière et agit comme un intendant ; de là les résistances et les rancunes populaires.

— Les vrais libéraux, ceux qui redoutent l'anarchie ne veulent qu'une liberté assurée par l'ordre, car l'anarchie est au bout de la liberté et mieux vaudrait cent fois, pour le bonheur matériel et moral des peuples, l'absolutisme avec l'ordre et la loi, que la liberté avec ses excès, ses ruines et les désordres qu'elle nous a révélés en nous ruinant !

— Tous les nouveaux gouvernements paraissent craindre la pensée et sa manifestation publique, comme une épidémie, une peste dangereuse à l'excès ; l'esclavage et le mutisme chinois conviendraient mieux au despotisme que la liberté ; mais que dureraient aujourd'hui les gouvernements absolus ?

Notre histoire et ses révolutions sont là pour répondre à cette question.

— On reproche souvent à la liberté l'infamie des hommes qui se posent comme ses défenseurs, mais n'a-t-elle pas cela de commun avec la religion et la morale ?

— La liberté est plus attrayante à désirer qu'à posséder, nous l'avons appris à nos dépens, en 1870 et 1871.

— L'expérience a prouvé que le plus cher de tous les gouvernements est celui où il y a le plus de libertés politiques, parce qu'il faut y instituer plus de moyens de répression. En France nous dépensons donc d'autant plus d'argent que nous avons plus de libertés dangereuses à comprimer et de pillages à empêcher.

— Quel bonheur ne donnent pas quelques instants de solitude et de liberté ! chaque objet nouveau vient nous frapper au cœur comme sur une touche vibrante, et en fait sortir une note éclatante et joyeuse.

La liberté de conscience doit être respectée sous quelque forme religieuse qu'elle se produise ; toucher par le ridicule à une religion, c'est porter atteinte au respect que toutes doivent également inspirer.

— A un certain âge les jeunes filles soupirent après ce qu'elles appellent leur liberté ; sans comprendre qu'elles courent plutôt vers l'esclavage, car quoi de plus libre qu'une jeune fille entourée de l'affection de ses parents ! Quand pourra-t-elle être plus heureuse, plus protégée, mieux conseillée ? Sans doute elle trouvera un autre bonheur dans le mariage ; mais ce bonheur ne sera pas aussi complet et aussi sûr.

LIBERTINS. — La débauche et le libertinage sont, dans la jeunesse, des vices contre nature et remplacent la candeur, la loyauté de cet âge heureux par des excès et des plaisirs factices, qui, tôt ou tard les conduisent au déshonneur ; mais le libertinage dans la vieillesse est encore plus affreux, car c'est non-seulement la corruption personnelle, mais la contagion du vice par l'autorité de l'âge, de l'exemple et des mauvais conseils.

— Un habitué des clubs, des courses, des jeux de Bourse, des tripots clandestins, des maisons de filles usant sa vie inutile dans les excès du jeu et de la débauche devient le plus mauvais et le plus dangereux des citoyens.

— Les libertins, malgré l'assurance qu'ils affectent, gardent un secret sentiment de honte ; les gens de bien, seuls, n'ont rien à dissimuler.

— Les libertins les plus passionnés ne sont pas les plus obscènes dans leurs propos, c'est souvent dans l'impuissance de la vieillesse que l'obscénité du langage atteint ses dernières limites ; le libertin se donne alors en paroles ce qu'il ne peut plus se permettre en actions.

— Un libertin affiché se fait toujours ce raisonnement : avec ma réputation pour peu que l'on m'écoute, c'est plus qu'une capitulation verbale et écrite, je suis dans la place !

— Quoique les libertins se permettent tout avec les femmes, ils sont dix fois plus chatouilleux que d'autres sur les libertés qu'on pourrait prendre avec la leur.

— Dans nos sociétés civilisées quoique perverties, la démoralisation est d'autant mieux dissimulée qu'elle est profonde : le jeune homme, et encore plus l'homme ou le vieillard qui touche aux jeunes fleurs d'une bonne famille n'est pas seulement un libertin, c'est un scélérat, et le mépris public qui l'atteint ne peut jamais être trop accentué !

— Quoi de plus dissolu et de plus dévergondé que la femme dégradée par la débauche, le jeune homme doit la fuir comme la plus terrible des pestes !

LIBRETTISTES. — Si la pensée et l'expression sont tout dans une œuvre parlée, elles ne sont rien dans une œuvre chantée où la musique seule est tout ; le *libretto*, fort bien nommé, n'est qu'un canevas tel quel, incomplet et même grossier, et ce qu'il faut lui demander c'est qu'il parle le sens de la musique, l'accentue et le rappelle au chanteur : L'auteur du *libretto* devrait avoir au plus le vingtième des droits d'auteur et le compositeur les dix-neuf autres vingtièmes.

— Le *libretto* n'est qu'un squelette que le compositeur a la prétention de cacher et de dissimuler sous les vêtements les plus splendidement somptueux ; les misères du livret disparaissent donc sous les éclats, les séductions et les emportements de la musique.

LICENCE. — La liberté est la meilleure des choses, la licence, qui tue toujours la liberté est, au contraire, la plus exécrable des passions humaines ; c'est l'abus, c'est l'excès, c'est l'ivresse délirante de la liberté !

— Chez les peuples asservis, la compensation à la liberté perdue fut toujours la licence dans les plaisirs, ainsi de Venise, de toute l'Italie, de l'Inde, etc...

— L'histoire nous apprend que la licence n'a jamais atteint qu'un but extravagant et le contraire de celui qu'elle poursuit : c'est la licence qui, à la suite des libertés excessives, prépare les trônes pour de nouvelles dynasties : après la plus effrayante des révolutions vint la caricature d'un gouvernement, le Directoire, avec des modifications de tous les mois, puis insensiblement le Consulat et l'Empire, sous un chef absolu et tyrannique... Après la monarchie de Juillet, ce fut la révolution de 1848, pâle copie de celle de 1793, qu'elle n'imita que dans ses folies et dans ses désordres, pour aboutir au second empire. Enfin à la suite de la révolution du 4 septembre 1870, vinrent les épouvantables épisodes de la Commune de Paris avec le massacre des otages et l'incendie de nos plus beaux monuments, préparés et discrètement enduits à l'essence de pétrole pour ne faire qu'une seule flambée !

LIÉGE. — C'est la seconde écorce du chêne-liége qui forme le liége à bouchons: lorsque l'arbre à vingt-cinq ou trente ans on lui enlève la première écorce, on dénude ainsi le corps principal de l'arbre et au bout de huit ans environ de recrue, suivant la fertilité du sol, la seconde écorce qui s'est formée est bonne à récolter: ainsi ce n'est que tous les huit ou dix ans qu'on fait la récolte du liége. La première écorce ne sert qu'à faire des mottes à brûler ou du noir de fumée.

LIGNE DROITE. — La ligne droite est dans l'instinct, le goût, et la logique de tout grand esprit; c'est à la rectitude essentiellement absolue de leur esprit, à la fermeté, à l'invariabilité de leurs résolutions qu'on reconnaît les hommes de valeur et d'avenir.

LINCOLN, — homme politique américain, a eu la vie la plus aventureuse et la plus variée: défricheur, bûcheron, charpentier, teneur de livres dans un grand moulin, arpenteur, épicier, batelier, constructeur, maître d'école, maître de poste, avocat! ses courses l'avaient fait connaître partout. Il fut capitaine à l'élection dans une guerre contre les Indiens, rentra ensuite dans la vie privée, fut élu président des États-Unis en 1860, réélu en 1865. Un ancien comédien, presque fou, John Wilkes Booth l'assassina, en plein théâtre, dans une loge d'avant-scène, peu de temps après cette dernière élection.

LINNÉ. — Savant naturaliste suédois, né en 1707, d'un ministre de village, avait, dès son enfance, un goût si vif pour la botanique qu'il abandonnait l'école pour courir après les fleurs des champs: son père, irrité des plaintes qu'il recevait sur sa paresse, son incapacité et son indiscipline, le mit en apprentissage chez un cordonnier, où le malheureux enfant eut à souffrir de la plus profonde misère.

Le médecin Rothman ayant remarqué son esprit observateur, s'intéressa à lui, le réconcilia avec son père et le recommanda à un sien ami, professeur d'histoire naturelle à l'université de Lund; celui-ci lui fournit l'occasion et lui donna les moyens de s'instruire: à vingt-trois ans Linné fut nommé directeur du jardin botanique d'Upsal, puis envoyé, aux frais de l'académie des sciences de cette ville, en Laponie pour étudier les productions de cette ingrate et effrayante contrée! Il revint chargé de trésors de science, mais pauvre d'argent et sans ressources; l'envie et la jalousie de quelques collègues lui suscitèrent tant d'embarras qu'il se décida à se retirer dans un village pour y faire de la médecine; mais une jolie personne dont il devint amoureux, la fille du docteur More lui procura les moyens d'aller se faire recevoir docteur en médecine, condition imposée à son mariage. Il partit pour la Hollande, se fit présenter au célèbre Boerhaave qui l'accueillit avec sympathie et le recommanda chaudement à Georges Cliffort, riche citoyen hollandais, mécène aussi généreux qu'éclairé. Linné publia, sous les auspices et avec les secours de cet excellent protecteur et en les lui dédiant son système de la nature (Leyde 1735) et ses autres ouvrages de Botanique (Amsterdam 1736), son *Ichtyologie*, histoire des poissons, Leyde 1738; il fut reçu docteur en médecine à la même époque et quitta la Hollande pour retourner en Suède où il épousa Mlle More qui l'attendait depuis cinq ans! Il fut successivement et malgré l'antagonisme de ses anciens ennemis et jaloux, nommé médecin de la flotte suédoise, médecin du roi, président de l'académie des sciences de Stockholm, et obtint enfin à la célèbre université d'Upsal, la chaire de botanique qu'il occupa pendant trente-sept ans et qu'il illustra par de nombreux et savants travaux. Il fit de nouveaux voyages aux frais des états de Suède et enrichit son pays d'intéressantes relations: il mourut d'apoplexie, en 1778, à l'âge de soixante et onze ans.

Lions. — On parle toujours des lions du désert, sans se douter que les lions ne se tiennent pas toujours là, qu'ils se rapprochent des pays fertiles dès lors giboyeux, habités par l'homme, dont ils préfèrent la chair à toute autre nourriture et nous font ainsi l'honneur de nous croire le meilleur des gibiers.

— Ce terrible animal, le plus célèbre de tous les chats, *Felis Leo*, aurait, suivant d'excellents naturalistes, une réputation bien usurpée, il serait en réalité plus poltron que courageux et n'attaquerait jamais plus fort que lui; comme tous les autres animaux de son espèce: le tigre, la panthère, le jaguar, l'hyène, il ajouterait à sa force prodigieuse et à sa colère redoutable, avec des instincts de carnage et de férocité, l'instinct de la ruse et attendrait patiemment que sa proie fut à sa portée pour la surprendre et s'élancer sur elle.

Le lion a une noble prestance, une majesté vraiment royale à laquelle ajoute encore le retentissement de sa voix terrible, éclatant au milieu du désert ou des forêts. Il mérite donc son titre de roi des animaux.

— Les lions de Paris (gandins, hommes à la mode) ne sont rien auprès des lions de province; ils sont si nombreux, si souvent renouvelés qu'ils ne posent qu'un instant et pour disparaître aussitôt; tandis qu'un lion de province grandit où il est né et meurt où il a vécu de cette vie végétale des plantes qui ne se déplacent jamais: sa vie est donc tout un poème, bien complet, chanté par toutes les bouches, déroulé sous les mêmes yeux, au bruit des mêmes échos et se terminant vulgairement par une maladie ou un billet de faire part.

Lisbonne, — capitale du Portugal, sur les bords du Tage, est la ville la plus escarpée et la plus montagneuse du monde; elle s'élève en amphithéâtre sur trois collines qui regardent la mer: c'est l'ancienne *Olisipo*, dont la tradition fait remonter la fondation à Ulysse; elle fut presqu'entièrement détruite par un tremblement de terre, en 1755; trente mille personnes furent englouties ou écrasées, l'incendie allumé pour faciliter le pillage, détruisit ce que le fléau avait épargné et une horrible peste mit le comble à tant d'épouvantables désastres: la ville a été rebâtie sur un plan assez régulier, c'est une des capitales les moins peuplées du monde (deux cent quarante mille habitants).

Littérateurs. — C'est par leur littérature que les nations se réveillent et se relèvent d'un long et humiliant sommeil, car les littérateurs et les poètes sont les promoteurs de ces renaissances nationales qui secouent, raniment et ravivent les grands peuples.

— La plus grande gloire des nations est dans les œuvres de l'esprit et de l'intelligence, dans la poésie, la littérature, les beaux-arts, vraies fleurs de la vie, dans les vertus qui font la force, la grandeur, la longévité des peuples, tout est là. La puissance de l'Égypte, de la Grèce, de Rome, etc., commence avec l'instruction, se développant par le travail, par la littérature, la poésie, l'histoire, les sciences et les beaux-arts.

— La littérature est à la fois la voix vibrante de la liberté et l'armée militante de l'égalité.

— Les belles-lettres sont un double bienfait, car elles nous donnent le plaisir par leurs beautés et l'amour du bien et de la sagesse par leurs principes.

— C'est par l'intelligence et le génie que les nations grandissent en valeur et en puissance: c'est par leur littérature qu'elles accentuent leur influence, l'esprit est plus puissant que la matière! L'intelligence cent fois plus utile que la force.

— La littérature est plus que la parure, plus que la gloire d'une nation; elle est le lien qui en constitue la force et l'unité; elle est le germe, le mobile et le ressort de tous les progrès et perfectionnements.

— La littérature ne peut tourner le dos

à la morale sans manquer à sa mission qui est d'élever et non d'abaisser et d'avilir.

— On peut être en littérature de toutes les opinions, puisque tous les genres peuvent plaire ; mais cela ne peut s'étendre ni à la religion, ni à la politique où les idées ne sont que l'avant-garde de la raison et des actions.

— Des intelligences d'élite, des esprits vifs et fins, ont perdu leur avenir dans une voie qui ne convenait pas à leur talent ; ils se sont fourvoyés dans des œuvres de longue haleine, alors qu'ils devaient butiner dans les caprices de leur imagination et jouer avec leur esprit, la spécialité et le génie leur manquant.

— En littérature, les uns n'apprécient que la littérature ancienne, les moins instruits n'estiment que la littérature moderne, la littérature du jour, et prononcent avec dédain le mot *vieux*, comme si Homère et Virgile n'étaient pas immortels ! Rien ne meurt, mais il y a deux manières de survivre !...

— C'est aux littératures grecque et latine que l'Europe occidentale et chrétienne doit ses langues, son éducation et son instruction. La littérature française, est donc la fille des littératures grecque et romaine surtout : Ce sont des idées nouvelles vêtues à l'antique, comme le sont déjà nos vieux bijoux enveloppés de l'or et de l'argent espagnol, romain ou grec.

— Ce qui me reste de mes souvenirs en littérature grecque, c'est l'enthousiasme que j'éprouvais dans la traduction que je fis de l'*Hyppolite* d'Euripide ; sensibilité profonde mais vraie, émouvante, exprimée dans le style le plus élevé et le plus pur, dans la langue la plus harmonieuse et la plus poétique de l'antiquité, mais aussi de mon dégoût, de mon horreur pour le grec enseigné par l'abrutissante formule, des racines grecques d'invention universitaire et diabolique !

— Les grandes choses inspirent les grandes pensées ; la pompe du luxe commande la pompe du style ; un grand roi sollicite de grands écrivains, de là la grandeur de la littérature sous le règne de Louis XIV. Racine est tendre, grand et majestueux comme Louis XIV ; Labruyère est digne ; Corneille est pompeux, car il est grave et absorbé ; Voltaire, qui vient plus plus tard, a autant imité que créé, et je me rappelle que quand j'étais chargé par le Lycée Charlemagne pour le jour de sa fête d'obtenir un spectacle de choix, Talma qui me traitait en protecteur et ami ne voulait jamais accorder qu'une tragédie de Corneille ou de Racine, refusant résolument toute tragédie de Voltaire qui, pour lui, manquait de naturel et de vrai !

— Si quelque chose doit étonner, c'est qu'au milieu de si grands événements, de si éclatantes victoires, de si prodigieuses conquêtes, la littérature du premier empire ait eu si peu de valeur : la guerre absorbait, l'inspiration manquait ! Un seul auteur sortit des rangs et ce fut un génie hostile, Chateaubriand ! Une femme célèbre, Mme de Staël, écrivait à l'étranger avec la plume indépendante de la fille de Neker, le républicain de 1789 !

— Notre littérature est la plus riche de toutes les littératures du monde ancien et moderne, le poëme épique excepté, où tous nos littérateurs ont échoué et où nous n'avons donc pas de maîtres ; mais dans tous les autres genres, malgré sa langue la plus difficile à manier, la France a trouvé des hommes de génie ; ainsi Lafontaine le roi des fabulistes, jusqu'à Perrault qui est le roi des contes de fées, passionnent-ils tous deux les plus petits, les enfants, en divertissant, intéressant et moralisant en même temps les plus grands et les plus graves.

— Par sa langue et sa littérature, bien plus que par ses armes, la France a conquis le monde entier et les autres littératures elles-mêmes qu'elle a vaincues en se les assimilant, en les surpassant et les absorbant. Mais le concours reste ouvert et nous convions nos jeunes rivaux à se produire en leur promettant l'accueil le plus cordial et la justice la plus bienveillante, dans l'intérêt de la gloire générale des Lettres et de leurs progrès, de quelque côté qu'ils viennent !

— La prose de nos grands écrivains, comme Fénelon, Buffon, Bernardin-de-St-Pierre, Lamartine, Chateaubriand, a le charme de la poésie, elle a même plus de naturel, débarrassée qu'elle est du lourd fardeau du rithme et de la rime : ornements de convention qui entament et compromettent parfois la simplicité naturelle et poétique du sujet !

— Les littérateurs, les poètes, les artistes, en un mot, ont tous un cachet différent; ce qui a amené la lutte des prétendues écoles contraires, comme si classiques et romantiques n'admiraient pas tous et uniformément les mêmes hommes, les mêmes œuvres, les grands maîtres de la littérature : Shakespeare, Boileau, Corneille, Molière, Racine, Lafontaine, Schiller, Voltaire, Byron et Lamartine... L'art ne vieillit jamais, car il se renouvelle sans cesse et se transforme dans ses génies, héritiers d'autres génies qui les ont inspirés; si l'art est si multiple, il n'en est pas moins *un* sous la forme d'un chef-d'œuvre qui prend sa place dans cette glorieuse et toujours resplendissante galerie des grands maîtres.

— La science, le talent littéraire se composent de toutes les couleurs, de toutes les nuances, de tous les reflets, de toutes les délicatesses qui servent à exprimer la pensée; la palette du peintre est pauvre auprès des ressources qu'offre l'art littéraire à l'écrivain érudit, intelligent, exercé et varié. Il semble qu'il n'y ait qu'une seule façon d'exprimer une pensée simple, et cependant il y en a des centaines suivant le point de vue ou le côté choisi par l'auteur. N'est-il pas merveilleux de pouvoir dire tant de choses et si diversement avec cette petite ressource des vingt-quatre lettres de l'alphabet appliquées aux mots qui doivent peindre la pensée ! vingt-quatre lettres ! n'est-ce pas bien peu ! et cependant cela a suffi pour composer ces millions de volumes dont chacun a ses millions de lettres servant à peindre ou à colorer la pensée humaine.

— Plus une œuvre littéraire est brève, plus elle est tenue à la perfection, d'abord parce que la perfection y est plus facile, ensuite que, jugeant l'œuvre d'un seul coup d'œil, le plus léger défaut y fera saillie et dégradera l'ensemble; telles sont les épigrammes, les satires... il y a une raison de plus pour les petites malices : c'est que le fond étant méchant ou malfaisant, ne peut se faire excuser que par l'esprit et la perfection de la forme.

— Une bonne œuvre littéraire est faite, presque en entier, dans l'esprit de l'auteur, lorsqu'il commence à l'écrire ! ainsi faisaient nos vieux prédécesseurs, méditant longtemps et n'écrivant ensuite que sous la dictée logique de leurs souvenirs et de leur plan d'ensemble ; prendre la plume sans avoir coordonné tout, arrêté tout, c'est livrer l'œuvre aux incertitudes et au caprice de l'inspiration d'un jour, de la santé et de tous les accidents de la vie, c'est s'exposer à dévier de la bonne voie et à sacrifier une œuvre qui eut réussi si elle eut été préparée et continuée dans des conditions plus logiques, plus solides et plus viables.

— Il fut un temps où les littérateurs poètes et autres ne travaillaient que pour l'immortalité, aussi valaient-ils mieux et leurs livres avaient-ils plus d'utilité, de relief, de réputation et de durée.

— En fait de littérature une petite perle vaut mieux qu'un gros caillou, comme la plus petite monnaie d'or vaut mieux que la plus grosse monnaie de cuivre.

— Le gouvernement devrait demander, par ses agents diplomatiques, à toutes les capitales du monde et même à toutes les universités, la liste par ordre de mérite de leurs meilleurs ouvrages nationaux, pour en solliciter et en encourager la traduction en français. Ce serait mettre en commun toutes les richesses les plus précieuses de l'humanité et permettre d'en tirer tous les bénéfices possibles, ce serait entrer dans la voie de cette fraternisation universelle qui est le rêve ardent de tout véritable ami de l'humanité.

— Une vocation énergique, le besoin de vivre ou la passion d'une plus grande célébrité peuvent seuls expliquer la hardiesse des auteurs qui sont, avec les polémistes du premier Paris des journaux, les hommes de lutte et de guerre de la littérature; il faut être soldat pour affronter le public bruyant, passionné, capricieux des parterres et du théâtre après avoir subi les rebuffades des directeurs, des comités de lecture, les prétentions de chacun des acteurs et les oppositions de toutes sortes qui devraient dégoûter les plus hardis, mais qui ne dégoûtent personne tant la vanité et l'intérêt sont entêtés et tenaces.

— Les envies, les haines littéraires, la bile, le fiel, le venin qui sont les armes de guerre des littérateurs entre eux, obscurcissent leur gloire et ternissent. leurs œuvres : Que ne suivent-ils la voix aérienne et céleste prêchée par le bon Eschyle et les succès seraient plus éclatants, parce qu'ils seraient plus encouragés et plus applaudis, mais *la race irritable des poëtes* et des littérateurs, *genus*, *irritabile* vatum, se continuera éternellement dans cette race humaine qui ne saura jamais se débarrasser de ses vices, et qui combat avec furie les talents qu'elle devrait encourager avec bienveillance.

La cause de ce grand mal, c'est l'intrusion des incapacités ambitieuses dans la cohorte sacrée des grands littérateurs et des grands poëtes. Des envieux humiliés par leur infériorité, mordent, injurient et insultent les grands talents, les dégoûtent et les font sortir de leur caractère; nous voyons alors au milieu de ces tiraillements, apparaître ces littératures faciles, débraillées, de mauvais goût et de mauvais sens qui, sous le nom de romans et de feuilletons, empoisonnent le goût et les mœurs, déroutent la littérature et la mettent au niveau le plus abject de la dépravation contemporaine qu'ils appellent, avec Victor Hugo, le réalisme, réalisme effrayant autant que dangereux ! car il fait descendre la société humaine dans la boue. Dans cette voie, tandis que la science progresse et que les arts fleurissent, la moralité se perd et la race humaine s'avilit !

— Quand, en France, on n'a pu réussir à rien, on se fait littérateur dans le journal ou dans le feuilleton, le roman ou le théâtre, car n'est pas poëte qui veut ! On comprend que ces carrières constituent un tohu-bohu si mélangé que c'est à ne pas s'y reconnaître ; chaque auteur y change de position et d'habit tous les mois, c'est une métempsycose sans fin qui eut embarrassé Pythagore lui-même !

— La vie littéraire aurait trop d'attraits, de séductions, d'enivrements, elle rendrait trop heureux l'homme qui en jouirait sans mélange, aussi y trouve-t-on tous les écueils, toutes les contrariétés, toutes les déceptions, tous les déboires possibles! C'est ici le cas d'appliquer la formule du vieil Azaïs, et son système des compensations !

— Le métier produit peu et mal, en fait de littérature ; car le métier ne manifeste qu'un besoin de vivre et non une aptitude à penser, à raisonner ou à écrire ; la vocation, au contraire, est un instinct qui nous pousse malgré nous vers un travail que commande notre nature intelligencielle ou morale : notre voie est tracée par nos aptitudes, les aptitudes sont donc nos guides les plus sûrs et le formulaire le plus facilement applicable à notre vie intelligencielle, morale et même matérielle, puisqu'il faut toujours en arriver là, c'est-à-dire vivre pour se conduire, penser et travailler.

— Voltaire écrivait : « Un homme de lettres, en France, doit vivre et rester enclume ou marteau ; » dure nécessité, car c'est un duel sans fin !

— J'ai vu bien des hommes de lettres en possession de la faveur publique et la perdre aussitôt qu'ils ont voulu affranchir leur pensée et ouvrir une voie nouvelle et plus grande à leur intelligence. L'ambition perdra toujours l'homme !

<small>La modestie et la timidité relèvent plus un homme de lettres que sa confiance en lui-même.
PLINE.</small>

— Combien d'hommes de lettres, à Paris, vivent de la vie la plus grossière et des habitudes les plus triviales, tandis qu'ils écrivent avec délicatesse, distinction et élévation; c'est l'esprit qui s'élève au-dessus de la matière, grâce au travail persistant de l'écrivain et surtout à l'obligation de mettre le récit à la hauteur du sujet.

— Nous trouvons de nos jours des moralités littéraires fort équivoques, mais cependant voilées à leur manière, comme pour témoigner que la nature humaine conserve toujours un reste quelconque de moralité, n'en fut-ce que l'apparence.

— Quand on se permet de traiter certains sujets, jusqu'ici écartés de la littérature, il faudrait au moins masquer certains noms, remplacer certains mots par des similaires ou mieux encore par des points, et surtout parer et parfumer son style.

— En littérature, surtout en poésie, la forme brillante fait trop souvent accepter le fond le moins raisonnable, comme il arrive à une femme laide, mais parée avec goût et habileté; ainsi une idée fausse, brillamment exprimée, séduit les esprits futiles et légers lorsque la réflexion, la raison et le bon sens ne viennent pas les éclairer.

— Il n'y a pas d'homme ou plutôt de jeune homme instruit, c'est-à-dire ayant suivi sans trop de répugnance et d'insuccès toutes les classes d'un bon lycée ou collège, dont on ne puisse tirer quelques bons articles de journaux, morale, religion, science, littérature générale, articles divers, etc... Son premier mérite sera son originalité, sa fleur!... C'est en organisant cette circulation active et renouvelée *incessamment* dans tous les journaux, fantaisistes surtout, qu'on obtiendra le succès dans les abonnements: c'est dans ces débats passionnés et ardents, véritable gymnase littéraire, que les jeunes écrivains s'éprouveront et se fortifieront.

— La littérature reflète le siècle, lorsqu'elle ne le fait pas, cela est encore plus vrai de nos jours qu'autrefois, car elle envahit tout et s'offre partout: elle se produit dans des livres à un franc le volume, dans des feuilles volantes à vingt centimes le cahier avec des illustrations intercalées; elle entre partout avec les journaux quotidiens du soir, du matin et de midi; elle est dans toutes nos revues d'éducation et d'instruction, dans nos journaux de modes et de théâtre; le théâtre lui-même est son lieu d'exposition et d'épreuves.

— Notre siècle, dans son ardeur de vie, a inventé une industrie nouvelle et déplorable, *l'industrie* littéraire! honte et désastre de notre vieille et belle littérature, si pure de toute fabrication à la page ou à la ligne, invention diabolique d'Alexandre Dumas père qui, au moins, avait le mérite de se laisser lire: autrefois le génie seul écrivait et publiait; aujourd'hui le nombre, l'avidité, le besoin de vivre ont commandé ces fabriques publiques d'où sortent matin et soir et à chaque heure du jour et du soir, ces masses indigestes et malsaines de matières imprimées adressées au monde entier pour sa corruption et pour sa décadence.

— La collaboration est-elle une preuve de décadence de la force de l'intelligence humaine ou une union amenée par la similitude ou la variété des mérites? ne serait-elle encore qu'un moyen frauduleux d'assurer le succès à un auteur médiocre ou inconnu en lui prêtant l'appui d'une réputation assise et consacrée?... Avant Méry et Barthélemy, les deux poëtes si heureusement unis, Scribe, le plus abondant de nos auteurs dramatiques par la collaboration, avait attiré à lui tous les nouveaux auteurs; dans ce cas la collaboration bénéficiait de la réputation justement acquise à son collaborateur, et d'un autre côté le premier ajoutait souvent son talent nouveau au talent ancien qui le protégeait de son nom: il est de notoriété publique que l'œuvre arrive complète à celui dont le nom est un patronage; qu'en la lisant il se croit obligé d'y ajouter quelque chose et que s'il y avait trop à changer et à faire, il préfèrerait travailler seul et récolter seul!

— J'exècre les collaborations, disait un pauvre diable d'auteur nouveau, le plus gros mange le plus petit! aussi c'est que le plus petit est ignorant ou incapable, dit le plus gros, ce n'est pas ma faute s'il a besoin de moi pour faire une œuvre misérable et n'ayant aucune vitalité! C'est moi qui suis trop généreux et trop bienveillant. Mais encore le plus intelligent doit tendre la main à un débutant ou secourir une misère intéressante et imméritée: la force doit se mettre au service de la faiblesse!

— Heureux ceux qui travaillent indépendants et sans auxiliaires, sans avoir besoin du concours d'autrui; les auteurs dramatiques dépendent des acteurs, les compositeurs de musique dépendent du poëte qui rime le libretto, des acteurs qui le chantent, de l'orchestre qui accompagne; ils sont ainsi entre des écueils et des obstacles sans nombre. Les auteurs dramatiques ordinaires sont dans la dépendance des acteurs et des directeurs; le poëte et les autres auteurs ont besoin d'un éditeur, mais ici ils peuvent s'affranchir à demi et éditer eux-mêmes, encore faut-il de l'argent et 3,500 francs par volume ! puis un libraire qui stipule abusivement une commission exorbitane de vente de 30 et souvent 50 pour cent et plus !

— En France on est trop disposé à distribuer des éloges relatifs: parce qu'un homme est pauvre, ouvrier ou malheureux, s'il fait autre chose que son métier, s'il se risque vaniteusement dans la littérature ou la poésie on lui prodigue des éloges enthousiastes, on l'encourage à persister ; il se croit un génie et fonde sur cette illusion les espérances d'une fortune qui n'arrivant pas produit la misère ; nous faisons le mal en croyant faire le bien, car tous ne sont pas des Désaugiers et des Béranger, pas même des Reboul ou des Jasmin.

— LIVRES. — Autrefois on avait et on devait avoir une très-grande estime pour les livres, car les auteurs étaient instruits, sérieux et ne produisaient que des œuvres savantes, raisonnées et consciencieuses : c'était l'or des idées mis en circulation. Aujourd'hui tout le monde veut écrire et les livres produits sont l'œuvre d'un jour ; de là, la suffisance et la fatuité des auteurs ; c'est du cuivre à l'état barbare, ce n'est même pas de la petite monnaie.

— Les bons livres calment, reposent, intéressent, instruisent, moralisent, sans passionner et entraîner ; leur fruit est savoureux, doux et bienfaisant, ils inspirent et commandent les douces vertus, les bons sentiments, vrais trésors de la vie.

— Tout livre communique et inspire à celui qui le lit son style, son langage, souvent même son opinion et ses mœurs ; nos lectures finissent enfin par devenir insensiblement notre pensée et notre propriété : nécessité alors de ne lire que de bons livres.

— Un livre est la convoitise des personnes instruites ; à sa vue elles tressaillent comme Achille devant les armes apportées de Scyros.

— Les livres sont la voix des inconnus, des absents et surtout des siècles passés dont ils révèlent les idées, les mœurs, les habitudes, les instincts, l'histoire même ! Ils sont donc la base et la source d'une instruction sérieuse et utile.

— Le livre est la pensée intérieure, le théâtre est la pensée extérieure, vivante, en relief et en action ; c'est l'homme deux ou trois ou quatre fois homme par le poëte, le compositeur de musique, le comédien et le chanteur.

— Les livres faits avec amour sont les meilleurs, puisqu'ils coulent de l'âme et du cœur : serait-ce par la même raison, que les enfants de l'amour seraient les plus beaux ?

— Le meilleur livre est celui qui fait le plus réfléchir et penser.

— Les meilleurs livres sont ceux écrits sous la dictée du vrai et non sous la dictée de l'inspiration et de la rêverie ; les premiers restent *éternellement* touchants par ce qu'ils retracent des sentiments naturels et des pensées sérieuses et pratiques.

— Tout livre de morale doit être intéressant ; s'il ennuie, il ne sera pas lu, et le but sera manqué ; aussi les livres qui ont exercé la plus grande influence sur les mœurs portaient-ils avec eux le plus grand intérêt : *Robinson Crusoé, Paul et Virginie, Adèle et Théodore, les Œuvres de Richardson* surtout et, dans un ordre plus élevé : *Télémaque, le Génie du Christianisme.*

Avoir plus de livres qu'on n'en peut lire, c'est s'exposer à les lire mal et à n'en tirer aucun profit. SÉNÈQUE.

— L'homme studieux se complaît dans l'étude, c'est-à-dire dans l'isolement, la lecture passionnée, la réflexion, pour arriver à la composition : c'est un trappiste avec une idée fixe : l'étude ! Il n'est pas seul, il lit, il écrit, il médite son livre, le meilleur, le plus sérieux, le plus logique, le plus puissant des causeurs ; un causeur érudit, un orateur, ne parleront jamais aussi sérieusement et utilement qu'un bon livre.

— L'habitude de causer bas avec les livres pourrait déshabituer de causer haut avec les hommes ; de telle sorte qu'un amateur de lecture paraîtrait étranger à notre monde.

. Les livres sont les meilleurs amis de l'homme instruit et studieux ; ce sont ses compagnons en même temps que ses instruments de travail ; ils sont sa distraction, sa joie, sa passion, sa vie; sa bibliothèque est donc un paradis, un lieu de délices, d'effusion, de contemplation, c'est le tabernacle de ses pensées.   .   CICÉRON.

— Quelle bonne chose qu'un bon livre ! ami discret, posé toujours sous votre main, attendant votre heure et votre caprice pour vous livrer tous les trésors de sa science, de son intelligence, de son cœur ! Ne se permettant pas de vous interrompre, encourageant ainsi vos réflexions, provoquant vos idées puis les laissant courir au vent de la logique de votre esprit, ou voltiger capricieusement au gré de vos fantaisies.

Cet ami ne sera jamais importun, il ne vous ennuiera jamais, car vous lui fermerez la bouche en fermant le livre et en mettant ce causeur, indiscret alors, dans votre poche ou dans votre bibliothèque, aligné dans cette armée d'amis froids et discrets comme lui. Que vous l'oubliiez pendant des mois, des années, des lustres, retournez à lui et sans rancune il se trouvera heureux de se prodiguer à vous, de vous distraire, de vous amuser !

Livrez-le au martyre du feu, il vous épargnera même la sensation d'une plainte ; trouverez-vous pareil dévouement chez tout autre ami plus savant, plus instruit que vous ?

— Un bon livre est d'autant plus utile qu'il est plus recherché et lu par un plus grand nombre de personnes : pour le placer dans cette condition, il faut qu'il réponde aux idées et aux besoins de l'époque, aux questions pendantes passionnant l'opinion publique, et non encore éclaircies et résolues.

— Que de livres au lieu d'être des œuvres utiles ne sont que des futilités ou des dangers, car on ne doit appeler *œuvres* que ce qui a substance, logique, ordre, harmonie et raison d'être.

— En revisant attentivement toutes les œuvres littéraires, on en trouve fort peu d'irréprochables au point de vue des mœurs, de la morale, de la raison et du goût ; les livres auraient donc plutôt faussé et corrompu que moralisé la race humaine. Dans l'intérêt de l'humanité entière et des mœurs, on eut dû, à l'origine de l'imprimerie, établir une censure très-sévère : depuis le Directoire on ne soupçonnerait pas qu'il existât une censure en France !

— Ce qui fait le mérite d'un livre, c'est d'abord son unité, lorsqu'il a été jeté d'un seul jet ou écrit d'une seule encre, c'est-à-dire avec continuité, suite et logique ; alors c'est bien un livre, autrement ce sont des fractions désunies d'un livre, un damier nuancé, une œuvre multiple et coupée en morceaux, sans lien et sans force.

— Il est des livres, mais ils sont bien rares, qui sont le développement d'une pensée unique et puissamment sentie : ce sont des œuvres d'art, car elles sont déjà des œuvres de nature ; l'imagination y entre non pour créer, mais pour développer, pour orner la pensée qui reste pure, limpide et apparaît ainsi comme un rayon divin ; car la nature, si elle n'est pas Dieu, est œuvre de Dieu.

— Les grands livres sont des monuments qui se ressemblent par quelques côtés : ainsi *la Bible, l'Illiade et l'Odyssée*, les plus anciens de tous, paraissent sortis de la même famille, c'est la même naïveté, la même poésie, la même morale sociale et religieuse.

— Chaque livre a son emploi presqu'exclusif et commandé, l'un ne pourra se lire que dans la solitude, l'autre dans le tumulte du monde, l'un dans le bonheur et la joie, l'autre dans la désolation et la douleur ; tel livre qui court le monde n'est parfaitement placé que dans une seule main, tel autre trouverait de nombreuses et multiples sympathies, car rien n'est plus variable que les humeurs humaines, rien de plus difficile à expliquer et à analyser.

— Un livre amène souvent des résultats plus importants qu'une grande victoire, et peut avoir sur son siècle plus d'influence que le plus illustre conquérant ; la plus puissante des révolutions du monde, par ses immenses résultats sur la France et l'univers, la révolution de 1789 fut la déduction logique des œuvres de Voltaire, Jean-Jacques Rousseau, Dalembert, Diderot et des autres encyclopédistes.

— Quand un livre est consciencieux, si léger ou futile qu'il paraisse, il a un mérite et porte son fruit ; on l'ouvre avec plaisir ou on le rejette avec dédain ; on l'aime ou on le hait; mais il a sa valeur puisqu'il ne permet pas l'indifférence.

Pour juger un livre, il suffit de savoir si, après l'avoir lu on se sent disposé à devenir meilleur, si sa lecture inspire le regret d'une action mauvaise, d'une faiblesse coupable, le désir de bien faire, d'être plus charitable, plus indulgent, plus soumis à la règle du devoir, s'il en est ainsi, dites que le livre est bon et mérite d'être lu et relu. *Imitation de Jésus-Christ.*

— La lecture des bons livres est un enseignement reçu des plus grands génies, une conversation avec eux ; leur parole correcte et lucide ajoute à l'importance des idées, élève et grandit leurs œuvres.

— Pour un esprit indécis, flottant, peu cultivé, il est presque aussi difficile de choisir un livre qu'un ami, car il faut être instruit pour avoir du goût, et un goût sûr et arrêté pour tirer profit de l'instruction des livres.

— On se tient en garde contre un homme corrompu et connu pour n'avoir pas de principes! Cependant l'être le plus vicieux peut quelquefois donner un sage conseil; un mauvais livre, au contraire, toujours le même, toujours prêt à faire du mal, n'a pas un moment de bon et il est d'autant plus funeste qu'on peut s'en enthousiasmer, et alors le porter toujours avec soi et le recommander partout et à tous.

— Le meilleur livre doit être celui qui a été médité depuis longtemps et soumis à la critique sérieuse de plusieurs hommes instruits et spéciaux.

— Un livre n'a de valeur qu'autant que sa lecture laisse un long sillon lumineux et un enseignement impérissable: qu'il peut passer sous cette pierre de touche à deux épreuves qu'on appelle analyse et synthèse.

— Nos livres ne sont-ils pas les charmeurs de notre vie entière, qu'ils remplissent de leur science attrayante, de leur charme ineffable, de leurs distractions incessantes et de leur intérêt toujours croissant: amis aussi affectueux et discrets que fidèles, sûrs et absolus dans leur affection, quand même et malgré tout! On n'en trouve aucun comme cela!

— Le livre le plus consciencieusement écrit appartient à la science humaine, recueillie dans l'étude, les discussions, la science des contemporains, la conversation et l'expérience; c'est à peu près la même chose que ce qui a été fait et dit déjà, mais la même chose prise à un point de vue personnel, avec des préventions, un jugement, une humeur qui donnent le cachet de l'auteur : l'écrivain est un prote de nouvelle espèce employant des caractères tombés dans le domaine public!

— C'est à l'abondance de l'argent et à l'ignorance et l'oisiveté publiques que nous devons cette avalanche de livres, niais, vulgaires et extravagants; la plus petite dose d'instruction, de bon sens et de modestie, supprimerait les dix-neuf vingtièmes, au moins, des publications annuelles françaises ; ce sont nos révolutions qui ont produit ces désordres de la littérature et la seconde moitié de notre siècle (le XIXe), fera jaillir cette déplorable vérité qu'après avoir eu la plus belle, la plus savante, la plus resplendissante des littératures, notre siècle, au contraire des siècles précédents, aura produit la littérature la plus triviale, la plus abaissée, la plus honteusement démoralisée!

— La plus dangereuse attaque qu'on puisse diriger contre une femme, c'est un mauvais livre qu'on lui donne à lire, un propos qu'on lui prête, une histoire hasardée qu'on raconte devant elle: que cela passe et soit accueilli, le vieux Satan enregistre une victime de plus.

— Autrefois le paysan ne lisait pas les mêmes livres que le grand seigneur, les fils de la chaumière n'étaient pas encore pervertis par cette encyclopédie rustique, mise à leur portée, pour assurer encore plus leur démoralisation.

— Tout se fait rapidement et à la vapeur aujourd'hui, car la mode est à la rapidité: un livre, qui eût coûté autrefois quatre à cinq ans d'études, se fabrique aujourd'hui en un mois: où allons-nous dans cette littérature, à la course, au jour et même à l'heure ? Ce ne sont pas des créations durables, ce ne sont que des éclairs ayant à peine la durée d'un jour.

— Il y a des livres si lourds, si confus et si indigestes qu'ils sont presque une douleur; mais nous avons tant à choisir qu'il ne faut pas se refuser ce plaisir dangereux.

— Les moins désagréables ou les meilleures parties de beaucoup de livres sont les marges ; pourquoi donc noircir tant de papier pour prouver qu'on manque du sens commun !

— L'instruction à besoin de corriger les erreurs matérielles et morales qui ne se rencontrent que trop souvent dans les livres, même classiques.

— Dans ce siècle, où la manie d'écrire est si générale et la capacité si médiocre, on fait des livres sur des livres et la même erreur se reproduisant ainsi à l'infini sous le patronage d'auteurs nombreux, prend le relief et l'autorité d'une vérité ; l'histoire surtout est remplie d'extravagances et d'exagérations se révélant elles-mêmes.

— Que de livres paraissant aujourd'hui sont oubliés demain, parce qu'ils ne sont pas animés de l'esprit qui échauffe, de la pensée qui peint et qui attendrit, du jugement qui châtie et qui choisit et de la poésie qui charme, embellit et passionne : ces livres sont donc le vide quand ils ne sont pas le plus audacieux et le plus maladroit des plagiats !

— Les livres de l'enfance sont pour l'enfant ou une cause de plaisir ou un instrument de supplice, suivant que l'écolier est ou paresseux et résistant à l'étude ou au contraire obéissant et studieux.

— On rencontre des femmes vertueuses qui achètent de mauvais livres pour ne pas les lire, tout en ayant la tentation de le faire ; cela les inquiète et les distrait, puis cette tentation a bien son charme ! Le fruit défendu restera toujours plein d'attrait et le péché sous la main sera une représaille indispensable : il est cependant bien entendu que tout cela restera lettre morte.

— Le premier livre offert à la curiosité inquiète du jeune homme, imprime à ses sentiments une direction fort importante et exerce sur sa vie une énorme influence : il faut donc le bien choisir. Qu'on écarte surtout ces livres de jeune libertinage dont *le Faublas* de Louvet le conventionnel, est le type dangereux.

Loch. — Petit instrument servant à mesurer la vitesse du navire en marche ; c'est une planche triangulaire, plombée à sa base pour rester debout, mais immergée presque en entier, et à laquelle est attaché un petit cordeau divisé par des nœuds représentant chacun la cent-vingtième partie du mille nautique : un petit sablier appelé ampoulette, et dont la durée est d'une demi-minute ou trente secondes sert d'horloge : ainsi, autant de nœuds filés en trente secondes, autant de milles parcourus en une heure.

Locutions. — *A parler franchement* est une expression fort usitée et qui, bien sentie, annonce l'habitude de la dissimulation ; mais c'est presque toujours une expression banale, maladroite et même compromettante.

— Parmi les locutions les plus usitées, il en est un grand nombre de vicieuses, mais beaucoup sont grammaticalement admises.

Loève Weimar. — fut un aventurier de talent ; quelle vie ! C'était un petit homme maigre, portant perruque ! successivement journaliste, critique littéraire, illuminé, directeur de l'Opéra, mari d'une Olga quelconque ou princesse russe, consul à Bagdad, d'où il est revenu mourir pauvrement à Paris.

Logique. — Pour un esprit juste et logique le mensonge est toujours un mauvais moyen, le vice un déplorable placement, la passion une dépense sans produit, la prodigalité un gouffre sans fond.

— La logique est la plus utile des facultés intellectuelles, parce qu'elle unit et fortifie toutes les autres dans un groupement qui double et même peut décupler leurs forces.

— En politique, comme partout, c'est souvent l'imprévu qui impose l'inévitable ; c'est la logique des faits qui commande la logique humaine.

— Les hommes logiques, avec leur esprit sérieux, ne peuvent s'empêcher d'abuser de certains mots qui ressortent d'une discussion motivée : Ce sont les mots *donc*, *car*, *mais*, qui expriment toujours l'origine, la conséquence ou la nécessité d'une déduction.

— Ce qui manque en général aux femmes et ce qu'il faut tendre à leur donner, c'est une logique vigoureuse dans la pensée, dans la conduite et la tenue.

— La logique est le guidon de l'esprit vers la vérité ; mais la plus légère déviation de ce guidon conduit à de monstrueuses erreurs.

Lois. — Chaque législation a travaillé exclusivement pour une fraction du genre humain : Grecs, Romains, Français, Espagnols, Italiens, Allemands, Anglais..... Aucune n'a travaillé pour le genre humain en masse : ce serait cependant le plus important, puisque ce serait l'intérêt général ; mais l'égoïsme est aveugle et surtout borné, incomplet, insuffisant... Comme chaque peuple a ses instincts, ses goûts, ses usages, ses préjugés, ses habitudes, ses besoins, ses nécessités, tout cela impliquerait des constitutions et des législations variées, appropriées à des nécessités et à es besoins variés.

— Les lois anciennes, les meilleures, étaient comme les nouvelles, celles qui s'écartaient le moins de l'équité et des sentiments naturels.

— La loi que l'humanité paraît le plus disposée à suivre est celle de la coutume, soit traditionnelle, soit écrite, tant l'habitude entre dans le gouvernement des hommes, des familles et des nationalités : la conquête seule peut prévaloir sur ces instincts naturels : ainsi en France la conquête et le voisinage avaient introduit le droit romain, dit droit écrit, dans le midi, tandis que le Nord resta gouverné par la coutume jusqu'aux premières années du XIXe siècle ; et, encore voyons-nous notre code unique se partageant entre la coutume et le droit écrit : dans la pratique, les tribunaux eux-mêmes, les cours, (Bourges) ont respecté ces coutumes anciennes, non rappelées dans nos codes, mais non contrariées par leurs dispositions.

— Les meilleures lois comme les meilleures constitutions sont donc celles qui se conforment à la coutume et suivent dès lors la pente des instincts, des goûts et des habitudes ; la loi alors est douce : elle serait rude et lourde si elle procédait en sens contraire.

— Avec des lois trop sévères, on réunit aux inconvénients de la rigueur les dangers de la faiblesse ; elles usent la force des gouvernements les mieux assis et font perdre à la loi le prestige d'équité qui doit l'entourer.

— Ayez une loi assez puissante et assez complète pour assurer rapidement, sans fatigue et *sans frais surtout*, l'exécution de tous les engagements, de tous les marchés, et vous aurez la plus grande richesse circulante en même temps que la justice la moins coûteuse.

— Les lois de succession sont les plus importantes de toutes les lois ; c'est avec elles qu'on peut remanier, transformer, ruiner ou enrichir une nation.

— Là où la loi manque, l'usage la remplace ou la complète ; il la corrige là où elle est défectueuse, mais encore faudrait-il que l'usage qui est l'appoint, le détail de la loi, fut constaté !

— On peut discuter une mauvaise loi, mais il faut se résigner à s'y soumettre aussi longtemps qu'elle n'est pas modifiée ; ajoutons que c'est un mauvais précédent !

— Dans les lois les mieux faites, l'habileté humaine sait trouver des protections contre ce qu'elles ont voulu protéger : c'est que la fraude est plus rusée et plus adroite que la loyauté.

— Le criminel endurci et clairvoyant sait découvrir les faux fuyants et les issues que présentent les lois, car le réseau des codes a quelques mailles fort larges par où peut passer celui qui les entrevoit.

— L'égoïsme armé de la légalité est ce qu'il y a de plus dangereux dans nos sociétés modernes ; toute la puissance nationale est mise à son service et son triomphe est assuré ! La loi devrait être l'équité même, pour justifier sa puissance ; mais la loi, œuvre humaine, dès lors exposée à la surprise et à l'erreur, favorise très-souvent les fripons, aidée qu'elle est de la ruse intéressée des avocats et de l'ignorance indifférente des juges.

— Le principe légal que personne n'est réputé ignorer la loi serait d'essence despotique et inique si la loi n'était le reflet des idées naturelles et préconçues, et si l'équité et la morale n'étaient pas innées dans le cœur de l'homme !

— Les lois répressives des abus, ne trouvent de résistance que dans l'ignorance des masses et dans les individus qui font métier de tirer profit des vices, des abus et des cas douteux.

— La loi écrite doit puiser ses inspirations dans la conscience humaine et les exigences sociales de l'époque : Ces deux bases doivent être conciliées, équilibrées.

Ex. : Le droit de propriété est presque absolu, parce qu'il est protégé par l'intérêt personnel, mais en doit-il être de même du droit de tester ?..

Comme je crois à l'amour paternel et maternel, je serais porté à lui laisser le droit absolu en prévision du caractère des enfants et dans le but d'assurer l'existence des prodigues, aussi bien que celles des incapables ou idiots.

— On parle toujours de la loi agraire chez les Romains, pour trouver un précédent à ces extravagantes utopies du partage égal de toutes les richesses humaines et particulièrement de la terre, mais le point de départ est une erreur matérielle : la loi agraire n'était que le partage des terres des nationalités vaincues, mais non des terres déjà acquises et appartenant au peuple conquérant.

— Les plus anciennes lois sont celles des Hébreux données par Dieu à Moïse sur le mont Sinaï, puis celles des Égyptiens, des Assyriens, des Mèdes, des Perses, des Grecs, des Romains....

— La loi a des tortures et des supplices pour celui qui tue le corps, chétive et périssable enveloppe, mais elle n'a aucune peine contre celui qui torture et assassine l'âme, cet être immortel qui constitue tout l'homme et le rapproche de Dieu. Pourquoi ne punit-elle pas de mort celui qui abreuve l'âme de douleur par la trahison et la calomnie, puisqu'elle punit de cette peine celui qui tourmente, blesse ou détruit l'enveloppe, le vêtement de l'âme ?

— A chaque jour sa peine ou sa ruine ; à chaque année sa maladie ou sa mort :

c'est malheureusement la loi naturelle et fondamentale de l'humanité !

— Dans la famille, les meilleures lois sont celles qui donnent le plus d'autorité aux parents ; ici l'affection naturelle écarte tout danger de tyrannie.

— L'anglais respecte la loi et méprise l'autorité ; le français respecte l'autorité et brave la loi qu'il croit inéquitable.

— Les lois, en Angleterre, craignent de condamner ; en France, on pourrait croire qu'elles craignent d'absoudre, et voyez quelle contradiction ! les galériens sont si bien traités à Toulon qu'on trouverait en France un, peut être deux millions d'hommes qui seraient très-heureux de vivre au bagne de Toulon, de Brest ou de Rochefort..

— On ne prend pas à la lettre toutes les obligations légales de la femme, car ce serait un esclavage par trop affiché ; la société mitige la loi, l'usage l'amoindrit, l'annule même parfois c'est ainsi qu'une loi écrite devient presque, sous la puissance de l'équité ou de l'opinion générale, une œuvre morte.

LOISIRS. — Doux instants de calme et de repos, où l'homme, suivant la pente de ses goûts, se livre avec délices et abandon à ses instincts, ses rêveries, ses lectures, ses travaux d'affection ; c'est un repos de choix et occupé dans ce qui lui plaît et l'amuse !

LONDRES, — capitale de l'Angleterre, est aussi le chef-lieu de la misère cachée dans les caves, dans les horribles rues qui bordent la Tamise ou y aboutissent et dont les habitants, pour ne pas mourir de faim, achètent si chèrement leur pauvre nourriture dans les maisons dites de travail ! horreur du pauvre qui ne se décide à y entrer qu'après un ou deux jours de jeûne absolu, tant sont redoutables, redoutées et effrayantes pour le peuple, ces maisons qu'ils qualifient d'enfers, Hells.

— Londres et les grandes villes manufacturières de l'Angleterre resteront les villes des industries gigantesques, des conceptions matérielles, de l'art de s'enrichir en grand ; on y trouvera la preuve de la puissance de l'or, mais le goût, la finesse, le sentiment artistique y feront toujours défaut :

c'est là ce qui est réservé à Paris ; l'Angleterre fabriquera des millions d'aiguilles par minute, mais on y fera pas un fichu, une robe ou un chapeau qu'une grisette française consentit à porter !

— A Londres, on mange voracement, on boit comme une éponge; hors de ces deux exercices on s'ennuie à mourir, de là le spleen qui atteint toute la gentry et la force à voyager pour ennuyer les visités.

Lopez de Véga, — né à Madrid, en 1562, d'une famille noble, fut le vrai créateur du théâtre espagnol, bien que précédé par Enzina, Noharro, Rueda, Alonzo de la Véga, Cisneros... Il fut d'abord secrétaire de plusieurs grands seigneurs, puis du comte de Lémos, du duc d'Albe, etc... Comme militaire, il fit partie de *l'invincible armada*, cependant vaincue, se maria deux fois, et après son second veuvage, embrassa l'état ecclésiastique sans pour cela cesser d'être poète et de composer des comédies. Lopez de Véga est un des génies littéraires les plus féconds; il a laissé plus de deux cents volumes de pièces de théâtre et autres œuvres poétiques diverses: Parmi ses drames nous citerons : *l'Argent fait la Noblesse, le Mariage dans la mort, l'Étoile de Séville*, et ses comédies, *le Campagnard dans son coin, le Chien du jardinier, Si les Femmes ne voyaient pas!*

— On a accusé Lopez de Véga de deux vices contraires: l'avarice et la prodigalité; nous croyons plus juste et plus vrai le portrait que Montalvan, son contemporain, a tracé de lui. « Il était discret dans la conversation, insouciant de ses propres intérêts et empressé jusqu'à l'importunité pour ceux des autres ; doux et affable dans sa famille, réservé avec les grands, agréable avec ses amis, généreux avec les étrangers, galant avec les femmes et courtois avec les hommes. » Il mourut à Madrid à soixante-treize ans.

Lorettes. — Où allons-nous avec cette armée toujours grossissante d'actrices, de figurantes, de modistes, de filles de magasin, de filles entretenues, de courtisanes enfin à l'année, au mois, à la semaine et parfois à la nuit... et même à l'heure! Qui réprimera le dévergondage des mœurs pensionné à Paris par les riches étrangers et où viennent périr la santé, la fortune, l'honneur et l'avenir de nos enfants !

— La lorette est un papier de circulation ayant d'autant plus de valeur qu'il est revêtu de plus de signatures.

— Dans un cercle de Paris on cite sept gentlemen, paraissant anglais, qui sont les associés commanditaires d'une lorette ayant équipage ; ils fournissent chacun 500 francs par mois et ont chacun leur jour de 24 heures par semaine, une surveillance a été jugée prudente !

— Le croirait-on, nos grandes dames sont curieuses de voir, d'entendre et d'étudier ces notabilités de la dégradation de leur sexe; j'en connais qui se font secrètement conduire là où paradent ces Messalines de la mode parisienne.

Lorraine (ancienne Austrasie). — Cette province se rattachait autrefois plutôt à la Germanie qu'à la France, mais elle était devenue complétement française, et en passant en partie sous les lois de nos odieux et atroces vainqueurs, les Prussiens, en 1871, elle a versé ses plus chaudes et ses plus nobles larmes.

— Les Lorrains ne connurent jamais la servitude : la féodalité pesa peu sur eux, le clergé encore moins ; il n'y eut donc pas de réaction, la liberté de 1789 existait déjà et ne fit que se continuer; la noblesse sortait du peuple par des anoblissements récents, elle n'eut donc jamais de prétentions sérieuses ; on l'appelait les petits chevaux de Lorraine et par dérision les bourriquets de Lorraine !

— Pour le Lorrain, la patrie et le drapeau sont une ardente passion ; aussi est-il un guerrier résolu, témoin : Oudinot, Drouet, St-Cyr, Victor, Paillot, Pajol, enfin Lobau et Excelmans....

— La population Lorraine est robuste et laborieuse, mais peu distinguée par ses formes : c'est le paysan vulgaire, trapu, l'ouvrier par excellence, sobre, fort et infatigable.

Loterie. — On ne comprend pas le maintien de la loterie et surtout des jeux publics dans un pays de vie régulière et morale comme l'Allemagne : c'est là un véritable contre-sens, une tache à ces sociétés patriarcales et tranquilles.

Les gouvernements seuls, parce qu'ils reçoivent un énorme subside, répondent d'un fait aussi anormal que scandaleux.

— Dans les loteries, l'escroquerie est évidente, l'incitation au jeu l'est encore plus ! et on doit s'étonner que des esprits honnêtes et intègres, d'anciens magistrats, aient pu reconnaître et justifier la légalité et la moralité de ces loteries qui sont des escroqueries, et de ces jeux publics qui font de si gros bénéfices que les directeurs se partagent tous les ans 5, 10 ou 15 millions !

Louange. — « L'encens est pour les dieux : la louange est pour les hommes. »
PYTHAGORE.

Ajoutez que la flatterie est pour les despote et pour les imbéciles !

— Une louange, quelle qu'elle soit, embarrasse toujours une personne modeste et peut être, dès lors, impolie ; pour être acceptée, la louange doit être indirecte et d'une délicatesse extrême, surtout frapper juste, sans cela ce serait une amère raillerie ou une contre-vérité.

— Les louanges n'excitent l'orgueil que de ceux qui ne les méritent pas !

— Pour solliciter les louanges méritées, le meilleur appât est la modestie.

— La louange doit être le reflet du mérite qu'elle récompense en l'exaltant dans une juste mesure ; dépasser cette mesure, c'est tomber dans la flatterie qui avilit celui qui la prodigue et ridiculise celui qui l'accepte.

— Le plus souvent, ceux qui ne méritent pas la louange, sont ceux-là même qui l'aiment et la recherchent le plus et s'en nourrissent avec une volupté fiévreuse.

— Le droit de louer implique celui de blâmer : l'auteur qui cherche un éloge doit donc savoir supporter la critique.

— Les louanges ne sont si douces que lorsqu'elles viennent du cœur dont on ambitionne la faveur et l'estime : elles fortifient toujours, souvent même elles inspirent les mérites qu'elles ont signalés et alors on leur doit, avec l'éloge le mérite même auquel il a été accordé.

— Souvent ceux qui méritent la louange ont commencé par la désirer beaucoup, serait-ce par conscience de leur valeur ?

— Les conversations les plus vulgaires, pourvu qu'elles flattent leur amour-propre, paraissent toujours charmantes aux femmes : il semble que l'encens soit le plus grand besoin de leur nature : on peut ainsi les tromper comme de grands ou même comme de vieux enfants !

Louis XI, — le plus rusé, le plus astucieux, le plus habile politique de tous nos rois, en même temps que le plus superstitieusement dévot, passe pour être un des auteurs des *Cent nouvelles-nouvelles*, contes assez licencieux où Boccace et Lafontaine ont beaucoup puisé, mais il est plus probable qu'il s'est contenté de les faire recueillir.

Louis XIII. — Après la mort d'Henri IV tout changea à la cour de France : les troupes furent licenciées ; le sage Sully se retira et alla vivre dans ses terres ; de nombreux partis de factieux se formèrent, les intrigants, les ambitieux, les favoris virent commencer leur règne ; les guerres de religion ensanglantèrent la France ; la reine Marie de Médicis, mère du roi, chassée une première fois, prit les armes contre son fils, obtint son pardon, se brouilla de nouveau et plus sérieusement que jamais, puis alla mourir pauvrement dans l'exil.

— Louis XIII avait le caractère un peu sauvage, dominé par sa mère et son gouverneur jusqu'à sa majorité, impatient de secouer le joug, malade, triste, maussade, ennuyé, il resta toujours embarrassé et timide : il était cependant le fils du batailleur Henri IV.

— Richelieu, tant qu'il vécut, gouverna sous le nom de Louis XIII, qui le craignait et se livrait à lui sans réserve, bien qu'il ne l'aimât pas : sans cette timidité de caractère, fruit de son éducation comprimée, Louis XIII eut pu être un grand roi ; il avait une grande logique d'esprit des idées justes, éclairées et sages ; il avait peu d'imagination, mais appréciait cette faculté chez les autres et quoiqu'on ait pu dire, il ne cédait qu'à ses convictions. Il admirait la grandeur de vues de son ministre et ne le défendit si énergiquement envers et contre tous que parce qu'il le croyait utile à l'État; n'est-ce pas là déjà la preuve d'une volonté forte et puissante ?

— Avant Henry IV, les rois de France signaient Loys ; ce fut Malherbe, le poète familier de Henry IV, qui lui faisant lire une lettre de son fils, le Dauphin (depuis Louis XIII) et signée Loys, lui apprit que c'était une erreur et qu'il fallait signer Louys, ce qui fut fait, mais depuis on substitua l'i à l'y.

Louis XIV. — L'éducation de ce prince avait été fort négligée par Anne d'Autriche, sa mère, et le cardinal Mazarin, son ministre. On avait pris l'habitude d'endormir le jeune prince en lui lisant l'histoire de France, et cet usage fut même supprimé. Il savait si peu le latin qu'en 1662, à la fête de Vaux, il fut obligé de se faire traduire la devise de Fouquet : *Quo non ascendam?* où ne monterai-je pas?

— Louis XIV fut-il grand par lui-même ou seulement par ses comtemporains ; sans nul doute il avait autant de dignité que d'orgueil et jouait bien son rôle de grand roi : généreux et même prodigue, il attira à sa cour tous les hommes célèbres de son siècle, mais il doit surtout son illustration aux grands génies épanouis sous son règne, c'est donc à eux que revient la plus grande part de sa gloire !

— Louis XIV avait le prestige de longs siècles de légitimité et d'une brillante généalogie de rois, aussi était-il respecté comme un dieu ; espagnol par sa mère, il donna à la France l'exemple d'une royauté espagnole, guindée, altière, compassée, mais galante et passionnée à l'excès.

— Louis XIV encourageant les lettres, les arts, les sciences, le progrès en tout, en fit habilement le piédestal de sa gloire et de son orgueil.

— Comme généraux, il eut Turenne, Condé, Luxembourg, Catinat, Créqui, Vendôme et Villars ; comme ministres Mazarin et Colbert ; comme amiraux Trouville, Duguay-Trouin, Duquesne ; comme littérateurs, Corneille, Racine, Boileau, Fénelon, Pascal, Molière, Regnard, Marivaux. Lafontaine et tant d'autres ; comme orateurs sacrés Bourdaloue, Bossuet, Massillon, Fléchier : à la tête de ses parlements brillèrent les magistrats les plus illustres ; Molé, Lamoignon, Talon et Daguessau.

— Il fut ainsi le chef d'un immense orchestre de célébrités dans tous les genres, chantant ses gloires et ce qui est moins honorable et plus audacieux, ses amours adultères et effrontés !

— Louis XIV, qui soutint si énergiquement les prérogatives de la couronne et de l'Église de France et signa la déclaration de 1682, faiblit plus tard en rasant Port-Royal, en rapportant l'édit de Nantes, en ordonnant les dragonnades et les massacres !

— Dans les premières années du règne personnel de Louis XIV, commencèrent à se manifester les premiers signes de la volonté impérieuse d'un monarque qui devait donner à son siècle le cachet de grandeur qui en a fait une des ères les plus célèbres dans les fastes du monde ; mais tant de galanteries successives, entraînèrent et affaiblirent la dignité suprême, et le roi tomba de degrés en degrés jusqu'à l'énervement complet, qui amena la démoralisation générale de la royauté et de la nation comme acheminement à la régence qui devait compléter la ruine de la plus ancienne et de la plus illustre des monarchies du monde !

— Louis XIV était matérialiste audacieux et très-libertin ; car il commença très-jeune et ne s'arrêta qu'au seuil de la vieillesse : on pouvait dire de lui qu'il était le sultan de Versailles plutôt que le roi de France ; jeune et vieux il ne vécut donc que par les femmes ; chaque jour avait son caprice sans compter les pauvres jeunes filles que des complaisants de sa domesticité lui amenaient plusieurs fois par semaine à prix d'argent, les unes sans connaître le consommateur, les autres par calcul d'ambition et de vanité : Louis faisait pourchasser toutes les filles du palais : filles de la reine ou filles de Madame, les princesses, les dames de compagnie, d'atours, etc... C'était la volonté du roi !

Il poursuivit une demoiselle de Madame, Mlle de Beauvais, qui le refusa tout net; il s'adressa à Mlle de Fontanges et la campagne réussit sans peine: la Fontanges était très-jeune et très-jolie, parfaite de la tête aux pieds, rousse, ce qui était un charme comme nouveauté; Fontanges attendait son tour, car elle avait rêvé qu'elle serait la maîtresse du roi. Elle mourut empoisonnée dans une tasse de lait, deux de ses domestiques qui avaient bu de ce lait moururent aussi! La Montespan, fut plus que soupçonnée, mais à cette cour on ne faisait pas d'esclandre pour si peu!

— Mademoiselle de Lavallière fut peut-être, de toutes les maîtresses de Louis XIV, la seule qui l'aima pour lui-même; son amour fut candide et désintéressé; mais négligée et abandonnée pour de nombreuses rivales, elles entra en religion à l'âge de trente et un ans, pour pleurer sur sa faute en même temps que sur son bonheur évanoui.

Une première fois déjà, elle s'était réfugiée au couvent. Louis XIV y envoya Colbert qui la ramena; mais plus tard, le 20 avril 1674, elle alla demander pardon à la reine, cette fois pour s'enfermer irrévocablement aux Carmélites: ce fut le lundi de la Pentecôte, 3 juin 1675, qu'elle fit ses vœux en présence de Bossuet, dernier père de l'Église, qui prononça son sermon de prise de voile et de l'archevêque de Paris qui officia.

— D'un roi galant Mme de Maintenon fit un roi dévot, sans être austère, quoique triste et même bourrelé en apparence du remords de ses amours avec Lavallière, Mme de Soubise, Mlles de Ludres et de Fontanges, Mme de Montespan surtout, dont les fureurs jalouses avaient troublé la vie de la nouvelle et vieille favorite que Louis XIV finit, dit-on, par épouser secrètement.

— On a peine à comprendre, d'après ses commencements grandioses, la fin honteuse du règne de Louis XIV: dans les promenades, le roi suivait à pied, le chapeau à la main, ayant derrière lui une longue suite de dignitaires et de courtisans, la chaise à porteurs de Mme de Maintenon, qu'il cherchait à distraire et à amuser: on rentrait au palais dans la chambre de la veuve Scarron, non sans avoir salué la vieille Nanon, sa servante, et le conseil des ministres délibérait sous la présidence du grand roi et sous l'œil scrutateur de la pseudo-reine.

— On a trop parlé de la magnifique santé et de la beauté de Louis XIV: il voulait être beau et l'était, bien qu'il fut lymphatique, délicat, boursouflé et taché de petite vérole; qu'il eut de vilaines et mauvaises dents; il avait aussi la prétention d'être bien portant et on le crut sur parole quoiqu'il fut continûment malade ou dérangé: il fut opéré pour une fistule, il avait une maladie chronique de vessie, des maladies de cerveau, d'estomac, de foie, il mangeait à l'excès.

« Le roi se mit à table (dit un chroniqueur) avec fort peu d'appétit; il mangea quatre ailes de poulet, des blancs et une cuisse » le reste du dîner à l'avenant!

— Louis XIV était de taille moyenne; il ne parvint à se grandir que par les deux extrêmes, ses talons, sa perruque et son chapeau!

— Jamais Louis XIV n'a été vu sans sa perruque, c'était la dernière chose qu'il quittait! c'était la première chose qu'il recevait en se levant! La perruque était présentée avec l'intermédiaire d'un rideau par le gentilhomme de la perruque, car le grand roi voulait rester grand, même pour son valet de chambre!

— Louis XIV et Louis XV furent cruellement frappés dans leur race: *tous* les héritiers présomptifs de Louis XIV moururent successivement; Louis XV n'était que le troisième dauphin et arrière-petit-fils de Louis XIV. — Le fils de Louis XV lui-même mourut avant la mort de son père, laissant trois enfants qui furent rois; Louis XVI guillotiné et mort avant son fils Louis XVII, qui mourut au Temple, Louis XVIII et Charles X: le Dauphin, duc d'Angoulême, époux de la Dauphine fille de Louis XVI, suivit son père dans son expulsion de France; son frère, le duc de Berry, avait été assassiné à l'Opéra. Cette série de malheurs, tombés sur cette race, a la signification effrayante d'une vengeance divine implacable! et on put dire

des enfants et petits-enfants légitimes de Louis XIV et des enfants de Louis XV :
Fils de rois, pères de rois, jamais rois !

Louis XV — fut un de nos plus mauvais rois, un de nos plus mauvais exemples et la dépravation en chair et en os sur le trône, et cependant dans les commencements de son règne il parut le plus aimé des souverains ; sa maladie, à Metz, en 1744, apparut comme une calamité publique ; le peuple de Paris remplit les églises en priant Dieu de le conserver à son amour ! il fut surnommé le *Bien-Aimé* et la nouvelle de sa guérison fut l'occasion d'un enthousiasme indescriptible !

— Entre Louis XIV et Louis XV il y a un abîme, là est le colosse royal personnifiant la France ; là est un roi fatigué de la grandeur de son aïeul, se reposant avant d'avoir rien fait, démoralisant tout par son exemple, donnant raison à tous les contempteurs de pouvoir absolu, aidant ainsi de toutes ses forces au mépris de la royauté et préparant aveuglément sa chute !

Louis XVI — était un roi timide et bon, il recula toujours devant l'effusion du sang et c'est dans cette voie trop bienveillante et aveugle qu'il arriva à la prison du Temple, puis à l'échafaud.

— Louis XVI était très-bon serrurier et faisait de très-belles serrures, mais il ne savait pas son métier de roi et il fut victime de sa débonnaireté et de sa faiblesse.

— Louis XVI, en fuyant Paris pour passer en Allemagne, ne faisait que suivre le courant de l'émigration française, car toute célébrité ou notabilité était menacée et courait s'abriter à l'étranger ; celles qui restèrent périrent dans les rues, dans les prisons, sur l'échafaud !

— Louis XVI eut avec le courage de mourir, la vertu plus difficile de pardonner ; son calme et sa résignation ne se démentirent pas un instant ; il protesta de son innocence et pria Dieu de ne pas faire retomber son sang sur ses bourreaux et sur la France ! il voulut adresser quelques paroles au peuple, mais le bruit des tambours étouffa sa voix : la tête de Louis XVI tomba et fut présentée à la foule qui la salua du cri de vive la République ; la condamnation prononcée, le 17 janvier 1793, fut exécutée le 21 janvier suivant !

— Le jeune et intéressant *Louis XVII*, indigné qu'Hébert et Simon eussent pu faire tourner ses réponses contre sa mère, fit vœu de ne plus parler et mourut au Temple sans avoir prononcé une parole depuis ce jour !

— Tandis que le pauvre enfant grelottait sous les voûtes humides d'une prison où on le laissait même manquer de pain, son oncle, le comte de Provence, depuis Louis XVIII, proclamait son avènement au trône de France. Et toutes les cours d'Europe le reconnaissaient et les Vendéens prenaient les armes en son nom ! Quelle cruelle dérision de la fortune !

Louis XVIII, — après l'occupation de Paris par la coalition Européenne, était le seul refuge et la clé de voûte de l'ordre nouveau qu'elle voulait établir : Il pouvait être l'arbitre souverain de la loi à imposer à la France, il devait la refuser si on ne la lui rendait pas complète et dans les limites que lui a tracées la nature par les mers, les Pyrénées, les Alpes et le cours du Rhin (la France allait bien au delà) ; alors il eut mérité la royauté et l'affection de son peuple, mais il se fit humble et mendiant, prêt à tout accepter et on lui jeta la France brisée, écornée, démantelée, apppauvrie, et par dessus tout humiliée ! ne lui laissant que ce qui n'était pas possible de lui enlever ! aussi cette dynastie représentant l'étranger ne dura que quinze années !

— Louis XVIII était instruit et spirituel, son triomphe était dans ses matinées consacrées à ses petites audiences où la conversation intime était inaugurée : ce fut son arme et sa séduction.

Louis-Philippe. — La branche cadette des Bourbons, a toujours et par tradition immuable, professé des opinions opposées à la royauté existante : l'absolutisme d'un côté, la liberté de l'autre ! Louis-Philippe élève de Mme de Genlis et de Dumouriez, se maintint dans cette ligne qui lui donnait un parti dans toutes les classes sociales ; une cour, une influence et une importance avec lesquelles il fallait compter. On n'est prince qu'à la condition de le paraître. et de le prouver, on n'est rien autrement qu'un débris de galon, un parent pauvre, un valet, on reste à la suite et courtisan, témoin les ducs de Bourbon-Condé !

— Le gouvernement de Louis-Philippe, proclama dans sa constitution les semences de la liberté qui devaient le renverser : au début et aux risques d'une grande guerre, il courut au secours de la révolution Belge, prit Anvers malgré les menaces de l'Europe, refusa le trône de Belgique pour le duc de Nemours, arracha les traités de 1815 et constitua la Belgique en royaume indépendant. Il institua de même la liberté en Espagne et la protégea en Allemagne ; il organisa en grand l'instruction primaire qui devait forcément amener le suffrage universel ! Le volcan fume depuis 1848, il ne tonne pas encore, fou serait cependant celui qui croirait à un calme éternel, surtout après l'éruption de la Commune de Paris.

— Le gouvernement de Louis-Philippe ne fut jamais respecté, dès lors il ne fut jamais fort et le roi s'en affectait, car la lutte ne cessait pas et la révolution avançait toujours; son travail souterrain effraya le roi, la mort du duc d'Orléans, si aimé et si populaire, acheva de le démoraliser et l'émeute de février le trouva vieux, frappé au cœur et sans résolution : de là sa perte et celle de la France. Pourquoi ces promoteurs ambitieux et aveugles de la république, se sont-ils toujours trouvés dans les gouvernements qui ont suivi ? C'est que l'ambition n'a pas d'opinion, c'est que c'est une vanité ou un intérêt et que, pourvu qu'ils aient les dignités et l'argent, les ambitieux ne craignent pas la honte d'un principe déserté et trahi !

— Louis-Philippe était froidement brave et le prouva en payant de sa personne dans les émeutes et en affrontant un danger dix fois plus grand pour un roi que pour un officier, cent fois plus grand pour lui que pour le soldat; mais il était timide en politique et ne voulait rien risquer de son trône et de sa famille surtout. Ce fut là son plus grand tort !

Louyet. — L'ancien romancier libertin, auteur de *Faublas*, l'ancien Girondin, l'ancien proscrit heureusement échappé à la mort, ouvrit, après le 9 thermidor, un magasin de librairie dans la galerie neuve du Palais-Royal et, par une rare exception, mourut tranquillement dans son lit ! C'était un homme du caractère le plus doux, mais en même temps le plus futile et le plus facile à entraîner, le plus réglé dans sa vie, mais le plus licencieux dans ses écrits, œuvres de son imagination, mais non de son cœur.

Faublas est le préambule de toutes les œuvres décolletées du Directoire.

Louvois. — Les trois Louvois, qui, du grand-père au petit-fils eurent dès l'âge de vingt-trois ans la survivance des quatre à cinq plus hautes fonctions du royaume, sont l'exemple unique dans le monde de la puissance absolue déléguée à l'avance (comme la légitimité d'alors) et concentrée dans une seule famille pendant plus de soixante ans ! C'est sous ce règne des Louvois que s'accomplit, à deux reprises différentes le sac, c'est-à-dire la destruction de fond en comble de la malheureuse province du palatinat ! La première fois, on avait oublié quelques maisons, quelques forêts, mais la seconde fois et après plusieurs années consacrées à la réédification et à la réparation de ce grand désastre, on reprit l'œuvre avec acharnement pour l'exécuter encore plus cruellement. On ne laissait rien debout, on brûlait les récoltes sur pied de façon que la disette et l'incendie fussent partout. Louvois le voulait ainsi, tant il avait éprouvé de colère et d'irritation de ce que Louis XIV se fut trouvé avoir raison en croyant remarquer qu'une fenêtre du petit Trianon était un peu moins grande que les autres ! Tel fut le résultat de cette légère contrariété du ministre, plus orgueilleux et tyrannique encore que son maître !

Louvre. — Un peu avant et surtout après la révolution, le Louvre devint une espèce de grande maison bourgeoise où Ducis, Lebrun, Bernardin de St-Pierre, le peintre David et vingt autres avaient leurs appartements ou leurs ateliers : l'oratoire de Marie de Médicis servait de cuisine à Lebrun ; David faisait sécher et repasser son linge dans la salle où fut exposé Henri IV assassiné ; Mlle Quinault y avait son logement du temps de Louis XV.

LOYAUTÉ. — Si vous êtes en présence d'un adversaire reconnu pour un homme loyal, ne vous mettez pas en peine du triomphe de votre droit, sa générosité rougirait d'une victoire injuste ou non méritée.

— La loyauté est le respect de la parole donnée et acceptée ; c'est la garantie de tout contrat verbal ou écrit ; sans loyauté, pas de marché, pas de commerce possible. On a donc dit avec raison que la loyauté était l'âme du commerce et des engagements réciproques.

LUCIOLES OU LAMPYRES — petits vers lumineux ailés dans les mâles, sans ailes dans les femelles, qui reluisent lorsque la nuit est faite et en opposition avec le mâle qui n'est presque pas luisant ; la femelle est plus éclatante encore lorsqu'elle est prédisposée à l'accouplement.

— Les vers luisants les plus brillants se trouvent sous les climats ardents : dans l'Inde, à St-Domingue, à Cayenne, etc. Ils sont plus gros et plus lumineux qu'en Europe. Dans ces pays si chauds les deux sexes éclairent également : le porte-lanterne ou accudia donne une lumière assez vive pour permettre de lire et d'écrire pendant la nuit.

LULLI — qui se faisait bâtir la maison qu'on voit encore, rue Ste-Anne, au coin de la rue Neuve-des-Petits-Champs, à Paris, et qui est ornée d'attributs lyriques, emprunta à Molière 11,000 francs pour terminer cette maison.

— Lulli en danger de mort, consentit, sur les instances de son confesseur, à lui livrer un opéra qu'il venait de composer (Achille et Polixène), le confesseur rayonnant de joie, le jeta au feu, peu de jours après le musicien se trouvant mieux et recevant la visite d'un prince, son protecteur et son admirateur, celui-ci lui dit : Eh quoi ! tu as laissé brûler ton opéra, une si belle musique ! tu étais bien fou d'écouter ce janséniste ? Paix ! paix ! monseigneur fit Lulli en s'approchant de son oreille : je savais bien ce que je faisais, j'en avais la meilleure copie ! »

LUMIÈRE, LUMIÈRES. — La nuit matérielle aide et ajoute à l'intelligence ; on a longtemps délibéré dans les ténèbres et on ne prend un parti qu'aux vives clartés d'un soleil d'or : il semble que la lumière du jour provoque et anime la lumière de l'esprit.

— Les lumières de l'esprit humain sont de nature incertaine et faillible, elles séduisent et surprennent plus qu'elles n'éclairent.

Les lumières agissent facilement sur les esprits mais difficilement sur les usages, parce que chacun trouve bon de s'éclairer, et que peu de personnes ont le courage de renoncer à des préjugés et à des habitudes qu'elles ont contractés dès l'enfance. Mme DE SALM.

— Comme la raison, la lumière peut être naturelle et artificielle et comme ces femmes laides qui embellissent aux clartés du gaz, les erreurs peuvent briller et triompher à la lumière vacillante et troublée des sophismes.

— La lumière, dit un littérateur espagnol humoristique, est très-capricieuse, elle fait l'air bleu, l'eau transparente, le ciel rosé….: La science dit que c'est une substance, la poésie que c'est un regard du ciel… Elle est souverainement artiste, nul ne connaît aussi bien qu'elle les lois de la perspective : elle se pénètre instantanément de la position de chacun et ne laisse voir que ce qui doit logiquement frapper la vue et avec un tact vraiment inspiré ne nous indique que les points que nous devons remarquer, mais aussi elle est cruellement moqueuse et a un brio inimitable pour la caricature : sur les pans d'une muraille, sur une draperie, sur le macadam des rues, sur la terre nue, quelque part que ce soit enfin, elle dessine avec une rapidité fantastique tous les objets qui se présentent…..

— C'est grâce à la lumière que par l'éclair d'un regard l'âme de l'homme et le cœur de la femme s'entendent, se devinent et se parlent depuis le commencement du monde.

Lune. — Il est reconnu par la science que la lune est un monde arrondi comme la terre, mais bouleversé par des volcans éteints, crevassé par d'énormes et de nombreux cratères, hérissé d'aspérités et de fissures.

— Si la lune est un monde refroidi, éteint au moins à la surface, glacé et inhabitable, la terre est en marche vers le même résultat; elle se refroidit très-lentement, il est vrai, si on mesure cette marche aux quarante-trois années qui constituent la moyenne de la vie de chaque génération humaine, mais elle se refroidira toujours et incessamment jusqu'à ce qu'elle soit devenue une deuxième lune dans la sphère qu'elle occupe, c'est-à-dire une planète éteinte, glacée, inerte, sans végétation et sans vie et ne conservant rien de son existence ancienne.

— La lune, à cause de son état continu de congélation, est une espèce de miroir de forme ronde; les taches qui s'y remarquent doivent être les vallées profondes dont les reflets jetés du côté opposé à la terre font ombre au milieu des reflets directs vers la terre.

— La lune est le soleil des nuits, des oiseaux criards ou muets, des animaux sauvages et farouches, des ombres, des revenants, des spectres, des bruits inexplicables et effrayants, des voleurs et des carnassiers.

— La lune sème sur la surface de la terre autant de fantômes qu'il y a de saillies ou de mouvements, car son ombre est mystérieuse et triste, au contraire de celle du soleil qui est resplendissante de lumière et de chaleur!

— Si le temps est le même le sixième jour de la lune que le quatrième, le reste de la lune, neuf fois sur douze, sera semblable au quatrième. Si le sixième jour le temps est le même que le cinquième, onze fois sur douze, le reste de la lune sera semblable au cinquième jour, c'est donc le sixième jour qu'il faut attendre pour le comparer au quatrième et au cinquième et en tirer un pronostic: cette règle fut posée par le maréchal Bugeaud alors que, comme agriculteur, il prenait souci du bon et du mauvais temps!

Lune de miel (la) — est l'époque de la vie où la femme apprend, par l'intuition d'un sentiment nouveau, à aimer, à honorer, à vénérer son mari, à lui obéir avec entraînement, à se donner à lui avec effusion; c'est la chaîne d'or et de fleurs dont le souvenir doit resserrer éternellement l'union des époux; c'est pour le mari la révélation d'un bonheur nouveau et bien autrement intime et doux que ceux que sa jeunesse avait pu lui faire éprouver; il apprend, dans la lune de miel, à aimer, à respecter, à protéger sa femme, et viennent les conséquences du mariage et les fatigues maternelles qui souvent altèrent la beauté de la femme, il ne le remarquera pas et la mère de ses enfants restera pour lui l'étoile brillante de sa lune de miel, le génie et la joie de son foyer!

Lunettes. — Il y a sans doute de très-bonnes gens et de très-braves gens qui portent des lunettes, parce qu'ils sont frappés d'une infirmité locale, mais j'ai une prévention contre eux, car j'ai souvent rencontré ce disgracieux vitrail sur le nez de pédants, ce qui indiquerait qu'ils abusent de la lecture, de méchants, ce qui prouverait qu'ils ont intérêt à cacher leurs yeux, de traîtres et de trompeurs qui dissimulaient ainsi leurs pensées.

Luther — est une des grandes figures de l'histoire, il fut un des moines les plus savants de son siècle, il parlait latin, grec, hébreu, allemand, italien, français, et était très-versé dans la science théologique: il trouva ses auxiliaires naturels dans les idées libérales et philosophiques des universités allemandes, mais encore plus dans les intérêts des princes et des seigneurs féodaux qui, en s'affranchissant de la tutelle religieuse qui leur était fort lourde, rentraient en possession de tous les biens légués au clergé! Cet intérêt n'a pas été assez remarqué! et cependant c'est par lui surtout que Luther réussit: la suppression des jeûnes, de l'observance des vendredis et du carême concoururent certainement aussi bien que la vente des indulgences, au succès du schisme de Luther chez le peuple allemand, car l'allemand est sensuel, gourmand, grand buveur et les jeûnes contrariaient fort désagréablement ses habitudes et ses instincts !

— Luther était protégé par le prince électeur et en avait reçu un sauf-conduit; le grand empereur Charles-Quint voulut l'entendre, mais le condamna, intéressé qu'il était à ménager un pape (Adrien VI) qu'il avait fait élire et qui lui obéissait.

— Luther était sujet aux hallucinations, pendant qu'il écrivait il entendait des causeries à son oreille et des ricanements bruyants derrière lui : il se défendait de ces importunités en lançant son encrier à la tête de ceux qu'il croyait voir près de lui et le menaçant.

— L'ardent, le fanatique Luther, l'homme né pour la lutte, disait cependant toujours en se découvrant la tête devant les cimetières : « Bienheureux ceux qui jouissent enfin du repos ! » c'est que le soldat le plus passionné se lasse enfin de la lutte ! c'est que l'homme est né pour la paix et non pour la guerre ! autrement à quoi bon la reproduction humaine ?

LUTTES POLITIQUES. — Dans les grandes luttes politiques ou guerres civiles le peuple victorieux est toujours cruel, précisément parce qu'il craint de perdre son autorité et que les vaincus étant pour lui d'anciens vainqueurs lui paraissent toujours redoutables.

LUTTES, COMBATS. — L'histoire de la lutte et des lutteurs remonte à la plus haute antiquité et aux temps fabuleux; à Lycaon d'abord, puis à de plus célèbres appelés héros, puis demi-dieux : Hercule, Bacchus, Thésée... Lycurgue fit de la lutte la base de sa puissance lacédémonienne.

— Les luttes morales sont les plus méritantes, car là il n'y a aucune compensation, aucun encouragement qui puisse en contrebalancer les pertes et les ennuis.

— Si la lutte éprouve et fortifie, la victoire calme, repose et exalte.

LUXE. — Tous les éloges qu'on donne au luxe sont des erreurs ou des mensonges. Le luxe n'a jamais enrichi, il a toujours, au contraire, ruiné les nations les plus riches : ceux qui soutiennent cette thèse extravagante sont des imposteurs éhontés.

— Le luxe, quoiqu'on en dise, ne produit jamais le bien, c'est un gaspillage de la fortune, un exemple mauvais à donner, plus mauvais encore à recevoir.

— Le luxe détruit et ne crée pas, il dévore, il est comme l'incendie, il ne laisse rien derrière lui.

— Les dépenses du luxe prennent la place des dépenses utiles ; elles détruisent le capital, au lieu de le constituer à l'état de capital productif, elles ruinent au lieu d'enrichir : il est donc absurde d'encourager le luxe par les gros traitements. Qu'on administre le budget comme une fortune particulière, et en peu de temps les excédants des budgets remplaceront les déficits ; qu'on obtienne des reliquats applicables à l'amortissement, à des travaux utiles, chemins de fer, canaux, routes assainissements, desséchements, fertilisation, et la richesse nationale ira croissant.

— Le luxe est la plaie des familles et des nations. Charlemagne donnait l'exemple de la simplicité et légiférait contre le luxe. Tous les rois de France, jusqu'à Charles VII surtout, imitèrent le grand empereur; mais plus tard et sous François Ier, le luxe prit de nouveau son essor. Il devint plus ruineux que jamais sous Louis XIV et Louis XV; pendant la grande révolution il disparut, les saturnales du Directoire le ramenèrent ; il diminua sous l'Empire car la gêne était partout ; il resta modéré jusqu'au deuxième Empire et le coup d'État, mais alors il ne fut pas seulement toléré, mais audacieusement encouragé, mais commandé !

— L'exemple d'un crime est mille fois moins dangereux que l'exemple d'un vice ; le crime est repoussant et horrible pour tous, le vice au contraire est attrayant, presque excusable et trop souvent excusé, car, il entre dans notre société tolérante, l'envahit et la corrompt. Ainsi le luxe ruine sous deux formes cumulées, la dépense excessive et la suppression du travail ; c'est par l'attrait et le luxe des cours que les rois complottèrent et accomplirent la ruine et l'anéantissement matériel de la noblesse féodale. Ce fut l'orgueil que mit celle-ci à maintenir sa supériorité en rivalisant de luxe avec les surintendants et les traitants, au lieu d'opposer son vieil honneur et ses anciens services au clinquant de la richesse nouvelle, qui compléta son asservissement moral.

— Quoi de plus effrayant que cette progression continue dans la fièvre du luxe en tout : cela commença par les constructions, puis par l'importance des hôtels et des appartements, le mobilier, les équipages, les toilettes de femmes, les grands bals, les villégiatures, le luxe des domestiques, des voyages, du sport, etc.. Maintenant ce luxe effrayant est arrivé aux dépenses de table ! un plat de primeurs coûte de cent à trois cents francs : asperges, petits pois, fraises, cerises abricots et pêches, ajoutez les fleurs ! A ce prix un dîner de trente couverts a coûté de deux à trois cents francs par tête ! J'ai entendu parler de cinq cents francs pour Compiègne, mais je n'y ai pas cru ! Devant cette orgie du luxe et ses désastreuses conséquences, les nationalités ne peuvent que succomber.

Le luxe chasse les hommes des campagnes dans les villes et ceux des villes, dans les capitales ; les uns pour servir, les autres pour commander, et tous pour s'y corrompre.
SERVAN, *Avocat général.*

— Le luxe est le ver destructeur des sociétés folles et orgueilleuses.

— L'exemple du luxe est aussi dangereux que contagieux, car le faux honneur pousse les hommes à imiter le faste et la prodigalité des autres.

— C'est l'aisance universelle, c'est la confiance dans le crédit public, ce n'est pas le luxe de quelques parvenus enrichis, qui encourage et alimente l'industrie et le commerce.

Le luxe des petits est la ruine des états.
MONTESQUIEU.

En effet quand le luxe entre chez le pauvre il détruit tout : il prend sur la nourriture qui ce affaiblit le corps et tue le travail industriel, unique ressource du travailleur, et il supprime l'épargne qui est sa récompense et sa seule incitation au travail.

— L'homme aristocrate et orgueilleux a le goût du luxe, le bourgeois enrichi, le parvenu ont la vanité du luxe, l'homme distingué et instruit a seul le luxe de l'art et du goût.

— Le luxe est un contre-sens, un barbarisme choquant, lorsqu'il n'est pas relevé par l'éducation, l'instruction et la distiction qu'il commande.

— Le luxe est essentiellement démoralisateur : par lui-même il exclut tout travail, il donne l'instinct et le conseil des moyens les plus criminels pour s'enrichir ; l'impôt sur le luxe ne réprime rien, c'est *par* les mœurs et non *sur* les mœurs qu'il faut agir.

— Dans notre siècle d'argent et de luxe où tout se mesure à l'habit et se pèse en argent, la noblesse de nom, la noblesse de cœur, la noblesse d'intelligence sont obligées de se produire sous la noblesse du vêtement ; car pour le public, qui n'a que des yeux, l'habit fait le moine, et l'étiquette dit tout, l'habit dit donc tout et classe tout dans cette foule tumultueuse et diverse.

— Pour les gens habitués au luxe, la gêne c'est la misère la plus profonde, la plus navrante, la plus honteuse.

— Presque toutes les lois somptuaires agissent contre leur but en ajoutant le cachet de l'opulence à l'éclat, aux gloires, aux prestiges du luxe, car le pauvre envie, admire et respecte instinctivement la richesse.

— C'est par l'exemple et non par ses édits que Vespasien arrêta le luxe : le désir de plaire et le besoin d'imiter eurent plus de force que la loi.

— Henri IV, pour éteindre le luxe, eut l'excellente idée de le permettre aux courtisanes et de le défendre aux femmes honnêtes.

— Sous Néron le luxe fut tel à Rome qu'on pavait les appartements de sommes d'argent et que Néron revêtit tout l'intérieur du théâtre de Pompée de lames d'or, d'une forte épaisseur, plus tard on incrustait des pierreries dans les lambris et dans les parquets !

— Dans le premier siècle de la naissance du Christ et du temps de Pline, les femmes des patriciens romains portaient des chaussures dont la semelle était en or massif :

singulier luxe aussi lourd et gênant qu'il était inutile et bruyant!

— Dans la Rome des papes on sacrifie tout le revenu de la famille au luxe de la représentation : l'hôtel, les galeries de tableaux, l'équipage, la livrée et le service, la toilette d'apparat; il ne reste que la misère pour le nécessaire, la nourriture, le vêtement journalier, le confortable.

— Je ne comprends le luxe qu'en grand, car en petit c'est une vanité sans effet, c'est une impuissance constatée, c'est une honte au lieu d'être une gloire. Dans ce juste milieu, il faut écarter le luxe et obtenir l'aisance et le confort, ici tout est jouissance, le but est atteint et le désir paraît couronné, l'orgueil humain est donc sauvé!

— Quoi de plus misérable que cette velléité de luxe sur un petit théâtre et avec de petits moyens; que cette imitation du palais par la chaumière, le chalet, la maison ou l'hôtel!

— On comprend qu'on marchande opiniâtrément le nécessaire, car c'est la mesure de la bourse qui commande impérieusement l'économie; mais on comprend moins qu'on marchande le superflu, encore moins le luxe!

— De tous les luxes, le plus naturel, le plus simple, le moins coûteux, le plus brillant, c'est le luxe de la nature, c'est le luxe de la végétation, le luxe de la plus petite fleur, comme de la plus grande: miracle incompréhensible, admirable, étonnant dans ses résultats; l'homme est bien puissant, plein de ressources, d'imagination et cependant le moindre brin d'herbe, la plus simple fleurette élevée sur la plus petite tige dépassent en perfection toutes les œuvres de l'homme et servent de modèle et de stimulant à ses arts et à son luxe.

— Un homme instruit, bien élevé, distingué de ton et de manières aime naturellement la richesse et le luxe qui le placent dans son vrai milieu; il les aime comme les fleurs aiment les petites pluies et le doux soleil; il les aime à cause de leur côté artistique, car le vrai luxe est dans les arts le complément obligé de la haute instruction; il n'est pas dans les galons et dans les dorures.

— Le luxe des femmes n'est-il pas inspiré, commandé et payé par les hommes, par leur vanité seule.

M

MACÉDOINE. — Pourquoi ce mot appliqué en France aux mets mélangés? Espagnolade eut été plus vrai, car le *Puchero*, plat aussi inévitable en Espagne que la *Olla prodrida*, est comme elle un mélange de quatre sortes de viandes et de quatre sortes de de légumes: le *gaspacho* son accessoire ordinaire, est aussi une soupe salade aux herbes variées, la conclusion c'est que les mets simples et sans mélange sont autant au goût et à la mode en France que les mets mélangés sont de goût et de mode espagnole.

MACHIAVEL. — Qu'était-ce que cet homme si célèbre par ses atroces principes de gouvernement? L'auteur *du Prince*, œuvre audacieuse prêchant l'odieuse politique du temps, c'est-à-dire la fourberie et le mensonge en tout, se riant des stipulations et des traités, des conventions, des marchés, des promesses, d'une parole donnée, foulant aux pieds toute morale, tout honneur, toute probité et ne reconnaissant pour maître que la force, pour moyen que l'astuce et la trahison!

— Les escamoteurs en politique, en opinions sont nombreux ils sont libéraux dans les mots et absolutistes dans les actes et dans les lois; l'esprit de Machiavel n'est donc pas mort!

— Le machiavélisme est la base du gouvernement anglais dans les plus petites comme dans les plus grandes choses, ainsi: les anglais défendent leurs préjugés comme le droit le plus précieux de leur esprit; c'est un moyen de gouvernement et de popularité que d'offrir au public volontairement et par calcul des erreurs à rectifier: on a alors le mérite de faire ce qu'on veut en paraissant faire ce que veut le peuple!

MACHINES. — En Angleterre, avec la hardiesse de la spéculation et la puissance des capitaux, l'introduction des machines a été si brusque et si générale, qu'elle a réduit des masses d'ouvriers à la misère! en France, au contraire, la rareté du capital, la timidité dans les innovations a fait que la substitution des machines au travail de l'homme a été lente et presque insensible.

— Les machines inspirent un étonnement pénible, ce sont bien des corps animés et intelligents, mais d'une intelligence emprisonnée dans une seule pensée, dans un mouvement unique et se répétant de cent à mille fois par minutes! ce sont des monstres de création humaine, travaillant fiévreusement et continûment pour remplacer le travail de l'homme qui se contente de surveiller et de diriger, bienfait immense pour l'humanité, affranchie ainsi du labeur le plus fatigant! mais à un autre point de vue, danger effrayant pour la moralité des nombreux ouvriers et ouvrières entassés dans ces gigantesques établissements!

— Tel moteur fait le travail de trois cents hommes, telle machine à vapeur produit la force de cent mille hommes! comprenez-vous quel fardeau de moins pour la famille des travailleurs?

— Les machines nouvelles, en faisant le travail des bras, relaient l'humanité et lui font des loisirs pour la pensée: ne calomnions donc pas ces belles découvertes qui, en donnant le repos au corps, commandent l'activité de l'esprit et conviennent à une instruction toujours en progrès.

— Après s'être chargées des fatigues de l'homme, les machines sont venues au secours des bêtes les plus maltraitées : la vapeur dételle nos chevaux pour s'atteler elle-même aux lourds et longs convois de nos chemins de fer.

— Les machines à vapeur de chemins de fer ont une vitesse moyenne de quarante, cinquante et soixante kilomètres par heure pour les express, soixante-dix et soixante-quinze pour les express extraordinaires (malle anglaise de l'Inde), leur maximum en *expériences* est de cent kilomètres à l'heure !

— A soixante kilomètres et une seule locomotive on ne peut pas dépasser le nombre de dix diligences, la vitesse des trains de marchandise ne dépasse pas trente kilomètres, mais il y a souvent quarante et cinquante wagons.

— Les machines, ces bras nouveaux, mille fois plus puissants que ceux de l'homme et conquis par son génie, ont l'inconvénient de coûter fort cher et de ne s'appliquer qu'à certains travaux à exécuter en grand, mais non toujours aux plus utiles et aux plus indispensables.

— La machine humaine est composée de tant de rouages divers, de tant d'éléments compliqués et variés, qu'on ne saurait dire quels sont les plus forts et les plus délicats ; mais tous sont d'une extrême fragilité. Quoi de plus fragile, en effet, que le cœur; ce moteur de la vie, que le cerveau, ce générateur de la pensée; que la vue, ce guide du corps; que la santé, ce soutien de la vie! L'homme qui réfléchirait à la délicatesse de ses organes n'oserait les exercer, se mouvoir, agir, etc. L'expérience seule l'enhardit, et les accidents et la maladie le ramènent constamment à la vérité : le danger.

— Une machine infernale éclata dans la rue St-Nicaise, le 24 décembre 1800, brisa les glaces de la voiture du premier Consul, tua huit personnes, en blessa trente-trois et saccagea les maisons voisines ; Napoléon et Joséphine n'en passèrent pas moins la soirée à l'Opéra ! On savait déjà que le Consul était aussi brave qu'intelligent!

MAGIE. — Hermès, chez les Égyptiens, est le plus ancien des maîtres en magie et en alchimie ; les Arabes continuèrent la science Égyptienne ; au XIIIe siècle, cette science refleurit sous Roger Bacon, le grand et le petit Albert vinrent plus tard, puis au XVIe siècle Paracelse. Catherine et Marie de Médicis encouragèrent beaucoup cette prétendue science, ce fut cette dernière qui bâtit la colonne cannelée adossée à la halle au blé de Paris et qui lui servait d'observatoire ; enfin le fameux comte de Cagliostro qui, avec un art vraiment merveilleux, sut faire tant de dupes dans la société la plus intelligente, la plus instruite et la plus élevée.

MAGISTRATURE. — La physionomie judiciaire est un type particulier à étudier ; et la vie magistrale est si douce, si flattée, si tranquille, qu'elle séduit les gens *les moins capables de la remplir!* Aussi doivent-ils se faire un masque approprié à leurs fonctions, masque exprimant plusieurs choses à la fois : la dignité pour cacher l'orgueil et la vanité, la gravité pour dissimuler l'ignorance et la bêtise, l'impassibilité pour voiler toutes leurs passions trop actives et trop animées.

— Le magistrat vit de la loi ; le code est un évangile, il faut bien se garder de ne pas se prosterner et devant la sagesse du code et devant la haute intelligence de ses ministres. Car cet homme si doux et si digne en apparence cache sous sa robe noire, un orgueil indomptable, une morgue profonde, un mépris souverain pour tout ce qui n'est pas lui : mauvaises bases, dangereuses préventions dans un juge.

— Les magistrats sont, non pour eux, mais pour la société, les dépositaires de la force que donne la loi ; pour qu'elle reste respectable, il faut qu'ils la respectent les premiers et se donnent en exemple.

— Les mauvais magistrats sont les plus coupables des citoyens, car c'est le plus grand des crimes que de refuser ou de fausser la justice qu'on a mission de rendre et de faire respecter.

— Vingt années de police correctionnelle ou de cour d'assises peuvent et doivent faire d'un homme sensible la bête fauve la plus cruelle, le juge le plus avide de condamnations et de sang : cela devient métier, habitude, ce n'est plus un ministère ou un sacerdoce, on ne voit plus que des délits et des crimes, jamais de fautes excusables, ni de faits atténuants !

— Il arrive trop souvent que les magistrats font passer l'esprit de corps avant l'esprit de justice et qu'ils flagellent injustement, ou poursuivent de leur haine, les justiciables qui ont pu avoir quelques démêlés avec un des leurs : c'est là un abus odieux de la force et du pouvoir délégué par la loi.

— Je ne suis qu'un médisant, lorsque j'affirme que la raison humaine est si faible, que la magistrature, même instruite, savante et perspicace, se trompe trois fois sur cinq et sacrifie ainsi le bon droit et l'équité à la ruse et à la fraude. La preuve en serait difficile à faire devant des résistances trop intéressées à étouffer des vérités trop vraies, mais elle ne serait pas impossible, si la partie restée bonne dans la magistrature y aidait, comme on doit l'espérer.

— En France, tout est dans la main du pouvoir, tandis que tout devrait rester dans l'initiative non du peuple, car cela n'est pas admissible tant le peuple est ignorant et malsain, mais au moins d'un corps électoral composé d'anciens magistrats, d'anciens juges, professeurs et doyens du ressort de la cour, membres des parquets, conseillers d'État, etc...

— Si la magistrature était prise dans le tiers état riche et instruit, nous y trouverions une garantie, mais elle ne devrait pas être choisie arbitrairement par le pouvoir, trop disposé à s'en faire une arme et un auxiliaire de sa volonté, au moyen du choix d'abord et ensuite de l'avancement !

— En France nous vivons trop sur la vieille réputation de notre ancienne et très-honorable magistrature : tant de révolutions ont bouleversé les gouvernements, tant d'intrigues ont trompé les pouvoirs nouveaux et inexpérimentés, que la magistrature s'est vu envahir par des intrus la magistrature au concours comme on fait déjà pour toutes les chaires de professeurs et pour la plus grande partie des carrières publiques.

— En Angleterre toute la magistrature se recrute dans le barreau ; en France, au contraire, c'est par exception que les avocats exercés entrent dans la magistrature ; les plus célèbres les plus capables s'échappent pour s'élever dans la carrière politique.

— En Angleterre, la théorie de l'enseignement du droit s'est toujours rapprochée de la pratique de la justice : auprès de chaque cour de justice s'établissent des auberges de la cour (*inns of court*), ce sont des pensions avec des chaires d'enseignement appelées inner temple (*temple intérieur*) middle temple (*temple central*). Lincoln's inn Gray's inn et autres auberges de chancellerie les membres de ces écoles de droit s'appellent Barristers ; comme en France, il règne entre eux la plus complète égalité, et lorsqu'ils occupent les plus hauts emplois de la magistrature, ils n'en viennent pas moins se mêler aux réunions de leurs anciens camarades d'études.

MAGNÉTISME. — Le nom de magnétisme, ou science de l'aimant, vient originairement de Magnésie, nom d'une contrée métallifère de l'Asie-Mineure : Aimant (magneta en latin) : L'île d'Elbe, les Pyrénées fournissent la pierre de magnésie ou aimant, ce sont des morceaux de minerai de fer noir ou gris.

— Le magnétisme est l'influence de l'animal sur l'animal et même de l'homme moral sur l'homme moral : l'homme le plus fort impose souvent sa volonté à l'homme le plus faible. C'est pour cela que l'entraînement des grandes assemblées est irrésistible et brise toutes les résistances individuelles.

L'influence de l'exemple physique ou moral est déjà du magnétisme : le beau monde donne de bonnes manières et de bonnes pensées ; le mauvais fait le contraire c'est un bain magnétique avilissant et démoralisant ; on connaît l'influence d'une vibration sur les instruments de musique : ceux-ci y répondent ; tout le monde a remarqué et ressenti l'influence d'un regard : l'amour n'éclate-t-il pas à première vue ? deux cœurs s'unissent ainsi tacitement, ils attirent les deux corps : la parole n'a-t-elle pas le même pouvoir.

MAHOMET, — né près de la patrie de Jésus-Christ et six cents ans après lui, connaissait les traditions juives et les copia en annonçant que Dieu enverrait un *Moulsaa* (Messie) pour prêcher sa parole et créer la puissance des Arabes ; il s'annonçait lui-même comme l'envoyé de Dieu, comme son prophète.

— Les Arabes racontent que le grand-père de Mahomet, Abdel-Mettaleb, n'ayant pas d'enfant, promit à Dieu de lui immoler un garçon s'il lui en accordait dix : il eut ses dix garçons et le dernier fut Abd-Allah, lequel fut racheté de la mort par le sacrifice de cent chameaux ; d'Abd-Allah naquit Mohammed, le prophète.

— L'hégire de Mahomet commence en 622, il meurt en 632, et un siècle après les arabes sont les maîtres de toutes les côtes d'Afrique et d'Espagne, sur la Méditerranée : ils allaient entrer en France lorsque Charles-Martel les vainquit et les refoula. Plus tard, ils devinrent maîtres de toute l'Asie Occidentale, s'avancèrent en conquérants invincibles dans la Hongrie et la Germanie jusqu'à Vienne, où ils éprouvèrent leur plus grave échec.

— Mahomet crut, en ordonnant la séquestration absolue des femmes, avoir prévenu les plus grands dangers : aussi négligea-t-il l'enfer en se contentant d'un paradis de délices infinies et éternelles.

Jésus-Christ, en laissant la liberté aux femmes, l'accompagna de la répression terrible des peines temporelles du purgatoire et éternelles de l'enfer, son code est plus complet et plus logique ; d'ailleurs tout ce qu'il y a de tolérable dans le mahométisme est *un plagiat sur le christianisme* qui avait déjà six cent vingt-deux années d'existence avant l'établissement de la religion de Mahomet.

— Le Coran permet quatre femmes à tout mahométan et neuf au sultan ; mais il conseille au peuple de n'en prendre d'abord qu'une seule, sauf à en augmenter le nombre dans la proportion de la fortune du chef de famille. La pluralité des femmes ayant été commandée par la loi sainte, dans l'intérêt de l'augmentation de la population, dès lors de la puissance et de la richesse publiques, cette cause, comme on pouvait le prévoir, amena l'abus.

— Les arabes, avant Mahomet et pendant ses débuts, tuaient leurs filles et avaient autant de femmes qu'ils en pouvaient nourrir: Mahomet défendit ces massacres et prêcha la réduction du nombre des femmes tout en enfreignant lui-même ses doctrines: son exemple détruisait donc toujours ses préceptes.

— Mahomet était plein de ressources d'esprit: amoureux de Zaïnab, la femme de son fils adoptif Zaïd, il ne pouvait sans scandale satisfaire son penchant, mais il s'arrangea, après la lui avoir fait répudier, pour faire tomber du ciel une page du Coran, permettant aux croyants d'épouser les femmes de leurs fils par adoption.

— Mahomet avait déjà plagié la doctrine du Christ et les Mahométans de nos jours commencent à imiter les chrétiens: ainsi chez eux la pluralité des femmes n'est plus qu'un droit fort négligé, parce que la Turquie par l'exploitation du commerce étranger, de l'Angleterre surtout, ne peut se donner le luxe coûteux des harems à plusieurs femmes, avec un grand nombre d'enfants et un plus grand nombre encore de serviteurs ou d'eunuques! puis le Turc a prit le goût du vin et des liqueurs et même du confortable; attendons-nous donc à voir bientôt la Turquie avoir sa réforme: sa puissance n'existe plus, sa ruine est acquise, elle a excessivement emprunté et ne pourra jamais payer! c'est ainsi que commencent toutes les ruines, qui elles-mêmes se complètent par les révolutions! l'Espagne nous en donne un nouvel exemple en 1873.

— La loi de Mahomet est une loi guerrière. Il n'y a point de fêtes sans poudre, sans évolutions armées, sans simulacre de combat.

La guerre est dans le sang mahométan. Mahomet a dit: « Le paradis est à l'ombre des glaives! Mahomet est le dieu des batailles et des victoires! »

— Dans la politique musulmane, aucune loi ne règle la succession au trône; est-ce un oubli de Mahomet? est-ce un calcul pour laisser au plus fort le pouvoir qu'il aura su conquérir, et au plus digne le soin de devenir le plus fort en ralliant les populations autour de lui par cette espèce d'élection? l'idée reste excellente!

— Le Coran consacra dans l'empereur ou sultan, le successeur civil et religieux de Mahomet le prophète, comme le fait encore aujourd'hui, mais avec moins de vérité et d'éclat la constitution de la Russie; idée essentiellement orientale et asiatique, car on la retrouve au Japon et en Chine, exercée sous deux noms cependant, le Taicoun et le Daïnios.

— Le mahométisme a cinq principes:
Le 1er la prière,   (es-salat);
Le 2e l'aumône,   (er-zekkat);
Le 3e le jeûne,   (es-siam);
Le 4e le pèlerinage,   (el-hadj);
Le 5e la profession de foi,   (ech-chehada).

— Le Coran ne fut d'abord qu'un code de lois religieuses, civiles et morales, merveilleusement propres à la rêverie et à la poésie des esprits arabes, animant leur vie nomade, leurs passions effrénées, leur amour des armes, de la guerre et de la conquête.

— L'eau joue un très-grand rôle dans la religion de Mahomet; elle est l'emblème de la pureté de l'âme, les ablutions doivent avoir lieu trois fois par jour, puis avant et après le repas; enfin toutes les fois qu'on peut croire à un contact blessant la propreté.

— La clé chez les arabes est un signe aussi vénéré que la croix chez les chrétiens: elle a été confiée au prophète pour qu'il ouvre aux croyants la porte du ciel! le titre de Sublime Porte, indique la puissance temporelle du sultan sur la terre, parce que c'est lui qui est le premier gardien de la porte du ciel.

MAHRATTES, — peuple de l'Inde, le plus endurci, le plus guerrier, le plus cruel: avant de s'enivrer d'opium les mahrattes s'enivraient en fumant du chanvre sauvage.

MAIGREUR. — Les femmes assez grandes et maigres ont cet avantage qu'elles peuvent toujours paraître bien faites au moyen de certains artifices de toilette.

MAIN. — Quand je regarde ma main dans ses mouvements multiples, dans l'accord de chacun de ses doigts ou des pièces qui les composent, je comprends la famille unie dans une racine commune et puisant sa vie et sa force dans son unité.

— La main est le symbole de l'action, car seule elle exécute ce que l'homme commande, une lettre à écrire, un compte à établir, le travail de l'artiste, celui plus grossier de l'ouvrier, etc.

— On a remarqué qu'en général les hommes à hautes inspirations, à sentiments élevés et délicats ont tous de jolies ou de belles mains, des doigts effilés, des ongles irréprochables, transparents, rosés et d'autres perfections qui font, de la main soignée et respectée, l'enseigne du corps ; les belles mains semblent donc être l'indice d'une haute destinée. N'est-ce pas aussi par la main que se transmet le fluide magnétique ?

— Dans la vie du corps, certaines beautés ont une marche inverse dans leur développement ; ainsi c'est à dix-huit ou vingt ans que la figure et la taille ont toute leur perfection, tandis que ce n'est qu'à trente ou quarante ans que le corps entier, les mains et les pieds ont leurs lignes les plus pures, les plus délicates, leurs reflets les plus blancs, les plus irisés ; à vingt ans, en effet, la force de la vie se manifeste dans la rougeur disgracieuse des mains et s'efface plus tard dans l'équilibre du sang.

— Certaines mains sont si effilées et si blanches qu'elles ne semblent faites que pour faire vibrer les cordes d'une harpe ou animer les touches d'un harmonieux piano ou encore l'orgue aux sons si puissants et plaintifs, et chantant les louanges de Dieu.

— Une main courte, large, aux doigts plats et carrés, doigts de mathématicien ou d'épicier, révèle un travail continu et matériel.

— La main, dans la religion de Mahomet, est un symbole, elle désigne la main de Dieu, elle est aussi le symbole de la loi écrite : les Musulmans lui attribuent la puissance d'éloigner le danger ; les Maures ont importé cette croyance en Espagne et les Sarrazins en Italie sous le nom de la jettatura ou mal'occhio.

— Dans l'Andalousie et toutes les autres provinces de l'Espagne méridionale et anciennement mauresque, le peuple porte suspendues au cou des petites mains en corail, en ivoire, en or ou en argent, etc. Cette main est fermée et le pouce passé entre l'index et le doigt du milieu ; cette main conjurerait le mauvais œil ou le mauvais sort.

— Sur la porte principale de l'Alhambra de Grenade on voit un vide où était placé un marbre précieux sur lequel était gravée une main gigantesque, ce marbre fut religieusement enlevé et porté en Afrique par les Maures : on lit au-dessous de la place qu'il occupait :

« Que tous veillent à la défense et protégent les cinq doigts de la main » !

— Les noms de Bohémiens en France, Gitanos en Espagne, Zingari en Italie, Gypsies en Angleterre, etc., désignent la même race d'ouvriers voyageurs, mendiants, écumeurs de grands chemins, frères bâtards des Maures ; comme eux, ils consultent la main pour tirer leurs horoscopes.

MAINTENON (Mme de). — veuve du cul-de-jatte Scaron, est tout le contraire de Mme de Sévigné : elle n'a jamais aimé personne : ni ses parents, ni son premier mari, ni le grand roi son second, ni ses amis et ses protégés ; le cœur manquait à cette femme qui ne se recommandait que par une austérité et une dignité outrées, dès lors menteuses, sa rigueur envers les autres, son stoïcisme en tout, sa devise était : « Il y a dans la droiture autant d'habileté que de vertu ! »

— La haute fortune de la veuve Scarron, ambitieuse si miraculeusement parvenue, restera toujours un problème, sa vertu une énigme, sa religion un mystère. *Tout ne s'explique que par ce fait*, qu'elle fut l'instrument dont se servit le parti jésuitique pour gouverner le plus puissant, le plus orgueilleux et le plus grand des despotes.

MAINTIEN. — Ce que le monde appelle

un maintien convenable dans une jeune personne, c'est un mélange de calme froid et de naïve résolution de surface, sous la pression d'une émotion intérieure et contenue.

MAIRIES. — Chaque commune en France est gouvernée par un maire et un ou deux adjoints, avec un garde champêtre et un instituteur ; au sommet, un bon prêtre pour surveillant et modérateur. Là est *la première pierre* de notre édifice social. Un maire instruit comprend les difficultés souvent très-sérieuses de ses fonctions ; les maires incapables seuls ne doutent de rien et embrouillent ou irritent au lieu de concilier et de calmer les luttes et les résistances ; partout et toujours l'harmonie et la paix sont cependant les conditions du bonheur !

— Le maire est l'âme, le ressort, le chef de la commune : il enregistre les naissances, il marie, il dresse les actes de décès il préside aux élections, il est tout ! il faut donc qu'il ait capacité et dévouement !

— La loi de 1789 faisait élire le maire par les citoyens ; celle de l'an 8 le faisait choisir par le gouvernement dans le conseil municipal élu ; la loi de 1806 permettait au gouvernement de le prendre en dehors du conseil municipal, mais dans les cent plus imposés : ce fut le principe adopté par le premier empire, mais sans restriction aux cent plus imposés, comme le voulait la loi de 1831. Aujourd'hui le maire doit être élu par le conseil municipal, mais dans le conseil municipal exclusivement.

MAISONS. — Plus les maisons sont jolies, bien exposées et luxueuses, plus elles perdent à être veuves de leurs propriétaires ; toutes leurs fenêtres, si éclatantes au soleil et qui semblent être leurs yeux, sont fermées comme les yeux d'un mort, c'est un voile noir sur un visage humain !

— Les maisons de fous paraissent avoir été inventées pour enfermer des hommes qu'on voulait rendre fous d'abord, puis supprimer par une mort atroce et désespérée.

La démence est dans l'air, dans le jour, dans toute la vie, elle enveloppe le malade, envahit, l'absorbe. Il est entré dans la maison de santé avec le délire il y devient et y reste fou, fou furieux, alors sa seule guérison est la mort.

— Nous avons cependant visité quelques établissements de ce genre qui nous ont paru moins dangereux, ainsi Palerme en Sicile a un hôpital de fous, modèle et hors ligne en Europe : la douceur, le bien-être, les distractions y sont employés comme moyens de guérisons ; deux cinquièmes des malades en sortent guéris.

MAISON PATERNELLE. — La maison et les propriétés de famille auront toujours sur les enfants la plus salutaire influence : elles les retiendront au foyer paternel par les attractions les plus bienfaisantes et les plus moralisantes, elles leur imposeront le respect d'eux-mêmes par le respect dû à la mémoire des ancêtres et l'obligation de les imiter, elles leur donneront une patrie d'autant plus aimée qu'elle sera plus restreinte et plus entourée de souvenirs intimes.

— La maison paternelle est le tabernacle de tous les souvenirs de l'enfance, souvenirs si nombreux, qu'il y en a pour tous les petits recoins, pour chacune des pierres, pour tout enfin : j'ai soixante-dix ans et je vois, comme si je venais de les visiter aujourd'hui, les deux maisons de mon père et de ma mère que je n'ai pas vues depuis soixante ans !

— La maison paternelle est le paradis de la vie de l'enfant, c'est le nid bien chaud, la table abondante, le sommeil si calme ; c'est la joie et l'amour en tout, enfin l'enveloppe la plus douce, la plus gaie, la plus bienveillamment protectrice de la vie de l'enfant.

— Il en est des enfants comme des hommes, le bonheur se compose d'affection et de liberté, c'est pour cela que la maison paternelle est si douce et si chère aux collégiens.

MAISON ROMAINE. — *Vestibulum*, petite pièce d'entrée ayant de chaque côté une chambre à coucher auprès d'une loge de portier ; au centre de la cour en parterre se trouvait un bassin où s'écoulaient les eaux de source ou de pluie, d'un toit ouvert et éclairant la chambre, cette ouverture s'appelait *impluvium* ; un *brasero* mobile, avec figurines représentant les dieux *Lares*, était placé dans le vestibule ; *tablinium*, c'était la pièce venant après le *vestibulum*, salon orné de riches peintures murales, d'un pavage en mosaïque ; dans les maisons opulentes, d'un côté du salon se trouvait le *triclinium* (salle à manger), et de l'autre côté une salle renfermant un petit musée d'objets rares et curieux. Toutes ces pièces s'ouvraient sur une colonnade oblongue ou carrée appelée péristyle, au centre de laquelle était un petit parterre ou jardin orné de fontaines, de vases de fleurs, etc., la maison n'avait qu'un étage.

MAISON DE VOLTAIRE, (la) — faisant le coin de la rue de Beaune et du quai Voltaire, à Paris, fut fermée depuis la révolution jusqu'en 1825 ou 1826 : la marquise de Villette le voulut ainsi, mais la croyance que Voltaire avait ordonné que cette maison ne fut ouverte que quarante ans après sa mort n'est pas exacte. La marquise habitait un hôtel rue de Vaugirard, faisant le coin de la rue Féron et allant jusqu'à l'impasse. Ce fut plus tard l'hôtel du président de la cour de cassation, Henrion de Pansay.

MAÎTRESSES DE MAISON. — Une maîtresse de maison doit avoir un caractère toujours égal, une bienveillance uniforme, ne montrer ni embarras, ni inquiétude, écarter toute allure mystérieuse, se montrer plus bienveillante pour les plus modestes et pour ceux-là même qui auraient moins le droit de l'espérer : sa mission est dans ses devoirs de femme et de mère, exigeant autant d'aménité que de douceur et de tolérance, en même temps que de justice et de fermeté.

— Le vrai mérite d'une maîtresse de maison c'est moins de montrer son esprit que de provoquer et de mettre en lumière et en relief celui des autres, et de créer ainsi une harmonie et une bienveillance qui produisent l'entrain, l'agrément et l'union de la société.

MAISTRE (Joseph de), — bien connu par ses idées en philosophie, vivait en Savoie, à Servolet, près de Chambéry ; né en 1755 il ne visita la France qu'en 1816 : il a posé en faveur de l'absolutisme religieux et royal, les règles appliquées par Robespierre et St-Just : « L'arme la plus puissante arrive aux mains des plus forts, des plus audacieux, des plus dangereux. »

— Il ne faut pas confondre Joseph de Maistre avec son frère Xavier, l'auteur de trois charmantes exquisses fantaisistes publiées sous le titre de : *Un Voyage autour de ma chambre* ; *Les Lépreux de la vallée d'Aoste*, histoire très-attendrissante. *Le Prisonnier du Caucase*... Ces œuvres se distinguent par une philosophie chrétienne, douce et animée d'un grand amour de l'humanité.

MAJORITÉ. — L'homme n'est en possession de toute sa force morale que lorsque ses forces physiques ne sont plus affaiblies par le travail de la croissance et aussi que ses forces morales ont acquis toute leur énergie : cette majorité qu'on a fixée en France à l'âge de vingt-un ans ne devrait l'être qu'à l'âge de vingt-cinq ans, même après le mariage ! car ce n'est que de vingt-un à vingt-cinq ans que les jeunes ménages se ruinent où se découragent !

MAL. — « Quand vous vous abstenez du mal, c'est une aumône et un bienfait que vous vous accordez à vous-même. »
Proverbe arabe.

— Le mal est presque toujours sans atténuation, dur et cruel ; le bien, au contraire, est assez souvent pur, sans revers et sans risques, surtout s'il est mérité, parce qu'alors il devient logique.

MAL DE MER (le) — commence par des maux de cœur suivis de vomissements et finit par les souffrances de l'estomac ; un homme discret et poli est honteux de ce dernier état du mal qu'on peut éviter ou atténuer en se plaçant au centre du navire où le balancement est moins sensible, en s'y couchant et en fermant les yeux pour ne pas voir le mouvement du navire et ne pas en être impressionné. Les Anglais prétendent que le vrai remède est d'avoir l'estomac plein, ce qui empêche son ballottement, la souffrance et les effets qu'elle produit!

MALADIES. — Pendant le cours de la vie, les maladies et les infirmités sont les tributs provisoires que nous sommes obligés de payer à notre misérable nature, jusqu'à ce que nous acquittions le dernier de tous en nous restituant à la terre d'où nous sommes sortis.

— La maladie, ce cruel bourreau du genre humain, a fait élever des autels à Esculape dans un temps où l'homme plus fort, moins affaibli par les excès, était moins souvent et moins dangereusement malade et où la science était loin d'être aussi avancée.

— L'être humain ne jouit pas d'une santé aussi constante que les autres animaux : l a des maladies plus fréquentes, plus longues, plus dangereuses, car il meurt à tout âge tandis que les autres espèces animales ne meurent guère que dans leur vieillesse et, jusque-là, connaissent à peine les maladies! Cette fragilité de constitution est encore plus grande dans la femme que dans l'homme et pour elle la fréquence des indispositions ou des maladies paraît être une loi naturelle.

— Dans les accidents ordinaires de la vie il y a à peu près similitude dans la médecine de l'homme et de la femme, cependant plus faible et plus impressionnable que l'homme; les lois hygiéniques sont donc plus impérieuses pour elle que pour lui. Ainsi les mouvements de température, les excès en tout dérangent plus facilement les femmes que les hommes et la sensibilité extrême de celles-là les met plus promptement en péril.

— Les maladies de la vieillesse ne peuvent rien opposer à la faiblesse de l'âge, celles de la jeunesse se défendent par leur richesse de vie et de sève.

— On dit fort à tort de l'homme malade qu'il est capricieux! ce n'est pas lui qui est capricieux, ce sont ses organes parce qu'ils sont malades, surexcités, affaiblis ou enflammés.

— La maladie d'un membre affecte tout le corps; de même une famille, personnalité multiple, est affectée par la maladie d'un des siens.

— Quand le malade doit certainement mourir et que sa maladie n'est qu'une longue souffrance, lorsque le médecin ne lui donne que des remèdes sans efficacité aucune et qu'il laisse à la maladie et surtout à la souffrance le soin de conduire le malade à la mort, ne serait-il pas plus bienfaisant d'endormir la souffrance au risque d'endormir éternellement le malade? ce conseil serait plus accentué s'il s'agissait d'un cas de rage bien constatée!

— Le vulgaire accuse le chaud et le froid de toutes les maladies; l'homme raisonnable remonte à la véritable cause.

— C'est le relâchement des mœurs qui a affligé l'humanité de tant de maladies inconnues jusque-là, car il n'y a pas un siècle qu'on a vu se multiplier l'infirmité des vapeurs et des maux de nerfs.

— Dans le gouvernement des femmes nerveuses il faut autant de perspicacité que de finesse : car il faut uniquement changer le cours des choses, substituer un penchant à un autre penchant, une passion à d'autres passions, dérouter en un mot, sans paraître le faire.

— Le changement d'air, de régime, d'habitudes, les voyages, les distractions, l'absence de toute préoccupation sont les meilleurs remèdes à certaines maladies qui permettent le mouvement dans les saisons convenables.

— Chaque pays a sa maladie : le spleen à Londres, les rhumes et rhumatismes à Paris; les fluxions de poitrine à Madrid, en Italie la mal-aria; la fièvre nerveuse en Russie, le vomito dans l'Amérique méridionale; la maladie du foie dans l'Inde et au Sénégal; la peste en Orient, le choléra partout.

— Les maladies du peuple viennent des vices, de l'abus suivant la privation, du travail exagéré, des habitations insalubres ou malpropres.

— La maladie vient vite et se retire lentement, les convalescences mal surveillées sont dangereuses, car les rechutes sont souvent mortelles.

— On devrait défendre les malades contre des visites plus curieuses, indiscrètes et dangereuses que réellement utiles.

— Après une longue maladie la convalescence pourrait s'appeler une renaissance, une seconde jeunesse dans laquelle les forces et l'intelligence grandissent chaque jour.

— Les chambres des malades, saisissent par leur silence recueilli et mystérieux, par la tiédeur lourde et compacte de l'air! il n'est pas jusqu'à ces petites bouteilles, prisons de verre, de puissances bienfaisantes ou dangereuses, qui n'effraient la pensée en la poussant vers le monde occulte des anciens laboratoires.

— L'usage s'est depuis longtemps introduit de demander à un dévouement religieux l'aide et le secours des anciens garde-malades, infirmiers et infirmières; il ne manque à ces bonnes sœurs que l'idée religieuse rend si bienveillantes et si dévouées, qu'un apprentissage de leur profession de garde-malades; on devrait exiger qu'elles eussent passé un certain temps dans les hôpitaux: avec cette garantie, l'institution serait parfaite.

— Dans les maladies des enfants, personne ne peut remplacer la mère; seule elle connaît ou devine son enfant; que les autres lui viennent en aide, rien de mieux, mais qu'elle soit, avec le médecin, la suprême directrice; l'intuition de la mère est merveilleuse, je devrais peut-être dire divine! ce n'est pas une faculté, c'est un sentiment, c'est une seconde vue.

— Les plus terribles choses, les maladies mêmes, peuvent avoir encore un bon côté: elles apprennent la patience et la résignation!

— Les maladies du corps le purifient d'abord; la nature, après avoir effacé le trouble, fortifie le corps; il en est de même du moral; les émotions honnêtes retrempent l'énergie du bien et fortifient les bonnes résolutions, les bonnes habitudes en leur donnant un ressort nouveau.

— Que de gens qui, en bonne santé, font comme Molière et ne croient pas à la médecine; mais qui, à la première indisposition, appellent le médecin et croient alors à son mérite: le danger éveille la crainte et fait désirer le remède! puis, c'est au début qu'il faut soigner les maladies.

— Les maladies du corps ne font que pitié, les maladies de l'âme font horreur!

MALADRESSE, — manque de tact dans la conversation ou la parole, manque de souplesse dans les mouvements et les actes du corps; souvent aussi étourderie, manque d'agilité ou de *sang-froid*; un défaut se dissimule, une maladresse jamais; le maladroit est la plaie des maîtresses de maison, il compromet tout et tout le monde, brise ou renverse tout ce qu'il touche: dans un bal, il désorganise; trouble dans un concert et compromet dans une affaire; un défaut ne fait tort qu'à celui qui en est affligé; la maladresse est un effroi et un danger pour tout le monde.

MALE ET FEMELLE. — Dans toutes les races d'hommes ou d'animaux le mâle est le plus fort, le mieux constitué, le plus énergique, et une plus grande délicatesse de constitution est l'attribution de la femelle.

Mêmes différences dans le caractère: le mâle commande, la femelle se soumet et obéit.

MALESHERBES, — qui n'avait pu défendre Louis XVI qu'avec la plus grande émotion, reçut à son tour la même mort avec le courage et la résignation d'un héros et d'un chrétien!

MALLES-POSTE. — Au passage des malles-poste ou des malles de chemin de fer, on est naturellement saisi par cette idée qu'elles emportent dans les plis de leurs lettres des secrets, des aspirations, des désirs intimes, des confidences de cœur à cœur, ce feu sacré enfin qui relie deux âmes l'une à l'autre malgré la distance, et les fait vivre dans de mutuels épanchements.

MALICE.
Le Français, né malin, créa le vaudeville.

Voilà, suivant nous, la véritable signification du mot malin; or, malice, n'ayant plus, comme le dit l'Académie française l'intention de nuire ou de blesser, mais seulement de rire et de redresser en riant, la malice, n'est donc pas la malignité qui a du fiel et du poison même; la malice n'est donc qu'un talent de société courtois, riant sans ricaner, pinçant ou mordant même un peu mais sans blesser, tout cela comme accessoire de la bonne gaieté française. Notre chanson a aussi parfois quelques racines de malice. La malice n'est-elle pas l'assaisonnement le plus ordinaire et le plus délicat d'un bon mot ou d'une répartie, etc.

— Certains esprits sont si malicieux et si taquins qu'on pourrait les croire méchants : s'ils sont mal jugés, c'est leur faute, il sont déjà dans la voie de la méchanceté et c'est un commencement très-dangereux.

. MALHEUR. — Les stoïciens croyaient déjà comme les catholiques, que le malheur devait être pour l'homme l'école de la vertu.

— Le malheur porte avec lui un enseignement et une leçon ; il faut savoir la trouver et en profiter ; il en est donc du malheur comme du poison qui, utilisé comme remède, ne donne plus la mort mais souvent la guérison.

— Dans les âmes honnêtes, tendres et délicates, le malheur développe les affections, ravive et anime le cœur, tandis que chez les méchants et les égoïstes il sème les mauvaises passions, la haine et l'envie particulièrement, et réveille tous les mauvais instincts.

— Quand un homme atterré sous le coup d'un grand malheur s'abandonne et faiblit quelles plus douces paroles, quelle plus suave musique que le mirage d'espoirs nouveaux, ou d'autres bonheurs dont vous inondez son cœur saignant et abattu.

— Le malheur est toujours une épreuve à la suite de laquelle Dieu a placé une récompense qu'il faut savoir mériter.

— Le malheur a peu d'énigmes pour celui qui sait voir ! C'est presque toujours une punition.

— Dans le malheur il faut savoir se consoler, en comptant les désastres qui nous ont été épargnés.

Les meilleurs cœurs sont ceux qui ont l'expérience du malheur, de la misère et de la souffrance. J'ai connu le malheur et j'ai appris à y compatir.   VIRGILE.

— Celui qui sait se faire une vertu de la nécessité en acceptant les maux qu'il ne peut éviter, atténuera ces maux et approchera autant que possible du bonheur; mais mieux vaudrait encore travailler et lutter d'efforts continus et énergiques, pour arriver à triompher de la mauvaise fortune.

— Si malheureux qu'on soit, il y a toujours un malheur plus grand.

— Le malheur, la misère aigrissent tout et transforment ainsi les qualités en défauts et les vertus en vices. Que le même homme soit heureux et aisé ; non-seulement ses qualités restent ce qu'elles sont, mais ses vices sont atténués, ses défauts sont effacés.

— Dans le malheur, il y a, suivant les caractères, des formules parfois contraires d'atténuation ; ainsi l'orgueilleux se raidira dans la pensée qu'il ne l'a pas mérité; le chrétien se résignera sans penser à lutter.

— Le bonheur isole, le malheur réunit: c'est donc dans l'amitié que les infortunés se réfugient, c'est à elle qu'ils doivent demander des consolations.

— Il faut savoir faire bonne contenance dans les crises de la vie et supporter courageusement les plus rudes atteintes: plus on souffre, plus on doit souffrir avec courage, précisément pour souffrir moins.

— Bien des gens qui pourraient être mieux et qui cependant restent dans une position malheureuse, par la crainte seule de rencontrer plus mal, un effort courageux les mettrait dans une situation meilleure, mais l'habitude du malheur, la connaissance qu'ils ont de l'égoïsme des hommes, les décident à supporter leur infortune : un changement est pour eux le doute, l'inconnu, et ils préfèrent la souffrance à la lutte : c'est donc l'énergie et la volonté qui leur manquent!

— Dans la vie humaine, si de grands malheurs, rares d'ailleurs, sont une secousse terrible, ils donnent un courage mesuré à la peine et assez fort pour lui résister, puis ensuite assez de temps pour s'en reposer et rentrer dans le calme et la sérénité philosophiques de la vie ; tandis que les nombreuses tribulations de l'existence vulgaire frappent tous les jours et à toute heure, usent la vie dans chacune de ses minutes et la rendent si insupportable que lorsque la maladie qui en est le résultat ne tue pas, le découragement, le désespoir et la mort sont la seule ressource du malheureux isolé et dominé par ces impitoyables souffrances.

— Certains faits révèlent des malheurs inouïs : un commissionnaire de Berlin se suicide et on découvre que c'est le comte polonais Oriotowilski, réfugié, vivant de son travail depuis 1848, mais désespéré d'avoir été volé de toutes ses économies, quatre-vingt-sept thalers (300 fr. !)

— Quand on est malheureux, il ne faut pas se mettre auprès du soleil, du bonheur des autres, de crainte d'y projeter une ombre triste.

MALIGNITÉ. — Le penchant à la médisance, à la raillerie, à la moquerie, signale à différents degrés la malignité du cœur ! c'est donc un sentiment à réprimer.

MALTE. — Après la prise de Rhodes par les Turcs, les chevaliers de St-Jean et leur supérieur Villiers-de-l'Ile-Adam, se retirèrent en Italie et obtinrent de Charles-Quint, en 1530, la cession des îles de Malte et de Gozze, Malte devint, comme plus tard, Gibraltar, la place la plus forte du monde : à ce titre, elle devait donc plus tard comme Gibraltar tomber dans la main des Anglais !

ST-MALO. — est une ville si humide, si nuageuse et si froide, qu'elle n'aurait jamais dû espérer pouvoir se glorifier de donner naissance à de si brillantes illustrations que Chateaubriand, Lamennais, (avant son apostasie) et Broussais : c'est ainsi que les plus belles fleurs et les arbres les plus grands et les plus gigantesques se rencontrent dans les savanes du Nouveau-Monde et dans quelques déserts d'Afrique !

MANIÈRES. — Les sens ouvrent le chemin qui mène au cœur, ayez donc soin de plaire aux yeux et aux oreilles et votre succès sera à moitié obtenu, car l'apparence, les manières simples et distinguées entrent pour beaucoup, sinon pour tout, dans les sympathies et l'affection qu'on inspire.

Les manières, que l'on néglige comme de petites choses, sont souvent ce qui fait que le monde se prononce sur nous en bien ou en mal ; une légère attention à les avoir douces et polies prévient donc un mauvais jugement. Il ne faut presque rien pour être cru sournois, incivil, méprisant, désobligeant.

— Les manières sont le vêtement extérieur de l'homme moral, c'est un habit qui doit aller dans la perfection, qui doit être parfaitement adapté à sa personne, à son individualité comme l'autre habit l'est aux formes de son corps. Les manières ne doivent donc pas être une imitation guindée et maladroite de celles d'autrui, car comme l'a dit notre grand fabuliste :

Ne forcez pas votre talent,
Vous ne feriez rien avec grâce.

— L'extérieur, les manières, le ton, le langage, sont les émanations des habitudes, des sentiments et même du cœur, c'est pour cela qu'ils frappent et séduisent.

— L'essence des choses est constamment la même partout, mais les formes varient plus ou moins dans chaque pays, et ce qui constitue un homme du monde, un homme bien élevé, c'est de savoir s'y conformer d'une manière aisée et élégante, ou mieux de se les rendre familières en temps et en lieu convenables.

— Les bonnes manières comportent une foule de détails : un grand soin de sa personne, mais sans exagération, des attitudes gracieuses, un air affable, une dignité respectueuse avec des supérieurs, ouverte et animée avec des égaux, polie, libre et affectueuse avec des inférieurs. Toutes ces choses demandent un certain degré d'attention, quoiqu'elles ne soient qu'un lustre s'ajoutant aux qualités réelles.

— Le bon sens et l'habitude des bonnes compagnies font autant pour la perfection dans les manières que l'étude et la réflexion pour la sûreté du jugement.

— On rencontre souvent dans le monde une foule de femmes, à manières si étudiées, si complétement égales et réglées, qu'on croirait voir en elles des comédiennes ayant appris un rôle, plutôt que des femmes distinguées ayant dans leur originalité, la délicatesse, la simplicité d'allures qui seules caractérisent la femme de bon ton et d'excellente éducation.

MANIES. — Les manies sont les dérèglements de l'esprit, jamais elles n'ont été si nombreuses, si extravagantes, si futiles : depuis la manie des livres, ou des bibelots antiques, étrangers, rares, des autographes, jusqu'à celle des timbres-poste, la plus enfantille de toutes, vous comptez par centaines des espèces variées et spéciales : comme spécimen, ne parlons que de l'aristocratie des collectionneurs et arrêtons-nous aux livres : la collection qui aurait *le Dante de 1477, le Pétrarque de 1501, le Pindare des Aldes de 1513, les Heures du roi Charles IX*, avec chiffre royal, *les heures de Catherine de Médicis, d'Anne d'Autriche, les romans de Merlin, de Tristan*, etc... La première édition de *la Satire Ménippée*, avec écusson royal, annotations du roi de France, et fautes d'orthographe ; *la Joyeuse histoire du grand Gargantua....*, cette collection serait la plus chèrement estimée dans son genre !

MANITOU. — Tous les Indiens d'Amérique ont leur manitou) Dieu ou génie attaché à leur personne : animal, végétal, caillou, etc., qui ne les quitte pas et doit les protéger.

MANUFACTURES. — On a réglementé la durée du travail des enfants dans les manufactures, et on a oublié quelque chose de plus important : c'est la salubrité de *l'atelier* où ils travaillent, atelier presque toujours étouffé, humide et sans air et où leur vie s'étiole et s'éteint !

— Ce qu'il y a de désespérant pour le philosophe, c'est de voir que le travail des manufactures transforme en machine, en brute, un être pensant et raisonnant, bien pis encore des enfants à peine adolescents qui s'étiolent ainsi et s'usent dans un travail au-dessus de leurs forces, supprimant en même temps avec les principes de la vie matérielle ce qu'il y a de plus noble dans l'humanité, l'intelligence.

— Parmi nos vieilles manufactures de France, on doit citer en première ligne, les Gobelins, manufacture de tapis, et St-Gobain, manufacture de glaces avec monopole et droit exclusif de par Louis XIV ; St-Gobain, créé en 1665, a donc plus de deux cents ans de glorieuse existence, avec le mérite d'avoir substitué au privilége royal, le privilége de la perfection obtenue par les progrès incessants de la science appliquée.

Le vieil esprit de famille qui lie si intimement les ouvriers de cette manufacture à leur directeur et aux chefs de l'administration aide aussi admirablement au progrès, car le bon ouvrier qui obtient la faveur d'entrer à St-Gobain n'en sort plus et ses enfants le continuent dans ses meilleures traditions.

— Après avoir fait un cours d'histoire naturelle, d'agriculture, de physique, de géographie, il reste à faire un cours de manufactures dans ses applications variées, c'est ce qui séduit le plus les enfants, car c'est souvent un cours d'application pratique. On regarde faire plutôt qu'on n'écoute des descriptions, et c'est le genre d'éducation qui, flattant le plus la curiosité des enfants, les dispose le mieux à s'instruire.

MARAT ET ROBESPIERRE. — S'il est vrai que Marat fut l'effroi et la bête noire de Robespierre, cela pourrait prouver la bonne foi furieuse et implacable de celui-ci, mais ne l'absoudrait pas : un plus odieux criminel n'en absout pas un autre un peu moins affreux !

MARAUDE. — La maraude, apprentissage du vol, est le péché familier de tous les garçonnets du monde. C'est donc là qu'il faut sévir, pour prévenir le mal ; chaque saison a sa maraude forcée : en hiver, c'est le bois : en ramassant du bois mort on en prépare un fagot nouveau en coupant au pied le bois qu'on laisse sécher debout avant de l'enlever.

Puis viennent les nids d'oiseaux, affreux et cruels ravages, puis tous les fruits et légumes des sept mois de belle saison ; c'est la pêche et la chasse frauduleuses ; dans les pays frontières, c'est la contrebande, partout c'est le braconnage ; début et initiation au vol !

MARBRES. — Les anciens teignaient le marbre blanc de toutes les couleurs et le couvraient d'ornements les plus variés en dessins et en couleurs, en fleurs de tous genres, de toutes nuances, et aussi solides de teint que si le marbre les eut lithographiées.

— Un bloc de marbre est sous le ciseau du sculpteur : « Sera-t-il Dieu, table ou cuvette, ou quelque chose de plus vulgaire encore au fond duquel on aurait peint un œil ? »

— Le marbre le plus estimé pour les œuvres d'art est le plus blanc et le plus pur : c'est une cristallisation d'une seule couleur, sans mélange de corps étrangers, sans nuances ou taches ; le marbre de Carrare, en Italie est reconnu pour le plus beau du monde. Il est supérieur aux marbres antiques de Paros les plus renommés cependant : l'Italie, par les succès de ses beaux-arts, méritait ce privilége et cette distinction.

MARCEL (Étienne). — Quand on étudie l'histoire de la vieille France on est étonné d'y rencontrer des personnages rappelant par leurs actes, des noms célèbres depuis eux : Étienne Marcel, républicain et prévôts des marchands de Paris pendant la captivité du roi Jean et la régence de Charles V, était un Robespierre de vieille roche, passant toujours aux mesures extrêmes et provoquant le peuple à la révolte.

MARCHANDS. — Un marchand vend à poids légers pour gagner ; il vend cher pour gagner beaucoup, et en mauvaise qualité pour gagner encore davantage. C'est la multiplication des fraudes et la honte du commerce honnête.

— Le marchand, dont la vie n'est souvent qu'une continuité de vols et d'empoisonnements contre l'acheteur, ne devrait-il pas être puni au moins aussi sévèrement que l'acheteur qui volerait et empoisonnerait le marchand ?

MARCHE. — La marche dans son agitation a quelque chose qui secoue, anime, éveille les idées : un esprit préoccupé ou paresseux a besoin que le corps soit en mouvement pour que l'esprit s'y mette ; l'homme n'est cependant pas constitué pour marcher avec excès ; il trouve suos chaque climat des animaux disposés pour la marche et prêts a le porter : en Asie l'éléphant, en Afrique le chameau, le cheval, en Europe et en Amérique, le cheval, l'âne, le mulet, partout un paquebot, un navire, un ballon, un aérostat plus puissant encore !

MAREMME (la), — c'est-à-dire le désert marécageux avec la peste, se retrouve sur bien des rivages, ainsi sur les côtes du levant à Mersina, à Alexandrette, à Baïas, à Karabola. En Maremme Italienne, (Toscane) le long des côtes entre Orbitello et Piombino, la fièvre est endémique et décime la population. L'homme élève son nid sur des poteaux dans ces pays maudits, où tout est mort, même la végétation, car là où la végétation est riche, là est riche la santé de l'homme ! un peu plus loin, à Latakie, la santé reparaît avec les orangers, les citronniers, les grenadiers, les amandiers, les figuiers, etc...

MARIAGE. — La chose la moins étudiée, et cependant la plus utile à connaître et à approfondir, celle dont les conséquences sont les plus graves et les plus durables, c'est le mariage.

— L'antiquité avait pour le mariage un respect si profond, que les grands écrivains n'y touchaient que pour exalter sa grandeur : chez eux l'esprit ne raillait pas le cœur, la plaisanterie n'attaquait pas le sentiment ; le mariage était l'arche sainte de nos institutions sociales ! Plus que jamais il est aujourd'hui la base de nos sociétés, son infrangibilité fait du même coup la force des familles et des nations.

— Le mariage commande le principe de la puissance, de la propriété il est, avec elle, la base de la société humaine.

— Le mariage est le lien de la société et la base de la nationalité. C'est le premier faisceau des plus grandes aggrégations humaines, c'est le principe de leur force ; de la solidité du mariage dépend la solidité de la nation.

— On veut des mœurs et le mariage est la garantie des bonnes mœurs ; on veut des citoyens et le mariage en prépare en leur garantissant une moralité et une éducation plus complètes.

— Le mariage, dans sa fin la plus élevée, a pour but l'éducation mutuelle et complète de l'homme, de la femme et de la famille.

— La vie morale et matérielle ne commence qu'avec la raison ; c'est-à-dire de douze à vingt ans, suivant le sexe et le climat; c'est l'âge général fixé pour le mariage: le mariage est d'institution sociale et divine, il a partout et toujours existé, il fait dix heureux sur un malheureux. Il est consacré par tous les siècles, c'est donc une nécessité pour l'humanité, aussi bien que pour l'animalité entière. Ceci est brutal et absolu comme un fait ! Le mariage est combattu et discuté tous les jours depuis des centaines de siècles, et il reste la loi humaine de l'être le plus indéfiniment perfectible. Il faut donc se marier : le repos, le bonheur, la perfection sont là. Il faut se marier froidement et avec la raison que commande un acte qui influera sur la vie entière ; il faut se marier pour le corps, pour le cœur, pour l'âme, pour la tête, pour tout ; la richesse, l'aisance au moins, est l'élément matériel le plus important dans une vie matérielle qui doit commander la vie morale. Il faut donc rechercher cet avantage, parce qu'il est capital.

— Le mariage est une des nécessités de l'existence de l'homme et de la société ; qui élèverait ces nombreux enfants, qui soignerait les malades, qui donnerait force et appui aux faibles? La famille constituée par le mariage est le faisceau qui donne la force, qui assure le présent et l'avenir, organise le travail, recueille l'épargne, crée l'aisance, la richesse, la moralité et est enfin la clé de voûte, qui seule constitue, élève et soutient l'édifice national.

— Le Talmud (comme la traduction hébraïque et chrétienne) fait un seul être de l'homme et de la femme. Il enseigne que l'homme avait d'abord les deux sexes et pouvait se reproduire (androgyne) ; mais que le Créateur le divisa ensuite en deux parts tendant naturellement dès lors et constitutionnellement à s'unir.

— Le mariage est la seule destinée, le seul soutien et le seul asile de la faiblesse de la femme ; l'amour n'occupe et n'absorbe que sa jeunesse ; le reste de sa vie est sans but, sans utilité, sans fin, si le mariage ne lui ouvre pas son port calme et abrité.

— Le mariage est la base de toute civilisation, de l'ordre et de la moralité ; deux êtres de nature diverse, se fondent en un seul pour s'aimer, pour élever leurs enfants et asseoir leur fortune, l'unité et l'ordre passent de la petite famille dans la grande, et la nation est formée sur les bases les plus solides.

— Le mariage est une union éternelle que l'amour embellit, que le bonheur entretient, que le malheur fortifie encore plus que ne ferait un bonheur non éprouvé.

— L'éternité du lien du mariage est la condition de sa force : elle ne permet plus l'examen, car on est lié pour toujours ! on ne peut plus compter! Cela coupe court à toute mauvaise pensée, à tout mauvais instinct, à tout indigne regret !

Une fois qu'il y a entre deux époux échange d'âme et de transpiration, rien ne doit plus les séparer.   N. BONAPARTE.

— Le mariage est l'acte le plus important de la vie, car il dispose de tout le reste de l'existence : pour un homme, c'est plus de la moitié de la vie; pour une femme, c'est la vie tout entière.

— Le mariage est l'association la plus complète des corps, des âmes, des cœurs, des plaisirs et des peines; la loi religieuse le fait indissoluble ; ce que l'amour peut perdre dans cette vie commune, l'affection le gagne dans des rapports continus, dans des liens d'intérêt commun: là même où il paraît y avoir désaccord, il y a souvent union tellement intime que la séparation serait un vide et même un tourment déchirant et un éternel regret.

— La vie commune, c'est-à-dire le mariage, apporte encore la plus grande somme de bonheur, le mariage remplissant dans l'humanité un rôle qui fait et ennoblit les grandes âmes.

— Les bons mariages peuvent être comparés à une longue affection, à un long et doux baiser ayant la durée d'une vie.

— Dans le mariage, l'unification des époux, si elle a ses avantages, a aussi ses inconvénients, car si la joie se partage, la peine se partage encore plus complétement et le malheur a plus de peines que le bonheur n'a de joies!

— Le mariage, par cela seul qu'il est l'acte le plus important de la vie, puisqu'il décide de l'avenir de deux existences unies à toujours, le mariage, s'il rencontre rarement le blâme du monde, les résistances de l'opinion, se trouve cependant parfois en présence d'une opposition flagrante et d'une opinion hostile, prédisant un avenir malheureux. Mais, chose heureuse à constater, si le bonheur tranquille et doux s'installe au foyer, il absout tout, ramène à lui l'opinion et trouve autant d'amis qu'il avait rencontré d'opposants: chacun veut racheter son opinion hostile par des prévenances plus prononcées, le calme et la bienveillance compensent les premières tribulations.

— Le mariage est la plus sublime perfection de l'amitié qui s'anime et grandit par la force qu'inspire l'attraction naturelle et intime des sexes: il diminue les peines en les divisant, il double les plaisirs dans leur participation mutuelle, il donne à l'association les actes et la force des deux êtres unis si intimement.

— L'Évangile a dit: « Il n'est pas bien que l'homme vive seul: » C'est un conseil de rechercher avec amour l'âme qui doit s'unir à la sienne et animer sa solitude d'une éternelle affection.

Celui qui a trouvé une bonne femme a reçu du Seigneur une source de joie.
Proverbe, ch. XVIII.

— Le plus grand malheur qui puisse arriver à un jeune homme bien né, c'est de s'attacher à une jeune fille sans éducation, sans principes et d'une basse extraction, car ce n'est que dans une égalité morale et d'instruction qu'il eut pu trouver le bonheur et des garanties d'avenir.

— Quoi de plus moral et de plus touchant que cette association de deux êtres faite en vue de supporter en commun les peines de la vie et d'en partager les plaisirs et les joies.

— Dans les unions les plus mal assorties, il y a toujours au début une chance pour l'union et l'amour et un instant pour les faire naître et les consolider.

— Dans un mariage heureux, l'association des âmes est si complète qu'elles n'en font plus qu'une : on s'aperçoit qu'on est deux parce qu'il y a quatre mains pour travailler et deux cœurs qui se répondent.

— Le mariage est un acte dangereux quand il n'a pas pour but et pour base le foyer, la famille, la retraite et le calme ; quand surtout il réunit deux vies, deux tinctsins opposés.

— La femme n'est la compagne sérieuse et utile de l'homme que lorsque l'âge et la nature lui ont fait éprouver cette chaîne des impressions que donnent la force, l'expérience et la science de la vie.

— Autrefois, la puissance du mari reflétant la puissance des rois de droit divin était plus autoritaire, plus absolue, plus étendue : la femme n'était qu'une esclave, ou plutôt l'aînée et l'éducatrice des enfants ; aujourd'hui l'exemple d'en haut a pénétré et est descendu jusque dans la famille, l'autorité du père est moins absolue et presque constitutionnelle ; le mari, et cela est fort habile, appelle sa femme a délibérer avec lui, ce qui le dispense de la conseiller ou de la commander et l'accord est plus complet et plus gracieux. Cet exemple devient même un bienfait pour la famille entière et pour l'autorité de la mère.

— La vie civilisée des modernes sociétés impose le mariage comme loi de conservation ; la vie de la femme surtout ne commence que là : c'est son rêve, son paradis, sa liberté ; elle y entre avec toutes les illusions, toutes les fleurs de la jeunesse ; elle en veut faire un parterre émaillé et parfumé, mais le parterre doit parfois se transformer en potager pour nourrir ses enfants, et la fleur devient légume.

— Le mariage est le bienfaisant étouffoir des folles passions de jeunesse, il règle et calme tout pour entretenir un feu qui dure et remplace les passions qui usent par des habitudes modérées qui fortifient.

— C'est par un anneau d'or signifiant liberté et bonheur, non par un anneau de fer comme autrefois et qui signifiait esclavage, que l'époux lie à la sienne la destinée de sa jeune femme et lui promet ainsi bonheur, bienveillance et protection.

— Dans le mariage la jeunesse dure longtemps parce qu'on n'y gaspille ni la vie ni le plaisir : on ne vieillit pas, car on se voit toujours les mêmes, on marche avec sécurité dans le bonheur en ne demandant à la vie que ce qu'elle peut donner, on est sans ambition, sans mécomptes comme sans regrets.

— Les mariages précoces sont une cause de dépopulation, d'affaiblissement et de maladies persistantes : ils ont aussi un autre inconvénient, c'est de fatiguer le corps, d'amener le dégoût et de provoquer ainsi des infidélités. La loi française nous paraît tomber dans cet excès en fixant à 15 ans pour les femmes et 18 pour les hommes l'âge du mariage.

— Platon avait fixé l'âge de 30 ans pour les hommes, Lycurgue celui de 25 pour les deux sexes, les anciens Germains avaient adopté l'âge de 21 et 25 ans et ce serait aujourd'hui l'âge le mieux justifié.

— Un second mariage, quand il est le résultat d'un entraînement naturel et non d'un raisonnement sérieux, est une faute sans excuse, devenant un malheur sans illusions et sans espérances ; ce n'est plus en effet une jeune fille naïve, c'est la femme expérimentée, éclairée, judicieuse, jugeant sainement et froidement sa position et pouvant s'effrayer de l'avenir nouveau qui lui est réservé.

— Il y a un préjugé mondain qui a fait bien des victimes : c'est que les libertins réformés deviennent d'excellents maris, mais le risque est dans l'incertitude et la durée de la réformation, la prudence, en si grave matière, conseille au contraire la défiance et mieux encore l'abstention !

— La loi fait du mariage civil un acte sans solennité, aussi dans les campagnes pour le peuple, pour les femmes surtout, le mariage civil, *qui est tout d'après la loi*, n'a qu'une importance secondaire, ce n'est qu'une formalité ; le mariage religieux seul atteint son but et frappe les esprits les plus sceptiques.

— Un mariage bien assorti ajoute toujours aux charmes extérieurs et à la bonté de caractère des époux, dès lors à leur bonheur !

— Quoi de plus naturel que le mariage vienne confirmer en les transformant, les vieilles amitiés de l'enfance et de la jeunesse, premières fleurs épanouies dans la couronne de la vie ; les fleurs d'été succèdent aux fleurs du printemps, les roses viennent après les lys puis après les roses vient le souci qui annonce l'hiver et toujours trop tôt !

— Le mariage lie l'un à l'autre deux corps et deux âmes, il faut donc qu'il y ait sympathie dans leurs goûts et qu'ils aient aussi un caractère sociable.

— Le mariage est l'introduction de l'amitié par l'amour, c'est là le sentiment intime du mari après un an ou deux de mariage, si surtout le jeune mari a eu une jeunesse passionnée.

— Tout est harmonie dans la création, ainsi les hommes et les femmes naissent en nombre à peu près égal, cela ne prouve-t-il pas assez que la polygamie est contraire à la nature et que le mariage est dans les desseins de Dieu.

— Il y a des hommes amenés au mariage par l'amorce des passions, comme ces pilules amères déguisées par une légère couche de sucre ; ces passions assouvies, ils ne rencontrent pour remplacer les premières jouissances ni les sympathies qui unissent les âmes, ni la tendre affection qui unit les cœurs, ni l'intelligence qui unit les pensées ; ils se trouvent donc séparés par le vide, par l'ennui et bientôt par le dégoût et la satiété.

— Le mariage implique l'amour dans l'âge des passions, l'amitié plus tard, la sympathie la plus vive toujours : voilà ce qu'il faut entrevoir et espérer quand on se marie.

— Fous que nous sommes ! on nous voit prendre mille soucis pour nous procurer des coursiers de race généreuse, des taureaux vigoureux et des chiens ardents à la chasse, mais nous ne nous donnons aucune peine pour trouver une femme vertueuse !

— Nouer un lien comme le mariage et le nouer légèrement, c'est folie ! le consacrer après un examen long et sérieux, c'est sagesse et prévision utile, car le mariage est un cadre sûr pour la sagesse et l'expérience de la vie. Le mariage est une affaire d'équilibre et de pondération, parce qu'il est aussi une affaire de raison et d'avenir surtout.

— Quand il s'agit de mariage on peut passer sur le rang social que l'ordre et le travail peuvent changer ; mais il faut tenir à une famille considérée, honnête et morale, cette famille ne va-t-elle pas devenir celle du mari.

— Avant d'entrer dans le mariage, il faut écarter tout ce qui peut menacer la tranquillité et le bonheur communs: aucune précaution ne doit être négligée, tout doit être prévu, combiné, calculé ; on doit mettre toutes les chances pour soi, ainsi les affaires doivent être éclaircies et arrangées, les dettes payées, les embarras écartés, les procès éteints ; tout cela dans la fortune des deux époux comme dans celle des parents.

— On comprend dans l'amour l'attraction qu'inspire la beauté, mais c'est le côté matériel ici qui parle et entraîne ; c'est là déjà un grand danger, car il voile et cache les inconvénients énormes qui résultent du défaut d'éducation, des préjugés populaires qui prennent la place des idées saines et sérieuses, des instincts vulgaires qui se cachent sous la séduisante enveloppe de la jeunesse et de la beauté. A l'user toutes les disparates entre l'éducation saine et sérieuse et le défaut complet d'éducation apparaissent bien vite et bien cruellement pour l'accord moral que le mariage et la vie commune exigent. Voilà l'écueil effrayant des mariages non assortis, la vie commune le révèle bien vite, mais le mal est irréparable et le désaccord s'accentue de plus en plus : que d'exemples terribles ne trouvons-nous pas dans le monde intermédiaire, car c'est dans la bourgeoisie que ces mésalliances sont les plus nombreuses.

— Qu'on cherche dans l'amour une fraîche et jolie fille, c'est logique, l'amour dure ce qu'il peut ; mais qu'on mette ces qualités au premier rang dans le mariage, c'est de la déraison ! Il faut, dans un lien éternel et durable des qualités plus sérieuses.

Au physique de la santé et de la force ; au moral, de la bonté, l'amour du travail, l'ordre, des qualités enfin impérissables pour une union aussi longue que la vie, voilà ce qu'il faut exiger. Une trop grande beauté serait même un danger à éviter.

— Nos mœurs sont pleines de contradictions, elles séparent avant le mariage ceux qu'elles devraient mettre en contact pour qu'ils pussent s'étudier et se connaître. Ils ne peuvent se voir qu'en cérémonie, à grande distance et à travers la famille, espèce de barrière empêchant le contact de leurs âmes et l'expansion de leur caractère et de leurs idées.

— On conduit les jeunes filles dans le monde pour voir et non pour choisir, elles y rencontrent des hommes séduisants et on les oblige souvent à épouser les plus disgracieux !

— Quoi de plus triste que ces mariages greffés sur une inclination contrariée et où un tiers invisible, mais toujours présent, sépare à jamais le mari de la femme.

— Qu'obtiennent certains hommes dans des mariages imposés à la jeune fille ? Ils ont beau aimer leur femme, la presser sur leur cœur, la brûler de leur haleine et de leurs baisers, la fasciner de leurs regards, ils n'ont entre leurs bras qu'un cadavre insensible et supplicié ! Quel écueil !

— Dans certains mariages du monde et que vous pourriez croire les meilleurs, la chaîne n'est qu'apparente, car elle n'existe pas, on se contente de la faire voir au public.

— La femme qui se marie sans amour livre sa vie entière au risque d'un sacrifice de tous les jours et de tous les instants : c'est un mensonge continu et incessant des sens, du cœur, de l'âme, du sentiment !

— Certains époux vivent si étrangers l'un à l'autre que sans les noms de mari et femme qu'ils sont obligés de se donner, ils pourraient se croire étrangers.

— Dans un mariage mal assorti, les femmes cherchent souvent à s'étourdir par la dissipation et l'entraînement, et elles se perdent dans leur inexpérience des choses et des hommes. Nous devons leur signaler cet immense danger !

— Le mariage doit se composer de deux

égalités; heureusement que le plus souvent on marie ensemble deux printemps, parfois seulement l'hiver avec le printemps; dans leur ignorance imprévoyante, les jeunes filles choisiraient un mari de leur âge, tandis que la raison et l'expérience exigent, au moins pour le mari, dix ou quinze ans de plus.

— On traite les hommes plus cavalièrement que les chevaux; ainsi on ne songerait jamais à accoupler une jeune et belle jument avec un étalon vieux et laid, et sans hésitation, on donne pour époux à une jeune fille un vieillard repoussant et maladif.

— La vanité aveugle des vieillards, les pousse à se rajeunir de la jeunesse de leurs femmes et à oublier leurs rides et leurs cheveux blancs, tandis que celles-ci conservent d'autant moins d'illusions, qu'en les conduisant plus souvent dans le monde, ils leur donnent plus de points de comparaison et ajoutent ainsi aux dangers qu'ils courent.

— A Rome, on encourageait le mariage en général, mais on le défendait à un âge où il n'était plus permis d'espérer des enfants, cela dans l'intérêt de l'accroissement de la population, et cela était si sage qu'on devrait y revenir, l'adoption autorisée par nos codes étant le complément du bienfait.

— Un mariage est convenu entre deux familles, cela s'appelle une affaire de la plus grande importance, et comme il faut que la jeune fille s'y prête, on tient son consentement pour si indispensable qu'il doit être formulé nettement et solennellement à la mairie et à l'église ! Et cependant il est parfois plus balbutié qu'affirmé ! Les maires et les curés devraient être moins légers et plus exigeants ! Comme maire et soupçonnant la violence et la pression sur la fiancée, j'exigeai un consentement formel et non balbutié et on répondit par des sanglots; je dus donc lever la séance malgré d'énergiques réclamations, et l'avenir prouva à ceux qui me blâmaient que j'avais eu raison.

— C'est chose curieuse que de voir toutes les comédies qui se jouent pour arriver à un mariage ! Un observateur y trouverait us d'amusement et d'enseignements que sur nos théâtres.

— Dans l'œuvre de dissolution de nos mœurs actuelles, les premiers coupables dans la famille sont les pères et mères et aïeux qui font passer dans le mariage la question d'argent avant la question des convenances personnelles et d'amour réciproque ! ainsi *le mal vient de ceux qui devraient l'empêcher, il est imposé à ceux qui en souffrent!* Le mariage est une violence sous la forme trompeuse de bons conseils !

— Un bon mariage n'est plus guère autre chose qu'un bon marché.

— Il serait aussi extravagant de tout sacrifier aux richesses dans la question du mariage que de ne leur pas accorder l'importance qu'elles ont réellement; dans tout cela, il y a un terme moyen : à mérite égal on aura bien plus de chance d'être heureux avec la fortune que sans elle.

— Il y a peu d'hommes assez épris pour ne pas mettre au premier rang, dans le mariage, la question de la fortune : car la fortune est une des premières conditions du bonheur pour soi, pour sa femme et pour l'avenir des enfants et des aïeux ! La fortune a donc en tout d'énormes, de nombreux et d'incalculables avantages !

— En langage du monde on dit Mlle X... a fait un beau mariage, ce qui prouverait, car on cherche toujours une fortune égale au moins à la sienne, que le mari en a fait un mauvais !

— Quand un grand seigneur endetté se marie richement et hors de sa caste, on dit qu'il se marie pour fumer ses terres et redorer son blason : quel honneur pour le bourgeois vaniteux que de faire de sa fille une charrette de fumier ou un gros sac de pièces de vingt francs !

— Dans une question de mariage, chacun est porté à étaler ou au moins à laisser deviner ses plus petits mérites, sans même faire grâce du dernier de tous, celui de la fortune, qui, au contrat, est le plus souvent le premier ! On peut donc être sûr que lorsque la fortune manquera on se taira sur tout ce qui pourrait poser la question et on ne parlera que de l'union des cœurs et des âmes !

— On attire le plus souvent les prétendants par une belle tenue de maison et des fêtes ! Un homme sage, au contraire, serait ainsi éloigné, car il faut être fort riche pour supporter dans sa femme la prodigalité, et on peut être sûr que la fille enchérira encore sur la tenue de la maison paternelle. Il serait donc plus logique de se tenir modestement à sa place : tout le monde y gagnerait, puisqu'on resterait dans le vrai ; la jeune fille n'attirerait qu'un mari dans sa position et le mari ne trouverait pas une femme déjà lancée hors de la sienne et disposée à aller plus loin et à ruiner ainsi son avenir.

— Dans les mariages d'argent on renonce souvent à la rose qu'on aime pour se laisser acheter par l'ortie qui déplaît ! Mais la punition est souvent dans l'avenir !

— Tout l'avenir d'un mariage peut dépendre d'un bon ou d'un mauvais contrat ! mieux vaudrait se tromper sur la femme, car on peut adoucir ou refaire son caractère, lui imposer, la dompter même, mais on ne peut ajouter ni effacer une virgule dans le contrat, cet acte participant de l'infrangibilité absolue du mariage !

— Ce que désirent les femmes dans le mariage c'est un beau nom, un rang dans le monde, le luxe qui rend plus belle, la richesse qui permet tous les caprices et les satisfait.

— Quelques jeunes femmes et même le plus grand nombre, regardent le mariage comme un moyen de se soustraire à la surveillance des grands parents et de courir de plaisir en plaisir : mariage est pour elles synonyme de liberté. Mais il est d'heureuses exceptions, et telle jeune fille d'une mère prudente et sensée, sait, sous l'inspiration de sa mère, étudier les causes du bonheur de certains ménages, les causes de désunion de bien d'autres : un esprit observateur et éclairé trouvera du reste dans la société assez d'occasions heureuses pour cette importante étude !

— Ceux qui décrient le mariage trouvent que les détails du ménage, les comptes du pot au feu, les inégalités d'humeur, les maladies, le dépoétisent et l'abaissent au niveau le plus bas de la vie sociale. Cette idée ne peut sortir que de la tête d'un fou, car la vie réelle ne peut être autre chose que tout cela.

— On s'étonne du nombre des séparations conjugales ; on devrait bien plus s'étonner du nombre des ménages qui restent unis en apparence.

— Les statistiques nous révèlent des choses effrayantes sur le nombre des mariages brisés et dans lesquels la vie commune est devenue impossible. Ce serait dans les hautes classes, dans les capitales, les grandes villes, dans les cours, surtout là où l'instruction et la moralité devraient être dominantes, que ces calamités seraient plus fréquentes ; le peuple laborieux n'aurait ni le loisir, ni la pensée de briser ce lien sacré.

— Dans un mauvais ménage le malheur est assis au foyer, il ne disparaît que lorsque la mort a brisé la chaîne, et le survivant ne commence à vivre qu'en se retrouvant seul.

— Il y a tant d'imprévu dans le mariage et dans le développement des natures et des caractères qu'il enserre, qu'il est étonnant qu'il ne produise pas encore plus de malheurs et de résultats inattendus.

— Il y aurait une charmante étude à faire et un excellent livre à écrire sur la loi du mariage, sur ses délicatesses exquises, ses devoirs et ses charmes : un cœur et une intelligence de femme pourraient seuls dicter les bons conseils qui doivent faire de l'épouse une femme toujours aimée, aimante et respectée !

— Dans un mariage mal uni on peut être certain qu'il y a un vice ou un défaut capital qui éloignerait autant un étranger qu'il divise les époux.

— Le mariage est souvent un long combat lorsqu'il n'est pas une interminable agonie, heureusement pour l'institution, base de nos sociétés, que le public est rarement dans le secret.

— Les plus grands dangers d'un ménage sont dans ces désaccords latents et passionnés qui s'aigrissent, s'enveniment et produisent la haine, là où l'affection et l'accord peuvent seuls donner le bonheur.

— Quoi de plus triste et de plus affreux qu'un ménage désuni ; tout éloigne ceux que tout devrait rapprocher, tout est douleur là où tout devrait être plaisir ; le silence est une trêve alors que la parole est une arme effilée et aiguë ; la journée finit aussi tristement que le jour a commencé.

— Sans la continuité dans une estime et

dans une affection réciproque, le mariage est un enfer. On s'ennuie de ce qui plairait dans un autre cas ; une simple complaisance devient une exigence outrée, etc. Il n'est pas une action, pas une parole dont le but ne soit méconnu, pas une pensée qui ne soit mal interprétée !

— Rien n'est plus effrayant que de penser que cette chaîne éternelle qu'on appelle le mariage, est presque toujours un devoir dicté par un froid calcul ou un projet formé trop à l'avance et sans prévoir les éventualités à venir.

— Il manque souvent si peu de chose pour qu'une union soit parfaite, qu'on ne comprend pas que ce peu de chose ne soit pas prévu et fait.

— Il y a des phrases et des mots qui, dans certains ménages, ont une signification secrète, douce ou poignante, elles sont devenues formules et n'ont de sens que pour les initiés.

— L'intervention de la justice entre époux n'a même pas la valeur du feu qui cautérise, elle divise à toujours ; l'amour seul ou sa renaissance guérit les cœurs aigris.

— On devrait, pour la moralisation de l'institution, écrire l'histoire vraie et pittoresque des mariages les plus retentissants, les plus célèbres : ce serait l'enseignement le plus utile et l'avant-propos le plus indispensable à la conclusion de ces alliances si souvent faussées par des motifs d'argent : quand la femme n'achète pas l'homme par sa dot, c'est l'homme qui achète la femme par son nom et son titre, étiquette menteuse, ne prouvant rien que l'avidité du mari, la vanité et la folie de la femme. Nous ne parlons pas de toutes les mésalliances, de toutes les turpitudes, de toutes les monstruosités qui se cachent sous le nom sacré du mariage et mettent en péril cette sainte institution ; des révélations incroyables qui jaillissent de certains faits judiciaires, de certains accidents sociaux. La morale effrayée ne peut que garder le silence pour ne pas rougir une seconde fois de pareils scandales.

— Dans les positions les plus modestes aussi bien que dans les ménages opulents, la femme fascinée par les mauvais exemples du luxe, enivrée du goût de la parure et sous prétexte de plaire à son mari, prend pour sa toilette la moitié du revenu du ménage ! quand la vérité se révèle, quand la ruine apparaît et derrière elle la misère, reculer n'est plus possible, ce serait afficher sa folie, son imprévoyance et sa honte ; alors on entre forcément dans la vie d'expédients, la vie d'emprunts, de mensonges, de fraudes et même d'escroqueries : l'abîme est ouvert, c'est la flétrissure, c'est la prison. Tableau effrayant de la société contemporaine, si général qu'il comprend les employés de tout ordre et de toute importance : misère à échelons nombreux et gradués, mais toujours misère.

— Certains maris économes, réalistes et riches prêchent et imposent l'économie à leurs femmes ; d'autres, réalistes d'une autre espèce, imposent le luxe à leurs épouses, c'est un semblant de fortune fort utile au crédit, là où la fortune fait défaut ; voilà la femme la plus heureuse dans le présent, mais elle dort sur un volcan !

— Les femmes orgueilleuses et passionnées portent avec elles quelque chose de fatal et de terrible : elles aiment l'agitation, le bruit, le luxe et tout ce qui exalte, entraîne et distrait, tandis qu'il faudrait calmer et modérer tout ; un ménage n'est plus un bal ou un salon, c'est un sanctuaire où la paix, l'ordre, le recueillement ajoutent au bonheur.

— En ménage, pour peu que les humeurs et les caractères soient dissemblables, il faut que le plus faible ou le plus raisonnable fasse à l'autre le sacrifice de son caractère ou de son humeur : à ce prix seulement on conserve le bonheur.

— Dans un bon ménage, quand il y a une concession à faire, ce sera non à qui ne la fera pas, mais à qui la fera.

— Dans le mariage, combien de commencements ont été pénibles avant de devenir affectueux ? il faut donc donner aux premières aspérités le temps et l'occasion de se produire, aux caractères le temps et les moyens de s'harmoniser, et patienter des deux côtés jusqu'à ce que le but, (l'affection absolue et puissante) soit atteint !

— Le mariage est souvent une crise heureuse pour certains défauts : un naturel grossier, dur, égoïste se fond souvent aux douces chaleurs d'une union bien assortie; le cœur parle et entraîne, l'âme est transformée et rassurée.

— Celui qui craint qu'un homme ne soit pas heureux avec une femme, doit, logiquement, craindre que la femme ne soit pas heureuse avec le même homme, car en mariage tout est commun, tout doit être partagé, bonheur et malheur.

— Un cœur honnête et sensible est la source du bonheur domestique, surtout lorsque les vertus qui l'animent sont entourées de la beauté, de la modestie, de l'égalité de caractère, de l'économie et de toutes les autres vertus grandes et petites.

— Si la femme d'un homme a pour lui la soumission la plus absolue, de son côté, il met la plus grande délicatesse dans le commandement. Il inspire, il conseille, il sollicite et n'ordonne jamais !

— Tolérants pour eux-mêmes, mais inexorables et tyrans pour leurs femmes, telle est trop souvent la conduite des hommes dans le mariage; la punition ne se fait pas attendre, mais le mal et souvent le scandale sont acquis.

— La femme ne doit pas discuter avec son mari sur des bagatelles et doit réserver pour des choses sérieuses des observations qui auront alors plus de poids, autrement elle userait son empire et paraîtrait taquiner plutôt que conseiller.

— Une femme qui a pu rire de son mari ne peut plus l'aimer, car, pour sa femme, il doit être respectable, plein de force, de dignité et de grandeur. C'est par ce despotisme moral et inaperçu qu'il assooira l'avenir de sa famille.

— Il y a des femmes qui, après avoir étudié la tête et le cœur de leur mari, abusent de ce qu'elles ont découvert, comme un enfant abuse de ses jouets en les tourmentant jusqu'à ce qu'ils soient brisés.

— La femme ne doit chercher à l'emporter sur son mari que par sa bonté, sa douceur, ses prévenances et sa soumission; elle doit lui obéir sans hésitation, sans incertitude, sans répugnance; elle ne doit pas remarquer ses défauts, encore moins les ébruiter; mais c'est hautement et avec orgueil qu'elle doit proclamer ses vertus et ses qualités, car ce sera les fortifier.

— Une femme intelligente, prudente et sage, si elle est supérieure à son mari, ne doit jamais le lui faire sentir, encore moins en public que dans le tête-à-tête, elle perdrait plus que lui à sa déconsidération.

— Ce qu'il faut craindre, dans le mariage, ce sont les petites discussions sur des bagatelles; on peut différer d'opinions, sans parti pris de contradiction et souvent dans l'intérêt surtout de celui qu'on contredit encore plus que dans l'intérêt commun, mais il ne faut jamais envenimer le débat par des reproches ou des paroles aigres ou blessantes.

— Une femme douce, modeste, bonne, distinguée, indulgente et charitable est un trésor pour celui qui sait la découvrir; elle deviendra le charme de sa vie, la gardienne, la récompense en même temps que le miroir de ses vertus, enfin le génie protecteur et bienfaisant de la famille.

— Le mariage qui paraît le mieux assorti et le plus rassurant peut encore faire trembler une jeune personne; rien ne doit endormir sa sollicitude et son examen: elle va jouer sa vie entière, s'annihiler dans une seule personne, lui sacrifier sa liberté, ses affections et, pour plus grande marque de dépendance, *jusqu'à son nom!* son nouveau maître sera le maître le plus absolu; sa nouvelle maison sera un véritable cloître où règnera la volonté du mari !

— Les jeunes filles bien élevées suivent toujours l'avis de leurs parents, elles reconnaissent que ce n'est pas dans l'âge de l'inexpérience et dans le feu de la jeunesse qu'elles peuvent agir sûrement: que leurs parents *seuls* avec leur sagesse acquise, leur expérience éprouvée sont capables de faire un bon choix! et même encore peuvent se tromper ou se laisser tromper !

— Une jeune fille sérieuse refusera toujours d'entendre parler d'amour ou de mariage sans qu'on ait pris préalablement l'autorisation de son père et de sa mère.

— Il serait bien dangereux de s'en remettre à une jeune fille du soin de penser à son avenir et à son établissement: elle se perdrait dans ce labyrinthe inconnu d'elle, et sa liberté serait sa perte !

— Les jeunes filles ignorantes et inexpérimentées prennent souvent des habitudes pour des inclinations et ne voient dans le mariage qu'un changement de maison et de chambre à coucher.

— Une jeune fille ne doit penser à se marier que pour être une bonne et honnête femme : il faut donc qu'elle trouve dans son mari un homme dont elle puisse s'honorer et ne jamais rougir.

— Les jeunes filles, trop souvent, ne consultent leur père que lorsqu'il n'y a plus lieu de le consulter, que leur cœur est donné et qu'elles sont décidées à ne rien vouloir de ce qu'il proposerait ; l'avenir du mariage est donc déjà compromis dans les conditions d'intérêt puis dans les autres conditions plus importantes encore.

— Le mariage est la préoccupation de toute la vie des jeunes filles ; si ce n'est leur unique préoccupation, c'est leur constante pensée, d'autant plus qu'on leur interdit d'y songer et d'en parler tant qu'elles n'y seront pas autorisées.

— Pour accepter un mari, la jeune fille doit ressentir encore plus d'estime que d'amour, car l'amour n'est que la fleur du mariage ; si elle a recherché plutôt les qualités solides que les apparences extérieures, le bonheur de la vie est assuré ; si elle s'est trompée, elle doit se résigner et souffrir en silence, pour ne pas empirer sa position.

— On ne devrait pas penser à marier une jeune fille avant la fin de sa croissance, il serait sage d'attendre le développement de toutes ses forces corporelles et intellectuelles. Une fille trop jeune est une femme débile et prépare une mère maladive et des enfants souffreteux et malingres : vingt-cinq ans nous paraît l'âge le plus convenable pour les garanties de santé, de force et de raison que le mariage doit assurer.

— La meilleure règle de conduite avec les jeunes filles, c'est d'éloigner d'elles tous les hommes qui ne seraient pas acceptables et d'attendre, pour leur signaler une recherche, qu'elles l'aient favorablement accueillie déjà : on laisse ainsi aux mouvements naturels leur candeur en même temps que leur liberté et on ne cause d'embarras à personne.

— Un père doit voir avec grand'peine sa fille dirigée par tout autre que par lui dans l'acte décisif de sa vie ; il doit craindre l'intérêt du prétendant, ses ruses, sa passion étourdie et aveugle, son influence dangereuse.

— Dans le mariage d'une jeune fille, l'intermédiaire de la mère de famille est indispensable ; elle connaît sa fille, son caractère, son cœur, ses goûts, etc... C'est elle, elle seule qui doit prononcer avec son expérience du monde et du mariage : le père aura aussi son rôle utile et son influence mais, surtout dans les questions d'argent et d'intérêts matériels.

— La différence est grande entre l'opinion du père de famille et celle de sa fille sur un mariage projeté : le premier voit, comprend et juge avec expérience et sang-froid ; il pèse les avantages et les inconvénients, tandis que sa fille n'écoute que son cœur, elle sent et ne réfléchit pas, en toutes choses elle ne voit que le beau côté, ses illusions lui dissimulent le danger !

— Aujourd'hui une jeune fille ne se marie plus guère pour ses beaux yeux seulement, il faut qu'elle soit accompagnée d'une dot, espèce de pacotille fort importante et indispensable dans le voyage de la vie, sans laquelle on n'accepte plus une femme.

— Quand on a une fille en âge d'être mariée, il est prudent de lui faire voir un peu le monde, car il serait dangereux de l'exposer à accepter le premier parti qui se présenterait avant qu'elle eut pu connaître et apprécier sa valeur relative par la comparaison avec d'autres qui lui eussent beaucoup mieux convenu.

— Un bon père de famille devrait croire indigne de sa fille un prétendant qui, sans souci de l'aisance ou de la détresse de son futur ménage, déclarerait, même par amour, être trop heureux d'obtenir sa main et ne craindrait pas de l'exposer à des privations qu'elle n'eut jamais connues chez son père.

— Si le mariage apporte à la jeune femme des plaisirs et des espérances, il donne aussi des peines et des regrets, car il faut quitter ses parents, sa famille, ses amis, parfois son pays et suivre une seule affection dans une maison étrangère.

— Qu'une jeune fille obéisse à son cœur

et fasse un humble mariage d'amour, il y a cent à parier contre un que toute sa vie sera un long regret d'avoir sacrifié son avenir à une fantaisie d'enfant !

— Que de malheureuses jeunes filles ne trouvent dans leurs maris qu'un débris de corps et de cœur usés par des courtisanes; que faire alors ?... Se résigner à son sort et l'accepter sans plainte, car la plainte envenimerait encore la plaie et ajouterait aux souffrances !

— Autrefois les grands parents désiraient que le futur mari de leur fille eut une religion plus ou moins austère, mais toujours pratiquée, cela était dans les mœurs, aujourd'hui cela se trouve trop rarement pour qu'on puisse rigoureusement y tenir. Il faut donc se contenter de ce que le siècle peut fournir, et, si on ne peut rencontrer réunis la pratique et le sentiment religieux, on doit au moins exiger que le sentiment religieux soit tolérant et éclairé.

— Donner à une jeune fille un mari qu'elle ne peut aimer, c'est l'exposer aux plus grands dangers et aux plus grands chagrins; c'est faire une mauvaise femme de celle qui aurait été une épouse excellente avec un mari de son goût.

— Les mères recherchent dans un mari les qualités sérieuses que, dans leur inexpérience, les jeunes filles ne songeraient pas à apprécier, mais qu'elles réclameront sûrement plus tard elles-mêmes lorsqu'il s'agira de marier leurs enfants.

— Le mariage est, pour la jeune fille surtout, une vie si nouvelle, un avenir si inconnu, qu'on ne comprendrait pas sa résolution si l'amour et les illusions qu'il apporte avec lui ne prononçaient pas sur une question aussi délicate et aussi incertaine; mais l'espérance pare tout et a des entraînements irrésistibles et des horizons toujours dorés, cela ne peut suffire, et on doit, avant toute résolution, tout voir, tout prévoir et apprécier.

— Dans le mariage, la première chose qu'il faut s'étudier à découvrir, ce sont les qualités. Chacun accordant ainsi à l'autre les mérites qu'il a, il y a rivalité dans le bien, bienveillance réciproque, accord parfait: les défauts se cachent, c'est déjà beaucoup ! car en se cachant ils se reconnaissent, s'atténuent et finissent par disparaître.

— L'intimité est la condition obligée du mariage ; autant elle est attrayante et entraînante lorsqu'il y a sympathie, autant elle est chagrinante lorsque les mêmes sentiments ne protégent pas l'union conjugale.

— Dans les bons ménages quelques soins que prenne la femme de cacher ses contrariétés, ses craintes ou ses souffrances, le mari les devine et les calme par la douceur et l'indulgence. Il sait ce qui plaît à sa femme et prévient ses goûts et ses désirs, les conversations qui lui conviennent et il les provoque ou s'y prête. Il s'arrange pour qu'elle ne soit jamais seule, la consulte dans tout ce qui concerne le ménage et même pour les choses plus sérieuses; l'encourage par des éloges, lui explique avec complaisance ce qu'elle ne comprend pas, répond avec empressement à toutes ses questions, excite sa curiosité au lieu de la réprimer, son désir d'apprendre en l'accueillant.

— Le mariage, privé de la sauvegarde de l'amour, est un immense danger pour la femme, c'est la liberté sans son frein, c'est la passion sans son correctif.

— Les maris devraient rester amants pour ne pas faire regretter l'amour effacé, pour ne pas laisser supposer qu'après le mariage ils ont renoncé à se faire aimer, peut-être avec la pensée d'aimer ailleurs ! quand le mari devient par trop ami, le rôle d'amant est vacant et la place pourrait être à prendre.

— Dans le mariage l'amour mutuel est le capital qui produit le plus de bonheur.

— Le mariage ne reste séduisant qu'avec l'amour, qui dure quelques années ordinairement et l'affection intime qui est plus durable; les enfants l'agitent et l'éprouvent, mais le consolident et lui donnent un but sérieux et utile, l'éducation et l'instruction. L'arbre se ramifie par les mariages et la création de familles nouvelles, qui peuvent le moraliser encore plus: voilà le succès, mais les accidents, les échecs, les malheurs sont à prévoir ; l'affection commune doit créer l'assurance mutuelle et remédier à bien des inconvénients et des malheurs. En général les grandes familles sont les plus prospères, parce qu'elles se fortifient par leur mutuel appui, leur concours en tout, l'esprit de famille enfin !

— L'homme et la femme sont faits pour marcher ensemble et se prêter un mutuel appui : à l'homme la force et le courage qui protége, à la femme la patience qui atténue, la douceur qui console et concilie, chacun apporte ainsi dans l'association des qualités précieuses, des qualités indispensables à la vie et au bonheur.

— On peut dire à des jeunes époux au sortir de l'église : « Vous êtes liés pour toujours, vous dormirez dans le même lit, vous mangerez à la même table, vous boirez dans la même coupe et vous partagerez tous les bonheurs d'une vie heureuse si vous restez unis de cœur et d'affection intime : cette condition est absolue !

— Un mari a toujours tort de jouer ce jeu vulgaire d'être vieux et malade chez lui ; libertin, jeune et fringant au dehors : c'est une honte ajoutée à un crime.

— Que de maris assez inconstants et volages pour cacher toujours une seconde édition de leur femme tout en s'en préparant une troisième !

— Saint Paul, dans sa première épître aux Corinthiens, chapitre 7, parlant de la dette d'amour que le mari doit à sa femme, professe que : « Quand le mari devient insolvable, la femme peut demander la nullité du mariage. » Mais aujourd'hui l'Église, la loi et la morale n'admettent plus cette doctrine par trop primitive et sauvage.

— Une femme qui craint d'être moins aimée ne doit employer ni le reproche qui repousse, ni la coquetterie qui dégrade, elle doit rester digne, douce, bonne, elle se conciliera l'estime et le respect de son mari, l'amour renaîtra bientôt.

— Il faut que le mari comprenne que la jeune fille qu'on lui livre avec tant de confiance est un dépôt sacré entre ses mains, qu'il doit lui tenir lieu de tout, remplacer les affections dont elle se sépare, lui donner et au delà toutes les protections qu'elle perd.

— Le mariage est une abdication de tous les droits du père et de la mère sur la fille qu'ils ont élevée et dont ils confient le bonheur à venir à un étranger de leur choix qu'ils acceptent pour fils : le mariage n'est-il pas une adoption ?

— Que de maris qui ont la prétention d'avoir épousé une femme toute élevée et se dispensent de chercher à compléter son éducation ; c'est là un des plus grands dangers du mariage !

— Dans nos usages, la fille qu'on livre à son mari peut être comparée au marbre qu'on livre à un sculpteur pour l'animer ; dans le mariage, c'est l'amour qui fait le miracle.

— Dans nos mœurs actuelles, le mariage est comparé au saut de Leucate : bien peu d'amours y survivent ; quoique la société ait ses bases dans le mariage, c'est par elles qu'il est battu en brèche, c'est par ses usages et ses tolérances qu'il périt, car il n'y a plus d'harmonie entre nos institutions et nos mœurs.

— Tout mari est entouré de nombreux amis plus ou moins séduisants, mais tous jeunes, passionnés, qui poursuivent sa femme de leurs hommages, qui ne l'abordent qu'en toilette, dans leurs meilleurs moments, avec une leçon bien étudiée et prêts à profiter de toutes les chances : et cependant combien peu de maris se défient et font bonne garde ! l'amour-propre l'emporte sur la crainte, tant ils sont convaincus que leur mérite éloignera d'eux un malheur si commun cependant.

— Une jeune femme doit être en grande défiance contre les hommes qui cherchent à lui plaire, mais surtout contre ceux qui sont plus particulièrement liés avec son mari. L'habitude de les voir, de causer plus familièrement avec eux ; la confiance du mari, le titre d'ami sont autant de voiles qui cachent le danger : car combien parmi eux qui guettent avec la ténacité et la cruauté d'un oiseau de proie le premier nuage qui s'élèvera entre les époux pour en profiter et les désunir en soufflant sur eux le feu de la discorde.

— Presque toujours pour une femme sage et sérieuse, un amant ne sera qu'un piége et un désastre et ne vaudra jamais un mari : l'amant passera comme le caprice et ce bonheur éphémère sera payé par mille douleurs et une honte éternelle et certainement un remords long et cuisant ; voilà ce que toutes les femmes devraient savoir ! Je ne parle pas de leur réputation perdue, des hontes de la mère et des enfants et de la désaffection de ceux-ci ! si les femmes et les filles savaient ? Mais elles apprennent trop tard !

— Le mari qui s'endort avec trop de confiance dans le mariage, qui veut jouir de son bonheur comme d'une chose due, s'expose à tous les dangers et à tous les mécomptes de la conjugalité.

— Dans nos mœurs, on a constitué la femme gardienne de l'honneur de l'époux, à ce point que le mari paraît frappé de déshonneur par les dérèglements de sa femme ; n'est-ce pas parce que le tuteur, maître absolu du mineur est responsable des fautes même de cet enfant. La responsabilité du mari est une conséquence logique de sa puissance, c'est à lui d'en user pour écarter le mal.

— Un mari qui ne voit pas par ses yeux, voit par ceux des autres ce qui est bien plus dangereux.

— Ordinairement, après vingt ans de mariage, le mari croit pouvoir sans danger négliger sa femme, et c'est là un double tort contre elle et contre lui, car c'est de quarante à cinquante ans que les passions des femmes ont leur jubilé et se raniment précisément à la veille du jour où la nature doit donner à ces passions le signal de la retraite.

— Une femme n'est pas moins belle parce qu'elle porte votre nom, qu'elle est digne, sage, laborieuse.

— Les maris sont les éditeurs responsables de toutes les actions de leurs femmes, ceci explique pourquoi ils doivent être et rester les maîtres.

— Pourquoi le ridicule déborde-t-il sur les maris trompés ! parce que les maris trompés sont presque toujours ceux qui ont visé aux grosses dots plutôt qu'aux vertus de famille et qu'ils ont ainsi préféré la fortune et les jouissances matérielles et vaniteuses qu'elle assure, à un bonheur intime, modeste et tranquille.

— Les hommes les plus clairvoyants dans le monde deviennent aveugles dans le mariage, comme s'ils avaient déposé leurs yeux dans la corbeille de noces.

— Le mariage ne s'accommode pas des passions, sa longue vie a besoin de mesurer ses forces à la longueur de la route : il faut de l'affection sans jalousie, de la douceur et de la bienveillance réciproques, le goût de la vie retirée et les plaisirs du coin du feu.

— Précisément parce que le mariage est de la part de la femme un consentement à tout, qu'il la place dans le lit où elle attend son mari, il est inconséquent et absurde de placer la galanterie dans le mariage ; ce qui existe de droit, par consentement et obligation entre les époux, a besoin de plus de pudeur et de mystère pour ne pas devenir trivial et vulgaire et conserver sa supériorité, sa sainteté, sa dignité, son prestige.

— Dans la partie matériellement naturelle et brutale de la vie, il doit y avoir entre le mari et la femme certaines pudeurs et certaines délicatesses qu'on n'enfreint jamais sans danger.

— Tout doit être décent entre le mari et la femme ; une affection profonde trouvera son aliment en elle-même sans recourir aux excès des sens ; elle crée cette chasteté conjugale que protégent la retenue et la pudeur ; ses joies les plus douces sont celles trouvées en dehors des sens et au-dessus des sens.

— Une femme réservée, pudique et modeste a toujours pour son mari le charme de la nouveauté ; ses voiles ne se soulèvent qu'accidentellement, le mari reste donc toujours un amant auquel se révèlent de nouvelles qualités, des perfections inconnues, des bonheurs nouveaux.

— C'est un crime que d'entamer à l'avance le respect qui, dans le mariage, doit donner au devoir la hauteur, l'énergie et le reflet d'une passion durable.

— En ménage l'amour est une passion qu'il faut modérer soit pour la faire durer, soit pour qu'elle ne tourne pas en tyrannie, en fatigue ou en affaiblissement et en maladie.

— C'est la perfection de la personne aimée qui constitue la dignité morale de l'amour : que l'homme choisisse une femme vertueuse, que la femme accepte un époux à la hauteur de ses vertus et leur amour réciproque, tout en restant une passion, deviendra une éminente vertu.

— C'est l'homme qui fait la femme et qui fixe l'avenir du mariage, il lui faut donc une résolution inébranlable et la ferme volonté d'en respecter les règles pour le maintenir dans la voie de la vertu : il faut donc que l'homme et la femme s'honorent et se respectent réciproquement.

— Il ne suffit pas d'un côté ou d'autre de rester vertueux et irréprochable, la vertu des époux doit être constamment aimable, affectueuse et prévenante et la tendresse doit être la base de toutes leurs relations.

— Une femme bonne et sage au jour de son mariage se maintiendra toujours bonne et sage avec un mari bon et fidèle, car pour conserver l'amour de sa femme le mari n'a qu'à rester ce qu'il était et à ne pas perdre l'estime qu'elle lui avait accordée.

— Quelle vie peut être celle d'une femme chargée d'elle-même et devant seule guider et sauvegarder son existence sans but, son existence secondaire, que le ciel n'a créée que pour faire un dernier présent à l'homme. C'est donc du mariage que doivent dériver toutes les affections d'une femme et, si le mariage est malheureux, quelle confusion n'en résulte-t-il pas dans les idées, dans les devoirs, dans les qualités mêmes de la société.

— La femme doit continuer pour son mari ce qu'elle a fait pour son prétendant et ne rien négliger dans sa tenue ou sa toilette, autrement elle courra grand risque de désenchanter son mari et de lui inspirer l'appréhension d'une froideur ou d'une désaffection.

— Le désenchantement de l'époux suit de si près la négligence de la femme qu'on ne peut s'y tromper : un mari est bien plus difficile qu'un amant et la plus tendre sympathie ne suffirait pas pour maintenir dans toute sa force la chaîne du mariage. Le cœur n'est jamais plus satisfait que lorsqu'à l'entraînement d'une affection vraie se joint la séduction des grâces ou de la beauté.

— Ce que dans la lune de miel on appelait une qualité est devenu plus tard un défaut, il n'est pas jusqu'aux grâces naturelles qui ne semblent affectées.

— Dans le mariage il faut une affection et un dévouement absolus et réciproques : la fortune aide bien au bonheur parce qu'elle écarte les privations, mais on peut vivre heureux sans fortune et non sans cette entente et cette sympathie des cœurs qui font si douce la vie du mariage.

— Le plus grand dissolvant du bonheur dans le mariage est le manque de confiance, et, ce qui est pire, la dissimulation que ne tardent pas à suivre le doute et les soupçons ; l'union la plus heureuse peut donc ainsi être brisée lorsque la franchise eut tout sauvé, car un mari quelque sérieux et sévère qu'il soit est toujours indulgent pour sa femme lorsqu'elle est elle-même bonne, aimante et gracieuse.

— L'homme ne doit songer à asseoir sa vie dans le mariage que lorsque son caractère est formé, que son état est fait, son avenir assuré, ses habitudes arrêtées, enfin que lorsqu'il est complètement et dignement homme : autrement quel exemple offrirait-il à sa femme, quelle protection, quelle garantie pour elle et ses enfants ?

— Quelle douceur, quelle félicité quand une sage épouse est aimée de son époux jusqu'à la dernière vieillesse, quand il lui rend toute la tendresse qu'elle lui prodigue, quand les dissidences n'ont jamais divisé ce couple heureux.

— Le sentiment dans le mariage commence d'abord par diriger la conduite, par créer des habitudes, puis, celles-ci une fois prises, elles gouvernent la vie, et alors que le sentiment a pu perdre de sa force il se continue dans ses effets.

— Le mari peut être l'amant de sa femme pour sa beauté, mais il doit être son ami, son protecteur et son modèle pour ses vertus.

— Quand dans le mariage il y a trop de ressemblance dans le caractère et les humeurs, l'accord est plus difficile, on reste et on se conduit trop longtemps dans la même voie.

— La naissance d'un enfant resserre le lien du mariage au point de le rendre infrangible : c'est une seconde union superposée à la première ; avec des enfants, les époux ne peuvent cesser de s'entendre et de s'aimer. la chaîne a trop d'attraits et de force !

— Les enfants, dans le mariage, procurent cet utile avantage qu'ils occupent la femme et l'attachent chastement à l'intimité conjugale et aux soins du ménage.

— L'amour qu'elle a pour son mari et l'affection passionnée qu'elle a pour ses enfants sont deux sentinelles que Dieu a placées auprès de la femme pour la protéger et la sauvegarder.

— Une femme qui a perdu la tendresse de son mari a perdu sa principale protection contre les recherches et les audacieuses tentatives des autres hommes.

— Dans le mariage l'homme doit être l'autorité et l'action, la femme la douceur, l'attraction, le charme et l'amour.

— La douceur de l'épouse calme la vivacité ou l'irritation de cacactère du mari, sa résignation et sa modestie atténuent son ambition, ses qualités bienveillantes effacent sa misanthropie ou ses brutalités.

— Une femme doit toujours garder vis-à-vis de son mari le ton de la plus grande déférence et rester très-sensible aux infractions faites aux règles de la délicatesse: ces égards mutuels assurent entre eux les meilleurs rapports, fortifiés par un mutuel respect.

Que les femmes soient soumises à leurs maris comme au Seigneur, et vous maris, aimez vos femmes comme Jésus-Christ a aimé l'Église jusqu'à se livrer pour elle.
SAINT PAUL *aux Éphésiens.*

— L'obéissance de la femme ne doit jamais aller jusqu'à compromettre sa dignité; son mari en éprouverait plus de peine que de satisfaction, forcé qu'il serait de reconnaître qu'il s'est donné une esclave plutôt qu'une amie et une compagne.

— C'est un sentiment bien naturel que celui qui rapproche de l'homme si fort la femme si timide et si faible contre le danger: elle s'abrite sous une puissance qu'elle sait apprivoiser et faire son esclave, et le bonheur et la sécurité sont des deux côtés !

— Plus un mari accorde d'autorité à sa femme, plus celle-ci doit en user discrètement pour ne pas paraître en abuser.

— Certaines femmes dominatrices absorbent leur maris, confisquent sa personnalité et portent le drapeau du ménage; c'est ce qu'on appelle des maîtresses femmes et des bons hommes de maris qui ne font pas pour cela plus mauvais ménage.

— Quand la modestie d'un homme cède la place à sa femme, celle-ci se fait la mouche du coche: ce que son mari fait tout bas, elle l'annonce tout haut et elle en conserve le mérite parce qu'elle en a seule parlé.

— Certains hommes mariés jeunes, passent subitement de la tutelle de leur mère, sous la tutelle de leur femme, sans que dans l'intervalle l'homme ait eu le temps de se reconnaître et de se produire; il achève ainsi de s'annuler, mais pourvu qu'il accepte naturellement sa position, la vie maritale n'en sera que plus douce !

— Les mérites de la femme ont toujours ajouté aux mérites et à la grandeur du mari, quelquefois même ils ont élevé et soutenu cette grandeur.

La femme est un conseiller intelligent et affectueux; le secours qu'on en reçoit peut avoir des résultats incalculables.
PLOTINE, *femme de* TRAJAN.

— Le mariage ne devrait réunir que des perfections afin de ne produire que des qualités; on ne peut récolter que ce qu'on sème. L'homme et la femme devraient donc d'abord être parfaitement sains de corps, être intelligents et honnêtes, d'une humeur et d'un caractère heureux, aimants et affectueux, ce qui implique dévoués et bienveillants.

— Dans le mariage plus l'un est supérieur à l'autre en intelligence, plus l'accord sera complet; il n'y a plus doute alors, ni incertitude, chacun prend sa place : l'un pour commander, l'autre pour obéir et il n'y a plus place pour le plus petit dissentiment. L'important c'est que le plus borné ait le sentiment de son infériorité, car rien n'est plus dangereux qu'une sottise aveugle et opiniâtre.

— On dit que le mariage est la fin obligée de toutes les comédies qui le précèdent, c'est cependant le commencement de la vie sérieuse de la femme et de la famille, car la famille dérive de la femme, et c'est elle qui est responsable de sa santé, de sa prospérité en tout, de son bonheur !

— Le mari présente sa femme à sa famille et dit : « Voici la femme que mon cœur a choisie pour être la fille de mon père et de ma mère, pour être la mère de mes enfants et la compagne bien-aimée de toute ma vie. »

— Dans le mariage, des attentions et des prévenances outrées, trop de tendresse ou de démonstrations vives et passionnées fatiguent souvent le mari ; si la jeune femme aime assez pour désirer un pareil retour, elle doit l'amener à cette expansive tendresse sans qu'il s'en doute : ses moyens seront l'excellente tenue de sa maison qu'elle aura soin de lui rendre aussi agréable que possible ; son désir prouvé par ses actions, de se plier à ses habitudes et à ses goûts, de s'intéresser à toutes ses affaires et à ses projets pour l'aider à y réussir, enfin une confiance absolue et remplie de dignité, tout cela couronné par une conduite irréprochable.

— Le devoir en tout et toujours est une vertu rigoureusement obligatoire ; ainsi, dans le mariage la négligence d'un époux à remplir ses devoirs ne dégage pas l'autre de l'obligation de remplir les siens : le plus sage sera heureux de donner le meilleur exemple.

— L'amant qui a pu se permettre d'exiger ou de menacer devra être soupçonné d'être un mari tyrannique et insupportable.

— Une bonne fille donnera toujours à son mari la satisfaction qu'elle a donnée à son père.

— Le mari doit être et rester toujours le chef aimé et respecté de la famille, le pivot de toute la vie : un amant ou une maîtresse sont le plus grand crime que puissent commettre contre eux-mêmes les époux ! car c'est la destruction du mariage, c'est le suicide, c'est la honte et la ruine, le malheur de la famille entière ! mieux vaudrait la mort du coupable ! ce serait une immense douleur, mais le mariage resterait debout et l'avenir du survivant et des enfants serait sauvé.

Que les époux soient donc constamment en garde contre des entraînements dangereux, qu'ils évitent le plus petit soupçon qui pourrait compromettre l'avenir, solliciter des représailles, engendrer des ressentiments et des rancunes, toutes choses dangereuses et mortelles dans cette union intime qui doit rester intacte, pure et respectée comme la plus sainte et la plus puissante des institutions humaines.

— L'homme entrant dans le mariage tout formé, tout instruit, armé et disposé pour commander, que de science, de prudence, de douceur et d'habileté ne faut-il pas à la femme pour échapper à la tyrannie, pour adoucir les mœurs et les idées du maître, pour le civiliser et l'apprivoiser ; dirigez donc l'éducation et l'instruction des femmes dans ce sens.

— Une femme sensée ne doit jamais s'apercevoir des sottises de son mari ; elle doit prendre son parti des ridicules et des extravagances qu'elle ne peut empêcher, sans cependant discontinuer de les combattre discrètement ; en agissant ainsi elle ôte aux autres le droit de remarquer ce qu'elle ne voit pas et leur impose sa tolérance.

— L'amour et le mariage ne réussissent que dans les contrastes ; à une femme qui a les qualités de l'homme, il faut un mari qui ait les qualités de la femme et réciproquement.

— Dans le mariage il n'y a pas d'égalité devant la loi : ce qui fait les mérites du mari ferait les vices ou les défauts dans la femme : la même peine, le même blâme n'est pas appliqué aux mêmes faits, chose étrange, c'est le plus faible qui se trouve sacrifié.

— C'est une étude curieuse et instructive que l'observation attentive des changements d'un jeune mari ; on voit alors comment le mari impérieux peut remplacer l'amant soumis.

— Dans un bon ménage on est moins désireux de sortir ou de recevoir, précisément parce que les époux sont l'un à l'autre la meilleure compagnie et la plus agréable.

Le besoin de distraction et de bruit témoigne déjà qu'on se plaît moins chez soi et entre soi, c'est un avertissement et une indication qu'il serait très-imprudent de négliger.

— Une femme mariée n'a le droit de se montrer dévote et de pratiquer la dévotion qu'après avoir rempli tous ses devoirs dans son ménage et assuré le bonheur de son mari et de ses enfants.

— L'homme de travail ou d'affaires, doit se marier pour donner à sa vie une règle et du calme à son esprit par la douceur des habitudes.

— Les hommes de lettres, les auteurs dramatiques surtout, pris sur le retour, sont d'excellents maris, ayant jeté tous leurs feux et toutes leurs gourmes, dégoûtés de toutes ces friandises peinturlurées qu'on appelle actrices, figurantes, etc. Ils ont vécu, ils cherchent dans le mariage, une retraite, un repos que le monde ne leur a pas donné, ils ont le relief de la vie artistique élégante et spirituelle, le sans-façon poli et discret que le monde et le théâtre surtout donnent au suprême degré; ils sont tolérants et doux, ils plaisent et amusent, ils réunissent donc toutes les conditions de bonheur!

— On arrive aujourd'hui à reconnaître l'inconvénient des mariages entre parents trop rapprochés, sans parler de mariages dans la descendance directe et entre frères et sœurs, la loi religieuse avait proscrit justement les mariages entre les cousins germains pour ne pas multiplier par elles-mêmes et aggraver les maladies de famille. Ce n'est que depuis le deuxième Concile de Latran qu'on a permis le mariage au-dessous du septième degré de parenté en ne le défendant qu'au quatrième, mais à la condition d'un tribut payé au pape.

— Cette condition est inacceptable, l'argent ne pouvant rendre juste ce qui serait injuste par lui-même!

— Dans sa vieillesse, Tronchet, le chef et le plus capable des créateurs du code civil, disait: que les législateurs avaient peut-être eu tort de voir et de protéger bien plus dans le mariage les enfants que les époux; cette réflexion est juste, mais ne peut devenir un reproche, le mariage devant protéger tous ces intérêts si bien unis entre eux qu'ils sont absolument solidaires et sacrés.

— Les mariages politiques entre dynasties n'ont rien de solide, il faut un ciment plus fort que les liens du sang, il faut l'intérêt réciproque des nations pour constituer une alliance politique durable.

— Le mariage a cela de triste que plus il a été heureux, plus il prépare de cuisantes douleurs à celui qui est condamné à rester le dernier; mais Dieu, toujours bienfaisant a jeté sur cette malheureuse séparation le voile impénétrable de l'imprévu.

— Dans les cérémonies du mariage, les plus faciles à émouvoir sont les jeunes gens et les jeunes filles qui se font acteurs en espérance. Les jeunes femmes y trouvent une réminiscence et en raisonnent sur elles-même: ces souvenirs nous apprendraient bien des choses mystérieuses et intéressantes!

MARIE-ANTOINETTE. — Le peuple ne voit que ce qui est public et apparent: Marie-Antoinette était digne et d'autant plus sérieuse et raide dans la représentation, qu'elle était gaie, bonne et rieuse dans l'intimité, car la bonhomie est le fond du caractère de la race impériale d'Autriche. Cette froideur, qui n'était qu'une timidité dans la représentation, déplut et la fit d'abord appeler l'autrichienne, puis Mme Déficit, enfin Mme Véto! L'affreuse *calomnie* du collier l'avait dépopularisée; il ne fallait, pour achever de la perdre, qu'un prétexte, qu'un mot et le prétexte fut la cherté du pain dans Paris et le cri populaire: du pain; du pain! auquel la plus bienfaisante des reines aurait répondu: quand on n'a pas de pain on mange de la brioche! le mot sortait de la bouche de Fouquier-Tinville, président du tribunal révolutionnaire!

MARINE. — La marine est parfois une nationalité plus étendue et plus puissante que la nationalité territoriale et réelle; les villes libres et commerçantes ont leur force et leurs richesses sur leurs navires. L'Angleterre, sur sa langue de terre à peine apparente sur la carte, n'exploite-t-elle pas l'univers entier sur le sol mouvant des mers, avec les milliers de grands, moyens et petits navires qu'elle s'est donnés? Le jour arrivera où son sol flottant sera presque égal à son sol terrestre et rocheux; alors elle pourra à son gré, et dans l'intérêt de sa puissance, quand ses mines de houille et de minéraux seront épuisées en chercher et en trouver de plus riches sur un sol étranger et vierge!

MARION DELORME. — M. Denon affirmait sur l'honneur qu'il avait recueilli à l'Hôtel-Dieu et soigné la fameuse Marion Delorme qui eut eu alors près de cent quarante ans.

MARIVAUX. — Si vous aimez l'esprit dégagé, l'esprit d'à-propos, l'esprit de salon, l'esprit fin et de conversation, lisez Marivaux ; son chef-d'œuvre est sa pièce des jeux de l'amour et du hasard : pièce toujours attrayante et amusante l'entendrait-on dix fois de suite ! la *Méprise* et l'*École des mères*, la *Mère confidente*, pièces oubliées bien à tort et charmantes ; enfin ses romans : la *Vie de Marianne*, le *Paysan parvenu*, l'*Indigent philosophe*. Marivaux aiguisait son esprit naturel dans les causeries de la vie de salon ; il y consacrait douze heures par jour, de deux heures du soir à deux heures du matin ; on voit qu'il employait sa vie entière au développement de son talent.

— On a donné à tort le nom de marivaudage au langage banal et affecté employé comme entrée en scène auprès des femmes coquettes ; ce langage n'exprime rien et signifie encore moins, sinon ce que désire entendre la personne qui écoute.

MARIONNETTES. — Du temps d'Horace, c'est-à-dire cinquante ans avant Jésus-Christ, les marionnettes étaient déjà connues à Rome et amusaient beaucoup le peuple souverain !

MARMONT. — On a écrasé Marmont sous une inculpation méritée de trahison : c'est lui, en effet, qui a ouvert trois jours trop tôt les portes de Paris aux coalisés européens, mais il ne faut pas oublier cependant que s'appuyant sur son opinion favorable à la restauration, il a tout fait pour obtenir de Louis XVIII la grâce de son ancien compagnon d'armes, le maréchal Ney ; s'il n'y a pas réussi, c'est qu'aucun effort ne devait réussir et Marmont conserva longtemps un poignant souvenir de ce qu'il appelait l'ingratitude du roi de France !

— Davoust et Marmont furent les deux plus odieuses trahisons qui frappèrent Napoléon après Waterloo (on soupçonna aussi le maréchal Grouchy : la question se posait entre une faute et une trahison.)

Dans ce moment suprême et critique, elles décidèrent du sort de Napoléon et de la France.

MARMOTTES. — Nos grands auteurs se grisent parfois dans les sujets qu'ils traitent : Ainsi Buffon raconte que les marmottes imitent nos cultivateurs en coupant le foin, le laissant sécher et le rentrant sur un singulier charriot : « Une marmotte se couche sur le dos, étend ses pattes en haut pour servir de ridelles, se laisse charger de foin et ensuite traîner par les autres qui la tirent par la queue. C'est à cela qu'on attribue leur poil rongé sur le dos. » Après cela, croyez à Buffon... mais, cela ne doit-être qu'une plaisanterie ?

MANGOUSTE. — On trouve en Chine une grande variété de fruits : la mangouste est un des meilleurs, c'est une pomme ayant une peau épaisse, brune en dehors, rouge en dedans, la chair du fruit est blanche, molle, et fond dans la bouche comme ferait du beurre parfumé ; elle est sucrée, légèrement acidulée et à un goût prononcé de framboise.

MANGUE, — fruit de manguier, arbre originaire des Indes, mais cultivé aussi en Amérique et particulièrement aux Antilles : la mangue ressemble à la prune, mais elle est de la grosseur d'un petit melon et atteint parfois un volume bien plus considérable, la pellicule et la chair sont jaunes, celle-ci est très-savoureuse. Les manguiers ont la hauteur de nos pruniers ; leur feuillage est magnifique, les fleurs sont très petites et réunies en groupes au sommet des rameaux : le bois du manguier a une grande valeur au Malabar, parce qu'il sert exclusivement à alimenter les bûchers sur lesquels on brûle les cadavres des grands personnages.

MAROC. — Du VIIIe au XIIIe siècle, le Maroc fut la voie qui amena les Sarrasins et les Maures sur l'Europe ; après le XIIIe siècle il fut envahi à son tour par la réaction chrétienne, mais il sut si bien la repousser que les chrétiens lui payèrent longtemps un tribut. Ce ne fut qu'en 1830 que cette humiliation s'effaça par notre conquête d'Alger.

Marronniers. — L'arbre connu aujourd'hui sous le nom du marronnier des Tuileries ou du 20 mars (date du retour à Paris de Napoléon venant de l'île d'Elbe), s'appelait autrefois l'arbre de Cracovie du nom du théâtre en plein vent de l'abbé Trentemille-hommes, tranchant du général et battant tous ses ennemis avec un corps d'armée de trente mille hommes. — Un riche bourgeois, son auditeur assidu, légua 30,000 francs à cet abbé, dont il ne connaissait pas le nom, mais qu'il désigna dans son testament sous celui de l'abbé Trente-mille-hommes; ce testament fut attaqué par la famille qui perdit son procès et fut obligée de délivrer le legs.

— Certaines plantes, quoique paraissant appartenir à la même famille, sont tout à fait dissemblables; ainsi la fleur du marronnier d'Inde, arbre d'Asie, est bien différente de celle du châtaignier et du marronnier d'Europe, et leurs fruits, qui sont les mêmes en apparence, n'ont ni les mêmes qualités, ni les mêmes propriétés; le marron d'Inde est amer et n'a pu être rendu comestible que par une longue macération dans de l'eau salée; le marron d'Europe ou châtaignier, est doux, savoureux et sucré.

— La cause du succès, du marron grillé en hiver, à Paris, c'est qu'il nourrit et qu'il réchauffe le gourmand, aussi se vend-il toujours à la porte d'un marchand de vin : le marron créant la soif, le vin sollicitant le marron.

Marseillaise. — En 1793, on ne chantait plus la *Marseillaise*, elle avait suivi les armées dans leurs conquêtes sur l'étranger envahisseur, mais bientôt vaincu et refoulé chez lui. A Paris on n'entendait plus que l'ignoble chant de la populace:

> Ah ! Ça ira, ça ira, ça ira….
> Les aristocrates à la lanterne.
> Ah ! Ça ira, ça ira, ça ira
> Les aristocrates on les pendra.

Marseille — est la cité la plus antique du monde (2,400 ans) et cependant sans antiquités; c'est que Marseille n'a jamais été qu'une ville de commerce, fondée par des commerçants Phocéens et qu'elle est restée toujours une ville de négoce; aujourd'hui sa personnification commerciale est le savon, fabrication puante, ce devrait être son écusson. L'antique Marseille était une ville immonde et inhabitable, les améliorations nouvelles n'ont fait que masquer ses vieux quartiers tortueux, fangeux, malsains, son port lui-même, chose incroyable ! n'avait encore, en 1830, jamais été curé et était depuis de longs siècles le récipient de toutes les latrines, dès lors de toutes les immondices de cette ville, la plus ancienne du continent Européen; le flux du port étant peu sensible, ne renouvelait l'eau que fort lentement, et à l'embarquement comme au débarquement, le premier mot du voyageur était un cri contre la puanteur de l'eau.

— Marseille, par ses relations maritimes avec tous toutes les villes d'Orient où les pestes sont endémiques, peut être appelée la ville des pestes, car elle eut quinze pestes en quatre siècles ; celle de 1720 fut la plus calamiteuse, elle tua trente mille personnes, plus d'un tiers de la population d'alors !

Martyrs. — de martur en grec (témoin, témoignage, qui par sa mort témoigne de sa foi !) Acte le plus courageux de tous, car il n'a ni l'entraînement, ni l'emportement de la lutte et du combat, c'est la résolution froide et lente d'accepter et de souffrir les plus atroces tortures et la mort même pour sa religion.

— Tous les grands penseurs ont accompli leur œuvre et ont été martyrs de leur opinion et de leurs principes : Socrate, en prison, est mort par la ciguë, mais à la suite d'une condamnation pour dissolution de mœurs; le Dante en exil, le Christ sur la croix !

— Les premiers chrétiens eurent la passion du martyre : pour obtenir la vie éternelle ils insultaient les empereurs, les prêtres et les dieux payens ; ils allaient ainsi au-devant de la mort et des supplices et les provoquaient.

— Les martyrs étaient ensevelis avec les instruments de leur supplice, le prêtre et les assistants les baisaient sur le front, le prêtre y versait de l'huile, puis on recouvrait la fosse de la pierre sépulcrale sur laquelle le peuple déposait des vases de fleurs et des gerbes de verdure.

MASQUE. — Quand on veut prendre un masque, il faut au moins le choisir gracieux : ceux qui croient qu'on ne se masque que dans le carnaval ont la naïveté de l'enfance. Que de gens portent un masque pendant toute leur vie.

— Dans l'Inde, les femmes de Mascate portent un masque d'étoffe bleue soutenu par des fils de fer et ne touchant pas la figure. Il est ouvert à la hauteur des yeux par une ligne horizontale et large de deux doigts.

— L'existence de l'homme au masque de fer n'est pas douteuse, mais le mystère qui l'a entouré n'est pas entièrement dissipé ; si ce fut un secret d'État, il ne pouvait être mieux gardé : la version la plus répandue c'est qu'après 23 ans de mariage stérile, Anne d'Autriche n'espérant plus d'enfants fut obligée, par suite d'une circonstance préparée par Richelieu, de coucher avec le roi, ce qui amena une grossesse et la naissance de Louis XIV d'abord, puis celle d'un deuxième enfant ; on fut effrayé de ce fait pour la question de succession et on se décida à cacher la naissance du second fils, dont on couvrit plus tard la figure avec un masque de fer, à cause de son extrême ressemblance avec Louis XIV.

MASSILLON. — Ce qui donne aux sermons de Massillon une douceur si exquise, un parfum si suave, une puissance si pénétrante, c'est qu'il trouve vivace dans son cœur tous les sentiments qu'il exprime, c'est que, comme les philosophes anciens dans leurs discours sous les portiques, il semble couronné de fleurs et entouré de leurs parfums.

MATÉRIALISME. — Ce n'est pas l'homme qui vit de nos jours, c'est la matière qui vit en lui ! on ne pense plus, on mange, on boit, on dort, on parle, mais sans raison et sans réflexion ; on laisse dormir, on étouffe l'intelligence, on oublie, on néglige l'étude qui feraient l'homme le roi de la terre. Bref on remplit la bête, seulement pour la faire vivre et se prélasser.

— Le matérialisme ne voit dans la pensée qu'une sécrétion du cerveau et dans le cœur que la circulation du sang.

— Ce qu'il faut regretter, c'est l'empire de la matière sur l'esprit, c'est que les affaissements du corps entraînent les affaissements de l'âme.

— Dans certaines natures étroites, abaissées et brutales, la matière veille avec férocité aux portes étroites de l'intelligence.

— La loi elle-même s'est fait souvent matérialiste, ainsi, sous l'ancienne loi du sens électoral, pour conférer à un homme le droit de voter, elle ne lui demandait ni ce qu'il valait, ni ce qu'il pensait, mais seulement ce qu'il possédait et le plus riche était proclamé par elle électeur et éligible, dès lors le plus éclairé et le plus liable. Aujourd'hui, elle fait pire encore, elle ne demande ni garantie de fortune, ni garantie d'instruction, et le plus ignorant, le plus abruti d'entre les citoyens a le droit de présider aux destinées de la France !

— L'homme matière est fait à l'exemple des animaux : beaucoup d'hommes, les bruns surtout, sont très-velus et, s'ils n'étaient vêtus dès leur enfance et continûment, il n'est pas douteux qu'ils n'eussent les longs poils dont le spécimen est sur leur tête et sur les parties les moins couvertes du corps, comme la poitrine, les mains, la figure. Ce serait le vêtement naturel des animaux, mais le vêtement a transformé la race en race dénudée au lieu d'être plus ou moins velue, et l'abus du vêtement a créé la délicatesse de constitution et l'obligation de se vêtir encore plus, si bien que l'homme est une espèce de poupée de cire prête à fondre en été sous les ardeurs caniculaires et à se glacer en hiver sous les froids intenses : il est ainsi l'esclave de la délicatesse qu'il s'est infligée.

Les anglais plus judicieux que nous qui couvrons nos enfants de gants et de bas de laine, ce qui les expose aux engelures aux mains surtout, laissent leurs enfants les jambes et les bras nus et les fortifient ainsi contre les atteintes du froid.

— Le matérialisme de notre époque rit des brillantes fictions de nos poètes, comme si ce monde imaginaire n'illuminait pas le monde réel des lueurs qui lui manquent : ne serait-ce qu'une distraction, un petit plaisir, ce serait encore quelque chose, car la distraction repose l'esprit, la poésie réveille des sentiments oubliés et ranime ainsi dans le cœur de l'homme des aspirations bienfaisantes.

MATERNITÉ. — Il semble que la femme soit née pour les devoirs de la maternité : cette destination est si évidente que lorsqu'elle devient mère on peut être assuré de la voir acquérir les vertus qui lui manquaient et se corriger des défauts qui obscurcissaient ses mérites : il y a quelque chose de surprenant dans cette transformation d'une jeune femme, elle était légère et mondaine, coquette, éventée, elle devient sédentaire, attachée à son ménage, sérieuse et bonne, c'était un petit démon elle devient un ange !

— La naissance d'un enfant est un fait d'une portée infinie dans l'existence du père et de la mère : cela change toutes les positions, toutes les habitudes, toutes les idées ; on était dévoué l'un à l'autre et on cesse presque de l'être pour s'unir dans un dévouement commun en faveur du bien-être de l'enfant ; c'est une activité nouvelle, des soins nouveaux, une nouvelle affection, tout cela mêlé d'inquiétudes et souvent de peines, mais tout cela même fortifiant le lien du mariage.

— Nos pères et nos maîtres en civilisation, les Grecs, aujourd'hui si déchus, avaient deviné et constaté l'influence des sensations extérieures sur les créations de la maternité : ils éloignaient de la femme enceinte tout ce qui pouvait l'affecter en mal, comme la difformité, la laideur et l'entouraient de tout ce qui était beau, distingué, séduisant avec la croyance que cela pouvait avoir une énorme influence sur la créature en formation. Cette pensée a été acceptée par l'humanité entière.

— La possession de tous les autres biens s'use et devient moins vive par la jouissance, tandis que l'existence d'un enfant est un bien auquel on s'attache d'autant plus que sa possession est plus ancienne, qu'il a causé plus de peines, d'inquiétudes ou de chagrins.

— Quoique ce ne soit pas absolu, on pourrait reconnaître à leur physionomie les femmes à qui la nature a refusé des enfants ; elles ont presque toutes cette dureté de physionomie, cette sécheresse de ton, cette raideur de manières que la maternité eut instantanément effacées.

— Certaines femmes, dans la pureté de leur âme, ne comprennent l'amour que comme acheminement à la maternité et placent ce bonheur bien au-dessus des joies intimes du mariage.

— La femme la plus méchante cesse de l'être comme mère ; la nature s'est épuisée à donner à l'affection maternelle une puissance supérieure à tous les autres sentiments, à ce point que la mère est capable, dans l'intérêt de ses enfants, de dompter ses vices ou ses défauts les plus violents et les plus enracinés.

— Telle femme ne pouvant supporter la plus légère fatigue passera, comme mère, des semaines et des mois sans sommeil, haletante et penchée sur le berceau de son enfant.

— Jusqu'à la maternité, la femme ne s'était guère occupée que d'idées frivoles, la vie sérieuse a donc commencé seulement alors pour elle, sa valeur s'est révélée, ses idées se sont agrandies et en même temps sa considération s'est élevée ; c'est donc à la maternité que la femme devra l'estime de tous et la sienne propre.

— Rien n'est plus inégal et plus chanceux que la part du bonheur faite aux femmes ; ce qu'il y a de plus solide, pour elles, ce qui remplit leur vie, c'est le devoir dans le mariage et la maternité.

— Certains enfants roses et vigoureux suspendus au sein d'une mère délicate, font l'effet d'une abeille épuisant tout le suc d'une fleur ; la mère ne fera jamais ce calcul, plus l'enfant lui prendra, plus elle sera heureuse ! son enfant, c'est plus qu'elle ! elle est sa pâture, sa nourrice, sa servante, son esclave en *toutes* choses et sans dégoût !

— Quand les cris de l'enfant fatiguent le père, c'est la mère qui le recueille, qui le calme, qui l'égaie ou l'endort, car elle, rien ne la fatigue.

— La mère ne donne pas seulement la santé ou la faiblesse à son enfant, l'éducation physique et morale qu'elle lui doit aura une plus grande portée encore ; sa vie, sa santé et son avenir en dépendent : elle sera donc mère deux fois !

— Les mamans passent volontiers à leur ordre les éloges donnés à leurs enfants, leurs enfants sont, en effet, leur coquetterie la moins blâmable.

— Devant ses enfants la femme doit disparaître pour faire place à la mère; elle doit renoncer à sa jeunesse, à sa beauté, à ses mérites pour les voir passer dans leur jeunesse, dans leur beauté, dans leurs mérites et se récompenser ainsi elle-même de son affection maternelle.

— Une bonne mère, après avoir été l'ange gardien de ses enfants pendant sa vie, les avoir dotés d'une excellente éducation et entourés d'une tendresse sans bornes, ne meurt jamais entièrement pour eux; elle les dirige encore après sa mort par le bienfaisant souvenir de ses qualités, de ses vertus et de ses exemples.

— L'enfant qui a perdu sa mère n'oubliera jamais ces tendres et magiques baisers qui l'éveillèrent à l'entrée de la vie.

— La bouche d'une mère élève et embellit tout ce qu'elle dit; tout devient chaste et se moralise en passant par son esprit et par ses lèvres; la mère a d'heureuses hardiesses et de pudiques retenues que n'aurait jamais pour ses enfants un moraliste étranger.

— Les femmes ne peuvent-elles pas dire à leurs maris: « Quand vous offrez nos fils à l'État, c'est notre sang, c'est notre chair, c'est notre vie que vous offrez! »

— L'influence matérielle et morale de la mère sur son enfant, alors qu'il ne vit encore que de la vie de la mère, est immense et absolue. Les lois secrètes et mystérieuses de la germination humaine restent forcément voilées, mais l'influence absolue de la mère est une vérité incontestée et incontestable!

— L'amour sans bornes et sans mesure d'une mère, sait rendre tout facile aux enfants, elle développe en eux les qualités du cœur en les inondant de son affection et en épanchant sur eux une tendresse de tous les instants; elle leur donne de la dignité en les louant à propos, des vertus en leur donnant l'exemple des siennes, de la discrétion en les habituant à ne jamais rien demander qui ne puisse leur être accordé, de la résignation en les mettant constamment en face des nécessités de la vie et en ne leur montrant pas l'existence plus belle qu'elle n'est.

— Les vertus de la mère sont le parachute de la vie des enfants. C'est le conseil permanent, l'inspiration tacite, l'obstacle à toutes les fautes, le guide et le conseil à tous les doutes.

— Voulez-vous rendre chacun à ses premiers devoirs: commencez par les mères, vous serez étonné des changements que vous produirez! Tout vient successivement de l'oubli des devoirs maternels..... Le spectacle touchant d'une famille naissante n'attache plus les maris, n'impose plus d'égards aux étrangers: on respecte moins la mère dont on ne voit pas les enfants.

L'âme d'une bonne mère ne saurait trouver de repos qu'elle n'ait éveillé dans ses enfants la noble étincelle de la vertu.
Silvio Pellico.

— La mère élève son enfant à la chaleur de son incessante tendresse; elle veille sur lui nuit et jour et croit toujours faire trop peu pour cette petite créature adorée plutôt qu'aimée.

— Chacun vit pour soi, les mères seules, on peut le dire, vivent pour leurs enfants, dans leurs enfants et par leurs enfants! car elles donneraient leur vie pour sauver la leur!

— Une mère attachée à ses devoirs est la providence de sa famille et son plus utile soutien.

— Les genoux de la mère sont le premier autel où s'épanouit l'innocente prière des enfants.

— L'œil de la mère est l'étoile protectrice du berceau de l'enfant.

— Il y a dans les mères un sens divin et caché qui avive tous les autres au profit de l'enfant.

— Les mères, malgré l'immense amour dont elles entourent tous leurs enfants, ont une prédilection secrète pour leur premier né qui leur révéla l'amour passionné de la mère et pour le dernier né qui continue indéfiniment à satisfaire cet inépuisable amour!

— Au moment de la naissance, le lien que la nature a rompu se transforme en une chaîne moins fragile, l'amour qui relie l'enfant à sa mère.

— Certaines mères sont comme des fées, elles font des merveilles dans l'éducation de leurs enfants et cela par l'affection, la douceur et l'abnégation.

— Les caresses sont le lait du cœur d'une mère, elles sont préférablement peut être, au dernier né, car il est le plus faible, le plus souffrant, le plus exposé.

— Une mère intelligente se fait comprendre de ses enfants par un regard, un signe, un mot; ces cœurs ont les mêmes cordes, le même langage muet, et, on peut dire la même pensée; il n'y a pas seulement sympathie ardente, il y a magnétisme naturel.

— Une mère seule sait pressentir dans son enfant les secrets de délicatesse du cœur et du caractère; les instincts, les propensions, les caprices, tout enfin! Car n'est-il pas son corps, sa chair, son sang, son cœur, son intelligence même?

— Les mères se flétrissent et s'éteignent lentement auprès du tombeau d'un enfant; les marâtres seules peuvent être consolées!

— Quand une mère perd un de ses enfants, son amour ne disparaît pas avec lui, il change de nom et s'appelle souvenir éternel, car il dure autant que sa vie.

— Le souvenir de la mère, de sa vive et ineffable affection ne manque jamais pour l'enfant de le rattacher à la pensée de Dieu, car la mère est l'image de Dieu sur la terre. Elle est la première à prononcer son nom et elle donne avec son lait les premiers exemples et les premières leçons de religion, d'amour et de vertu.

— Ce n'est qu'en perdant sa mère qu'on peut comprendre les embarras et les inquiétudes que les mères écartent de leurs enfants; sous leur aile, ils n'ont qu'à se laisser vivre, car l'inquiète sollicitude de la mère fait si bien sentinelle autour de leurs désirs et de leurs besoins qu'elle devine leurs chagrins pour les calmer et leurs souffrances pour les guérir.

MATHÉMATIQUES. — Il faut avoir le génie des mathématiques pour utiliser cette science, car, par elle-même, elle est très abstraite et exige une aptitude toute spéciale.

— Les mathématiques par la rigidité de leurs propositions, de leurs prémices, de leurs conséquences et de leurs conclusions, tuent l'imagination et la poésie, effacent les sentiments et dessèchent le cœur et l'âme; c'est le positivisme brutal substitué à toutes les variétés, à tous les caprices, à toutes les fantaisies et les nuances de la pensée et de l'amour.

— Les esprits scrutateurs résistent à l'application de l'algèbre, à la géométrie, parce qu'ils tiennent à comprendre ce qu'ils font, et que résoudre par les équations un problème géométrique, c'est chanter un air en faisant tourner un orgue de barbarie.

MATIÈRES TEXTILES. — Le coton, le chanvre, le lin, la soie, sont les plantes ou produits textiles par excellence. Il faut ajouter l'aloès, l'abaca, le soba, l'ananas, plantes textiles de plus en plus grossières; les fils ou filets de la grosse araignée destinés à prendre les mouches qui lui servent de nourriture paraissent être le *dernier échelon* des textiles utilisables.

MAURES. — Comme tous les orientaux, les maures attachaient une pensée et un caractère symboliques à tous les monuments. Les murailles étaient leurs livres où se gravaient les principes de leurs croyances, leurs pierres étaient des manuscrits et de l'architecture parlante.

— Un ambassadeur des maures, envoyé à Charles III en 1772, obtint, comme faveur insigne, de passer par Grenade. En entrant dans l'Alhambra il se mit en prière, fondit en larmes et se frappant la poitrine! « comment nos ancêtres ont-ils pu perdre cette terre de délices? comment n'ont-ils pas préféré y mourir tous pour y laisser au moins leurs corps, au lieu d'aller se jeter sur ces misérables rochers d'Afrique ou sur les sables brûlants du désert!

— Tous les maures africains ajoutent chaque vendredi aux versets du Coran une fervente prière pour obtenir du prophète et de Dieu de rentrer sur leur terre d'Espagne.

— Le Maure, si brillant et si intelligent

autrefois, est aujourd'hui un homme efféminé, à physionomie douce et voilée, au mutisme absolu : la déchéance de la nation a entraîné celle de l'homme !

— Le palais de Charles-Quint, bâti au centre des ruines de l'Alhambra de Grenade, fut construit avec l'argent des Maures, qui achetaient ainsi la liberté de pratiquer leur religion ; on démolissait les monuments mauresques pour bâtir ce palais comme firent à Rome, dans le temps, les Barberini, famille parente du pape, pour construire leurs splendides habitations, ce qui donna lieu au distique suivant :

> Quod non fecerunt Barbari
> Fecere Barberini.

Les Barberini démolirent ce que les barbares avaient respecté.

— Au contraire des monuments anciens dont la beauté est toute extérieure et qui paraissent bâtis pour une nation, les monuments mauresques ne paraissent jamais bâtis que pour un seul homme, jaloux de cacher son luxe et ses richesses ; l'extérieur ne se compose que de murs en briques, flanqués de tourelles carrées, le tout sans ornementations ; le luxe intérieur, au contraire, est poussé aussi loin que l'était l'art antique dans ses plus beaux monuments.

MAUVAIS INSTINCTS. — Je crois aux mauvais instincts et à leurs reflets sur la physionomie humaine, aussi bien qu'aux reflets sur les traits du visage, des habitudes et des sentiments usuels, mais je ne crois pas aux signes innés et naturels écrits, dit-on, sur la physionomie et annonçant les passions perverses, car ce serait de la fatalité, idée extravagante et qui excuserait tous les crimes !

MAUVAIS PENCHANTS. — Pourquoi les mauvais penchants ne seraient-ils pas héréditaires comme les maladies ? Je me tiendrai toujours en garde contre un homme qui aura eu un père vicieux, une mère ou des aïeux dépravés !

MAUVAISES NOUVELLES. — Dans les mauvais jours de révolutions, d'émeutes, d'épidémies, de guerres désastreuses, tout coup de marteau ou de sonnette inspire l'effroi et la crainte ; c'est une nouvelle, donc une mauvaise nouvelle, car il n'y en a pas d'autres à espérer.

MAUVAISES SOCIÉTÉS. — Rien de plus dangereux que les mauvaises sociétés : d'abord elles entraînent par leurs exemples, puis elles donnent et confirment leurs habitudes ; enfin elles constituent une espèce de lien solidaire contre le repentir et le retour au bien.

— Les mauvaises sociétés perdent les femmes en si peu de temps, que le mal est fait avant même qu'elles aient pu le craindre et s'en garer ; elles sont, en effet, de l'étoffe la plus impressionnable et la plus facile à transformer, elles prennent naturellement et subitement toutes les couleurs toutes les nuances du bain dans lequel elles sont placées et sans qu'il soit besoin de préparation.

MAUVAIS SUJETS. — Les femmes aiment décidément les mauvais sujets ; elles se croient la mission sainte de les ramener à la vertu : n'espérez donc pas les dégoûter en disant pis que pendre d'un jeune homme, vous les affriandez au contraire ; un mauvais sujet doit être beau garçon, puis, s'il ne l'est pas c'est qu'il a d'autres charmes secrets plus attrayants encore que la beauté ! Pour éloigner les femmes légères, dites d'un jeune homme qu'il est rangé, ordonné, laborieux, économe, sobre, doux, obéissant, probe et honnête, c'est un modèle, une perfection ! La jeune fille elle-même pensera alors à un mauvais sujet et non aux vertus par trop bourgeoises qui ne séduisent que les grands parents !

MAUVAIS TON. — Dans certaines sociétés trop libres, les personnes convenables se trouvent aussi gênées et aussi tourmentées qu'elles le seraient dans la voiture publique la plus étroite et la plus dure.

— Le ton et les allures de la mauvaise société arrivent toujours à pénétrer dans la bonne ; ainsi le pantalon large, le paletot, le sans façon du langage, le cigarre, la pipe, etc., sont des inconvenances qui déteignent, à la longue, sur les gens les plus délicats.

Maximes. — Quand une vérité est exprimée absolument et nettement en quelques mots, c'est une maxime ; si elle trace une règle de conduite ou un devoir, c'est un précepte, autrement un ordre moral.

— Pour bien profiter d'une idée ou d'une maxime, il faudrait l'avoir pensée ou inventée.

— La maxime est la plus haute règle, formulée en principe au service de l'humanité, c'est la morale la plus énergique qui se puisse écrire et imposer.

— Les maximes générales donnent autant de relief au discours que d'embarras dans leur application.

— Nos maximes se calquent souvent sur notre caractère personnel et s'écartent parfois des grands principes de morale et de raison : ainsi s'explique le siècle honteux et relâché de la régence.

— On traite les recueils de maximes, de bons mots, d'anas comme une assiette de cerises ; on commence par manger les meilleures et on finit par les moins bonnes pour, en fin de compte, vider le plat.

Mazarin — prit la place de Richelieu : il possédait et habitait l'hôtel Tubœuf, aujourd'hui bibliothèque nationale de Paris. Son luxe était cité et il se faisait gloire de son lit, où la reine était accouchée de Louis XIV.

— Mazarin, à son lit de mort, effrayé par un théatin, son confesseur, qui voulait qu'il ne gardât que les bienfaits du roi et non ce qu'il s'était approprié pendant de longues années de puissance, hésitait beaucoup entre les tiraillements de sa conscience et son avidité, lorsque Colbert, sa créature, lui conseilla de donner tout au roi, bien convaincu que le roi lui rendrait tout. Le conseil fut suivi et le roi renvoya le testament avec sa renonciation. Mazarin put donc, en conscience, léguer sa fortune à sa famille ; elle était de plus de 50 millions qui en représentaient bien 200 d'aujourd'hui !

Méchanceté. — « *Errare humannm est,*
« *Perseverare diabolicum.* »
« L'homme peut se tromper et faire le mal, le méchant seul peut y persévérer. »
Proverbe latin.

— La méchanceté est l'arme des esprits envieux et même orgueilleux, des esprits chagrins et hargneux, en un mot des petits esprits ! c'est la mauvaise arme de ceux qui n'en ont pas de bonnes, c'est la dernière ressource d'un homme à bout de moyens, irrité et exaspéré.

L'homme méchant est méchant pour la vieillesse, pour les femmes, pour les enfants, pour ce qui est faible, souffrant et malheureux.
Parini.

— Le mal fait aux autres, rejaillit très dangereusement contre celui qui l'a fait, c'est une punition et une preuve de la protection divine.

— Deux choses concourent au succès des méchants, c'est leur énergie et leur audace dans le mal, opposées à l'insouciance et à la timidité des gens de bien ; la lutte n'est malheureusement pas égale ! la méchanceté sera plus ardente et plus passionnée que la douceur qui est la racine de la bienveillance et de l'affection.

— Le méchant marche seul dans sa voie, nul ne veut le connaître, il est le pestiféré du pays, on le fuit, on ne le regarde pas et il reste isolé au milieu de la foule : c'est sa punition !

— La méchanceté est le préambule logique de la folie, car la méchanceté conduit à la haine et même à tous les désordres et à tous les crimes.

— Les méchants sont précisément ceux qui, en position de punir, usent de plus de sévérité dans la punition des autres : l'homme vertueux, celui qui aurait le droit d'être le plus sévère, est cependant toujours le plus indulgent, la vertu ne peut se celer.

— Les esprits méchants sont de la nature des ronces et des épines qui déchirent par leur seul contact : le simple bon sens nous dit qu'il faut s'en éloigner, sans récriminations, sans plaintes, comme nous faisons pour d'autres plantes ulcérantes.

— Quand un ami prend la peine de nous avertir des mauvais bruits qui courent sur notre compte, des critiques, des mots déplaisants qu'on se permet... nous pouvons être sûrs qu'il éprouve plus de plaisir à nous blesser que nous n'éprouvons de chagrin à être instruits de la méchanceté publique envers nous : gouvernons-nous donc en conséquence !

— On n'est méchant, sans inconvénient

qu'en dissimulant sa méchanceté sous une bienveillance apparente : cette dissimulation prouve déjà tout ce qu'il y a d'odieux et de dangereux dans la méchanceté !

— Les méchants savent s'unir pour le mal ; que les bons les imitent en s'unissant eux-mêmes pour les combattre et pour faire le bien.

— Les méchants se donnent une peine infinie pour faire le mal, tandis qu'ils trouveraient un bonheur complet à faire le bien.

— Les petites villes ont une méchanceté traditionnelle ! on n'y a rien à faire qu'à espionner, interroger, écouter aux portes et dénigrer : chaque jour on égorge tranquillement une réputation et l'oisiveté se met au service de la malveillance indigène.

MÉDAILLES. — C'est dans notre musée des médailles, à l'hôtel de la Monnaie, à Paris, qu'on peut remarquer la multiplicité des engouements passagers, des illustrations éphémères, oubliées non-seulement par l'histoire, mais même par les contemporains.

— L'antiquité a eu ses médailles pour célébrer et conserver le souvenir des grands événements, ces médailles même avaient un cours fort recherché comme monnaies ; elle avait aussi des monnaies courantes, puis des jetons à l'usage du jeu comme chez nous, enfin d'autres médailles plus petites pour être plus discrètes et qui servaient d'introduction dans des sociétés d'un libertinage éhonté : ainsi pour les soirées ou les matinées lubriques de Tibère à l'île de Caprée ; ces médailles étaient généralement rondes, quelques-unes ovales, en bien petit nombre carrées, très-peu octogones ou sexagones.

— On ne sait pas assez, en France, qu'on peut demander un ou plusieurs exemplaires des médailles modernes exposées à l'hôtel des Monnaies à Paris, les coins ayant été conservés ; seulement il faut insister pour qu'au lieu de cuivre rouge qui donne une médaille fort laide, on emploie du *bronze* qui a des reliefs plus purs et de plus beaux reflets.

— Dans les vitrines de médailles on en remarque d'exceptionnelles, uniquement en cuivre, auxquelles on a donné le nom d'obsidionales (monnaie fictive représentant une valeur bien supérieure à son poids et frappée pour les besoins des villes assiégées) : ainsi celles de Mayence en 1793, d'Anvers en 1814, de Strasbourg en 1814 et 1815.

Lors du siége de Paris (1870) on put se dispenser de cette formule : le siége commença le 11 septembre 1870 et la capitulation est du 28 janvier 1871, soit cent trente jours de siége ou quatre mois et dix jours.

MÉDECINE, MÉDECINS. — Montaigne, Molière, J.-J. Rousseau et beaucoup d'autres ne croient pas à la médecine, parce que, disaient-ils, on meurt très-souvent avec un médecin en même temps qu'on guérit très-souvent sans médecin ; c'est là un sophisme et non une preuve : la lutte s'établit entre la nature du malade et la maladie, la nature peut avoir le dessus, mais un bon médecin doit y aider, un mauvais médecin devra tuer le malade sans honte ni souci !

— Si la médecine n'empêche pas la mort, elle la retarde parfois et plus souvent elle soulage et raccourcit la maladie ; d'après les statistiques, l'hygiène publique, les secours que procurent l'aisance et la richesse ont allongé de dix ou quinze ans la vie moyenne de l'être humain, qui dans la vie barbare, devrait être de vingt-deux à vingt-quatre ans ; au XVe siècle elle était de trente, aujourd'hui elle serait de quarante-deux à quarante-trois ans.

— C'est la complexité organique de la machine humaine qui rend si difficile l'art de guérir.

La médecine est une farce à trois personnages : la maladie, le malade et le médecin.
HYPPOCRATE.

— La médecine est un métier, une science, un art : la même chose peut ainsi changer de nom suivant la valeur de l'individu qui la représente ; il en est de même de presque toutes les professions libérales.

— La médecine est une profession où la science doit être accompagnée d'une grande finesse d'intelligence, de délicatesse, de tact et d'un dévouement qui anime et passionne le médecin.

— Il ne faut pas abuser de la médecine, on use le corps inutilement, on l'habitue aux remèdes et, lorsqu'ils sont nécessaires, ils sont devenus inefficaces, comme l'a prouvé l'exemple de Mithridate.

— Les médecins ou chirurgiens, au milieu de leur médecine charnue et charnelle, les conduisant tout droit au matérialisme, conseillent sérieusement à leurs malades de lire peu et commandent le silence autour d'eux pour ne pas fatiguer leur cerveau, comme si la lecture qui distrait et la conversation qui amuse n'étaient pas un remède plutôt qu'un mal et ne valaient pas mieux que les préoccupations terribles et silencieuses et les sombres menaces de la maladie.

— Par habitude, le médecin serait plus poli et plus doux que le chirurgien, qui n'est si habile que parce qu'il est plus endurci ; mais précisément à cause de ces douloureuses opérations qui font trembler devant, le chirurgien celui-ci affecte une douceur qu'il n'a pas et cherche à rassurer le malade.

— Notre penchant général à faire de la médecine s'explique par le besoin que nous en avons ; chaque homme, chaque femme a ses remèdes très-souvent acceptés, ce qui prouverait le peu de confiance inspirée par les médecins ou encore la crédulité humaine ! Cagliostro, le docteur Noir, plus récemment les rebouteurs, les charlatans sont la preuve de cette crédulité.

— Les médecins, observateurs ou professeurs de l'espèce humaine qu'ils ont commencé par disséquer et qu'ils continuent d'étudier sur le mort et sur le vif, aussi bien que sur eux-mêmes, ont en général une très-mauvaise opinion de leurs semblables : ce préjugé serait-il fondé ?

— La vieille routine médicale du Pourceaugnac de Molière avait trouvé fort ingénieuse l'idée de choisir les remèdes spéciaux les plus efficaces contre les maladies ou les accidents les plus ordinaires, de les mélanger en très-grand nombre et de les appliquer *à tous les cas sans exception*, car la nature, disaient-ils, est si puissante et si intelligente, qu'elle fera elle-même le meilleur choix et obtiendra la guérison la plus prompte et la plus sûre, les instincts étant plus éclairés que la science, témoin le chien, qui guérit *toutes* ses maladies avec le chiendent en herbe ! Ne voyons-nous pas chaque plante prendre sa place dans le terrain qui convient le mieux à sa végétation : bien raisonné, n'est-ce pas pour les sangrado et les diafoirus d'autrefois.

— Le médecin, ce confesseur du corps, affecte le culte de la matière, parce qu'il n'étudie qu'elle et ne voit qu'elle par nécessité de profession.

— Quand une femme du monde ne choisit pas son médecin, elle séduit celui qu'on lui impose ou parvient à le faire remercier.

— Un bon médecin ou chirurgien, doit avoir l'œil d'un aigle, le cœur d'un lion et la main dextre et légère d'une femme.

— Le médecin doit étudier avant tout le moral du malade et comprendre l'influence immense de l'imagination et la dépendance du corps sous le despotisme de l'esprit.

— Le bon médecin doit toujours être l'ami, le visiteur presque assidu de la famille ; il connaît ainsi à fond les caractères, les habitudes, les tempéraments, le fort et le faible du corps et, arrivant la maladie, il a des données qui dirigent et éclairent son traitement ; un ami médecin est un médecin continûment en observation et en fonction ; en guérissant une légère indisposition, il prévient une dangereuse maladie ; le médecin doit donc être l'habitué sinon l'ami de la maison ; on doit le choisir avant la maladie et non subitement et rapidement sous la pression d'une urgence qui ne permet pas de s'enquérir et de délibérer.

— Un médecin habile calme les douleurs par l'espérance qu'il donne et prévient les rechutes en les faisant craindre et redouter.

— La sérénité du médecin, son flegme confiant, son air rassuré sont déjà un remède pour le malade, c'est le présage de la convalescence et l'espérance de la santé !

— Il n'y a pas de plus mauvais malades que les médecins ; ils voient toujours la mort comme fin logique de leurs indispositions.

— Si le médecin doit être à toute heure et en toutes circonstances l'homme du dévouement le plus absolu, le malade doit être l'homme de l'obéissance, de la confiance, de la reconnaissance ; car la santé est le premier des biens.

— Le vrai, le meilleur médecin est l'homme sensible et dévoué, persévérant, tenace, désireux de donner à son action la plus grande puissance possible.

— La vie du médecin est plus difficile et plus épineuse qu'on ne pense ; il est fêté et adulé tant qu'on a besoin de lui, mais au jour du paiement on le discute et on l'humilie, puis, en cas d'accident, ce n'est jamais la maladie, c'est le médecin qui a tué le malade ; s'il y a guérison, c'est sa forte constitution qui l'a sauvé ; c'est le médecin du corps et aussi le médecin de la fortune, l'avoué et l'avocat qui connaissent le mieux l'ingratitude humaine.

— La médecine est une profession si indispensable et si utile, si dangereuse lorsqu'elle est exercée par des ignorants, qu'on devrait supprimer toutes les écoles secondaires : le titre d'officier de santé donné à de jeunes hommes sans instruction sérieuse après trois ans seulement d'études spéciales insuffisantes, est un *véritable danger* : c'est accorder à cette science si incomplète, à l'ignorance même, droit de vie et de mort sur nos populations les plus méritantes, parce qu'elles sont les plus ignorantes et les plus dénuées de conseils.

— En médecine, pour guérir un malade, il faut commencer par lui plaire et lui inspirer la plus grande confiance et la plus cordiale affection, ce n'est que dans ces conditions que le médecin pourra vaincre la maladie.

— La médecine et la chirurgie ne sont pas aussi honorées qu'elles devraient l'être, car, dans l'opinion publique elles sont fort au-dessous des gloires de la guerre qui ne font que détruire tandis que la médecine est l'art de guérir et de prolonger la vie, deux bienfaits mis en présence des plus grands désastres et des plus grandes calamités humaines.

— La femme, déjà la meilleure garde-malade, est disposée pour être le médecin le plus perspicace, le plus intelligent et le meilleur : par ses instincts, ses précédents, ses habitudes, la mère de famille a déjà acquis l'apprentissage de la médecine, on peut donc dire qu'elle a pris déjà ses grades et peut résolument pratiquer, et *je ne doute pas* que le triomphe ne reste aux femmes dans ce concours déjà engagé entre les deux sexes.

— Il y a depuis longtemps déjà à Boston (Amérique) une école de médecine pour les femmes et de nouvelles et nombreuses écoles du même genre s'ouvrent partout et partout on préfère les femmes aux hommes.

— Les médecins parlaient autrefois latin, on les a tant jovialisés qu'ils ont accepté le français, mais mélangé de toutes les étymologies grecques et latines qui font du français une langue plus incompréhensible encore que leur ancien latin francisé : le diagnostic, la physiologie, la pathologie, la physycologie comprenez-vous ? Est-ce bien là du français ?

— L'art de guérir progresse silentement que nous avons encore une foule de maladies déclarées incurables, et que le choléra, la plus effrayante de toutes les épidémies humaines et la pleuropneumonie du bétail, cent fois plus terrible encore, restent inguérissables ; que pour la pleuropneumonie il faut tuer tout ce qui est atteint aussi bien que tout ce qui est soupçonné de pouvoir l'être, et même tout ce qui est placé dans un rayon assez étendu, car les miasmes pestilentiels sont évidemment transportables par l'air.

— Nous avons dit que les chirurgiens tranchaient au vif dans la chair et dans la bourse surtout. Ne cite-t-on pas des opérations qui ont été cotées à 50,000 francs ; une, entre autres plus récente, à 100,000 ? ce qui fit augmenter les prix courants : 40, 30, 20, 10,000 sont les minimum des matadores du scalpel ! J'avoue que je trouve ces tarifs odieusement exagérés : un malade, un blessé surtout exige de prompts secours sous la menace de la mort et je ne comprends pas que devant un pareil danger on pose des chiffres aussi spoliateurs ! cela ne rappelle-t-il pas le mot : la bourse ou la vie ! d'un brigand embusqué ? l'humanité n'a-t-elle pas droit à plus de ménagements. Je me crois obligé d'ajouter que c'est à Dupuytren, cinq à six fois millionnaire ! que remonte la responsabilité morale de pareilles exigences chirurgicales. Velpeau, son concurrent le plus rapproché, était plus modéré.

— Nous avons parlé des médecins puis des chirurgiens, nous ne pouvons, poliment, oublier les dentistes : car eux, si bas placés autrefois, que les charlatans seuls arrachaient les dents dans les foires et marchés, les forgerons dans leurs forges, comme ils le font encore aujourd'hui dans le midi, prennent maintenant une magnifique revanche, logés comme les grands chirurgiens, ils les imitent aussi pour la fixation de leur salaire : 20 francs pour un tour de poignet et pour arracher une dent ! 60 francs pour la remplacer par un morceau quelconque blanc et dur ! mais ces messieurs ne sont-ils pas chirurgiens, et patentés !

Médicaments. — A un point de vue très-général, on pourrait appeler médicament tout agent employé dans le but de ramener l'économie du corps en souffrance aux conditions de la vie normale : les bons médicaments sont nombreux ; leurs effets favorables, c'est-à-dire leur passage à l'état de *remède* le sont moins, parce que : 1° souvent le médecin connaît mal son malade et ne cherche pas assez à le connaître mieux, soit par paresse, soit par orgueil ; 2° plus souvent encore, le malade obéit mal et n'a qu'une confiance virtuelle qui refuse de se traduire en acte dès que le médicament lui déplaît ou se trouve en dehors du cadre ordinaire de ses remèdes favoris.

Les bons médecins disent que le succès d'un médicament dépend au moins autant *du moment* où *on l'administre* que de sa valeur intrinsèque : toute médecine serait donc dans l'opportunité de l'administration des médicaments ! un médecin partant de ce point de vue prescrirait très-peu de médicaments et guérirait très-probablement plus de malades que ses confrères.

Un médicament bon au fond, mais donné à un moment défavorable, est au moins inutile ; or, en médecine tout ce qui n'est pas très-utile doit être supprimé : l'idéal est de soulager avec le moins de drogues possible ; c'est cette idée, tellement exagérée qu'elle tombe dans l'absurde, qui a enfanté l'homéopathie qu'on pourrait à juste titre définir « l'art de ne rien faire en ayant l'air de faire quelque chose. »

La nature, par des mouvements favorables dont elle a le secret, devient souvent complice de ces médications *simulées*, les homéopathes lui doivent compte de tous leurs succès sans exception.

— Nous possédons un certain nombre de médicaments dont l'expérience, basée sur une saine observation, a établi l'incontestable utilité ; nous allons en citer quelques-uns : le *Quinquina* (poudre de la comtesse, poudre des jésuites, ou des pères, poudre cardinale), ne fut bien connu en Europe qu'en 1638. Il obtint un crédit inouï à partir du jour où l'anglais Talbot guérit Louis XIV d'une fièvre que ses médecins n'avaient pu couper ; après avoir subi les attaques les plus violentes, de la part même des médecins, il prit une place d'élite parmi nos différents médicaments et cela, pour ne la jamais perdre, car il la mérite. C'est un spécifique très-sûr contre toutes les fièvres d'accès (intermittentes), c'est un reconstituant et un stomachique. Il guérit en outre les névralgies, les rhumatismes articulaires aigus, la goutte, le délire des ivrognes. La poudre s'emploie à l'extérieur contre la gangrène et les plaies de mauvaise nature. La chimie moderne, par la découverte de sulfate de quinine, a permis d'en diminuer singulièrement les doses en retirant de la précieuse écorce ses principes les plus actifs.

— Le *fer*, qui fait partie constituante du sang, est, par cela même, un de nos meilleurs médicaments, sous des formes très-variées, en particulier sous celle du fer soluble il guérit admirablement l'anémie, la chlorose, les pâles couleurs, etc., etc. En un mot toutes les maladies dont la cause réside dans la faiblesse du sang. Les vertus très-positives du fer, ont été largement exploitées par « la pharmacie clandestine des spécifiques et des remèdes secrets », qui étale sans vergogne ses pompeuses promesses à la quatrième page des journaux.

— Le *Mercure* et ses préparations sont souverains contre la syphilis et ses diverses manifestations.

— La *Teinture d'Iode* en frictions donne des succès dans le traitement du rhumatisme et des goîtres ; à l'intérieur contre la goutte et les vomissements des femmes enceintes ; en inhalations elle fait avorter les rhumes de cerveau à leur début.

— L'*Éponge* calcinée prise à l'intérieur guérit, dit-on, les goîtres et les tumeurs, sans doute parce qu'elle contient de l'iode ;

— L'*Opium* procure du sommeil, calme la toux si pénible chez les malheureux phtysiques surtout.

— La *Digitale* combat les palpitations en régularisant les mouvements du cœur.

— L'*Huile de foie de morue* est souveraine dans tous les cas où il y a un amaigrissement notable : elle combat avantageusement les diverses manifestations du lymphatisme et de la scrofule.

— Le *Kousso*, *de provenance certaine*, guérit le tænia ou ver solitaire mieux que tout autre remède.

— Le *Calomel*, l'*Huile de ricin*, l'*Éther*, la *Santonine*, sont des moyens vulgaires à employer contre les vers, chez les enfants surtout.

— L'infusion d'*Anis*, de *Thé*, d'*Ayapæna*, l'*Anisette*, l'*Élixir* de *Garus*, l'*Élixir de la grande Chartreuse*, le *Sirop de fleur d'oranger*, d'*Éther*, etc., sont des moyens à employer contre les vents résultant soit d'une mauvaise digestion, soit de cette production continuelle de gaz dont certaines personnes ont le triste privilège.

— L'*Eau de mélisse des carmes* est prônée contre l'apoplexie ; l'*Élixir de la grande Chartreuse*, contre les vomissements des femmes enceintes ; l'*Alun en poudre en insufflations et en gargarismes*, contre diverses angines et même le croup ; la *Teinture d'Arnica* à l'intérieur contre les congestions et les apoplexies, à l'extérieur contre les coups et même comme moyen de guérison des plaies fraîches.

— Le *Safran* rappelle certaines fonctions de l'appareil générateur, languissantes ou momentanément supprimées. L'*Aloès* jouit à ce point de vue de propriétés bien plus actives et moins contestables.

— Enfin l'*Ammoniaque liquide* entre dans la composition d'une foule de liquides qu'on emploie comme moyens *d'excitation* à la suite de paralysies consécutives aux attaques d'apoplexie et cela dans le but de rappeler le mouvement et de réveiller la sensibilité des membres malades : l'*Ammoniaque* concentrée sert à placer presqu'instantanément des vésicatoires ; en *inhalations*, l'ammoniaque est très-utile dans les syncopes, dans les asphyxies, dans le sommeil produit par l'éther ou le chloroforme, etc. L'inhalation doit être rapide à cause des effets possibles de cet agent très-énergique ; à l'intérieur l'ammoniaque a des succès incontestables contre les accidents qui suivent la morsure de la vipère.

MÉDIOCRITÉ. — Les petites existences sont comme les petits royaumes, elles se gouvernent plus facilement et avec moins de secousses et de dangers.

— Les médiocrités peuvent, à force d'intrigues, croire à une gloire acquise lorsqu'elles n'ont traversé qu'un jour de lumière et de notoriété.

— Pourquoi les hommes redoutent-ils la médiocrité sous toutes les formes ? elle est l'heureuse mère du repos, du bonheur et de la liberté.

— La médiocrité vaniteuse se révèle dans les éloges outrés qu'ose faire d'elle-même ; elle s'abaisse ainsi, alors qu'elle s'élèverait par la modestie.

— La médiocrité aisée est la meilleure condition de la vie : elle est surtout la sauvegarde du génie modeste.

— Bien fou est celui qui recherche le danger des chances extrêmes au lieu de s'en tenir à des certitudes modestes : le bonheur se rencontre moins souvent dans des réussites inespérées qui enivrent et égarent que dans une médiocrité sagement dirigée et acceptée spontanément et avec joie.

— Tous les hommes médiocres ont des habitudes à leur mesure et attachent une grande importance aux plus légères futilités ; les petites choses leur font oublier les grandes, et leurs intérêts, leur vie même peuvent être mis en péril, tant leur futilité est absorbante et tyrannique !

— Ce qui sauve bien des jeunes gens c'est la mollesse de leur âme et la délicatesse de leurs sentiments : ils ne sont ni assez forts ni assez faibles pour s'élever jusqu'à de grandes erreurs ou de grandes fautes, leur médiocrité devient l'heureuse protection de leur vie.

— Quoi de plus respectable que cette humble demeure dont le maître a trouvé la richesse dans la modération, la force dans l'activité, le bonheur dans l'affection.

MÉDISANCE. — Il y a toujours du danger à médire, parce que la médisance, qui ne peut être démentie, frappe plus dangereusement que la calomnie qui est un mensonge et une fausseté !

— Celui qui parle mal des femmes est bien maladroit, car on doit croire qu'il n'en a connu que la lie !

— Un proverbe chinois dit : « Celui qui s'endort en médisant se réveille calomnié. »

— Les défauts des autres se montrent à nous avec un énorme relief, c'est là une provocation puissante à la médisance qui traduit en paroles et en accusations ce que nos yeux ont remarqué.

— On a tant d'intérêt à voir respecter les choses respectables, qu'on souffre toujours en entendant médire du clergé et des gens vertueux : à ce point de vue la médisance est un crime contre la morale même.

Le médisant est la plus cruelle des bêtes fauves.   DIOGÈNE.

— La médisance décèle un mauvais cœur et un méchant esprit : aux fruits on reconnaît la plante, il faut donc s'éloigner comme d'un danger ou d'une peste des natures qui se complaisent dans la médisance et ne s'occupent des autres que pour les dénigrer, les décrier ou les déchirer.

— L'ignorance et le désœuvrement engendrent nécessairement la médisance active ; les cancans, les fausses nouvelles sont la plaie des petits villes en même temps que leur distraction habituelle.

— Il est fort dangereux de répéter dans une société ce qu'on a entendu dans une autre et encore plus d'amuser celle-ci aux dépens de celle-là, car on se perd dans toutes les deux et on acquiert la réputation d'un homme indiscret, méchant et à éviter.

— Il ne faut jamais parler des autres soit pour les louer, soit pour les blâmer ou les comparer entre eux, ce serait froisser trop de vanités et soulever trop d'envie !

— En société, les chroniqueurs du temps présent s'exposent à de vives inimitiés, chacun répète ce qu'il est censé avoir entendu, mais en assaisonnant le récit d'après ses préventions et ses passions personnelles, sans se refuser pour cela de citer ses autorités. De là, transformation complète du premier récit et cependant responsabilité absolue pour l'auteur de la première version : on pourrait citer des exemples incroyables de ces histoires ainsi défigurées ! il y a donc là un très-grand danger pour celui qui accepte ce rôle de chroniqueur ; surtout lorsqu'il s'applique à la chronique scandaleuse.

MÉDICIS. — L'illustre famille des Médicis est d'origine populaire ; le commerce la fit riche ; la richesse la fit instruite et intelligente ; l'intelligence et la puissance la dotèrent de la grandeur et de la dignité qui firent de ses membres des souverains habiles et des potentats illustres.

Le nom des Médicis est un des premiers noms placés au sommet de la renaissance, régénération humaine, émergeant toute puissante et toute resplendissante de ces déluges de barbares qui couvrirent et obscurcirent comme le feraient les plus épais nuages, dix longs siècles de la vie de l'humanité. Renaissance ! renaissance ! c'est le soleil longtemps noyé, voilé et obscurci, et s'élançant de nouveau du haut des cieux pour éclairer le monde !

MÉDITERRANÉE. — Cette mer calme et sans flux, parce qu'elle ne touche à l'Océan que par une ouverture étroite, comparée à l'infini des mers ! la Méditerranée n'exhale qu'un bruit faible et régulier, semblable à la respiration d'un enfant endormi : ce n'est qu'un petit lac comparé à l'Océan, ce géant des mers, ce conquérant occupant les deux tiers du globe terrestre ; la Méditerranée est la mer poétique de tous les temps, la mer mythologique, la mer de Vénus, du siège de Troie, d'Homère, de Héro et de Léandre... C'est la mer mystérieuse des temps anciens et historiques. N'est-elle pas aussi la mer de l'Égypte et du Nil, de la Syrie et de l'Euphrate, de l'Italie, du Tibre et du Pô, de Venise et de Naples, de la France, de l'Espagne et du Portugal ! elle pourrait donc être aussi appelée la mer de la civilisation, car les civilisations les plus complètes sont toutes nées sur ses rives.

MEETINGS. — Nos badauds français sont en extase devant les meetings anglais (réunions, délibérations publiques,) s'ils les avaient vus et jugés par leur yeux et leurs oreilles, ils en seraient bien vite dégoûtés, car ces réunions sont la caricature d'une délibération, on n'y parle pas, on y clame, on y vocifère, on y crie, on y hurle, on y aboie: en Amérique on y tue !

MÉLANCOLIE. — Maladie du cerveau qu'on devrait appeler monomanie, car ses causes et ses effets varient à l'infini et sont le résultat de secousses morales de tous genres et souvent des plus violentes : on cite comme ayant été atteints de cette monomanie Pétrarque, le Dante, le Tasse, Louis XI, Pascal, Jean-Jacques Rousseau, Gilbert, Byron... La mélancolie conduit presque sûrement à la folie si on la met en contact avec celle-ci, car la première chose que fait un cerveau détraqué, c'est d'imiter et de copier. Les meilleurs remèdes à cette fâcheuse disposition d'esprit, sont la distraction, l'animation de la vie, l'entraînement, le travail.

— Les mélancolies de la jeunesse sont la poésie de la vie à venir, c'est l'espérance et l'attente des plaisirs rêvés, des aventures désirées, des périls recherchés et bravés ; c'est l'inconnu, c'est le mystère avec tous ses attraits et ses fascinations sans limites et sans fin !

— Combien de petits jeunes gens, incapables de vertus ou de mérites solides, pratiquent l'art de la mélancolie, de la gymastique des soupirs et des coups d'œil langoureux; n'étant pas orateurs et entraînants, ils se font soupirans à pleins poumons.

MÉMOIRE. — On a dit bien à tort de cette faculté qu'elle est la moins élevée de toutes ; elle sait cependant parfaitement choisir entre ce qu'il faut oublier et ce qu'il faut garder en souvenir ; un mot va lui permettre de retracer une histoire plus ou moins longue... Une fois en verve et encouragée, qui peut dire quand elle s'arrêtera ?

— La mémoire est un immense réservoir où se classent les choses et les faits et où s'éclaircissent les unes par les autres, les opinions et les idées qui forment la science, l'expérience, le bons sens, trésors de l'esprit humain. Elle est la base puissante et le ressort principal de l'intelligence humaine.

— L'étude et la réflexion sont le burin de la mémoire ; mais le temps qui use tout, même la pierre, le marbre et le fer, doit, à plus forte raison user ou plutôt effacer la mémoire qui paraît esquissée à peine dans les lobes et sous les bosses du cerveau.

— La mémoire n'est utile qu'autant qu'elle est l'accessoire d'une intelligence élevée. Une intelligence bornée ne tirera aucun parti de la mémoire, comme un mauvais cultivateur ne tirera aucun parti de sa terre et de ses semences s'il est paresseux ou seulement nonchalent !

— Une mémoire heureuse permet de s'approprier l'esprit et l'instruction des autres et de se faire ainsi honneur d'un mérite d'emprunt; combien de femmes sont entrées dans le monde ignorantes et ont plus tard le vernis, parfois la réalité de personnes intelligentes et instruites.

— La mémoire est capricieuse; on ne sait à quoi elle obéit, tout dépend de l'intelligence, de ses avenues plus ou moins dégagées, de la santé même du corps...; la réflexion la provoque en la fouillant, les occasions la déterminent, les analogues ou les contraires l'éveillent.

— La mémoire ne s'accentue que lorsqu'elle est nettement frappée ; c'est alors un souvenir ineffaçable : le plus souvent lorsqu'elle n'existe pas, c'est qu'elle n'a pas été touchée ou ne l'a été que superficiellement.

— La mémoire, en ce sens qu'elle est au moins une seconde opération de l'esprit qui contrôle et qui raisonne, amène presque toujours un perfectionnement dans l'idée ou dans sa forme et constitue ainsi par elle-même un progrès.

— La mémoire, comme livre de gratitude, conserve dans leur pureté et leur fraîcheur tous les souvenirs de la jeunesse: ils forment la joie et le bonheur de la vie entière puisqu'ils s'ajoutent toujours les uns aux autres.

— Une tête sans mémoire, disait Napoléon le Grand, est une citadelle sans garnison.

— La mémoire qui conserve le précieux dépôt de la pensée, de l'imagination et de la réflexion doit conserver encore plus celui des bienfaits.

— Je me suis surpris souvent ne pouvant trouver un nom, un mot et cette impossibilité prolongée m'agaçait au dernier point, le souvenir m'échappait et paraissait s'éloigner d'autant plus que je le cherchais avec plus de persistance ; cette insuffisance, cet affaiblissement de la mémoire, comme celui des autres sens, la vue l'odorat, augmente toujours et progressivement avec l'âge. On pourrait presque dresser une échelle précise de cet affaiblissement périodique et continu.

— La vie des grandes villes absorbe tout, l'attention est appelée sur tant de sujets à la fois et cela continûment et sans interruption, que la mémoire n'a que le temps de les enregistrer, dans le livre qui leur est toujours ouvert ; dans la province, au contraire, la mémoire fixe tout et rien ne se perd dans les rares annotations qu'elle prend à de longs intervalles, puis tout se répète à satiété et le fait observé est si souvent rappelé et commenté, qu'il se trouve buriné dans tous les cerveaux et flamboyant dans toutes les mémoires, car il est passé à l'état de légende.

— La mémoire du juste n'est empreinte que des plus doux souvenirs et des plus suaves parfums : elle vit dans le passé comme un glorieux exemple à suivre, comme un commandement à bien faire : c'est le garde-fou de nos passions et le plus grand encouragement à la vertu.

— La mémoire des morts est chose si sacrée que tout homme juste et consciencieux rougirait de l'attaquer, ce serait non-seulement une lâcheté, mais un crime, mais un scandale odieux.

MÉMOIRES, CONFESSIONS. — Chaque homme instruit et intelligent, encore plus chaque homme de génie et hors ligne, puissant dans une spécialité intellectuelle, morale, industrielle, etc., devrait, sinon dans la force de sa vie et de son intelligence, au moins vers le déclin de sa vie, avant tout échec intelligenciel, faire, dans une revue complète ou dans un sommaire synthétique, suivant les cas et l'intérêt de la narration, l'histoire morale et au besoin matérielle, s'il en ressortait un enseignement de son existence entière, de sa vie. On ne peut apprécier à l'avance tout le bien qui pourrait jaillir de cet usage généralisé. Cette œuvre devrait être essentiellement vraie, sentie et naïvement confessée, car jusqu'ici ces confessions littéraires, n'ont été que sophismes, mensonges ou panégyriques effrontés : je livre cette idée à l'appréciation de l'humanité.

— J'approuve ces auteurs si discrets dans leurs mémoires qu'ils paraissent n'écrire que pour les esprits sérieux, déjà bien instruits des faits : ils ne font dès lors que réveiller des souvenirs et se gardent de répandre le scandale là où il n'a pu pénétrer.

MEMPHIS. — Les pyramides de Ghized étaient la ville des morts de la ville de Memphis, capitale de l'Égypte ; les ruines qui touchent presqu'à ces pyramides appartiennent au temple splendide de cette ville célèbre ; la ville des morts a donc survécu à la ville des vivants !

MÉNAGE. — Les détails du ménage et de la vie domestique prêtent un charme infini aux actions des femmes : il semble qu'elles soient nées pour ces soins et qu'elles en fassent une des coquetteries de leur sexe ; il est si doux de se voir entourer de leurs attentions si naturelles et si bonnes à la fois, qu'elles en recueillent une reconnaissance qui fait le bonheur de leur vie.

— La femme attachée à son ménage, en s'éclairant de l'expérience du passé, étudie et prévoit l'avenir ; comme le Janus antique, elle voit derrière elle et devant elle, en tournant la tête pour voir de chaque côté.

— Un ménage tourmenté par la lutte des passions est le plus grand danger pour la santé morale et physique des enfants : une sensibilité maladive devient la conséquence des émotions multiples qui agitent sa jeunesse et la fièvre s'allume sous le souffle de la vie passionnée des parents !

MENEURS. — Une chose qui n'a pas été assez remarquée, c'est que les partis honnêtes ont un ou plusieurs chefs de leur choix, en général les plus énergiques, les plus instruits, les plus intelligents d'entre eux, en même temps que les plus sages et les plus calmes. Les partis exaltés seuls ont des meneurs, souvent fripons, quelque fois fous furieux, mais toujours possédés d'une ambition aveugle et démesurée.

— Les meneurs politiques sont des hommes à deux faces l'une grimaçant la probité, l'autre dissimulant l'ambition : c'est souvent un mariage entre l'honneur et l'infamie.

MENDIANTS. — La bienfaisance a ce mauvais côté qu'elle encourage souvent la paresse ; le meilleur palliatif à la mendicité qui est la honte de la pauvreté, serait dans une institution réellement charitable ouvrant un asile aux pauvres valides et leur offrant toutes facilités pour un travail rémunérateur ; les établissements que nous conseillons ne devraient, bien entendu, ressembler en rien à ces odieuses et infectes maisons de travail appelées en Angleterre Work-houses, effroi des ouvriers affamés !

— Il y a des mendiants dans tous les pays : dans le midi de la France ils sont importuns, bruyants, vous poursuivant de leurs cris ; en Italie, à Naples particulièrement, ils demandent avec une insistance incroyable, accompagnée de plaintes, de doléances de supplications, débitées sur tous les tons ; en Espagne, ils sont arrogants et s'appuient sur les ordres de l'évangile qui commande l'amour et la charité, il doit en être ainsi dans tout pays chrétien ou musulman, car Mahomet a toujours copié Jésus-Christ et a fait de la bienfaisance un des premiers préceptes de sa religion.

MENSONGE. — Moralement, on ne doit se permettre aucun mensonge et il faut maintenir cette règle sans transaction, car si on tolère le mensonge officieux ou bienveillant on ouvre une brèche qui s'agrandira de plus en plus et on détruira ainsi le principe.

— Dans les luttes de la vie commune et vulgaire, le mensonge est trop souvent une arme, et, pour combattre à armes égales, il y a quelquefois nécessité de dissimuler et de retenir sa pensée ; mais le mensonge n'en reste pas moins la base de toutes les déloyautés.

— Les menteurs et les flatteurs sont à peu près de la même catégorie d'individus dangereux, avec cette différence que le menteur trompe tout le monde et que le flatteur ne trompe que les sots.

— Un menteur, même non soupçonné, trouve son châtiment en lui-même, car il a la conscience de sa dégradation, et il subit avec la peine d'un devoir trahi, l'appréhension de la découverte du mensonge et de la honte qui doit en jaillir.

— Un enfant ne peut mentir sans qu'on s'en aperçoive ; sa physionomie trahit sinon sa honte au moins son embarras, la nature l'a ainsi prémuni contre le mensonge ! C'est là ce qu'il faut dire aux enfants et non leur parler du petit doigt révélateur de leurs mensonges.

— Le mensonge est l'arme ou la défense du sexe le plus faible vis-à-vis du sexe le plus fort.

— Il n'y a rien de plus criminel, de plus bas, de plus ridicule que le mensonge qui est l'expression honteuse de la faiblesse et de la lâcheté devant la vanité ou l'intérêt.

— Au milieu des imposteurs si nombreux qui trompent par le mensonge, ce serait une adresse de plus que de tromper par la vérité, si la tromperie n'était pas toujours un acte odieux.

— Le mensonge le plus pénible est celui qu'on fait à ses sentiments, à sa pensée, lorsqu'il faut louer avec d'autres et la honte sur le front, une idée absurde, un livre sans mérite, une exécution musicale détestable. Ici c'est un sacrifice fait à la politesse et aux convenances.

— Pour échapper à la dégradation du mensonge, il faut se promettre à soi-même de ne jamais mentir ; une transaction, une faiblesse en prépareront d'autres et le mensonge deviendra une honteuse habitude.

— Pour être heureux dans ses mensonges il faut une mémoire excellente, autrement le menteur se trahit bientôt lui-même et paie chèrement ses petits succès. Le menteur, quoiqu'il fasse, ne gagne donc jamais que des mortifications cuisantes et déshonorantes.

— La modestie affectée est le mensonge le plus dangereux en ce qu'il est le plus facile et le moins compromettant.

— Philippe II d'Espagne, roi dévot et béat, qui portait tout à l'extrême, vices et vertus, s'indignait toujours devant le plus petit mensonge : un de ses ministres favoris fut honteusement chassé et alla mourir dans un cloître pour avoir cherché à voiler une vérité qu'il croyait désagréable au monarque. Il fit retirer de la chapelle d'un couvent le portrait d'un moine en grande renommée, parce que ce moine fut plusieurs fois convaincu de mensonge !

MÉPRIS. — Souvent pour être juste, il faut mépriser les actions, non les hommes, à moins que l'habitude ne soit une révélation de l'homme même, car l'âme humaine a de si puissants ressorts qu'elle peut toujours se dégager du passé et s'affranchir du vice.

— Une personne qui a une trop haute opinion d'elle-même, est forcément entraînée à mépriser, dans la même proportion d'exagération, le reste du genre humain.

— Le mépris, est la première justice du peuple, il prépare et annonce ordinairement l'autre justice.

— Le mépris, dans le silence surtout, est une insulte sans fin et sans limites, c'est la plus humiliante des mortifications.

MERS. — C'est une vérité qui se démontre et se justifie de plus en plus par chaque siècle écoulé : que le monde a été fait pour l'homme et l'homme pour le monde : autrefois les mers paraissaient comme des abîmes terribles, obstacles plus infranchissables que des murs de prison, aujourd'hui elles sont les bienfaitrices des nations qui ont le bonheur d'occuper leurs rives ; elles sont les routes les plus vastes, les plus directes et les plus courtes, dès lors les plus économiques de l'univers !

— La mer ! quel utile, quel immense élément ! quelle masse d'eau pour un si petit mot, que de trésors naturels, que de choses perdues pour l'homme et enfouies dans ses profondeurs ; quel nombre infini de poissons et de coquillages, que de grandes et de petites choses dans ce gouffre terrible et attrayant ; le plus petit coin de ses rivages a des charmes particuliers, la mer y apporte deux fois par jour une partie de ses richesses mortes ou vivantes, chaque jour, chaque instant a sa surprise, c'est un coquillage, un poisson, une algue, une épave et quelquefois aussi le cadavre d'un pauvre naufragé !

— La mer c'est le mouvement perpétuel, sans interruption aucune, c'est la vie sans sommeil et sans repos, toujours agitée, souvent tempétueuse et menaçante ; c'est l'immensité dans ses profondeurs et dans son ciel ; c'est l'inconnu en tout, c'est un monde cent millions de fois plus peuplé que la terre et cachant les trésors engloutis par les tempêtes, si effrayantes, qu'elles sont l'effroi des navigateurs et plus dangereuses cent fois que les voleurs de grands chemins, car tout est perdu dans l'abîme, équipages, passagers et marchandises avec le navire disparu !

— Les grandes mers ne recèlent pas seulement les immenses trésors engloutis par les tempêtes, elles portent encore à leurs rivages les nombreuses richesses dont profitent les pêcheurs : ainsi deux fois par an, à l'aller et au retour, des bancs innombrables de harengs, de morues, de thons, de baleines, côtoient les rivages des mers grandes et petites et viennent livrer aux pêcheurs du littoral une abondante récolte de poisson : ce passage dure plus d'un mois, le poisson vient donc en masse s'offrir au pêcheur et en quelque sorte à ses filets, n'est-ce pas là l'aumône de Dieu ! le tribut de la mer à l'humanité ?

— Les flots de la mer viennent de tous les pays et ont visité, caressé, attaqué et entamé tous les rivages, même ces formidables remparts de rochers appelés falaises, du haut desquels on se complaît à admirer des horizons sans fin, à compter les vagues blanchissantes, à écouter leurs bruissements, leurs grondements, leurs soupirs.

— La mer avec son sol mouvant et tempétueux est la partie la plus poétique du globe : elle baigne, menace et enrichit par le commerce et les transports, toutes les terres et ses pulsations et sa respiration sont entendues des quatres parties du monde.

— Il faut remarquer que le voisinage des grandes mers imprime aux peuples du littoral sinon des idées religieuses au moins le besoin de la religion ; l'infini de la mer et ses dangers jettent en effet l'âme dans les plus grandes rêveries, dans les plus grandes incertitudes, incertitudes et rêveries qui poussent l'homme vers Dieu.

— La mer ne donne pas seulement à ceux qui l'exploitent la santé et la vigueur, elle leur donne encore des vertus : ainsi la loyauté, la franchise, la résignation et la bravoure, la fidélité et le dévouement, la gaieté, le talent d'observer et de découvrir, de réfléchir et de prévoir.

— Certaines mers méditerranées, quoiqu'assez calmes, ont des vagues qui n'en sont pas moins filles de la mer, c'est-à-dire à coups secs et dangereux.

— La mer semble un avare qui prend tout ce qu'il peut prendre et recéler pour l'enfouir dans son sein, elle ramasse tout, aussi loin que ses bras allongés peuvent atteindre ; si elle rend un jour, c'est pour reprendre le lendemain, tout est donc surprises, imprévu sur ses rivages nus, dépouillés, arides et bouleversés !

— Les mers, même d'Europe, offrent souvent des effets surprenants : entre Douvres et Boulogne, après une grande tempête, la mer apparaît tout d'un coup comme phosphorescente et entièrement en feu, par fois avec toutes les couleurs de l'arc-en-ciel. C'est devant Douvres et au milieu de la mer que s'élève le plus beau phare de l'Europe, Eddistower, sur un rescif placé à quatre milles en mer.

— Le flux et le reflux semblent être la respiration de ces mondes d'eau salée que nous appelons les océan ; ils paraissent constater leur vie tranquille tandis que les tempêtes se chargent de créer leur vie furieuse !

— En 1798 le jeune général Bonaparte voulut, malgré tous les avis, passer la mer Rouge, là où l'avait passée Moïse, à la tête des Hébreux ; il put la franchir à cheval, mais au retour la marée montait et il fallut faire diligence pour ne pas être submergé !

MERCURE. — Ce mot a plusieurs significations diverses, mais si différentes qu'on ne peut les confondre : c'est *un métal* liquide semblable à de l'argent en fusion et pesant 14 fois plus que l'or ; ce qui fait que l'or, le plomb, le fer *surnagent* sur le mercure, comme le bouchon sur l'eau ; il ne se congèle et ne se solidifie qu'à 40 degrés au-dessous de zéro.

C'était aussi un *Dieu* païen et le moins respectable de tous, puisqu'il était le dieu des voleurs. Ce fut encore un *journal* français en 25 volumes, de 1605 à 1644. On donne ce même nom à un dictionnaire, et *à une série d'autres journaux*. Le *Mercure galant*, de 1672 à 1710, en 46 volumes, puis de 1710 à 1714, 44 volumes. Sous le titre de *Mercure de France*, 1714 à 1721, 43 volumes, puis le *Nouveau mercure*, si bien qu'en 1789 il avait 1100 volumes ! nous n'en sommes pas quittes pour cela avec le mercure, il renaquit de ses cendres après la révolution et sous le règne de Louis XVIII qui croyait avoir mission de réveiller les vieux morts, les vieilles choses et de reconstituer le passé du droit divin ! cela ne dura que quinze ans et le roi partit plus vite qu'il n'était venu !

— Le mercure, indispensable pour l'extraction de l'or et de l'argent est une richesse égale à l'argent ; l'Espagne et l'Italie sont encore riches en mines de mercure.

MÉRIDIONALES. — Les femmes du midi, si agaçantes, si séduisantes, sont, par leur nature ardente, toujours disposées à partager les passions qu'elles inspirent, à satisfaire les désirs qu'elles font naître, car tout est logique dans la nature de Dieu.

MÉRIDIONAUX. — Chez les peuples du midi, la poésie mythologique paraît une émanation de leur soleil, si bien que devenus chrétiens leur idolâtrie n'a fait que changer ses formes et ses noms, la superstition reste la même !

MÉRITE. — Aujourd'hui on n'est plus le fils de tel père, on est le fils de ses œuvres, on ne naît plus ceci ou cela ; on se fait, on se doue, on se dote ; le mérite est personnel et constitue la perfection dans chacune des qualités qui honorent l'homme et l'humanité.

— De nos jours, le mérite est comme la fortune, assez mal distribué, l'enveloppe nuit au contenu, la forme au fond.

— Chaque sexe a ses mérites et il serait trop heureux que la même personne put allier en même temps la force et la profondeur du génie de l'homme à la finesse, à la sensibilité, à la perspicacité, à la promptitude de l'intelligence de la femme.

— Rien n'impose aux femmes comme les mérites extérieurs, la taille, la beauté, l'élégance dans le mouvement et dans le vêtement, la correction, la pureté du visage, l'adresse dans les exercices physiques, la force, l'adresse etc. Tout cela donne une autorité virile à l'homme le plus vulgairement doué au moral, dès lors le moins estimable.

— Il ne faut avoir soi-même aucun mérite pour se glorifier du mérite de ses ancêtres : on comprend cela comme souvenir pieux, mais non comme sentiment d'orgueil personnel.

MÉSALLIANCE. — La fortune fait contracter bien des mariages qui eussent paru monstrueux si le chiffre de la dot n'eut par mis un voile sur l'esprit et sur les yeux; souvent aussi la beauté et la grâce de la jeune fille qu'on épouse peuvent, à bon droit, faire espérer qu'on la façonnera à son goût et que la mésalliance sera effacée, mais où elle est lourde et effrayante, c'est dans les grands parents, la famille!.. écartez cet entourage ou trouvez une orpheline, et la mésalliance s'adoucit et disparaît.

— Ce qu'il y a d'ignoble dans les mésalliances, c'est que la honte qu'on en éprouve se paie le plus souvent par de l'argent.

— Les mésalliances les plus douloureuses et surtout les plus dangereuses dans leurs résultats, sont celles du cœur!

MÉTAPHYSIQUE. — mot barbare et chose obscure que l'homme devrait renoncer à sonder et qui sera toujours l'inconnu pour lui ! Voltaire avait bien raison de dire qu'il valait mieux songer à sa santé qu'à l'infini, ce qu'il ne fit pas toujours, mais ce qu'il fit assez pour vivre fort longtemps.

— La métaphysique est une science presque fantastique et élevée trop haut par certains génies très-clairvoyants pour rester à la portée de l'esprit humain.

MÉTAUX. — Ce n'est ni à l'or ni à l'argent, c'est au fer qu'on peut donner le nom de métal roi, car c'est sur le fer que roulent toutes les grandes industries, toutes les machines, les constructions, les instruments ; l'or et l'argent sont brillants et chers, le fer est utile, c'est dire qu'il vaut cent fois mieux, et qu'il produit cent fois plus, parce qu'il satisfait aux besoins les plus nombreux, les plus absolus de l'homme en société.

— Ce qui fait le principal mérite des métaux précieux et le plaisir qu'on a à les posséder, c'est qu'ils enflamment l'imagination en lui présentant toutes les jouissances qu'ils peuvent procurer ; soit comme bijou en flattant la vanité, soit comme billets de banque ou monnaie et moyen d'obtenir tous les bonheurs possibles.

MÉTEMPSYCOSE. — Par la métempsycose animale on perdait le sentiment de son identité et de son immortalité : dans la transmigration des âmes, comme la professaient les gaulois primitifs, on conservait le sentiment de soi-même, et de sa personnalité, si bien que les mourants se chargeaient de messages pour les morts auxquels on prêtait même de l'argent pour transporter la fortune du prêteur dans l'autre monde, ce qui prouverait l'inanité, la stupidité de la croyance, le commissionnaire manquant à la commission !

— C'est la métempsycose qui pourrait expliquer certains faits extraordinaires, certaines capacités hors ligne : l'âme d'Alexandre se représentant dans celle de César puis dans Charlemagne enfin dans Napoléon. Homère renaissant dans Virgile, dans le Tasse, dans Voltaire, Delille, Lamartine.

MÉTHODE. — C'est dans l'instruction surtout, que l'ordre et la méthode sont la condition du succès : on ne comprendrait pas une science qui ne serait ni ordonnée ni limpide, ni logique.

— La méthode est le moyen qui a secondé les grandes intelligences, qui a élevé les grands monuments de l'esprit humain ; c'est le fil qui les a guidés dans le labyrinthe de la pensée ; l'ordre, la logique et la méthode sont le secret de leurs succès.

MÉTIERS. — Après l'instruction élémentaire, la véritable instruction du peuple, la plus utile, c'est l'apprentissage d'un métier, car le métier est sa seule ressource et il n'en doit paraître que plus utile et plus honorable.

— Un article du Coran prescrit de faire apprendre un métier à tous les enfants sans acception du rang ou de la fortune : tous les sultans sont de première force ou de premier mérite dans celui auquel ils se sont appliqués. Beaucoup de nos anciens rois de France avaient des aptitudes spéciales pour des travaux mécaniques, la serrurerie, l'ébénisterie, etc. Locke conseille le jardinage ; J.-J. Rousseau un métier quelconque ; son *Emile* s'occupait de menuiserie ; Louis XVI faisait de magnifiques et merveilleuses serrures sculptées, des coffrets richement ornés, et j'en ai recueilli plusieurs, avec des meubles en chêne sculpté de la plus grande valeur.

MEUSE. — Joli fleuve de Lorraine qui, comme le Nil, fertilise par ses irrigations et ses débordements ses vallées et ses rives cultivées en prairies magnifiquement abondantes.

MEZZARO (coiffure Italienne.) — Ce simple morceau de mousseline blanche jeté sur une tête italienne qu'il encadre de ses gracieux replis, fait merveille à voir et séduit tout d'abord le voyageur qui approche de Gênes, de Naples, etc. ; il donne à ces figures chaudes et animées un reflet de candeur et de timidité craintive, qu'une autre coiffure ferait disparaître.

— A Milan, où le mezzaro est noir, il est loin de produire le même effet et rend affreuses les femmes qui ne sont ni jeunes ni jolies : le noir domine aussi dans les autres vêtements, ce qui jure avec la splendeur étincelante du climat et les usages italiens.

MEXIQUE. — On n'a pas encore pu deviner la pensée qui a fait accepter par l'empereur d'Autriche l'offre de l'empire du Mexique pour un archiduc autrichien : l'Allemagne n'a aucune puissance maritime, l'Autriche est moins bien placée encore que la Prusse, car elle n'a aucun port sur l'Océan du Nord ; elle venait de perdre Trieste et Venise à la suite de l'affranchissement de l'Italie *par l'armée française*. Avec le Mexique pour allié intime et ses ports francs Allemands, l'Autriche aurait certainement développé sa marine et son commerce extérieurs, tel devait être son but.

— L'affaire mexicaine ne fut si compromettante pour le deuxième empire que parce qu'il eut suffi de se tenir tranquille et de ne rien faire pour éviter cette faute énorme et impardonnable !

— Il semblait que le gouvernement n'eut pas assez apprécié les intérêts de la France lorsqu'il encourageait les soldats Français à rester et à s'établir au Mexique comme colons ; d'abord la position n'était pas sûre et une réaction pouvait non-seulement chasser ces colons français et les ruiner, mais même amener leur massacre comme vengeance contre leur nation.

MIGRAINE. — La migraine qui n'est souvent qu'un prétexte facile pour les gens capricieux, est cependant une vraie maladie, parfois chronique, affectant les constitutions les plus robustes, car les migraines ne commencent qu'avec la force et disparaissent souvent avec elle. Elles deviennent aussi des névralgies très-douloureuses attaquant certaines parties de la tête.

Un remède que je crois infaillible pour l'avoir souvent expérimenté est l'emploi des pilules au valérianate de quinine du docteur Crônier, à la dose de trois pilules prises en trois fois et de demi-heure en demi-heure avec une légère infusion de tilleul dans chaque intervalle.

MILET, en Ionie, fut autrefois une ville maritime très-importante, car elle avait quatre ports, mais la mer s'en retira et la ville fut ruinée; l'empereur Constantin compléta le désastre en détruisant les superbes temples qui avaient fait l'admiration du monde!

MILITAIRES. — L'homme qui porte épée en ressent une noble dignité; il gagne à cette espèce d'union intime avec le métal, il en prend les qualités rigides, le brillant éclat, la pureté intérieure et extérieure; de là le mot : franc comme son épée !

— L'état militaire n'a sa valeur et son relief que dans les grandes guerres, la paix efface trop l'instrument devenu inutile : mais tenir garnison dans une ville ou place forte non menacée, couvrir des frontières non exposées, monter la garde devant la porte du préfet et du général, cela n'est-il pas ridicule et écœurant? Pendant l'occupation de la France par les prussiens, ceux-ci employaient rigoureusement trois heures et demie le matin et autant le soir en exercices militaires variés pour les vieux soldats; et en exercices primitifs, la charge en douze temps, et les différentes évolutions pour les jeunes.

Ne pourrait-on occuper les longs loisirs des garnisons en travaux sur les routes et canaux, en défrichements de bois ruinés par le pacage, etc., et dont le prix serait partagé entre l'État et les militaires ?

— Les sociétés exclusivement militaires sont nécessairement les plus ennuyeuses du monde; la réunion est la continuation de la vie du matin et du soir: le grade suit l'officier et le régiment est étagé là comme à la parade, il n'y a donc pas de place pour la conversation, pour la pensée, la gaieté et la liberté.

MILLEVOYE — était né poëte par sa délicate et impressionnable constitution; mais sans fortune, sa vie resta tourmentée par le besoin et aussi par des passions trop fortes pour la fragilité de sa santé: clerc d'avoué, puis commis libraire, il ne travailla ni à son goût, ni à son heure; ami de Ducis, de Chénier, de Nodier et protégé enfin par une pension de 6,000 francs que lui accorda Napoléon, il se livra pendant quelques années aux loisirs de la poésie; la Restauration lui porta un coup mortel en réduisant sa pension à 1,200 francs et il serait mort de misère si ses amis n'eussent délicatement secouru ses derniers jours.

Nous citons quelques vers aussi harmonieux que touchants :

> Triste et mourant à son aurore,
> Un jeune malade à pas lents
> Parcourait une fois encore
> Le bois cher à ses premiers ans :
> Bois que j'aime, adieu, je succombe
> Votre deuil me prédit mon sort,
> Et dans chaque feuille qui tombe
> Je lis un présage de mort.
> Fatal oracle d'Epidaure
> Tu l'as dit, les feuilles des bois
> A tes yeux jauniront encore,
> Mais c'est pour la dernière fois;
> La nuit du trépas t'environne
> Tu t'inclines vers le tombeau,
> Ta jeunesse sera flétrie
> Avant l'herbe de la prairie,
> Avant le pampre du coteau.
>   MILLEVOYE.

MILTON — appelé le poëte biblique, car sa poésie n'est que la langue de la Bible et de la Genèse, Milton, né en Angleterre en 1608, mourut en 1674, à l'âge de soixante-six ans, il était aveugle depuis longtemps déjà: son œuvre principale est le poëme du *Paradis perdu*, puis celui (moins estimé) du *Paradis recouvré*. Il fit une histoire de l'Angleterre avant la conquête des Normands, l'*Apologie du divorce* et de nombreuses autres œuvres: avant sa cécité, Milton avait voulu faire le voyage de Judée pour s'inspirer des lieux saints, des prophètes et des poëtes juifs: Byron qui n'appréciait pas Shakespeare, s'exaltait devant Milton; Villemain et Châteaubriant le placent parmi les grands poëtes et les grands penseurs.

— Milton aveugle vivait des souvenirs de sa jeunesse heureuse: il était, quoique républicain, aristocrate et sensualiste; secrétaire de Cromwel, il en avait accepté les principes théoriques et révolutionnaires, mais le secrétaire était plus jeune que le poëte et la jeunesse ardente et heureuse l'emportait sur la vieillesse torturée et épuisée. Écoutons Milton décrivant le supplice d'un aveugle: « Le plus grand de mes maux est la perte de la vue! aveugle au milieu de mes ennemis, ah c'est la plus lourde des chaînes... je suis au-dessous du plus vil des animaux : le vermisseau rampe, mais il voit ! La lumière c'est la vie ! je subis une mort vivante, je suis moi-même ma tombe et mon sépulcre ambulant ; je n'ai de vie que ce qu'il en faut pour souffrir mille martyres ! Brille donc intérieurement, ô lumière de l'intelligence et de la poésie ; sois ma vie unique, puisque je n'ai pas à choisir, et que ma pensée soit ma compagne fidèle et ma consolation suprême. »

— Milton mourut presque inconnu ; un exemplaire de son *Paradis perdu* fut retrouvé par le comte Dorset dans la boutique du libraire Tompson ; ce fut donc à ce lord et au poëte Dryden que l'Homère anglais dut son immortalité.

— Milton fit l'apologie de Cromwel en approuvant l'assassinat et l'exécution de Charles Ier, et en soutenant que l'église protestante protége la liberté et doit frapper les tyrans.

— Milton, dans son *Paradis perdu* a eu le tort de rendre Satan plus intéressant que les anges et de faire pâlir l'étoile du bien, de la vertu et de la sagesse ; il paraît se complaire mieux dans le rôle du diable que dans celui de l'ange ; l'homme serait-il plus à l'aise dans les mauvaises passions que dans les bonnes !

MINISTÈRES. — En langage gouvernemental on appelle petits ministères : l'agriculture, le commerce, l'instruction publique et la justice, c'est l'inverse qu'on devrait dire ; ce sont là les grands ministères, et les autres, ceux qu'on appelle grands : les affaires étrangères, la guerre, devraient être mis au service et dans la dépendance des premiers.

— Des ministres ambitieux, serviles et flatteurs (et il n'y en a que trop) ! sont une peste pour la France ; une calamité, une honte pour tous les gouvernements.

MIRABEAU. — L'histoire prend les hommes tels qu'ils sont, avec leurs vices, leurs défauts, leurs qualités et leurs talents : Mirabeau, né en 1749, vrai tribun et orateur passionné, avait eu la jeunesse la plus turbulente et la plus orageuse : à dix-sept ans il entra dans la cavalerie comme volontaire, et fut bientôt pour ses folles dépenses, en lutte ouverte avec son père qui le fit emprisonner à l'île de Rhé d'où il fut envoyé en Corse, où il servit avec distinction et devint capitaine de dragons. Il abandonna le service pour se marier richement (1772), mais il dévora en peu de temps la fortune de sa femme, ce qui le fit interdire par son père et consigner dans ses terres : comme il rompit son ban, son père le fit enfermer au château d'If, et ensuite au fort de Jouy, en 1776, mais par tolérance du gouverneur, il reçut Pontarlier, ville voisine, pour prison ; il y fit la connaissance de la marquise de Monnier (Sophie de Ruffey), inspira une passion violente à cette très-jeune femme d'un vieux mari, fut contraint de fuir et se réfugia en Suisse où sa belle maîtresse vint le rejoindre ; obligé de passer en Hollande, il y vécut assez misérablement de sa plume ; arrêté à Amsterdam en vertu d'un arrêt de la cour de Besançon qui le condamnait à mort pour rapt, il fut ramené en France et enfermé au donjon de Vincennes, où il subit une détention de trois ans et cinq mois pendant lesquels il fulmina ses pamphlets contre les lettres de cachet et les prisons d'État, c'est de là aussi qu'il continua ses lettres à Sophie (la marquise de Monnier) et ses deux œuvres érotiques, *Erotica biblion* et ma *Conversion!*

— Ayant obtenu sa mise en liberté sous la condition d'aller purger, à la prison de Pontarlier, sa condamnation à mort par contumace, il plaida lui-même sa cause et la gagna avec éclat : il fut moins heureux dans un procès honteux qu'il intenta à sa femme pour l'obliger à rentrer auprès de lui, uniquement pour s'emparer de 200,000 francs, dont elle avait hérité depuis qu'il l'avait délaissée. C'est alors (1784) que, sans ressources, il partit pour Londres avec une nouvelle maîtresse qui l'avait suivi en France. Il tarda peu à rentrer à Paris pour se mêler à tous ces tripotages d'affaires qui enrichissaient tant de maltôtiers et où, se rencontrant avec Beaumarchais, dans une affaire de marchés honteux, il engagea avec celui-ci une polémique où il se trouva très-maltraité.

C'est au sujet de ces marchés qu'il eut l'occasion de porter ses réclamations à M.

de Calonne, qui lui trouvant du talent, lui confia une mission secrète auprès du roi de Prusse, mission dans laquelle il échoua ; de retour à Paris il publia un pamphlet sous le titre de réclamation au roi et aux notables sur l'agiotage, ce qui fit délivrer contre lui une lettre de cachet à laquelle il put échapper tout en publiant d'autres pamphlets encore plus vivement accentués. Vers 1788, il fit paraître un livre plus curieux qui fut fort bien accueilli : *La Monarchie Prussienne*, et, à la fin de l'année, *l'Histoire secrète du cabinet de Berlin* ; sur les réclamations de la Prusse, l'ouvrage fut condamné et brûlé en Grève ; ici finit la première partie de la vie de Mirabeau, vie désordonnée et honteuse. La seconde, plus éclatante et plus glorieuse en apparence, ne fut pas plus honorable, car il ajouta la trahison au libertinage.

Les États généraux étaient convoqués, Mirabeau fait le voyage de Provence pour se proposer à l'élection de la noblesse, mais elle le repousse pour accueillir son frère (Mirabeau-Tonneau), à cause de son obésité : Mirabeau déçu de ce côté, se tourne alors vers le tiers état et se fait nommer par deux colléges à la fois, Aix et Marseille ; il opte pour Aix et accourt à Versailles un des premiers pour se produire et se faire connaître dans les réunions privées par son exaltation populaire. Le reste de sa courte vie politique, est trop connu pour que je le résume ici : je ne puis que dire qu'il fut l'orateur géant de l'Assemblée nationale, que ce fut lui, tant qu'il vécut, qui la dirigea et la gouverna ; que c'est de sa bouche enflammée que sortit cette réponse à la sommation de se dissoudre, adressée à l'assemblée par le marquis de Dreux-Brézé : « Allez dire à votre maître que nous sommes ici par la volonté du peuple et que nous n'en sortirons que par la force des baïonnettes ! » Puis il fait voter l'inviolabilité de l'assemblée et de chacun de ses membres. Cette révolution dans l'assemblée entraîna la révolution du dehors.

— Mirabeau se dessine dans la Constituante en faveur de la cour, et le lendemain un mal subit le frappe et il meurt dans la nuit, la veille du jour où devait se décider une question de vie et de mort pour la royauté ; ses médecins, Leblanc et Prouteau, trouvèrent dans l'autopsie la trace du poison. Mirabeau avait dit en mourant : j'emporte avec moi la monarchie ! On soupçonna le duc d'Orléans de cet empoisonnement, mais la preuve n'en fut pas faite. Mirabeau mourut donc dans tout l'éclat de son triomphe ! le peuple et l'Assemblée lui votèrent la gloire éternelle du Panthéon, ouvert par le peuple aux grands hommes ; des masses inouïes de fanatiques exaltés jusqu'au délire accoururent en foule, une armée de soldats, une garde civique improvisée le portèrent jusqu'au temple ; ils encombrèrent la place et y restèrent la nuit, l'acclamant à tout instant et refusant de s'en séparer ! jamais plus grand triomphe ne fut accordé à un homme !

— La famille des Mirabeau reçut du fils aîné, l'orateur républicain, une réputation européenne : 1° le père, Victor Riquetti, marquis de Mirabeau, descendant d'une illustre famille italienne, aristocrate émérite fort entiché de sa noblesse et des priviléges qu'elle donnait ; 2° son fils aîné, Honoré-Gabriel, comte de Mirabeau, libertin ruiné, ouvrant une boutique de marchand drapier pour humilier son père qui lui refusait de l'argent, continuant ce jeu et se faisant républicain et tribun passionné, mais depuis et secrètement vendu à la cour et à la réaction ; 3° le deuxième fils, Boniface, vicomte de Mirabeau, émigré et si démesurément gros qu'on l'appela Mirabeau-Tonneau.

— Le vieux marquis de Mirabeau, qui cependant détestait son fils aîné, disait de lui : Je réponds qu'il est bâti d'une autre argile que moi, c'est un aigle, sorti d'un nid placé entre les quatre tourelles de mon château ; il ira loin et fera beaucoup, car l'audace est son ressort et il en tire sa plus grande valeur ; au reste, depuis cinq cents ans on a toujours souffert des Mirabeau, on souffrira encore de celui-ci, je le jure ! La prédiction fut juste.

— Mirabeau et Danton sont les deux plus grandes physionomies de notre révolution : Mirabeau avait la face maculée par les plus honteuses maladies, couverte de boutons purulents et très-marquée déjà de petite vérole, mais elle était étincelante d'esprit, d'audace et d'orgueil ; perdu de débauches et de dettes, Mirabeau se fit révolutionnaire par vengeance contre la société qui l'avait méprisé et repoussé ; la révolution ne le changea pas, elle l'avait élevé, elle l'avait grandi, il la trahit audacieusement en se vendant à la cour et mourut frappé pour sa trahison.

— Danton, avocat champenois, se produisit dès le début comme l'avocat furibond du peuple qu'il haranguait dans les clubs du faubourg St-Antoine et sur les ruines de la Bastille ; de stature forte et grossière, il était peuple par la forme et par le fond, mais dans ses discours exaltés, la passion flamboyante de sa parole, l'éclat de son regard effaçaient sa laideur absolument comme dans Mirabeau, car il était le Mirabeau des faubourgs ! On assure, mais sans le prouver, que lui aussi s'était vendu à la cour.

— Pendant la révolution, dans une réunion politique très-influente, Mirabeau énumérait toutes les qualités nécessaires au ministre qu'on devait choisir, et comme il faisait de lui un portrait complet et très-élogieux, Talleyrand lui lança, dit-on, cette question sarcastique : ne faudrait-il pas en outre qu'il fut fortement marqué de petite vérole ?

— Mirabeau, homme sensuel à l'excès, toujours occupé de plaisirs, travaillait peu, il faisait préparer ses travaux et, avec une facilité prodigieuse, se les appropriait dans les plus brûlants discours : il avait pour secrétaires et collaborateurs Clavières, Durovray, Dumour et son ami Champfort : il voulut s'attacher Barrère comme secrétaire, mais celui-ci refusa en disant qu'il prononcerait lui-même les discours qu'on lui demandait.

— Certains intrigants politiques plus adroits que les autres qui affichent une opinion qu'ils n'ont pas, ont eu l'excellente idée d'imiter Mirabeau et d'exploiter leur opinion : Mirabeau, en effet, était aristocrate, légitimiste et surtout courtisan intéressé : c'est ainsi qu'il mit son grand talent moyennant finances, au service de la cour de Louis XVI.

— La justice voulut que dans le pillage postérieur des Tuileries on découvrit, dans les caisses les plus secrètes de la royauté, des quittances nombreuses de sommes considérables signées de Mirabeau ; là trahison soupçonnée devint évidente ! Mirabeau ne s'était pas épuré au contact du désintéressement républicain ! et il s'était vendu à la cour en conservant les apparences de son acharnement contre elle ! il avait trahi la cause de la révolution dans ce double jeu.

— Il avait bien démenti le fait, lors des premières imputations sans preuves, en répondant adroitement :

« Je pouvais me donner, je n'eusse jamais consenti à me vendre ! »

— On raconte que Mirabeau eut à soutenir en Angleterre, un procès, probablement calomnieux, contre son domestique qui l'accusait de l'avoir volé : ce qui pouvait le mettre en grand danger, c'était sa vie licencieuse et immorale, les moyens peu délicats qu'il employait pour faire des dettes, contracter des emprunts et les terribles préventions qu'une pareille conduite avait fait naître dans une société si rigoriste, religieuse et collet-monté que la société anglaise.

MIRAGE. — La cause qui fait croire, quand nous courons rapidement en chemin de fer ou que nous descendons rapidement un fleuve que ce sont les maisons et les arbres qui volent en sens contraire, est la même que celle qui a fait l'opinion ancienne que le char d'Apollon, (le soleil) parcourait les cieux (la vitesse d'un boulet de canon eut été plus de mille fois moins grande que celle du char d'Apollon) ; c'est là une illusion d'optique et de mouvement. Mais une chose plus surprenante et qui étonna toujours notre armée française dans sa brillante expédition d'Égypte, c'est le mirage dans le désert, c'est-à-dire dans un pays aride, brûlé et sans eau. Le mirage est la réflexion de l'image *renversée* de ce qui existe sur terre et qu'on aperçoit comme assez rapproché alors qu'on en est séparé par de très-grandes distances ; ce mirage est celui réfléchi par une nape d'air humide s'élevant de terre et reproduisant vaguement et même fantastiquement le paysage lointain où tout est indécis : on cherche à deviner et on croit voir ce qu'on désire, une pièce d'eau surtout, car c'est là la chose la plus ardemment souhaitée dans ces déserts brûlants.

Miroirs. — L'idée d'un miroir artificiel a dû naître du miroir trouvé dans une eau tranquille et pure; les premiers miroirs fabriqués étaient en acier poli: autrefois les femmes portaient comme bijou un miroir de forme ronde ou ovale suspendu au côté droit de la ceinture, et dont elles se servaient pour savoir ce qui se passait derrière elles.

— Ayez de chaque côté d'un miroir ordinaire une série graduée de miroirs grossissants et convexes et la série contraire de miroirs rapetissants ou concaves, la même figure ne trouvera sa vraie réflexion que dans le miroir plat; dans les autres elle ira du microscopique à l'énorme, et on trouvera autant de différences qu'il y aura de miroirs !

Eh bien ! l'espèce humaine est encore mille fois plus variée et extrême en tout que tout cela ! C'est l'infini, c'est la multiplicité, c'est l'immensité de variétés dans tous les genres, dans toutes les espèces, dans toutes les formes.

— Les miroirs à ornementations gothiques, mobiles et se prêtant à une inclinaison complète semblent se pencher, comme pour l'admirer, vers l'image qu'elles reflètent; c'est donc un encouragement à la coquetterie, toujours si grande, des femmes et des jeunes filles.

— Le miroir est comme la conscience, il blesse par ses avis; on peut les dédaigner, mais non les réduire au silence !

— Que n'inventerait pas l'esprit populaire et fanatique des hommes du Midi ? Dans ma jeunesse, une ville de France assez populeuse, s'amusa pendant tout un été à poursuivre les promeneurs et les passants du reflet d'un miroir éclairé par le soleil ! les pauvres diables s'arrêtaient étonnés et recevaient dans les yeux un éclat plus vif qui les obligeait à fuir pour échapper à cette indiscrète et malicieuse poursuite; inutile d'ajouter que le public applaudissait à cette mauvaise plaisanterie !

Misanthropie. — La misanthropie est la haine d'un homme prévenu et irrité contre tous les hommes en général; à la longue, cela peut devenir manie et folie : cette disposition est tout à fait contraire à notre état social, car qui dit société, dit tolérance et bienveillance réciproques, autrement ce serait une lutte incessante et destructive de toute société.

— La misanthropie étouffe les sentiments bienfaisants du cœur : l'humeur hargneuse et maussade l'emporte sur la pitié et la bonté natives.

— Un homme qui n'est jamais content de lui est rarement content des autres. Ce serait une qualité, si c'était modestie et clairvoyance du mieux; mais c'est le plus souvent mauvais caractère, esprit chagrin, malade ou aigri, misanthropie enfin.

— Pour être logique, le misanthrope devrait être le plus heureux des hommes: n'attendant rien de bon de l'humanité, il devrait la remercier des nombreux petits bonheurs que la vie donne à tous, même aux plus malheureux.

— Le misanthrope fuit les hommes parce qu'il les croit tous méchants, son erreur est grande : s'il s'étudiait bien il découvrirait que s'il méprise les hommes c'est que lui-même n'est ni bon, ni estimable et qu'il est, au contraire et à tort injuste, envieux, haineux et agressif !...

— La misanthropie est le travers d'un esprit chagrin ou dérangé, qui voit tout en mal et rien en bien; la pente vers la manie est très-rapide et la folie n'a pas souvent d'autres commencements : il faut donc y apporter un remède prompt et décisif si on veut échapper au développement d'une maladie aussi dangereuse qu'inguérissable!

— La misanthropie de bien des hommes n'est que de l'envie haineuse, de la jalousie ou le ressentiment d'une infortune non méritée : ainsi Champfort, enfant naturel et sans fortune, avait une haine implacable contre le bonheur des autres : cependant successivement secrétaire de Mme Elisabeth, puis du prince de Condé; lecteur du comte d'Artois, académicien par la cour, il avait reçu tous les bienfaits et au moment du désastre il trahit ses bienfaiteurs qu'il eut peut-être pu sauver ; il se jeta dans ces excès d'opinion qui expliquent la morale qu'il osa produire, mais il fut cruellement puni ; la révolution dont il approuvait les excès dévorait tout, même ses enfants, et Champfort menacé de l'échafaud n'y échappa que par le suicide, il se cassa la tête d'un coup de pistolet !

MISE. — La négligence dans le costume annonce presqu'un défaut de déférence et de respect envers les autres : il faut avoir des habits simples, mais propres, mais bien faits, et à la mode ; c'est, selon Bacon, le meilleur titre de recommandation.

MISÈRE. — Partout les ouvriers pauvres, les agriculteurs misérables et tous ceux qui souffrent, maudissent leur sort et doutent de Dieu et de la Providence, lorsque c'est souvent à eux, à leur paresse, à leurs vices, à leurs désordres que remontent leurs misères : sans doute il y a des misères non méritées, alors elles sont dignes de toute notre sollicitude, de notre bienveillance, de nos secours, la société entière leur doit protection. L'ouvrier laborieux peut rester misérable ; l'agriculteur qui voit ses récoltes si chèrement achetées détruites par la gelée, la grêle, la sécheresse, les pluies, a le droit de demander à Dieu meilleure justice, mais il doit éviter le blasphème qui ne guérit rien, et recourir à lui-même, à un travail plus opiniâtre ; il est plus que probable que dans cette voie il se relèvera de ses pertes.

— La misère la plus horrible est celle des pays civilisés, là où tout ce qui a valeur a un maître, là où rien ne reste en commun, là, en effet, est la misère poignante et complète ; au pauvre il ne reste que la faim et la soif, le besoin le plus impérieux et rien pour le satisfaire ; c'est le cas de l'Angleterre, dans ses grandes villes et ses grands centres industriels surtout?

— La misère du peuple est un fléau que les gouvernements doivent tendre à faire disparaître sous peine d'être entraînés par lui.

La misère de l'homme n'est rien auprès de la misère de la femme, par la démoralisation qu'elle produit ! VICTOR HUGO.

— La misère est le mal le plus odieux et le plus démoralisant ; elle laisse derrière elle des plaies physiques et morales inguérissables.

— Il y a dans les capitales, des quartiers, des rues, des allées, d'où suppurent la misère, le vice et la débauche par toutes les portes et toutes les fenêtres.

— Les misères les plus navrantes sont celles qui se cachent et qui marchent les yeux voilés comme pour échapper au spectacle de leur propre humiliation.

— Autant la misère provoquée par la prodigalité et le désordre reste ostensible, autant la misère honnête est ingénieuse à se dissimuler, à se cacher : celle-là est la plus poignante des misères !

— La misère est secourable à la misère, car elle comprend ce qu'elle souffre et le riche manque de cette cruelle expérience ! autrement on ne lui reprocherait jamais d'être sans entrailles ; il est donc juste de dire que le riche ne sait ou ne comprend pas toujours le besoin qu'on a de lui.

— Pour supporter la misère, aussi bien que pour la voir sans frémir, il faut penser que ceux qui souffrent ici-bas seront récompensés dans une autre vie par un double bonheur et que chacun aura son tour de jouissances et de gloire.

— L'épanouissement de l'intelligence est aidé puissamment par le bien-être ; la misère étouffe toute énergie, désorganise, abrutit et ne développe rien.

— La suppression de la misère et le bien-être universel sont la loi de l'avenir et la sécurité des sociétés.

— Certaines misères savent se rendre intéressantes par un cachet de retenue timide et honteuse revêtue de décence et de propreté.

— Quand on pense aux misères qui se cachent et sont torturées dans Paris, on s'étonne qu'il n'y ait pas plus de crimes et de suicides ; mais la police qui, tous les ans augmente ses moyens et la bienfaisance qui étend aussi les siens, atténuent le mal par la surveillance et les secours.

— Rien ne rend plus friand de délicatesses et de chatteries que la misère.

MISSION DE LA FEMME. — La vraie mission de la femme en ce monde terrestre est la vie de famille, la vie intime et close, la vie modeste et retirée, là est son sanctuaire, sa puissance attractive, sa vraie cour entre son mari et ses enfants. Nourrice, mère, épouse, éducatrice, voilà son cercle d'affection et d'activité, son devoir et sa fonction; sa vie entière y suffirait à peine, car ce cercle, si étroit d'abord, ira toujours s'élargissant!

MISSISSIPI. — L'expression vulgaire aller au Mississipi est une tradition historique venue de la Normandie : car ce sont les Normands qui, les premiers, après avoir envahi le Canada ont créé les premières colonies à l'embouchure du grand fleuve.

MOBILITÉ. — L'esprit mobile des femmes se complaît dans la variété : une erreur nouvelle les saisira plus vite, une vérité ancienne leur paraîtra un radotage ; leur extrême impressionnabilité leur fera toujours rechercher les choses et les habitudes les plus changeantes.

MODE. — Savez-vous ce qui est plus fort et plus puissant que la religion? c'est la mode !
Voyez la société la plus religieuse; elle va au théâtre, au bal, elle porte les crinolines les plus vastes, elle pèche plus gravement encore.
Tout cela malgré les sermons foudroyants qu'elle va entendre avec la plus rigoureuse exactitude!
— La mode! grand mot et grand esclavage pour la tourbe des nullités qui ne peuvent se donner que ce facile mérite ! les capacités ont autre chose à faire et à penser.
— La mode est la plus inexplicable en même temps que la plus absolue des tyrannies, elle est dans l'air, elle commande, et, chose étrange en France, où on s'entête parfois! tout lui obéit sans résistance !
— Nos modes n'ont toutes pour base que le caprice, non l'utilité, la commodité, l'harmonie, mais elles sont logiques dans leurs dérèglements, elles varient, pour varier et surtout pour obliger aux changements les plus opposés et provoquer une excessive dépense!

— La mode est d'invention commerciale et moderne, cela est évident: les Grecs conservèrent toujours la tunique et le manteau ; les romains, à leur imitation, la toge et le manteau ; l'histoire affirme que les arabes d'aujourd'hui ont conservé le costume des anciens patriarches de la Judée: l'Espagne elle-même n'a abandonné son costume national que dans le commencement du XIXe siècle.

— Dire mode, c'est dire caprice: d'un chiffon qu'elle ramasse, la mode fait une parure, d'une brillante soierie qu'elle rejette elle fait un haillon.

— Comment espérez-vous trouver de la raison chez un peuple qui se soumet aveuglément et absolument à la mode? qui fait la mode si changeante ? c'est l'intérêt des marchands: qui la fait réussir ! le hasard, le mauvais goût, souvent le caprice le plus extravagant, car entre toutes les modes qui se produisent dans les promenades ou les salons parisiens, c'est la plus folle, la plus disgracieuse, la plus vulgaire qui triomphe toujours et pourquoi ? parce qu'elle est la plus remarquée ! et, en effet, que veulent toutes les femmes et les plus jolies! être étonnantes à tout prix, distinguées, par l'étrangeté, la bizarrerie, la hardiesse, l'extravagance de leur toilette !

— Les hommes sont moins soumis à la mode que les femmes, parce qu'ils ont plus de bon sens: une femme de goût cependant ne suit la mode que de loin; elle comprend qu'elle n'est pas une poupée, que la toilette doit faire valoir chez elle ce qui est beau, atténuer ce qui est douteux ou laid, la parer et non l'attifer et la ridiculiser !

— La mode élégante a besoin d'une teinte de fantaisie ; la mode servile est une banalité presque honteuse, aussi les vraies élégantes se reconnaissent-elles à leur toilette toute personnelle, toute d'instinct, chaque corps, chaque teint, chaque chevelure, chaque taille et chaque conformation dans ses détails commande sa toilette toute spéciale !

— Autrefois la France distinguée faisait la mode, aujourd'hui la France égalitaire la suit et quelle mode ! la liberté, la brutalité anglaise et qui pis est l'extravagance Américaine !

— Les provinces sont et restent soumises à cette loi inflexible de la mode de Paris : il n'y a que les intelligences d'élite qui osent échapper à cette tyrannie et se donner une mode appropriée à leur personnalité.

— Les modes viennent d'en haut et des classes riches ; elles sont donc une distinction vaniteuse, aussi changent-elles à tout moment : les habitudes, les coutumes viennent, au contraire, d'en bas ; elles sont logiques avec les nécessités sociales, aussi sont-elles fortement enracinées et durent-elles des siècles !

— A quoi tiennent les emblèmes et les modes ! César était chauve, on inventa pour lui la couronne ; Louis XIV était petit, on inventa pour lui la gigantesque perruque et les hauts talons ; un roi ou une reine vieillissait, la mode flagorneuse trouva la poudre blanche : Marie-Antoinette était rousse la poudre changea de couleur et se fit rousse par flatterie.

— L'ancien régime avait ses *mousquetaires coquets* et *ses abbés petits-maîtres* ; le Directoire ses *incroyables*, le premier Empire ses *merveilleux* ; la Restauration ses *émigrés ridicules*, poudrés avec des perruques à queues de chat et des habits impossibles ; des épées à verrou ; après la révolution de juillet on eut des *lions* ; depuis 1848 sont apparus les *gandins*, puis les *petits crevés*, les *cocodès*, dernière formule des nullités orgueilleuses, mais nous en verrons bien d'autres ; l'humanité paraissant condamnée à progresser en tout, même dans le ridicule ; pouvons-nous nier que nous ne soyons en pleine décadence, lorsque nous prenons à nos femmes les ombrelles, les voiles verts, le blanc de riz, le rouge d'Asie, la teinture pour les cheveux, les dents postiches, etc., dans cette voie et pendant que les hommes ont une certaine tendance à se faire femmes, les femmes par le sans-façon, l'équitation, la chasse et les vêtements d'hommes qu'elles copient dans leurs lourdes et vulgaires confections à la mécanique, se donnent des manières et une apparence toutes masculines !

— La mode a eu de hardies et de glorieuses protestations ; elle a adopté les cheveux à la victime pendant la Terreur et par imitation de la chevelure écourtée par les ciseaux du bourreau !

— On a repris la crinoline, qui a eu un assez long règne ; on en est aujourd'hui aux demi-paniers de nos grand'mères ; reprendra-t-on les épées à verrou de nos anciens mousquetaires et le catogan de nos aïeux ?

Modestie. — Une personne qui cache son mérite et cherche à faire valoir celui des autres, qui parle peu et modestement gagne tous les bons esprits et se fait estimer et aimer.

— Il y a autant de maladresse que d'orgueil à produire la science qu'on peut avoir : il est beaucoup plus habile de cacher celle qu'on a ou de la laisser seulement deviner, car alors on passe pour avoir plus de science qu'on n'en a réellement, et avec un mérite de plus, celui d'être modeste.

— La modestie ne doit pas dégénérer en timidité ; il convient, au contraire, d'avoir la conscience de sa valeur, tout en se gardant de laisser soupçonner qu'on est trop convaincu de son propre mérite, car ce serait dispenser les autres de le découvrir et de le proclamer.

— L'homme modeste fait son bonheur d'un mérite ignoré, l'homme orgueilleux n'apprécie qu'un mérite entouré des louanges de tous.

La femme modeste sera élevée en gloire, comme le soleil s'élevant dans le Ciel qui est le trône de Dieu, éclaire et embellit l'univers ; ainsi le visage d'une femme modeste et sage est l'ornement de sa maison. *Livre des proverbes*, ch. II.

— Un caractère modeste renferme presque toujours des trésors qui se font prier pour se produire et qui ne se montrent que sous la pression d'encouragements vrais et naturels.

— La modestie naturelle est la défiance de soi-même, c'est une vertu ; la modestie affectée est un masque orgueilleux et honteusement effronté.

— La modestie qui ne soupçonne pas ses mérites ou se plaît à les cacher, est l'antipode de l'amour-propre qui exalte démesurément les siens ; aussi est-on plus tenté encore d'abaisser l'amour-propre que de voiler la modestie.

— Heureux ceux qui, doutant d'eux-mêmes, se comparent aux autres avec un esprit clairvoyant et impartial; ils sont sur la voie du progrès et de l'amélioration: c'est un stimulant vers le bien, ou une révélation d'un mal à guérir.

— La modestie est la plus resplendissante couronne du mérite, c'est son piédestal, c'est sa sauvegarde contre l'envie et la jalousie, car on ne grandit pas sans danger, chaque succès est une pierre, un écueil dans le chemin de l'estime et de la fortune.

— Quelque parfait qu'on soit, c'est ajouter beaucoup à ses mérites que d'y joindre la modestie.

— Le monde croit rarement à la modestie, car chacun se sent essentiellement orgueilleux et sait trop bien que sa modestie n'est que de la vanité et que le besoin d'éloges et d'approbation est au fond de tous les cœurs.

— Tout doit être voilé dans la vie des femmes, leur vertu comme leur beauté! rien n'est plus inconvenant qu'une femme à manières viriles, au ton cassant, aux paroles risquées; ce n'est plus une femme, ce n'est pas un homme, c'est un être amphibie dont rougiraient les deux sexes.

— La femme qui expose à la vue certains attraits à voiler donne à penser qu'elle ne désire pas les défendre.

— Les jeunes filles et les jeunes femmes ne peuvent plaire et se faire respecter que par leur sagesse, leur pudeur et leur modestie.

— Les femmes apprécient rarement la modestie des hommes; il faut que ceux-ci le sachent bien pour qu'ils ne commettent pas devant elles la faute d'en avoir trop!

MODÉRATION. — C'est avec une grande vérité que Platon a dit: que la modération était la plus grande vertu des états comme elle était déjà celle des particuliers.

— Si on donne des prix au travail, à l'abnégation, à la charité, au sacrifice, il faudrait aussi en donner à la modestie dans les goûts, à la modération dans les désirs; c'est là la grande vertu des sociétés; c'est elle qui leur donne la tranquillité qui amène l'aisance et le travail, la stabilité et le bonheur, les seuls ennemis puissants des révolutions.

Il n'y a pas de vertu sans modération.
ARISTOTE.

— C'est en modérant ses vœux qu'on trouve l'aisance, parfois même l'abondance dans la misère.

— La modération et la retenue sont indispensables en tout; même dans les plaisirs: avec cette règle, le plaisir reste ce qu'il est et se garde des excès qui le tueraient: comme toutes nos sensations, nos plaisirs s'affaiblissent par la fréquence et l'usage, encore plus par l'abus, en bonne philosophie et dans l'intérêt du bonheur de toute la vie, il ne faut donc abuser de rien et plus nous apprécierons un plaisir, plus il faudra craindre de l'user: ainsi de la fortune et des jouissances qu'elle procure.

— Tout est relatif en ce monde: celui-là est pauvre qui a d'immenses désirs et des moyens bornés; celui-là est riche qui n'a presque rien, mais qui sait modérer ses besoins; le repas est modeste, mais il est plus abondant que la faim n'est grande; et la santé, cette base de la vie heureuse, non-seulement n'y perd rien, mais y gagne toujours.

— La modération en tout est la sauvegarde de la vie; l'abus, l'impatience, l'emportement en sont la destruction et le poison; les meilleurs sentiments ne restent tels que dans la modération; la durée du bien n'est garantie que par cet état de calme, car le plaisir lui-même périt dans l'excès.

— L'homme sait rarement se modérer dans la voie qu'il veut s'ouvrir, la passion l'emporte toujours trop loin et l'imprévoyance échoue si souvent devant l'obstacle, que la leçon reçue devrait commander la prudence.

MŒURS. — Si les hommes font les lois, les femmes font les mœurs, les usages, les préjugés, les modes; les hommes sont despotes dans leurs lois, les femmes se révoltent dans leurs mœurs. Chaque sexe a fait sa part! Partout les mœurs des femmes ont fait les mœurs publiques, cela naturellement par l'éducation, l'exemple, la séduction et l'entraînement.

— Chez les romains les mœurs furent longtemps graves et austères, les femmes vivant récluses à ce point que la décadence de Rome parut certaine le jour où les femmes romaines parurent en public!

— La philosophie qui manque de religion ne doit pas manquer de mœurs : la femme libre ne peut donc jamais avoir trop d'apparence de modestie et de chasteté.

— L'inconstance et la mobilité sont des infirmités qui décèlent l'humaine faiblesse ; les mœurs changent continûment dans le monde ; certains hommes supérieurs personnalisent leur siècle, ses besoins, ses idées, ses vertus et ses vices ; c'est par eux que nous connaissons tout cela : leur parole et leur conduite sont l'histoire de leur temps.

— Tout est en décadence chez nous comme le révèlent les répressions judiciaires: on n'y voit que le crime en action et en exploitation, la démoralisation partout *même dans la politique et le gouvernement* : 1852 à 1870 ! L'honneur, la probité, la délicatesse oubliés et conspués ; l'escroquerie, le vol, la banqueroute comme moyens de fortune et récompensés par l'opulence, la considération, la faveur politique. Ce serait à n'y pas croire, si les faits n'étaient pas authentiquement reconnus et parfois, mais très rarement punis !

— Remarquons qu'à notre époque les hommes vieillissent plus vite qu'autrefois, et que cette vie à grandes guides, cette vie de plaisirs, cette vie de furie dans les excès de tout genre et dans les spéculations les plus hasardées, livre un homme sans défense aux impressions les plus extrêmes de l'espérance et de la crainte; cette vie fiévreuse use vite, et après avoir produit l'étiolement et l'épuisement des individus, elle affaiblit et ruine les nations : n'est-ce-pas là l'histoire de notre France?

— Les mœurs publiques, dans leur abaissement par la démoralisation ou dans leur relèvement par les vertus, imposent un niveau au blâme et aux lois elles-mêmes, si bien que dans une société dissolue, le blâme et la loi ne peuvent frapper que les grands vices et les grands crimes, sous peine de punir tout le monde, et que ce n'est que dans les sociétés les plus morales que le blâme et la loi ont leur action franche, complète et utile.

— Les mœurs et les lois ont leurs conséquences logiques : avec la pluralité des femmes, il faut annihiler les hommes ; avec un clergé célibataire il faut des couvents pour protéger la chasteté des femmes.

— Les peuples sont régis moins par les lois que par les mœurs.

Les mœurs antiques étant réglées par les lois, empruntaient quelque chose à la grandeur et à la constitution sociales; les mœurs modernes, au contraire, ne se composant que de la généralité des habitudes et tout en réglant les choses les plus sérieuses ne paraissent cependant toucher qu'à leur forme et descendre aux choses les plus frivoles, n'ont plus l'importance des mœurs antiques, et n'ont ni la force, ni la sanction que la loi et les moyens accessoires, perdus maintenant, imprimaient aux anciennes institutions.

— Les mœurs des nations modernes ont perdu ce qu'il y avait de simple et de naturel dans les mœurs, encore patriarcales, des sociétés anciennes : les invasions barbares qui ont balayé les vieilles civilisations de la Grèce et de Rome et ont fait peser sur toutes les nations du globe mille ans de barbarie, ont placé le monde dans l'obligation de recommencer sa vie, son éducation, son instruction, ses progrès, sans exemples contemporains à suivre, au hasard dès lors. La religion chrétienne seule a pu jeter quelques lumières dans ce sombre chaos, dans ces épaises ténèbres, mais rien ne pouvait éclairer la question politique et nationale, et la barbarie eut la plus grande part d'initiative dans ces constitutions politiques et civiles qui créent l'avenir des nations ; c'est ainsi que se passa la longue enfance des sociétés modernes.

— Il fallut de violentes et fréquentes révolutions pour changer cet ordre de choses, sans base et sans logique, et c'est sur ces ruines que nous vivons encore aujourd'hui ; après la barbarie de la féodalité, le gouvernement absolu, la république, puis le gouvernement dit constitutionnel, si mal essayé, si mal assis qu'il ressemblait à une continuité de révolutions plus désastreuses les unes que les autres ; après une nouvelle république, un Empire et une troisième république, nous sommes encore dans un siècle de tempêtes révolutionnaires, essayant de tous les systèmes et de toutes les formules et usant nos forces dans des expériences mal dirigées, malheureuses, dès lors infructueuses.

— L'expérience prouve, que l'agglomération des sociétés, loin de tourner à l'amélioration morale des individus, produit un effet contraire et amène la décadence des mœurs et la démoralisation générale : plus les villes sont populeuses et surtout entassées, humides, sans air, plus la mortalité est grande! voyez Lille et les autres villes industrielles (on devrait dire meurtrières), car l'insalubrité est partout, les maisons sont plutôt des caves que des habitations et les maladies nombreuses et persistantes en sont la conséquence. Pour assainir, il faudrait reconstruire, ce qu'on ne fera pas !

— Nos mœurs s'adoucissent de plus en plus, mais c'est en se dépravant ; le mal dépasse donc le bien, aussi moins de crimes pour le moment, mais plus de délits qui sont la monnaie et la semence des crimes!

— On doit le maintien des mœurs nationales aux traditions populaires, aux légendes, aux proverbes qui donnent leur cachet à l'éducation des âmes et leur forme à un peuple entier.

— Nous avons déjà fait remarquer que la dissolution des mœurs suit toujours et logiquement les bouleversements politiques ; Henri III et ses mignons vinrent après la St-Barthélemy ; Henri IV après la Ligue ; Louis XIV après la Fronde ; la Régence après le bigotisme de Mme de Maintenon ; le Directoire après 1793, etc…

La corruption des mœurs rend le despotisme indispensable.   NAPOLÉON LE GRAND.

— Rien n'arrête les vices du monde : nous avons d'excellents établissements d'éducation, de nombreuses églises, des tribunaux, et cependant les délits, les crimes marchent tête levée, malgré l'éducation qui prépare, la religion qui conseille et menace et la loi qui punit. N'applaudissons-nous pas au théâtre les vices ou les crimes que les cours criminelles condamnent !

MOINES.. — Dans les temps barbares, les moines étaient les pacificateurs, les moralisateurs du monde, les défenseurs des opprimés : c'était la paix comme digue à la guerre, la charité faisant barrière à la cruauté, la morale combattant les mauvaises passions et l'abnégation cherchant à éteindre l'égoïsme. Aujourd'hui les ordres religieux ont moins de raison d'être : la parole du prêtre doit remplacer l'exemple des couvents.

— En se constituant en communautés nombreuses, les moines allèrent contre le principe même de leur institution, car les premiers moines (de Monos, en grec, *seul*) étaient des solitaires comme saint Jean-Baptiste au début et vivant isolés dans le désert.

— Les moines ne sont pas fous, comme le disent les gens sensuels et sceptiques, mais ils sont rêveurs, poëtes et religieux, exaltés par la prière et la contemplation.

— Le moine n'a pas d'action personnelle et directe, il obéit aux ordres de Dieu, il suit la voie de Dieu dont il chante incessamment les louanges : il rêve, il contemple, il admire, il remercie Dieu et s'abandonne à sa volonté.

— Les belles têtes des vieux moines, sont bien les vrais portraits de ces saints solitaires dont la vie et les vertus religieuses illuminaient la physionomie ; la noblesse, la candeur de leur âme, la sainteté de leurs pensées se reflétaient dans tous les traits de leur beau visage.

— Il est pénible de dire que les institutions monacales ne furent pas toujours pures, que les débordements de certains ordres furent monstrueux : On cite des faits inénarrables, des vices incroyables, des perversités sans exemple et sans fond ! Mais la vie monacale a fait son temps et en France elle paraît plutôt s'éteindre qu'augmenter. Puis dans l'ordre actuel des choses et avec notre civilisation, de pareils désordres sont rares, sinon impossibles.

MOÏSE — est né 1571 ans avant Jésus-Christ, et comme on compte seulement 86 grands prêtres depuis Aaron, le premier jusqu'à l'entière destruction du temple, ce fait révèle, comme l'affirme l'Écriture elle-même, toute la longueur de la vie ancienne, car le grand prêtre n'arrivait à ces hautes fonctions qu'à un âge déjà avancé.

MOLIÈRE. — Les contemporains jugent leurs grands hommes autrement que la postérité, ils voient plutôt leurs défauts que leurs qualités. Molière, notre grand comique, subit cette loi commune et son génie ne fut pas toujours apprécié. On trouvait dans ses comédies des inégalités monstrueuses, des trivialités choquantes, des grossièretés inexcusables, des bouffonneries excessives. Chapelain, le critique de l'époque, accordait à Molière un talent comique et naturel, mais *trop* de bouffonnerie et de *trivialité*. C'est aussi le reproche de Boileau : « Imitant souvent les auteurs anciens et modernes, mais négligeant trop son style, » Fénelon préférait sa prose à sa poésie.

— Il ne faut pas oublier que Molière était enfant du peuple, qu'il fut valet de chambre du roi, que son éducation se fit dans son métier de comédien, alors que les acteurs étaient si abaissés et si peu estimés ; qu'il était dès lors plus philosophe et critique que moraliste ; qu'il avait plus de bon sens primitif que de distinction, qu'il faut donc s'étonner qu'il ait pu s'élever aussi haut et atteindre ainsi la grande comédie de mœurs, l'élégance de style et de poésie qui se manifestent à un si haut degré dans le *Misanthrope, les Femmes Savantes, l'École des femmes, Tartuffe*; *Amphitrion* surtout, *œuvre unique dans son genre*, tout à la fois plaisant, amusant, élégant et spirituel, mais aussi par trop hardie dans la pensée, car cette comédie est l'excuse sinon l'apologie des adultères de Louis XIV.

— Molière n'était pas riche ; directeur d'une troupe de jeunes gens jouant des farces dans les faubourgs de Paris, en 1645, il fut incarcéré pour plusieurs dettes s'élevant à 320 livres, mais ses camarades ayant garanti cette somme pour le tirer de prison, il courut la province avec ses acteurs jusqu'en 1658 ; c'était du temps de la Fronde.

— Molière échauffait son génie à sa haine contre l'orgueilleuse aristocratie, à son mépris contre la vaniteuse bourgeoisie (*le Bourgeois gentilhomme*), dont il relève les vertus solides dans Mme Jourdain, qui est un modèle de bon sens.

— *Les femmes savantes et le Misanthrope* peignent les mœurs et le ton de la cour ; *l'Avare, le Tartuffe*, les mœurs de la bourgeoisie ; les pièces burlesques les mœurs du peuple.

— Tous les caractères que Molière a tracés sont pris sur le vif et ont disparu avec lui.

— *Tartuffe* a commencé par s'appeler *l'Imposteur*, puis *Panuffe* : il resta près de cinq ans à solliciter la scène, car présenté en 1664, il ne fut joué qu'en 1669.

— Molière, dans le *Tartuffe*, proteste contre les faux dévots, mais il atteint réellement la vraie religion, car le peuple ne peut ou ne veut peut-être pas distinguer !

— Le *Don Juan* de Molière est de plusieurs degrés encore, au-dessus des hardiesses et de la vigueur de son *Tartuffe*.

Molière n'a jamais eu à l'étranger le succès qu'il a eu et qu'il conserve en France, car son génie n'y a jamais été compris parfaitement et complétement.

— Molière voulait remplacer Boileau à l'Académie, et Racine refusait de s'y présenter pour l'y laisser entrer avant lui ; mais Molière refusant de cesser d'être acteur, se vit préférer M. de Montigny.

— Molière fut toujours malheureux en amour, il fut esclave de Mlle de Bru, de Mlle Duparc et de la Béjart, qu'il adorait et qu'il épousa pour le malheur et le tourment de sa vie.

— Molière était aussi mauvais acteur qu'il était excellent auteur et rendait souvent fort mal les rôles qu'il avait si élégamment et si splendidement composés et versifiés.

— L'auteur allemand, Jean-Paul Ritcher, consigne dans ses notes l'anecdote suivante :

Le curé refusait d'enterrer Molière en terre sainte ; Louis XIV demanda jusqu'à quelle profondeur descendait la terre bénite ? jusqu'à huit pieds répondit le curé.

Alors enterrez-le à dix pieds et vos scrupules seront satisfaits, sans faire tant de scandale ! ce qui fut fait.

MONARCHIE. — C'est-à-dire gouvernement par un seul, mais avec des modifications diverses : la monarchie pure, c'est l'absolutisme personnellement responsable, malgré la loi d'irresponsabilité ; la monarchie constitutionnelle, c'est le gouvernement par les lois ; ce qu'il y a de pire, c'est cette dernière monarchie faussant les lois et devenant *absolue* de fait ; il y a alors fraude et mensonge, ce qui est odieux et illégal : c'est la provocation la plus brutale aux révolutions.

— La monarchie absolue est le plus simple des gouvernements, car il est constitué à l'image de la famille : il serait donc le meilleur si le chef pouvait avoir pour tous ses sujets l'affection que le père a pour ses enfants ; mais le roi ne connaît que sa famille, en dehors de laquelle il ne trouve que des étrangers et souvent des esclaves : de là l'infériorité de la forme monarchique et son affaiblissement forcé.

— Il faut comprendre l'influence du souverain absolu sur le sort d'une nation pour mesurer l'importance de l'éducation, des mœurs, des croyances et du caractère du monarque et de sa famille : rien de ce qui règle la vie, épure la pensée, dirige le bon sens ne doit être négligé. La puissance des grands états avec des souverains absolus est due à cette règle ; exemple : ainsi la famille impériale de Russie est très-religieuse et d'une moralité scrupuleuse et complète ; l'affection la plus vive unit chacun de ses membres.

L'exemple donné par elle à la nation est extérieur, éclatant comme le soleil, sans ombres aucunes, sans taches. Quel bienfait ! quelle portée, quelles conséquences ! tout l'entourage est de même : il en est encore ainsi en Autriche, en Hollande, en Angleterre.

Heureux les peuples qui ont de pareils souverains, malheureux ceux qui en ont de tout différents. Ainsi quel exemple que celui de Louis XIV et de Louis XV ! l'avenir l'a prouvé, l'héritier pur et religieux et toute sa famille ont été sacrifiés : 1789 a éclaté et le sang a coulé à flots, le monde *entier* a été bouleversé !

— Quel autre exemple que celui du vieux roi de Bavière s'affichant par sa liaison avec Lolla Montès, la plus audacieuse des aventurières ! *quod delirant reges plectunctur achivi* (les peuples paient les folies de leurs rois !) Disons donc que le prince doit à la nation l'exemple de la moralité la plus pure et qu'il ne doit rien souffrir contre la moralité dans ceux qui l'entourent.

— La monarchie absolue sous un prince honnête, juste et ferme et sans entourage dangereux pourrait évidemment donner le bonheur et l'aisance à un peuple doux et tranquille, mais le prince change tous les quinze à vingt ans, et, fut-il bon, il peut-être faible et laisser gouverner à sa place et la nation est menacée de tomber sous les tyrannies des ambitieux et d'être dévorée par des avidités insatiables.

— La monarchie, *précisément parce qu'elle ne donne pas autant de liberté*, donne plus de tranquillité et de sécurité que la république qui, par son nom même (*res publica, chose publique*, c'est-à-dire *appartenant à tous*, nous placerait dans les rangs des partageux et du socialisme des Proudhon, des Blanqui, des Caussidière et autres fous !

— Même après l'arrestation de Louis XVI, bien des membres républicains de l'assemblée étaient d'avis qu'il fallait en faire un roi constitutionnel, mais en prenant des garanties contre lui ; l'opinion générale étant que la France n'était pas assez forte et sûre d'elle-même, pour ne pas essayer de se sauver par une transaction.

— Le passé est le prestige des monarchies, comme l'honneur en est le nerf.

— Dans les temps monarchiques, la galanterie et la chasse furent toujours appelées les plaisirs des rois : aussi la levrette aux pieds des rois et sur leurs tombeaux était le plus recherché des emblèmes royaux : le roi gentilhomme partageait son temps entre sa dame, la table et la chasse ; il importait peu qu'il sut lire, il importait beaucoup qu'il sut batailler et chasser.

— Dans un état monarchique, il ne peut exister qu'une seule puissance exécutive, pouvant peut-être recevoir des conseils, mais jamais faire obstacle à la volonté souveraine, autrement que pourrait faire le peuple entre deux ordres contraires ? ce serait l'anarchie, la guerre civile en tout temps et en toute occasion ; le gouvernement constitutionnel obvie à cet inconvénient de l'absolutisme obligé, mais à quel prix ? la tranquillité est troublée dans les Chambres par des discussions acharnées, par des conflits dangereux, par des provocations réciproques. Il y a donc là aussi danger ! de quel côté se placera le peuple ?

— Dans les monarchies, un seul est appelé à s'occuper de la politique ; la nation, plus tranquille alors, ne prend plus souci que de ses intérêts individuels, de sa richesse, de son travail ! la gloire, les honneurs, le bien-être matériel, la paix et la tranquillité, partout l'esprit commercial et l'ambition de la fortune, les doux passetemps des lettres, des beaux-arts, des théâtres, des courses, des fêtes, sont les soupapes de l'activité et les paratonnerres de la machine sociale.

Le calme et le repos compensent la prétendue servitude, bien préférable quand même, à l'anarchie populaire qui succède fatalement à toutes les révolutions, comme nous l'avons vu en 1848, et plus désastreusement encore en 1870 et 1871 !

— Avec l'instruction et le bon sens, la monarchie, contrôlée par les Chambres, sera longtemps encore le meilleur principe de gouvernement, c'est le gouvernement naturel de la famille: il fut, dans tous les siècles, la base de la nationalité ; il est éprouvé, il est simple, il est dans les mœurs et les habitudes, dans l'histoire ! mais il ne pourrait entrer en lutte avec les idées révolutionnaires et la liberté de la parole et de la presse quotidienne surtout.

— La monarchie ancienne était une divinité ayant son prestige dans un passé illustre : c'était l'étape du repos dans la marche de la civilisation humaine ; mais comme la vie humanitaire ne pouvait s'arrêter, elle entrait forcément dans la voie du progrès général, de la liberté pour tous, de l'instruction, de l'aisance, de la richesse pour le plus grand nombre, de l'égalité devant la loi pour arriver à l'égalité devant l'opinion, de la diffusion, du bien-être, de la suppression de l'ignorance, de la misère et de la progression du bonheur humain, car tel est ou doit être le but de la marche de la civilisation politique et chrétienne.

— La chute de la monarchie a entraîné la chute du pouvoir des femmes, car la monarchie, dans toute notre histoire, ne paraît avoir trôné qu'avec elles et pour elles.

MONDE. — Pour plaire et faire son chemin, l'esprit est le moyen des hommes, la beauté le moyen des femmes ; il est bien évident qu'on réussit plus sûrement encore avec les deux qu'avec un seul : mais l'esprit chez une femme ne suffirait point pas plus que la beauté chez un homme.

— Savoir le monde, avoir du monde, avoir de l'usage, sont des expressions qui rendent parfaitement ce qu'on veut exprimer : cette science du monde est variée à l'infini, elle se compose de l'usage, de l'habitude et du tact ; elle désigne l'homme qui sait vivre dans ce milieu et s'y mouvoir comme dans son élément naturel, c'est-à-dire avec grâce et simplicité, prévoyant tout, ne se troublant jamais, ne blessant personne et s'attirant toutes les sympathies ; un homme instruit, même savant, s'il n'a pas de monde, paraîtra un rustre auprès d'un homme ignorant, mais ayant du savoir-vivre : ici la forme est plus appréciée que le fond.

— Comme on ne va pas à la promenade ni au marché avec des billets de banque, mais avec de la monnaie d'argent ou de cuivre, de même on ne doit pas aller dans le monde avec de la science et de la haute littérature, mais avec de la menue monnaie d'esprit, de causerie, de frivolité, de plaisanteries de bon aloi, séduisant et captivant.

— Le monde est très-accueillant pour tout ce qui est danseurs, musiciens, acteurs, avocats, écrivains ou joueurs : ce sont là les marionnettes qui l'animent, l'amusent et qu'il recherche : l'homme de génie, le savant, le philanthrope ont grand'peine à se faire ouvrir les plus modestes salons.

— Le monde, pour des gens sérieux, est une cohue insupportable où on échange plus de grimaces que de pensées : la danse, la gaieté, la musique en font tous les frais.

— Le monde donne les talents agréables, la facilité d'esprit, de ton, de langage ;

tandis que l'étude ne peut donner que la science des talents gourmés, raides et déplaisants, mais utiles et indispensables dans toutes les affaires de la vie.

— Ce qui séduit le plus dans le monde, c'est une bienveillance naturelle, une gaieté égale et douce, de l'aisance simple et vraie, des talents modestes et cultivés.

— Pour être le bienvenu dans le monde, il faut prendre quelque chose du ton de la société dans laquelle on entre, tout en conservant dans l'ensemble son individualité et sa valeur : on s'exposerait à être moins bien accueilli si on voulait y entrer tout d'une pièce, le brusquer ou tenter de le dominer. Il faut donc marcher avec le monde sans se livrer à lui.

— Le monde se réunit moins pour s'amuser que pour s'étourdir. Ce n'est pas la danse qui amuse les femmes, elle n'est que le sujet et l'occasion de coquetteries et de grimaces où chacune joue son rôle, suit sa voie et sa pensée. Les hommes y portent l'idée correspondante de bonnes fortunes et de conquêtes, les rôles sont ainsi au complet et la comédie commence.

— Le monde n'aime pas les mauvaises santés, les physionomies maladives, elles lui communiquent la fièvre et le frisson, elles l'effraient !

— Il faut plaire au monde pour qu'il nous plaise et qu'il nous soit bienveillant, la règle de la réciprocité est essentiellement juste et humanitaire.

— Tout homme qui veut paraître aimable dans certains salons échevelés et futiles, doit laisser sa raison avec son manteau dans l'antichambre.

— Celui qui resterait savant dans le monde en serait la bête noire et ennuyeuse : il faut, au contraire, se laisser apprendre ce qu'on sait mieux que personne et même des pauvretés et des absurdités trop monstrueuses pour qu'on ose les relever ; c'est la meilleure des politesses et plus la gracieuse des bienveillances.

— L'habitude d'obéir au monde et de vaincre devant lui toutes ses passions, est la boussole obligée de l'homme de salon, du diplomate, du politique, des savants, de ceux enfin qui veulent réussir en se faisant accueillir et honorer.

— L'homme du monde a la modestie pour cachet, la vanité pour mobile : il flatte pour être flatté, il est bienveillant pour être excusé ; il s'arrange des défauts des autres pour faire tolérer les siens ; sa tactique la plus heureuse est de donner successivement la réplique et d'inspirer de l'esprit à ceux qui en ont peu, il se crée ainsi un entourage de reconnaissance et d'éloges ; il parle des sciences comme s'il était savant, des arts comme s'il était artiste, quand il s'échauffe ce n'est qu'en paroles ; quand il s'émeut ce n'est qu'une émotion de surface ; il se passionne sans se laisser entraîner et reste ainsi toujours son maître.

— On rencontre dans le monde des relations sociales deux espèces de natures, les vraies et les fausses : l'homme naturel et vrai, l'homme masqué et comédien, cette dernière nature, dix fois plus nombreuse, souvent insciente elle-même de son déguisement, mais comédienne par amour-propre, par orgueil, par besoin de poser et de se faire estimer, vit avec ses humbles affinités sans valeur et sans relief.

— Le monde est soumis à deux influences : la force qui brise tout sans donner de raisons, le droit qui règle tout en justifiant son opinion, ce qui est plus satisfaisant et plus courtois.

— Le monde est pour l'observateur un théâtre, où, pour ne pas rencontrer l'ennui, il faut introduire la marche rapide du progrès, c'est-à-dire des jeux, des acteurs, des décors toujours nouveaux.

All the world is a stage.
Le monde est un théâtre.
Shakespeare, dans HAMLET.

— Dans les réunions du monde, chacun est spectacle et spectateur ; on voit sans réfléchir, on est emporté et on constate rarement les impressions qu'on reçoit, car la pensée est trop mobile, trop entraînée pour se fixer, raisonner et conclure à quelque chose de sérieux ou d'utile.

— La meilleure place pour étudier et comprendre la comédie humaine, est l'angle le plus obscur d'un salon.

— Le monde est tout dans la surface : les apparences, l'écorce ; le mal apparaît aussitôt que le rideau se lève et que la vanité se révèle.

— Pour juger le monde il faut l'observer longtemps, car ses masques sont artistement attachés; il faut donc le juger à rebours, car sa franchise n'est souvent qu'hypocrisie, sa charité qu'ostentation, sa modestie n'est que de l'orgueil et sa bonté qu'envie, malice ou méchanceté.

— Le monde est un livre bien dangereux pour ceux qui doivent l'épeler sans mentor, avec leur inexpérience et leur naïveté : l'éducation doit donc se continuer aussi longtemps que possible et ne s'effacer qu'insensiblement.

— Les passions du monde sont superficielles et éphémères comme lui, elles sont dans la tête non dans le cœur, la vanité est leur mobile, elles restent à l'état de caprices, de distractions, d'inanités, de lubies.

— Les livres n'apprennent pas le monde, la pratique seule, par ses mille observations de détail, ses froissements, ses déceptions, parvient à le faire connaître.

— Pour connaître le monde il faut l'étudier dans ses détails les plus cachés et dans ses plus intimes profondeurs.

— Il convient souvent dans le monde de prendre les choses comme on les donne au lieu de chercher à lutter et à contredire : on ne doit pas faire de même avec des idées sérieuses qui mériteraient d'être comprises et combattues.

— Dans le monde, les hommes commencent par s'observer, par s'enquérir et se juger; les femmes, au contraire, débutent par des confidences et des ouvertures intimes, comme feraient des enfants qui jouent et s'embrassent avant de savoir leurs noms.

— Le monde est un juge léger, mais impartial et de bonne foi, il faut le reconnaître, n'ayant pas de parti pris et se rétractant aussi facilement qu'il peut se laisser surprendre; c'est un tribunal trop nombreux pour avoir la responsabilité de ses jugements, ou pour les maintenir avec entêtement; sa force à lui c'est l'abstention.

— Le monde n'est qu'une réunion de pantins agités par les mille ficelles de l'ambition, de la cupidité, de la vanité, enfin de toutes les grandes, petites et mesquines passions humaines.

— Les mêmes vanités conduisent le monde, et, si les usages nouveaux effacent quelques travers des temps passés, ils en créent d'autres bien plus discordants, comme si le monde devait rester soumis à la même somme d'erreurs et ne faisait consister le progrès que dans la variété de la forme.

— On dit souvent : les années passent et le monde reste toujours le même ; oui pour le présent, car la transformation est très lente et ne s'accentue guère que de siècle en siècle et encore faut-il une secousse, un grand événement pour précipiter la transformation et la rendre apparente et sensible! il n'y a donc que les révolutions ou les grandes et longues guerres pour opérer ces changements et les constater de fait.

— Dans le monde on se croit obligé de parler, comme si les paroles étaient toujours des idées sérieuses et utiles, tandis qu'il y aurait souvent bien plus de mérite à se taire.

— Quand on dépend du monde, comme presque tous en dépendent, il faut se résigner à en subir les lois et à en accepter les habitudes.

— Le monde est oublieux et égoïste : c'est la foule marchant sur ceux qui tombent, frappant sur ceux qui fuient, n'ayant qu'une fausse pitié pour ceux qui souffrent : il n'a souci que de ses convenances et de ses plaisirs ; il n'aime ni les malades, ni les malheureux, ni les pauvres, il n'encense que l'or et la puissance !

— Les yeux qui se promènent autour d'un salon n'y cherchent que des ridicules, des compliments ou des bonnes fortunes.

— L'inquisition du monde est incessante, elle a mille yeux pour voir, mille oreilles pour entendre, mille mauvais instincts pour deviner et créer, rarement de bons sentiments pour pardonner et atténuer.

— Le monde est un champ de bataille où le courage prend la forme de l'impassibilité.

— Le monde, divisé par les intérêts les plus mesquins, agit cependant avec un déplorable ensemble pour froisser et écraser toutes les supériorités qui, dans leur franchise, n'ont pas craint de blesser sa vanité.

— Le monde n'est souvent qu'un instrument que notre capricieuse volonté fait parler.

— Dans notre monde sceptique et ricaneur, sentir est un travers, le laisser voir est un ridicule ; il faut donc se faire marbre et se contenir.

— Le monde a une foule d'artifices ingénieux et délicats qu'il ne faut pas négliger, qu'on ne peut décrire, mais qu'on apprend sans soupçonner qu'on les ignorait.

— Le monde se compose de la foule ayant plus d'appétits que de dîners et d'un petit nombre de favorisés ayant plus de dîners que d'appétits.

— Il faut être poli dans le monde, mais en même temps tenir à distance ceux dont on ne connaît ni le caractère, ni le rang, ni les antécédents.

— On ne connaît pas le monde par une seule société, il faut le voir dans bien des salons de tous les étages, car chaque société a ses mérites et ses imperfections, ses qualités et ses défauts, ses vices et ses vertus, ses prétentions et ses faiblesses.

— Si le monde et la mode ont leurs favoris, ils ont aussi leurs victimes, courant les chances des usurpateurs maladroits, c'est-à-dire montant audacieusement pour tomber de plus haut !

— Il faut beaucoup de finesse et un peu d'ironie pour bien peindre notre monde frivole, détraqué et ridicule.

— On ne peut pas marcher à travers la société avec la même liberté que dans la solitude ; pour vivre dans le monde il faut penser et parler comme lui ; cette tutelle invisible et intangible n'en est que plus puissante et plus sérieuse.

— Dans le monde, on ne doit jamais parler de faits vulgaires, d'anecdotes triviales, de choses communes, encore moins se faire l'écho des caquetages et des cancans.

— Quelque part qu'on soit reçu, il en coûte bien plus pour vivre chez les autres que pour vivre chez soi.

— Il y a presque sagesse à marcher sinon avec le siècle au moins à le suivre de loin, car, dans cette foule torrentueuse d'un peuple en marche, pourquoi vouloir une chose impossible, marcher contre le flot, s'originaliser et donner un exemple qui ne serait jamais suivi !

— Rien ne dégoûte plus du monde que le monde lui-même : luxe effrayant et ruineux, prodigalité en tout, sottise, bruit et ruine, démoralisation presque partout, parfois même dans la famille.

— Il est bon parfois de se recueillir dans la retraite, il est utile aussi de se retremper souvent dans l'esprit du monde pour ne pas devenir sauvage : rien ne s'harmonise mieux que la vie intérieure et la vie du monde, comme repos et comme distraction.

— Quand dans le monde on a dit ou fait une sottise, il faut en rire le premier et le dernier, afin d'user assez la critique pour qu'elle n'y revienne plus : il faut surtout ne quitter la place qu'après avoir entraîné tout le monde à s'occuper d'autre chose, autrement le sortant passerait sous les étrivières et les rancunes de toute la société animée et surexcitée.

— L'indulgence, la charité dans le monde, sont souvent l'apanage de la dissolution *intéressée*, accordant ainsi aux autres ce dont elle a le plus de besoin elle-même ; logiquement, les âmes pures manquent souvent de cet esprit de tolérance.

— Ce qui fait l'agrément d'un certain monde, c'est son urbanité spirituelle, sa politesse bienveillante, ses causeries animées et ce sentiment artistique qui se développe au contact de tous les beaux-arts et au spectacle des grandes et bonnes choses.

— Que de gens qui ont la prétention de connaître le monde et ne l'ont jamais vu de niveau et à fond, mais seulement de bas en haut, c'est-à-dire mal et avec jalousie.

— Les conditions et les exigences du monde et de la famille sont le réseau dans lequel sont pris et étouffés tous les oiseaux chanteurs du printemps de la vie : ils laissent, dans ces tristes réalités, leurs rêves, leur gaieté, leurs illusions.

— La vie superficielle du monde recouvre et cache souvent de fermes croyances qui éclateraient au grand jour devant une contradiction hardie.

— Tout le monde, à Paris, est cette minorité heureuse et active dans son oisiveté qui tient à se montrer partout, qui remplace le travail et l'étude par le mouvement, la curiosité, la vanité ; cela court, cela fume, caquette, médit, lit les journaux, va au théâtre et au cercle, parfois même à la Bourse ; cela se voit partout, car cela tient à se faire voir et à parader.

— Dans le monde, les hommes trop polis pour ne pas prendre ses formes, mais trop graves pour se résigner sérieusement, gardent toujours une arrière-pensée de sarcasme qu'ils ont peine à dissimuler ; c'est le prix de la contrainte qu'ils s'imposent !

— Un homme de talent se trouve intimidé dans un monde où il est inconnu et dont les petites idées, les grimaces, les formes l'effraient après l'avoir étonné et ébahi.

— Dans le monde, il faut se montrer indulgent pour les ridicules, se taire sur les défauts qui choquent, ménager toutes les susceptibilités, ne souiller jamais sa bouche par une médisance, encore moins par des rapports calomnieux, enfin se garer de l'ingratitude et du mensonge.

— La connaissance du monde est une science indispensable aux éducateurs de la jeunesse, car c'est pour le monde qu'ils doivent former leurs élèves : un précepteur qui ignorerait le monde ne suffirait donc pas à une éducation complète.

— On devrait dire aux jeunes gens à leur entrée dans le monde : « Considérez le monde comme un théâtre où se joue la comédie la plus variée et n'ayez pas la naïveté de prendre aucun acteur, surtout aucune actrice au sérieux, car en entrant dans un salon, chacun sait qu'il entre en scène.

— Il est important pour la jeunesse, à son entrée dans le monde, de se trouver dans la société de personnes d'un rang supérieur afin d'acquérir plus de politesse, plus de délicatesse dans les manières et dans les sentiments et d'arriver aux plus grandes perfections possibles.

— Le jeune homme lancé trop tôt dans le monde, court le risque, s'il manque des conseils continus de la famille, de prendre ses préventions pour des jugements et ses erreurs pour des vérités et des principes.

— Le monde offre aux femmes, avec une bienveillance apparente, certaines distractions entraînantes auxquelles il leur reprochera plus tard d'avoir cédé.

— La meilleure règle de conduite pour une femme du monde est de se montrer bonne et accueillante pour tous en se rendant bienveillante. C'est un filet qui lui sert à prendre beaucoup d'amis, tout en écartant les ennemis.

— Dans le monde, une femme doit avoir un maintien modeste, un regard calme et tranquille : on doit voir son rire sans l'entendre, sa voix ne doit jamais avoir d'éclat ; elle doit entrer ou sortir sans ostentation ou sans bruit, elle doit éviter de parler bas parce que cela attire l'attention ou que cela embarrasse les autres ; elle doit parler peu pour parler bien et laisser le souvenir de ses paroles.

— Dans le monde, une femme qui se fait attendre ou remarquer est signalée comme voulant se donner de l'importance et faire une entrée à effet, mais elle ne trompe personne et sa considération en souffre.

— Le monde a toujours des dangers pour les jeunes filles novices ; il s'en échappe une foule de propos hasardés qui suscitent au moins la curiosité et mettent à la torture les esprits naïfs.

— Une jeune fille ne doit pas craindre d'avouer son insuffisance et d'éloigner cette sotte vanité qui ne donne qu'un aplomb ridicule et met toujours en lumière les défauts de la personne vaniteuse : ce sentiment d'orgueil personnel, de confiance en soi-même exclut tout progrès et empêche qu'on emprunte aux autres les mérites et les formes qui les recommandent.

— A Paris, certaines sociétés étrangères ont leurs célébrités de médecins, d'avocats, d'économistes, de savants, de littérateurs, inconnus partout ailleurs, c'est véritablement un nouveau monde, si bien caché dans l'ancien, qu'il en est inconnu !

— Il y a un monde à part dans la société : ce sont les esprits ardents, inquiets, cosmopolites, parce que la vie sédentaire leur répugne. Ils cherchent la vie dans le mouvement, ils courent le monde de capitale en capitale ; c'est l'Italie, c'est Paris, puis les eaux d'Allemagne qui surtout les attirent ; malheureusement les intrigants suivent la même voie, ils se mêlent à ce flot toujours agité, toujours mobile ; si on pouvait en écarter cette écume et cette lie, venant de tous les pays, ce flot épuré, formé en très-grande partie d'intelligences d'élite, amenées par l'ébulition d'un esprit surabondant, souvent par les inquiétudes du génie, le groupement à jour fixe sur un seul point de ce monde flottant pourrait produire la société la plus agréable par ses contrastes et ses variétés.

— Le monde entier ne saurait rendre la paix à une conscience coupable.

— Dans les sociétés anglaises, l'abandon français avec sa courtoisie, sa gaieté, détend la raideur générale et parvient quelquefois à se faire imiter; mais la partie serait perdue si trop de gaieté ou quelque trivialité l'éloignait trop du caractère anglais; l'excès en ce point n'atteindrait pas son but, la morgue anglaise reparaîtrait bien vite !

— Le monde ancien ne nous est guère connu qu'à partir du siècle d'Homère, trois mille ans environ; mais l'existence de l'homme remonte bien plus haut: voilà donc le travail humain à l'œuvre depuis six mille ans avançant toujours vers la perfection par le progrès, mais n'arrivant pas encore, tant il reste à découvrir et à confirmer, malgré toutes les merveilleuses découvertes et les puissantes inventions anciennes et modernes.

— Si le monde ancien nous échappe, le monde nouveau nous envahit, le rideau qui nous cache l'ancien monde tombe de plus en plus avec les derniers survivants d'une époque qui ne se reproduira pas, car les civilisations subissent la loi commune et inévitable des siècles nouveaux.

— Le monde de la civilisation, du progrès, du travail, de l'ordre, marche toujours en grandissant, c'est un fleuve majestueux qui ne rétrograde jamais, et s'avance toujours vers l'océan où il s'engloutit, peut-être pour remonter sous la pression des longues et furieuses tempêtes et du poids des grandes mers, jusqu'au bassin d'où il était descendu.

— Notre monde, bien certainement destiné à périr, a cependant toutes les apparences d'un monde bâti pour l'éternité!

MONDES. — Les mondes sont des espaces infinis dans leurs profondeurs, ils entourent la terre et sont peuplés d'un nombre absolument inappréciable de soleils, de planètes, d'étoiles, de comètes, de nébuleuses..... Dire où ils commencent, dire où ils finissent est l'impossible, c'est l'infini.

— L'imagination humaine a si longtemps erré sur la théorie de notre propre monde terrestre, de ses origines, de sa durée et encore plus sur la question de la pluralité ou de l'infinité des mondes, qu'on a dû éclairer cette grande question en dégageant ce qui était bien connu et bien démontré pour arriver à entrevoir ce qui était encore incertain et douteux. On s'est d'abord, avant tout, occupé de notre monde terrestre, on a étudié notre planète, la terre que nous occupons, avant d'étudier les innombrables planètes éparses au-dessus de nos têtes; nous n'apercevons avec nos puissants télescopes que les plus rapprochées; les règles des choses et des êtres de la nature sont si nombreuses, si variées, si dissemblables qu'on n'arrivera jamais à les connaître tous, encore moins à les classer logiquement; leur éloignement ou leur ténuité fait qu'ils échappent à la perspicacité de la vue et ce n'est qu'à l'aide de télescopes toujours croissants en puissance qu'on est parvenu, après des siècles d'études obstinées, à connaître à peine un centième des mondes naturels.

— Kléper et Newton paraissaient avoir créé le système vrai et complet de l'existence et de la gravitation des mondes que Descartes n'avait pas deviné cinquante ans plustôt, car Descartes mourut, en Suède, à cinquante-quatre ans, lorsque Newton n'avait encore que huit ans; mais on veut du nouveau et les apprentis savants seraient fort aises de s'illustrer par des systèmes nouveaux, par l'annonce de ces dangers qui révolutionnant l'esprit humain, font retentir un nom, inconnu jusqu'ici; on revient aux tourbillons de Descartes, on prédit des cataclysmes possibles, sans doute, mais non probables.

— Quelle est cette voûte sans fin, peuplée de millions de soleils ardents et lumineux, gravitant dans un ordre parfait et réglé, si bien qu'on peut dire cent mille ans à l'avance à quelle place dans le ciel et dans quel voisinage chaque étoile se trouvera; voûte sous laquelle tourne notre planète, soleil éteint et habité où l'homme, rare d'abord, s'est multiplié à l'infini et a utilisé presque toutes les ressources, toutes les découvertes, tous les trésors de la nature ! où il se perfectionne lui-même incessamment, améliore sa vie et mérite de plus en plus les bienfaits que lui départit la terre. Notre planète fut un enfer, car elle était encore incandescente ; elle fut un lieu de torture pour l'homme encore barbare et cruel, elle deviendrait un lieu de délices et de paix, si l'homme arrivait à la perfection pour laquelle il est né.

— Le monde, d'après certains sages, a été fait pour l'homme qui peut en jouir, mais non changer ces grandes lois naturelles qu'il a mis des siècles à étudier et à comprendre ; notre planète n'en n'est pas la millionnième partie et nous ignorons la condition des millions de planètes que nous voyons ou que nous ne voyons pas, mais que nous devinons aux indices les plus certains. La mer fut l'obstacle qui nous cacha pendant tant de siècles l'existence de cette moitié de notre globe que nous appelons l'Amérique ; l'atmosphère, cet autre Océan qui nous sépare des planètes, nos sœurs, nos associées, car nous marchons de conserve avec les plus rapprochées, le soleil, la lune et autres corps lumineux de notre système. Quand les atteindrons-nous, quand pourrons-nous les visiter dans nos navires aériens ? Les volatiles, depuis le moucheron jusqu'aux grands oiseaux, jouissent seuls jusqu'ici de l'Océan des airs et encore ont-ils la terre pour habitation et pour moyen de nourriture.

— Vieux comme le monde est un proverbe on ne peut pas plus faux, car le monde, eu égard à la durée qui lui paraît impartie, sort à peine de l'enfance ; un siècle n'est pas un jour, n'est pas une heure, ni même un millième de seconde dans la vie du monde ; remarquons qu'à cette heure il y a encore des mondes sans fin qui sont inexplorés et inconnus ; qu'il n'y a guère plus de trois cent cinquante ans que l'Amérique a été découverte ; qu'on peut donc dire avec raison que le monde est encore jeune et que la terre est presque inculte dans plus de moitié de sa surface et ne nourrit qu'un dixième des populations qu'elle alimentera plus tard ; la vie de l'homme est si bornée et son intelligence est encore si incomplète qu'il se croit vieux parce que deux cents générations d'hommes ont pu être constatées, lorsqu'il lui est probablement réservé de compter ses générations par milliers !

Monnaie. — Par l'abondance raisonnable de la monnaie, on arrive à créer l'aisance et l'abondance *en tout* ; on peut augmenter énormément les produits agricoles et manufacturés, richesse réelle, ce qui permet d'augmenter proportionnellement la richesse conventionnelle, la monnaie sous toutes ses formes. Ces deux richesses peuvent donc prendre valeur dans la proportion des produits de la terre, des maisons et des industries de tout genre... Avec de l'argent on a du travail, avec du travail de l'herbe, avec de l'herbe et de l'argent du bétail, avec du bétail du travail, de la viande, du beurre, du fromage, des engrais ; c'est la multiplication toujours croissante de la richesse, cela par la monnaie, la monnaie est donc le moyen le plus efficace de richesse et de bonheur !

— L'augmentation de la richesse publique et, plus particulièrement encore l'augmentation de la richesse monnayée, contribuant à l'augmentation de tous les objets de consommation, commande de modérer le travail monétaire, car il est de principe que plus la marchandise abonde plus elle baisse de prix, il faut donc maintenir le plus juste équilibre entre la marchandise qui se vend (tous les objets de consommation et la marchandise qui achète (la monnaie courante et titrée : l'or, l'argent, le cuivre).

— De 1726 au 26 mai 1797 (71 ans) on a mis en circulation, en France, en monnaie d'or et d'argent 2,969,808,502 francs (près de 3 milliards); sous le second Empire depuis le 1er janvier 1853 jusqu'à fin décembre 1867 (15 ans) on avait émis en monnaie d'or et d'argent 5,821,108,324 fr. 50 et en monnaie de bronze 59,300,000 francs près de 6 milliards, en tout près de 9 milliards; évaluons à 1 milliard la fabrication des six dernières années, c'est 10 milliards en tout jusqu'à la fin de 1873.

— La monnaie, quelle qu'en soit la forme, métal, billets, crédit ou confiance, est une formule de circulation de la richesse, un moyen de transport de la valeur.

— La civilisation a eu pour résultat très-évident l'avilissement de la valeur de l'or et de l'argent : dans les premiers siècles de a nationalité française, avec un sou, c'est-à-dire moins qu'un sou, on avait autant que de nos jours avec un franc, l'argent et l'or étant devenus plus communs et d'ailleurs ayant été représentés par les valeurs fictives du crédit : billets à ordre, de circulation, de banque, etc. C'est là un fait général qui ne tient pas à une monnaie quelconque, mais existe vis-à-vis de toutes *les monnaies*.

— Le papier, s'il donne sécurité et garantie, sera la meilleure des monnaies, car il sera la plus légère et la moins coûteuse, mais il ne doit pas dépasser la limite du besoin de circulation, autrement il s'avilirait et perdrait sa valeur ; le crédit sur parole vaudrait encore mieux s'il n'y avait pas d'exemples de mauvaise foi.

— Il convient de conserver comme exemple l'énorme dépréciation subie à la suite de la grande révolution française par les assignats : c'est en 1790 qu'apparurent les premiers assignats, dès cette année la pièce de 24 livres fut cotée à 25 livres 10 sous en papier et s'augmenta successivement : en septembre 1793, elle valait 76 livres 5 sous, en l'an II 83 livres, en l'an IV 1235 livres, enfin dans les derniers jours des assignats, le louis d'or de 24 fr. représentait 24,000 livres en assignats.

— Les plus anciennes monnaies connues sont celles au nom d'Alexandre 1er, roi de Macédoine, et de Gélon, roi de Syracuse. Les monnaies modernes sont en nombre infini et partent de la Renaissance, époque à laquelle il en fut frappé une quantité considérable, en Italie surtout.

— Aux monnaies d'un peuple on peut deviner une partie de ses mœurs : Lacédémone n'ayant que de lourdes pièces d'airain, l'avarice n'y était pas connue ; l'argent sollicite déjà ce vice, l'or le commanderait presque !

— Une nation qui, comme la nationalité allemande, se contente d'une monnaie de métal ou de papier aussi barbare, aussi sale, aussi variée et changeante, que chaque petit État a la sienne, prouve sa barbarie, son ignorance, son insouciance, son peu de propreté. Il faudrait au moins repousser de la circulation ces monnaies enveloppées d'un enduit de crasse, et encore je ne parle pas des billets qui sont plus altérés, plus sales et plus dégoûtants, s'il est possible !

— L'*écu d'argent*, *le louis d'or* et leurs divisions nous ont fait insensiblement oublier les monnaies anciennes : *le gros tournois* monnaie d'argent frappée sous saint Louis à son passage à Tours, d'où le mot tournois, monnaie frappée à Tours ou à l'imitation de Tours ou avec l'alliage usité à Tours : le *Salut*, monnaie d'or du xve siècle ainsi nommée parce que cette pièce représentait d'un côté la salutation de l'ange Gabriel à la Vierge, le *Salut* valait d'abord 22 sols parisis, c'est-à-dire 22 sous de la monnaie frappée à Paris. *L'Unzein, grand blanc*, valut pendant longtemps 10 deniers et fut ensuite taxé à 11. *Le Noble*, monnaie d'or d'Angleterre, noble à la rose par ce qu'elle portait une rose, arme d'York : on prétendit que l'or de cette monnaie avait été fourni par le fameux Raymond Lulle qui le fabriquait par des moyens hermétiques ! (magiques).

— L'hôtel des monnaies de Paris se montre si sévère et si rigoureux envers lui-même, qu'on ne peut trop donner de publicité à sa rigueur : sur 50 millions 266 mille 212 pièces d'or et d'argent frappées en 1867, on a rebuté, détruit et refondu (avec perte importante pour l'état 2,575,109 pièces) !

— La France a encore 11 villes où on bat monnaie, chacune d'elles a sa lettre :

A,	Paris.	L,	Bayonne.
B,	Rouen.	M barré,	Marseille.
D,	Lyon.	N,	Toulouse.
H,	Larochelle.	Q,	Perpignan.
J,	Limoges.	T,	Nantes.
K,	Bordeaux.		

MONOPOLE. — En temps ordinaire, les monopoles, les accaparements ne sont que des actes d'habileté commerciale ; mais en temps d'agitation et d'effervescence le monopole, amené par l'accaparement, devient une cause d'irritation et de provocation de l'esprit public, dès lors un risque de révolution! or révolution en politique équivaut à renversement du gouvernement existant ; on comprend que le gouvernement doit se défendre par les moyens les plus violents, car la suppression étant l'anarchie, la peine de mort n'est pas de trop pour prévenir un si grand désastre national! cent morts ne sont rien auprès de milliers de morts sous une révolution!

— Les monopoles s'introduisent et s'assoient de plus en plus en France par la rapidité des communications : Paris absorbe la province pour tous les achats importants, les grandes villes voisines pour les achats moyens : ses avocats, ses médecins, ses chirurgiens, ses dentistes exploitent largement la province, tout cela au grand dommage des notabilités locales : ainsi les gros mangeront toujours les petits !

— La fortune des villes hanséatiques fut due au monopole du commerce de la mer Baltique et de la Russie, par extension des rivages de Hollande et de Belgique, etc. Mais depuis lors les Anglais, toujours envahisseurs et monopolistes, ayant ouvert la route des provinces asiatiques par la mer Blanche et Arkangel, le monopole du commerce d'Asie a échappé aux villes Allemandes hanséatiques et a passé aux Anglais, bien autrement actifs, riches et puissants que les Allemands !

— Le monopole est toujours un danger parce qu'il provoque aux abus en sollicitant les avidités, tandis que la liberté dans les ventes, échanges, etc., ferme la porte à tous les excès ou les modère puisqu'elle crée la concurrence : le monopole entraîne les priviléges, la liberté les exclut!

— Il est reconnu que les corporations sont partout d'accord pour abuser, jamais pour réformer: témoin les agréés du tribunal de commerce de Paris qui, *institués pour diminuer* les frais en écartant les avocats, se font payer aujourd'hui plus cher que ceux-ci et qu'une demande en paiement d'un billet de 3 ou 400 francs amène un déboursé supérieur en frais à la somme demandée ! le tribunal de commerce n'est donc plus abordable pour les petites affaires qui forment cependant les trois quarts de son rôle si encombré !

Monotonie. — Quelle tristesse que l'uniformité, fut-ce la richesse et l'abondance ! une prairie semblable à une prairie, un troupeau semblable à un troupeau.

Montagnes. — Quelle grandeur dans ces sommités gigantesques, dans ces majestueuses montagnes retenant à leurs flancs, durcis par le froid, ces autres rocs de glace qui ne sont que des fleuves congelés prêts à se précipiter en torrents impétueux et en fusion sous les ardeurs d'un soleil d'été ; immense danger toujours menaçant ou comme avalanches, ou comme torrents écrasant, entraînant tout ce qui leur fait obstacle.

— La montagne, avec ses sites toujours splendides et variés, est la patrie naturelle du poëte, c'est-à-dire du cœur, de l'âme, de l'imagination : la plaine, avec ses horizons monotones et bornés est la patrie des intérêts matériels, des cultivateurs, des commerçants, des fabricants.

— Pour celui qui y est né, la montagne a des charmes infinis, il ne retrouve que là les sensations, les plaisirs, le cœur de son enfance : il cueille des fleurs sur la pente des abîmes et laisse pendre dans l'eau des lacs, pour les reposer, ses pieds fatigués.

— Les voyageurs inexpérimentés ont tous le désir de monter jusqu'aux pics les plus élevés ; ils ignorent que les hautes montagnes ne sont belles et ne doivent être vues que de loin ; que leurs sommets sont des déserts rocheux et que leurs beautés naturelles se trouvent toutes dans les vallées ou sur les premières pentes.

— Les Pyrénées, les Alpes, les Cordelières, les Andes et l'Hymalaya sont les montagnes de plus en plus hautes du globe terrestre et semblent autant d'échelons gigantesques s'élevant vers le ciel.

— Les montagnes sont sur la terre le trône des orages, des ouragans, des vapeurs mouvantes et des épais brouillards.

— Les hautes montagnes sont la source d'où s'échappent les fleuves en mille filets d'abord, puis en torrents, la plaine les attend pour en faire des rivières, c'est-à-dire un bienfait de fraîcheur, d'irrigation et de fertilité.

— Les montagnes apparaissent comme des barrières naturelles devant, d'ordre de Dieu, séparer des nationalités différentes.

— La terre des montagnes, collines et coteaux doit naturellement descendre dans les plaines par son propre poids ou être entraînée en poussière ou en boue par le vent ou les eaux, ce qui doit finir par rendre infertiles les trois cinquièmes du sol des montagnes ; le paganisme, très-prévoyant, avait encouragé le boisement des hauteurs en plaçant les bois sous le patronage des dieux champêtres : les sylvains et les faunes, dryades et amadryades et déclaré ces bois sacrés et indestructibles.

— Les contrées de montagnes ou de grandes forêts impriment au caractère des habitants, sinon une sauvagrie bien accentuée, au moins une fermeté, une raideur, une susceptibilité de caractère qui les rend hautains, hardis et parfois cruels ; les actes spontanés, les grands crimes y sont plus fréquents qu'ailleurs, plus difficiles aussi à constater et à réprimer.

MONTAIGNE. — Les essais de Montaigne ont eu cent éditions et ont été traduits dans toutes les langues : c'est un rêveur qui touche à tout et, par ses fluctuations, convient à tous les esprits ; Shakespeare avait annoté sa traduction anglaise : « Montaigne, dit-il, vivait pour lui, ne voyait que lui, s'étudiait avec un grand bon sens : *le bon sens est son vrai mérite.* »

— Montaigne écrit au cours de ses caprices, sans savoir où il va et ne sachant pas parfaitement ce qu'il dit, car le doute forme le fond de sa science ; on pourrait croire aussi qu'il ne connaît que les infirmités et les bassesses du cœur humain et en ignore les grandeurs.

— Il fut dix à douze ans conseiller au Parlement de Bordeaux ; il donna sa démission pour se retirer dans le château dont il portait le nom et pour y vivre *quiètement et en toute liberté.* Le château de Montaigne, entre Libourne et Bergerac, se compose de tours reliées entre elles par des galeries crénelées, la pièce principale est la bibliothèque installée dans une de ces tours, c'est une salle ronde à cinq rangs de rayons circulaires, les chevrons du plafond et une partie des boiseries transversales sont chargés de sentences tirées des philosophes sceptiques et épicuriens, grecs et latins : Démocrite, Lucrèce et Horace surtout ; elles rentrent toutes dans le scepticisme le plus absolu et le plus étendu : « Rien n'est absolument vrai ? Tout peut être soutenu. »

— Don Devienne, en 1773, a fait de Montaigne un pur catholique ; Silvian Maréchal un incrédule et un socialiste ; Pascal l'explique par le doute en tout, là est le vrai !

« Il n'y a raison qui n'en ait une contraire. »

« La vertu, la vie même n'est qu'une comédie. »

« La volupté est la règle de la sagesse. »

« Excepté pour la vie, il n'est rien pour quoi je veuille me ronger les ongles ! »

La seule chose raisonnable qu'il ait dite à mon sens, est « que la modération en tout est la première règle de la conduite.

Il ne croit pas à la justice, lui ancien conseiller au Parlement de Bordeaux ! « Nous ne faisions que nous entregloser, autant vaudrait la justice du premier passant. » Conclusion : la lecture de Montaigne est aussi énervante et dangereuse que celle d'Horace. Il affecte une incertitude désespérante, c'est la philosophie payenne mêlée à des arguties théologiques qui perce à travers les plis de ses vêtements ; c'est Epicure reparaissant sous le nom de Montaigne !

— Il était si spiritualiste parfois qu'il a écrit quelque part qu'il préférerait perdre un enfant de son corps, qu'un enfant de son esprit, un fils, qu'un livre ! il n'avait jamais bien connu le nombre de ses enfants, « deux ou trois morts en nourrice, plus tard deux ou trois autres : » (Il en avait eu cinq) ; et cependant il était aussi bon père que bon fils et bon ami. Il avait conservé les manteaux de son père et de son ami pour s'en envelopper parfois, disait-il, et vivre quelques instants de plus dans leur souvenir adoré.

MONTS-DE-PIÉTÉ. — Le premier Mont-de-Piété a été créé à Peruzzia (Pérouse, en talie), en 1477. Les fonds étaient faits par les charités des fondations pieuses, ce qui leur a valu ce nom. L'intérêt était de 5 pour cent.

— On se procure de l'argent souvent en mettant ses effets au Mont-de-Piété (c'est 20 pour cent), si on veut plus, on vend les reconnaissances et on a de 5 à 10, total 30. Mais il faut vivre ! Et l'administration pourrait se montrer plus juste en ne faisant perdre que 50 pour cent sur la valeur, ce qui est encore exorbitant !

— Au Mont-de-Piété de Paris, l'argent coûte : Pour un an, 10 p. 0/0 ;
Pour six mois, 11 p. 0/0 ;
Pour trois mois, 13 p. 0/0 ;
Pour un mois, 21 p. 0/0 !!!

L'intérêt fixe est de 9 0/0, plus 1/2 0/0 pour estimation et 1/2 0/0 au commissionnaire, c'est-à-dire 1 0/0 de plus.

Le prêt annuel est de 25 à 30 millions, dont :

8 dixièmes à la classe ouvrière ;
1 dixième au petit commerce ;
1 dixième aux petits propriétaires et rentiers ;
1 trentième aux employés ;
1 trentième aux professions libérales ;
1 deux cent cinquantièmes aux militaires.

Ce qu'il faudrait, ce serait capitaliser les bénéfices pour créer le fond de roulement et arriver à fournir de l'argent à 6 0/0 d'abord, puis 5, 4 et 3. On autoriserait ensuite une émission en papier d'une somme égale au capital.

On arriverait ainsi à élargir le cercle et à créer une banque puissante en faveur du pauvre, du petit commerce, etc.

— Nous ne pouvons trop protester contre l'énormité de l'intérêt des Monts-de-Piété français, 12 0/0 est une odieuse usure et un exemple déplorable ! Mais, dit-on, il y a 5 0/0 pour les hospices locaux ! Si cet impôt de 7 0/0 au dessus du taux légal était pris sur les riches, il y aurait bienfait, mais il est pris sur les pauvres laborieux et affamés, et ce droit est le premier à les pousser dans la misère et la maladie en augmentant énormément la dépense de nos villes.

MONTESPAN — fut la Danaé de Louis XIV qui lui donna des sommes énormes pour la dotation de ses nombreux bâtards.

— La marquise de Montespan était joueuse, elle perdit en une nuit deux millions cent mille francs au jeu ! L'histoire ne dit pas que le grand roi se chargea de les payer. Il est probable qu'ils furent payés en monnaie de cour, c'est-à-dire en titres si estimés alors, en dignités, en places, etc.

MONTESQUIEU. — Dans nos auteurs érotiques ou galants on est très-étonné de trouver un des auteurs français les plus sérieux, le président de Montesquieu. Son *Temple de Guide* que l'on a qualifié du nom d'Apocalyse de la galanterie, et ses *Lettres persannes* qui sont une œuvre anti-religieuse.

— A la suite de la maladie qui amena sa mort, les Jésuites tentèrent d'obtenir de lui des rétractations ; il fallut que la duchesse d'Aiguillon intervint pour couper court à ces obsessions et chasser de sa chambre le jésuite Routh, le plus tenace et le plus indiscret de tous. Montesquieu ne cessait de leur dire : J'ai toujours respecté la religion chrétienne et pratiqué sa morale, la religion du Christ étant le plus beau présent que Dieu ait fait à l'humanité !

— C'est à Montesquieu, rentrant de ses voyages, qu'on attribue l'opinion bien connue que l'Allemagne paraissait faite pour qu'on la traversât en y voyageant ; l'Italie pour y séjourner ; l'Angleterre pour l'étudier sans s'y arrêter trop ; la France pour y vivre longtemps, joyeusement et splendidement.

MONTHYON. — Auger, baron de Monthyon, est un des hommes les plus honorables de France. Homme d'esprit et de science, il était le recueil vivant de toutes les anecdotes anciennes et modernes ; sa modestie et sa simplicité égalaient sa bienveillance et sa bienfaisance. Ses fondations s'élevèrent en capital à plus de deux millions (il en laissait cinq à son décès). Il était né en 1733 ; intendant de la province du Limousin lors de la grande révolution française, il avait 87 ans lorsqu'il mourut à

Paris (29 septembre 1820). Aujourd'hui il vit et vivra éternellement dans ses œuvres et chaque année son nom est cent fois proclamé dans les distributions de prix décernés par les académies française et des sciences.

— M. de Monthyon, si philanthrope pour tous ne l'était pas pour lui, il s'oubliait dans son amour pour l'humanité souffrante ; il était parcimonieux et même avare pour lui-même, réservant tout pour les autres et leur prodiguant ce qu'il se refusait.

Montmorency. — Le premier nom de cette famille illustre était Bouchard, nom vulgaire s'il en fut. Les Montmorency avaient la première baronnie de *l'Isle de France*, et c'est en abusant des mots et en les supprimant qu'on a osé dire que les Montmorency étaient *les premiers barons de France*.

Monuments. — Certains monuments sont, dans le monde, l'objet d'une admiration passionnée, d'un respect ardent, d'une renommée de sainteté qui enflamme le peuple : Moscou avec son Kremlin ; Constantinople avec Ste-Sophie ; Paris avec Notre-Dame, St-Eustache, la Ste-Chapelle ; Rouen avec St-Ouen ; Reims avec St-Rémy ; Strasbourg avec Notre-Dame.

— Les Turcs se sont toujours montrés ennemis des arts et barbares destructeurs de tous les monuments, ils démolissaient tout pour le transporter à Constantinople, brisant les plus belles statues pour en faire des fondations et les colonnes de marbre les plus riches et les plus précieuses pour en faire des boulets de canon.

— La France a eu pendant longtemps le tort de négliger, de laisser dégrader et tomber en ruines ses plus vieux et plus beaux monuments : Napoléon III s'est donné le mérite d'avoir sérieusement commencé leur restauration et veillé à leur conservation.

— Les monuments n'ont tout leur intérêt et toute leur valeur que là où ils ont leur signification et leur but ; l'obélisque de Louqsor ne vaut pas, là où il est, la millième partie de ce qu'il coûte ; il était bien où il était, il est presque sans valeur là où on l'a transporté, c'est une pierre et non un monument, comme serait la colonne Vendôme en Égypte ou à New-York.

— Dans leurs monuments, les Égyptiens ont produit le gigantesque ; les Grecs, le beau ; les Romains, le grand ; les Chrétiens, le sublime ; les Maures et les Arabes, le joli, le coquet, le varié.

Moore, — est en poésie et en caractère l'antipode de Byron : c'est un poëte gracieux, léger, varié, sentimental... une querelle les mit en rapport dans un duel ridiculisé ; ils se lièrent d'amitié, mais Byron s'éloigna et légua à son ami ses poésies diverses inédites. Celui-ci les vendit 50,000 francs à un libraire, puis, honteux, il les racheta et les jeta au feu ! deux choses inqualifiables ; la dernière surtout est très-regrettable pour la littérature anglaise et celle du monde entier !

Moquerie. — Quel plaisir l'homme peut-il trouver à infliger à un autre homme les contrariétés, les hontes, les angoisses du ridicule ?

— Le cœur s'endurcit et se fausse dans les habitudes de raillerie, de moquerie et de dénigrement.

— La moquerie est le seul esprit des méchants.

— L'esprit moqueur est presque toujours l'esprit d'un sot ; il est, en outre, l'esprit du plus mauvais ton et en même temps le plus dangereux pour celui qui se le permet : il faut remarquer que ceux chez lesquels ce défaut est le plus habituel et le moins tolérable, sont précisément ceux qui le supportent le moins !

— La moquerie est le cri de notre amour-propre contre les ridicules des autres, c'est une vengeance née d'un froissement ou d'un mouvement de méchanceté.

La moquerie est l'arme du faible contre le fort, aussi est-elle naturelle aux enfants, aux valétudinaires, aux gens ennuyés et nerveux, aux femmes inoccupées, à tous ceux qui ne peuvent se défendre autrement.

— La moquerie est souvent le contre-poids du ridicule. C'est la punition infligée à la sottise prétentieuse.

— On souffre de la sottise d'un enfant

qui insulte à une infirmité physique, comment ne souffrirait-on pas de la cruauté de l'homme raisonnable insultant à une infirmité de l'esprit?

— La moquerie est la revanche ordinaire des écoliers contre leurs maîtres! c'est un moyen impertinent et qu'on doit toujours blâmer avec sévérité.

— La moquerie est une des plus dangereuses qualités de l'esprit; elle déplaît toujours, même quand elle a la prétention d'être délicate.

MORALE. — Travaillons toujours à bien penser, voilà le principe et la racine de toute morale.

— Il n'y a de haute morale que celle qui est éclairée par cette lumière d'en haut, la religion, guidant le cœur et le dirigeant noblement, bien au-dessus des passions humaines qui sont faites pour lui obéir.

— La morale est le bien suprême et le guide le plus sûr de la vie, mais comment l'inculquer aux masses populaires et ignorantes? c'est la religion qui remplace ici la philosophie, c'est elle qui, au nom de Dieu puissant et rémunérateur, promet la récompense ou menace du châtiment.

— La sagesse de l'homme a pu trouver depuis longtemps la morale manifestée dans la religion: les peuples de l'Inde avaient leurs principes moraux tracés par Confucius, les Égyptiens les leurs, les Juifs les lois de Moïse, les Grecs la morale païenne et vicieuse de Socrate et de Platon, les Romains, les lois de Numa et ensuite la morale de Jésus-Christ qui gouverna bientôt l'Europe entière, mais qui fut modifiée par les schismes, et encore copiée par Mahomet qui l'appropria aux mœurs des contrées brûlantes de l'Asie et de l'Afrique, ce qui prouve la nécessité de la morale élevée à la hauteur d'une religion qui la commande, les huit dixièmes de l'humanité n'étant pas capables de comprendre la morale pure et de lui obéir,

— En morale, tout est absolu; il n'est permis de composer avec aucune de ses lois on ne peut donc ni médire un peu, ni mentir un peu, ni dissimuler un peu. Ces transactions honteuses sont les plus dangereux précédents.

— Les conseils de morale ou de religion doivent être *sentis*, dès qu'on les discute ils ne produisent plus aucun effet: je comprends l'efficacité d'un sermon et je ne vois que dangers dans les conférences où l'amour-propre est trop passionnellement engagé pour ne pas être ardemment défendu!

— Nourrissons-nous des saines doctrines d'une morale pure, d'une philosophie sévère; les bons principes produisent les bonnes résolutions et sont le but qui maintient l'équilibre de l'homme au milieu des orages de la vie.

— La morale s'enseigne mal, si d'abord elle ne s'inspire, si déjà elle n'est acceptée et devinée lorsqu'arrive l'enseignement: avant tout il faut la faire aimer et désirer pour la faire mieux comprendre.

— La morale n'a pas souvent assez d'attraits, il faut la brillanter pour la faire lire; les livres que tout le monde doit lire ne sont le plus souvent que ceux que personne ne lit parce qu'ils n'amusent pas: le but n'est donc pas atteint.

— La morale est l'art de cultiver, de féconder, de purifier la vie, comme on cultive et fertilise une terre; de tirer de la vie le plus grand bonheur, la plus grande gloire, la richesse la plus utile.

— La nature dit à l'homme: n'aime que toi! L'éducation domestique: aime ta famille! La nation: aime la patrie! La religion: aimez-vous les uns les autres; c'est là le meilleur de tous les conseils, car il les comprend tous et nous donne le véritable moyen de nous aimer et de nous estimer nous-mêmes.

— S'il faut des fables aux riches pour leur faire accepter la morale, il faut la vérité toute nue aux pauvres pour la leur faire comprendre et appliquer.

— Rien de plus délicat que le caractère moral, rien aussi que vous ayez plus d'intérêt à conserver pur et sans tache!

— Ce n'est pas la religion qui découle de la morale, c'est la morale qui découle de la religion.

— La morale a trop de caprices et d'esprit à Paris pour rester pure et sans tache: on s'en écarte insensiblement dans le monde parisien, et Machiavel a donné ses formules aux salons de notre capitale, comme les jésuites avaient déjà fait leurs concessions complaisantes aux idées de Louis XIV et de son siècle.

— Les anciens confiaient l'éducation du cœur de l'homme à des esprits, à des cœurs d'élite, appelés sages, ceux-ci formulaient leurs préceptes qui devenaient ainsi un code de morale populaire : chez nous la science et la morale sont moins personnelles, elles se composent de la science et de la morale de tous, mais ce qu'elles gagnent en étendue, elles le perdent en autorité et en précision, le champ est trop vaste, chacun y choisit et y prend seulement ce qui lui plaît.

— La morale du monde paraît être celle qui se résume dans le désir, souvent exprimé, *d'une vie courte et bonne*, aussi la fureur des plaisirs se ranime-t-elle toujours devant les prévisions de grands désastres, ou au lendemain des grandes douleurs : on gaspille plus facilement un bonheur menacé, une fortune mise en péril !

— Tout homme doit porter intacte la moralité de son caractère ; car c'est par là seulement qu'il commande l'estime, le respect, l'affection.

— La moralité à deux gardiens : l'opinion publique et l'estime de soi-même.

— Si on allait au fond des choses, peut-être trouverait-on plus de morale dans les hommes de plaisir que parmi les austérités affichées des hommes de toutes robes.

— Dans un bon gouvernement, l'idée sociale doit passer avant tout et être le mobile de tout, car de la moralité naissent la force, l'ordre, la paix, la considération, le respect, dès lors l'obéissance.

MORALISTES. — Les moralistes ont la même mission que ces religieux du Mont-St-Bernard qui consacrent leur vie à remettre dans une meilleure voie les voyageurs égarés et en péril.

— Tant de moralistes ont prêché la morale dans les livres qui sont arrivés jusqu'à nous et se continueront après nous, que cette morale devrait être connue de tous, et cependant elle ne nous a pas appris à prévoir et à prévenir, car l'instruction est plus rare qu'on ne croit et reste classée inutilement dans nos bibliothèques.

Cette morale produirait peut-être ses fruits si elle était affichée sur nos murs, ou au moins vulgarisée dans les livres populaires et à bon marché.

— Les meilleurs moralistes ne sont pas nos meilleurs livres, ce sont ces bonnes et naïves natures qui rendent au monde par leurs enseignements et leurs exemples ce que les épreuves du monde leur ont appris, et qui mettent ainsi leur expérience personnelle au service de leurs semblables ; c'est leur âme qui parle et qui raconte les souffrances et les consolations de leur âme.

— Nos moralistes se placent ainsi dans l'ordre du mérite : Pascal, Larochefoucauld, Labruyère, Nicole, Vauvenargues, Joubert. Tous ont voulu combattre les passions et placer devant elles la digue de leurs principes, mais la digue a été renversée, et il a fallu revenir à la religion, c'est-à-dire à la plus pure des morales.

— Pascal accuse la misère humaine avec la logique d'un métaphysicien ; Larochefoucauld soupçonne la moralité de l'homme ; Nicole, religieux comme Pascal, lui donne des conseils de charité. Au contraire de tous, Vauvenargues excuse et défend même parfois nos passions, en disant que la vertu n'est très-souvent qu'une passion bien réglée !

MORGUE. — raideur de caractère doublée d'orgueil et de vanité, qui donne à celui qui en est affligé un esprit intraitable, plus cependant dans la forme que dans le fond :

La morgue est la formule extérieure du pédantisme ; le reflet exagéré de l'orgueil, c'est le repoussoir le plus insupportable.

MORGUE. — Endroit où l'on expose sur des dalles inclinées les corps nus des personnes trouvées mortes par suite d'accidents, suicides, etc., et restées inconnues ; cette exposition ayant pour but de faire reconnaître les cadavres pour les remettre à la famille ou aux amis qui viennent les réclamer. La morgue de Paris est située au chevet de sa cathédrale (Notre-Dame).

MORMONISME. — Nous croyons les mormons de l'Utah bien éloignés de nous, et cependant ils nous coudoient partout dans ces échappés de lycées, d'écoles spéciales, de fils de famille, d'étudiants, etc., que nous appelons petits crevés et qui se livrent aux amours faciles avec l'enthousiasme et l'aveuglement du jeune âge. Ces mormons européens trouvent en abondance à Paris, accourus de tous les coins du globe, des tribus de femmes plus que mormonnes, en ce sens qu'elles ruinent la bourse et la santé de leurs mormons, et s'amusent ensuite de leurs extravagances et de leur désespoir.

MOROSITÉ. — J'aime mieux vivre avec un homme susceptible et emporté, car une explication, une bonne parole le calment, qu'avec un esprit morose, chagrin, d'humeur sombre qui ne laisse jamais deviner ses impressions et paraît toujours mécontent ou fâché, c'est là le plus déplaisant des compagnons de la vie!

MORT. — La plus grande réalité de la vie, c'est sa fin obligée, c'est la mort, l'inévitable mort!

— Le port commun de l'humanité est la mort et l'éternité.

— Si tout est vie sur la terre, tout aussi devient mort, car tout naît pour mourir fatalement, l'homme comme la fleur, le monument de pierre et de bronze comme l'insecte qui n'a que quelques instants de vie.

— Puisque la mort est une loi naturelle et immuable, il est doux et consolant de croire pour tant de familles aimantes et aimées, à une autre vie et à une réunion éternelle.

— La vie a la même fin pour tous: ce que le vulgaire appelle la mort, les incrédules l'appellent le néant, les chrétiens l'éternité, les philosophes, le repos.

— Tout s'en va, tout nous quitte quand nous ne prenons pas les devants en quittant volontairement tout.

— Aujourd'hui l'homme ardent passionné et actif, la jeune femme aimante, resplendissante et alerte, demain le cadavre.

La mort dit: me voici Ninus, réveille toi,
Je t'apporte à manger, tu dois avoir faim! roi,
Prends. — Je n'ai pas de mains, répond le roi
[farouche,
Allons mange, et Ninus dit: je n'ai pas de bouche
Et la mort lui montrant le pain dit: fils des Dieux
Vois ce pain: et Ninus répond je n'ai plus d'yeux!

— La vue d'un vieillard mort, ce cadavre, enveloppe traînée pendant quatre-vingts ans sur la terre, fait réfléchir sur la vie et donne des enseignements plus réels que ceux de notre froide philosophie plus scientifique et orgueilleuse que chrétienne.

— L'enfant n'est pas plus tôt né et n'a pas encore touché au sein de sa mère, que déjà il est en marche vers la mort, car la vie a commencé et chaque heure est un pas de fait vers sa fin.

— La mort est la fin obligée et forcée de tout ce qui vit, végète et existe: tout cela naît, croît, arrive à la perfection, puis décroît, s'affaiblit et disparaît: règle unique et impitoyable du monde, de toute nature et de toute religion!

Dieu brise les fers de tous les captifs; ce bienfait s'appelle la mort! *Pensée chrétienne.*

— La crainte de la mort est un sentiment naturel à l'homme, c'est l'instinct de sa conservation, mais elle peut céder devant la réflexion où la volonté, et encore devant l'habitude et l'attrait du danger.

Les hommes craignent la mort comme les enfants craignent les ténèbres. BACON.

C'est l'imprévu, c'est l'inconnu: la mort cause rarement de grandes douleurs; le plus petit membre fracturé amène des douleurs bien plus vives, et la mort est bien plus terrible lorsqu'elle est prévue dans ses préludes que dans la mort elle-même.

— Pour presque tous les hommes, ce n'est pas la vie qui est douce, car elle est souvent semée d'épines forcément acceptées, mais c'est la mort qui est terrible!

— La mort consommée a quelque chose de solennel et de digne, mais la lutte entre la vie et la mort, entre l'âme et le corps près de se séparer, l'agonie est affreuse; elle navre profondément et humilie ceux qui en sont témoins!

— Il faut voiler les morts, car la mort est effrayante pour qui a traversé doucement la vie! ce n'est plus l'homme, c'est le cadavre putride, c'est la matière vile, refroidie et anéantie par la disparition de l'âme.

— La mort hideuse paraît avoir un langage pour chacun de nous, elle semble dire : viens te reposer dans mes bras, si je ne suis pas belle, je suis bonne, si je ne donne pas le plaisir, je donne le repos !

— L'homme est habitué à l'idée de la mort, aussi ne lui cause-t-elle aucune irritation, mais seulement le regret plus ou moins vif de ceux qu'il faut quitter.

— L'instinct des misères humaines mêle toujours l'idée de la mort aux plus grandes délices de la vie ; les plaisirs les plus vifs semblent réveiller ce sentiment et rattacher l'homme encore plus énergiquement à la vie.

— Pour adoucir la catastrophe de la mort, Dieu la fait précéder de maladies douloureuses qui font désirer le terme de la vie, ou de désorganisations intellectuelles qui empêchent de la prévoir.

— L'incertitude de la durée de la vie, l'ignorance de son terme n'a que des avantages ; le contraire aurait une foule d'inconvénients : vous êtes rangé, économe, ordonné, simple dans vos goûts, heureux du présent, confiant dans l'avenir, ce bonheur est partagé par tout ce qui vous entoure ! Seriez-vous tous si heureux si vous saviez que votre mort est prochaine ? vous seriez inquiets, sans prévoyance, sans économie sans esprit d'avenir. Tout le monde souffrirait autour de vous, toutes les affections qui vous entourent seraient bien des années à l'avance anxieuses et désolées : votre vie présente et la vie de votre entourage seraient donc empoisonnées, les intérêts de tous compromis, sans avantage pour personne : il vaut donc mieux que notre fin soit un mystère qui frappe comme la foudre, car tout le passé reste heureux, et c'est à l'ignorance de l'avenir que ce bonheur est dû !

— Dans nos idées françaises, mépriser la mort, c'est honorer la vie.

— L'homme placé souvent en présence du danger, contracte l'habitude de braver la mort, tandis que l'homme constamment en sûreté s'habitue à la craindre.

— Tout meurt, périt ou se détruit sur la terre excepté la gloire des poëtes, des philosophes, des littérateurs illustres, des grands conquérants, comme le prouvent les noms d'Homère, de Virgile, de Tacite, de Byron, de Corneille, de Racine, de Molière, de Delille, J.-J. Rousseau, Lamartine, Alexandre, César, Charlemagne et Napoléon.

La mort est une chose aussi naturelle que la vie, car nous ne naissons que pour mourir un peu plus tôt, un peu plus tard, elle n'est un malheur que pour les survivants et un accident prévu, attendu et souvent désirable pour la personne qui disparaît.
BUFFON.

— Si on meurt à la guerre, sur mer, dans les pestes, ou mieux encore dans le plus doux, le plus abrité des nids, le lit : on meurt donc partout ! souvent de vieillesse, c'est-à-dire sans douleur.

— Quand la mort frappe le pauvre, elle est la bienvenue, car il aura moins froid sous la terre que sur la terre ; il sera débarrassé de la faim, de la honte, des maladies, des souffrances.

— La mort est le dernier bienfait de la nature, car elle nous débarrasse d'une vie de souffrances et de douleurs dont la vieillesse faisait plus qu'une calamité, une torture.

— Un quart d'heure après la mort, que reste-t-il de plus au riche qu'au pauvre ? quel avantage celui-ci trouve-t-il à avoir vécu dans un palais au lieu d'avoir travaillé dans une chaumière ?

Une nuit je rêvais que de mal consumé,
Côte à côte d'un pauvre on m'avait inhumé,
Mais que n'en pouvant pas souffrir le voisinage,
En mort de qualité, je lui tins ce langage :
Retire-toi coquin, va pourrir loin d'ici,
Il ne t'appartient pas de m'approcher ainsi.
Coquin répondit-il d'une insolence extrême,
Je ne suis pas coquin, coquin ! coquin toi-même,
Ici, tous sont égaux, je ne te dois plus rien,
Je suis sur mon fumier, comme toi sur le tien !

— La mort détruit et transforme tout : cette maison paternelle si attrayante, si pleine de bons et doux souvenirs, devient douloureuse à voir lorsque tous les êtres aimés s'y sont éteints ; la mort s'y réflète partout, et le soleil, la verdure, les oiseaux chanteurs qui l'égaient sont un sourire effrayant et déplaisant pour la douleur qui regrette toujours le passé dans le présent.

— La mort ne passe guère inaperçue qu'au milieu des grandes villes ; elle remue tout dans la vie commune des petites villes et des campagnes.

— La mort n'est pas aussi cruelle et impitoyable à Paris qu'en province et surtout dans les campagnes : Paris a tant de distractions, tant de consolations pour ses douleurs, tant d'atténuations pour ses regrets, tant d'espérances dans ses projets et si peu de témoins intimes de ses douleurs, que la crainte de la mort n'y est qu'un malheur amoindri et supportable.

— On n'envisage la mort avec calme que lorsqu'on a parcouru la vie avec dignité et vertu : la mort résume toujours la vie, elle la juge et la couronne plus ou moins noblement !

— Pour mourir sans regrets, il faudrait n'aimer personne ou ne pas être aimé.

— La mort des hommes vertueux laisse plus de vide que leur vie ne tenait de place.

— L'approche de la mort produit le recueillement; les mourants pensent et parlent mieux que les vivants, car ils sont désintéressés de la vie.

— La mort est pour les survivants une si horrible chose qu'on ne peut trop la voiler ou la cacher ! nous avons raison de la couvrir de fleurs, car plus le manteau sera brillant, plus la mort sera honorée du plus long souvenir.

— La mort est le cauchemar et l'effroi de la vie, pour les vieillards surtout.

— C'est au lit des mourants que se raniment les souvenirs du passé, avec ses jours de bonheur, ses heures joyeuses, ses plaisirs variés ; il semble qu'on secoue sur une tombe des poignées de fleurs, mais aussi les plus vifs regrets.

— L'amour, la campagne, la verdure, les fleurs, le Ciel et tous ces dons de Dieu ne nous paraissent si splendides que lorsque nous avons l'appréhension de les quitter : c'est la pensée de la mort qui ajoute à leur charme et en augmente le prix.

— Quand une personne de la famille est morte, on regrette jusqu'à ses défauts, et le vide qu'elle fait révèle le secret des affections les plus tendres.

— On n'apprécie, on ne connaît si bien ses parents et ses amis qu'après leur mort; le vide qu'ils font révèle leur mérite, leur valeur et l'affection qu'ils avaient inspirée.

— C'est un terrible avis à bon entendeur que la mort d'un camarade d'enfance et un triste son de cloche que le glas funèbre de son enterrement.

— Quelles souffrances cachées que celles de deux personnes qui s'aimant et se complaisant ensemble, entrevoient toujours la séparation par la mort ! C'est un secret à deux, et cependant elles le gardent même entre elles, avec la plus douloureuse ténacité ! mieux vaudraient de tristes, mais doux épanchements !

— Dans les adieux des vivants aux morts et dans la douleur de la perte, il se mêle toujours une crainte et une horreur dont sont menacés ceux qui restent en arrière; l'humanité est une armée en marche, qui tous les jours enterre ses morts.

— La mort éclaire la vie d'une lumière éclatante et sans ombre; elle en indique les fautes, les erreurs, les préjugés, elle proclame cette grande vérité morale, que tout bonheur ne vient que d'une conduite irréprochable et des affections du cœur.

— La main de la mort ne peut rien enlever à un homme juste, car toutes ses pensées et toutes ses œuvres lui ont mérité l'éternité.

— Dans une mort calme et lente les belles lettres pourraient encore adoucir et soulager nos derniers instants.

— Une douce et belle mort est toujours la récompense d'une bonne et belle vie.

— Tout ne doit pas finir à notre mort, car tout n'a pas commencé à notre conception ou à notre naissance.

— Un chrétien mourant est une enveloppe charnelle qui va se confier à la terre et une âme qui va prendre son essor vers le ciel ; il est heureux par sa croyance et sa confiance ; laissez-lui son bonheur et sa sérénité ! il les doit à la religion, et c'est déjà une récompense que de ne pas redouter la mort, que de l'accepter, que d'être joyeux en mourant et d'emporter l'espérance d'un bonheur éternel.

Comparez cette mort à celle d'un matérialiste, d'un incrédule; alors la mort est un supplice et le mourant un supplicié avec toutes les tortures de la mort comme punition.

— La parole du prêtre jetant une dernière bénédiction sur le cercueil qui disparaît sous la terre. « Que la poussière retourne d'où elle est sortie, mais que l'âme aussi remonte au Ciel près de son créateur d'où elle est descendue ! »

Cette parole n'est pas un vain son ; c'est une religieuse et consolante pensée.

— Pour apprécier la valeur présente d'un homme, il faut le supposer mort, on se rendra compte de l'effet que produirait cette mort.

— Toutes les vertus semblent reposer dans les cimetières : les discours funèbres le disent très-haut ; tout homme qu'on enterre est vertueux et une épitaphe le constate. Là, en effet, les passions se taisent devant la mort, et la bienveillance s'attache au mort, car elle ne s'adresse plus à l'orgueil vivant mais à l'orgueil effacé !

— La louange accordée aux morts fait partie de l'héritage des parents survivants.

— Les morts interviennent bien souvent et bien énergiquement dans les destinées des vivants, par le souvenir des conseils donnés, des habitudes imposées ; ces influences sont presque toujours bienfaisantes.

— La mort qui tranche si capricieusement la vie humaine paraît s'attaquer également à tous les âges, plus souvent encore à l'enfance qu'à la vieillesse, ce qui jette l'incertitude la plus complète sur notre dernière heure et nivelle en quelque sorte toutes les chances de cette loterie de la mort, car le hasard ne ferait pas autre chose !

— Les anciens avaient un profond respect pour ceux qui mouraient jeunes, ils les disaient aimés des dieux, car ils mouraient dans toute leur beauté et leur force ; ils les couvraient de fleurs et en parlaient longtemps avec plus de plaisir que de douleur.

— Plus religieux que nous, les anciens brûlaient les morts au lieu de les livrer à la terre et aux vers, une urne recevait leurs cendres ; ils en faisaient leurs dieux en les dépouillant de leur misérable et infecte enveloppe terrestre.

— Le temps nous éloigne des morts, c'est une loi de la vie.

— La mort amène souvent la vie : d'un arbre coupé s'élancent de nombreux rejetons, une écorce plus vivace efface les plaies profondes, la vie triomphe ainsi de la mort qui, plus tard, reprendra ses droits en triomphant de la vie.

— Il faut protéger le culte des morts en les plaçant loin des villes et dans la solitude, pour respecter et protéger la vie des vivants ; si, auprès d'une agglomération de deux millions d'habitants et d'un nombre dix fois plus grand d'animaux domestiques, vous ajoutez l'empilement de nombreuses générations éteintes, vous créez l'infection et la peste, la plus terrible des calamités ; le choléra n'a dû être que le résultat accidentel de cet entassement, le climat et la saison aidant !

— Les morts sont l'occasion d'une glorification qui rejaillit sur les glorificateurs ; on lit sur le tombeau de Bonaparte père de Napoléon le Grand !

Dat Tibi in eternum vivere.

(Que Dieu te donne la vie éternelle) !

— A l'approche de la mort, l'homme reprend sa liberté d'action et de pensées et reste dans la routine de sa vie : Talleyrand mourait en promettant beaucoup et en affirmant des mensonges ; Napoléon délirait d'armées et de combats ; Canning faisait de la politique transcendante ; Cuvier suivait les progrès de son agonie et signalait la marche de la désorganisation ; Talma déclamait ; Corneille, dans une maladie grave qui amena le délire, faisait d'admirables vers !

La lucidité d'esprit revient souvent au moment de la mort, aux agonisants qui l'avaient perdue.

« C'est la clarté d'une lampe expirante qui se ranime et s'éteint pour jamais ! »

— Lorsque le cadavre mahométan est couvert de terre, l'Iman dit : « Pourquoi pleurer ? la mort est une contribution frappée sur l'humanité ! Dieu seul est éternel ! Pourquoi pleurer ? Celui que nous couvrons de terre n'est pas mort, il vit dans un monde meilleur, réjouissez-vous, car vous irez le revoir ! C'est encore une pensée empruntée à la parole du Christ.

— Après l'inhumation d'un mahométan, les femmes attachées au défunt, inclinées sur la tombe, lui parlent, le questionnent, lui font leurs adieux ; les Tolbas et les Marabouts leur commandent de se retirer :

« Laissez donc le défunt s'arranger avec l'ange de la mort !

« Acceptez la volonté de Dieu !

« Vos cris sont une impiété ! »
Dieu veut être obéi, retirez-vous ! et les femmes se retirent en continuant de crier : au revoir ! adieu ! adieu !

— La condamnation à mort n'est si effrayante que parce qu'elle doit être exécutée à jour fixe et que le condamné connaît son sort ; autrement, la naissance n'est-elle pas aussitôt et par elle-même, mais dans un délai tout à fait incertain, une condamnation à mort à laquelle personne n'échappe ?

— La mort infligée secrètement et dans un cachot est bien plus horrible que le supplice public où l'échafaud devient un théâtre, où la stoïque vanité et la foule galvanisent et soutiennent le condamné.

— Dans le couvent des Capucins de Palerme, les religieux morts sont debout, vêtus de *leurs habits, et bien conservés* dans une série circulaire de niches. Au-dessus ils sont couchés sur un lit, pieds contre pieds, dans des rayons ; tous ces corps sont embaumés et conservent parfaitement leur ressemblance ! Le psaume dit : « *Votre saint résistera à la corruption* ! » Il y a des épitaphes qui accusent plus de *deux siècles* ; les plus anciens morts sont successivement déposés dans une catacombe pour y faire place aux nouveaux.

Morts célèbres. — Attila est mort dans l'ivresse et étouffé par le sang.

Henri I*er*, roi d'Angleterre, est mort en 1155, d'une indigestion de lamproie.

Georges I*er* est aussi mort d'indigestion.

L'Angleterre est le pays des excès en *tout* : ivresse, indigestions, jeux, paris, combats d'hommes, d'animaux, luttes d'orgueil... vanités sur vanités.

Deux empereurs d'Allemagne, Frédéric III et son fils Maximilien sont morts d'une indigestion de melon.

Beaudoin IV, roi de Jérusalem, est mort de la lèpre, en 1182.

Robert Bruce est mort, croit-on, aussi de cette affreuse maladie.

L'ancien roi de Pologne, Stanislas, mourut au château de Malgrange, près Nancy, le 23 février 1766, d'une brûlure de tout le côté gauche du corps.

Benserade, le poëte mourut par la maladresse de son médecin qui, voulant le saigner, lui ouvrit une artère.

— L'abbé Prévost s'était évanoui dans la forêt de Chantilly ; un chirurgien de campagne le crut mort, et, voulant étudier sur son corps, le déshabilla et lui ouvrit le ventre, ce qui fit jeter un grand cri à l'abbé qui mourut presque immédiatement.

Eugène Scott fut tué par ses écoliers à coups de canif, en 883.

Veneziano fut tué, en 1476, par André de Castagno, qui voulait s'assurer à lui seul l'honneur et le bénéfice de sa peinture à l'huile.

Torregiano, sculpteur florentin, mourut dans les tortures de l'inquisition, en Espagne, pour avoir brisé sa statue de l'enfant Jésus plutôt que de la livrer à vil prix à un grand d'Espagne qui voulait l'enlever de force.

Molière tomba mourant sur le théâtre, vers la fin de la représentation du *Malade imaginaire*.

Gustave-Adolphe fut assassiné d'un coup de pistolet tiré sur lui par le duc de Saxe, son allié, pendant la bataille de Lutzen.

Mortifications religieuses. — La religion a créé des êtres artificiels, se martyrisant eux-mêmes et tuant par folie un corps et des passions que Dieu ou la nature leur avait donnés pour en faire un usage raisonnable

Mots. — Notre langue abonde en mots nouveaux et en mots vieillis ; si les premiers sont élégants, même hardis, mais de bonne compagnie, ils choquent moins que les mots vieillis qui donnent à l'expression quelque chose de pédant et de guindé qui lui ôte le naturel et la grâce formant le fond de notre langue française.

— Le mot le plus simple en apparence est rarement une idée simple, il implique, au contraire, le plus souvent, sinon une idée combinée, au moins une idée développée : ainsi *pain* indique la production du blé, sa mouture, sa pétrissure, sa cuisson. *L'eau* est un élément qui mouille, rafraîchit, désaltère, lave, elle est un moteur puissant par son poids d'abord, puis par sa transformation en vapeur qui donne 1,700 fois plus de force que le poids de l'eau.

— Tous les *mots célèbres* sont fort douteux : François Iᵉʳ (1525) : « Tout est perdu, fors l'honneur ! » L'abbé Edgeworth (1793) : « Fils de saint Louis, montez au ciel. » Cambronne (1815) : « La garde meurt et ne se rend pas ! » Charles X (1815) : « Rien n'est changé en France, il n'y a qu'un français de plus ! »

Mouches. — On ne peut se faire une idée de l'infinie variété des existences naturelles : Bernardin de St-Pierre raconte que s'étant mis à examiner un petit fraisier né dans une caisse à fleurs sur sa fenêtre, il s'amusa pendant trente jours à remarquer la variété infinie des mouches qui venaient se poser sur les feuilles, et que l'intérêt de cette observation diminua lorsqu'il s'aperçut que la même espèce ne se représentait jamais ! Je m'étonne moi que son intérêt au lieu de diminuer n'ait pas augmenté de plus en plus et ne l'ait pas décidé à les compter et à en faire la collection la plus complète.

— La mouche, qui, à la différence des abeilles, méprise les fleurs pour butiner sur les choses les plus sales, les plus dégoûtantes et les plus corrompues, ce qui crée le sérieux danger de certaines piqûres, est un des animaux les plus hostiles à l'homme et les plus dangereux ; on devrait faire aux mouches une guerre à outrance ; la mélasse les prend par les pattes, la mine de plomb humide et saupoudrée d'un peu de sucre les attire et les tue : c'est par un perfectionnement qu'on emploie le papier Moure, qui réussit parfaitement à les détruire.

Certains établissements d'équarrissage de bestiaux, à Orléans par exemple, ont créé un véritable danger de mort par la piqûre des mouches : il faudrait donc n'autoriser ces établissements que dans des lieux très-éloignés des habitations et obliger à enterrer *immédiatement* les débris à cinq ou six pieds sous terre.

Moucherons. — Tout se lie dans la nature ; s'il n'y avait pas de moucherons, il n'y aurait pas d'hirondelles, et s'il n'y avait pas d'hirondelles nous serions dévorés par les moucherons, cousins, moustiques à piqûres si irritantes que dans certains pays humides à cours d'eau vaseux ou marécageux (Libourne, la Dordogne, la Gironde, Arcachon), on est obligé de défendre son lit par une mousseline très-légère pour ne pas être défiguré par les piqûres de ces insectes et supplicié par l'enflure et la cuisson ardente de ces inflammations ; nous ne parlons ni de l'Espagne, ni de l'Amérique où cet inconvénient devient une vraie calamité.

Moutarde. — La bonne moutarde, c'est-à-dire assez mordante pour animer l'organe de la dégustation, mais pas assez forte pour l'enflammer, est, comme disait Grimod de la Reynière, la préface de l'appétit et l'adjuvant de la digestion ; mais, pour cela, il n'en faut pas prendre à l'excès, car elle irriterait l'estomac et le gros intestin et conduirait à des accidents graves : quand l'appétit existe naturellement, le mieux est de s'abstenir de tout stimulant ; le citron serait moins offensif et plus agréable.

— Le titre de « Premier Moutardier du pape » date d'un des papes résidant à Avignon : Jean XXII, croit-on, qui, ayant un neveu dont il n'avait pu faire ni un prêtre, ni un moine, l'avait fait son premier moutardier.

Mouton. — On dit généralement pour désigner une personne d'une humeur facile, qu'elle est douce comme un mouton ; cet animal est peut-être, en effet, le plus inoffensif de tous, mais il paraît presque complétement dénué d'intelligence et n'a que des instincts rares et incomplets ; c'est à cela qu'on doit attribuer l'opinion bien fondée des naturalistes, que, de toutes les races d'animaux domestiques, celle du mouton est la seule qui ne pourrait pas revenir à l'état sauvage, même dans les circonstances les plus favorables à son existence ; le mouton paraît aussi manquer absolument d'ardeur et de courage ; il est peu susceptible d'affection, ne sait éviter aucun danger, pas même chercher un abri contre les intempéries des saisons ; il a donc un besoin constant des soins et de la surveillance de l'homme.

— Mais cet animal presque inerte nous vêtit, nous nourrit, nous éclaire, et nous ne lui donnons en échange qu'une protection intéressée qui le conduit à la mort et l'enterre, bien engraissé, bien attendri, dans notre estomac.

Mouvement. — Dans la jeunesse, le mouvement et la fatigue sont un besoin du corps ; la vieillesse, au contraire, aime le repos et alors elle cherche le mouvement dans le repos, c'est-à-dire la promenade en voiture, les satisfactions du luxe, la lecture, l'étude, etc.

Le mouvement du corps commande presque toujours le repos de l'intelligence ; l'homme qui se meut (à part la marche) serait donc presque une machine qui se remue.

Moyens. — Employer des moyens proportionnés à ses vues plus qu'à ses forces, c'est vouloir échouer par la faute des autres, puisqu'il faut appeler les autres à son secours !

Moyen age. — Il a fallu aux siècles du moyen âge une constitution bien robuste dans la famille et dans les groupes provinciaux, pour résister à l'anéantissement des races primitives de l'Europe occidentale par les tourbes de barbares ou plutôt de bêtes fauves roulant successivement sur l'occident, brûlant et saccageant tout ce qu'elles ne pouvaient s'approprier, consommer sur place ou emporter, ne voulant rien laisser derrière elles. Car un siècle après, on retrouvait la race ancienne presque maîtresse et toujours l'égale de la race nouvelle et conquérante ; la nationalité effacée par le cataclysme, reparaissait avec une supériorité incontestable, le barbare était soumis et vaincu, la civilisation aidée de la religion avait repris l'empire que la force brutale avait d'abord brisé, le vaincu était de fait le vainqueur ; ses idées, ses formules de vie et de conduite étaient acceptées, le tigre était apprivoisé, il n'était plus le chef, il était le soldat, prêtant sa force à une intelligence supérieure : de là l'ordre lentement acquis, de là, la paix, la renaissance, étoile du matin des peuples nouveaux dont l'histoire allait commencer !

— Le moyen âge a eu mille ans de durée, de 500 à 1500, mais l'époque qui a surtout son cachet est le XIIe siècle : le moyen âge se continua jusqu'à l'âge de la renaissance, c'est-à-dire d'une tranquillité mieux assise, permettant le progrès des arts, des sciences et de la littérature.

— Le moyen âge avait son langage naïf et vrai, il ne savait rien idéaliser ; nos églises, dans leurs boiseries, leurs bas-reliefs, leurs vieilles sculptures, témoignent de la crudité naïve de la pensée artistique ; aujourd'hui ce seraient des indécences ; sans renvoyer pour cela à nos vieilles églises gothiques, nous nous contenterons d'indiquer une crosse d'évêque du XVIe siècle exposée dans le musée du Louvre, à Paris, et que nous ne nous permettrons pas de décrire ; le grand tableau de Michel Ange de la chapelle Sixtine de Rome ne devrait être découvert que devant des peintres ou des sculpteurs ; jamais devant un public ordinaire et pudique, car il y a là sur un corps de haute taille et tout nu, une nudité énorme et mordue par un serpent, pour indiquer le vice honteux et effronté du personnage qui était pape et dont la figure parfaitement ressemblante écrivait le nom si on désirait le connaître, dans la galerie des portraits des papes.

— Le moyen âge, dans les profondes ténèbres de ses commencements, avait eu besoin de créer deux grandes institutions : l'Hospitalier de saint Jean de Jérusalem, recueillant les blessés d'abord et bientôt après les malades ; puis les Templiers destinés à l'adoration perpétuelle et mystique, dès lors passionnée, comme l'indique l'épithète même de mystique.

Multitude. — Il y a plus d'électricité que de jugement dans l'appréciation de la multitude ; un mot décide de tout ; l'exaltation d'un seul entraîne tout le monde et c'est le plus fou et le plus passionné qui conduit tous les autres ; c'est comme un flot livré à l'influence de tous les vents, surtout des vents les plus dangereux ; c'est une mine qui éclate sous un mot ou un fait insignifiant ; c'est une foule en délire qui entre en fureur et ne se connaît plus, ce sont les plus mauvaises passions qui ont le plus d'empire sur elle : l'histoire révolutionnaire est là pour constater hautement ces entraînements funestes !

Municipalité. — C'est en Sardaigne que l'autorité municipale a le plus d'indépendance : les communes s'administrent sans contrôle aucun, elles s'imposent, elles s'engagent et dépensent comme il leur plaît : il en était du moins ainsi avant l'unification de l'Italie, alors Autrichienne, et si tyrannisée, que la France en eut pitié et en fit la conquête pour la rendre à elle-même, en n'en retenant que ce qui lui avait été pris, la vieille Savoie, si longtemps française.

Murano, — bourgade placée sur un des îlots voisins de Venise, est toujours visitée pour sa fabrique de verroteries; rien de plus beau que ces fournaises ardentes d'où sortent en feu différemment coloriés des lingots de verre tranformés presque aussitôt avec une rapidité qui tient du prodige, en perles pleines ou soufflées, de toutes grosseurs et dont les plus petites percées, et même nuancées sont aussi ténues que des têtes d'épingles. Ce sont des atomes de verre qu'on recueille par boisseaux : en fabrique, cela paraît autant de merveilles !

Muscadier. — Cet arbre, originaire des Moluques, a un feuillage très-épais et une feuille très-luisante ; son fruit ressemble à un petit brugnon qui se fend en mûrissant et laisse voir une petite noix enveloppée d'une membrane rouge foncé ; cette membrane a sa valeur ; on la sèche pour en faire la fleur de muscade ou *macis* ; on fait sécher de même la noix dans de l'eau de mer mêlée de chaux pour empêcher le fruit de rancir.

Muses. — Divinités grecques et latines au nombre de neuf, filles de Jupiter et de Mnémosyne, déesse de la Mémoire, elles présidaient aux beaux-arts : ainsi Uranie à l'astronomie ; Clio à l'histoire ; Calliope à la poésie ; Melpomène à la tragédie ; Thalie à la comédie ; Polymnie à l'éloquence ; Euterpe, Erato à la musique ; Therpsichore enfin à la danse.

— Les muses sont donc en réalité de célestes et poétiques femmes, parlant, chantant, riant ou pleurant avec l'intention bien accusée de plaire et de s'embellir.

Musique. — Un seul art, dans notre XIXe siècle, paraît en progrès, sans cependant dépasser la musique ancienne, je ne dis pas antique, c'est la musique moderne ; tous les autres arts, dessin, sculpture, peinture, architecture sont en décadence évidente.

— La musique est, de tous les arts, le plus infini, le plus inépuisable, dès lors le plus révolutionnaire, comme la langue musicale est la plus généralement variée, la plus étendue et la plus abondante des langues.

— Le goût de la musique est un bonheur doux, facile, peu coûteux, moralisant.

Un pareil bonheur, dans la vie, change toute une existence ; c'est une habitude de travail, une occupation dans les loisirs, une consolation dans les peines, un talent et un charme de plus à son profit et à celui des autres.

— La musique a cet énorme avantage d'entrer plus facilement dans les goûts et les habitudes du peuple ; la musique est en effet plus attrayante, plus attirante, plus facile à saisir, à comprendre et à exécuter que l'enseignement élémentaire. Ce n'est pas un travail long et pénible c'est une récréation charmante, berçant le travail et l'encourageant, sans l'arrêter, l'excitant au contraire. La musique est donc un bienfait humanitaire, une récompense aux habitudes modestes, un soulagement dans la peine, une distraction dans l'ennui.

— La musique étant de sa nature une formule d'adoucissement des mœurs dans les impressions qu'elle produit, est déjà un moyen de civilisation ; elle est aussi une occasion de réunion et de sympathie : C'est en Allemagne qu'on peut apprécier l'effet prodigieux, par elle produit. La France entre maintenant dans la même voie, et déjà de nombreux orphéons existent dans les grandes villes ; c'est vers les campagnes qu'il faudrait agir : là, tout est à faire et à créer et c'est là surtout que la musique peut arriver à l'éclatant résultat obtenu dans toute la Germanie où chaque village, comme en Italie, a ses chanteurs et ses orphéonistes pour accompagnement.

— La musique ou la combinaison des sons, a une puissance mystérieuse et intime qui ne peut ni se comprendre ni se définir: on sent, on est ému, entraîné, passionné, par quoi? on l'ignore! c'est le vague même, c'est l'inconnu, c'est l'infini des sons harmonisés par l'art, la science, l'expérience qui saisissent l'âme et dominent tout notre être moral et physique. C'est un monde nouveau, indécis, fantastique, composé par les passions et les entraînements de celui qui les éprouve.

— La musique antique, dans sa simplicité native, n'était qu'une mélodie douce, plutôt plaintive que gaie, comme l'indiquent les paroles des chœurs: la musique barbare qui lui succéda n'était qu'un bruit discordant et atroce, au niveau de la brutalité de ceux qui la servaient à des oreilles aussi barbares. Mais, depuis lors, les mœurs se sont adoucies par la civilisation en tout, la force intellectuelle a empiété sur la force brutale qu'elle a diminuée, et nous avons vu se développer de plus en plus la sensibilité nerveuse et morale, qui, ayant trouvé son excitation et sa satisfaction dans la musique, en a fait insensiblement et par le progrès incessant dû à chaque compositeur, l'art délicieux, sublime et enchanteur porté si haut par les Cimarosa, les Mendelssohn, les Mozart, les Beethoven, les Hændel, les Gluck, les Rossini, les Meryerber etc. La perfection des instruments est venue se joindre à la perfection de la composition, de l'harmonie, de la mélodie, du rythme, de la modulation, de l'instrumentation.

— La musique des anciens maîtres, moins ornée mais plus savante que la nôtre, était plus naturelle et plus simple, dès lors plus intelligible et plus généralement émouvante.

— C'est à l'Allemagne, à Haydn, à Mozart, à Beethoven qu'on doit cette richesse d'harmonie introduite dans l'accompagnement, c'est-à-dire l'instrumentation.

— La parole divise, car c'est l'arme la plus offensive. La musique réunit, car elle n'existe que par l'harmonie; une seule personne doit parler pour être entendue; mille personnes parlent ensemble en musique et l'effet augmente par le nombre! c'est le succès par l'art!

— La musique est un plaisir qu'on ne goûte d'abord que par les oreilles, mais qui éveille tout d'un coup tous les autres sens, se perçoit par le cœur et par l'âme surtout!

— La musique est le complément du langage; car elle existe déjà dans l'intonation, avant même d'arriver au chant, et elle donne aux mots et à la phrase, un sens que le dictionnaire ne fournirait pas.

— Ce qui plaît dans la musique ce sont les distractions, les émotions qu'elle produit; la musique religieuse surtout impressionne très-profondément, elle semble provoquer et exalter le sentiment de l'amour divin.

— La musique fait de la prière un chant céleste et divin; la musique est l'exaltation, le luxe le parfum de la prière; la musique et les orgues sont le porte-voix de la prière vers le Ciel.

— La musique est divine par elle-même, son origine et son but. PLATON.
C'est la musique qui relie la terre au ciel.
LI-LI-KI.

— La musique a été souvent l'inspiration d'un accord éternel: entre deux cœurs, comme elle était l'accord mélodieux entre deux voix.

— La musique n'a de charmes que pour certaines organisations impressionnables qui trouvent les sensations qu'elles cherchent et l'idée qui leur sourit: pour elles la pensée s'exprime dans le son; d'autres trouvent dans cette langue si complaisante et si accommodante la réalisation, la réalité même de leurs rêveries; l'amoureux y entend le roucoulement de l'amour; le croyant, la parole de Dieu; le poëte, tous les rêves de son imagination. Voilà pourquoi la musique remue tant de pensées et soulève tant de sympathies d'émotions et de tressaillements.

— La musique triste ne fait plaisir qu'aux esprits assez gais pour pouvoir se complaire un instant dans des sensations mélancoliques. Elle ne conviendrait pas aux grandes douleurs qu'elle rendrait plus cuisantes en les ravivant.

— La Bible a bien qualifié notre terre en la surnommant la Vallée des pleurs : vallée des pleurs, en effet, car le cœur de l'homme en est si bien gonflé que ses yeux débordent de larmes au premier son de la musique la plus rustique et la moins tendre en apparence, et qu'on pleure souvent de joie au lieu de pleurer de douleur.

— Castorigno, le célèbre médecin napolitain, affirmait que le *Moïse* de Rossini, surtout par *La prière des Hébreux* (3ᵉ acte) et son superbe changement de ton, avait produit plus de fièvres cérébrales nerveuses et de convulsions violentes dans les vingt premières représentations, qu'il n'en avait jamais vu dans deux ou trois ans de pratique médicale; quelques-unes avaient été mortelles ; que si on n'eut pas joué *Moïse* dans une salle brillamment éclairée, le mal eut été bien plus grand, car alors toute la force de l'émotion se fût portée sur un *seul nerf*, le nerf auditif, au lieu de se porter sur les deux nerfs auditif et optique. La musique produirait donc plus d'effet si elle était entendue dans l'ombre.

— N'avons-nous pas vu les hommes les plus graves et les mieux portants, exaltés à ce point qu'ils étaient obligés de fuir pour ne pas tomber en syncope ou en furie. Mᵐᵉ Malibran, notre grande cantatrice, saisie de convulsions effrayantes la première fois qu'elle entendait, au Conservatoire de Paris, la symphonie en *ut* mineur de Beethoven, en est un exemple frappant.

— La musique est la langue des sens dont les gammes et les tons multiples peignent tous les sentiments, les sensations, les pensées, les rêveries, enfin toutes les passions les plus opposées.

— La musique étant déjà en harmonie avec le climat qui l'a produite, a besoin de ce climat pour être complète et bien comprise; aussi pour les Européens du Nord est-ce un grand bonheur que d'entendre chanter en Italie, la musique italienne : c'est le bonheur du botaniste qui trouve sur pied et dans toute sa fraîcheur la fleur et la plante étrangères qu'il ne connaissait que par ses livres et ses herbiers, c'est-à-dire incomplétement !

— Pour juger la musique et s'y livrer, il faut oblier la nationalité (la routine) ; la meilleure sera celle qui flattera le plus notre oreille, s'emparera de nous et en nous parlant, entraînera notre imagination dans les rêves les plus fantastiques. Comme en toutes choses il faut juger l'œuvre et non l'auteur ; préférer la musique qui plaît comme à table le mets qui nous agrée et nous sollicite.

— La musique est l'art qui exige le plus impérieusement une conformation particulière de certains organes et que nous appelons l'instinct, le goût musical : la plus grande partie des hommes est privée de cette organisation, dès lors de cet instinct; c'est dans l'habitude d'entendre faire de la musique qu'on en contracte lentement le goût; puis l'éducation se fait et la passion vient lorsqu'on commence à bien comprendre la langue musicale.

— Il faut donc une passion et des aptitudes musicales bien prononcées et bien accentuées pour céder à une vocation qui pourrait n'être qu'un caprice, un goût passager et sans base, et ne conduirait qu'à l'infériorité et à cette misère qui encombre nos villes et nos rues de mendiants musicant si affreusement, qu'on les paie *pour qu'ils aillent ailleurs dégoûter de la musique!*

— Ce serait le cas, dans l'intérêt du public, d'exiger une licence précédée d'une épreuve, qui renverrait au travail ordinaire les musiciens qui ne seraient qu'importuns, tapageurs, agaçants et exaspérants.

— Ce n'est que lentement et insensiblement que la musique devient un instinct, un besoin, une passion populaire ! son origine remonte à l'antiquité la plus reculée, aux Assyriens, aux Mèdes, aux Égyptiens ; elle fit ainsi les délices de la vie des grands peuples et aujourd'hui elle n'est si en honneur qu'en Italie, dans l'Allemagne, le centre et le nord de l'Europe. C'est le luxe ostentueux de l'Angletere et des États-Unis qui ne comprennent pas la musique, mais mettent leur vanité à la surpayer et à paraître ainsi la comprendre.

— Certaines populations ont le sens de la musique et de l'harmonie : ainsi dans le Tyrol, l'Allemagne, l'Italie, la musique agréable court les rues, mais il ne faut pas voir l'instrument, il ne faut qu'entendre, car adieu à l'illusion et au charme de la rêverie: ce qui transportait n'est plus, en réalité, qu'une troupe d'ivrognes chantant juste.

— Les Italiens, et après eux, les Allemands sentent, c'est-à-dire ont l'instinct de l'harmonie musicale; ils chantent avec une délicatesse, un tact, un sentiment qui n'appartiennent qu'à eux! ils font de la mélodie! ailleurs on fait de la musique.

— Naples, Bologne et Venise sont en Italie les capitales et le climat de la musique.

— Scarlati, à Naples, a été le créateur de l'école italienne; Bach, à Dresde, de l'école allemande.

— En Italie, la première représentation d'une œuvre d'un maëstro renommé est un événement de premier ordre pour la ville privilégiée ; toute la contrée accourt, parfois on arrive de cinquante lieues à la ronde ; les auberges et les maisons sont combles, on couche dans les voitures, on surpaie les places au théâtre, une loge de six places se paie 150, 200, 250 francs, alors que son prix est 20 francs. Le maëstro est obligé d'être à son piano aux trois premières représentations! C'est la passion la plus emportée qui juge et qui prononce, ce sont des hurlements et non des cris. On applaudit, on siffle en s'adressant à l'acteur ou à l'auteur, dans ce cas le maëstro se lève et salue, puis on continue. Après la troisième représentation, s'il y a succès, le maëstro reçoit les soixante-dix sequins d'usage et quitte la ville.

— En Italie, on parle toujours avec passion et partout musique; Rossini dans ses voyages, dans les voitures ou dans les auberges déblatérait contre le maëstro Rossini, sa musique à l'usage des ânes, des chèvres, des chats, des canards... orchestre rossinien ! Il chantait même des airs extravagants de sa composition et qu'à juste titre il attribuait à Rossini! Il devait beaucoup à la France qui, par son accueil enthousiaste, avait exalté et développé toutes ses aptitudes, il voulait mourir en France entouré de ses amis.

— Cimarosa excelle dans le genre comique et passionné; il a plus d'idées et de bien meilleures idées que Rossini. Rossini triomphe par la vivacité, la rapidité, le brillant, *le brio*; il est surtout goûté par le peuple; il peint si bien l'amour heureux!

— Les instruments de musique se réjouissent et chantent gaiement sous la main d'un véritable artiste; ils crient, geignent, comme des âmes à la torture sous une main malhabile.

— Dans l'ancienne musique militaire russe, comme nous l'avons vue en 1814 et 1816 et pour notre malheur en France, chaque musicien chantant n'a qu'une seule note à donner, de là la perfection de cette note; c'était encore de la barbarie, mais c'était de la perfection dans la barbarie.

— Agésilas, roi de Sparte, invité à aller entendre un chanteur imitant parfaitement le rossignol, répondit: Je préfère entendre de nouveau le rossignol qui m'a si souvent charmé, l'original que la copie: Cette réponse a paru judicieuse à une époque où la musique était encore dans l'enfance: l'art de la musique est aujourd'hui si perfectionné et a étendu si loin son domaine, qu'une belle voix humaine surpasse de beaucoup les merveilles du chant du rossignol.

Mussard, — compatriote et ami de Jean-Jacques Rousseau avait, à Passy, une très belle maison de campagne dans le jardin de laquelle il trouva des carrières de coquillages fossiles, d'où il concluait que la terre n'était qu'un amas de coquilles et de produits marins: c'était dans tous les cas un excellent engrais, stimulant, à mettre en exploitation et à vendre à haut prix.

Musset (de). — Les comédies de Musset ont cela de particulier que trop délicatement poétiques et sentimentales elles sont incomprises à la scène, peut-être par un auditoire trop vulgaire, et qu'elles sont charmantes à la lecture pour un lecteur assez intelligent pour les comprendre.

Mutisme politique. — Silence imposé par la force ou même par la loi, c'est le plus dangereux des remèdes; c'est la fermentation renfermée et devant faire éclater le vase qui l'emprisonne, c'est la haine, la rage concentrées et exaspérées par une tyrannie odieuse : laisser au contraire la colère s'exhaler en lui ouvrant un exutoire dans la limite du droit qu'elle pourra entamer, mais non braver impunément, fera disparaître le danger.

MYSTÈRE. — Tout mystère a un charme parce qu'il fait penser, qu'il stimule et aiguise l'intelligence.

— Tout est mystère dans la nature, tout, l'homme lui-même qui ne se connaît pas quoiqu'il s'interroge et s'étudie depuis trente siècles.

— Les femmes et les enfants sont comme la mort, les mystères de l'humanité.

MYSTICISME. — Raffinement de dévotion, sentiment sortant des plus grandes profondeurs de l'âme humaine et jaillissant de toutes les religions : c'est une exubérance d'aspirations douces et tendres, souvent trop passionnées pour n'être pas dangereuses !

Le mysticisme de l'esprit est un travers qu'expliquent les contradictions de l'esprit humain : le mysticisme du cœur, au contraire est un fait naturel découlant des affections les plus tendres et les plus vraies.

MYSTIFICATIONS. — Un mystificateur est toujours un méchant ou un sot et le plus souvent l'un et l'autre.

MYOSOTIS. — Il y a une petite fleur bleue de la famille des *borraginées*, qui est un charmant symbole dans le langage des fleurs ; en français, elle dit : « plus je vous vois, plus je vous aime, » ou « ne m'oubliez pas ! » c'est cette dernière signification qu'elle a en anglais : *forget me not*, et aussi en allemand, *vergisz mein nicht*.

MYTHOLOGIE, — naïve histoire de la primitive humanité, racontant ses mœurs, ses tendances, ses vices et ses défauts. Il pourra donc se faire que notre histoire postérieure passe aussi plus tard à l'état mythologique.

— La mythologie ne doit être jugée qu'au point de vue des climats et des contrées qui l'ont inspirée : elle paraît absurde et ridicule dans le monde et sur les bancs des écoles et ne se soutient que comme langue poétique et homérique.

— La mythologie païenne ressemble tant à nos contes de fées que les enfants s'y laissent tromper ; car ce sont les Nymphes, les Naïades, les Amadryades, les divinités de l'Olympe, l'Amour, Bacchus, Vénus? des Fées, des Dieux, des Déesses.

— L'histoire de *l'Achéron*, de *la barque de Caron servant de passage aux âmes des morts*, le chien *Cerbère aux trois têtes*, toute cette histoire mythologique enfin, paraît avoir pris naissance dans cette partie de l'Égypte appelée le Fayoum, où était le palais de Caron (Quasse-Karoun) sur un lac qu'il fallait traverser pour arriver à une montagne où était assise la ville des morts.

N

NAINS. — Le nain le plus curieux dont on ait conservé la mémoire est le nain Bébé, né dans les Vosges, en 1741, et élevé à la cour du roi Stanislas de Lorraine : à cinq ans il pesait neuf livres sept onces ; son intelligence était extrêmement bornée ; il ne put jamais rien apprendre et ne sut que danser et faire des cabrioles ; ses passions furent vives, dit-on, et hâtèrent sa vieillesse qui se termina à vingt ans par la mort. On trouvait autrefois, dans les collections anatomiques de l'École de médecine de Paris, un modèle en cire de ce nain revêtu de ses habits ordinaires ; son sobriquet de Bébé fut donné depuis à tous les petits enfants, son véritable nom était Nicolas Ferry.

De nos jours le général *Tom Pouce* et la princesse *Félicie*, très-gracieux petits nains, ont vivement excité et intéressé la curiosité publique.

— Agésilas, l'avocat Licinius-Calvus, adversaire de Cicéron, le philosophe d'Alexandrie, Alypius, qui n'avait que deux pieds de haut, étaient, par la petitesse de leur taille, de véritables nains.

NAISSANCE. — C'est un bien petit mérite que celui de la naissance, puisque celui qui s'en prévaut est obligé de reconnaître qu'il n'y a pas pris part et n'a rien fait pour mériter pareille faveur !

— La naissance, l'élégance de manières, l'esprit, l'opulence ont une grande valeur sociale en France, en Europe et partout : mais la naissance est plus désirée, parce qu'elle ne s'acquiert ni ne s'achète ; l'élégance et l'esprit sont très-enviés, recherchés et estimés, mais ici tous concourent et le prix décerné par l'opinion publique est au plus méritant ; l'opulence est le besoin et le point de mire de tous ; elle n'est pas toujours méritée, mais elle est souvent cependant la récompense de l'intelligence, du savoir et du travail.

— Dans la grande loterie des naissances il faut que chacun se résigne au lot que le sort lui a donné : la loi française permet l'adoption, mais à cinquante ans seulement alors que la paternité naturelle n'est plus probable.

— La démocratie a beau dire et protester, la naissance, même en république, est un immense avantage ; un beau nom, un titre sont souvent une dot.

— La naissance place l'homme bien ou mal dans la vie : la femme a le privilége d'avoir deux chances au lieu d'une, la naissance et le mariage.

NAÏVETÉ. — C'est peut-être en France et parmi nos plus anciens et meilleurs auteurs qu'on trouve la plus exquise, la plus charmante naïveté, ainsi : Thibault de Champagne, le poëte Amyot, Lafontaine, Mabillon, etc.

— La naïveté serait presque un mot à double entente, s'il ne voulait pas dire bien précisément la vérité toute nue, native, pure et sans mélange ; ce qui le prouve, c'est que cette qualité distingue, en général, les jeunes filles les plus pures de sentiment et de pensée. C'est le plus grand éloge qu'on puisse leur adresser, donc le mot naïveté indique bien et généralement une qualité, un reflet de pureté, de candeur et de vertu.

Cependant le mot de naïf appliqué à un jeune homme de vingt à vingt-cinq ans, impliquerait de la bêtise : voilà encore une des mille difficultés ou délicatesses de la langue française.

NAPOLÉON Ier. — est un homme hors ligne, même parmi les grands hommes, c'est un demi-dieu marchant de victoire en victoire, de succès en succès, de progrès en progrès ; il touche à tout, et élève tout ce qu'il touche, c'est le génie de l'humanité.

— Napoléon eut un règne de onze ans dans lequel il entassa des évènements qui eussent pu immortaliser des siècles !

— Napoléon se distingua par son esprit à conceptions nettes, rapides et logiques et surtout par son génie militaire qui ne lui fit jamais défaut : des circonstances imprévues, comme le rude hiver de la campagne de Russie, comme l'erreur de Ney et de Grouchy à Waterloo, furent ses seuls écueils.

— La grande faute de Napoléon fut de s'enivrer de ses victoires aussi nombreuses que prestigieuses et d'aller se brûler au soleil d'Espagne, puis se briser aux glaces de Russie.

— Napoléon Consul et Empereur a été, pendant douze ans, le vainqueur du monde Européen ; cent *grandes victoires* sont là pour l'attester !.. Austerlitz, Iéna, Eylau, Friedland, Wagram..... lui avaient soumis tous les peuples et livré toutes les capitales du continent.

— Il constituait ainsi, par la multiplication de ses conquêtes, le faisceau des peuples et des forces qui, dans leur réaction, devaient le renverser ! Le conquérant, dans l'ivresse de sa gloire ne comprit pas que l'extension prodigieuse de cette gloire chargeait de plus en plus la mine qui allait broyer la France ! 1814 et 1815 éclatèrent en effet : *le monde Européen en entier, uni dans la honte de ses défaites*, se rua sur la France, l'abattit deux fois, deux fois lui donna un maître qui lui fut odieux, parce qu'il avait été ramené par l'ennemi!

— Napoléon 1ᵉʳ avait d'abord rêvé pour la France, avec la conquête de l'Égypte, l'omnipotence de la France sur l'Afrique et sur l'Asie dont l'Egypte forme l'entrée.

— Il ouvrit donc sa carrière de gloire par l'expédition d'Egypte, sur la trace même d'Alexandre. En se plaçant à la tête de la confédération Germanique, en s'emparant de l'Espagne, de la Hollande, de l'Italie entière, du Wurtemberg..... il constituait un empire cinq fois plus grand que ceux de Charlemagne et de Charles Quint réunis!

— Louis XIV, au traité de paix de Nimègue, Napoléon à celui de Tilsit, se trouvèrent à l'apogée de leur gloire ; leurs désastres vinrent de ce qu'ils ne voulurent ou ne purent s'arrêter.

— Napoléon 1ᵉʳ prit d'autant plus vite sa destinée au mot qu'elle fut d'abord constamment heureuse ; on comprend dès lors son orgueil, sa confiance, sa force et sa persévérance ; sa vie était prédestinée et sa chute fut d'autant plus éclatante qu'elle avait été précédée de succès plus éclatants encore! la foudre porte avec elle ses dangers!

— Il faut remarquer deux choses dans les guerres du premier empire : luttes de principes et de puissance contre toute l'Europe ; luttes d'intérêts et d'industrie contre l'Angleterre : celle-ci sera toujours acharnée contre la France, car la France appelle le monde entier à détruire le monopole des mers que l'Angleterre a conquis à grands frais, qu'elle défend par tous les moyens possibles et qu'elle conservera à tout prix si les autres nations n'y mettent obstacle!

— Quelle vie épuisante que celle de Napoléon, depuis le siége de Toulon jusqu'à son embarquement pour Ste-Hélène! combien peu d'heures de sommeil tranquille a-t-il pu donner aux réparations de son corps? cette vie en poste, cette surveillance incessante éparpillée sur le monde entier, ces nombreuses guerres contre toutes les puissances d'Europe et même d'Afrique, ce travail diplomatique si multiplié avec des centaines d'ambassadeurs, de ministres et de conseils, ce corps de courriers toujours à cheval et au galop sur les grandes routes du monde, ce fardeau de géant, Napoléon le supportait seul, car seul il pouvait tout embrasser et décider sur tout : encore s'il eut eu les chemins de fer, le télégraphe électrique, les bateaux à vapeur, les navires cuirassés, les canons rayés et la poudre fulminante, ces moyens qui sont la foudre avec sa rapidité et sa puissance de destruction! Ainsi organisé et armé Napoléon n'eut plus été un homme, il eut été un Dieu supprimant toutes les royautés et faisant litière de toutes les nations qui n'auraient pas sollicité comme une gloire le titre d'alliées de la France!

— On n'a pas dit toute la vérité sur la retraite de Russie... Le froid a tout fait! tous les chevaux étaient morts, l'artillerie et le train perdus, mais partout l'armée française était supérieure aux Russes elle les battit dans *toutes* les rencontres ; les armées russes étaient en désarroi et ne tenaient pas devant les français ; l'armée française était entrée en Russie avec quarante mille hommes dont soixante-quinze ou quatre-vingt mille français, le reste était Allemand, surtout Italien, Polonais ; la défection des Bavarois, des Saxons, etc., à Leipzig, et la malheureuse erreur qui fit sauter le pont trop tôt, commencèrent nos désastres. Jamais depuis cinquante ans le froid n'avait atteint une telle intensité : au premier décembre, il y eut de quatorze à quinze degrés! L'armée perdit trente mille chevaux en une nuit ; il fallut abandonner toute l'artillerie (près de cinq cent pièces de campagne), toutes les voitures, les munitions, etc.; sur quarante mille hommes de cavalerie, trois mille seulement sortirent de Russie et ce furent des Polonais!

— L'incendie de Moscou ruina tous les plans de Napoléon ; il fit tout pour l'arrêter, car il lui fallait un abri contre le plus rude des hivers signalés ; le feu le chassa du Kremlin, il se retira à une lieue de Moscou, dans une maison de campagne ; là encore, malgré la distance, la chaleur était telle que les murs étaient chauds et brûlants, Moscou était une mer de feu... c'était le spectacle le plus grand et le plus terrible que puisse présenter l'imagination!

— La campagne de 1814 fut le chef-d'œuvre et le miracle de la stratégie napoléonienne; 80,000 français luttant contre 800,000 ennemis et toujours victorieux dans dix grandes batailles.

La capitulation de Soissons par le commandant Moreau; la désertion, l'abandon, disons le mot, la trahison du maréchal Soult par sa retraite sur Toulouse et son refus de concours ultérieur : tout cela amena la capitulation de Paris par la trahison du duc de Raguse, de Bourmont et d'autres chefs militaires et civils et livra Paris, la France et l'Empereur lui-même à l'Europe entière coalisée.

— Rien n'était moins possible, dès lors rien ne fut plus magique que le retour de l'île d'Elbe et la rentrée de Napoléon en France et la conquête d'un trône par un seul homme, armé seulement du prestige de son nom, et ralliant successivement à sa personne et à sa cause les corps d'armée qu'on envoyait pour l'arrêter et le faire prisonnier : ce spectacle fut si impressionnant que le roi Louis XVIII ne tenta pas de défendre sa capitale et s'enfuit démoralisé.

— Napoléon voulait se recueillir avant de reprendre les armes et même conserver la paix, mais la coalition se reforma et il fallut songer à se défendre : il quitta donc Paris le 12 juin, et le 15 l'armée française passait la Sambre marchant contre les armées anglaise et prussienne.

— Jamais victoire ne parut plus assurée à la France : le premier jour à Fleurus, avant que les alliés ne fussent groupés, Napoléon les anéantissait sans la trahison de Bourmont qui abandonna son drapeau et courut révéler la marche de l'armée française.

— Le deuxième jour, aux Quatre-Bras, l'armée anglaise était perdue, si Ney eût exécuté les ordres qu'il avait reçus ; il hésita, ne fit rien et donna le temps à l'armée anglaise de s'échapper et de fuir.

— Le troisième jour à Waterloo, à quatre lieues de Bruxelles, 18 juin, les armées anglaise et française se trouvèrent rangées en bataille ; il fallut les inexplicables manœuvres de Grouchy pour livrer la victoire à l'ennemi; le deuxième jour, si Wellington eut pu fuir, il l'eut fait, il était enveloppé et acculé, il dût rester ; Blücker serait arrivé lui-même trop tard et eut été perdu; l'ineptie de Grouchy changea la victoire en défaite ; il ne trahit pas, lui, mais il y avait des traîtres parmi ses officiers d'état-major, dont plusieurs porteurs d'ordres de Napoléon passèrent à l'ennemi!

— Las-Cases, en parlant de Waterloo, l'avait qualifiée de journée des éperons. Napoléon s'écria avec la plus grande chaleur: « Ah malheureux, que dites-vous là! effacez, monsieur, effacez au plus vite, journées des éperons! quelle calomnie, ah! pauvre armée! braves et bons soldats, jamais, non jamais vous ne vous étiez mieux battus. » Et après une longue pause : « Nous avions dans nos rangs de bien grands misérables, que le ciel leur pardonne! »

— L'Empereur avait éprouvé un grand échec en Espagne et en Russie, mais il en était sorti, lui et son armée, et les ennemis ne fussent pas sortis de France sans les trahisons sollicitées et appuyées par les royalistes, car une fraction de l'armée coalisée était devant Paris, mais sans munitions, sans vivres, sans magasins, séparée du reste de son corps d'armée... la retraite ne lui était même pas possible et Napoléon l'attendait là pour l'écraser ou la faire prisonnière; l'Alsace, la Lorraine, la Champagne se seraient soulevées comme un seul homme au premier signe qu'elles attendaient!

— L'empereur de Russie, Alexandre, n'avait rien épargné auprès de Napoléon pour le décider à partager avec lui et à disposer du monde à leur guise; mais Alexandre voulait Constantinople par-dessus tout et avant tout, et Napoléon déclarait que la Turquie devait rester comme une digue opposée aux conquêtes russes dans l'Occident; qu'autrement, venant peser sur la Méditerranée qui devait être un lac français, la Russie devenait l'ennemie naturelle et obligée de la France!

— Pendant la puissance de Napoléon, l'empereur Alexandre se dit longtemps son ami ; il voulait lui donner sa sœur; le choix d'une archiduchesse d'Autriche lui fut fort sensible, puis il jalousa la gloire de Napoléon ; enfin les calomnies de Talleyrand et autres qui supposaient des paroles hostiles et ironiques de l'empereur français contre l'empereur de Russie, achevèrent la rupture, et Alexandre fut le promoteur infatigable de la seconde croisade européenne contre la France ; seul, il mit cinq cent mille hommes en ligne !

— En 1814, après la première abdication de Napoléon en faveur de son fils, sous la régence de sa mère, la coalition était divisée et l'empereur de Russie pouvait décider : il hésitait, car il fallait encore courir les chances d'une bataille devant Fontainebleau où la division du duc de Raguse et vingt mille hommes en plus était concentrée ; lorsqu'arriva au congrès la nouvelle que le duc de Raguse, Marmont, avait fait sa soumission : Alexandre irrésolu se prononça alors pour une abdication entière.

— Napoléon, à Waterloo, écrasé par toutes les forces de l'Europe coalisées contre lui : l'Angleterre, l'Espagne, la Suède, la Russie, le Wurtemberg, le Hanovre, la Saxe, les autres trente principautés allemandes, etc., fut plus grand peut-être encore que dans ses grandes victoires d'Italie et d'Allemagne.

— La gloire de Napoléon, mort, a toujours grandi devant la guerre sourde faite aux gloires de la France ; on oublia ses excès pour se rappeler et rappeler à la restauration les triomphes de la France napoléonienne.

— L'Angleterre, en s'emparant de Napoléon qui s'était réfugié chez elle en demandant asile au vaisseau anglais le *Bellérophon*, prétendit prendre exemple sur le Prince Noir qui, cinq cents ans plus tôt, avait envoyé son prisonnier, le roi Jean, en Angleterre ; mais sa conduite envers Napoléon fut aussi odieuse que celle du Prince Noir avait été généreuse et digne : quoique prisonnier, le roi Jean fut traité en roi à la cour d'Angleterre, tandis que Napoléon, réfugié et non prisonnier, subit la peine infligée aux *galériens* anglais, et fut déporté dans une île malsaine et sous les tropiques *où on ne résiste jamais dix ans aux influences mortelles du climat*, c'était donc non-seulement une déportation, mais un assassinat prémédité.

— Napoléon à Ste-Hélène endura les souffrances les plus longues et les plus cruelles et des désespoirs déchirants ; sa grande âme parvenait à dissimuler son supplice, mais ses amis et ses médecins ne s'y trompaient pas !

— Napoléon a eu à Ste-Hélène, comme le Christ, son Thabor et son crucifiement ; à une vie si illustre et si glorieuse il fallait une dernière couronne, celle du martyre : aussi le respect de sa mémoire et l'admiration de son génie s'accrurent de la grandeur de sa chute et de la dignité de sa mort.

— J'ai toujours pensé que si la France était heureuse de reprendre possession des cendres de Napoléon le grand, son tombeau était plus poétiquement placé sur le rocher de Ste-Hélène : c'était un volcan éteint sur un autre volcan éteint avant lui, la grande mer l'entourait de ses grandes vagues dans ses tempêtes ; le piédestal était à la taille du plus grand homme de guerre, du plus grand conquérant du monde ancien et moderne.

— Napoléon et Louis XIV crurent se fortifier par des alliances : Louis XIV avec une infante d'Espagne, Napoléon avec une archiduchesse d'Autriche ; mais ces alliances politiques réclament un ciment plus fort que les affections du sang, il leur faut un intérêt permanent et national !

— En 1810, Napoléon était à l'apogée de sa gloire, il avait toute l'Europe dans la main, moins l'Angleterre et la Russie ! il avait choisi son neveu (depuis Napoléon III) pour son successeur, mais il revint bientôt sur cette idée et pensa à se donner un héritier direct, dans une grande alliance qui lui assurerait ses conquêtes ; il s'adressa à l'empereur d'Autriche, qui accueillit avec empressement sa demande en lui accordant sa fille, l'archiduchesse Marie-Louise, âgée de dix-neuf ans : Napoléon eut bientôt l'espoir d'avoir un héritier qui, à sa naissance, fut doté du titre de roi de Rome : aux approches de l'accouchement, le *Moniteur* avait annoncé que le canon des Invalides tirerait vingt-un coups, s'il naissait une fille, et cent s'il naissait un garçon : le 19 mars, dans le jour, les douleurs commencèrent, le jardin des Tuileries, le carrousel, les quais furent si complétement envahis qu'on ne put fermer les grilles ; la foule silencieuse passa la nuit dans l'attente; le 20 mars, à huit heures du matin, trois fenêtres s'ouvrirent pour annoncer la naissance, et au moment même, à un signal donné, tonnait le canon des Invalides : les vingt-un premiers coups parurent autant de siècles, au vingt-deuxième coup, des trépignements, des cris exaltés, des applaudissements frénétiques éclatèrent; à chaque nouveau coup de canon cela recommençait! jamais manifestation populaire ne fut plus grandiose et plus vraie : Marie-Louise oublia tous ces témoignages d'affection, elle ne dût même jamais avoir aimé Napoléon, car elle resta toujours pour lui la femme la plus froidement inexplicable; au retour de l'île d'Elbe, elle devait s'échapper et accourir seule ou avec son fils, elle n'en eut pas même le désir! quelques mois plus tard, elle pouvait tenter de le suivre à Ste-Hélène, elle n'y pensa pas ou ne le voulut pas!

— On a calomnié la famille impériale d'Autriche à l'occasion de l'éducation du fils de Napoléon le grand: cet enfant, dans lequel se révélaient les plus heureuses dispositions et le meilleur caractère, était grand, élancé, de la figure la plus belle et de la physionomie la plus gracieuse; une magnifique chevelure blonde adoucissait encore ses traits, il était l'idole du vieil empereur, son aïeul. Le duc de Reischtadt était réellement le frère adoré des archiducs; l'archiduc François était son ami le plus intime et, tous deux aussi habiles qu'adroits à monter les chevaux les plus fougueux, faisaient l'admiration des Viennois dans leurs courses au Prater ou dans les revues, car les deux jeunes princes passaient par tous les grades de l'armée pour arriver à commander un régiment de cavalerie. Le duc de Reischtadt resta français sans altération jusqu'à sa mort au milieu de la cour Viennoise où, loin de contrarier ses idées, on leur laissait un libre essor.

On devinait que son cœur n'était pas en Allemagne, qu'il était en France! et il mourut, en effet, de cette maladie de langueur qui tue si promptement les exilés sans espoir.

— Napoléon Ier avait une magie irrésistible de manières et de langage : le ministre Clarke, le grand duc Constantin et une foule d'autres ennemis acharnés de Napoléon lui rendaient le même témoignage.

— Napoléon avait une instruction solide, non apparente, ne brillant que dans les grandes circonstances : lisait-il une dictée par lui faite, la plus légère faute de français ou d'orthographe ne lui échappait pas! écrivait-il lui-même, les fautes abondaient; ses mots étaient dans une lettre, ses phrases dans un mot, son écriture était hiéroglyphique, il ne pouvait parfois se relire : en public, son style était châtié, pur, élevé ; en particulier il estropiait tous les noms propres et ne revenait jamais sur une prononciation adoptée ; ses idées sortaient toujours claires, limpides, saisissantes. Il disait de sa tête : c'est un casier bien en ordre ; je puis, sans confusion possible, passer d'une case à une autre.

— Napoléon avait une merveilleuse organisation pour le travail ; c'était son élément : trois heures de sommeil lui suffisaient ; se réveillait-il, il travaillait, puis rentrait au lit et se rendormait de suite ; il faisait tout par lui-même, écrivait ou dictait constamment, lisait, annotait tout ; il se couchait ordinairement à dix ou onze heures ; presque toujours M. de Menneval revenait vers minuit, Napoléon le renvoyait à quatre heures, et en rentrant dans le cabinet à six heures, le secrétaire retrouvait l'empereur au travail : en campagne, on réveillait l'empereur souvent dix fois par nuit, c'était une règle!

— Napoléon Ier était enfant du siècle des encyclopédistes ; il était né et resta toujours catholique et *italien*, c'est-à-dire plus superstitieux que religieux : en rouvrant les églises, en honorant la religion, il refusait de se soumettre publiquement à un acte religieux qui lui paraissait une faiblesse et *s'obstina*, malgré les instances du pape, à se marier sans communier : la religion n'était pour lui qu'une puissante formule de morale et de gouvernement. A ces derniers moments, il accepta cependant la visite et les conseils d'un prêtre et mourut en chrétien.

— Napoléon était très humain: après le combat il parcourait le champ de bataille;

faisait relever et panser les blessés, s'assurait que les ambulances étaient bien fournies, bien organisées, faisait distribuer du vin, des viandes, etc., se privant alors de tout pour lui-même! et ne refusait jamais rien *pour les blessés*. Personne n'était plus miséricordieux, plus facile à oublier les injures, moins vindicatif que lui. Murat, son beau-frère, lui devait tout, il le trahit odieusement en 1814, et cependant, en 1815, Napoléon lui pardonna.

— Napoléon a fait beaucoup pour l'Italie conquise par lui: il acheva la cathédrale de Milan, déblaya la place Trajane, les Thermes de Titus, les arcs de triomphe de Janus Quadrifrons et de Septime Sévère; il restaura le Colysée, transforma le Pincio, agrandit et continua les fouilles d'Herculanum et de Pompéï, qu'il rendit à l'étude et à la curiosité des savants.

— Wellington a dit souvent que la présence seule de Napoléon sur le champ de bataille équivalait à cent mille hommes de supplément, que jamais général d'armée n'avait inspiré à ses troupes pareille confiance et si grand prestige! pour le soldat français, aussi bien que pour l'ennemi, Napoléon était la victoire en personne! et, en effet, il a fallu les fautes de quelques maréchaux ou leur trahison pour amener les deux restaurations!

— Après la chute de Napoléon, l'archiduc Jean, visitant l'Italie, admirait une rotonde au plafond de laquelle on voyait une action dont Napoléon était le héros; comme il renversait beaucoup la tête pour mieux voir, son chapeau tomba à terre, on s'empressa de le ramasser : « Laissez, laissez, dit-il, c'est la tête découverte qu'on doit admirer l'homme qui se trouve là-haut. »

NAPOLÉON III — était en défiance contre la bourgeoisie trop orgueilleuse et souvent capricieuse ; il paraissait préférer le peuple pour s'appuyer sur lui! Étrange et extravagante erreur, l'opinion du peuple est sans base, car il n'a aucune instruction, aucune logique, il n'a qu'un intérêt: puis sa rancune contre la bourgeoisie l'aveuglera toujours et le poussera à tous les excès, à la guerre civile même.

Du jour où Napoléon III entra dans cette voie l'empire fut condamné, le peuple s'égarant dans son opposition et s'enivrant dans ses révoltes qu'il appela des succès.

C'est là l'histoire de toutes les révolutions : les fous les proclament, le peuple les ensanglante et les rend odieuses et les intrigants les exploitent.

NATATION. — Les romains avaient cet art dans une telle estime, que pour exprimer le mépris que leur inspiraient les ignorants, ils disaient : « Il ne sait ni lire ni nager. »

— La natation étant un exercice aussi salubre qu'agréable et utile, doit entrer à tous ces points de vue dans l'éducation des garçons et des filles. Elle doit être le complément de la gymnastique.

NATIONS. — L'histoire générale du monde nous apprend que la grandeur des nations dépend, sinon de leur civilisation, au moins du développement de leur intelligence par leur littérature, leurs beaux-arts, leurs sciences, etc.

L'Égypte ne fut conquérante et puissante qu'après avoir été instruite, de même des peuples orientaux : plus tard de la Grèce, plus tard encore de Rome et de l'Italie, puis enfin de la France, de l'Espagne, de la Germanie.

— Les peuples forts sont ces natures simples et primitives qui n'ont pas encore bu à la coupe des vices et des prostitutions.

— Les nations qui ont de l'avenir et de la vitalité, réunissent les qualités suivantes : croyances religieuses profondes et intimes, moralité, respect filial à la vieillesse qui a autorité et confiance, obéissance au pouvoir établi ; force de constitution physique et courage, amour de la patrie et union de la famille, expansion de la nation au dedans et au dehors, simplicité de mœurs, amour du travail, ordre et absence de luxe, traditions glorieuses, ancienneté de race, familles nombreuses: les nations qui ont les défauts contraires sont menacées de dissolution !

— Dans une même nation où l'uniformité du climat, du sol, de la nature externe, des habitudes, des préjugés, de l'éducation, de l'instruction, doit amener l'uniformité des idées, il ne faudrait pas s'étonner de leur ressemblance et de leur similitude.

— Chaque nationalité a des besoins découlant de la configuration et de la nature du pays, de son degré de civilisation, des traditions de race, etc., c'est là ce que la loi doit consacrer et ce que le gouvernement doit respecter.

— C'est la nature physique et végétale de la contrée qui commande et moule en quelque sorte la vie matérielle et même intellectuelle de l'homme, qui impose ses instincts et ses habitudes, ses besoins, ses aptitudes, ses règles de conduite; la vie arabe, par exemple, est la preuve décisive de l'axiome que nous venons de formuler; c'est la vie la plus sobre et la plus dure devant la misère extrême de la contrée unie à l'excessive rigueur d'un climat brûlant! La vie espagnole est le calque, en petit, de la vie arabe, car l'espagnol est pétri d'arabe lorsqu'il n'est pas entièrement arabe! L'italien vient après avec le russe dans les deux climats les plus contraires, puis l'allemand, puis le français avec sa délicatesse exquise d'habitudes, d'éducation, d'instincts, d'intelligence ; enfin l'anglais pour les exigences extrêmes de ses appétits matériels, les impérieux besoins de sa forte nature, et sur ce feu ardent d'une constitution si fortement alimentée, la volonté absolue et cruellement implacable de la nature la plus sauvage! Dans l'ordre moral, l'anglais est un vrai cannibale: c'est le carthaginois pour l'astuce, l'arabe pour la volonté et l'énergie, le lion pour la force du corps, le nègre pour l'entêtement et l'égoïsme.

— La nation ou force nationale est le groupe de toutes les forces: de la force numérique et individuelle, de la force gouvernementale et d'organisation, de la force de l'opinion et de la force de la richesse qui seule peut, par son concours, aider à la mise en mouvement de toutes les autres.

— Les nations commencent par la barbarie sauvage et ignorante, grandissent par la civilisation réelle et morale, s'éteignent dans cette civilisation corrompue qui ne pense qu'à satisfaire les besoins matériels et oublie les besoins moraux.

— Dans les nations naissantes ou barbares, les idées et l'instruction manquent et l'uniformité humaine, même dans son intelligence, est presque complète ; la langue, les habitudes sont sans variété de formes, tout se ressemble ; la civilisation au contraire a des nuances, des variétés innombrables, car l'instruction, la science et le génie agrandissent incessamment le cercle.

— La famille est la source, et les divers enfants sont les ruisseaux qui lui servent d'écoulement: leurs eaux s'allient à d'autres eaux, ce sont ces alliances qui forment les rivières, puis les fleuves et enfin les mers qui représentent les nations d'hommes.

— Les plus grands peuples du monde ont été les plus stupides par leurs croyances, les plus fanatiques dans leurs erreurs, les plus corrompus dans leur vie privée. Les Égyptiens avaient leurs idoles dans leur bœuf Apis, les serpents, les oiseaux et même certains légumes; les Grecs croyaient aux oracles, à la métempsycose ; les Romains croyaient aux augures, aux pronostics, aux poulets sacrés, au vol, au cri des oiseaux et leur obéissaient aveuglément.

— La vie des peuples se compose de toutes les qualités, de toutes les vertus, de tous les défauts et de tous les vices : elle est donc la somme de ce bien et de ce mal.

La vie humaine est le grain de sable, comme la vie nationale est la montagne de sable ; autant l'unité est imperceptible, autant la somme est apparente dans sa grandeur, et c'est dans cet ensemble qu'on peut apprécier les résultats de la civilisation. Étudions nos sociétés modernes et tout d'abord nous y verrons plus de démoralisation que de civilisation. Au dessous du million d'hommes qui constituent nos aristocraties, ne découvrons-nous pas des millions d'êtres avilis, et dégradés qui sont la boue et l'écume des nations.

— Du monde ancien que reste-il ? l'histoire de la Petite Grèce grandie et illustrée par ses beaux-arts, par une littérature toute nouvelle, toute personnelle à la nationalité grecque. La Judée avec la Grèce sont les deux premières étoiles des nations ; puis vient la puissance colossale et universelle de la république romaine, bientôt éteinte sous le luxe et la corruption.

Le monde était menacé par la barbarie inondant l'Europe entière, saccageant, brûlant, tuant et détruisant tout. La parole divine du Christ intervint, calma, unifia et organisa les barbares, de là les nations et la civilisation actuelles!

— Les nations sont comme les individus, elles ont chacune leur constitution et leurs souffrances, leurs instincts, leurs passions... enfin leur vie propre et toute personnelle.

— Il y a une loi humiliante dans l'humanité, c'est que le sort des plus grandes nations dépend souvent de l'existence ou du caprice d'un seul homme.

— La vie des nations paraît avoir les mêmes divisions et les mêmes phases que la vie de l'homme: leur enfance, c'est le chaos, la barbarie; leur jeunesse, un commencement de civilisation; leur âge mur, une civilisation de plus en plus complète; leur première vieillesse, un commencement d'affaiblissement; leur deuxième vieillesse, le premier pas dans la déchéance, et la marche progressive vers la mort, c'est-à-dire une disparution par la conquête et l'absorption d'une nationalité plus vigoureuse et plus énergique.

— Il faut croire que les états et les nations marchent tout seuls, et par leur seule force; car ce n'est que fort rarement qu'ils obéissent à la direction intelligencielle d'un homme d'état capable.

— Les nations soumises à la loi du fatalisme: l'Orient, la Turquie, l'Inde, nous rappellent la passivité sereine de certains animaux réduits à l'état de domesticité.

— Si les nations disparaissent, les peuples ne meurent pas, ils ne font que s'effacer, se mêler ou se transformer; il est d'essence humaine de changer, mais non de périr; les déluges connus en sont la preuve; je ne parle pas des déluges inconnus bien certainement plus nombreux.

— Les moins robustes et les moins habiles des peuples civilisés ont reçu l'éducation du travail et les leçons de l'expérience.

— Dans les nations à grande vitalité, les intelligences actives sont nombreuses, pour certaines choses: le nombre remplace le génie, chacune apporte son tribut et l'œuvre se complète par le groupement.

— Une chose à remarquer c'est la persévérance du caractère et des mœurs de chaque nationalité. Le caractère, les mœurs et surtout le langage suffiraient pour révéler l'origine.

— Les nations que nous appelons presque barbares comme les États Scandinaves et Slaves, l'Allemagne, la Russie, etc., recèlent cependant toutes les meilleures bases des sociétés organisées: la famille y est parfaitement constituée dans ses classes diverses, la condition élevée accordée aux femmes dans l'administration du ménage, l'union de la famille, le respect et la soumission aux aïeux, la religion crue et vénérée, les lois respectées composent cet ensemble qui fait la force et la solidité des nations.

— L'Allemagne vit sur les ailes d'une inquiète philosophie. L'Espagne et l'Italie sur des instincts et des idées superstitieuses, de folles et fantastiques espérances.

— Ce sont les lois de Moïse qui ont donné à la nation juive l'énorme force, la vitalité si puissante qui l'ont fait vivre malgré toutes les tortures et tous les massacres qui, depuis dix-neuf siècles, mettent en question et en péril son existence même.

— On ne peut admettre en général comme droit international la réciprocité d'exécution des jugements de tous les états, parce que les nations les plus civilisées seraient blessées par des décisions contraires à leurs principes: mais on pourrait accepter le principe de ne regarder les jugements et les arrêts étrangers que comme susceptibles d'appel devant une cour de la nation intéressée: cela remplacerait favorablement la révision puisqu'on pourrait ainsi se faire juger par le droit et l'équité.

NATSCHIVAN. — Suivant les Perses, Natschivan fut fondée par Noé, dont elle conserva le tombeau. Non loin de là, on montre l'Ararat en Arménie dont la plus haute cîme est fendue en haut; c'est dans cet enfoncement que s'arrêta l'arche de Noé à la fin du déluge. On la croit encore sous les neiges éternelles qui la couvrent. Au pied de la montagne se trouve le couvent d'Ara-kil-vank, bâti là où Noë installa sa première demeure.

NATURE, — mot indéfini dans son immensité, puisqu'il comprend non-seulement notre monde et tout ce qui s'y trouve, vit, végète... mais tous ces mondes qui peuplent un ciel si profond qu'on n'a jamais pu en constater le diamètre en comptant par millions de milliers de lieues ! Nous abrégeons, car ce n'est pas le moment de toucher aux innombrables sujets que présente l'étude de la nature, des pensées ne pouvant être des traités.

— L'univers se révèle à l'homme sous des formes aussi variées que multiples : l'Océan, plaine mouvante cachant des abîmes pleins de trésors engloutis ; le désert plein de sable et de feu ; la plaine fertile, demeure de l'humanité ; les montagnes, ossements saillants du globe terrestre ; la forêt, trésor de végétation des siècles anciens attaquée incessamment par l'homme.

— La nature seule a le secret d'émouvoir par le silence absolu : tandis que les hommes ne produisent quelque effet que par la parole, le bruit, l'orgueil ou la vanité.

— Les savants ne poursuivent que le développement de leurs systèmes, source presque forcée d'erreurs ! il vaut mieux étudier la nature, source de vérité, de beauté, et de bonheur.

— Pline, (*histoire naturelle*) a expliqué, que la nature avait d'autant plus d'énergie que la sphère de son activité était plus bornée : c'est, en effet, une loi logique.

— La nature, dit-on toujours, est inférieure à l'humanité, puisqu'elle a été conquise par l'homme qui reste son maître. Oui, mais avec quel secours ? avec le secours de la nature même, c'est-à-dire de Dieu !

— Contempler la nature, c'est entrer dans la voie de la foi ; car la nature inspire, conseille et commande l'amour de Dieu.

— Les beautés et les grandeurs de la nature, de l'art, du talent, saisissent toujours les grands cœurs et les grandes intelligences, seulement l'expansion du sentiment est chez les uns vibrante et admiratrice, chez les autres, silencieuse et muette, recevant en cela la formule du caractère, du tempérament, des habitudes naturelles ou d'éducation : chacun sait et éprouve à sa manière, chacun recueille et concentre à la sienne, tous sont frappés et se souviennent.

— Tout est accord dans la nature, elle est le plus fidèle miroir de l'humeur de l'homme : le ciel paraît gris quand l'esprit est sombre ; le corps malade, quand la tête est lourde et la vie inquiète. Mais que le soleil est brillant, qu'il est chaud, que l'air est parfumé pour l'homme gai et heureux !

— Ce n'est que dans l'étude opiniâtre des détails qu'on a saisi les secrets de la nature.

— Rien ne disparaît dans la nature, la fleur qui s'ouvre remplace une fleur qui s'en va, la rose effeuillée sous la figure d'une mère tient sur ses genoux la fleur qui doit la remplacer.

— La nature pourvoit à tous les besoins, elle porte l'eau à la plante qui ne peut l'aller chercher, c'est vers elle que se dirige le ruisseau.

— Les lois qui régissent le monde, les saisons, le cours du soleil, de la lune et de toutes les planètes et étoiles, les marées, etc., sont tellement régulières et précises qu'on doit espérer la même logique et dès lors arriver à la prévision du temps, de la pluie, de la chaleur. La science est sur cette voie, elle réussira à touver la règle comme elle a réussi à trouver le mouvement de chacun des corps célestes et des marées, en distinguant même les grandes et les petites. Ce travail d'observation journalière est commencé, on arrivera successivement à connaître la périodicité variable des temps comme on connaît déjà la périodicité variable des saisons et des astres.

— La nature, par les besoins ou les appétits qu'elle nous impose dans l'intérêt de notre conservation personnelle, nous donne le conseil de l'imiter dans ses règles d'ordre et de précision, car notre machine, mille fois plus fragile qu'elle ne paraît l'être au total, semble organisée comme un mouvement de montre et pour marcher avec sa régularité. Les pulsations de notre pouls ne répondent-elles pas au mouvement des secondes et même du balancier, c'est ce mouvement qu'on pourrait croire la mesure de la marche de la respiration humaine.

— Quoi de plus beau que ces hautes futaies placées en amphithéâtre sur les montagnes et dont les colonnades gigantesques et superposées viennent révéler la magnificence et l'ampleur des beautés de la nature !

— *La nature humaine* est si complexe que souvent une qualité native est couverte par un vice ou un défaut. La bonté, qui est la base de toute qualité, est souvent obscurcie et voilée par un vice, c'est ce vice qu'il faut calmer en le satisfaisant, pour profiter de la qualité, pour l'acheter, si on peut dire le mot.

— La nature humaine est si rarement pure de tout mauvais levain, de tout dangereux instinct, qu'on découvre de mauvais germes dans les meilleurs cœurs. C'est ce qui rend le rôle d'observateur si difficile qu'il peut paraître s'abaisser au rôle de critique, de frondeur et même de jaloux et d'envieux.

— La nature humaine a ses perfections bien caractérisées et ses difformités éclatantes ; ici l'homme brutal et sauvage, là l'homme se rapprochant de Dieu par l'intelligence.

— Une nature heureuse trouve le bonheur, la tranquillité, souvent même la gaîté partout ; tout est satisfaction pour une âme pure et bonne, pour un caractère simple et franc ; le travail n'a pas de fatigues, l'obéissance pas d'ennuis, elle prend la vie par son bon côté : c'est là la meilleure philosophie naturelle et pratique.

— La nature brutale et sauvage va aux plaisirs matériels : à la gourmandise, à l'ivrognerie, à la luxure... honteux et vrais péchés de l'animalité !

— En bonne mère, la nature doit partager ses faveurs ; aussi lorsqu'elle donne la beauté, paraît-elle refuser l'esprit où d'autres qualités.

— L'homme a une double nature, bonne et mauvaise, se tenant souvent en équilibre, mais parfois penchant à droite ou à gauche, de là le bien et le mal : l'éducation pèse du côté du bien, la méchanceté du côté du mal, l'ignorance reste incertaine et finit par se tromper !

— La nature impose une harmonie et un équilibre parfaits entre le corps et l'esprit : il faut les mêmes précautions pour former l'esprit que pour former le corps, il faut que tous deux grandissent en même temps et qu'il y ait entre eux pondération de forces, de résolutions, de volonté.

— Une forme originelle, lorsqu'elle paraît bien tranchée, si elle est acceptable, fut-elle originale, doit être acceptée. Grandissant ainsi dans sa nature et dans sa force elle aura une énergie native qui saura la faire excuser.

— Étudiée de près la nature de la femme paraît supérieure à celle de l'homme ; c'est ce qui fait qu'elle doit le plus souffrir, car de deux natures mises en contact, la meilleure sera sacrifiée alors qu'elle devrait être la plus admirée.

— Certaines natures sont riches, mais inanimées, l'excitation manque à leurs sentiments, l'exercice à leurs facultés, il y a là un trésor enfoui, c'est à l'éducation, aux circonstances, à le découvrir et à l'utiliser.

— Chaque nature a son milieu qui la complète : tel homme est né pour la misère crapuleuse, tel autre pour le travail incessant et heureux, tel pour le luxe et les inutilités opulentes de la vie fastueuse ; l'harmonie est dans toutes ces existences, chaque tableau a le cadre qui lui convient, chaque personnalité la ligne d'existence tracée par un destin logique et raisonnable.

— Il y a deux natures dans l'homme, l'une passionnée, l'autre froide et tranquille ; chacune d'elles faisant équilibre à l'autre et se permettant de la rappeler à l'ordre pour la conseiller.

— Certaines natures grossières s'enveloppent d'une élégance de convention comme les valets d'autrefois se paraient en secret des vêtements de leurs maîtres ; un bel habit dissimule ainsi la laideur de leur âme.

— Défiez-vous des naturels parfaits, des natures sans défauts, car il n'en existe pas, c'est un rôle menteur appris et étudié, c'est un mensonge continu, c'est une coquetterie prétentieuse ou un orgueil outrecuidant.

— Quand les méchants ont eu un bon mouvement, il dure peu, aussi faut-il bien vite en profiter : quand ils entrent dans une bonne voie c'est qu'ils se trompent ou se ménagent une issue pour rentrer dans la mauvaise.

NAUFRAGES, ÉPAVES. — Qui croirait que dans ce siècle de l'an de grâce de Jésus-Christ 1873, il se trouve encore, je ne dirai pas des êtres humains, mais des êtres à figure humaine qui comme les bêtes fauves de la plus terrible et de la plus mauvaise espèce, attendent en silence, dans leur sinistre demeure, bien nommée, « *la baie des trépassés* » les débris de naufrage des navires que la mer a brisés sur leur côtes pour se repaître, dans des cris de joie et de remerciements adressés au ciel, des épaves que la mer leur apporte et des corps sanglants qu'elle fait échouer sur leurs rivages! On affirme même qu'ils commandent en quelque sorte les naufrages en attachant des lanternes à la queue de leurs vaches qui effrayées et affolées parcourent les bords de la mer et attirent ainsi par leur lumière trompeuse, les malheureux navires, sur les récifs où ils viennent se briser.

NAVIRES. — Les navires à voiles, pour manifester leur puissance, doivent attendre le souffle de Dieu, le vent! Les navires à vapeur possèdent dans leurs flancs le souffle de l'industrie humaine, la vapeur! qui a une force de mille à trois mille chevaux.

NAZARETH, — berceau de Jésus-Christ, était une petite ville mal bâtie, mais située dans une position charmante et sur un sol fertile. C'est encore une oasis dans le désert Palestinien; de ce point on aperçoit la mer dans le lointain et surtout le golfe de Khaïfa, et au-dessus, dans la montagne, Césarée de Philippe, sur les limites de l'aride Judée.

NÉCESSAIRE, — chose utile, bonne, avantageuse, mais non absolument indispensable; il n'y a cependant pas loin du nécessaire à l'indispensable, et quand on manque du premier on est bien près de toucher à l'indigence.

— Si le nécessaire est le besoin du pauvre, le superflu est l'ambition du riche : la richesse, en marche vers l'opulence, est insatiable, elle ne s'arrêtera jamais en route, son but d'instinct est l'infini.

NÉCESSITÉ, — force toute puissante dans la vie de l'homme, car elle le courbe sous sa main de fer.

— La nécessité est l'épreuve des principes, ce qui veut dire que les principes cèdent devant la nécessité, ce qui heureusement n'est pas toujours vrai, mais ce qui malheureusement est possible.

— La nécessité donne de la force aux hommes de cœur et d'intelligence; elle abat les âmes timides et pusillanimes ou paresseuses.

Nécessité de se vêtir. — Au début des sociétés humaines et sous les climats chauds, l'homme vivant à l'état sauvage ne prit pas la peine de se vêtir, sa nudité ne blessait personne et ce ne fut que plus tard à la suite de l'affaiblissement des races et de leur dépravation morale, qu'il songea à se couvrir; une autre raison plus décisive encore l'obligea à le faire, c'est que quelque insensible que soit le refroidissement de la terre, ce refroidissement augmentant de plus en plus, il dût recourir à des vêtements de plus en plus chauds et perfectionnés, c'est sur cette pente que nous nous trouvons encore.

NECKER — fut un des ennemis les plus acharnés de Marie-Antoinette; ce fut dans ses salons que se forma et se réunit cette coterie de révolutionnaires de grande maison : le comte de Narbonne, le duc d'Aiguillon, Lauzun, Biron, de Jaucourt, de Poix, Daumont, le prince de Montbarré, puis Lafayette, Barras, Clermont-Tonnerre, Mme de Genlis, Mme de Staël, fille de Necker, enfin le duc d'Orléans, sa coterie et ses favoris; c'était une armée d'opposants qui conduisait la France à sa perte!

— On ne connaît pas assez tous les sacrifices d'amour-propre, d'argent et d'engagements personnels pris par Necker, ministre, dans l'intérêt des approvisionnements de Paris! obligé de fuir pour avoir adressé à la Convention un mémoire en défense de Louis XVI, déclaré émigré avec confiscation de ses biens français, ce ne fut que vingt-sept à vingt-huit ans plus tard, en 1817, qu'il parvint à dégager trois ou quatre millions de sa fortune, déposés en garantie des approvisionnements de Paris.

Négligence. — Faire tout trop tard et à demi, remettre toujours au lendemain toute affaire, tout soin, tout souci ; s'étourdir sur la nécessité d'accomplir promptement un devoir, constitue un défaut sérieux, une négligence impardonnable ; aussi malgré son apparence inoffensive, la négligence entraîne-t-elle à des habitudes qui ont pour l'avenir des conséquences si désastreuses qu'elles sont presque toujours, sinon infailliblement, une cause de ruine.

Nègres. — Il y a dans la nature des noirs quelque chose de mystérieux et de si dissemblable de la nature des blancs, qu'on n'a pas pu encore approfondir ce mystère : pour juger les nègres il eut fallu les laisser seuls en lutte entre la barbarie et la civilisation, et sans leur imposer les habitudes d'une nature toute différente de la leur ; livrés à eux-mêmes, à leurs instincts, à leurs penchants, ils eussent grandi dans leur force et dans leur intelligence, ils eussent marché dans leur voie, logiquement et non dans une voie étrangère, antipathique à leur nature ; les nègres sont aujourd'hui des êtres égarés, étourdis, incomplets, imitant tout et ne créant rien, vivant de la vie des singes et paraissant stupides comme le seraient un poisson, une écrevisse, une tortue hors de l'eau.

— Le nègre est-il bien un homme ? les nègres disent d'eux-même : les singes sont des hommes comme nous, mais qui se font plus bêtes qu'ils ne sont ; ils ne parlent pas pour qu'on ne les fasse pas travailler ; le nègre ressemble aussi imparfaitement que le singe à l'homme physique : il a les jambes et les bras de travers, les pieds difformes, le ventre énorme et ballonné, sa tête est déformée par les bosses énormes relativement à celles des blancs ! ses cheveux sont une laine si crépue que le peigne n'y peut pénétrer et que la vermine qui y pullule est inabordable ; le nez est à peine indiqué et si écrasé, les lèvres si grosses et si boursouflées qu'elles saillissent plus que le nez. Mais passons au moral : le nègre ne comprend pas les idées morales ; la matière seule le domine, le saisit et le conduit ; il est grossier, entêté, superstitieux et surtout paresseux ; il ne connaît pas sa famille, il vendrait sa femme et ses enfants ; le proverbe : « Travailler comme un nègre » est donc une *contre-vérité*, car aucun être vivant n'est plus paresseux que le nègre ; c'est sa paresse qui l'a fait si sobre, sa sobriété n'est pas une qualité, elle n'est que la conséquence logique du plus grand des défauts ! donnez-lui des spiritueux, il en abusera avec délices et excès jusqu'à en mourir ! Sa passion dominante est le libertinage brutal, la promiscuité sans choix, sans goût, sans passion autre que celle de la brute, celle du chien. Sa seconde passion est le chant, mais quel chant, et la musique, mais quelle musique ! Sa troisième, la danse, mais quelle danse !

— Dans les acquisitions d'esclaves on refuse les nègres anthropophages, qu'on reconnaît à leurs dents aiguisées artificiellement pour couper et mâcher de la viande crue.

— L'horreur du nègre chez les nations déjà civilisées et religieuses, comme les Antilles et l'Amérique, ne s'explique que par sa nature *excessive dans le mal*.

— Une créole se déshabille devant son nègre comme une anglaise devant son kingscharles (petit chien) ; pour la créole, le nègre n'est pas un homme, c'est un animal immonde ! mais si elle peut se déshabiller devant lui, elle ne s'exposerait pas à rester seule *un instant* avec lui !

Neige. — vapeur d'eau saisie par le froid et cristallisée dans l'air.

— Le linceul de neige qui couvre la terre n'est pas toujours aussi monotone qu'on le dit, il a tous les reflets variés du soleil, toutes les ombres des hautes montagnes et des végétations forestières, toutes les saillies et les couleurs des arbres.

— La neige tombée sur des bruyères ou des grandes herbes, forme des angles élevés, et lorsque vient la nuit et le vent, on pourrait croire à l'agitation du linceul, que les morts soulèvent la pierre de leurs tombeaux et qu'ils reviennent sur la terre qu'ils ont aimée.

En Europe méridionale, la neige en abondance ferme tous les chemins, car elle reste souvent molle et alors, s'attachant aux pieds des chevaux, elle forme sous leurs sabots des boulets arrondis qui les exposent à s'abattre ; en pleine Russie et en Sibérie, au contraire, elle ouvre les chemins aux traîneaux les plus rapides pendant toute la froide saison, tandis que dans les cinq mois d'été et d'automne les routes deviennent impraticables et les voyages presque impossibles.

Nénuphar. — La patrie des nénuphars est la Chine : on y soigne surtout la plus belle espèce, le nymphea ne lumbo, sa fleur est blanche, elle a quinze centimètres de diamètre, ses graines ressemblent, par leur grosseur et leur goût, à la noisette ; on affirme que ses racines cuites ont un goût d'artichaud.

Népomucène. — Saint Népomuck, un des plus grands patrons de la Bohême, était confesseur de la femme du roi de Bohême Venceslas, qui le fit précipiter du pont de Prague dans la Moldau, parce qu'il refusa de lui révéler la confession de la reine !

Sa mort fut vengée plus tard par les Taborites (anciens hussites) de Tabor, ville forte, par eux bâtie, qui déterrèrent le corps de Venceslas pour jeter son cadavre dans la Moldau à la place même où il avait fait précipiter celui de Népomuck.

Nerfs. — Les organes et les moteurs du sentiment et du mouvement dans le corps humain sont les nerfs, petits filaments blanchâtres, poreux, ramifiés dans toutes les parties du corps et se rattachant au cerveau et à la moelle épinière auxquels ils transmettent les impressions ; les nerfs sont au nombre de soixante-quatre et comme ils sont tous symétriques, ils se réduisent à trente-deux paires desservant tous nos organes ; ils ont, en outre, un très-grand nombre de filaments extrêmement ténus qui se fondent dans les chairs où ils président à la sensibilité et à la mobilité, c'est donc ce fragile et délicat système de filaments sans résistance ou continuité apparente qui exécute toutes les volontés humaines, qui commande à tous nos mouvements et à toutes nos sensations.

A côté et comme complément de cette organisation nerveuse, se place le nerf dit grand sympathique dont la fonction essentielle est de présider à la nutrition de tous nos viscères et, par suite, à l'exercice de leurs différentes fonctions.

Néron, — le plus cruel des Empereurs romains, fut aimé, qui le croirait ? de son esclave Eros, qui se tua devant lui et malgré lui, pour lui inspirer le courage de savoir mourir !

— Néron se construisit une maison dorée (*domus aurea*) et, pour l'orner, il frappa d'une contribution générale tous les objets d'art de la Grèce ; le temple de Delphes fut imposé seul à l'incroyable quantité de 500 statues de bronze et à choisir bien entendu. Cet ordre fut exécuté ! Quelle honte et quel désastre pour les Grecs et leurs monuments !

Nerval (Gérard de) — était un enfant adoré de tous, car il était bon et aimant, poète et passionné, simple et savant ; génie rêveur, il avait toutes les intelligences et devinait ce qu'il ignorait : c'était un caractère complétement français. Il était la bohême personnifiée : quand il se couchait, c'était vers deux heures du matin et il était levé avant le soleil ; il n'avait pas de domicile ; quand il dormait, c'était au hasard, dans une loge au théâtre, dans un tripot, le plus souvent chez ses amis, car il payait son hospitalité par une conversation fascinante. Il avait eu sa chambre à l'impasse du Doyenné, comme plus tard à Beaujon, entre celles de Th. Gauthier et d'Arsène Houssaye, mais il y couchait rarement car c'était trop monotone et il aimait vivre de l'imprévu !

Newton — naquit en 1642 à Wooletrop, comté de Lincoln (Angleterre), l'année même de la mort de Galilée, comme pour remplir le vide que faisait la disparition de cet illustre savant. Dieu veut peut-être qu'il y ait toujours sur la terre une étoile pour éclairer la marche du génie humain !

NEZ. — Les races d'élite, les Grecs, les Romains avaient de très-grands nez : Homère, Lycurgue et Solon furent remarqués par la longueur de leur nez. Numa encore plus, son nez fut le plus long nez connu, de là le surnom de pompilius (superlatif). Tarquin, seul, avait le nez très-court; Tite-Live, Ovide, Charles Borromée avaient de longs nez. Cyrano de Bergerac avait un nez si développé qu'il attirait l'attention de tous, ce qui l'entraîna dans trois duels !

— En physionomie un long nez annonce perspicacité et sagesse. Proverbe : les sots n'ont pas de nez; petit nez, petit esprit !

— Un nez mince et busqué, par sa ressemblance avec le bec d'un oiseau de proie, révèle l'énergie des instincts agressifs et féroces.

— Les Tartares et les Chinois ont le nez très-petit; le nez tartare est plat, court et écrasé.

NICE, — fille de Marseille, est presque aussi ancienne qu'elle; elle reste une ville de jardins, de promenades, de plaisirs tranquilles. Située au pied des Alpes, entre cette chaîne et la Méditerranée, elle fut toujours comme un appât tendu par l'Italie aux barbares : ainsi elle appartint successivement aux rois d'Austrasie, à la république de Gênes, aux rois Francs, aux comtes de Péronne, aux rois d'Aragon, aux ducs d'Anjou, aux comtes de Savoie. Elle est aujourd'hui française après avoir été république avec les républiques d'Italie. Elle tenta donc toutes les puissances voisines par l'attrait de son beau climat; aussi fut-elle plusieurs fois entamée et saccagée, même par les Turcs et les Sarrasins! La voilà, grâce à Dieu, entre les mains d'une puissance qui saura, malgré ses désartres, la faire respecter, mais sans pouvoir la sauver de tous les risques d'une ville frontière!

NIL, — grand fleuve africain, le plus anciennement connu, le plus célèbre de la terre : c'est le fleuve des Pharaons, il a vu Sésostris, Moïse, Alexandre, César, Pompée, Antoine, Jésus-Christ, et récemment Napoléon; il a 550 kilomètres de parcours à partir des montagnes d'Alkamar où sont ses sources, dit-on, jusqu'à son embouchure dans la Méditerranée.

— Les sources du Nil restèrent longtemps inconnues, malgré les nombreuses et persistantes investigations des savants ; ce serait à n'y pas croire si le pays n'était pas un désert de sables brûlants, peuplé de sauvages barbares, cruels et mangeurs d'hommes. Le Nil s'est nommé Égyptus jusqu'au moment où Niléus arrêta ses ravages par d'immenses travaux et lui donna son nom.

— On a toujours exalté la beauté du Nil, mais on s'accorde aujourd'hui à lui préférer la magnificence du Delta de la basse Cochinchine.

NINIVE, — vaste ville d'Asie, située sur le Tigre était, d'après Strabon, plus grande encore que Babylone; on attribue sa fondation à un des fils de Noé, mais elle fut fort agrandie par Ninus ou Nemrod, roi des Assyriens, qui vivait deux mille deux cents ans avant Jésus-Christ; elle fut détruite par un terrible incendie puis rebâtie en partie; les ruines de l'ancienne Ninive sont sur la rive orientale du Tigre, auprès de Mossoul.

NINON DE L'ENCLOS — eut trois âges avec trois formules différentes : elle débuta par l'amour naïf et jeune avec le grand Condé, puis elle tomba dans l'amour public avec tous, enfin elle voulut s'excuser dans sa vieillesse par l'amour gourmé, et affecta la pruderie : elle disait que quoiqu'elle eut été heureuse en amour, en fortune et en considération, si elle eut pu prévoir la vie qu'elle avait menée elle se la serait évitée par une mort volontaire ! la morale ne perdrait donc jamais ses droits! ajoutons qu'indépendante par caractère, orgueilleuse par nature, délicate par besoin, elle avait assuré son indépendance en plaçant sa fortune en viager; qu'elle dépensait en représentation tous les cadeaux qu'elle recevait, et qu'elle mourut sans autre fortune que le riche mobilier de son hôtel !

NOBLESSE. — L'esprit d'égalité derrière lequel se cache toujours l'envie, cherche à activer l'œuvre des révolutions et à effacer les distinctions aristocratiques, mais sans y réussir, car la vanité reste et les instincts de la riche bourgeoisie, l'orgueil de la finance tournent toujours leurs espérances vers cet éclat qu'ont laissé à leurs descendants les races antiques dont les noms illustrent notre histoire en s'illustrant eux-mêmes !

— Les plus grands ennemis de la noblesse sont souvent ceux qui recherchent le plus la société des nobles pour s'en faire honneur et se séparer de leurs égaux !

— Les préjugés nobiliaires, nés de la vanité des nobles, sont augmentés par les ressentiments des roturiers.

— La noblesse a existé de tout temps ; les temps héroïques nous l'ont transmise : Achille était fils d'une déesse, les rois, les héros devenaient les chefs de familles nobles !

— La noblesse, comme l'indiquent ses *armoiries* (du mot *armes*), était un fruit de la guerre, une distinction née des services rendus à la patrie : armer le peuple c'est l'anoblir puisqu'on lui demande le même dévouement.

— La noblesse est un moyen, un levier puissant, lorsqu'elle est acceptée par l'esprit du temps ; ce sont des hommes élevés au-dessus des autres, dressés au commandement, obligés à toutes les vertus, à toutes les abnégations, à tous les sacrifices : leur récompense est dans la gloire, c'est un corps d'élite, se dévouant complétement à l'intérêt général ; à ce compte la noblesse donne autant et plus qu'elle ne reçoit et paie fort cher les honneurs qu'on lui accorde.

— L'esprit de race est une espèce d'aspiration vers l'immortalité, c'est un nom qui se glorifie d'avoir vécu et a la passion de vivre encore ; c'est pourquoi son plus grand désir est et doit être de s'inscrire dans l'histoire.

— Un vrai noble a la chevalerie de la religion de ses ancêtres, il ne l'abandonnerait pas plus qu'il ne fuierait un champ de bataille, qu'il n'insulterait une femme ou frapperait un prêtre ou un enfant !

— La suprématie de la noblesse, de l'ancienne noblesse surtout, était dans son savoir vivre, dans ses manières élégantes, dans sa dignité, dans son atticisme en toutes choses !

— On ne doit plus reconnaître en France qu'une seule aristocratie : celle de l'intelligence et de l'instruction jointe à la probité, celle de la fortune loyalement acquise, honorablement et charitablement employée ; mais nos générations transitoires ; placées en quelque sorte à cheval sur les anciennes idées et sur les nouvelles, sont encore sous la tyrannie des vieux préjugés.

— La première noblesse de France, après celle des Bourbons, est évidemment celle des princes de Lorraine, puis celle des princes de Rohan, celle des La Tour d'Auvergne ou de Bouillon-Turenne, celle des la Tremouille et enfin celle des Montmorency !

— *La noblesse des manières et du ton* est dans le goût, la décence, la dignité dans les mouvements et la pose du corps.

— *L'esprit de commerce* s'allie difficilement avec les idées et les traditions que suppose la noblesse : on ne peut donc être en même temps noble et commerçant ! Cependant cela se voit tous les jours dans nos mœurs égalitaires.

— Que penseraient les aïeux des grandes noblesses de France, s'ils voyaient dans nos concours agricoles et de bestiaux, tant de prix accordés à M. le duc un tel, à M. le marquis, à M. le comte, etc., parfois même à M. le prince..... pour l'amélioration des oiseaux de basse-cour ou de la race ovine ou encore de la race porcine..... ? Quelles grimace ne feraient-ils pas lorsqu'ils verraient ces mêmes ducs, marquis, comtes, se présenter pour toucher des primes de cent francs en concurrence avec de petits fermiers ou même des pauvres paysans petits propriétaires !

NOEL (primitivement *Nau*). — Chez les nations les plus religieuses comme l'Espagne, la Belgique, l'Autriche, la Bavière, l'Angleterre, ou encore les plus anciennement catholiques, comme l'Italie, la Sicile, Noël reste la fête par excellence, parce qu'elle est en quelque sorte la plus grande et la première de toutes nos fêtes religieuses; elle absorbe celle du jour de l'an qui est d'origine et de tradition païennes.

— La célébration de la naissance du Christ remonte aux premières années de la religion chrétienne; mais ce ne fut que dans la première moitié du IVe siècle que le pape Jules Ier ayant fait faire des recherches minutieuses sur l'époque du dénombrement ordonné par l'empereur Auguste pour établir d'une manière certaine le chiffre de la population de tout son empire, on reconnut que la naissance du Messie avait eu lieu le 25 décembre, et ce jour fut fixé pour célébrer la mémoire de ce grand événement!

— En Allemagne et en Russie, la fête de Noël emprunte à l'imagination rêveuse et poétique de leurs habitants, une solennité et des cérémonies en même temps touchantes et patriarcales; dans les maisons princières comme dans les chaumières un arbre vert est installé au milieu de la pièce principale; ses branches, ses rameaux jusqu'à ses feuilles sont étincelants de bougies ou de petites lumières, une foule d'objets de toute nature y sont attachés: là des bijoux, des jouets, de délicats objets d'art qui sont distribués aux parents, aux amis et surtout aux enfants; ici des dragées, des pâtisseries, des jouets plus ou moins rustiques, suivant la fortune de ceux qui donnent et de ceux auxquels ils sont destinés. Mais dans toutes les classes, c'est une tradition qui cause autant de joie que de recueillement et d'impressions douces.

— A Rome, le Pape se prodiguait le jour de Noël et célébrait, à minuit, sa première messe à Ste-Marie-Majeure; la seconde, à huit heures, dans l'église de Sainte-Anastasie; il allait faire ensuite une prière à la grande basilique de Saint-Pierre, qui n'est de fait que la chapelle du Vatican, et disait sa troisième messe, à onze heures, à St-Jean-de-Latran, église cathédrale et basilique-mère de la vieille catholicité!

Ce saint pèlerinage du Pape, de minuit à midi, se faisait à dos de mulet superbement caparaçonné et constituant une procession solennelle de tous les dignitaires de l'État. A sa rentrée à son palais du Vatican, vers midi, il voyait défiler devant lui cette splendide procession, chacun s'é-criait à son tour : *buona festa, buona pasqua, a su santita*. Aujourd'hui ces cérémonies sont simplifiées, et le Pape, sans sortir de son palais, dit, à onze heures, une grand'messe chantée dans la plus belle, la plus grande basilique du monde, Saint-Pierre de Rome, n'ayant d'autre titre que celui de chapelle du palais du Vatican, le plus grand des palais du monde!

— La Noël est, partout dans le peuple, la fête de l'estomac : c'est une noce générale en plusieurs actes, commençant à la première heure du jour après la messe de minuit par le réveillon, puis vient le grand dîner de midi qui se continue jusqu'au soir dans le souper, véritables et vieilles agapes ou gloutonneries de Rome païenne.

— La fête de Noël, en Angleterre, est l'occasion de réunions en famille dont les délices résultent d'un doux état de familiarité, de bienveillance mutuelle, de sentiments affectueux et naturels qui sont le charme de la vie.

— Pendant les fêtes de Noël, en Angleterre, on suspend une branche de houx dans le salon, avec permission à celui qui trouvera ou entraînera une dame ou une jeune fille sous cette branche, de l'embrasser! Quelle excentricité pour un Anglais!

— Noël restera longtemps, en Angleterre, comme le mardi-gras en France, un vrai gentilhomme campagnard de la vieille souche et de la vieille école.

— Au moyen âge, dans les manifestations publiques, surtout dans les visites des rois à leurs peuples, ceux-ci s'écriaient Noël! Noël! heureuse nouvelle! c'était leur cri de joie et d'enthousiasme.

Noces. — L'habitude des noces devrait se perdre : c'est une dépense inutile, c'est une fête embarrassante et intempestive; la coutume anglaise, de faire partir les mariés pour voyager aussitôt après la cérémonie du mariage, est pleine de logique et de pudeur : la jeune femme se livrant ainsi résolûment et affectueusement à son mari, s'habitue de suite à son humeur, à ses goûts, se plie à l'obéissance et tout prend ainsi le cours naturel que les caractères lui impriment, c'est évidemment l'entrée la plus heureuse dans la vie nouvelle du mariage : s'il doit y avoir une fête, que ce soit au retour des époux, alors au lieu de la gêne insupportable d'une noce, les jeunes mariés trouveront un véritable plaisir au milieu de parents et d'amis qu'ils seront heureux de revoir après une courte absence.

Noix. — Quelle piteuse grimace ferait un Africain si, auprès de ses grosses noix de coco, nous placions notre petite noix du Périgord, la plus belle de France cependant?

Noms. — Par eux-mêmes les noms et prénoms ont fort peu d'importance, cependant dans le cours de la vie, il n'est pas indifférent d'avoir tel nom ou prénom simple, ordinaire, ou tel autre ridicule ou extravagant: un nom burlesque place celui qui le porte sous le poids de ce nom qui sera pour lui l'occasion d'une foule de déplaisirs, sinon de contrariétés ou même de chagrins. On peut s'en affranchir en usant du bénéfice de la loi qui permet les changements de noms; pour les prénoms les parents sont libres dans leurs choix et cependant combien les choisissent mal; ainsi des noms de conquérants sont portés par des fils d'épiciers, des noms de déesse par des jeunes filles dans la position la plus modeste, d'autres ont une signification en contradiction évidente et matérielle avec les qualités ou les défauts de la personne, etc.

— Le nom est une préface, c'est la préface du corps et de la figure, comme la figure est la préface du cœur.

— Presque tous les noms plébéiens sont des surnoms ou des sobriquets, ils portent leur cachet : les uns de l'esprit populaire, les autres de la gaieté du peuple ; beaucoup tirent leur origine des anciennes professions :

Cousturier: ainsi s'appelaient autrefois les tailleurs. *Coyssin*: cousin. *Lefébure*, se prononçant également Lefebvre, de *Fabert*, ouvrier. *Gaultier* ou gautier, homme de plaisir, de *gaudere*, se réjouir; garrigue, lande *guénaud*, gueux des anciens temps; guénaud des saints innocents, gueux renommés à Paris. *Hutin*, querelleur, *Maignant* (magnano). *Maignien*, chaudronnier ambulant. *Meignant*, non provençal des vers à soie. *Maigner*, de *manens*, habitant. *Naquet*, garçon du jeu de paume, marqueur. *Nau*, Noël. *Naudin*, niais. *Nadaud*, Noël. *Pinard*, petite monnaie, receveur de contributions.

— Il y a des noms qui, par besoin de contradiction éclatante, imposeraient la vertu contraire à leurs sens grammatical : M. Sale ou Salle tiendra à être très-propre, M. Filou à être très-probe. M. Trichon, à être loyal, M. Butor a être doucereux et musqué, M. Volant, à marcher lentement et terre-à-terre ; avec un dictionnaire on trouverait des centaines de noms de ce genre!

Nonchalence. — L'homme nonchalent ne jouit de rien ; il se fatigue de tout, même du plaisir; ce défaut de volonté et d'énergie crée l'impuissance à tout faire et paralyse les plus brillantes qualités.

Non intervention, — mot machiavélique inventé par la puissance la plus corrompue du monde, l'Angleterre, nation de trafiquants, prête à se vendre et à vendre tout ! c'est la Carthage moderne, se battant par mandataires et mercenaires bien plus pour l'argent que pour l'honneur !

Normands. — Les hommes du Nord ou normands, anciens envahisseurs de la France, s'y maintinrent avec une puissance toujours croissante et qui fit longtemps trembler la France centrale. Ils se firent toujours remarquer par leurs instincts barbares et guerriers. En 1043, appelés par un roitelet italien, ils débarquèrent en Italie sous la conduite de Guillaume Ier. Ils conquirent l'Apulie, la Pouille, la Calabre ; Naples sur les Grecs du bas-empire, et la Sicile sur les Sarrasins et constituèrent la grande nationalité du royaume des deux Siciles. Ainsi ces mêmes Normands s'emparèrent d'une partie de la Gaule, puis sous leur chef Guillaume, duc de Normandie, conquirent l'Angleterre où leur race est restée et règne encore.

Ce fut cette puissance, normande d'origine, qui fit contre-poids pendant longtemps à la puissance formidable du saint empire allemand.

NOSTALGIE, — désir impérieux de rentrer dans son pays natal ou d'affection, maladie plus sérieuse qu'on ne le croit et amenant si souvent la mort, qu'il ne faut pas hésiter à satisfaire ce sentiment si naturel à un cœur aimant et passionné. Les habitants des pays de montagnes, de la Suisse particulièrement paraissent être les plus exposés à cette dangereuse maladie.

NOSTRADAMUS, — (dont le vrai nom est Michel de Notre-Dame) astrologue et nécromancien est une de ces figures extravagantes que l'engouement populaire a illustrées sans raison: juif d'origine, il vivait à Salon en Provence, lorsqu'il fut appelé à la cour de France par Henri II et Catherine de Médicis; il ne reste de lui qu'un souvenir de charlatan et une tombe dans l'église de Salon.

NOTES. — Ayez un registre commun pour toutes les notes intéressantes que vous puiserez dans vos lectures, ou les pensées que votre esprit vous inspirera. Ce recueil vous sera précieux dans l'avenir.

NOURRICES. — Le docteur Robert, médecin spécial pour les maladies des enfants, professait que les nourrices communiquaient à leurs nourrissons leurs qualités intellectuelles et morales. Rosen fait la même observation sur les animaux, il affirme que des chiens allaités par des louves ont eu la férocité de la mère, et que des louveteaux allaités par des chiennes étaient doux et privés comme elles.

— En effet, le lait est si bien le même sang transformé qu'il influe comme le sang lui-même sur la constitution du corps et de l'âme; il a tant d'action qu'il modifie la nature même de celui qui s'en nourrit; si on fait téter une brebis par un chevreau, le poil de celui-ci sera laineux, si on fait nourrir un agneau par une chèvre, la laine de l'agneau sera plus longue, plus forte, plus lisse et moins laineuse.

— Les Romains expliquaient le goût de Néron pour les orgies par les mêmes goûts qui dominaient chez sa nourrice.

— Les surprises, les colères et les emportements de la nourrice altèrent si bien son lait qu'ils occasionnent au nourrisson des convulsions, des diarrhées, etc., elle doit donc être toujours calme, dormir longtemps et paisiblement et ne présenter jamais le sein à la suite d'une émotion violente quelle quelle soit.

— Une nourrice étrangère doit recevoir un salaire important pour pouvoir donner tout son temps à l'enfant et remplacer ainsi la mère; autrement, obligée de travailler pour vivre, elle délaissera son nourrisson, l'abandonnera sans soins pendant de longues heures dans des langes humides et sales où il contractera des maladies, dans un malaise ou des besoins qui lui feront jeter des cris, causes habituelles de ces tristes infirmités qu'on appelle hernies, convulsions et coups de sang.

— La femme qui nourrit, doit se surveiller constamment elle-même, éviter les transitions brusques de température, l'air trop chaud et surtout trop froid, l'humidité, les coups de vent.... elle doit se vêtir chaudement, ne découvrir ses seins qu'autant qu'il est nécessaire, habiter la campagne si cela est possible, dans tous les cas une chambre élevée et bien aérée, soigner sa nourriture et comprendre que cette nourriture et ces soins s'adressent à son nourrisson: éviter les aliments salés, âcres et crus, rechercher une nourriture d'une digestion facile, des légumes et des fruits en même temps que de la viande; pour boisson de l'eau mêlée d'un peu de vin, de l'eau d'orge ou de gruau; elle mangera peu et souvent pour ne pas fatiguer son estomac, que sa nourriture soit abondante plutôt que recherchée; elle n'allaitera qu'après sa première digestion (deux heures après le repas), elle se gardera de l'oisiveté, fera un exercice modéré, des promenades réglées et agréables.

— La nourrice doit avoir la poitrine développée, la respiration longue et facile, le sein assez volumineux, dur, mobile, veiné, les mamelons saillants, érectiles; sous la pression le lait *doit* sortir par une infinité de trous, non pas seulement par six ou huit: la nourrice ne doit pas avoir trop d'embonpoint car le lait serait aqueux parce qu'elle prendrait pour elle-même la plus grande partie des résultats de sa nourriture : elle doit avoir de *bonnes dents* car pour bien digérer il faut bien mâcher, une bouche saine prouve une bonne constitution ; son lait doit être abondant, épais, d'un blanc mat, une goutte de bon lait placé dans une assiette y adhère sans s'y étendre, si on l'incline elle coule en faisant queue, non en nappe.

— Il faut refuser les nourrices sortant de familles *phthisiques, rachitiques, contrefaites, dartreuses* ou scrofuleuses, c'est dire qu'il faut prendre l'avis d'un médecin spécial, d'un médecin d'enfants.

Après que l'enfant est né, une vraie mère le doit nourrir et allaiter de ses mamelles, qui est la plus belle fontaine que Dame Nature sage ét provide ait préparée à cet effet.
PATRICE DE SENÉS, évêque de Gaëte.

— Mais il vaut mieux confier son enfant à une nourrice que de mal remplir envers lui ses devoirs de mère.

— La position des mamelles dans la mère, distingue la race humaine des autres races animales ; elles sont placées sur la poitrine, à la hauteur des bras, et mettent ainsi la tête de l'enfant près des oreilles qui doivent l'écouter, des yeux qui doivent le surveiller, de la bouche qui doit lui parler et l'embrasser ; dans une position enfin qui sollicite la tendresse, les caresses incessantes, les soins les plus affectueux, ce qui fait jouir la mère des premières caresses de son enfant.

— L'enfant riche, nourri dans les campagnes, conserve de son enfance un vague souvenir qui lui fait honorer la pauvreté : on a remarqué que chaque chaumière lui rappelle son berceau.

— Lorsque le nourrisson dépérit, la cause en est souvent dans l'état de grossesse de la nourrice ; cet état altérant essentiellement les conditions de la production du lait. Que les familles soient sur leurs gardes ! et retirent le pauvre nourrisson aux seins qui ne suffisent plus à l'alimentation d'un gros enfant cherchant à marcher, et d'un second enfant se débattant pour sortir et respirer.

— Bonnes nourrices qui marchez pour nous, qui mangez pour nous, en nous faisant un lit de vos bras, de votre épaule, de vos genoux, c'est lorsque nous vous avons perdues que nous comprenons vos fatigues et vos soucis !

— On ne saurait faire un crime à une nourrice étrangère de préférer son propre enfant à celui qu'on lui confie.

— L'action de têter est de pur instinct : l'enfant cherche à têter avant de voir, avant même d'être entièrement sorti du sein de sa mère.

NOURRITURE DE L'HOMME. — On a reproché à l'homme son insatiable cruauté, parce que ne se contentant pas des végétaux créés pour sa nourriture, il avait osé tuer, pour les dévorer, les autres animaux ses congénères, comme si la nature entière, toujours sage et logique, ne lui avait pas donné cet exemple en grand ; tous les animaux se dévorent entre eux, depuis le plus gros jusqu'au plus petit, jusqu'à ceux (les plus nombreux) qui sont invisibles à l'œil, comme si l'homme lui-même dans les pays primitifs ne mangeait pas l'homme avec délices, ce qui nous a obligés à créer le mot atroce de cannibale ! si mal choisi cependant puisque son étymologie *canis* chien voudrait dire mangeur de chiens, le vrai mot est calqué sur le grec, anthropophage, mangeur d'hommes.

— La nourriture habituelle exerce sur l'intelligence et sur le caractère une influence énorme, plus considérable encore que le climat : la boisson a une influence aussi grande que la nourriture : ces deux moyens réunis peuvent donc atteindre les résultats les plus extrêmes, on pourrait même dire une transformation ! sous un climat humide et tempéré, avec le thé, c'est-à-dire l'eau parfumée et un peu tonifiée, pour boisson, l'anglais s'est constitué un tempérament lymphathique, mais robuste et un caractère froid et flegmatique, mais il faut dire qu'il mange énormément et beaucoup de viande et boit du vin et des liqueurs outre le thé. Avec un climat plus chaud et l'usage du vin, les français se sont donné un tempérament sanguin et un caractère vif et emporté. Dans un climat ardent et sous l'influence d'une autre boisson aqueuse mais tonifiée et parfumée, le café, l'arabe s'est donné une constitution nerveuse, un tempérament sec et bilieux, une imagination et un caractère rêveurs.

Seulement quand il y a une nourriture spéciale, presque unique et imposée comme le gibier par les peuples chasseurs, le laitage pour les peuples pasteurs, le poisson pour les peuples habitant les côtes maritimes, on trouve une différence marquée dans la constitution, l'humeur et le caractère.

— Le riz, si peu nourrissant parce qu'il végète et mûrit dans l'eau, et les boissons chaudes comme le thé, expliquent l'apathie et la débilité des nations asiatiques : comme la viande et le blé si nourrissants, le vin si tonifiant et si excitant expliquent l'activité, la vivacité des européens.

— Dans les pays de pâturage, où l'homme vit surtout de laitage, c'est justement qu'on dit que l'homme y vit de l'herbe que mangent ses vaches.

— On a commencé depuis longtemps à faire manger du cheval pour arriver à nous faire tout manger, même l'animal le plus coriace, le chien ; d'abord le chien chinois, chien poull de la nouvelle Irlande, chien comestible de l'Amérique du Nord. On n'a pas tant attendu pour le chat, qui, par sa ressemblance avec le lièvre, fait, depuis des siècles, le fond des civets de Paris.

NOUVEAUTÉ. — L'esprit humain est ainsi fait qu'il voit le progrès dans la nouveauté, toute innovation pour lui arriverait donc à son triomphe avec le temps.

— A tout prix il faudrait, à défaut de progrès réel, faire quelque chose de nouveau, car le nouveau a son mérite en tout, même dans l'art de gouverner. Rappelons-nous Alcibiade coupant la queue à son chien pour distraire les Athéniens et faire diversion à des idées et à des opinions qui nuisaient à ses projets.

— Dans les sociétés habituelles et restreintes, les nouveaux visages font toujours révolution : on les observe, on les étudie, on les commente en s'effrayant de ce qu'ils peuvent apporter de nouveau.

Le monde est bienveillant aux arrivants nouveaux, car on attend d'eux de la nouveauté en tout.

NOVATEURS. — L'esprit d'un novateur se rapproche beaucoup de l'esprit d'un parvenu, seulement le novateur a des idées, et le parvenu n'a que des prétentions souvent vaniteuses et stupides.

— *Les nouvelles à la main*, formule française s'il en fut, de la malice nationale, sont de date fort ancienne et remontent aux derniers jours de la Fronde, qui, chassée de la rue, se manifesta par des publications isolées et à peu près périodiques, formant huit pages d'impression in-12.

L'abonnement était de vingt-quatre livres par an, payables à l'avance ; on déposait les journaux au domicile indiqué.

NUAGES. — Vus de loin et de la base des montagnes, les nuages forment un effet merveilleux : ce sont d'immenses draperies couvrant les pics, se promenant sur leurs flancs, et, dans leur mobilité, voilant et découvrant alternativement ces géants de la terre, leurs vallées, leurs forêts, leurs prairies et jusqu'aux chalets qui les diamantent.

— Les nuages passant sur la lune la font apparaître comme une vestale à sa toilette, s'habillant et se déshabillant tour à tour et essayant tous ses costumes.

NUDITÉ. — L'homme primitif vécut longtemps nu ; la pudeur n'était pas encore *inventée* par la corruption et imposée au monde comme une vertu : il fallut tous les abus du corps humain pour en donner l'idée et imaginer ces costumes ridicules qui affaiblirent l'homme, mais blanchirent son corps en le privant des fourrures naturelles qui devaient l'abriter ; la pudeur est donc une vertu née des vices et de leurs abus !

NUBIE. — Dans la haute Nubie, les possesseurs des villages vendent tous les ans leurs plus beaux enfants comme on fait en Europe pour les bestiaux ; ces enfants sont destinés à rester esclaves en Egypte.

NUIT. — Cessation du jour, c'est-à-dire temps où le soleil n'éclaire plus ; les anciens en avaient fait une déesse et la représentaient avec une longue robe noire parsemée d'étoiles : elle présidait aux crimes et aux forfaits qui ont besoin de se cacher dans l'ombre et, à ce titre, était leur complice, aussi lui donna-t-on pour époux l'Achéron, fleuve des enfers, dont elle eut les Furies et plusieurs autres enfants.

— La nuit, succédant à la lumière éclatante du jour, à sa chaleur, à son animation, à toutes ses sensations variées, crée en quelque sorte autour du voyageur, cette enveloppe noire et terrifiante qui l'isole et le livre aux multiples dangers des mauvaises rencontres et des surprises sanglantes ; chaque minute, à travers la forêt, ou le désert des campagnes, a donc ses frayeurs et le cœur y répond par la fréquence de ses pulsations, l'habitude du danger et la bravoure du cœur sont les seuls remèdes à ces terribles émotions !

— Il y a des personnes intelligentes, des hommes braves et énergiques qui ne peuvent affronter sans frémissement l'obscurité de la nuit : ici c'est faiblesse physique plutôt que faiblesse d'esprit ; les femmes, les enfants surtout, peuplent les ténèbres de tant de fantômes, leur imagination est si vive, si facile à exciter que chez eux tout contribue à exagérer la frayeur du danger, aussi se décident-ils avec peine à faire un pas hors d'une pièce éclairée et trembleraient-ils de tous leurs membres pour sortir la nuit dans une cour, une rue ou la campagne, ce sont des impressions qu'il serait dangereux de violenter !

— La nuit est une des plus grandes beautés de la nature : elle est la beauté la plus silencieuse, la plus reposée, la plus majestueuse ; sous le ciel et sous la nuit l'homme est seul comme un fidèle oublié et enfermé dans une immense cathédrale dont l'obscurité est rendue plus visible par la pâle lueur des lampes de nuit.

— La nuit n'est pas noire pour tous, il y a des hommes comme des animaux qui vivent plutôt dans la nuit que dans le jour, à l'encontre de ces êtres naïfs, réglés et vertueux qui se couchent avec le soleil et se lèvent avec lui.

— La nuit, son obscurité, son silence, son repos, sa fraîcheur, ses bruissements qui, comme la respiration, annoncent la vie, a ses lumières étincelantes mobiles et suspendues par millions aux voûtes du ciel pour les rêveurs et les poètes.

— La nuit a sa vie personnelle et tout autre que la vie du jour : dans le jour la vie est dans l'homme et les animaux alimentés par les passions du cœur et du corps, les besoins de l'esprit et de la matière, vie de luttes, de rivalités, d'entraînements et de bruit. La nuit, au contraire, paraît silencieuse, immobile, endormie, couverte d'ombres épaisses, mais, par compensation, le cœur, l'esprit, l'imagination, exaltés par l'ombre et le silence, vivent de terreur ou d'espérance, d'amour ou de jalousie, d'amitié ou de haine ; enfin de toutes les grandes et terribles passions qui torturent l'humanité et ne lui laissent aucun repos, même aux heures où le repos est la condition indispensable de la vie.

— Les belles nuits ont en réserve, pour les âmes sérieuses et tendres, les plus vives impressions, les secrets les plus intimes : elles éveillent en elles des sentiments jusque là voilés, des souvenirs infinis !

NULLITÉ. — Que de gens qui n'ont rien à dire le soir lorsqu'ils n'ont rien vu ou rien appris le matin ; ce sont des pauvres d'esprit sans aucun fonds, aucune réserve ; ils vivent au jour le jour de ce qu'ils ont pu glaner, car ils ne peuvent ni inventer ni créer !

NUTRITION. — Assimilation que se fait le corps humain de la nourriture qui lui est donnée : les aliments deviennent ainsi la substance même du corps, et comme cette assimilation est continue, réglée et périodique, la vie prend un cours régulier et marche d'un pas plus sûr dans la voie logique de la santé, suprême condition de la vie !

O

Oasis — d'habitatation, nom donné par les Grecs à des îles verdoyantes et fertiles parsemées sur le sol si aride des affreux déserts de Lybie ; les plus grandes oasis connues sont : la grande oasis, *oasis magna*, la petite oasis, *oasis parva* et l'oasis de Jupiter-Ammon, où était le temple du Dieu et où se rendaient ses célèbres oracles ; la statue d'Ammon était en bronze, parsemé d'émeraudes et autres pierres précieuses, elle était portée par une barque d'or.

— La grande oasis a plus de cent cinquante kilomètres de longueur sur vingt-cinq de largeur en moyenne, elle est assez peuplée ; un grand nombre de ruines Égyptiennes sont disséminées sur toute sa surface ; la petite oasis, qui présente aussi de nombreuses ruines, est d'une bien moindre étendue, son chef-lieu est le village d'El-Kassar, non loin duquel se trouve une fontaine qui a la propriété de teindre en noir la laine blanche ou brune, dans l'espace de trente-six heures.

— L'oasis de Jupiter-Ammon ou de Syouah, a peu d'étendue, elle est entourée de montagnes, et arrosée par un grand nombre de sources qui y entretiennent une grande fraîcheur et la fertilisent d'une manière admirable : c'est chose extraordinaire et curieuse que ces sites charmants au milieu de ces sables brûlants, abondants en produits de toutes sortes et offrant un luxe de végétation, une richesse, une fraîcheur comparables à nos parcs les plus verdoyants, à nos plus belles plaines, à nos vallées les plus ombreuses.

Obéissance. — Pour commander avec autorité, il faut savoir obéir avec empressement.

On obéit à Dieu de l'obéissance de l'enfant soumis et aimant, non de l'obéissance de l'esclave qui cède à une pression autoritaire.

— L'obéissance est surtout une vertu, quand il en coûte pour s'y résigner.

Il y a peu de mérite à l'obéissance lorsqu'elle n'est pas contraire à nos propres désirs.
Richardson.

— Obéir pour être obéi ensuite est un marché et non un acte vertueux.

— L'enfant doit obéissance à ses parents et obéissance d'autant plus dévouée qu'il ne peut ignorer que cette volonté qui commande n'est inspirée que par leur ardent amour.

— La jeunesse doit obéir aux sages conseillers qui l'entourent, la virilité aux devoirs de la vie, l'âge mûr aux responsabilités de l'expérience ; la vieillesse seule n'obéit pas, elle se résigne.

— Les femmes doivent de bonne heure s'habituer à l'obéissance ; elles feront ainsi disparaître la contrariété de la soumission et ennobliront l'obéissance par un empressement assez spontané et assez gracieux pour révéler un vrai plaisir.

Obélisque. — D'obéliskos en grec, pyramide ou aiguille ordinairement carrée de un à deux mètres de côté, finissant souvent en pointe et se trouvant mêlée aux pyramides d'Égypte ; l'origine de leur construction est fort ancienne, elle serait même antérieure au siècle de Moïse et aurait précédé de deux siècles le siège de Troie.

— Dans plusieurs parties de l'Égypte, on rencontre encore des obélisques en parfait état de conservation. Ainsi dans la province de Fayoun et dans les ruines de Thèbes et d'Héliopolis ; l'un des plus beaux, l'aiguille de Cléopâtre, qu'on voyait à Alexandrie fut donné à l'Angleterre, en 1820, par un vice-roi d'Égypte et transporté à Londres : l'obélisque de Louqsor, choisi parmi ceux du temple de Thèbes, décore aujourd'hui encore la place de la Concorde, à Paris. Mais c'est Rome qui en posséda le plus grand nombre, il lui en reste treize. Auguste en fit venir deux d'Héliopolis l'un qu'il fit placer dans le Champ-de-Mars, l'autre dans le cirque Maxime; ces obélisques et beaucoup d'autres furent renversés ou enfouis par les barbares; Sixte V, en 1589, en fit relever un qui fut placé dans l'église *della Madona del Popolo*. Celui que Caligula fit apporter à Rome, fut élevé dans le cirque du Vatican, puis transporté devant l'église de Saint-Pierre; il est le seul qui n'ait pas été brisé, sa hauteur est de quarante-deux mètres; le fût, d'un seul bloc, a vingt-six mètres; deux autres obélisques furent transportés d'Égypte à Rome sous l'empereur Claude, le plus beau est actuellement à Sainte-Marie-Majeure.

Le plus remarquable comme sculpture est à Saint-Jean-de-Latran, il est dû à Constance II, qui, à son départ de Rome, pour Constantinople, voulut laisser à son ancienne capitale ce souvenir de sa munificence.

On s'étonne que les Égyptiens aient pu exécuter des travaux aussi gigantesques que les obélisques et les pyramides, mais outre que les populations étaient nombreuses dans ces pays si riches et si fertiles, elles obéissaient à la pensée de leurs prêtres et de leurs rois; n'est-ce pas la foi et le dévouement chrétiens, qui, sous l'inspiration et l'impulsion de nos anciens rois et de nos pontifes, ont couvert toutes nos cités chrétiennes de splendides et imposantes basiliques. Aujourd'hui pour la plus petite restauration on emploie des années; dans ces temps de croyances généreuses et spontanées où chacun apportait sa pierre à l'édifice sacré, les monuments s'élevaient comme par miracle.

OBERKAMF, — fondateur, en France, de manufactures de toiles peintes et de filatures de coton, né à Weissembourg (Allemagne), en 1738, mort à Paris, en 1815, reçut la croix de la Légion d'honneur de la main de Napoléon lui-même lors d'une visite de l'empereur à Jouy. C'est à Oberkamf que Napoléon, dans une autre circonstance, adressa ces paroles qui donnent la mesure de ses grandes vues en économie politique : « Vous, comme fondateur de Jouy et moi comme empereur nous faisons aux anglais une guerre acharnée! vous les battez avec l'industrie comme je les bats avec les armes, cependant, il faut l'avouer, votre mode de guerroyer vaut mieux que le mien. »

OBERMANN. — Il y a des hommes qui, nés sans vocation et sans goût, se font un rôle à part et le jouent sérieusement toute leur vie, témoin M. de Sénancourt (Obermann) qui s'est fait rêveur et malheureux à plaisir. Il avait élu domicile sur les pics neigeux des Alpes; ne croyant pas ce qu'il touchait, il avait bien le droit de ne pas croire à ce qu'il ne touchait pas. Il ne croyait donc à rien, il doutait de tout, il ne rêvait que points d'interrogation et doutes ce qui amenait un nombre égal de tirades ou de tartines littéraires aussi ennuyeuses que contradictoires.

OBJETS DE FANTAISIE. — On ne peut se faire une idée complète du nombre et de l'importance en valeur des objets de fantaisie : la peinture et la sculpture, la gravure, la bijouterie, tous les grands et petits meubles de luxe, d'ornement, qui comptent pour 500 millions par année dans la fabrication de Paris, les ivoires de Dieppe, les bois, acier et fers de Spa et de Suisse, tous les jouets d'enfants, (il y en a du prix de 1,000 francs!) toutes les confiseries, les belles reliures, les livres de bibliothèques, les cannes, les ombrelles, sont des objets de fantaisie.

OBLIGATIONS. — On peut manquer à certains devoirs sans que ce soit connu et blâmé, car c'est une question intime et de conscience : il n'en est pas de même des mille petites et grandes obligations de la vie et de la société qui, tenant toujours aux usages, doivent être rigoureusement remplies si on ne veut pas être méprisé et mis au banc de l'opinion publique.

— L'usage, la mode nous imposent bien souvent de sottes obligations auxquelles cependant il est prudent de ne pas toujours se soustraire si on ne veut pas perdre beaucoup dans l'opinion des imbéciles qui ont la prétention de représenter l'opinion publique.

— Les obligations imposées par la nature sont sacrées ; on ne peut s'y soustraire sans commettre le crime de lèse-humanité. Ajoutons que leur accomplissement porte avec lui sa récompense par la douce satisfaction qu'elles procurent.

Quelque obligation qu'on ait au hasard, on rougit d'en convenir : c'est, de tous les bienfaiteurs, celui qui fait le plus d'ingrats. DE STASSART.

OBOLE. — Monnaie ancienne, remontant aux temps mythologiques ; les païens mettaient dans le cercueil de leurs morts une obole pour payer leur passage au sinistre nautonnier Caron ; l'obole valait 16 à 17 centimes de notre monnaie.

— On prétend que l'obole primitive était non de forme ronde ou oblongue, comme les monnaies ordinaires et de nos jours, que c'était une espèce de petite broche de fer ou d'airain, ce qui est d'accord avec ce fait que chez beaucoup de peuples dans l'enfance on se servait, en guise de monnaie, de petites bandes de métal que l'on coupait et dont on donnait un poids convenu en échange d'une marchandise.

— Au figuré, une obole signifie moins que rien : cela n'a aucune valeur, je n'en donnerais pas une obole !

OBSERVATION. — L'intérêt de la vie, pour le vieillard intelligent, est dans l'observation et les réflexions qu'elle produit : « Je ne vis plus que par curiosité, disait Fontenelle. » — « Je vois mieux, j'observe davantage et raisonne plus logiquement, disait Voltaire, dans sa brillante et verte vieillesse.

— L'observation est la base, l'auxiliaire, le véhicule de toutes les sciences ; elle prépare et assure le progrès en tout ; sa marche est lente, mais sûre, chaque pas fait en avant est un succès solide et un fait acquis : c'est ainsi qu'on arrive à la perfection.

— Avec un peu d'attention, un observateur un peu exercé devine la pensée qui vient mourir sur les lèvres et tenter la langue de l'interlocuteur.

OBSTINATION. — Quoi de plus irritant que cette obstination froide et paisible qu'on appelle douceur chez certaines personnes qui arrivent par là à imposer tyranniquement leur volonté !

— L'obstination du refus est presque toujours le foyer qui allume l'obstination de la demande.

OCCASION. — Les anciens, si habiles à symboliser les idées les plus abstraites, ont représenté l'Occasion le pied posé sur une roue : c'est qu'elle passe rapide comme l'air et qu'il faut la saisir au passage, sous peine de la perdre sans retour.

— L'occasion manquerait souvent à l'homme pour appliquer ses bonnes qualités et manifester ses mérites, s'il ne prenait pas la peine de prévoir son passage.

OCCUPATION. — Mieux vaut remplir sa vie par le travail qui ne fatigue que le corps en lui apportant la santé et le repos de l'esprit, que par les passions qui usent et fatiguent : il faut opter entre ces deux passe-temps, l'un fructueux et bienfaisant, l'autre dangereux et destructeur.

— Il y a des caractères qui mettent autant d'ardeur dans la poursuite d'une bagatelle que dans celle d'une affaire sérieuse. Il n'y aurait là qu'un petit inconvénient si une chose ne nuisait pas à l'autre et ne donnait pas le goût des occupations frivoles au détriment des affaires sérieuses, car tout ce qui mérite d'être fait, mérite d'être bien fait, d'autant mieux qu'il n'en coûte pas d'avantage.

— Les occupations des femmes sont domestiques, sédentaires et souvent si intimes, qu'elles peuvent jeter sur le papier avec beaucoup d'intérêt pour elles, des observations pratiques, utiles à l'éducation et à l'enseignement des enfants, à la bonne administration d'une maison, à l'économie et à l'ordre en tout etc. ; ces recettes, ces formules, ces observations deviendront les utiles ressources de toute leur vie.

— Dans une vie à la fois occupée et tranquille, le temps passe avec une incroyable rapidité et l'ennui ne saurait y trouver place : c'est alors que la vie est légère, agréable et courte au lieu d'être lourde, fatigante et pénible.

O'CONNEL. — J'ai suivi O'Connel comme ami dans quelques-unes de ses tournées, et particulièrement en Écosse, après l'avoir rencontré à Yorck; c'était un homme constitué matériellement pour la lutte : énergique, résolu, persistant, sarcastique, de tournure militaire, ordinairement en pantalon et redingote de même couleur, vert très-foncé; boutonné jusqu'au menton; toujours gai, causeur, vif et bienveillant; sa parole était concise, animée, accentuée, éloquente, mais elle allait souvent jusqu'à la colère et l'injure ; ainsi, à Édimbourg, où la question s'était envenimée et parlant avec mépris de Wellington comme de l'ennemi odieux et acharné de l'Irlande, il le traitait (car il avait été élevé chez les jésuites d'Arras) avec l'expression française de vieille culotte de peau, de vieille botte usée jusqu'à la semelle en ajoutant différents traits de la physionomie ou des habitudes du vieux général anglais, ce qui provoquait les rires bruyants et les applaudissements enthousiastes des Écossais qui encombraient Calton-Hill, la place où étaient élevés les hustings.

— Le silence absolu sur un homme politique, ses discours, ses opinions, ses actes, est la plus redoutable des tactiques : O'Connel allait y succomber lorsqu'il se soumit aux exigences de la presse anglaise et obtint le droit commun de la polémique loyale et de la libre et modérée discussion. Il avoua souvent qu'il se crut un instant confisqué et supprimé à toujours, tant le silence en Angleterre crée l'indifférence, l'obscurité et l'oubli! mais il mourut avec le regret de n'avoir pu obtenir pour l'Irlande les libertés, religieuses surtout, dont l'Angleterre jouissait!

Odeurs. — Pour sentir bon il ne faut rien sentir, c'est Montaigne qui le dit et il a raison, car pourquoi un parfum si ce n'est pour absorber ou dissimuler une odeur repoussante?

— Les femmes du midi de l'Italie redoutent toutes les bonnes odeurs et, ce qui est incompréhensible, car elles vivent sans dégoût au milieu des plus mauvaises !

Œil. — Un front élevé, un œil vif et perçant indiquent le génie; un œil ouvert et pétillant, signale l'énergie ; un œil recouvert, une paupière lourde révèlent la pesanteur d'esprit, un œil grand, une mélancolie douce ; petit, de la vivacité; un œil entouré de plis indique la gaîté habituelle ; une paupière abaissée, de longs chagrins et des pleurs; de grands cils des passions vives ; des paupières sensibles, enflammées, la fatigue des yeux par le travail, de nuit surtout?

— Certains yeux sont si observateurs qu'ils éteignent le regard dans lequel ils veulent lire.

— L'œil qui est conformé pour voir en avant, semble parfois se baisser et se retourner pour voir en dedans, et interroger le cœur et les sentiments: ce moment est solennel et décisif!

— L'œil est la fenêtre ouverte du cœur et de l'esprit; si l'ouverture permet de voir du dedans, elle laisse aussi voir du dehors.

— L'œil oriental est le plus brillant et le plus transparent de tous les yeux, son éclat a quelque chose d'étrange, tandis que l'œil du nord a quelque chose de blanc et de vitreux, reflet de ses neiges et ses glaces.

— Certains regards brillants et mobiles fatiguent les interlocuteurs par cette mobilité même : cela excite, irrite, exaspère, si on ne détourne les yeux.

— L'œil reflète les pensées de l'homme, leur activité, leur puissance, leur mobilité; quand la bouche se tait, c'est l'œil qui parle et avec lui souvent la physionomie qui, éclairée ainsi par le regard, laisse voir toutes les impressions de l'âme et du cœur.

— Certains yeux, sans être nettement louches, ont le rayon visuel faussé et pourraient révéler ainsi quelque chose d'oblique et de discordant dans les sentiments de l'âme.

— Les yeux sont l'unique expression de la physionomie que la timidité ne puisse modifier, ils échappent à tout effort humain à toute dissimulation.

— L'antimoine, couleur noire, agrandit et anime les yeux des Orientaux.

Œufs. — Un avare, même un homme seulement économe, doit trouver qu'il y a gaspillage et prodigalité dans la consommation des œufs, car, en mangeant un œuf coûtant un sou ou un sou et demi, on détruit un poulet pouvant valoir vingt, trente ou quarante fois plus! la spéculation de l'élevage de la volaille est bonne à la campagne où elle vit de débris d'herbes et de mauvaises graines dangereuses pour les cultures et d'insectes plus dangereux encore: tout est donc en bénéfice, même le le fumier! ce serait le contraire s'il fallait enfermer la volaille pour empêcher ses dégâts dans les récoltes.

— L'œuf des ovipares est une semence, un germe que la chaleur doit développer et transformer en animal utile ou nuisible.

ŒUVRES DES GRANDS HOMMES. — Le vrai trésor de la jeunesse de toutes nos écoles, c'est le riche passé de l'intelligence humaine, laborieusement amassé depuis trois mille ans, depuis Homère et Aristote jusqu'à Lamartine, notre dernière étoile. Ces œuvres des grands hommes sont les gloires de l'humanité!

— Les grandes œuvres agrandissent l'âme et provoquent des œuvres plus grandes encore, c'est-à-dire progrès sur progrès.

OFFENSES. — Entre le rôle d'offenseur et celui d'offensé il n'y aurait pas à hésiter : la conscience est bien plus en repos lorsqu'on a reçu une injure que lorsqu'on l'a faite; celui qui a reçu l'injure peut toujours la pardonner en se donnant un très-grand mérite, et celui qui l'a faite n'est plus maître de rien, il ne lui reste qu'à attendre les conséquences incertaines et dangereuses de sa faute ; je lui conseillerais alors de tenter résolûment de se faire pardonner en reconnaissant ses torts.

OFFRANDE. — Si peu qu'on offre, quand on n'a pas trop, ou davantage, c'est offrir beaucoup et mériter un franc et bon merci!

OIE. — Tout le monde convient que cet animal est grave, silencieux, réfléchi, gardien vigilant, comme le prouvent les oies du Capitole, qui, par leurs cris, avertirent les Romains de l'assaut que tentaient les Gaulois; aussi en reconnaissance de ce service, Rome fixait-elle chaque année une somme pour l'entretien de ces oiseaux, tandis qu'à pareil anniversaire on fouettait les chiens sur une place publique comme pour les punir de leur silence : plus anciennement l'oie était du nombre des oiseaux sacrés de l'Égypte. Les Égyptiens lui rendaient de grands honneurs et elle figurait souvent dans leurs hiéroglyphes comme symbole de l'amour maternel et filial.

— Toulouse, jalouse de Rome et ayant déjà un capitole, voulut avoir des oies, ambition trop modeste pour ne pas être satisfaite!

OÏDIUM, — champignon microscopique de la famille des mucédinées (moisissures): il se compose de fils très-ténus à nodosités avec deux jets terminés par une petite tête ou capsule contenant les semences et qui apparaissent comme des épingles imperceptibles, cachées sur le globe des raisins; c'est en enlaçant de ses filaments les grains du raisin que ce parasite en dessèche et en durcit l'épiderme de telle sorte que celui-ci ne pouvant plus s'affranchir des liens qui l'enlacent, cesse de croître, ce qui amène bientôt la destruction complète du fruit.

OISEAUX. — Les anciens croyaient que comme maîtres du ciel, les oiseaux l'étaient de tous ses secrets et que, par eux, on pouvait deviner l'avenir; les Romains interrogeaient donc le vol et les entrailles des oiseaux pour décider de toutes leurs grandes et petites entreprises: la même croyance existe encore, mais avec variantes, en Orient et même aussi dans nos contrées les plus septentrionales.

— Le langage des oiseaux est toujours harmonieux et tendre, pourquoi donc l'homme a-t-il des cris de courroux et de colère?

— Sur le théâtre, comme dans les bocages naturels, le rossignol a les grands rôles et ce n'est que justice, car ce roi des chanteurs ailés nous charme par ses brillantes modulations en se cachant sous la feuillée la plus élevée et la plus touffue; la fauvette amoureuse se cache aussi pour nous donner ses chants les plus langoureux. L'alouette si coquette, si légère cependant, est silencieuse et taciturne lorsqu'elle est posée et trottille sur terre ; elle ne gazouille si alertement que lorsqu'elle s'élève doucement, perpendiculairement et à perte de vue dans l'air, au bruit répété du battement de ses ailes.

— Le rossignol représente donc la poésie grande et brillante du chant; la fauvette la douce romance; l'alouette la chansonnette éveillée, pimpante et folle de nos anciennes grisettes, race charmante et malheureusement perdue. La nature possède donc toutes les variétés de merveilles, car nous pourrions en citer des centaines d'autres.

— La nature a partagé les avantages de la beauté ou du charme entre les différents oiseaux, elle a donné aux paons la beauté du plumage mais une voix disgracieuse, au rossignol, à la fauvette un chant attrayant mais un plumage terne et vulgaire.

— Les oiseaux reflètent en général les couleurs de leurs habitations: les corneilles des combles ont la couleur de l'ardoise, les ramiers des marronniers la verdeur de leurs beaux feuillages.

— A chaque éclaircie dans le ciel, l'espoir revient aux oiseaux qui commencent à chanter, mais qui s'interrompent de suite effrayés par de nouvelles menaces de la tempête.

— Les oiseaux nageurs et plongeurs, peuple animé et gracieux des lacs et des étangs, forment tantôt des flotilles éparses et bruyantes, tantôt des apparences d'embarcations isolées glissant sur ces miroirs paisibles, qui reflètent l'animation des cieux.

— Les oiseaux émigrants sont comme les pauvres montagnards qui quittent leurs villages ou leurs chaumières, lorsque la saison trop rude ne leur permettant plus le travail, ils n'ont aucune ressource pour nourrir leur famille, c'est sous des climats plus chauds ou dans les plaines qu'ils vont chercher des moyens d'existence.

Les voyages aériens de ces intéressants volatiles sont quelque chose de merveilleux: on a pu constater que des hirondelles parties de France étaient arrivées au Sénégal le huitième jour; qu'un faucon avec un anneau à la patte, échappé de Fontainebleau était arrivé à Malte le lendemain. C'est un renseignement utile pour l'aérostation.

OISIVETÉ. — La nature exige de l'homme l'exercice des facultés dont elle l'a doué; aussi rien n'est aussi funeste pour un homme intelligent, que le néant et le rêve d'une éternelle oisiveté!

— L'oisiveté nous lasse plus promptement que le travail et nous rend à l'action, détrompés du néant de ses promesses.

— Combien d'esprits médiocres et égoïstes veulent cumuler les honneurs de la renommée avec les douceurs de l'oisiveté.

— Beaucoup d'oisifs, par vanité et par désœuvrement, se donnent la tâche de connaître tout le monde, ils savent le nom de chacun et ont en cela la prétention d'imiter Annibal qui savait le nom de tous ses soldats, ce qui prouverait seulement qu'il n'avait pas une nombreuse armée.

— Que de gens qui ne comprennent pas la vie parce qu'ils ne vivent pas et vieillissent dans l'oisiveté qui ne sera jamais que la négation de la vie.

— L'oisiveté fatigue plus que le travail; dans l'ennui, le plaisir n'est qu'une distraction bien passagère, le travail est le remède.

— L'oisiveté est le plaisir des sots: un esprit creux, ne pensant jamais, ne se trouve si bien que dans l'inaction, dans le vide; n'étant bon à rien, l'oisiveté est son refuge naturel.

— L'oisiveté est la rouille de la vie; elle use plus que le travail qui amuse et distrait, car en agissant sur le cœur, sur l'esprit et sur l'âme, elle fatigue le corps et le prive de toute sa force et de toute son énergie.

— Le vrai sage connaît la valeur du temps, il en saisit, il en goûte avidement chaque parcelle; chez lui, point d'oisiveté ni de paresse, pas même un léger retard; il ne renvoie jamais au lendemain ce qu'il peut faire le jour même!

— Le besoin impérieux de distractions, soirées, réunions, concerts, témoigne de l'engourdissement, de la paresse de l'esprit et du défaut d'occupations : c'est lorsqu'on n'a rien à faire chez soi qu'on est tenté de courir chez les autres à la poursuite de distractions banales et toujours décevantes!

— Dans les grandes villes, dans les capitales surtout, la vie est entraînée dans des agitations ou des distractions continuelles, les boulevards de Paris, par exemple, ont tant de charme et de variété, ils bercent si doucement la vie, qu'ils l'occupent assez pour la remplir et la dispenser de tout travail sérieux : on s'endort sur ce doux oreiller de la flanerie et de l'oisiveté ; l'activité se perd, la mollesse gagne l'esprit après avoir envahi le corps, et on s'habitue au repos sans sentir le poids de l'oisiveté : la campagne au contraire, n'ayant pas ces distractions, n'a pas ces dangers ; il faut y travailler pour y vivre heureux ; elle inspire, elle commande la vie active par la santé, par l'énergie, par l'exemple.

— L'oisiveté est moins dangereuse pour les hommes que pour les femmes ; l'ardente imagination de celles-ci a besoin d'un correctif, c'est la continuité dans les occupations domestiques.

— Plus les femmes sont oisives, plus leur cœur est occupé. L'oisiveté est donc pour elles le point de départ d'entraînements dangereux.

— L'oisiveté, ce fléau des familles, est cependant plus rare qu'on ne le croit, car chaque individualité qui n'a pas une occupation sérieuse soit comme distraction, profession ou moyen d'existence, se crée une habitude devant avoir une utilité réelle et dès lors fructueuse ; c'est un pas vers le travail et quelque fois le point de départ d'une vocation.

— Par un contre-sens inqualifiable, c'est la foule condamnée au travail qui est la plus disposée à honorer l'oisiveté, qu'elle devrait cependant blâmer et flétrir !

— Dans le peuple des travailleurs, l'oisiveté est le germe de tous les vices et de toutes les misères, c'est l'abîme où s'engloutissent les paresseux : Ne perdons jamais de vue que le travail est la vraie condition, la vraie destinée de l'homme. C'est la santé, c'est l'aisance, c'est la moralité, c'est le bonheur, c'est la vie heureuse !

— L'oisiveté devrait changer de nom lorsqu'elle est appliquée à la méditation, à l'observation, à l'étude ; car c'est bien là le travail le plus dangereux pour la santé et le plus utile pour l'humanité en marche vers la perfection.

— L'oisiveté, chez l'homme studieux et instruit, n'est souvent que le goût de l'étude et de la réflexion : son esprit travaille alors que son corps se repose, et il s'enrichit de tout ce que l'étude lui apporte ; l'oisiveté n'est donc qu'apparente, car elle porte des fruits mille fois plus précieux que le travail matériel lui-même.

OLIVIER, — arbre ou arbrisseau, cultivé dans toute l'Europe méridionale, mais originaire de l'Asie où il croît spontanément ; ainsi, dans la chaîne de l'Atlas, en Syrie, en Arabie, en Perse ; toute son importance réside dans son fruit qui donne une huile unique dans le monde. Son feuillage a toujours été l'emblème de la paix, soit parce que l'olivier était le produit le plus important de l'agriculture qui ne prospère que par la paix, soit parce que sa culture est la seule possible dans les pays chauds et arides, soit encore parce que son ombre plus légère que celle des autres arbres protège au lieu d'étouffer tout ce qui croît sous elle.

— Le bois de l'olivier était généralement employé par les anciens sculpteurs et de préférence aux autres essences, parce qu'il est moins sujet à se fendre et que, plus dur, il est rarement attaqué par les insectes.

OMBRAGES. — Il y a des ombrages qui réjouissent, d'autres qui attristent et qui font rêver : ainsi l'yeuse vert foncé, le noyer à l'ombre glaciale, le tremble aux feuilles toujours agitées et tremblantes, le saule pleureur, arbre des tombes qui trempe ses bras reconnaissants dans les eaux qui nourrissent ses racines.

ONCLES D'AMÉRIQUE. — Tous les oncles éloignés et dont on hérite ou dont on doit hériter sont riches à millions : que le miroitement de ces fantastiques espérances n'entraîne pas les héritiers dans des illusions trompeuses ! le réveil serait trop cruel !

OPÉRA. — Drame en musique, se distinguant de tous les autres ouvrages ou spectacles dramatiques, en ce qu'il ne peut se passer de musique. Il ne remonte pas au-delà du XVIe siècle ; les premiers essais en furent faits en Italie par les musiciens

Galiléi et Caccini. Balthazarini, célèbre musicien italien, ayant été envoyé au roi Henri III de France par le maréchal de Brissac, gouverneur en Piémont, la reine Catherine de Médicis lui donna dans sa maison la charge de valet de chambre.

Balthazarini fit les délices de la cour par son habileté comme musicien d'abord, mais surtout comme organisateur de ballets et de représentations en musique : tels furent chez nous les commencements de l'opéra qui ne fut réellement représenté en France et comme il existe aujourd'hui, qu'un peu plus tard, 1646, et par l'initiative du cardinal Mazarin qui donna tous ses soins à faciliter ses progrès et son perfectionnement.

— Nos principaux compositeurs dans ce genre sont, en France, pour la musique : Lulli, Grétry, Monsigny, J.-J. Rousseau, Dalayrac, Boïeldieu, Berton, Lesueur, Catel, Méhul, Hérold, Auber, Adam, Halevy, Monpou ; nous ne nommons pas ceux qui appartiennent en même temps à l'Allemagne et à l'Italie. Comme auteurs de libretti nous citerons : Quinault, Lafontaine, Lamothe, Marmontel, Favart, Sedaine, Etienne, Jouy, Scribe, etc.

OPINION. — Ce qu'on appelle l'opinion, est la conviction générale sur les individus et sur les choses, c'est une somme constituant une grande majorité de jugements identiques portés sur le même objet.

On ne peut jamais comprendre toute la portée et toutes les conséquences de l'opinion publique, vraie et même fausse, sur la destinée d'un homme ! une calomnie, un mensonge grossier et évident, vont tuer son avenir, briser son existence et celle de toute sa famille !

— L'opinion publique a le droit d'avoir la valeur d'une prophétie, d'un jugement ou d'une vérité, sous la réserve des justifications ou des faits à venir.

— On a dit que l'opinion publique était la reine du monde et cela est vrai alors qu'elle est spontanée, qu'elle jaillit d'un même mouvement d'idées générales et qu'elle est l'expression de l'immense majorité des esprits : mais aujourd'hui, après toutes nos révolutions subversives de toute raison, avec ces partis acharnés en présence et en lutte, avec toutes nos académies, nos sociétés savantes, nos sociétés d'intérêts matériels sous le nom d'associations des auteurs littéraires, des auteurs dramatiques, avec nos cinq cents journaux de tous les jours, clamant et imposant leur opinion, la bourse, les clubs, les cercles, ces nids de désœuvrés, d'ennuyés, de parasites nationaux, d'épicuriens usés, et de vieux libertins, tout a bien changé ! Tiraillée de tant de côtés, l'opinion ne peut s'asseoir, c'est un flot toujours agité, toujours tumultueux et d'où la vérité ne peut jaillir : la contradiction la plus flagrante reste le résultat dominant, et l'obscurité et l'incertitude sont les seules choses acquises ; cela et triste à dire, mais cela n'est que trop vrai !

— L'opinion publique, scrutin toujours ouvert, est l'auxiliaire, le tuteur ou le correcteur de l'opinion privée : elle inspire, encourage, punit ou récompense, blâme ou applaudit ; l'opinion publique est un tribunal universel, siégeant partout et en permanence ; ses décisions sont sans appel : elle se propage comme des échos et des vibrations aériennes.

A l'aspect du coupable, elles apparaissent écrites sur le front de chacun, bienveillance ou mépris : cette justice latente en apparence est plus terrible que le Conseil des Dix de Venise, si elle ne tue pas, elle avilit sans miséricorde ! comme aussi elle récompense la vertu par l'estime qu'elle lui accorde ; la société est donc instinctivement mieux organisée qu'on ne croit, elle se protége sans bruit, mais utilement, et sérieusement et ses décisions sont souveraines !

— Le tort de l'opinion publique en France, c'est la mobilité, l'absence de mémoire, l'oubli de tout ce qui est passé : l'aujourd'hui existe seul, la veille est déjà oubliée : *l'hodie mihi* semble être aussi bien l'épitaphe de l'opinion publique que d'une tombe.

— Chaque âge a ses opinions, ses croyances, ses passions : la jeunesse avec son inexpérience et sa fougue, veut la liberté sous sa formule la plus tranchée : la République ! L'âge mûr transige déjà en se contentant d'une liberté très-modérée sous la formule du gouvernement représentatif. La vieillessse fatiguée a surtout besoin du calme et du repos que donne la monarchie absolue et la croyance légitimiste. Ces trois opinions, aussi forcément endémiques que consistantes, expliquent l'intermittence de nos systèmes politiques ; comme le gouvernement représentatif est le terme moyen des partis extrêmes, il est la transaction forcée entre toutes les opinions et paraîtrait donc la formule imposée à notre période historique.

—Quoiqu'on dise et quoiqu'on fasse, on est souvent obligé de se soumettre à l'opinion publique au milieu de laquelle on vit, c'est une déférence obligée ; faire autrement paraîtrait une excentricité, une bravade, la majorité restant toujours plus puissante que la minorité !

— C'est un stimulant de plus et une séduction irrésistible pour la jeunesse que le plaisir et le courage de braver l'opinion publique, partout, cela s'appelle une folie d'enfant !

— L'opinion publique est l'inconnu aussi utile que difficile à dégager : une erreur crée pour la nation le plus grand des dangers !

— Dans les petites villes et dans les villages, l'opinion publique a une immense puissance; la honte a plus d'empire sur la moralité que la conscience.

En fait d'opinion publique, je ne m'arrête pas à celle des salons, je vais plus à fond, et désire celle des gros paysans : ils ont plus de naïveté et de gros bons sens, ce qui vaut mieux que la finesse et l'ergotisme ! NAPOLÉON.

— Entre l'opinion populaire et l'opinion aristocratique, toutes deux extrêmes, se place l'opinion de la bourgeoisie ou le tiers-parti : trois opinions ayant un caractère différent. L'opinion populaire est brutalement vraie, elle dit même parfois, grossièrement, ce qu'elle désire ; tout au contraire, l'opinion aristocratique ou légitimiste est armée de diplomatie, elle voile sa pensée quand elle ne la cache pas, et use de toutes les ressources de Machiavel : entre ces deux extrêmes, se place l'opinion intermédiaire des timorés, dits conservateurs, diplomates de la peur et de l'astuce, cachant leur jeu pour mieux atteindre leur but, et surtout pour sauvegarder leurs intérêts, car l'intérêt est pour eux le vrai mobile.

— La force d'opinion n'a jamais eu de consistance, cette matière étant trop variée et trop mobile de sa nature, les croyances seules, la superstition, ont pu lui donner de la durée : Numa faisait accepter ses lois au moyen de la fable de la nymphe Égérie ; les généraux romains préparaient la victoire en annonçant des augures et des indices favorables.

— La maxime ou croyance principale du monde c'est de tout sacrifier à l'usage et à l'opinion, c'est d'avoir moins d'horreur du vice que de crainte du blâme !

— Dans la société où toutes les opinions s'imposent, on lit peu ou point : dans tous les cas, on lit mal, et cependant on juge de tout, car on prononce sur tout, et le doute, qui suppose l'examen consciencieux, est fort rare.

— Entreprendre de convaincre une personne déjà convaincue, c'est presque la forcer à changer d'opinion et à chercher des raisons en faveur de l'opinion contraire : cela est surtout vrai pour l'homme qui a des torts, qu'il avouerait probablement, si on ne l'humiliait en cherchant à prouver qu'il n'a pas raison.

— Presque toujours et en tout, il faut, pour juger les choses et les événements, comme pour les œuvres d'art et les canonisations, un certain temps de repos et de réflexion, au besoin un retard pour ne pas voir trop tôt et de trop près.

— L'opinion est une puissance mystérieuse qui a la force d'un vote universel et nettement exprimé : L'opinion, c'est l'âme parlante d'un peuple entier ; c'est le bruit éclatant d'une acclamation universelle !

— A Dieu la vérité, aux hommes les opinions variées à l'infini, suivant les impressions, les préjugés, les intérêts et les caprices.

— L'opinion n'est presque toujours que le résultat d'un point de vue, exemple : le pauvre est, pour la généralité, un paresseux puni par la misère ou dégradé par un vice ; pour l'homme compatissant, c'est un malheureux intéressant ; pour l'homme politique, c'est une plaie sociale et un embarras ; pour l'homme religieux, c'est un frère malheureux à secourir, à relever, à encourager, à aimer.

— C'est par l'usage du monde qu'on apprend à défendre une opinion sans amour-propre et sans aigreur, à ne se fâcher jamais, encore moins s'irriter, à faire briller les autres, à rendre tout le monde content de soi-même et de la société.

— La foule ne forme pas, ne fait pas l'opinion, elle l'accepte, elle suit la voie ouverte.

— C'est un grand danger que de n'avoir pas le courage de se conduire d'après son opinion, on se place ainsi dans la plus fausse et la plus compromettante des positions, la négation de soi-même!

— Quand on a du respect pour une personne, ce serait presque abuser de sa bonté que de lui offrir son opinion avant qu'il lui eut convenu de la demander.

— Pour avoir une opinion, il faut avoir d'abord de la fortune, c'est-à-dire une indépendance absolue; car le franc-parler peut coûter fort cher!

— L'opinion doit varier comme les faits, puisqu'elle en est le résultat: on ne comprend pas qu'on s'attache à un nom, à un homme d'une manière absolue, alors même que cet homme a cessé de le mériter; cela ne peut arriver qu'à un complice; à un niais, ou à un imbécile.

— Ne soutenez jamais un sentiment avec chaleur, ni avec bruit, quand bien même vous seriez persuadé que vous avez raison, mais exposez votre opinion avec modestie et de sang-froid, et vous serez écouté avec faveur et sans risquer de compromettre votre bon sens.

— Celui qui n'a pas de lui-même ni des autres mauvaise opinion, rencontrera dans le monde accueil et facilité, bon vouloir et cordialité, bienveillance en tout, suprêmes conditions du succès!

— En province et dans les campagnes, les hommes sont coulés en bronze et conservent, avec leur rudesse, la franchise des opinions les plus exaltées: à Paris, c'est l'inverse: le frottement use tout, atténue, adoucit tout; on transige, on s'efface, on s'annule! aussi rien de plus monotone et de plus endormant que ces conversations de salon où rien ne saillit: des mots des formules polies, du marivaudage, mais pas d'idées sérieuses et acceptables.

— Méfiez-vous de celui qui brave l'opinion, car il se place presque toujours *au-dessous* d'elle, et fort rarement au-dessus.

— Un homme prudent ne brave jamais l'opinion, car c'est là un parachute qu'il ne faut pas abattre et qui protége les êtres faibles, les femmes surtout: ce serait donner un mauvais exemple à sa femme, à sa sœur, à ses enfants! ce serait briser une barrière non-seulement utile, mais indispensable.

— L'opinion poursuit la femme jusque dans le cœur de l'homme qu'elle aime!

— Quoi de plus capricieux et de plus mobile que l'opinion du monde? elle frappe l'enfant pour la faute de la mère; elle ridiculise le mari pour la faute de la femme; elle déshonore une famille, déjà trop malheureuse, pour la faute d'un des siens!

— L'opinion est plus sévère pour l'oubli des convenances que pour l'infraction aux devoirs; il semble que ce soit une autorité malveillante et faible qui ne se décide à punir que la faute qu'on la force à voir!

— Le monde, l'opinion, le préjugé, tyrans bizarres et illogiques qui acceptent dans l'homme et flétrissent dans la femme les mêmes faiblesses et les mêmes passions!

— La puissance de l'opinion est telle qu'elle oblige à remplacer la force par la faiblesse, une qualité par un défaut; ainsi, qu'une femme ait de l'énergie et de la force, elle devra les cacher pour afficher la timidité et la crainte, avoir peur, alors qu'elle croit pouvoir être parfaitement rassurée, et dans son droit.

— La femme a, dans le monde, une position si délicate, si fragile, si exposée, qu'elle ne doit jamais braver ni les convenances, quelque puériles qu'elles soient, ni l'opinion, cette opinion fut-elle évidemment une erreur, une superstition, un préjugé.

— Pour braver l'opinion, il faut plus de force que n'en a une femme: il faut l'énergie virile d'un caractère puissant, il faut ce triple airain du poète, il faut enfin savoir braver le monde, pouvoir se passer de lui et renoncer à lui, choses difficiles et dangereuses!

— Pourquoi l'opinion qui écrase les femmes est-elle souvent si impunément bravée par les hommes ? serait-ce parce que ceux-ci ayant fait les lois conserveraient le droit de les braver, de les interpréter, de les modifier ? serait-ce surtout parce que comme hommes ils auraient une indépendance et une liberté qu'on n'accorde jamais aux femmes ?

— Les hommes qui ne changent jamais d'opinion sont ceux qui ne réfléchissent pas ou n'ont pas assez d'intelligence pour en avoir une.

— La raison de chaque homme est et doit être son guide : et j'aurais autant de droit d'exiger que tous les hommes fussent de ma taille et de mon tempérament que de vouloir qu'ils raisonnassent absolument comme moi !

— En fait d'opinions, on doit avoir pitié des méprises et des erreurs, quelque grossières qu'elles puissent être ; si elles sont sincères, il faut les tolérer sans cruauté ni moquerie, la cécité de l'esprit est toujours aussi digne de compassion que celle du corps, et dans l'un et l'autre cas, ce n'est ni un crime, ni une chose risible qu'un homme qui perd sa raison ou sa voie.

— La première de toutes les libertés c'est celle des opinions, des goûts, des habitudes : « Je veux garder mes opinions et mes culottes ! disait un homme de bon sens, et je crois en avoir le droit ! prouvez-moi que j'ai tort, et non-seulement je m'inclinerai, mais je vous remercierai cordialement. »

— L'opinion des collégiens et des étudiants est moins une opinion qu'un instinct de jeunesse ; ils embrassent et soutiennent tout ce qui est nouveau, généreux, audacieux, parce que les instincts de la jeunesse la portent à l'innovation, à la générosité, à l'audace : la raison vient, le monde et les faits agissent, le sang se refroidit et l'exaltation de la jeunesse disparaît avec elle.

— Dans les pays libres, c'est-à-dire dans les pays où l'opinion règne en maîtresse, quand tout le monde a tort c'est que tout le monde a raison.

— Dans nos mœurs parlementaires où la vanité joue le principal rôle, personne ne veut déserter une opinion émise, car ce serait prouver qu'on a pu se tromper et en même temps qu'on a assez de bonne foi pour se rendre à de bonnes raisons.

— L'opinion, aujourd'hui, précisément parce qu'elle est propagée et généralisée par la presse et par l'électricité, a dans sa formation la rapidité de celle-ci ; l'opinion a donc une force aussi prodigieuse que rapide, elle fait bâille et triomphe sur l'heure elle entraîne, elle commande, elle subjugue !

Opinion d'un paysan sur l'exposition de 1855. — Un paysan revenait de Paris il avait vu une grande, mais trop grande foire dans l'exposition, des futaies de piliers dans les églises, des filous dans les rues, des trompeurs d'hommes et de femmes partout, tant de carrioles qu'on risquait de se faire écraser, tant de soldats qu'on se croyait à la guerre, tant de bruit qu'on se croyait dans une puissante forge à lamis noirs dévorants et crachant le feu !

Opium, — produit du pavot somnifère c'est un des agents thérapeutiques les plus importants par son action puissante sur le système nerveux : à petite dose il agit comme calmant, sédatif et soporifique ; forte dose il détermine une stupeur profonde et amène le délire ; à dose plus forte encore il cause la mort. Les Orientaux Chinois, Indiens, Arabes qui en font un usage immodéré y habituent ainsi leur corps et n'en éprouvent qu'une ivresse profonde avec rêves voluptueux, sensations agréables et divines, disent-ils ; mais l'usage continu de cette substance amène insensiblement l'hébêtement et l'abrutissement le plus complet.

— Dans toute l'Asie le pavot somnifère est cultivé en grand, des plaines entières en sont couvertes ; l'Allemagne et la Belgique en font aussi l'objet d'une culture importante comme plante oléagineuse. Quand le moment de la récolte est arrivé, on en taille la tête encore verte du pavot par des incisions superficielles et il sort par chacune de ces ouvertures un suc laiteux qui s'épaissit ou se concrète en quelques heures en gouttelettes c'est ce qu'on appelle *l'opium en larmes*, matière donnant l'opium surfin ou de première qualité ; l'opium commun s'obtient en faisant cuire les têtes, les feuilles et les tiges. On croit à tort que dans l'Inde le pavot atteint des proportions colossales, il s'élève, comme chez nous, à un mètre, un mètre et demi environ au plus et a une tête de la grosseur d'un œuf de dinde, seulement, le climat plus chaud des contrées asiatiques donne certainement des éléments opiacés bien plus condensés.

OPPORTUNITÉ. — Un des points les plus importants de la vie est la convenance, qui consiste à faire ce qu'il faut, et à le faire lorsqu'il le faut ; car mille choses sont bonnes en certain temps et en certains lieux, et hors de là très déplacées !

OPPOSITION. — L'esprit d'opposition est une véritable infirmité morale, aussi intolérable et aussi agaçante pour tous que désastreuse pour la considération du critique lui-même.

— L'opposition n'a pas plus le droit de s'assembler sur une place publique avec son drapeau qu'à un banquet public devant une nappe.

— Un bonheur excessif rendrait les peuples séditieux si on n'y joignait la permission de se plaindre des auteurs de leur bonheur ! le droit d'opposition est donc une soupape indispensable dans tout mécanisme politique.

— Il n'est malheureusement pas rare de voir que chez les princes les plus rapprochés du trône, l'affection est faible, le sang absolument muet pour laisser à l'ambition la carrière la plus grande : le Palais-Royal, sous Louis XVIII et Charles X n'a-t-il pas préparé et sollicité la révolution de juillet 1830, opposition continue, mais latente et discrète autant qu'acharnée et dangereuse : avances et appui à tous les opposants, modérés ou exaltés, sans distinction entre les libéraux et les républicains, embrigadement de tous les mécontents, affectation de protection à tous les insurgés, de secours à tous les condamnés politiques, enfin appel à toutes les ambitions, et, chose qui rentre dans l'idée que nous venons d'exprimer, le Palais-Royal jouant le même rôle sous Napoléon III.

OPPRESSION. — Nos pédagogues sont les plus cruels et les plus insensibles des tyrans, ils font métier de crucifier la jeunesse et de comprimer tous les élans, tous les instincts de l'enfance qui se débat sous sa chaîne, comme un esclave maltraité, ou comme un oiseau en cage.

— L'oppression pédagogique est la plus lourde et la plus insupportable de toutes les oppressions, car elle pèse sur l'âge où la liberté des mouvements surtout, est le *premier* des besoins.

— L'oppression a toujours pour résultat d'exciter l'irritation, de pousser à la révolte et à l'insurrection.

OPULENCE. — C'est un mérite rare chez les satisfaits et les opulents de pouvoir se contenter de *beaucoup* !

Une grande opulence est une grande servitude.
(SÉNÈQUE).

— Quoi de plus effrayant pour un homme qui a savouré l'opulence et a été élevé dans ses habitudes, que de tomber dans la misère, et de souffrir les amères humiliations de la pauvreté ?

— Un inconvénient de l'opulence, c'est de l'isoler des masses, c'est d'élever une barrière de valets et d'étiquette entre elle et le peuple, et de la séparer en quelque sorte de l'humanité.

— Les sociétés modernes ont leur civilisation sociale, réglée par les lois et encore plus par les usages : l'aristocratie se compose un peu des anciens nobles restés opulents, de tous les enrichis et de quelques fonctionnaires publics élevés au dessus des autres par leur honorabilité. L'opulence reste donc le type de l'aristocratie moderne ; la misère, même honorable, instruite et distinguée, est un si grand inconvénient qu'elle tend à effacer tous les mérites.

— Buffon d'abord s'était aidé de son opulence pour stimuler et brillanter son style ! Voltaire, notre plus grande illustration littéraire par la variété, la malignité, la causticité, était devenu un riche, luxueux et orgueilleux ! Beaumarchais après lui, trafiquant heureux et trois fois millionnaire, faisait de l'esprit à ses heures et selon ses dispositions, l'opulence alors est un bonheur et un adjuvant merveilleux !

— Certaines opulences sont si puissantes et si éblouissantes qu'elles empêchent de voir la pauvre créature qui est à côté : la dot rappetisse et avilit la femme !

— Dans cette époque d'effervescence luxueuse de jeux et de paris, on peut remarquer dans le monde que les plus opulents, en apparence, sont les plus endettés, et que l'habitude de dominer en tout les a poussés dans des excès qui ont commandé des emprunts considérables, préludes certains de leur ruine !

Or. — C'est le besoin des richesses, l'avidité pour l'or et les passions qu'il satisfait, qui ouvrent l'ère de décadence de tous les Empires.

— L'or est une puissance incontestable, car il ouvre toutes les voies, aide à la satisfaction de tous les désirs, commande à tout et aplanit presque tous les obstacles, mais aussi il a de grands inconvénients : il sollicite des besoins qui n'existaient pas et jette l'homme hors de sa sphère, ce qui devient un danger effrayant !

— C'est l'or qui gouverne le monde : on n'y compte qu'autant qu'on se fait chiffre et en proportion de la valeur de ce chiffre, autrement on tombe dans la généralité si nombreuse des zéros !

— L'or a des éblouissements et des rayonnements jusque dans son nom.

— L'or est toujours le bourreau, l'avilissement de l'amour, dans le mariage même la dot est préférée aux vertus, aux qualités, aux mérites, aux talents !

— Dans les temps appelés l'âge d'or, le miel était la plus estimée de toutes les bonnes choses : aujourd'hui, dans l'âge de fer, l'or est le miel des temps primitifs, c'est le philtre, c'est la baguette, c'est le talisman des fées, c'est la clé qui ouvre toutes les portes, c'est le moyen qui donne tous les plaisirs.

— On ne saurait croire avec quelle minutieuse exactitude on vérifie le titre des bijoux d'or et d'argent ; en 1867, sur 3 millions 725 marcs de bijoux d'or, 23,300 furent brisés pour avoir un titre inférieur à celui annoncé et sur 6,190 objets d'argent 30,700 ont été détruits pour la même cause,

le reste a été seul poinçonné et dès lors livré à la vente.

— L'or natif contient généralement de un sixième à un septième d'argent.

Orages. — Tout a son utilité dans ce monde, et ce qui blesse l'un guérit souvent l'autre ! un orage éclate sur une ville, quel abominable temps ! écoutez en même temps le cultivateur, cette pluie maudite est pour lui une bénédiction du ciel, c'est du foin, c'est du blé, c'est du vin, c'est son existence et son bien-être qui tombent du ciel sur ses champs brûlés par le soleil ! Passez plus loin, et ce même orage aurait été la terreur des navigateurs... nous avions donc raison de dire que tout en ce monde est en même temps bonheur et malheur, l'important est d'en tirer profit et d'être prévoyant en préparant l'avenir sans se contenter de l'attendre.

— Quand l'orage approche, il s'annonce par l'animation du vent, les feuilles frémissantes paraissent chuchotter leurs craintes ou leurs joies à l'apparence d'une avalanche dangereuse ou d'une pluie bienfaisante, le désordre vient ensuite avec les bourasques, les éclairs et le tonnerre, c'est la grande guerre des éléments déchaînés, c'est la voix de Dieu commandant aux tempêtes !

— Les orages sont produits par l'électricité : les uns qui grondent de loin et sans éclater restent dans les sphères supérieures et sont le résultat du frottement des nuages entre eux ; les autres, plus rapprochés de nous et placés entre l'atmosphère et la terre, sont ceux qui nous atteignent: dans ce cas, l'orage produit deux effets contraires : il attire à la surface de la terre, c'est-à-dire des maisons, des arbres, etc., l'électricité négative et refoule dans les profondeurs de la terre l'électricité positive ; c'est lorsque l'électricité négative, ainsi élevée, éclate sous la pression du nuage supérieur, qu'elle est refoulée vers la terre et frappe tout ce qui couvre le sol. Si le clocher, la tour ou le bâtiment ont un bon paratonnerre, la foudre entraînée forcément par la corde de fer va se perdre dans le puits où la corde est submergée ; ainsi sont préservés les bâtiments et les lieux environnants dans une circonférence qu'on peut évaluer à la longueur de la corde de fer ; dans le cours des orages il est prudent de fermer les ouvertures des maisons pour arrêter les courants d'air entre ces ouvertures et les cheminées qui aspirent *si puissamment l'air*, enfin se placer en dehors de tout courant d'air possible.

ORANGERS. — Il y a deux espèces d'orangers, celui à fruits acides et dont la fleur plus parfumée donne la meilleure essence d'oranger, mais des fruits immangeables, et sans aucun sucre : c'est là l'oranger cultivé en Provence, dans le département du Var et surtout à Toulon et à Nice ; l'autre à fruits doux, cultivé en Italie, en Espagne, etc... (l'Espagne donne des fruits meilleurs que l'Italie). Pour avoir sur les orangers amers des oranges à demi douces, on ne les cueille pas à leur maturité, on les laisse passer l'hiver sur l'arbre, une partie tombe desséchée, après avoir rendu à l'arbre une sève qui le fortifie, le reste résiste et se remplit d'une nouvelle sève au printemps ; cette orange adoucie peut alors se manger, on la cueille après la cueillette des fleurs nouvelles, et au moment des petits fruits verts qu'elles ont produits.

Ce fruit, ainsi obtenu artificiellement, ne vaut pas celui de l'oranger à fruits doux, mais il est moins acide que dans son état normal.

— On tire l'essence des fleurs, des feuilles de l'arbre et des fruits petits et verts de l'oranger. L'eau de fleur d'oranger s'appelle néroli, c'est l'essence par excellence, rarement vendue et servant à parfumer les eaux de feuilles et de fruits appelées *petit grain* dans le commerce. Celles-ci pures, sont acides, amères et presque sans parfum, un vingtième, un trentième, un quarante-cinquième, un cinquantième, de néroli les parfume à différents degrés ; c'est là l'eau du commerce, dite double, triple, triple supérieure (on aura bientôt des quadruples, etc.), car la fraude ne s'arrête jamais.

— L'oranger n'est productif qu'à la condition d'être arrosé au moins une fois par an, mais très-abondamment ; l'orange, en effet, contient beaucoup de jus, c'est une bouteille plutôt qu'un fruit, on boit l'orange plutôt qu'on ne la mange.

ORATEURS. — La lucidité de la pensée, la logique dans les déductions, la vivacité de l'esprit, l'élégance dans l'expression, l'énergie, l'équilibre dans l'action et le geste constituent le véritable orateur.

— Les orateurs posent et parlent plutôt pour prouver le talent ou le mérite qui les a mis en relief, que pour obtenir des lois ou des résolutions favorables aux grands intérêts des nations ! en tout et toujours on rencontre l'intrigue et l'ambition occupées de leurs propres affaires et non des affaires du pays.

Les orateurs sont des maîtres d'armes fonctionnant avec orgueil et vanité devant le public, des acteurs devant la rampe.

Les rapporteurs sont plus modestes, ce sont des travailleurs qui accomplissent leur tâche avec dévouement et sans rien recevoir en échange.

— Les célébrités oratoires sont plus dangereuses qu'utiles ; l'éloquence est une espèce de musique qui incite la foule à marcher en laissant l'orateur en place : l'ambition y trouve rarement son compte.

— Les grands orateurs voudraient écrire comme ils parlent, et les petits, parler comme ils écrivent : la sagesse est de se contenter de son talent et de chercher toujours à le perfectionner, au lieu d'en désirer un autre qui resterait toujours infime ou incomplet !

— L'orateur agréable et habile est celui qui cause naturellement et sans déclamer, qui séduit et entraîne plus qu'il n'impose et commande ; un discours écrit, puis appris et prononcé se reconnaît à ses phrases correctes jusqu'à la raideur, pompeuses jusqu'à l'éloquence, empesées et habiles jusqu'au sophisme. Les anciens orateurs, Démosthènes, Cicéron, Bossuet, se complaisaient dans les pompes du langage ; l'éloquence moderne est plus simple, plus naturelle, plus entraînante, plus habile et plus vraie.

ORDRE. — L'uniformité, la régularité dans la vie ordinaire est une condition de succès en tout ; tout marche seul : les loisirs sont plus grands, le travail plus consciencieux et plus fructueux.

— L'ordre est une loi d'existence et de bien-être, tout doit être ordonné c'est-à-dire fait en son temps et bien fait ; sans ordre, la vie est un cahos d'où ne peut rien sortir de beau, de bien et de bon.

— Certaines maisons sont si bien ordonnées, que chacun connaît son devoir et s'en acquitte avec plaisir, avec entrain, sans désordre ni confusion. C'est là le propre de la discipline, des bonnes habitudes et du respect inspiré.

— C'est un signe d'ordre dans une maison lorsqu'on voit des domestiques ne pas revenir deux fois à une chose qui peut se finir en une seule, et faire exactement le travail qui leur est imposé.

— L'ordre et l'activité doublent la vie, augmentent le travail, assurent la santé aussi bien que le succès dans les affaires, puis, comme l'ordre et la méthode ajoutent encore à l'activité, il importe d'avoir pour toutes choses une méthode raisonnée. Chaque occupation doit avoir son heure et son jour, chaque objet sa place, etc.

— Il faut avoir de l'ordre en tout, mais particulièrement dans les comptes, car si on y manque, la plus grande fortune ne sauve pas de la gêne et de la ruine.

— L'ordre aide à tirer le meilleur parti de soi-même, de son génie, de ses talents, du temps, de l'argent, etc.; l'ordre est donc un des moyens les plus puissants de succès; la passion de l'ordre occupe mieux et produit plus que les autres passions : elle utilise tout, n'oublie et ne sacrifie rien !

— Le sentiment de l'ordre, de l'économie paraît être inhérent à la femme, il est bien plus développé chez elle que chez l'homme, aussi une femme prodigue est elle une véritable exception.

— Quelques lettres et quelques papiers que vous jugez à propos de garder, classez-les et liez-les ensemble afin qu'en cas de besoin ou d'accident, d'incendie par exemple, vous puissiez les trouver sur-le-champ.

— Dans l'ordre naturel et moral l'homme est l'ami et le protecteur de la femme, mais dans l'ordre social l'homme est presque toujours son plus dangereux ennemi, son plus fréquent, son plus terrible écueil,

car l'ordre social est une lutte organisée et acharnée, malheur à la femme qui ne sait se défendre, celle-là sera sûrement une victime, effroyablement sacrifiée.

ORDRES HONORIFIQUES. — Il faut, dans toute nation, arriver à constituer certaines classes se distinguant par l'honneur, par les services rendus, par leur éducation, leur instruction, leur supériorité, pour trouver dans ces classes les grandes aptitudes, les grands dévouements nécessaires à l'illustration des nations, au développement d'une politique forte, à l'extension de la richesse publique dès lors de la puissance nationale.

Sous l'ancien régime des dynasties royales, les distinctions, les titres honorifiques n'étaient guère accordés qu'aux grands capitaines, aux politiques habiles ou aux membres de la haute aristocratie : aujourd'hui et sous nos gouvernements populaires, c'est la probité, c'est le travail, le talent, le dévoument qu'il faut stimuler et récompenser ; nous sommes dans cette voie, car tous les mérites populaires, au fur et à mesure qu'ils se produisent avec éclat, reçoivent la décoration de la Légion d'honneur qui distingue ainsi tous ceux qui se recommandent par leurs talents ou des services exceptionnels.

— L'Allemagne a, depuis longtemps, ses ordres de Dames ; l'Autriche a la croix étoilée, fondée en 1688 par l'impératrice Eléonor. La Bavière, quatre ordres : sainte Elisabeth, sainte Thérèze, sainte Anne de Munick, sainte Anne de Wurtzbourg ; l'Espagne a aussi les siens, l'ordre de Marie-Louise et d'Isabelle II ; le Portugal en a un, la Prusse deux, le Cygne, et de Louise ; la Russie un, celui de sainte Catherine, etc.

OREILLE. — *Organe de l'ouïe*, ce mot entre dans une foule de locutions, dont quelques-unes appartiennent au langage familier, le plus grand nombre au langage trivial. En terme de musique n'avoir pas d'oreille, c'est manquer de sens musical.

— L'oreille se tourne toujours instinctivement du côté d'où viennent les ondes sonores de la parole ou du bruit ; ce mouvement n'est si accentué que dans le cheval et ses similaires.

OREILLER. — On ne connaissait pas les oreillers dans la voluptueuse Rome des empereurs, ni chez les Grecs, leur devanciers; l'oreiller est donc un produit de la civilisation moderne, fort apprécié par ceux qui aiment leurs aises; mais pour jouir de ses douceurs, il faut avoir le corps sain et l'esprit tranquille; car si, comme on l'a dit, il est le confident discret de nos joies et de nos espérances, il est aussi celui de nos déceptions et de nos douleurs, c'est alors un oreiller dur et plein de souffrances, témoin de ces longues insomnies qui sont un si cruel supplice, que pour les combattre, il faut se lever, se promener, s'agiter!

ORGANES. — La puissance des organes n'est si bien développée que chez les sauvages et chez les animaux : ici ces organes sont toujours mis en jeu par les besoins du corps et de la défense! chez l'homme en société, la puissance des organes cesse d'être un besoin incessant.

— Certains organes sont toujours subordonnés à d'autres, les organes de la locomotion à ceux de la digestion, les organes de la circulation à ceux de la respiration... *Tous* les organes au système nerveux.

ORGANISATION HUMAINE. — Quelle organisation compliquée, régulière, logique et admirable que la machine humaine! Je regarde, je vois, ce sont deux actes logiquement subséquents; je réfléchis et délibère, c'est une faculté nouvelle mise au secours de l'intelligence : je prends un parti et l'exécute, voilà la volonté et l'action; enfin la philosophie ou sagesse humaine à son plus haut degré. Je ne parle pas de la logique qui est le mécanisme et le chaînon du raisonnement, autre faculté aussi précieuse et aussi éminente.

L'organisation a progressé puisque la terre a produit la plante, puis l'animal, puis l'homme, le chef de la dynastie humaine, le roi et le maître des animaux. ABOUT.

ORGUEIL. — Aucun sentiment n'est plus contraire aux principes de la morale évangélique que l'orgueil, c'est ce que la religion à très-bien exprimé en faisant du démon la personnification de l'orgueil.

— « L'orgueil, a dit Bossuet, est l'origine et la racine de tous les vices; il semble couler dans le fond de notre cœur et avoir pénétré jusque dans la moelle de nos os, car notre âme en est infestée. »

— L'orgueilleux se vante, s'élève et veut en imposer à tous: sait-il comment le jour finira pour lui? sait-il dans quel état la nuit va le trouver!

— L'orgueil est un sentiment égoïste et passionné qui exclut jusqu'à Dieu et qui va jusqu'à refuser à l'homme la consolation d'adresser une prière à la Divinité.

— Un orgueil modéré et raisonnable est un bon et salutaire sentiment; c'est de la dignité, c'est presque de la modestie; c'est une qualité, car elle nous conduit à rechercher et à nous imposer toutes les perfections dont notre nature est susceptible et à nous élever ainsi jusqu'aux plus grandes vertus.

— Les mots : gonflé d'orgueil, bouffi d'orgueil, sont parfaitement vrais, car l'action physiologique de l'orgueil produit, dans les fibres du corps, une véritable expansion qui les remplit et les gonfle au point de créer une plénitude animée. Puis l'orgueil satisfait l'orgueilleux, le rassure, le console et lui donne cette quiétude qui produit souvent la santé.

— Sous les tentations de l'intelligence et de l'orgueil, la raison humaine recommence toujours à interroger la foi. Quand l'homme interroge la nature, les grandes immensités, les cieux, les mers, les montagnes, les forêts, tout lui répond par un seul mot: Dieu!

— L'orgueil est comme le ver de terre, si on le coupe en morceaux, il reprend vie et se trouve multiplié.

— L'orgueil est le poison de tous les succès : la Grèce orgueilleuse refusant tout droit de cité aux nations voisines, les aigrit contre elle, ainsi isolée et affaiblie elle s'éteignit dans sa solitude et son égoïsme; Rome pratiqua une politique opposée: elle s'incorporait les vaincus par le titre d'alliés et leurs grands hommes par celui de citoyens romains; c'est avec cette formule si simple et si peu coûteuse qu'elle absorba un instant le monde entier!

— L'orgueil et ses dérivés, l'arrogance l'ostentation, la présomption, la vanité, l'amour-propre, la susceptibilité sont les plus dangereux ennemis que l'homme puisse porter dans son cœur ; eut-il raison d'être orgueilleux, eut-il les qualités les plus éminentes, que ces défauts le rendraient encore injuste, ridicule et insupportable, tandis que les qualités opposées : la modestie, la simplicité, la défiance de soi-même le grandiraient dix fois plus aux yeux des autres : « Tant de modestie auprès de si grands mérites, diraient les gens sensés, c'est la perfection humaine. ».

— L'orgueilleux est puni par où il pèche, car on ne lui accorde pas même les mérites qu'il a réellement, précisément parce qu'il les exagère ; de même qu'on n'offre rien au marchand qui surfait trop sa marchandise.

— Si comme on le remarque souvent, le vrai savant, le généreux philanthrope, le grand poëte, sont moins orgueilleux que ces nombreuses nullités qu'on rencontre à chaque instant et partout, c'est que le vrai mérite est toujours simple et modeste.

Il n'y a pas d'homme plus vide que celui qui est plein de lui-même. SANIAL-DUBAY.

— L'orgueil de l'homme est incommensurable : le soir et le matin, lorsque le soleil se montre aux deux horizons contraires, l'homme vaniteux se mesurant à son ombre se croit un géant de plus de trente mètres ; que n'attend-il midi pour prendre la mesure de son ombre, il verrait alors qu'il n'est qu'un pygmée.

L'orgueil révèle la médiocrité et ressemble à ces hommes de petite taille, mais qui, avec le sentiment orgueilleux de leur grandeur se baissent au passage de toutes les portes, en crainte de se casser la tête.

— Certaines natures hautaines et absolues veulent bien se laisser mener, mais comme la poudre mène le boulet, c'est-à-dire rester en avant et aller droit pour arriver les premiers.

— Se louer soi-même, c'est blesser son voisin, c'est provoquer sa jalousie, et, comme l'orgueil est un signe de faiblesse, c'est indiquer à l'envie la place où elle doit frapper.

— On sacrifie tout au présent et au besoin de se glorifier, et cela en politique, comme en constructions et en décorations.

S'il y a de l'orgueil à se bien vêtir, il y en a autant et même plus à se vêtir mal volontairement.
DIOGÈNE.

— C'est souvent l'orgueil qui cherche les épines de la couronne : on aime à jouer au martyre pour avoir les mérites de la force devant la souffrance.

— L'orgueil a souvent la valeur de la vertu, car il se défend et se protége comme elle !

— L'orgueil est une haute opinion de soi-même et un mépris affecté pour les autres ; je dis affecté, car il est évident qu'il n'est pas réel, puisque la personne la plus obscure a cependant le plaisir de blesser l'orgueilleux en lui refusant le tribut de soumission et d'admiration qu'il exige de tout le monde.

— L'orgueil est surtout fréquent chez les parvenus ; les hommes nés au milieu des honneurs et des richesses s'en étonnent peu et s'en enorgueillissent encore moins : ceux qui ont eu beaucoup à monter et qui peuvent mesurer la distance qu'ils ont parcourue, se croient obligés d'oublier et de répudier leur passé et pour le cacher à eux-mêmes et aux autres, de prendre des airs nouveaux, d'autres manières, un autre ton, que l'air, les manières et le ton qui conviennent à leur nature ; qu'ils sachent donc qu'au lieu de s'élever ils se rabaissent par ce sot orgueil !

— L'orgueil tient souvent lieu du sens moral, quand ils manquent tous deux, on ne s'arrête pas à la corruption, on tombe dans la bassesse.

— Le tonneau de Diogène était, en réalité, la manifestation la plus explicite du plus grand orgueil possible : Lamennais par son immense orgueil et Béranger en refusant le fauteuil de l'Académie se sont révélés comme les deux Diogènes modernes.

— Certains hommes pauvres et ombrageux paraissent vouloir fouler avec rage, les orgueilleux tapis du riche : l'envie doublée de jalousie ne sait comment se venger !

— L'orgueil est le plus mauvais des conseillers : l'homme vaniteux qui affiche des prétentions à la gloire, s'expose à se la voir refuser ; l'homme modeste a plus de chances d'en jouir de son vivant : le monde st ainsi fait, il refuse à qui veut commander, il accorde à qui se fait petit.

— L'orgueil chez les femmes est le stimulant d'abord, puis le mobile de l'amour; on n'arrive à leur cœur qu'en flattant leur orgueil.

— Ce qu'on dit de l'esprit et de la folie qui se touchent ordinairement de si près, on peut le dire de même de l'orgueil et de la bassesse.

— Si l'orgueil n'est pas la vertu même, il lui ressemble si souvent dans ses effets qu'il devient alors une vertu.

— L'homme est toujours disposé à s'admirer; il trouve son bonheur dans sa supériorité de quelque nature qu'elle soit.

— On a remarqué la persistance du hasard à donner des démentis aux noms orgueilleux: l'armée de Xercès se nommait l'invincible, du même nom que El Armada invincible espagnole, toutes deux si lestement et si facilement vaincues.

— On ne sait si certaines consciences orgueilleuses obéissent au désir de faire ostentation de leurs vices, ou au besoin du mystérieux soulagement de la confession.

— Un homme d'esprit disait, en parlant d'un homme orgueilleux: sa vue me cause le plaisir qu'inspire un bon ménage, lui et son amour-propre vivent si bien ensemble!

— L'orgueil des riches leur fait désirer des tombeaux dans les églises qu'ils ne fréquentaient cependant pas pendant leur vie, leur dernier désir est un soupir de vanité.

— Rien n'est plus poignant que ces affections qui mettent aux prises l'orgueil et la tendresse, la lutte est d'autant plus cruelle que les forces sont égales.

— L'orgueilleux, au lieu d'avouer ses faiblesses et son incapacité, préfère croire à la fatalité des mahométans.

— Tout est facile pour l'homme modeste; il ne montre pas d'ambition, il se fait petit et on l'exalte, car il ne blesse personne. L'orgueil, avec ses prétentions au contraire, lui ferme toutes les portes.

— L'humilité n'est bien souvent que le voile diaphane de l'orgueil.

— L'orgueil tient lieu de vertu à un grand nombre de femmes et l'intérêt personnel à l'humanité entière.

— On ne saurait croire le ridicule et les torts que se donne et donnera à son mari une femme hautaine et orgueilleuse.

— L'orgueil a malheureusement plus d'empire sur une femme que n'en a la raison; c'est presque toujours par l'orgueil et la vanité que la femme se perd.

— Il y a de la grandeur d'âme à reconnaître les mérites d'une personne qu'on déteste et une satisfaction, peut-être un peu orgueilleuse, à manifester ce sentiment.

ORIENT. — L'esprit oriental, le plus contemplatif, le plus rêveur, le plus exalté, devait le premier monter à l'assaut du ciel et des choses mystérieuses.

— L'Orient est assez bien connu aujourd'hui, sa misère est démasquée, il a vécu et s'est usé si à fond que sa décadence est complète et même irréparable.

— Quoi de plus laid que les Orientaux modernes dépouillés de leur ancien et riche costume, étranglés comme un pauvre officier prussien dans une étroite redingote et coiffés du fez à glands retombants ! auprès de l'ancien costume, c'est un vêtement d'esclave ou de laquais en négligé.

ORIGINALITÉ. — Le monde est trop vieux pour que l'originalité soit permise, car les Latins ne furent déjà que la copie des Grecs qui eux-mêmes avaient imité les Egyptiens, les Babyloniens et autres peuples sémitiques d'où ils descendaient: aujourd'hui tout paraît avoir été pensé, on ne peut être original que par la forme, le style qui est l'accessoire, l'ornementation de l'expression.

— La prétention à l'originalité en éloignant des idées utiles et pratiques, a presque toujours pour résultat d'en produire d'extravagantes, à ce point que beaucoup d'originaux sont soupçonnés de folie ou tout au moins de faiblesse d'esprit.

— L'originalité entraîne souvent le ridicule; car il faut avoir une valeur personnelle bien tranchée pour agir autrement que tout le monde et en contradiction continuelle avec les coutumes acceptées et les usages reçus.

— Dans le monde tout ce qui est original, est, sinon accueilli, du moins remarqué, ce qui est déjà un succès; c'est par ce côté que les plus intrépides se signalent.

— On rencontre dans le monde des originalités si excentriques qu'elles constituent de véritables variétés d'espèces, apparaissant comme des ramifications jetées hors du corps humain.

— Ceux qui veulent toujours se distinguer des autres, ne se doutent guère qu'ils arrivent à la banalité, c'est-à-dire à ressembler à tout le monde, car se placer à part et en relief est la manie triviale et vaniteuse du genre humain !

ORIGINES. — Dans l'antiquité, les origines de l'esclavage ont été : la paternité, la guerre, le mariage, la dette, l'asile.

— Dans l'étude des origines des peuples, ce n'est plus de la forme du crâne et des angles faciaux qu'on tire ses arguments et ses preuves, c'est dans la langue, dans la littérature, s'il en existe, et dans les habitudes, qu'on trouve les preuves les plus concluantes.

ORPHELINS. — Les lois de toutes les nations ont protégé les orphelins : chez les Juifs on était tenu de leur laisser une partie des produits de la terre, de les admettre aux repas des fêtes et des sacrifices, le trésor des aumônes gardé dans le temple était principalement destiné à leur entretien ; la législation grecque avait décidé que l'État ferait élever les enfants des citoyens morts pour la patrie ; Rome se chargeait du soin de choisir un tuteur aux orphelins, lorsque le père lui-même ne l'avait pas désigné, et, par une sage précaution, l'administrateur des biens du mineur ne pouvait être chargé de la personne de celui-ci. En France, c'est un conseil de famille composé de parents ou d'amis, sous la présidence du juge de paix, qui nomme le tuteur ou le subrogé-tuteur de l'orphelin.

— Le christianisme, dans ses préceptes d'une si complète et si admirable charité, se préoccupe constamment du sort des orphelins ; les premières crèches, les premières salles d'asile furent créées sous l'inspiration religieuse.

— Presque tous les grands peuples modernes ont fondé des établissements pour l'éducation des orphelins pauvres des deux sexes, qui y reçoivent d'abord les secours que réclame impérieusement la vie matérielle, la nourriture, le logement, le vêtement, l'abri, puis l'instruction qui peut les aider en connaissance de cause, à choisir un métier, un état, une profession.

— La fondation de la maison impériale de St-Denis, par Napoléon le Grand, avait pour but de recueillir, pour pourvoir à leur éducation, les filles orphelines de ses officiers.

— Quand le père et la mère disparaissent, l'avenir de l'orphelin est gros de peines et de malheurs.

— De quelques soins qu'un orphelin ait été l'objet, il y a toujours dans son attitude une révélation de l'isolement dans lequel l'a laissé la perte de son père ou de sa mère ; on voit qu'il n'a pas été habitué à ces caresses, à ces douces flatteries, à ces tendresses de tous les instants que la mère, femme du peuple ou grande dame, prodigue toujours à ses enfants ; de là parfois un caractère froid, concentré, fier ou timide qui ne s'explique que trop par ce manque continu d'affection et d'amour, foyer maternel où se réchauffe si bien l'enfance !

— Dans une famille d'orphelins les frères aînés sont plus que des frères pour leurs sœurs, ce sont des protecteurs et des pères ; les sœurs aînées sont plus que des sœurs, ce sont des anges gardiens, des institutrices et des mères.

ORTHOGRAPHE. — L'étude la plus difficile est celle de l'orthographe ; la mémoire seule y est applicable et n'y suffit pas ! la raison, la logique y sont étrangères, le bon sens y est très-souvent sacrifié.

— L'orthographe est une science pouvant paraître insignifiante, mais, comme dans la vie pratique elle est réellement l'enseigne la plus apparente de l'instruction, elle devient la plus indispensable des sciences, en même temps qu'elle en est par l'absence de règles fixes la plus difficile de toutes ! Louis XIV (qui le croirait !) et presque tous les hommes illustres de son siècle, ne pouvaient pas écrire une ligne sans faire trois ou quatre fautes d'orthographe. Le cardinal de Richelieu, Mazarin, Turenne, Condé, etc., trouvaient cette science insolente à l'excès ! et ne méritant pas l'attention qu'on lui accordait, et ceci pour cause !

— L'orthographe française est *absurde et illogique*, en opposition avec la langue, et parfois avec la prononciation, c'est là un grand défaut, auquel il faut absolument remédier !

— L'homme le plus instruit et le plus savant est toujours celui qui a le plus besoin d'un dictionnaire pour le tirer de ses futiles incertitudes sur l'orthographe ; moins instruit, il serait plus maître de ce détail si insignifiant en apparence, si indispensable en réalité ! aussi avouons qu'on craint par trop les fautes d'orthographe : c'est un détail si minime qu'un grand esprit aurait presque le droit de le négliger !

— Lamartine faisait autrefois beaucoup de fautes d'orthographe ; un grand nombre de littérateurs sont dans le même cas.

— L'orthographe et ses règles doivent fausser l'esprit de l'enfance, ce n'est donc pas le moment de l'enseigner ; il faut attendre que l'enfant sache écrire et parler correctement pour appeler son attention sur les détails infinis de cette science.

OUBLI. — L'herbe ne pousse pas plus vite sur la tombe des morts, que l'oubli dans le cœur de ceux qui survivent.

— L'oubli est la mort du cœur.

— On passe sa vie à faire les plus beaux plans et les plus belles promesses, puis à défaire et oublier tout : on ne trompe pas, on se trompe soi-même.

On se tourmente souvent pour oublier, ce qui est un travail pénible et une douleur lente ; un cœur malade ne guérit si vite qu'en remplaçant une affection perdue par une affection nouvelle. C'est là une sage et bonne philosophie.

— On oublie trop souvent les bienfaits, ce qui est une faute, et on ne pardonne jamais assez les injures, ce qui serait de la vertu.

OUVRIERS. — Que sont, dans leur tâche obscure, les pauvres ouvriers du monde ? On jouit de l'œuvre sans penser à l'artisan !

— Les ouvriers industriels sont les véritables soldats de l'industrie, combattant, c'est-à-dire travaillant douze à quinze heures par jour, payant de leurs sueurs qui est leur sang, le modeste salaire qu'ils reçoivent le dimanche, travaillant pour vivre et dormant pour se reposer pendant un demi-siècle, jusqu'à ce que, usés et épuisés, ils s'endorment dans le repos éternel. J'ai connu un riche oisif si las de la vie, qu'il enviait le sort de ces travailleurs n'ayant pas le temps de s'ennuyer.

— Entre la vie de l'ouvrier agricole et la vie de l'ouvrier industriel, laquelle préférer ? l'épreuve est concluante : autant le premier est son maître à lui-même, autant l'ouvrier industriel est l'esclave d'un autre ; car celui-ci, le maître, est l'esclave des événements ; l'industriel étant livré à une foule de risques étrangers et, même ce qui est déplorable, au caprice de ces ouvriers qui devraient être ses fils affectionnés et soumis, car maîtres et ouvriers sont solidaires dans la bonne comme dans la mauvaise fortune de l'industrie, l'union intime dans les temps de désastres devenant un secours pour tous, tandis que les grèves ajoutant à la misère, la creusent, la prolongent et la rendent irréparable.

— Que faire d'un ouvrier qui, au lieu de viser à une augmentation de salaire par la perfection de son travail, par son application à ses études, au lieu de chercher à devenir contre-maître, chef d'atelier, puis maître et patron, se livre à la vanité de son caractère et aux révoltes de son esprit et se fait triumvir et tribun en proclamant et imposant forcément la grève, c'est-à-dire la suspension du travail de tous ces hommes qui ne vivent que de leur travail journalier. Qui nourrira alors toutes ces familles si nombreuses mourant de faim ? c'est là le plus grand crime humanitaire auquel s'ajoute la coalition, la plus dangereuse des mauvaises passions.

— L'ouvrier n'est que trop porté à considérer son ménage comme un restaurant ou un lieu de repos où il se nourrit et se repose dans la semaine, et où il cuve son ivresse le dimanche et trop souvent le lundi !

— Saint lundi est la ruine des ouvriers, c'est l'habitude de la paresse et de l'ivrognerie ; le mardi continue l'orgie et souvent le samedi lorsque la semaine de travail paraît trop longue ! je ne parle pas de toutes les heures passées en dépenses au cabaret, pendant que la pauvre femme et les malheureux enfants jeûnent et ruinent leur avenir dans leur santé !

VARIANTES ET ERRATA

DEUXIÈME VOLUME

Pages.	Col.	Lignes.	Au lieu de :	lisez :
1.	2.	14.	tous les fabulistes.	tous les autres fabulistes.
2.	1.	26.	Mme Monmason.	Mme Monmarson.
5.	1.	20.	elles font	elle fait.
18.	2.	12.	succè.	succès.
22.	2.	5.	talen.	talent.
33.	2.	38.	seul.	seule.
35.	1.	16.	de.	du.
36.	1.	38.	repos et inoccupés.	repos inoccupés.
38.	1.	5.	et l'humidité.	et que l'humidité.
40.	2.	20.	jugement inexplicable appelé.	jugement appelé.
40.	2.	30.	comte	conte.
42.	1.	1.	elle peut.	qu'elle peut.
51.	2.	4.	et.	de.
75.	2.	28.	où le travailleur travaille.	où il travaille.
112.	2.	26.	pris	repris.
129.	2.	28.	et.	qui.
142.	2.	40.	de	contre.
146.	1.	11.	comment	mais comment.
151.	1.	10.	décédés.	tués à son service.
151.	1.	43.	le nomme.	Le doux et résigné.
153.	2.	47.	Celles.	la butte.
161.	1.	17.	reprise	et reprise.
163.	1.	21.	Mahmond.	Mahmoud.
184.	2.	36.	les.	le.
195.	1.	13.	qu'il avait.	avait.
195.	2.	17.	en France et perd.	en France, mais il perd au jeu.
195.	2.	17.	(1,200 f).	1,200 francs destinés au voyage.
200.	2.	17.	sa.	la.
201.	1.	51.	fonds.	fond.
212.	1.	43.	grand	grands.
213.	2.	39.	deuxième	seconde.
214.	1.	5.	trompeurs.	trompeur.
218.	1.	41.	de mon dégoût, de mon horreur.	mon dégoût, mon horreur.
228.	1.	3.	on y.	on n'y.
232.	2.	34.	ce qui	ce qu'il.
241.	1.	1	la magistrature au concours.	la magistrature devrait être mise au concours.

Pages.	Col.	Lignes.	Au lieu de :	dites :
242.	1.	34.	prit	pris.
243.	1.	46.	de mathématicien.	d'ouvrier.
251.	2.	15.	Baïas.	Baïa.
252.	1.	47.	traduction	tradition.
262.	1.	41.	l'amour.	et l'amour.
267.	2.	29.	président	depuis président.
279.	2.	31.	de	du.
282.	1.	38.	gymastique	gymnastique.
307.	2.	22.	tous	toutes.
307.	2.	25.	qu'ils.	qu'elles.
308.	1.	18.	n'en n'est.	n'en est.
310.	2.	39.	Cordelières.	Cordilières.
311.	2.	12.	Silvian	Sylvain.
312.	1.	31.	fond	fonds.
324.	1.	3.	Orphéonistes.	Orphéons.
324.	1.	36.	Meryerber.	Meyerbeer.
324.	2.	31.	éternel: entre.	éternel entre.
328.	2.	41.	multiplication	multiplicité.
329.	2.	25.	quarante mille	cent quarante mille.
331.	1.	16.	concentrée.	concentrés.
332.	2.	48.	ces	ses.
333.	1.	5.	refusait.	refusant.
339.	2.	1.	et si écrasé.	et écrasé.
349.	1.	1.	d'habitation	d'habitation.
352.	2.	25.	neiges et ses.	neiges et de ses.
357.	1.	3.	que donne.	que donnent.
361.	2.	22.	fremisantes	frémissantes.
361.	2.	26.	bourasque.	bourrasque.

www.ingramcontent.com/pod-product-compliance
Lightning Source LLC
Chambersburg PA
CBHW070434170426
43201CB00010B/1092